国家出版基金项目
NATIONAL PUBLICATION FOUNDATION

"十三五"国家重点出版物出版规划项目

20世纪中期云南少数民族社会历史调查实录

第四卷

民族工作（二）

主　编◎申　旭

副主编◎肖依群

云南人民出版社

图书在版编目（CIP）数据

20世纪中期云南少数民族社会历史调查实录.第四卷,
民族工作.二/申旭主编;肖依群副主编.--昆明：
云南人民出版社,2023.4
　　ISBN 978-7-222-21680-8

Ⅰ.①2… Ⅱ.①申… ②肖… Ⅲ.①少数民族—民族
历史—社会调查—云南—20世纪 Ⅳ.①K280.74

中国国家版本馆CIP数据核字(2023)第017142号

责任编辑	郭木玉　宁　琳
特约编辑	周元晖
助理编辑	巫孟连
装帧设计	石　斌
责任校对	溥　思　文永清
	明　珍　费　珺
	周　彦
责任印制	代隆参

20世纪中期云南少数民族社会历史调查实录

第四卷
民族工作（二）

主　编◎申　旭
副主编◎肖依群

出　版	云南人民出版社
发　行	云南人民出版社
社　址	昆明市环城西路609号
邮　编	650034
网　址	www.ynpph.com.cn
E-mail	ynrms@sina.com
开　本	787mm×1092mm　1/16
印　张	31.25
字　数	727千
版　次	2023年4月第1版第1次印刷
印　刷	昆明瑆煜印务有限公司
书　号	ISBN 978-7-222-21680-8
定　价	500.00元

云南人民出版社微信公众号

写在前面

一

2019年1月，我在5卷本《秘境——云南民族濒危影像记忆》的开篇"写在前面"中写道：

编成本套图书前后历经 10 个月，而搜集、梳理和研究云南民族影像资料，则自我来云南工作以后直到退休，花费了整整 30 年的时间。

在 2016 年出版的《云南民族调查史料钩沉（1950—1965）》开篇"前言"中，我曾写下这样一段话：出版本书最主要的目的，就是将我们 20 多年来搜集到的云南民族调查史料的相关内容和目录公之于世。这些史料绝大部分至今尚未公开出版，也很少为有关部门和专业研究人员所使用，很多人甚至不知道其存在。而这些珍贵的云南民族调查史料，正是中华人民共和国建立初期党的民族政策在西南边陲得以良好贯彻执行的确切依据，也是部分民族政策基于民族调查而制定的最好见证。如果要总结新中国民族工作的"云南现象"和"云南经验"，了解云南民族团结进步、边疆繁荣稳定的历史发展轨迹，这些史料则是其中最早和最重要的组成部分。

编纂《秘境——云南民族濒危影像记忆》丛书，我们有着同样的初衷。"为了明天而收集昨天"，则是我们的终极目的。

2020年1月，《20世纪中期云南少数民族社会历史调查实录》（后文简称《实录》）的选编工作正式启动。

我们对于20世纪中期云南少数民族文献史料和影像资料的搜集是同步进行的，因而编纂《实录》和编纂《秘境——云南民族濒危影像记忆》一样，有着同样的初衷和终极目的，两套图书同为"历史记忆"，一为文字，一为图片，相互观照，彼此成就。5卷本《秘境——云南民族濒危影像记忆》于两年前编定，即将面世，而《实录》的编辑和出版事宜肇始于2012年，至今已8年有余。其间不断大费周折与各方机构、多个部门商谈切磋，多次按照要求提交情况说明、申请报告、策划方案、出版计划、经费预算；曾接到过项目已获批准的通知，也见到了权威机构的立项文件，但结果都无从言说，令人身心俱疲、感喟不已。2015年，我在《云南民族调查史料钩沉（1950—1965）》（云南人民出版社2016年版）一书的"前言"中写道：

2004年，我们策划并出版了《见证历史的巨变——云南少数民族社会发展纪实》一书，全书分为4卷，即社会发展卷、生产劳作卷、生活习俗卷和文化艺术卷，书中提供了1480幅珍贵的历史照片，是我们搜集、整理云南民族调查资料的阶段性成果。之后在继续查找、搜集和购买各种云南民族调查资料的同时，我们在极为困难的条件下，阅读了全部能够找得到和看得到的云南民族调查资料，并开始着手辨识和系统分类整理工作，计划将其部分陆续公开出版。由于经费等多方面的原因，这项工作至今仍在进行之中，因而先将云南民族调查资料的主要情况和一万多份史料的目录编成《云南民族调查史料钩沉（1950—1965）》一书，抛砖引玉，希冀有更多的人来关注和研究新中国建立初期云南各民族的发展历程，也期望有更多的人去抢救和保护云南民族调查资料，少存遗憾，给后人留下一笔不可多得的精神财富。

来到"十三五"收官之年，《实录》史料的辨识、分类、整理、选编和出版进程步入快速前行的轨道。

二

20世纪中期云南少数民族社会历史调查资料，主要包括以下几个方面的内容：

1. 民国时期的调查资料；

2. 中共云南省委边疆工作委员会的调查资料；

3. 云南省民族事务委员会的调查资料；

4. 云南省民族工作队的调查资料；

5. 中央民族访问团西南民族访问团第二分团的访问调查资料；

6. 云南民族识别研究组的调查资料；

7. 云南民族语言调查组的调查资料；

8. 全国少数民族社会历史调查中的云南民族调查资料；

9. 为贯彻执行民族政策，配合中央、云南省有关方面的各项工作，云南省各专区、自治区（州）、县、市、区、乡以各种组织形式进行的调查资料。

《实录》中民国时期的调查资料收录较少，范围也不甚广，目的仅在于使阅读者和使用者对1950年前后阶段云南少数民族的基本情况和发展进程有一个连续性的概念，不致截然割裂开来，重点仍聚焦于1950年云南解放以后各方面所发生的重大变革，并以1956—1964年的调查资料最为集中。因1956年开始的全国少数民族社会历史调查，包括云南在内的大部分地区在1965年时已基本结束，《民族问题三种丛书》的编写工作又因"文化大革命"的来临而陷于停顿状态，《实录》内容的时间下限也就确定在1966年"文化大革命"开始以前。

提起"云南民族调查"，人们首先想到的就是始于1956年的全国少数民族社会历史调查，即人们通常所说的"全国民族大调查"。实际上，早在1941年8月，中国共产党就做出了《中共中央关于调查研究的决定》，对中国社会各阶层进行调查研究。在1956年全国少数民族社会历史调查开始之前，中央人民政府先后派出了中央民族访问团西南民族访问团第二分团、云南民族识别研究组和云南民族语言调查组前往云南进行各项访问调查，中共云南省委边疆工作委员会、云南省民族事务委员会、云南省民族工作队等也对云南省解放初期各方面的情况做了大量的调查研究工作，为云南省少数民族身份和种类的最终确认、云南边疆民族地区社会经济的发展和中央民族政策的制定、贯彻执行奠定了坚实的基础。

从1956年开始，中国历史上第一次有组织、有计划进行的全国少数民族社会历史状况科学调查，系由毛泽东倡议、彭真负责。当时明确了调查工作由全国人民代表大会民族委员会主持，成立了由全国人民代表大会民族委员会主任委员刘格平、中央民族事务委员会副主任刘春和中央民族学院副院长费孝通组成的调查领导小组，在全国人民代表大会民族委员会成立了调查办公室。1956年4月，全国人民代表大会民族委员会制订了民族调查规划，拟定筹建云南、贵州、广西、西藏等地区少数民族社会历史调查组，计划在4—7年内基本弄清楚各主要少数民族的社会经济结构和阶级情况。当年就组织了云南、四川等地8个调查组，抽调了民族学家、社会学家、历史学家、经济学家以及社会科学研究人员、民族工作干部、大专院校师生参加。对云南各民族的调查，至"文化大革命"以前基本结束。据不完全统计，20世纪50—60年代云南民族调查资料初步整理出万余种，总字数在1亿字以上；整理档案资料和文献摘录数百种，计2000多万字；录制少数民族社会历史科学纪录片7部，拍摄各民族照片数万幅，还搜集了一批少数民族历史文物。

中国少数民族社会历史调查及其资料的整理、出版时间前后长达数十年之久。这是新中国成立以来唯一的一次大范围、全方位的少数民族调查，丰富的材料比较详细、忠实地记录下了各民族历史和现状，是非常可贵的第一手材料，为我国少数民族身份、种类的识别和确认提供了科学依据，培养了新中国第一批民族学家和人类学家，为中国少数民族的社会发展和新中国民族学、人类学的奠基与成长发挥了举足轻重的作用。就最终确定少数民族种类最多的云南省而言，民族识别和调查做得最好，民族工作尤为仔细和认真，民族政策的贯彻和落实最到位，调查资料数量及保留较多，内容也极为丰富，因而显得尤为弥足珍贵。

《实录》所说的"云南少数民族调查资料"即指上述各项调查的文献、提纲、记录、报告、总结、信件、照片、纪录片文本、研究成果、纸质文物等各类历史资料，以及20世纪50—60年代铅印的云南民族调查资料。

20世纪50—60年代，全国人民代表大会民族委员会云南少数民族社会历史调查组、中国科学院民族研究所云南民族调查组和云南省少数民族社会历史研究所等部门和研究机构编辑铅印的调查资料，由于封面一律为白色，故又被称为"白皮书"。

云南民族调查资料白皮书总共印刷了多少种，目前尚不得而知。到目前为止，我们收藏到58种，涉及云南25个世居少数民族中的14个，即彝族、哈尼族、白族、傣族、傈僳族、拉祜族、佤族、纳西族、景颇族、布朗族、阿昌族、怒族、德昂族、独龙族等。其他11个少数民族没有涉及，原因和可能性有3点。

1. 当时进行的少数民族社会历史调查主要是为撰写各少数民族简史、简志提供资料，具体分工的方法是：一个民族若同时分布在若干省区，则由分布该民族人数最多的省区负责撰写，其他省区负责该民族的社会历史调查，并把调查资料提供给承担撰写任务的省区。云南配合贵州、广西等省区撰写任务而进行调查的少数民族共有8个，即蒙古族、回族、藏族、苗族、壮族、布依族、瑶族、水族等。

2. 普米族、基诺族和满族3个民族被识别和确定为单一民族的时间较晚。普米族于1961年被确定为单一民族，而基诺族直到1979年才被确定为单一民族。当时普米族和满族两个民族的调查资料已经初步整理，但未被列入白皮书，而基诺族尚被称为攸乐人，其调查资料则被列入彝族的内容范畴。

3. 某些民族的调查资料，也许已经收入白皮书，只是我们尚未见到。

通过阅读白皮书，并将其与云南民族调查资料手稿及后来公开出版的国家民委

《民族问题五种丛书》之《中国少数民族社会历史调查资料丛刊》中的云南部分进行对照，简而言之，白皮书的价值主要体现在以下4个方面。

第一，《中国少数民族社会历史调查资料丛刊》没有全部收录白皮书的内容。仅举一例如下。

中国科学院民族研究所云南省少数民族社会历史调查组、云南省少数民族社会历史研究所办公室在《四川及云南昭通地区彝族社会历史调查资料》（彝族调查资料之二，1963年5月10日）白皮书的"说明"中写道：

> 因为编写《彝族简史》的需要，中国科学院民族研究所云南省少数民族社会历史调查组与云南省少数民族社会历史研究所于1960年2月至5月，至四川凉山彝族自治州和西昌地区以及羌族地区进行了调查。此次调查中，以云南大学历史系方国瑜教授为首的20多位师生，也作为调查组的成员参加了工作。本资料就是以此次调查的一部分专题材料为主，包括云南昭通地区毗连四川凉山的有关部分调查而成的。

《四川及云南昭通地区彝族社会历史调查资料》白皮书共收录四川、云南有关彝族的调查16篇。20世纪80年代，在出版国家民委《民族问题五种丛书》之《中国少数民族社会历史调查资料丛刊》时，云南省编辑组编辑了一本《四川广西云南彝族社会历史调查》（云南人民出版社1987年版），但未收录任何一篇该白皮书中的调查资料。

第二，云南民族调查资料白皮书主要来自当年的调查手稿，但现今部分手稿已不存在或很难寻觅，白皮书就成为当时调查最真实的记录。

截至目前，我们已粗读过1万多份尚未系统整理和公开出版的云南民族调查资料，大多为复写本、刻印本、油印本和抄本，表明这些资料并非孤本，其中部分曾经内部印刷，部分已经编入白皮书或《中国少数民族社会历史调查资料丛刊》。例如，《思茅 玉溪 红河傣族社会历史调查》编者指出：

> 本集共收集孟连傣族历史文献译文、社会调查资料及景谷、元江、新平、金平、红河各县调查材料共十七篇，其中八篇曾由中国科学院民族研究所云南民族调查组、云南省民族研究所以内部资料形式铅印过。[1]

---

① 云南省编辑组编：《思茅 玉溪 红河傣族社会历史调查·后记》，国家民委民族问题五种丛书之一《中国少数民族社会历史调查资料丛刊》，云南人民出版社1985年版。

《傣族社会历史调查》（西双版纳之十）编者指出，该集收入的资料中，"《勐海县勐混区曼蚌乡傣族农村公社和家族组织调查》一文，曾见于云南省历史研究所的内刊"①。《傣族社会历史调查》（西双版纳之三）编者指出：

本集收入的译稿，都是1954年至1955年间收集的有关西双版纳宣慰使司和各勐的史料，大部分在五十年代作内部资料刊印过。《傣族宣慰使司地方志》，是傅懋勣教授和刀忠强同志在1953年翻译的，我们根据中共西双版纳州委档案科和省历史研究所的复写本和油印本，选用了其中几节。《防火的通告》《宣慰使侍卫轮流执勤牌》等五篇，均选自省历史研究所的手抄稿，没有译者署名，只在卷内目录"调查写作年月"栏中注明"1954年"。这些稿件均请当年西双版纳傣族社会联合调查组翻译小组主持工作的刀国栋同志过目，认定确系这个小组的翻译稿。②

《傣族社会历史调查》（西双版纳之六）编者指出：

本集共收入十二篇调查资料，其中《勐遮傣族社会经济情况调查》和《勐遮傣族农民内部的封建等级调查》两篇，在六十年代初期作为内部资料铅印过。其余各篇原件，除了《版纳勐遮景真傣族社会历史情况调查》存中共西双版纳傣族自治州州委档案室外，均存省历史研究所。③

《傣族社会历史调查》（西双版纳之七）编者指出：

本集收入了景糯、勐很、勐旺、景董以及象明的调查资料共十四篇。收入的这些资料原件，除《景糯傣族社会经济情况调查》《勐旺傣族社会经济调查补充材料》《勐旺曼练景寨调查》《勐旺曼扫寨调查》存中共西双版纳傣族自治州州委档案科外，其他各

---

① 云南省编辑组编：《傣族社会历史调查（西双版纳之十）·后记》，国家民委民族问题五种丛书之一《中国少数民族社会历史调查资料丛刊》，云南民族出版社1987年版。

②《民族问题五种丛书》云南省编辑委员会编：《傣族社会历史调查（西双版纳之三）·后记》，《中国少数民族社会历史调查资料丛刊》，云南民族出版社1983年版。

③《民族问题五种丛书》云南省编辑委员会编：《傣族社会历史调查（西双版纳之六）·后记》，《中国少数民族社会历史调查资料丛刊》，云南民族出版社1984年版。

件均存省历史研究所。[①]

《傣族社会历史调查》（西双版纳之八）编者指出：

> 本集收入勐罕、勐笼、勐养和勐景哈、勐宽等五个勐的调查资料十二篇。……除上述外，其余各篇五十年代的油印本，原件存省历史研究所。[②]

仅仅要弄清楚这些原件现今是否还存世，其中哪些作为内部资料刊印过、哪些曾收入云南民族调查资料白皮书、哪些已收入《中国少数民族社会历史调查资料丛刊》、都进行了哪些删节和修改等，都不是一件简单容易的事情。

第三，《中国少数民族社会历史调查资料丛刊》遗漏了太多白皮书原有的信息。

白皮书大多有"前言"或"编后记"，如1958年2月13日全国人民代表大会民族委员会云南民族调查组、云南民族研究所《1956年12月至1957年6月云南西盟卡瓦族社会经济调查总结报告·卡瓦族调查材料之一》（全国人民代表大会民族委员会办公室编，1958年3月）白皮书的"编辑前言"：

> 自1956年12月至1957年6月，我组、所3个田野调查组分别调查了德宏州南部景颇族6个点，西盟县卡瓦族6个点，碧江县傈僳族2个点，贡山县四区独龙族3个点，碧江、福贡、贡山三县怒族3个点。在过去调查的基础上，进一步调查研究了这五族地区的生产力、生产关系、阶级分化、政治及家族制度、意识形态及生活习惯和社会主义改造中的问题。但我组、所初创之际，全部干部都是生手，受过资产阶级社会学、民族学一定的影响，几次批判又软弱无力；尤其对马列主义学习不深，不善于正确地进行阶级分析，特别是对过渡时期两条道路斗争的认识不明确，因此五族调查材料在目前社会主义改造与生产大跃进两个高潮中不能够全部说明问题，就是阶级分化与社会主义改造中的矛盾问题，组、所内干部意见也不一致，尚不能得出准确结论。

> 上述五族调查，原始材料164万字，景颇族社会、经济、政治、意识形态及历史的专题材料38万字，五族各点的综合材料50万字，卡瓦与景颇两族的综合材料51万字，

① 云南省编辑组编：《傣族社会历史调查（西双版纳之七）·后记》，国家民委民族问题五种丛书之一《中国少数民族社会历史调查资料丛刊》，云南民族出版社1985年版。
② 云南省编辑组编：《傣族社会历史调查（西双版纳之八）·后记》，国家民委民族问题五种丛书之一《中国少数民族社会历史调查资料丛刊》，云南民族出版社1985年版。

五族5个总结材料共30万字。另收集文物193件，摄拍照片900张，可供研究参考。

办公室编印资料150万字，这是研究边疆各民族社会经济的基础。争取文史馆、参事室及云大教师多人协助，抄录明清两代云南及东南亚民族史料400余万字，翻译外文著作中的云南及东南亚民族资料120万字，对于明清以来各民族历史关系研究有参考价值。

五族田野调查材料及总结材料，尚须较长时间修改才能付印。就是五族5个总结材料，合计亦达30万字，不便领导同志看阅。为便于领导同志在百忙中以短时间看阅我组、所调查研究情况，特将五族调查材料各写成2000—4000字的总结提要。

该书的"编后记"除了告诉我们该书的编辑者是云南少数民族社会历史调查组、云南省少数民族社会历史研究所，校阅者是张凤岐以外，还讲述了此次调查的基本情况：

1956年12月至1957年6月，我组在西盟瓦族自治县对马散、永广、中课、翁戛科、岳宋等5个瓦族寨子进行了重点调查，并对该县其他少数民族（拉祜族、傈僳族、"罗缅"）进行了某些调查。我们的调查是在过去调查材料的基础上进行的，过去的材料给了我们帮助和启发。

在调查过程中，是在思茅地委会、澜沧边工委会、西盟工委会和西盟瓦族自治县筹委会以及西盟各区委会的具体领导和帮助下进行的，并得到当地驻军的大力协助。

由于我组同志多是初次参加调查工作，缺乏农村工作经验，理论水平不高，因而我们的调查是很肤浅的、不全面的，有些材料还须复查，有些论点还值得商榷。

云南民族调查组第一分组

1957年12月　昆明

《1956年12月至1957年6月云南西盟大马散卡瓦族社会经济调查报告·卡瓦族调查材料之三》（全国人民代表大会民族委员会办公室编，1958年3月）白皮书除了"前言"以外，还有"编者说明"和"编后记"。全国人民代表大会民族委员会云南少数民族社会历史调查组、云南省少数民族社会历史研究所撰写的"编者说明"主要讲述此次调查的时间、地点和内容：

全国人民代表大会民族委员会云南少数民族社会历史调查组第一分组于1956年11月至1957年7月，到云南西盟卡瓦族自治县（筹备委员会）在卡瓦族的6个点（大马散、岳宋、永广、中课、翁戛科、龙坎）进行了社会经济和历史的调查工作。大马散是分组的调查重点，在这里调查历时 7 个多月之久，写成了这个调查报告。

本册包括大马散寨卡瓦族的概况、经济［包括农业（生产力：生产工具、生产技术、劳动力的使用、产量。生产关系：生产资料占有、劳动组织与分工、合种、土地买卖、雇工、债务、蓄奴），手工业及副业，商业］、社会历史（历史、政治、军事、物质生活、家庭、婚丧、宗教、科学文艺、文教卫生）和大马散农业生产合作社情况。第一分组试图在几年来地、县委调查的基础上，进一步调查研究了大马散卡瓦族的生产力、生产关系、阶级分化、政治及家族制度、意识形态及生活习惯和社会主义改造的问题。大马散是西盟卡瓦族的腹心地区，保留本民族的固有特点较多些，代表面较宽，所以，在这里进行实地调查就能了解西盟腹心地区卡瓦族的特点。

自从 1957 年冬至 1958 年春省委提出苦战三年改变我省的面貌以来，西盟大马散卡瓦族与全省各族人民一样，掀起了生产大跃进和合作化大跃进的高潮，两个高潮互相推动，使大马散卡瓦族起了亘古未有的大变化，如猎头之俗已在大跃进中停止；许多落后习惯已完全改变。本调查报告由于调查时间的限制性，有些卡瓦族在前进中所存在的矛盾和问题，在 1956—1957 年夏调查时还没有暴露出来，或尚未发现。因此当时调查研究的认识与今天卡瓦族大跃进中生动活泼的局面，容或有不全面不深透之处。但作为了解大马散卡瓦族生产和合作化大跃进以前的实际情况，仍然有参考价值，特刊印出来，以供各方研究之助。

"编后记"则提供了整理者的分工情况：

我组在马散调查中得到中共西盟工委会、西盟瓦族自治县筹委会及马散区委会的大力帮助，区上的同志们更提供了许多材料，特此致谢！本报告的整理者是：顾宗振同志负责"概况""生产资料占有""劳动组织与分工""合种"，杨炳炎同志负责"生产力""手工业及副业""文教卫生"，沈琼英同志负责"土地买卖""雇工""大马散农业生产合作社情况"，李仰松同志负责"债务""物质生活"，黄宝璠同志负责"蓄奴""商业"，徐志远同志负责"历史""军事""姓氏与父子连名制度""科学文艺"，傅愫斐同志负责"政治""家庭""婚丧""宗教"。

云南民族调查组第一分组

1957 年 12 月　昆明

国家民委《民族问题五种丛书》云南省编辑委员会编的《佤族社会历史调查（一）》[①]将该册的标题改成了《西盟大马散佤族社会经济调查报告》，删去了《1956年12月至1957年6月云南西盟大马散卡瓦族社会经济调查报告》白皮书中的"前言""编者说明"和"编后记"。

云南民族调查资料白皮书的"前言""编辑前言""说明""编辑说明""编后记"为我们提供了丰富和宝贵的云南民族调查组的信息，但在公开出版《中国少数民族社会历史调查资料丛刊》时大多被删去，留下了太多的缺憾，其中部分也许已经无法弥补。

第四，《中国少数民族社会历史调查资料丛刊》几乎对所有收录进白皮书的内容进行了修改或删节。

鉴于上述，《实录》将收录部分白皮书的内容，主要包括3个方面：一是《中国少数民族社会历史调查资料丛刊》没有收录的文稿，二是《中国少数民族社会历史调查资料丛刊》虽然收录但删改过多的文稿，三是《中国少数民族社会历史调查资料丛刊》仅做了部分收录的文稿。《实录》对于部分白皮书文稿的收录，如果能找到原稿，即以原稿为准；如果无法找到原稿，则以白皮书为准。

三

《中国少数民族社会历史调查资料丛刊》云南部分，收录的不仅是1956年开始的"全国民族大调查"中云南的民族调查资料，而且包括部分1950年至1955年中央和云南省有关部门所做的各项云南民族调查的资料。例如，1958年5月云南少数民族社会历史调查组在《西双版纳傣族社会经济史料译丛》"前言"中写道：

中央访问团第二分团，中共云南省委边疆工作委员会，云南省民族事务委员会，各地、县委，各民族工作队及其他部门和民族工作干部，几年来对云南各少数民族地区的社会经济情况曾进行了许多调查工作，搜集了大量资料，这些资料是此次调查研究的基础。现特委托中共云南省委边疆工作委员会研究室、云南省民族事务委员会、我组参加其工作，将上项资料分别整理编辑；全国人民代表大会民族委员会并指定我组负责刊印出来，

[①]《民族问题五种丛书》云南省编辑委员会编：《佤族社会历史调查（一）》，《中国少数民族社会历史调查资料丛刊》，云南人民出版社1983年版。

以供我组作为调查研究的基础材料及各有关部门和民族工作的参考。①

在该书的"编者说明"中，编者又写道：

在解放后几年民族工作基础上，1954年九十月间，中共云南省委边委、省委宣传部与省民委先后派去工作组，会同思茅地委联络组与西双版纳工委调查组，并选拔当地傣族干部20余人，共同组成近70人的调查工作队，展开了景洪、勐海、勐遮、勐腊、勐捧等版纳的傣族社会调查工作。在进行调查工作中，也广泛地搜集过去西双版纳宣慰使司和各勐公私所藏的傣文抄本进行翻译，编成本书。②

另外，如《中国少数民族社会历史调查资料丛刊》收录的云南民族识别等方面的资料，调查时间也都在1956年"全国民族大调查"开始以前。

云南民族调查资料最初计划用来编写《民族问题三种丛书》，即《中国少数民族简史》《中国少数民族简志》《中国少数民族自治地方概况》。1978年党的十一届三中全会以后，中央决定将《民族问题三种丛书》扩成《民族问题五种丛书》，增加了《中国少数民族语言简志丛书》和《中国少数民族社会历史调查资料丛刊》。《民族问题五种丛书》中的前4种已于20世纪80年代前后基本出版完毕，第五种即《中国少数民族社会历史调查资料丛刊》，作为国家民委《民族问题五种丛书》之一，于20世纪80年代前后全国共出版143册。其中，云南部分由云南人民出版社和云南民族出版社共出版73册，约计3000万字，册数和字数均约占全国出版总量的一半。国家民委《民族问题五种丛书》修订本于2009年由民族出版社出版，合计为86种147册，其中《中国少数民族社会历史调查资料丛刊》云南部分，虽然《崩龙族社会历史调查》不再单独出版，但是加上民族出版社1990年出版的《基诺族普米族社会历史综合调查》1册，仍为73册。

国家民委《民族问题五种丛书》之《中国少数民族社会历史调查资料丛刊》的编纂工作始于1979年。费孝通曾回忆说："我是1950年到贵州的，从那年开始就搞民族调查。在这以前，什么叫少数民族，我们也不大清楚。通过中央访问团的几次调查，搜集到不少资料，了解了有些什么民族。……总之，过去30年的民族调查工

① 全国人民代表大会民族委员会办公室编：《西双版纳傣族社会经济史料译丛·傣族调查材料之一·前言》，1958年5月。
② 全国人民代表大会民族委员会办公室编：《西双版纳傣族社会经济史料译丛·傣族调查材料之一·编者说明》，1958年5月。

作，国家是花了钱花了力的，各个民族都出了力。我们搞了不少资料，数量很大。可是，这一大批资料很多都不在了，在'四人帮'横行时损失了。据我所知，贵州烧得很厉害，一卡车一卡车的资料拉去烧掉了，别的地方也损失了不少。这样，现在剩下的材料就很宝贵了。正是因为这个教训，所以在三中全会之后，国家民族事务委员会就提出来，要抓紧时间把过去的材料整理出来，要编五种丛书，供大家使用。"① "1978年的中共十一届三中全会后，国家民委行政机构得以恢复，隔年即在北京召开了出版'五丛'的规划会议，并成立了由众多著名专家学者组成的编委会，以民委党组的名义向党中央进行报告。此报告于1979年3月由中央宣传部和中央统战部转发至相关省和自治区，并将这一计划列为国家哲学社会科学研究'六五'规划重点科研项目，作为国家任务下达执行。借此，因'文革'而搁置的民族问题'三套丛书'得以充实、提高、发展至'五种丛书'。" "2003年9月1日，民族出版社将一份重修、再版《民族问题五种丛书》的设想和方案上报至国家民族事务委员会民族问题研究中心。经相关专家学者的反复研究论证，《关于修订、再版〈民族问题五种丛书〉的总体方案》于2005年2月制定出台。随后国家民委主任李德洙主持召开党组会议，审议并原则上通过了该方案。是年7月，经报请国务院批准，修订再版工作全面启动。"②

为了做好这项宏大巨制的修订工作，在北京成立了"国家民委《民族问题五种丛书》总修订委员会"，并在"基本保持原貌，统一体例、版本，增加新内容"的总体指导方针下，根据各种丛书的不同特点，制定了具体的修订思路。"'中国少数民族社会历史调查资料丛刊'的修订，主要是尊重史实，修正错误，增加注释。"③修订原则即包括两个方面：一是"尊重史实"，即尊重当时的调查成果，原封不动地保留原文，连标点符号都不改，只在需要修订的地方用标注的方式加以说明；二是"拾遗补阙"。一方面由于原版"五种丛书"的调查重点集中于西南、西北地区，此次修订需要补上中东南等地区漏掉的内容；另一方面需要以页下注释的形式补充调查点几十年来人口、经济、社会、风俗、语言等方面的变化情况。④

① 费孝通：《费孝通民族研究文集》，民族出版社1988年版，第295—296页。
② 徐姗姗：《对"民族大调查"与"社会历史调查丛刊"的再解读》，《广西民族研究》2007年第2期。
③ 李德洙：《国家民委〈民族问题五种丛书〉修订再版总序》，2007年8月。
④《中国少数民族社会历史调查丛刊》修订领导小组：《〈中国少数民族社会历史调查丛刊〉修订要求与相关说明》（2006年2月），转引自徐姗姗《对"民族大调查"与"社会历史调查丛刊"的再解读》，《广西民族研究》2007年第2期。

在新中国成立初期历次的民族调查中，无论从规模来讲，还是从结果来看，开始于1956年的全国少数民族社会历史调查都是史无前例的，曾被国家民委等部门和国外学术机构评价为"前无古人，后无来者"。以此次民族调查为基础，出版了《民族问题五种丛书》。这套丛书是当今世界上多民族国家中唯一一部由政府组织、社会力量广泛参与、全面反映国内各民族情况的大型综合文献，内容涉及民族区域自治、民族学、民族史、民族语言文字以及民族经济、文学、宗教、医药、体育、音乐、舞蹈、美术等诸多领域；调查编写工作涉及全国19个省、自治区及中央有关单位400多个编写组，1700余人执笔，共编写出版《民族问题五种丛书》403本，总字数约8000万字；其编写出版工作自1958年开始，到1991年暂告一段落。

四

1950—1965年以各种形式进行的民族调查及其成果是新中国民族理论形成的第一成果，至今仍是民族学、人类学研究的一块稳固基石，在中国民族学发展史上具有里程碑意义。云南是中国共产党民族政策具体实践的一个成功典型案例，丰富而翔实的各少数民族社会历史调查资料则具有充分的代表性。云南是中国少数民族种类最多的省份，是中国少数民族社会历史调查的重点省份，也是中国少数民族社会历史调查文献资料保存最多的省份。当前，云南正在努力建设我国民族团结进步示范区，回顾民族工作历程、总结民族团结经验、促进民族理论创新，是创建示范区的基础性重点工作，因而编辑出版《实录》有着重要的理论价值和现实意义，也将产生深远的影响。

我们现在编辑的这套图书，曾被命名为《〈民族问题五种丛书〉续编——云南少数民族社会历史调查资料未刊稿汇编》，其原因就在于云南少数民族社会历史调查资料未刊稿的存世量远超于人们对它的掌握和认知，其主要目的之一则是为了弥补《中国少数民族社会历史调查资料丛刊》云南部分的某些缺憾与不足。

《中国少数民族社会历史调查资料丛刊》云南部分收录了当时诸多民族调查资料的精华，这一点毋庸置疑，此不赘述。但从现存云南民族调查资料的情况看，《中国少数民族社会历史调查资料丛刊》也存在一些缺憾，主要表现在两大方面。

1. 缺少9个民族的内容。云南有26个世居民族，《中国少数民族社会历史调查资料丛刊》云南部分仅收录了17个民族的调查资料，而汉族、蒙古族、藏族、壮族、布依族、满族、水族、普米族和基诺族等9个民族的内容没有收录。需要说明以下两点。第一，虽然新中国成立初期云南的各项调查主要集中在少数民族地区，调查对象主要是各少数民族，出版的图书名称为《中国少数民族社会历史调查资料丛刊》，但云南汉族的调查资料也应该以某种形式被收录其中。云南民族关系中有3个重要的"离不开"，即汉族离不开少数民族、少数民族离不开汉族、少数民族之间互相离不开，要想把一个地区的民族情况弄清楚，没有汉族的调查资料是很难做到的。就我们目前所见到的云南民族调查资料而言，其中约有数百份汉族调查资料，内容包括云南汉族的来源、汉族与云南社会经济的发展、汉族与少数民族的融合、新中国成立前汉族商业垄断和云南资本主义萌芽、新中国成立初期云南汉族状况、云南山区汉族社会经济调查等诸多方面。第二，在20世纪80年代云南民族出版社和云南人民出版社出版的《中国少数民族社会历史调查资料丛刊》中，没有基诺族和普米族的内容，1990年民族出版社出版了《基诺族普米族社会历史综合调查》一书，其中的上篇"《基诺族社会历史综合调查》，是根据全国民族问题五种丛书编委会云南分编委1980年的决定进行编写的。这一资料的完成是长时间调查的结果"①。虽然基诺族在1979年才被正式确认为中国的一个单一民族，但在20世纪50—60年代的民族调查资料中，有数十份有关"攸乐人"的调查报告，这些调查资料并没有收入《基诺族普米族社会历史综合调查》一书。而《基诺族普米族社会历史综合调查》的下篇《普米族社会历史综合调查》，虽然收录的是20世纪50—60年代的调查资料，但部分经过选编者的多次修订，已经无法看到其原始面貌。后人在对前人的历史调查资料进行选编时，删除不利于民族团结或不合时宜的内容非常必要，但选编者基于自己的知识背景对其他民族（当时云南民族识别工作尚未结束，部分民族及其支系的身份、名称尚未最终确认，但参订者将调查资料涉及的所有民族称谓全部改为后来确定的"规范化名称"②）的调查资料进行"选编""参订""修订"（修订者与调查者并非同一民族），必然面临语言、文化诸多方面的困难和不理解，其结果也就很难完全展示原始调查资料的真实性和准确性。

2. 内容涵盖面不够。首先，据目前所了解的情况，云南民族调查资料存世量居全国第一。在修订出版的147册《中国少数民族社会历史调查资料丛刊》（民族出版

---

① 《民族问题五种丛书》云南省编辑委员会编：《基诺族普米族社会历史综合调查（上篇）·基诺族社会历史综合调查·说明》，《中国少数民族社会历史调查资料丛刊》，民族出版社1990年版。

② 《民族问题五种丛书》云南省编辑委员会编：《基诺族普米族社会历史综合调查（下篇）·兰坪、宁蒗两县普米族社会调查·说明》，《中国少数民族社会历史调查资料丛刊》，民族出版社1990年版。

社2009年版）中，云南有73册，占了总册数的一半。没有整理和出版的内容，云南民族调查资料现存在1亿字左右，远远超过现已出版的《中国少数民族社会历史调查资料丛刊》字数的总和。

在云南民族调查资料中，最具价值者为原始档案，即云南少数民族社会历史调查资料，其重要原因之一就在于其他4种丛书的编写依据大多来自第五种即云南少数民族社会历史调查资料。据不完全统计，云南调查组收集、整理和编写的历史档案、少数民族文献和调查资料目前已公开出版约3000万字，大约占到调查资料总字数的1/4。没有系统整理和出版的调查资料，部分存藏于北京市、云南省及其各州市县档案馆、图书馆和相关机构，部分散落于民间或由私人收藏，部分由原参与民族调查的工作人员收藏，部分见诸网上书店，版本包括稿本、复写本、刻印本、油印本、铅印本以及少数民族文字文献，内容则包括调查资料、调查提纲、工作计划、工作报告、工作笔记、文件、公文、批示、审稿意见、会议记录、总结、简报、通信、纸质文物（地契、证照、奖状、土司谱牒、账本等）、纪录片文本（拍摄提纲、脚本、分镜头剧本、解说词）等。但这些珍贵的史料数十年来几乎无人问津，其中部分资料由于保存不当或经过多次搬迁损毁严重，部分已经丢失，有些已有虫蛀，有些则因时间太久（受当年的纸张和墨水质量所限）或受潮而变得字迹模糊、难以辨认，亟待抢救性整理和出版。

云南之所以现存有如此大量丰富的民族调查资料，与云南的地理环境、民族情况、历史发展等多方面的复杂因素是分不开的。由于云南民族具有复杂性、国际性、宗教性等多方面的特点，新中国成立初期在云南的各项民族调查工作都要比在其他省区的工作更难做，需要的时间也更长。例如，新中国成立初期中央决定派出民族访问团到全国民族地区进行访问，首先派出的就是西南民族访问团（1950年），而东北内蒙古民族访问团在两年之后才派出。中央民族访问团西南民族访问团又分为3个分团，第一分团去西康，第二分团到云南，第三分团去贵州。到1951年3月，第一、第三分团的工作已全部结束，而第二分团即云南分团第二阶段的访问工作才刚刚开始。中央民族访问团西南民族访问团第二分团走访了云南9个专区的42个县（含设治局），除了建立地方民族民主联合政府、开办民族干部培训班、召开地区民族代表会议等各项重要工作以外，还整理和编写了百余万字的访问调查资料，这在中央派到全国各地的民族访问团中实属唯一。

前面所说8个方面的云南民族调查资料（不包括民国时期的调查资料），至今大部分尚未整理和出版。已出版的《中国少数民族社会历史调查资料丛刊》中的云南资料只是这些民族调查资料中的极小部分，而且很多重要内容几乎没有涉及。即使读完《中国少数民族社会历史调查资料丛刊》云南部分的全部内容，人们对新中国成立之后一个时期内的云南民族情况依然缺乏了解。比如：云南民族调查是怎样开始和进行的，来龙去脉是什么；云南多种社会形态并存的状况如何；云南的民主改革是在什么条件下如何分类进行的；云南民族区域自治政策和民主建政工作是怎样贯彻和落实的；云南第一个民族自治区和民族自治县是如何成立的，有什么经验和不足，对以后其他民族自治区、自治州和自治县的建立有什么影响和借鉴；等等。

其次，某些少数民族的各类调查资料很多且内容极为丰富，而《中国少数民族社会历史调查资料丛刊》仅收录了其中的极少部分。

最后，我们所说《中国少数民族社会历史调查资料丛刊》收录资料的涵盖面不够还有另外一种情况，即某一方面的资料有所收录，但或掐头去尾，或只见其一不知其二，使人无法了解某一方面资料的全面情况。例如，关于云南民族识别共有3个综合调查报告，第一阶段的识别报告名称为《云南省民族识别研究第一阶段工作初步总结》[1]，仅其中的《云南民族识别研究组第一阶段民族识别总结》部分被收录在《云南少数民族社会历史调查资料汇编》中，标题被改为"云南省民族识别报告"[2]，而第二阶段云南民族识别（第一阶段云南民族识别工作总结上报不到1个月，第二阶段云南民族识别工作已经开始）总结和后来的云南民族识别综合调查报告均未被收录，无论是一般读者，还是专业研究人员，仅通过《中国少数民族社会历史调查资料丛刊》收录的资料，对新中国云南民族识别情况和过程都不可能有一个基本的了解。

对于缺少9个民族内容的情况，由于《实录》的内容是少数民族社会历史调查史料，因而汉族不再单独列项，读者可以从各少数民族调查资料和综合调查资料（如"经济生活"部分）中窥见一斑；没有列项的各少数民族资料，除当时尚未识别、"正名"、列为单一民族从而导致没有（或尚未发现和整理）调查资料者外，我们尽量予以弥补和增添。对于内容涵盖面过窄的情况，除了增加单独板块以外，我们在各卷少数民族调查资料中也会适当加以补充。

---

[1] 中共云南省委边疆工作委员会编印：《云南省民族识别研究第一阶段工作初步总结》，1954年8月25日。

[2] 云南省编辑组编：《云南少数民族社会历史调查资料汇编（三）》，《中国少数民族社会历史调查资料丛刊》，云南人民出版社1987年版。

五

《实录》名为"实录"，就表明了对原始文献史料进行实录即是《实录》最主要的特色之一，也是《实录》与过往同类图书最大的不同之处，保持调查资料的原貌和真实性便成为编辑《实录》的不二法门。

在选编《实录》资料的过程中，经过我们将云南民族调查资料的手稿、原件和白皮书等进行比对，可以发现，部分《中国少数民族社会历史调查资料丛刊》中云南的资料已经做了一定程度的修改，有些调查资料改动的幅度相当大，中央民族访问团西南民族访问团第二分团编辑出版的《云南民族情况汇集草稿》就是一个典型的例子。

中华人民共和国成立后不久，根据毛泽东主席的建议，中央决定向全国各民族地区派遣访问团。从1950年7月到1952年年底，中央共派出4个民族访问团，即中央民族访问团西南民族访问团、中央民族访问团西北民族访问团、中央民族访问团中南民族访问团和中央民族访问团东北内蒙古民族访问团。1950年6月，中央决定首先派出西南民族访问团，由刘格平任团长，费孝通、夏康农任副团长，团员共120余人，分别深入川、滇、黔、康民族地区进行访问。中央民族访问团西南民族访问团团员由中央民族事务委员会、文化教育委员会、内务部、卫生部、贸易部、青年团中央等20多个单位（政务院所属各部、会、院、署）抽调组成。中央民族访问团西南民族访问团下设3个分团，第一分团赴西康，刘格平兼任团长；第二分团赴云南，夏康农兼任团长，王连芳任副团长；第三分团赴贵州，费孝通兼任团长。中央民族访问团西南民族访问团第二分团即云南分团，简称中央访问团第二分团。

1950年7月2日，中央民族访问团西南民族访问团离开北京，经武汉到重庆，西南军政委员会主席刘伯承、副主席邓小平作欢迎报告。刘伯承在欢迎报告中指出：

> 关于西南少数民族问题，以我们来说还是一个新的问题，我们仅一知半解，许多情况我们还不大了解，比如西康藏族人口，云南、贵州少数民族的种类，到今天还没有精确的统计。……希望访问团每达少数民族地区要首先赔不是；另外是要多多调查研究，做一个毛主席的好学生。……要正确地执行民族政策，首先要调查研究。毛主席指示我们："没有调查研究，就没有发言权。"[①]

① 《刘伯承同志在欢迎中央访问团会上关于西南民族工作问题的报告》（1950年7月21日），云南省委办公厅印《民族工作文件汇编》，1951年8月。

邓小平在讲话中指出：

中央民族访问团这次到西南来，必定对我们帮助很大。你们在少数民族方面研究、了解的东西比我们多得多。特别是你们下去以后，亲身接触具体情况，会发现许多问题。我们很希望同志们研究各种问题，多提意见，哪怕是一个片面的意见，也比没有意见好。现在我们就是苦于没有意见。……依靠同志们的工作，我相信可以解决西南最复杂的又是最重大的问题——民族团结问题，至少可以打下一个很好的基础。[1]

中央访问团第二分团走访了云南9个专区的42个县，从中央访问团第二分团的行程来看，其在云南的访问可以分为两个阶段。第一阶段从1950年8月6日至1951年1月31日，主要访问滇西各地。1月31日滇西各组返回昆明做短暂休整，第二分团领导做半年来第一阶段工作初步总结。第二阶段从1951年2月22日至5月中下旬，主要访问滇南各地。5月中下旬滇南各组返回昆明，齐聚安宁温泉，做第二分团工作和个人总结。

此外，中央访问团第二分团还整理和编写了100余万字（《实录》编者按目前已收藏的78册书稿页数统计）的访问调查资料，这套资料有一个总的名称，即《云南民族情况汇集草稿》。

中央访问团第二分团编印的《云南民族情况汇集草稿》（后文简称《草稿》）也分为两个阶段，第一阶段的访问成果标明为"材料"，标明的出版（《草稿》为竖排铅印，小32开本，纸张粗糙，封面用红字印刷，虽然标有"出版"字样，但并无统一书号）时间是1951年2月；第二阶段的访问成果标明为"资料"，标明的出版时间是1951年7月。可以看出，中央访问团第二分团的工作不仅时间长（中央访问团第二分团第二阶段工作刚刚开始，第一分团和第三分团的工作已经结束）、成果多（目前尚未看到其他访问团有如此大量的实地访问调查报告面世），而且时间抓得很紧——1951年1月31日第一阶段工作结束，2月份就出版了第一阶段的访问材料；1951年6月10日中央访问团第二分团离昆返京，7月份人们就看到了墨香犹存的第二阶段访问资料。

中央民族访问团西南民族访问团第二分团第一阶段访问了6个专区，即宜良、丽江、保山、大理、楚雄、武定，在这6个专区的每册《草稿》前面都有一个"编

---

[1] 《邓小平文选》第一卷，人民出版社1994年版，第170—171页。

者声明":

　　这些材料是我们从1950年8月29日至1951年1月31日（其中大部时间是在行动中），先后在圭山、丽江、保山、大理、武定、楚雄等地区进行兄弟民族访问工作中，通过当地干部、民族代表及熟悉当地情况的人士所了解的一些情况。为应各有关机关之急需，仅将原材料加以整理，尽量避免主观分析与结论，在文字上仅要求念得通、看得懂。但由于是短期的访问与了解及仓促整理，情况难免不真实或不深入，观点难免错误，文字烦琐或不通顺。故仅能供各有关机关进行民族工作的参考或进一步考察的线索，并望于今后的调查研究，加以校正。

1951年2月　日

　　中央民族访问团西南民族访问团第二分团第二阶段访问了3个专区，即普洱、蒙自和文山。在普洱区和蒙自区的每册《草稿》中也都有一个"编者声明"，与前面6个专区每册《草稿》的"编者声明"内容基本相同，只是时间和地点有了更动：

　　这些材料是我们从1951年2月22日至1951年5月底（其中大部时间是在行动中），先后在蒙自、普洱、文山等地区进行兄弟民族访问工作中，通过当地干部、民族代表及熟悉当地情况的人士所了解的一些情况。为应各有关机关之急需，仅将原材料加以整理，尽量避免主观分析与结论，在文字上仅要求看得懂。但由于短期访问及仓促整理，情况难免不真实或不深入，观点难免错误。故仅能供各有关机关进行民族工作的参考或进一步考察的线索，并望于今后的调查研究，加以校正。

1951年6月　日

　　20世纪70年代末，国家民委将《民族问题三种丛书》扩展为《民族问题五种丛书》时，部分《草稿》被编入《民族问题五种丛书》之《中国少数民族社会历史调查资料丛刊》中，名称为《中央访问团第二分团云南民族情况汇集》，分上、下两册，由云南民族出版社1986年出版。

　　《草稿》共计有多少册？这是一个迄今尚未找到答案的问题。作为中央民族访问团西南民族访问团第二分团副团长并留任云南的王连芳在《云南民族工作回忆》一书中回忆道：

当时我们可能了解的民族情况，联络组基本上都了解到了。每次送到我那里的材料都很多，由孙敏贤同志帮我一道看，并进行分类处理。一是如控告、纠纷和违反禁忌等需当地干部引起注意的，留在当地处理，一般的交县里，重要的给地委；二是典型材料、综合材料、总结等直接报省委，少数给省民委；三是报送中央的材料，紧迫的直接电告中央，其他的则带回北京。这些材料虽然粗浅但却使我们初步掌握了云南少数民族的基本情况，为中央和省委以后的民族工作决策提供了重要依据。其中一部分在1985年被编成《云南民族情况汇集》（上、下集），留下了近90万字的珍贵资料，其他资料和总结均随团带回北京，保留在中央民委。①

王连芳所说的《云南民族情况汇集》即1986年出版的《中央访问团第二分团云南民族情况汇集》（后文简称《汇集》）。《汇集》编者在上册"后记"中说：

1981年底，为编辑西双版纳地区的傣族调查资料，马曜教授首先将珍存的中访团这批资料中有关西双版纳的调查资料十件，交付编入《傣族社会历史调查（西双版纳之一）》（云南民族出版社出版）。出书后引起各方关注，经编委丛刊组研究决定，命专人搜集这批资料，编入中国少数民族社会历史调查资料丛刊。由于历史原因，当年中访团达百余件、百余万字的《云南民族情况汇集草稿》，已很难见到完整成套的了。在搜集这些资料过程中，先后得到省档案馆、省民委资料室同志的鼎力协助，终于将文山以外各地区调查资料基本收齐。

《汇集》编者在下册"后记"中又说：

上、下两集的资料，从搜集原件到编辑付印，前后历时两年多；在搜集资料、编辑过程中，原中央访问团二分团副团长省人大常委会副主任王连芳同志，始终给予各种极大的支持和指导。马曜教授将珍藏数十年的资料近30件交付编辑。原中访团二分团的苏丹、宋伯胤、胡鸿章、宋文治、高文英、尹寿铭等同志，以极大的热情为编辑提供情况、照片等。

作为中央民族访问团西南民族访问团第二分团成员并留居云南工作的胡鸿章回忆说，中央访问团第二分团"接触了分别居住在60个县内的少数民族群众，做了20

---

① 王连芳：《云南民族工作回忆》，民族出版社2012年版，第12—13页。

个村和10余个专题的典型调查，整处了近百万字的调查材料"①，又说中央访问团第二分团"整理了70份近80万字的调查材料"②。关于《草稿》的册数，有"70份"和"百余件"之说，但不知道"百余件"的根据从何而来，更不晓得"百余件"的具体内容；关于《草稿》的篇幅，则有"近80万字""近90万字""近百万字"和"百余万字"等等不同的说法。

关于文山专区的访问资料，《汇集》编者在上册"后记"中说：

> 经我们在昆明、北京两地查找，又函请文山壮族苗族自治州民委查询，均未找到。

中央民族访问团西南民族访问团第二分团访问文山的资料有多少，当时是否已编入《草稿》？这也是无从知晓的问题。中央民族访问团西南民族访问团第二分团成员宋伯胤在1951年2月12日的日记中写道：

> 老聂告诉我，下一阶段工作我参加第一组，组长是老范，我是副组长，由老聂率领，去蒙自、文山工作三个月。团部去宁洱，还有一路去澜沧，这两组是远征军。我们的地区是近了点，团部给予的任务，他们是做"线"的访问，我们则做"面"的调查。③

从宋伯胤后来的日记来看，他这一组人马又分为两部分，一部分去蒙自，一部分去文山，宋伯胤只去了蒙自，在他的日记中有详细的记录。他在1951年5月27日的日记中写道：

> 到文山去的同志们回来了。二分团这一次是最后的会师。④

到文山去的"同志们"都有谁，是否编写了访问调查资料，依然不得而知。

为了寻找中央民族访问团西南民族访问团第二分团在文山的线索，我曾两次前

① 胡鸿章：《回忆中央访问团访问云南》，云南省编辑组《中央访问团第二分团云南民族情况汇集（下）·附录三》，《中国少数民族社会历史调查资料丛刊》，云南民族出版社1986年版。
② 胡鸿章：《回忆中央访问团云南分团》，《云南文史资料选辑第四十四辑·云南民族工作回忆录（一）》，云南人民出版社1993年版。
③ 南京博物院编：《宋伯胤文集·民族调查卷》，文物出版社2012年版，第216页。
④ 南京博物院编：《宋伯胤文集·民族调查卷》，文物出版社2012年版，第304页。

往文山壮族苗族自治州、市各档案馆、图书馆、民宗局、政协文史资料编辑审查委员会等相关机构查阅档案资料，仅在文山州档案馆查到了两份提及中央民族访问团的资料。两份资料皆有两个版本，一为手稿，一为刻印稿，内容基本一致。一份资料为中国共产党文山地方委员会1951年3月17日统族字第贰号文，名为《文山地委统战部关于民族工作的计划》，其第三部分"关于民族调查工作"写道：

> 各县要在五月下旬（即中央访问团未到前）完成下列各项民族调查工作：
> ①民族种类——名称。②各民族人口数——尽可能得到正确数字，即匪乱地区亦应估计人口的约数。③各民族分布地区——如能绘图说明更好。④风俗习惯——各民族婚姻、年节等礼俗制度。⑤各民族的历史——叙述民族来历、有过什么沿革或斗争。⑥社会概况——各少数民族与汉族的关系，各民族互相间的关系。土司、领袖、头目和经济、生活等情况，应各民族分别叙述。⑦干部情况——县、区、村各级干部各若干？党团员干部各若干？⑧文化情况——有无自己的语言文字？学校情形？⑨宗教——有何宗教信仰？迷信程度。⑩治安状况——报导各少数民族地区匪特活动情况及有无参加匪特的恶霸地富。

从这份民族调查工作计划中，我们从一个侧面可以大致了解中央民族访问团西南民族访问团第二分团在云南各地访问调查的具体内容，还可以知道中央民族访问团西南民族访问团第二分团在1951年5月下旬（或以后）要去文山访问，这与宋伯胤记录的时间稍有出入（宋伯胤1951年5月27日的日记说"到文山去的同志们回来了"）。我们所无法知道的是——文山地区制订的民族调查工作计划完成得如何，是否编写了调查报告？如果是，又是否会列为中央民族访问团西南民族访问团第二分团调查材料的一部分？如果答案是肯定的，那为什么到目前为止在《草稿》中没有找到任何有关文山调查资料的痕迹？如果答案是否定的，又是出于什么原因？（《草稿》普洱和蒙自两区资料的"编者声明"中都提到去过文山访问调查并进行了材料整理）

另一份资料为中国共产党文山地方委员会1951年7月18日发文第031号，名为《地委关于召开各族各界代表会议建立联合政府复麻栗坡市委》。其中，在"（三）如何产生政府委员问题"一节中提到了"见张冲、王连芳同志《关于普洱专署组织联合政府的总结报告》"①，在"（五）领导思想问题"一节中指出：

> 中访团来文山指示后，少数民族工作已引起各级党委注意，但把阶级斗争与民族团结对立起来的左倾情绪还未根绝，争取与稳定民族上层分子还不坚决。……必须明确在边远地区，特别民族关系混乱的地区，只有把社会改革暂退一步，把民族团结、民主建政、生产工作、抗美援朝运动、爱国主义教育推进一步，把少数民族团结发动起来，才能推动其他工作。我们要在思想上彻底解决此一问题，并将这一精神贯彻到具体工作中去！

这份资料对中央民族访问团西南民族访问团第二分团到过文山做了确切的记录，但除了做指示以外有没有像在其他地区一样编写调查报告并编入《草稿》？从到目前为止所掌握的资料来看，依然不得而知。

《草稿》是中央民族访问团西南民族访问团第二分团最为重要的成果之一。从《汇集》编者叙述的情况看，《草稿》非常珍贵，但散佚情况严重，在20世纪80年代编辑《汇集》时，曾"命专人搜集"，并动用组织手段，都未能将《草稿》收齐。我们曾查找和阅读了上万份的云南民族调查手稿资料，对老一代民族工作者吃苦耐劳的革命精神和一丝不苟的工作作风充满敬意，因而历来视其为可信的史料。先是一个偶然的机会，从一家旧书店淘到几册《草稿》，将《草稿》和《汇集》进行简单对照阅读之后，顿时让人心生狐疑：两种版本同一篇访问调查的内容居然有很多地方无法对应！是我见到的这几本情况如此，还是所有《汇集》收录的《草稿》内容已非原文？经过20多年的搜集和寻访，现已收藏除文山区以外的《草稿》原件共78册（其中一册为翻拍件），依照中央民族访问团西南民族访问团第二分团的访问路线顺序，计有路南圭山区材料5册、丽江区材料17册、保山区材料13册、大理区材料2册、楚雄区材料1册、武定区材料7册、普洱区资料20册和蒙自区资料13册。除《傣族社会历史调查》（西双版纳之一）收录10册以外，《汇集》共收录《草稿》63册。

将《草稿》与《汇集》进行比对，发现《汇集》编者对《草稿》动了较大的"手术"，主要有以下几个方面。

1. 未收录或部分收录。《汇集》没有收录的《草稿》有5册，对其他部分《草稿》的内容仅做部分收录或删节收录。

---

① 关于张冲、王连芳的报告及中央民族访问团西南民族访问团第二分团协助成立普洱专区联合政府，参见申旭、肖依群编著的《云南民族调查史料钩沉（1950—1965）》（云南人民出版社2016年版）一书之"I 中央访问团第二分团对云南的访问调查"。

2. 掐头。每册《草稿》都有封面和"编者声明"，封面上标有"云南民族情况汇集草稿""××区材（资）料之×""中央访问团第二分团"字样以及篇名、出版年月等各种信息，《汇集》将其和"编者声明"、目录等一并删除。

3. 去尾。王连芳在《云南民族工作回忆》一书中写道，中央民委受命筹建访问团时，访问过程中的调查研究工作就备受重视，民委领导指派他负责起草一个调查提纲，由杨静仁修改后报送中央。1950年6月访问团全体人员集中在北京国子监学习，当时的中央书记处书记、北京市委书记彭真派秘书到国子监找他，转达了3点意见：第一，访问有多种功能，但其中一个重大的政治任务就是多方面了解民族情况报告中央，为中央今后的民族工作决策作参考；第二，调查提纲所列的项目都可以，但最根本的东西是调查各族群众的愿望、要求和疾苦，不要以为群众意见零碎，从零碎意见中可以看到人民的真实要求和期待，从而懂得人民要我们干什么、不要我们干什么；第三，调查要尽可能深入，尽可能深入下面，从一户、一个人那里了解情况。[①]另外，《中央访问团的任务、工作方法和守则》规定中央访问团的任务有两条，其中之一是"对西南各兄弟民族之政治、经济、文化情况、民族关系、群众要求以及当前民族政策的执行情形，有重点地进行调查研究，并搜集有关资料"[②]。《汇集》将《草稿》中关于民族关系、群众要求和民族政策执行情形等方面的内容（放在各篇访问调查报告的后半部分）大多删去，对其他方面的内容也部分删除，对此，《汇集》编者的解释是："编辑过程中，以不失历史资料为前提，对各篇作了必要的删节或摘要，均不一一注明。"[③]

4. 换名。大部分《草稿》的标题被重新命名。

5. 肢解。一册《草稿》被分成2个、3个甚至4个材料并分别加上标题后放入《汇集》之中。

6. 重组。颠倒《草稿》原文的内容次序重新组合。

7. 改写。全部《草稿》的内容均被做过改写或改编。

8. 添加。《汇集》编者人为添加了"内容"或自己的主观臆断。

1951年2月17日，中央民族访问团西南民族访问团第二分团副团长王连芳召集会议，布置整理访问材料的工作及具体要求。宋伯胤在当天的日记中写道：

---

① 参见王连芳：《云南民族工作回忆》，民族出版社2012年版，第10—11页。
②《中央访问团的任务、工作方法和守则》，《中央访问团团员手册》，1950年。（参见《实录》第一卷）
③ 云南省编辑组：《中央访问团第二分团云南民族情况汇集（上）·后记》，《中国少数民族社会历史调查资料丛刊》，云南民族出版社1986年版。

晚上在王副团长屋里开会，参加者是留昆整理资料的同志。王副团长指出，在着手整理材料以前，必须首先解决两个思想问题：第一，以非常宝贵和高度重视的态度来对待这个任务；第二，不要随意处置同志们心血的成果。至于整理材料的具体要求，有四点。

（一）整理材料是一个材料汇集的过程，我们所要做的事情就是将材料汇集起来，不是系统地编成文件。

（二）有文必录。即使同一个问题，有两种说法，也要录进去。

（三）原则上无大问题。

（四）文字略通顺。①

"材料汇集""有文必录"是《草稿》整理成册的重要基本准则。《宋伯胤文集·民族调查卷》一书收录了他自己11篇《草稿》中的文章，但颇具意味的是，每篇文章的末尾都注明有"原载云南省编辑组：《中央访问团第二分团云南民族情况汇集》，云南民族出版社，1986年"字样；也就是说，该书的编者并没有对照《草稿》原文，而是沿用了没有按照"材料汇集""有文必录"原则进行编辑的文本，若以后有人引用该书，极有可能造成误解误用的不良后果。

国家民委《民族问题五种丛书》云南省编辑委员会在《中国少数民族社会历史调查资料丛刊》（修订本）云南部分的"出版说明"中说："《丛刊》是研究民族历史、民族学等学科的综合性调查资料汇编。我们这次编选基本上以过去调查整理稿为基础，以便保证调查资料的客观性。在具体编选时，则以具有科学研究价值作为选编资料的标准。在时间上以反映各民族民主改革前社会面貌的资料为主。根据调查资料的价值大小，采取全录或节录。"可能是由于修订原则的约束，抑或是修订者没有找到"过去调查整理稿"，因而在2009年民族出版社出版的修订本中，虽然强调此次修订再版的主要工作是"订正错误"②，但将《草稿》原文与之对比来看，《汇集》中的错误显然没有得到"订正"，这种情况严重地影响了文献史料的真实性和准确性。我们非常赞同"尊重史实"的修订原则，但仅就《草稿》而言，现今人们尊重的并不是其原文的"史实"，而是经过《汇集》编者改编、改写后的"史实"。

---

① 南京博物院编：《宋伯胤文集·民族调查卷》，文物出版社2012年版，第219页。
② 《中国少数民族社会历史调查资料丛刊》修订编辑委员会：《中国少数民族社会历史调查资料丛刊·修订再版说明》，2007年12月。

遭遇了《汇集》编者大刀阔斧的"手术"，《草稿》已经变得"面目全非"，可谓"旧貌换新颜"。但可以肯定的是，经过了彻头彻尾的改变以后，《汇集》中的诸多问题也许瑕不掩瑜，但它无论是对于云南民族调查资料真实性和完整性的保存和留传来说，还是对于后人参考和进行学术研究而言，都不失为一种"硬伤"。

六

《实录》的编辑出版是一个系统性工程，第一阶段计划出版30卷。具体内容是：

第一至二卷：中央民族访问团西南民族访问团第二分团；

第三至四卷：民族工作；

第五至六卷：民主改革；

第七至九卷：民族语言调查；

第十卷：民族人口·民族识别；

第十一卷：民族民主建政与区域自治；

第十二卷：经济生活；

第十三卷：全国少数民族社会历史调查工作文档；

第十四卷：民族问题三种丛书与云南少数民族社会历史科学纪录片工作文档；

第十五至二十八卷：云南各少数民族调查资料；

第二十九至三十卷：图录和三十卷总目。其中，图录包括有关公文、函件、工作书札、电报稿，各少数民族历史照片、民族调查和纪录片拍摄工作照，中央访问团和慰问团赠送云南少数民族礼物、云南少数民族敬献中央人民政府礼品的照片。

在30卷图书中，云南少数民族资料与其他分类资料各占一半。

各卷预计完稿时间：

2020年：10卷。

2022年：7卷。

2023年：6卷。

2025年：7卷。

《实录》各卷采用纵向和横向两种分类编排方式，在一卷之内必要时纵向与横向交错进行。

第一至十四卷内容的分类架构为纵向排列，即大体上是按各项调查的时间顺序，其主要目的有二：一是为了突出新中国成立伊始中央人民政府对云南边疆人民的关怀、党的民族政策在云南的施行及新中国民族工作的"云南现象"和"云南经验"；二是展示新中国成立初期云南各项民族调查（包括中央民族访问团西南民族访问团第二分团、民族语言、民族识别等中央人民政府派出的调查组和云南省委边疆工作委员会、云南省民族事务委员会、云南省民族工作队等云南本地的调查组）的主要（文字）成果。第一至十四卷的内容突出两个重点，一是1949年以后从中央到地方各级政府机构及下属民族事务机构对云南各地的调查，二是新中国成立初期云南经历的重大事件（如清匪反霸、镇反、减租退押、民主改革、区域自治、互助合作、经济发展等），以展示这一时期云南社会的发展历程。

第十五至三十卷的内容主要集中于全国少数民族社会历史调查中的云南各少数民族调查及相关图片，各民族资料按民族代码顺序依次列出，其分类架构大体为横向排列。

编辑《实录》的整体思路，既着重于全面，也考虑到具体；既有选择重点，也要照顾到各方面的平衡。例如，第五至六卷内容为"民主改革"，包括3个部分，即土地改革、和平协商土地改革和直接过渡。这两卷资料选择的要旨，既要考虑到纵向的主题思路（从中央文献到地方指示，弄清事件的来龙去脉和具体内容），又要顾及内容涵盖面（如清匪反霸、减租退押、土改、复查以及土地改革中的建党、建团、妇女工作等），还要照顾到横向3个方面的大体平衡（一是3个部分内容篇幅的平衡，二是各地区、市县覆盖面的平衡，三是各民族内容的平衡）。再如，在民族语言调查资料的选择上，既要考虑到面的平衡（只要是有调查资料的民族，尽可能有所展现），又要有侧重地照顾到各卷内容的平衡（比如藏族，除语言调查资料外，其他方面的调查资料较少，在以往出版的《中国少数民族社会历史调查资料丛刊》中也没有云南藏族的资料），还要有重点（比如彝族，不但是云南支系、人口最多和分布最广的少数民族，而且还涉及四川、贵州等省，同时还是与周边东南亚国家共有的跨境民族）。

如此架构的目的在于以下5点。一是尝试对1950—1965年的云南民族调查史料进行一次系统性的梳理，因尚属首次，难度甚大，但却非常必要，也具有重大的现实意义。二是通过系统梳理，为总结新中国成立初期民族工作的"云南现象"和"云南经验"提供扎实和充足的史料依据，并在此基础上使其能提升到民族学研究和民族工作的理论高度。三是展现以前所有同类图书中大多没有收录却又极为重要的内容。四是摒弃以前大多主要选择经济内容的编辑思路（经济内容的重要性不言而喻，我们将主要在第十五至二十八卷各民族板块中加以展现）。如果《实录》在内容上与以往同类图书大体雷同或相似，只是在数量上进行些许增添和补充，那就失去了其应有的价值。毛主席当年曾对中央其他领导讲，少数民族地区也要进行社会改革了，一改革很多东西以后就再也见不到了，所以要抢救，这才有了中国"前无古人、后无来者"的少数民族社会历史调查。但是要"抢救"而且已经"抢救"的东西，绝非仅有经济甚至只是农业生产一项内容。五是通过文字、图片系统和全方位的展现，试图勾勒出新中国成立初期云南民族调查的全幅景象和完整进程，并以一斑而窥全豹，从而对全国各少数民族地区的社会历史调查在广度和深度方面能有进一步的了解和认识。

执守严谨的重材料、重考证学风并提出"史学即是史料学"观点的历史学家傅斯年曾说过："整理史料是件很不容易的事，历史学家本领之高低全在这一处上决定。后人想在前人工作上增高：第一，要能得到并且能利用前人不曾见或不曾用的材料；第二，要比前人有更细密更确切的分辨力。"[1]囿于心智、学识、能力与对云南民族调查史料的认知和掌握程度，及对民族史史料学及其目录学、分类学的一知半解，加之新中国成立初期各种访问团、慰问团、调查组、民族识别研究组、工作队、代表团、参观团等活动密集频繁，更有史无前例的"全国少数民族社会历史调查"，以及中国共产党各项民族政策和实施细则的深入持续贯彻执行，从而使云南民族调查史料的存量和内容变得更为丰厚，全面系统梳理可谓工程浩大，仅凭一己之力很难付诸实施并顺利面世，因而我们现阶段仅仅是在力学不倦的同时，尽力去做一些局部的抢救性整理工作。目前，30卷图书的资料已基本齐备，编选工作也在按照计划有条不紊地展开。当然，我们不会停下继续搜集和整理云南民族调查文献史料的脚步，在身心安好、精力财力尚可维系的情况下，依然会不回头地执着前行，并借此表达对那些在极端严酷环境下脚踏实地开展民族工作的工作者的诚挚敬意。他们历尽艰辛、勇于奉献甚至以生命的代价[2]获取的第一手调查资料，早已构成云南民族文化遗产宝库中不可或缺的重要组成部分。文化是民族的灵魂，是民族精神和民族素质的纽带，深深植根于民族的血脉之中。这些史料之所以如此珍贵，很大程度上就在于其丰厚的民族文化内涵，值得永久藏存。想要留住它们，就离不

①傅斯年：《史学方法导论》，《傅斯年全集》第1册，湖南教育出版社2003年版，第58页。
②1958年9月29日下午7时，云南民族调查组怒江分组贡山小组成员陈延长在调查途中坠落怒江，不幸遇难。时任贡山小组组长洪俊于10月1日上报《关于陈延长同志牺牲的经过（报告）》，详细描述了事件的经过。我们藏有这份报告的原件（复写稿），其内容将编入《实录》第十三卷。——编者

开执着者的良苦用心；想要解读、弘扬和传播它们，就离不开研究者的孜孜矻矻和传播者的不懈努力，其中最重要的一个方面，就是具有历史眼光和远见卓识的出版者，云南人民出版社就担当了这一举足轻重、令人钦敬的角色。

这些无可复制的实地调查资料，已经成为云南民族文化遗产宝库中的经典。何谓经典？2003年诺贝尔文学奖得主、南非作家 J. M. 库切（John Maxwell Coetzee）的定义也许最为贴切。他在题为"何谓经典"的演讲中说道：

经典就是得以存活之物……历经过最糟糕的野蛮攻击而得以劫后余生的作品，因为一代一代的人们都无法舍弃它，因而不惜一切代价紧紧地拽住它，从而得以劫后余生的作品——那就是经典。

作为云南民族文化遗产宝库中的经典，它们不能被遗忘，也不应该被率意"修正"。作为云南珍贵民族记忆的收藏者和云南历史文化的研习者，我们也会时刻牢记——"为了明天而收集昨天"。这既是初衷，也是终极目的。

申 旭

2020年1月15日

编辑说明

1. 20世纪中期云南民族调查的内容广泛、丰富、繁芜，由于时间、精力、费用等诸多因素，仅靠个人努力显然无法完成全部云南民族调查史料的搜集工作，挂一漏万在所难免。就目前了解和掌握的情况看，有些调查史料或调查笔记没有标题，且内容相当零碎；有些史料仅有存目而内容已佚；有些史料仅见标题而尚未看到具体内容；有些史料抑或无必要收录，因此《实录》内容为精选而非大全。

2. 通过多年对云南民族调查史料的持续收藏和研读，《实录》暂将其分为13个大类，即中央民族访问团西南民族访问团第二分团、民族工作、民主改革、民族语言、民族人口、民族识别、民族民主建政与区域自治、经济生活、全国少数民族社会历史调查、三种丛书、少数民族社会历史科学纪录片、云南各少数民族调查史料和图片。

3. 本着拾遗补阙的原则，已公开出版的史料原则上不再收录，但为了展现一项调查工作的全过程并保持一套史料的系统性和完整性（收齐一套史料往往需要数年甚至更长的时间），同类图书仅做部分收录或删节、改动过多而又相当重要的史料，则全文收录。

4. 某些文稿有手写本、复写本、刻印本、油印本、铅印本等多种版本，其中部分为摘录或摘要本，《实录》选择相对完备、详细的版本。

5.《实录》按具体内容和民族内容进行分类，前者按时间先后编排，后者按中国民族代码顺序排列。

6. 一卷或一个板块具体内容的编辑，按照省、专区、自治区（州）、县、市、区、乡等行政区划依次进行，各级行政区划排名不分先后。

7. 依照中国民族代码顺序排列的云南各民族调查史料，按照当时各调查分组或调查小组的调查对象和调查主题进行分类。例如彝族分组的调查史料，除了其中标明为其他民族的调查内容以外，皆归入彝族范畴。

8. 带有歧视和侮辱意味的民族称谓一律删除，必须保留者皆做修改，比如"猡"改作"倮"，"母鸡"改为"侔僟"，等等。

9. 部分史料中存在民族歧视和侮辱方面的叙述，凡影响民族和谐与团结部分予以删除，不加注明。

10. 1966年以前云南各项民族调查（参见《实录》之"写在前面"）期间，部分少数民族尚未进行民族识别或完全确认，部分少数民族的名称尚未最终确定，《实录》对这一时期云南民族调查史料中的原有民族或其支系称谓予以保留，不做改动。例如佤族在定名之前，曾被称为或更改为"瓦族""卡瓦族""佧佤族""佧瓦族""卡佤族"等，本书不做统一，以免完全抹去了民族名称的历史演变过程。

11. 1966年以前云南各项民族调查（参见《实录》之"写在前面"）期间，部分少数民族自治地方的名称尚未最终"正名"，《实录》原样保留，不做更动。

12. 由于调查、访问、翻译、记录、整理的人员、时间、地点等方面的不一致，人名、地名的写法并不一致，《实录》以脚注形式予以标明，不做统一或修改。

13. 同一专业术语在不同文献中的用法不同，如三种丛书，又写作"三套丛书""三种民族问题丛书""民族问题三种丛书"等，除明显错讹之处以外，不做统一。

14. 部分文稿封面、目录标题与正文标题并不一致，本书原样录入，不做改动，仅在页下注释说明。

15. 部分文稿中的数字明显存疑，除有直接证据或旁证据之修改外，不做更改，也不做说明。

16. 原文稿中数字表述多为汉字，除必须使用汉字者外，现统一使用阿拉伯数字。

17. 部分汉字的使用几十年来已有明显变化。如"哪里"原稿作"那里"，"做生意"原稿作"作生意"等；再如助词"的""地""得"的使用也较为随意。现根据当下汉语使用规范进行统一，不做说明。

18. 部分文稿标题没有域名，为方便阅读，根据内容将域名放在括号内置于标题前予以标明。

19. 部分文稿没有标明日期，如能在正文中查出日期，则将其摘出置于文稿的开端。

20. 文稿中个别明显笔误或错漏之处，直接补入和改正，不做注释。

21. 限于当时记录、翻译和编写等各方面的原因，部分文稿无法通读，《实录》

在不扰乱和改变其原有风格的前提下稍加理顺。

22. 为了方便阅读,对个别较长的段落稍加分段调整。

23.《实录》尽量保持原记录文稿的行文风格和断句构成,但为了保证史料的完整性和阅读顺畅,根据内容对部分文稿的序号进行了补入和调整;对标点符号按现在的使用规范做了修改,不做说明。

24. 由于纸张、墨水、年代久远、保存不当、记录编写人员笔误等诸多原因,部分史料的自造字、错别字偏多,个别专有名词处已有残破或漫漶不清,以致极难辨识和无法卒读。对此,《实录》尽力以其他同类史料予以校正补入,无法补入者,则标以虚缺号"□"。

25.《实录》第七、八、九卷内容为云南民族语言调查资料。由于各方面的原因,此3卷采用扫描和拍照方式将原手写稿内容呈现。原手写稿中的汉语存在有错别字、繁体字、异体字、不规范简体字、自造字等情况,还有词汇、语法序号编排混乱,表格随意断开、分页等现象,作为对珍贵原始资料的抢救性保护留传,《实录》不做任何改动,保持原稿模样。

26.《实录》收录的史料,部分为个人收藏,部分存藏于相关档案馆、图书馆、资料室,部分存藏于当年参加过民族调查的工作人员手中,为了方便阅读和使用,尽量列出日期、署名等相关信息,并置于每篇文稿的开端,但不标明收藏出处。

目　录

《边疆工作通报》第 1 期

（德宏区景颇族社会经济调查专辑之一）

中共云南省委边疆工作委员会编印

1954年2月2日

《边疆工作通报》第 1 期

省委边疆工作委员会关于编印《边疆工作通报》的通知

1954年2月20日

为适应我省边疆工作发展的需要，经省委批准编印一种内部参考性质的刊物，定名为《边疆工作通报》，于1954年2月20日发刊，一般发至边疆地委、边工委、县委、区委和民族工作队。其内容为介绍边疆少数民族地区社会经济基本情况及交流有关生产建设等工作的情况和经验。由于我省边疆民族种类多，内外关系复杂，各民族的社会经济发展不平衡，各民族甚至在同一民族内部，都各有不同的特点和要求。因此，在具体政策的制定和实际工作中不应将在某些少数民族地区适用可行的办法和经验，机械地搬用于其他少数民族中去。但依据当地具体情况和历史条件而适当地吸取和应用其他地区的经验，则是可以的。希边疆各级党委及边疆工作的同志经常向我们提供材料并随时提出改进意见。

---

① 本目录部分标题与正文标题并不一致。原文如此。——编者

潞西县工委关于遮放西山景颇族地区
团结生产的初步意见

1953年9月16日

（本文系马曜同志在遮放区工委扩干会上发言提纲，经潞西县工委同意）

省委边委按：

　　《潞西县工委关于遮放西山景颇族地区团结生产的初步意见》及其计划，对于该区景颇族社会经济的基本情况做了较系统的调查研究，并提出在一定时间内的生产计划，虽仍须继续研究并在实际工作中不断加以修正，但这种做法是好的和必要的，特先刊发，供各地参考，并请提出意见。

一、关于西山区的基本情况和山区改造的条件问题

　　西山由两架横亘着的平行山梁构成。中间有两道小河，一为红球河，东流入东北面的芒市大河；一为蛮回沟，南流入西南面的龙川江。东西长90公里，南北宽100公里。山岭上主要是景颇族（载瓦和部分茶山、浪速）聚居，杂居着崩龙族、汉族。居住分散，由五六户到八九十户，一般为15户到30户。

　　我们在山上40天，共调查了41个寨子（东山6个），6个典型寨（东山2个）、14个典型户（东山1个）。计景颇族950户4103人、汉族107户471人、崩龙族16户77人，共计973户4651人。其中：男2159人，女2492人；劳动力2447人，占总人口51.4%（两个附带劳动力折1个主要劳动力）。平均每户人口为4.79人（东山除上瓮角寨外未计入）。兹将就地发展的条件和类型分述如下。

（一）有利条件有4个

（甲）自然条件较优厚：

　　山是土山，土层很厚。阔叶树、大竹、芭蕉满山都是。山势虽陡，但不太高。夏季凉

爽，冬季比坝区稍冷，基本上是亚热带气候。

红球河两岸、龙川江东岸及靠遮放坝区的山麓，有很多平缓山坡，可开旱地。山坳有许多零星小块冲积地，可引水开梯田。优点是气候好，土质肥；缺点是山上水源少，红球河水位低。单靠已开水田，目前只能解决37.9%人口的粮食。如3年至5年内增开一部分水田，普遍增产50%，可解决99.4%人口的粮食。

35个寨子，共有水田843.1箩种（1箩种水田面积约4亩，共折合3372.4亩），产谷37637箩（1箩水稻谷重31市斤，折合1166747市斤）；旱谷地2212.75箩种（1箩种旱地面积约2.5亩，折合5531.875亩），产旱谷32809箩（1箩旱谷重36市斤，折合1181130市斤）；园地（苞谷、大烟地）98.57箩种（1箩种园地折旱谷地8箩种，折合1971.4亩），产苞谷3868箩（折合153172.8市斤）；棉花地237.15箩种（1箩种棉花地折旱谷地0.8箩种，折合474亩），产籽棉2950.1砣（1砣坝区重40两、山区重53两，以每砣3市斤计，折合8850.3市斤）；黄豆地113.7箩种（1箩种黄豆地折旱谷地5箩种，折合1421.25亩），产黄豆1408箩（折合55756.8市斤）；已固定旱地（园地）有788.16箩种（照旱谷地箩种折算，折合1970亩），占现有旱地36%。

可开水田（梯田）575.3箩种，折合2301.2亩。还有广阔的空间，可以增开旱地，种植经济作物，留出森林和牧场。

已发现种植和野生的作物有130余种。粮食类有水稻、旱谷、小米、苞谷、黄豆等21种。经济作物有棉、茶（东山）、甘蔗（红球）、麻、芝麻、苏子、小花生、咖啡（东山）等29种。蔬菜类有56种（包括野菜）。水果类有23种，多系分散种植，收益不大。

（乙）土地占有不甚集中，山官的经济剥削还未达到严重阻碍生产力发展的程度：

共有山官（"早"）40人（包括重要官种），占人口的0.86%。主要劳动23人，内卖工5人，附带劳动12人，不劳动3人（有2人劳动情况不明，不计在内）。共占有水田110.4箩种，折合441.6亩。平均每户占有水田2.76箩种，折合11.04亩。如除去跌撒、弄丙、广远、先乌4个大山官占有47箩种，则其余的36人，平均每户占有1.76箩种（折合7亩，相当傣族地区一个贫农占有的土地），为群众每户占有水田0.74箩种的237.8%。寨头（"坡猛"）40人，占总人口的0.86%，主要劳动26人，附带劳动11人，不劳动3人。共占有水田65.1箩种，折合260.4亩，平均每户占有水田1.62箩种，折合6.48亩，为群众平均占有水田的218.9%（强）。山官每户有牛2头，寨头每户有牛1.77头，比群众多1倍（弱）。旱地自由开荒（开水田须得山官同意），谁种谁得，占有多少决定于劳动力。

山官占有剩余劳动的主要方式为劳役地租（官工）。每户每年3工至5工，祭鬼杀牲和猎获野物时送一腿肉。个别寨子除官工外，每户还出官谷1箩至4箩（困难者免）。对本民族的剥削占每户全年收入的3%至6%。对汉族有官烟、年礼，对崩龙族有官工（每年3天至4天）、保头费（每年2箩至4箩谷子）。3个大山官对山麓傣族寨子征收保头费（每户3斜至1箩）和年礼等。对外族的剥削占每户全年收入的12%左右。山官也有一些公共支出，如招待外寨来客。每年祭官庙（"龙赛"）两次，每次出猪1头。吃新谷请客，调解"拉事"（报仇抢劫）纠纷时供应伙食（有调解费收入）。一般说来，山官的剥削还未达到阻碍生产力发展的阶级对抗形式。

（丙）各族人民现有生产资料不太贫乏：

973户共有水牛993头、黄牛658头。有水牛户占45%，无水牛户占55%，大山官和寨头占有水牛较多。共有犁1607件，平均每户已接近有2件；有板锄2029把，平均每一个劳动力接近有1把（广远等7个寨子包括贷放数）。

副业生产基础较好，每户都有园地1块，种苞谷、黄豆、大烟（大烟约占总收入25%）、小菜等，每户养猪1头至数头、鸡数只。

（丁）社会秩序基本安定，山官群众欢迎搞生产：

山区土匪已肃清，社会秩序日益安定。上层和群众基本靠我，很多寨子自动盖房子请工作队去住。群众生产情绪逐渐提高，劳动习惯和耕作方法已有若干改进，懂得多犁、多耙、多薅和施肥的好处。弄丙寨1953年新开旱地164.3箩种（折合410.75亩），丢荒61.8箩种（折合154.5亩），净增102.5箩种（折合256.25亩）。

（二）困难条件有5个

（甲）生产力水平极为低下和停滞：

刀耕火种和广种薄收的粗放经营占统治地位。

主要生产工具有：铁犁（重4.5市斤，短而窄，仅犁深3寸至4寸，单牛耕犁）、木耙（无铁耙）、铁板锄（重2市斤，无条锄），其余有砍刀、铁斧、镰刀等。使用这种简陋工具耕作，需要大量劳动。

劳动力：除犁地、耙地外，农业上的其他劳动多由妇女担任。抽大烟、吸剁把烟的男子占成年男子人数约40%。男女老少嗜酒，性病多，对劳动力破坏很大。

生产技术：刀耕火种的方法较同区的崩龙、傈僳等族落后。挖土浅，不敲土松土，不选种，不剔苗，不施肥，仅薅1道或不薅。1箩种旱谷地需人工45个、牛工5个，再加上籽种、工具折耗等，成本折谷26箩，折合936市斤。而1箩种最高产量只30箩，折1080市斤；最低七八箩（以7箩计，折合252市斤）；平均产量为15箩，折合540市斤。成本占平均产量的173%。水田耕作也很粗放，全种"白水田"，也不选种，只薅1道。1箩种水田需人工47个，牛工13个，再加籽种、工具折耗，成本折谷30.2箩，折合936.2市斤。每箩种水田最高产100箩，折合3100市斤（山区汉族）；最低产量25箩，折合775市斤；平均产量为50箩，折合1550市斤。成本占平均产量60%。收获时把谷穗铺在地上，用牛踩落谷粒，再借风力扬去沙土，损耗很大。

劳动时间浪费很大，食米边吃边舂，1箩谷要舂大半天，整个早晨都消耗在舂米上。上午11时出工，土地离家5里至20里，到地上已是下午1时，1个劳动日只有半天。

生产成本占产量价值的60%到100%，有时甚至形成逆差，但不劳动生产就不得食，用他们自己的话说，"养儿不算饭食钱"，生产比不生产好些。在这种生产力水平上形成的单纯再生产，不可能有更多的剩余产品转化为生产资料，永远在同一生产规模上循环进行。

生产停滞的另一表现是：农业与家庭手工业紧密结合。该族至今仍多少保存着较原始的性别和年龄分工的残余。男子狩猎、犁地，妇女薅草、纺织、砍柴、舂米、煮饭，老人制造工具。没有自制的陶器和铁器，没有或很少有从农业分离出来的独立手工业者。个别寨（如湾丹山）有兼营商贩的，但独立的小商贩绝少。除盐、布、铁制农具依靠外来供给外，寨与寨间甚至一寨内相互间都很少有交换行为。

生产力低下和停滞，除了这种社会制度本身的原因外，与长期民族压迫和帝国主义经济侵略是分不开的。

该族长期被傣族土司征服，退处山区，解放前土司通过山官对该族实行间接统治，每年征收官烟、官谷和门户捐等，剥削很重。

主要生活必需品（布、盐）和部分生产工具（犁、锄）依靠外国供应，大烟行销缅甸，使用外币，出国卖工，经常受帝国主义奸商的剥削。解放前政治上的外向也很突出，如充当英帝国主义雇佣兵、信奉基督教（东山）、出国求学等，使山区社会经济带上了显著的殖民地性质。

（乙）农村公社残余和与之相适应的山官制或多或少地限制生产力的发展：

山官制还未形成完整的统治制度，也没有固定的武装（成年男子都是战士）。山官是世袭的，其职权是分配土地，批准外人入寨，征收劳役地租，调解纠纷，保护人民。对外作战时，他是指挥人。因此，山官统治一方面是基于家长制家族的宗教和道德的约束力，另一方面也带上较为显著的封建剥削性质，从而形成了一种半家长氏族半封建领主的过渡经济形态，更确切些说，是一种带有殖民地性质的半家长氏族半封建领主的过渡经济。它可能还处在从家长制家族（农村公社）或不完整的家长奴役制（被傣族土司统治后失掉了向奴隶制发展的社会条件）向初期封建制的过渡期。部分地区已进入初期封建社会，阶级正在分化，土地呈现集中趋势，但仍带有较浓厚的原始性、部落性。

山官下设寨头，协助山官处理公共事务。他是第一个开辟山寨的人，多为世袭，对群众也有一些轻微剥削，但都未形成制度。

山官制在该族低下的生产力水平上成长起来，并与这种落后的社会经济形态相适应。在山官辖区周围数十平方公里到数百平方公里内，准许自由开荒，草地、牧场、森林是公用的。耕地被分给作为社会经济基本单位的各个家族永久使用，这里已经形成以生产资料私有制为基础的个体经济了。

但是，在若干地区，这种土地所有权仍受到一定限制：首先，山上的旱地不能自由买卖、抵押和转让，部分地区水田买卖亦须得山官同意；其次，不能超越山官辖区和氏族公有地开荒和调剂耕地，如迁居即丧失本寨土地所有权，用他们自己的话是："来时修（开荒之意），去时丢。"

接近傣族地区的3个大山官，出租土地给外族，其余依靠地租剥削为主要生活来源的不多，本族内部租佃关系很少。群众间也有借贷关系和个别卖青现象，年利多是借1还2，尚未发现依靠债利生活者。分养牛、猪的现象较为普遍。长工少，短工和较原始的换工较多。总之，土地租佃、买卖和雇佣关系在大部分地区人民的经济生活中尚未起决定作用（接近傣族及汉族杂居地区，土地买卖、租佃雇佣和借贷关系已有相当发展，约占全区的15%到20%）。

山官对居住在其辖区内的外族人民实行封建统治，限制外族人民开荒，使用强制权力进行敲索，有的山官把分给外族的土地夺为自有，或分给本族人民。

这里农村公社残余的基础已经是经济的地域的关系了，它和历史上的农村公社一样，在社会分裂出阶级之后，仍然存在很久，这有利于傣族土司的分割统治。

原始部落民主残余，加上长期反抗民族压迫和共同抵御各种自然灾害的生存要求，形成该族人民内部相互间不等价的互助合作习惯。如集体建屋（全寨人自带工具来帮助，一天建好）、共同开荒换工等较原始的单纯协作形式（"伙干"），平均分配猎获物、祭品和拉事劫来的财物以及旅行不带口粮等遗俗，是该族社会观念中普遍流行的原始平等和绝对平均思想的社会基础。其中也还保存着若干尚未失掉生命力的因素，如生产互助、经常关心同族人的贫病灾害、好客和对客人的安全绝对负责、一切共同讨论的习惯等，应善于诱导，使之适应于新的生活和道德标准。另一方面，由这种僵化保守的思想中产生的苟安依赖、缺乏积累观念等，极大地阻碍了该族的进取和进步。

（丙）拉事与祭鬼严重破坏生产：

拉事（报仇抢劫）与祭鬼是该族落后社会经济的产物。借端拉事、杀牲祭鬼，长期破坏生产、团结与对敌斗争。

长期的民族压迫，使他们处在贫困落后、失望与绝望的呻吟之中，退则祈求神佑，进则诉诸残暴。前者表现为对自然力量的软弱无力，后者则是迷失方向、走投无路、乱撞乱碰的一种行动。

拉事的范围不限于外族，本族内部的支系与支系、寨与寨、个人与个人间都可以"拉"。"拉"的对象也不限于具体的人，只要是牵挂得上的人和村寨都可以"拉"进去。任何人都可以发起，任何人都可以参加。引起拉事的直接原因有：民族纠纷、历史仇恨、抢劫财物、上层间的土地掠夺、婚姻纠纷、匪特挑拨等。大的拉事由山官主持，拉事头当引线，策划组织，群众都参加，社会各阶层都卷入旋涡。

祭鬼对生产的破坏尤为严重。南苗寨7户人，去年祭鬼14次，杀牛6头、杀猪12头，其他费用不计在内。

买卖婚姻和丧事祭鬼支出很大。弄丙寨木勒拉（中农），1952年结婚用牛2头，连其他费用折合谷子325.75箩（折合水稻谷10098.25市斤），够全家两年吃用。该寨木惹（中农）办母亲丧事，支出谷子226.5箩（折合水稻谷7021.5市斤），够全家1年半开支。

若干带有宗教告诫性质的劳动习惯，如黄牛不能耕田，神林、仙山、鬼地不能开垦等，也限制生产发展。

（丁）复杂的民族关系和长期对敌斗争的环境：

以景颇族为主的山区各族分布呈垂直形，山麓是傣族（山官保头区），山腰是崩龙族，再上是汉族、景颇族，东山山顶还有傈僳族。各族受山官统治，整个山区统辖于傣族土司。长期的民族压迫和民族纠纷，形成各族间和本族内部互相矛盾的错综复杂的关系。各族均跨境而居，与境外同族有着经济的和亲族的（西山山官在缅甸娶亲者有10人）联系。帝国主义和蒋匪残余经常进行分裂破坏活动，使各族人民的生产和生活长期处于不安定状态。

解放以来，民族关系已有改善，但由于历史遗留的民族隔阂很深，在这一进步过程中，也会发现各族从本族的局部利益来领会我党的民族平等政策，提出不适当的过高要求。如景颇族要求收回被傣族夺取的坝区水田，歧视山区汉族；崩龙族则提出收回被景颇族强占的土地；汉族和傣族责备我们放纵景颇族拉事抢劫。该族内部也还存在多件悬而未决的大拉事纠纷。加上匪特挑拨破坏，潜伏性的危机是存在着的。

（戊）工作基础仍然薄弱：

我们不能过低估计进入该区1年来的工作成绩，但由于边疆政治环境复杂，该族的社会经济相当落后，民族关系尚未发生根本变化，还需要做长期艰苦的工作。工作基础的薄弱，主要表现在民族干部十分缺乏，全西山区脱离生产的本族干部只有12人，从群众中发现和培养出来的干部尤少，工作一转移就会出问题。

根据上述分析，该族已进入阶级社会并产生剥削制度。当前阻碍生产力发展的主要因素可以概括为如下3点：第一，建立在这种低下生产力水平上的社会经济制度和与之相适应的原始宗教（祭鬼杀牲）、买卖婚姻、劫婚和不良的劳动习惯等，成为僵化保守力量，对生产的严重破坏甚至超过山官的经济剥削；第二，由于民族压迫和民族纠纷，使作为部族流血复仇和原始掠夺的拉事行为被保存下来，造成生产、生活上的长期不安定；第三，帝国主义经济文化侵略和异族奸商投机者的剥削。在考虑山区改造时，必须从这些因素出发。

（三）如果从山官辖区（一般不能超越调整耕地）内，以已开未开的土地和人口相适应情况为主要标准，可将35个寨子分为3种类型

（甲）第一类型：

有广远等24个寨子652户3097人。有水田715箩种（折合2860亩）、旱地2448.78箩种（折合6321.95亩）。平均每户有水田1.09箩种（折合4.36亩）、旱地3.75箩种（折合9.3亩）。平均每人有谷16.5箩（折合598市斤）。可开水田445.8箩种（折合1783.2亩），可开旱地多。其特点是：

1.现有水田每户接近或超过1箩种，每箩种平均产量50箩（折合1500[①]斤）；平均每

① 如果按本文1箩稻谷重31市斤计算，50箩稻谷的重量应为1550市斤。后同。——编者

户占有旱谷地2.11箩种（折合9.375亩），每箩种平均产量18箩（折合648市斤）。

2.无水田户占35.5%，但可开水田还多。

3.已固定旱地509.52箩种（折合1274亩），占现有旱地总面积的21%。

4.副业收入占每户总收入20%左右。

5.生产资料较充实：有水牛733头，平均每户有1头多；黄牛415头，平均每户半头多；犁1136件，平均每户1.9件；锄头1369件，平均每户2.1件。

（乙）第二类型：

有崩巧等5寨193户914人。现有水田99.6箩种（折合398.4亩）、旱地870.226箩种（折合2176亩）。平均每户有水田0.51箩种（折合2亩）、旱地4.5箩种（折合11.25亩）。平均每人有谷13.6箩（折合旱谷489市斤）。可开水田75.55箩种（折合302亩），可开旱地还多。其特点是：

1.现有水田平均每户不到1箩种。每箩种平均产50箩（折合1500市斤）。

2.无水田户占58%，光靠开水田还达不到够吃。

3.已开旱地多，已固定旱地170.4箩种（折合426亩），占现有旱地总面积的19.5%（强）。

4.副业收入占每户总收入50%，主要是卖工（邦谷）、兼营小贩（湾丹山寨）、卖柴等。

5.农具较缺乏，耕牛占有较集中，劳动力有剩余。

（丙）第三类型：

有营盘等6寨128户640人。现有水田28.5箩种（折合114亩）、旱地271.95箩种（折合680亩）。已固定旱地108.24箩种（折合271亩）。平均每户有水田0.22箩种（折合0.88亩）、旱地3.43箩种（折合8.2亩）。平均每人有谷子8.75箩（折合215市斤）。可开水田58箩种（折合232亩），旱地多寡不一。其特点是：有水田户占16.4%，无水田户占83.6%，劳动力强，卖工多，可开水田少。群众生活主要依靠副业解决，又分3种情况：

第一种：现有水田少，距寨远，增开要解决山官辖区问题。旱地坡度大，固定困难（营盘、捧恨①寨、崩龙寨）。

第二种：水田极少或没有，增开也要解决山官辖区问题（钱磨、项球、别伦），可种旱谷。

第三种：水稻、旱谷都不能种植，主粮是苞谷、荞子和洋芋。如东山向北河傈僳族寨，有18户77人，没有地主富农，只有2户占有山腰水田3.5箩种（折合14亩）。全寨只有1户够吃。农具、耕牛都很缺乏。副业收入占总收入的75%，其中卖芭蕉叶、芦子占27%，卖工占26.7%，养猪占20.8%（系傈僳族，未计入总人口内）。

以上3种类型占有土地的多寡，并不表示土地集中，而是因为没有足够的生产、生活

---

① 捧恨，本文又作"捧痕"。——编者

资料开荒，受山官辖区限制，可开水田少。第二、三种类型可代表山区的一般情况。

二、山区改造的基本方针与具体做法

（一）基本方针

基本方针是：全面发展，重点帮助。目前首先要帮助无田少田户解决耕地问题，并从现有生产基础和水平上把耕作技术略为提高。在自然条件和工作基础较好的地区，争取在3年之内集中力量基本解决够吃，并在此前提下，根据条件和可能，有重点地提倡种植经济作物，发展副业，争取在5年内基本解决够穿。

山区改造的具体内容是：增开梯田（水田），逐步固定旱地（梯地、园地），重点种植经济作物，发展副业和手工业。依据3种类型的不同情况，分轻重缓急进行之。为此，必须：

（甲）从山区特点、民族特点出发：

山区特点是自然条件优厚，这就提供了就地发展的有利条件。但更重要的则是该族社会经济很落后，工作基础薄弱，处在民族关系复杂和长期敌对斗争的环境之中，因此确定以下4点为团结生产的原则：

1. 以景颇族为主体，带动其他各族共同发展。通过区乡建政，加强民族间和民族与民族内部的团结，停止民族纠纷。扩大各族间的经济联系，互相交流生产经验。加强山区汉族工作，就地推动各族提高生产技术水平。

2. 目前在山官现有辖区内调剂耕地。只有在各族习惯允许共同使用耕地（如营盘、崩洞），或山官、群众同意的条件下才做适当调剂。

3. 山区水田少，尽量开出，仅能解决够吃，而发展经济作物的条件和基础都很好，因此，大量推广经济作物应是山区将来的发展方向。但基于各族人民历史性的普遍缺粮情况和国防需要，基于各族生产资金和技术条件尚未具备，当前只能因地制宜地重点发展，不应普遍大量推广。同时，也只有首先大力发展农业生产，做到粮食自给，才能为发展经济作物创造前提条件。

4. 山区地广人稀，土质很肥，从目前条件看，精耕（费工多、成本高）与粗放（费工少、成本低、耕作面积广）互有得失。因此，在逐步固定旱地和提高单位面积产量的同时，为照顾各族现有生产水平，保证粮食的一定供应，应在不破坏森林、牧场的条件下，容许粗放耕种，通过开梯地、挑旱渠、等高种植和牧草轮作等方法，在相当长的时期内逐步缩小以至消灭刀耕火种。

（乙）全面发展观点：

确定以下4点为团结生产的具体内容：

1. 开垦水田，主要解决各民族中有劳动力的无田户和少田户的困难。在耕地面积许可条件下，对劳动力有剩余而生产积极的有田户可适当帮助其增开一部分。如荒地全部开成水田，普遍可达到中农水平，这样就可阻止该族出国或下坝卖工。

2.调整水田应优先照顾无田少田的魔头、拉事头，固定其生业，以减少阻力和破坏。

3.适当照顾山官、寨头利益，帮助其增开一部分水田。如山官同意超越辖区调剂耕地，可多照顾一点；如耕地不足，可在技术上帮助其种植经济作物。

4.对有田户在技术上帮助其重点种植经济作物，保证收购，为下一步大量发展经济作物准备经验，打下基础。

（丙）政府扶助和工作配合问题：

通过政府长期有效的帮助，逐步消除落后因素，增长社会主义经济成分。目前，除水利、农具、口粮和技术投资外，应加强下列各方面的工作：

1.加强国营经济的领导力量，制止资本主义、异族奸商投机者的剥削。首先，在山麓建立初级市场，加强山区与坝区的经济联系，加强贸易工作，重点试办供销合作社，及时供应生活必需品（盐、布等）和农具，收购土特产。并可进一步研究和考虑适当利用土地村有和原始单纯协作中的有利因素，对于劳动人民内部间原有的互相合作习惯，应逐步加以扶持提高，不能打击。其次，该族缺乏积累和储备观念，新谷登场即纷纷贱售，换酒买布，青黄不接时，又向傣族商人高价购进，故加强粮食收购和供应工作尤为重要。再次，重点试办农贷。过去认为山区农贷无人担保，因而不敢贷放，这是不对的。贷款期限应延长，不能强调专款专用。山区提倡"贷""奖"二字，可以刺激群众的生产积极性，扩大有利于发展生产的积累观念，逐步克服绝对平均思想。最后，救济应以缺乏劳动力的孤寡老弱为主，其他只是重点搞，不应也不可能都包下来。

2.加强卫生医疗工作。山区疟疾、性病流行，死亡率很大。由于疾病死亡而引起的祭鬼杀牲，严重破坏生产，故加强这一工作对于结合生产逐步削弱迷信和改造魔头具有特别重要的意义。

3.加强文化教育工作。充实现有小学，增设文化站等，进行长期的启蒙工作，加强爱国主义教育，以逐步消除帝国主义的文化侵略影响。

（二）具体要求和做法

（甲）3种类型的具体要求：

总的要求，是在3年内基本解决够吃问题，以每人每年需谷子24箩（折合旱谷864市斤）计，每户平均5人，全年需100箩（折合3600市斤，减去3岁以下小孩食粮）。目前每箩种水田平均产量为50箩（折合1550市斤），旱谷每箩种平均产量为18箩（折合648市斤），如每户平均有水田、旱谷地各1箩种，可共收68箩（每箩以33市斤计，折合2244市斤）。第一、二类型平均即以上数为增产基数，争取在3年内增产50%，可得102箩（折合3366市斤），足够解决1户全年粮食（目前坝区水田每箩种平均产量为80箩，折合2480市斤，山区3年后要求达到75箩，折合2325市斤，仍较坝区少5箩，即155市斤）。工作基础较好地区，要求3年内增产60%。其他各项家庭开支（如布、盐、酒、沙鸡、祭小鬼等），可在副业、经济作物、手工业收入内解决（一般占总收入的30%到50%）。第三类型则争取在副业及经济作物上解决一部分缺粮问题。

3种类型的具体要求如下：

第一类型：每户争取在3年内达到有水田1.5笋种（折合6亩）。加上调整数字共需开400笋种的水田（折合1600亩）。除原有园地外，每户再固定梯地0.5笋种（折合1亩3分5厘）。固定的条件是坡不陡，离寨近，便于运送肥料，增产后够吃有余。

第二类型：每户争取在3年内达到有水田1笋种（折合4亩）左右，加上调整数字共需开60笋种（折合240亩）。除园地外再在3年至5年内固定梯地1笋种至1.5笋种（以1笋种折合2亩5分），增产后可以够吃。

第三类型：对于第一种情况，尽量开出可开水田，多固定梯地。第二种情况，目前可更多固定一些梯地，在现有基础上发展经济作物和副业。第三种情况，重点贷给耕牛、农具，大力帮助固定旱地，提倡苞谷密植增加产量，发展副业（种麻、织麻、养猪、养牛）、手工业（铁匠、木工等），个别户可视条件帮助下坝生产，争取3年至5年内基本解决够吃。

关于口粮、农具、水利及副业、手工业、经济作物的技术投资，根据各类型生产、生活资料逐年增长程度依次递减之。

目前已固定旱地均未计入够吃要求数字内。

（乙）具体做法：

1. 在扩大水田面积、固定旱地、提高单位面积产量中，必须解决几个问题：

（1）度荒问题：根据现有人口和土地产量，估计全年缺粮3个至4个月。如邦谷寨314人，全年缺粮4个月。弄丙寨453人，全年缺粮1个半月。第三类型更严重些。解决口粮的主要关键在于加强生产自救，教育群众减少粮食的浪费（煮酒、换酒、刨青），并合理组织使用劳动力。如邦谷寨27户128人，1953年5月至8月下坝卖工收入641笋谷，每人平均得5笋谷，解决128人3个月的口粮。此外可根据各寨不同情况和度荒经验（如卖柴、卖菜）解决之。

（2）农具问题：目前主要问题是工具落后，即使多犁不深，多耙不平。种类少，破旧多，因此必须解决加工修补问题，并根据群众接受程度进行适当改良，加大犁头，加用犁铧、铁耙，重点贷放条锄、抓耙等。

（3）耕牛问题：耕牛不缺乏，无田户多不养牛，可通过牛租、分养、换工、借用等方式进行调节。第三类型可重点贷放一部分。

（4）肥料问题：绿肥、灰肥俯拾皆是，畜肥也不缺。目前管制乱放牲畜已著成效，可提倡加盖厕房积肥，改进牛鞍，利用黄牛运送肥料。

（5）水利问题：缺点是水源少、水位低，目前主要搞小型水利，加强造林，禁开陡坡。对已冲刷的山溪、沟壑可开支沟、干沟、塘子等。龙川江及红球河边可重点试用水车。

（6）改进耕作技术问题：山区具备改进耕作技术的条件，如群众种大烟都施肥薅草，汉族生产技术较进步，可起推动作用。栽秧习惯稀株密植，在此基础上提倡多犁、多耙、多薅草和施肥是可能的。此外，在有水处修水碓，无水处修脚碓手磨，以减少舂米浪费劳动时间。建议在山区搞一揽子农场，指导并通过群众自己总结当地生产经验，就地推广，改良农具，在场内增设兽医、铁工、木工数人，防治兽疫、廉价修补农具、带徒弟等。

2. 发展副业手工业：目前副业有养猪（每年养猪1头可得谷13箩，折合468市斤，可解决1个人3个月的口粮）、养牛、"看火塘"（集中看管繁殖牲畜）、卖木材、卖小菜、卖柴和卖工、经商等。应依据各地不同情况，在原有基础上重点发展一二种，不宜经营过多，分散力量。在技术指导和贷款上帮助第二、三类型无田、少田户大力发展。此外，坝区、山区铁工、木工普遍缺乏，可动员并帮助第三类型无田户学习手工业。

3. 提倡种植经济作物：目前应重点发展棉、茶二种。棉花的种植（现在每户都种一点），主要是改良种子和改进生产技术，减低成本。茶树在东山种植，已著成效，1箩种地可种500株，收益为水稻的4倍。茶树可在陡坡上大量种植，亦可避免水土流失。此外，可根据各寨的不同情况，重点帮助种植麻（傈僳寨）、甘蔗（红球）等。

逐步推广经济作物，可以代替、缩小以至消灭种植大烟。目前1升种大烟地，平均产25两，需牛工4个、人工13个，加农具折耗及肥料等，成本占产量价值的95%。结合具体算账进行教育，可使群众接受少种或不种。

4. 最后，解决以上各项问题，达成改造山区艰巨任务的关键，在于加强组织领导，必须树立并坚持长期以团结生产为中心的思想，明确山区生产工作的政治性和政治目的。领会生产工作的本身就是解决民族问题。在领导方法、领导作风上必须深入调查研究，善于倾听群众的呼声和要求，细致解决具体问题，认真学习生产政策和生产知识。

三、在团结生产中必须考虑几个具体政策问题

（一）进一步团结改造以山官为主体的4种人物，是加强民族团结、开展山区生产工作的首要关键

（甲）对于4种人物的再认识：

1. 必须认识山官、寨头和边疆一般地区的民族上层有所不同。

（1）大部分山官、寨头未脱离生产，其生活仅相当于中农水平（个别是地富）。多少年来他们与本族人民相依相存，保持着生产、生活上的密切联系，所以一般都拥护我党的生产政策，赞成开荒和推广先进生产经验。

（2）长期的民族压迫，在社会上没有地位，受歧视，因而对我尊重其政治地位十分兴奋，追望当代表、当政府委员，愿意进步。

（3）还多少带有原始民主习惯和朴素的民族感情，容易接近靠我。合作共事中，尽管少数干部在执行政策上有缺点，但相互间很少发生不团结现象，这与一般民族上层常有的"上面好，下面不好""拥护政策，反对干部"的思想特点有所不同。相反地，他们往往直觉地从具体干部身上体会党的政策，不愿我们离开。

但是，由于他们有世袭特权，对本族人民有轻微剥削和一定的阶级矛盾，对外族则剥削较重，个别还有恶霸行为，从而也具有一般民族上层的共同特征。

开始接触时，不了解政策，怕算剥削账，怕揭发追究坏事，怀疑戒备很大。及至对我有些认识，一般表现积极。随着工作开展，拉事（有一份）、祭鬼（得一腿）减少了，保头费收不起，官工派不动，直接侵犯到其经济利益，又产生某些不满。在选举代表、居民小组长和动员下坝生产中，顾虑自己的政治地位和前途。最突出的是怕改官，积极地提出："官有官种，不像汉人谁都可以当官。"（跌撒）消极的则说："山官我不想当了，你们代表去当吧。"（项球）说明山官、寨头是两面性的人物，基本上属于民族上层。

2. 应划清大魔头、大拉事头与一般魔头、拉事头之间的界限。

魔头（"董不沙"是导师之意）占该族人口的1.8%，职业魔头（大魔头）占魔头人数的10%，没有政治背景。

魔头是该族生产落后、生活贫困的反映，由于没有文字，从而也是该族传统文化、历史传说的保存者。正如这种宗教意识与民族相结合一样，魔头和群众的生活命运也是密切关联的。

大魔头社会地位与山官、寨头相若，同被称为"角榜"（大人）。参与"讲事"（排解纠纷），山官有事也找他商量，祭鬼时吃牛腿。本人生活来源主要依靠祭鬼收入者是上层。

一般小魔头本人生活来源主要是依靠自己劳动，祭鬼收入也很少，与群众的区别只是在将来可以被升为大魔头一点。土地占有（包括大魔头）和群众亦无差异（西山55个大小魔头中，主要劳动32人、附带劳动18人、不劳动5人。占有水田51.3箩种，折合205亩，平均每户0.93箩种，折合3亩7分2厘，为群众占有数的107%，耕牛每户不到1头），因此不能当作上层。

由于多数魔头不脱离生产，聪明会讲话，接受政策也快，容易改造，有很多祭鬼也为毛主席祷告。但是他们有祭鬼收入，对我医疗工作有一定抗拒（不是严重的，经教育后多数同意群众看病）。个别干部对他们有厌恶情绪，宣传破除迷信，也引起他们不满。

在该族拉事与反拉事的循环发展中，从社会上分离出一层不完全从事生产、部分依靠拉事抢劫的二流子和拉事头，占该族人口的0.38%。他们没有明确的社会政治地位，但有着广阔的群众基础和深刻的社会历史根源（弄丙寨68户景颇族中只有11户孤寡和3户不拉事抢劫）。

本人完全不从事生产的大拉事头，掌握一批二流子，参与"讲事"，强制勒索群众，虽其土地占有不多，仍应属于上层，但为数极少〔西山18个较大的拉事头，主要劳动3

人、附带劳动14人、不劳动1人，占有水田11.8箩种，折合47.2亩，每户平均仅0.65箩种，折合2.6亩，比群众平均占有数少0.22箩种（折合0.88亩）]。

一般拉事头还未完全脱离生产，更确切些说，他们多数是铤而走险的农民，其中有一小部分已经沦为堕落的牺牲品了。

他们和群众有联系，也有矛盾。在民族斗争中，曾起过"保护"作用。大拉事头由于结仇太多，山官对之也有顾虑，在群众中陷于孤立，容易变为对敌斗争中的危险分子。

由于他们常跑江湖，见过世面，因而是首先接近我们工作队的一批人，对开展山区工作起过一定作用。但他们都沾染了行险侥幸、好吃懒做的恶习。当工作逐步深入，拉事减少时，就开始对我不满："不偷不抢，到底吃哪样？"有的则怕我追究其过去罪恶，顾虑很大。

（乙）关于4种人物的相互关系问题：

4种人物之间还未形成严密和明确的相互统属关系（山官对寨头的关系较明确些），把他们看作"强化山官统治的有力工具"是不很恰当的。但在该族社会发展向前以及长期的民族压迫和民族内部斗争中，4种人物在客观上已形成互相依存和互相作用的关系了。大的拉事事先报告山官，请魔头打卦，事后送"暗礼"，而且往往以杀牛祭鬼告终。有13%的山官、寨头、魔头，本人就是拉事头（山官兼拉事头4人，寨头兼拉事头8人，魔头兼拉事头7人）。因此，不看到他们之间的内在联系性，也是不对的。

（丙）为什么要团结？如何团结？

从发展生产看：

首先，为创造有利于生产的政治环境，必须加强民族间和民族内部的团结合作，停止民族纠纷和拉事。

其次，必须逐步削弱祭鬼杀牲、买卖婚姻和抢婚等恶习。否则，即使生产发展了，但仍不能解决够吃问题。

再次，山官禁止超越辖区调剂耕地和对土地所有权的某些限制，在进一步开展生产中必须予以解决。

最后，必须充分估计到山官、寨头、魔头对于直接妨碍生产的某些带有宗教告诫性质的劳动习惯的改革，以及介绍可行的内地先进生产经验中所起的带头和推动作用。

在团结合作中应注意：

1.既然4种人物在客观上是互相依存和互相作用的，那么，团结工作就必须以山官为主体，统一联系进行，不能孤立对待，顾此失彼。

对山官、寨头、魔头，着重在政治地位和经济利益上充分照顾，对官工及改官问题，目前要善于等待。同时，目前还不能正面提出停止和限制祭鬼，但可以进行适当的说服教育。

对拉事头、二流子，主要从生产上给予更多和优先照顾。固定其正当职业，然后给予适当批评教育。解决了一个拉事头和魔头的出路，就解决了很多群众的生产和生活困难。

2. 由于他们都未脱离生产，而且欢迎搞生产，因此，在团结共事中，应和群众共同生产，共同提高。不能过分强调他们落后的一面，必须充分估计到他们和本族人民天生的联系和在发展生产上可能起的积极作用。

3. 当前还必须十分注意在山官、寨头、魔头中培养一批进步靠我的领袖人物，作为发展生产和下一步区乡建立政权的干部准备。只有他们真正进步了，群众积极分子和领袖才能相应地生长起来，也才能巩固下去。

总之，山区改造包括一系列复杂的思想工作与政治工作，不能孤立地进行。必须从政策和具体工作上加强团结改造以山官为主体的4种人物。估计从生产入手促进该族社会经济进一步发展，新的因素不断增加，群众觉悟提高的同时，他们思想上可能发生的变化，以便采用"更为温和的办法"，逐步实现改革那些与他们直接关联的不利于民族发展的旧制度和民族因素（实质上即是该族内部改革的具体内容）。

（二）进一步从经济上加强民族团结

从经济上加强各民族特别是傣族与景颇族之间的分工合作，缩短先进与落后的距离，是巩固政治团结的物质基础，也是开展山区生产工作的重要环节。

边疆两个主体民族经济上早就存在着天然的分工合作，但由于彼此长期处于自然经济状态，加上民族之间的深重隔阂，多少阻碍着互相间更多的和可能的经济联系。

在山区生产未进一步提高前，劳动力是过剩的，而坝区又苦于劳动力不足，故考虑在一二年内，容许部分景颇族群众下坝卖工，对山区度荒和坝区发展生产都有利，对加强与傣族联系、交流生产经验以及改善该族的劳动习惯也有好处。目前主要是加强领导，利用山区、坝区的生产季节差异，组织家庭之间的分工和原有的换工，并把坝区工资适当提高，可以做到生产、度荒两不误。此外，坝区所需之木材、小菜、烧柴等也靠山区供应。从将来看，山区发展经济作物，更可以促进彼此间的分工和交换。今后在考虑发展边疆生产问题时，必须从两个民族的共同发展出发。

（三）进一步从团结生产中大量培养民族干部，是工作生根和点面结合的中心环节

经过1年来的工作，干部已取得了一些领导生产的经验。目前的问题是民族干部太少，工作不能生根，点面脱节，这与我们改造山区的任务和要求是极不相称的。现在先提出两点研究：

（甲）在什么情况下，可以实施山区改造5年计划？

目前有30个寨子工作时间较长，基础较好，可以照第一种要求（3年内增产60%）进度进行；还有11个寨子，工作时间短，基础弱，可以照第二种要求（3年内增产50%）进度进行。至于尚未进入工作的新区，只要具备以下几个条件，可以实施生产计划：

1. 社会秩序基本安定。

2. 上层、群众基本靠我，欢迎搞生产。

3.民族关系有所改善。

4.有一定数量的民族干部和生产积极分子。

3年来党和毛主席的威信在景颇族中已有深厚的影响，尤其自德宏自治区建立后，大部分地区已具备前3个条件，目前主要的问题是抓紧培养干部，时间为3个月到半年。依据过去经验，可分3步进行。

第一步：工作原则是通过山官、寨头达到联系群众。首先召开山官、头人会，说明来意，交代政策。工作内容是交朋友、做好事，通过帮助群众干活、治病、救济口粮等，了解群众的生产情况和基本要求。在交朋友的同时注意并发现积极分子，作为下一步带"徒弟"的准备。时间约1个至2个月。

第二步：重点是培养积极分子带"徒弟"。第一批"徒弟"的主要对象是青年山官、寨头、小魔头和他们的子弟，亦可吸收少数群众中的积极分子。条件是生产好，联系群众，家庭同意，山官喜欢。对"徒弟"的要求不要高，要耐心帮助，并适当解决其家庭生活困难。通过带"徒弟"、选模、评模等，选拔一批干部。在政权未建立前暂不搞居民小组，方法是通过区乡建政领导生产。时间2个至3个月。

第三步：在第一、二步工作的基础上根据当地生产条件和总的生产计划，制订本寨生产计划，报请上级批准。召开政府委员会（未建政则召开山官、头人会）进行充分协商，再召开代表会、群众会宣布计划，反复酝酿讨论，修正实施。时间1个月。

（乙）点面结合问题：

目前在工作薄弱区和空白区，上层、群众已提出要求派遣工作队，同时点的工作也搞得差不多，依据过去经验，可照以下步骤铺开：

1.和附近的工作薄弱区和空白区的山官、头人经常保持联系，定期送些礼物。

2.在点上召开山官会时，邀请附近地区的山官、头人出席。

3.组织流动小组，通过发放救济盐、布和面上的群众建立联系。

4.通过点上的山官、头人和民族干部进行串连。

5.在点上培养生产典型，取得经验，通过生产竞赛评模奖励（标准不要高，并注意通过山官、头人去做），树立旗帜，组织参观，以"眼见为实"教育群众，带动一般。

6.在此基础上，从点上抽出一批干部，向面上推广。

附一

潞西县遮放区工委关于西山景颇族地区山区改造五年计划（草案）

1953年9月20日

一、目的和要求

（一）目的

根据《关于潞西县遮放西山景颇族地区团结生产的初步意见》，第一、二类型户尽量争取在3年之内基本达到够吃，5年之内达到够穿；第三类型户争取5年内基本达到够吃。

（二）各类型的特点和具体要求

山区改造工作可分为3种类型，根据不同情况，分别提出以下要求。

第一类型：

（甲）特点：包括广远、弄丙、乌拉等24个寨，计652户3097人。有水田715箩种（每箩种水田合4亩，共计2860亩），平均每户1.09箩种（4亩3分6厘）。产量32028箩（每箩折合22旧斤，即31市斤，共992868市斤），平均每人有谷16.8箩（折合旱谷598市斤，包括旱谷地产量在内）。其特点是：

1. 乌拉等7寨无田户占37.7%，广远等4寨无田户占24%，弄丙寨无田户占45%，3地平均无田户占35.5%。可开水田、旱地仍多。

2. 旱地计2448.78箩种（每箩种旱地合25亩，共计61220亩），已固定（园地）509.52箩种（园地与旱谷地面积为8∶1，此处照旱谷地折合数共计1275.8亩），占旱地16.6%。

3. 副业有一定基础，连同杂粮一般占每户收入20%以上。

4. 生产资料基础较优厚。

（乙）具体要求：在3年内每户达到有水田1.5箩种，即6亩；除现有园地外，再固定旱地0.5箩种（合1亩2分5厘）。目前水田每箩种的产量一般为50箩，共1550市斤。如在3年内改进耕作技术，提高单位面积产量50%到60%，即水田1.5箩种、旱地0.5箩种，共产谷126箩（照水田每箩折合31市斤计，共3906市斤）。按本区每户人口平均大小5人，每人每年需谷20箩（620市斤）计，足够解决1户口粮有余。

第二类型：

（甲）特点：包括崩巧等5寨，193户914人。现有水田99.6箩种（398.4亩），产量4432箩种（137392市斤）。平均每户有水田0.51箩种（2.04亩），每人有谷13.6箩（折合旱谷489市斤，包括旱谷地产量在内）。其特点是：

1. 无田户占55%，可开水田还达不到够吃。

2. 已开旱地多，计870.226箩种（2175.6亩）。已固定旱地占19.5%。

3. 农具较缺乏，耕牛占有较集中，劳动力有剩余。

4. 全年口粮50%依靠副业收入解决。

（乙）具体要求：在3年内每户达到有水田1箩种（4亩）左右。除现有园地外，要求3年至5年内再固定旱地1.5箩种（3.8亩），并在副业方面给予适当帮助，基本上可以解决够吃。

第三类型：

（甲）特点：有营盘等6寨，128户640人。现有水田28.5箩种（114亩），产量1177箩（36487市斤）。平均每户有水田0.22箩种（0.88亩），平均每人有谷8.75箩（折合旱谷315市斤，包括旱谷地产量在内）713.3市斤。其特点是：

1. 无田户占83.6%，可开水田很多。

2. 劳动力强，下坝卖工多。

3. 口粮主要依靠副业解决。

（乙）具体要求，又分3种情况：

第一种：现有水田少，可开水田也有限，旱地的坡度较大，开荒有困难，目前尽力帮助开出可开水田，多固定一些旱地。

第二种：没有水田，只有旱谷地，必须多发展一些副业及经济作物，在技术和物质上给予较多的帮助。

第三种：没有水田，高山旱地不能种旱谷，只能种苞谷、荞麦、洋芋等。如东山向北河傈僳寨，基本上属于这类情况（景颇族地区这类寨子较少）。这类寨解决吃饭问题，主要依靠发展副业和种植经济作物，政府的帮助和投资更大。根据条件和可能，对个别困难户可帮助下坝生产。

以上3种情况，要求在5年内，除现有园地外，每户再固定旱地1箩种（5亩）。

二、方法和步骤

（一）扩大水田面积

（甲）原则：

1. 首先帮助解决有劳动力的无田户的土地，其次解决少田户。

2. 调整耕地时，对无田和少田的魔头及拉事头尽先照顾。

3. 适当照顾山官及寨头的利益，酌情帮助增开少部分水田（4箩种即16亩以内）。

4. 在荒地面积许可的情况下，对劳动力过剩而生产积极的有田户帮助其增开少部分水田（2箩种即8亩以内）。

（乙）开田面积及投资：

1. 口粮投资：

第一类型：无田户计232户，每户开田1.5箩种（6亩）；有田户420户，其中不足1箩种的占21%，为88户，每户增开1箩种。但无田户中，缺乏劳动力及孤寡户占1/10应减去，则开田面积为：

无田户减无劳动力及孤寡户，加少田户，等于需开水田面积：

$[（1.5×232）-1.5×（232×10\%）]+（1×420×21\%）=（348-34.8）+88.2=401$ 箩种。

（除去尾数以400箩1600亩）计：

每箩种（4亩）水田开工30个，每工只帮助伙食米（每日1斛即2.6斤）及油盐菜（1斛谷），则每工合3200元（所用工具另列农具投放数内，故不计入）。

少田户增开水田，由政府补助一半，每工为1600元，则投资数为：

（无田户开田数×30个工×每日补助伙食）+（少田户开田数×30工×补助数）=新开田投放数：

$（312×30×3200）+（88×30×1600）=29952000+4224000=34176000$元

第一年解决无田户开田80箩种（320亩）所需投资数：

$80×30×3200=7680000$元

第二年帮助解决无田户及少田户开田240箩种（960亩）所需投资数：

无田户$（152×30×3200）$+少田户$（88×30×1600）=14592000+4224000=18816000$元

第三年开田80箩种（320亩）所需投资数：

$80×30×3200=7680000$元

第二类型：无田户计106户，每户开田1箩种（4亩），需开106箩种（420亩），但可开田只85.5箩种（342亩），帮助其全部开出。对有剩余劳动力需要增开水田者，由其中调剂解决，则投资数为：

无田户开田数×每箩种（4亩）需工天数×每日补助口粮数=投资数：

$85.5×30×3200=8208000$元

第一年开田18箩种（72亩）所需投资数：

$18×30×3200=1728000$元

第二年开田45.5箩种（182亩）所需投资数：

$45.5×30×3200=4368000$元

第三年开田22箩种（88亩）所需投资数：

$22×30×3200=2112000$元

第三类型：无田户计107户，但可开水田仅58箩种（232亩），帮助其全部开出，主要在副业和经济作物方面给予大力帮助，投资数如下：

$58×30×3200=5568000$元

第一年开田20箩（80亩）所需投资数：

$20×30×3200=1920000$元

第二年开田30箩（120亩）所需投资数：

$30×30×3200=2880000$元

第三年开田8箩（32亩）所需投资数：

$8 \times 30 \times 3200 = 768000$元

以上第一、第二、第三类型第一、二、三年开田数为：

$118 + 315.5 + 110 = 543.5$箩种（2160亩）。每年投资数如下：

第一年：$7680000 + 1728000 + 1920000 = 11328000$元

第二年：$18816000 + 4368000 + 2880000 = 26064000$元

第三年：$7680000 + 2112000 + 7680000 = 10560000$元

开田543.5箩种（2174亩），全部投资计人民币47952000元。

2. 水利投资：

按照荒地集中、水源较近和荒地零星、水源困难两种情况分别计算。第一种情况每条沟以灌溉田20箩种（80亩）计，第二种情况以灌溉10箩种（40亩）计，每条沟需150个工，仍以补助口粮计算：

第一类型，可开田较集中者占70%，零星分散的占30%，则投资数为：

$[(400 \times 70\% \div 20) + (400 \times 30\% \div 10)] \times (150 \times 3200) = 12480000$元

第二类型中，荒地集中的占50%，零星分散的占50%，则投资数为：

$[(85.5 \times 50\% \div 20) + (85.5 \times 50\% \div 10)] \times (150 \times 3200) = 3078000$元

第三类型中，土地集中的占30%，零星分散的占70%，则投资数为：

$[(58 \times 30\% \div 20) + (58 \times 70\% \div 10)] \times (150 \times 3200) = 2366400$元

以上合计人民币17924400元。

3. 技术投资：

第一、二、三类型的各寨，除扩大耕种面积外，对副业和经济作物的发展，必须给予不同帮助，包括物资和技术两方面。

第三类型的第三种情况应着重物资的重点帮助和技术指导。

为了能经常对山区生产进行指导，拟办小型示范农场1所，除随时总结当地生产经验、进行技术指导外，拟增设铁木工数人进行修理和制造农具。另备耕牛10头，出借耕种，分别由各工作组负责管理，不收租金，这样可使山区牛租降低，减少牛租剥削。

农场内设：①场长2人（由区委指派干部专任）；②铁工2人、木工2人；③技术指导员1人至2人；④兽医1人。其投资如下：

（1）技术指导员及兽医由上级指派，并请上级在劳改队内派给铁木工6人。除铁工、木工4人转移原有供给外，其余2人全年供给平均每人以240万元计，2人每年480万元，3年共1440万元。

（2）设备费，包括房屋、建筑、家具购置及药械技术的设备等：

药械技术设备：每年100万元，共300万元。

房屋建筑：300万元。

家具设备：200万元。

耕牛10头：每头以70万元计，合700万元。

改进生产的投资，包括籽种、农具、肥料、药料等的无偿发给缺少生产资金户，每年300万元，3年900万元。

此项投资，应由区委具体掌握，机动使用。

以上计人民币3840万元。农场收益上缴。

4. 农具投资：

专用在新开田的无田户。每户发给犁1把，计24000元；锄1把，计20000元。对增开水田户不另补助。投资数为：

$$[232×(24000+20000)]+[85×(24000+20000)]+[58×(24000+20000)]$$
$$=10208000+3740000+2552000=16500000元$$

5. 生产投资：

专用于东山向北河傈僳族，为帮助其多开荒地、发展生产起见，除在一般贷款上多予照顾外，另投放资金如下：

（1）耕牛投资：该寨耕牛缺乏，耕地全靠人力，为改善这种情况，每4户贷发水牛1头，全寨18户，计5头，每头以700000万元计，投资数为：

$$5×700000元=3500000元$$

（2）农具投资：每户发条锄1把、板锄1把、犁1个，投资数为：

$$18(1×24000)+(2×20000)=1152000元$$

各种投资统计表

项目＼年度	1954年	1955年	1956年	合计
口粮投资	11328000	26064000	10560000	47952000
水利投资	4000000	10500000	3424400	17924000
技术投资	20800000	8800000	8800000	38400000
农具投资	3630000	9570000	3300000	16500000
生产投资	4652000			4652000
总计	44410000	54934000	26084400	125428400

3年内各项投资共125428400元，开田543.5箩种（2174亩）。除技术投资与生产投资两项外，直接投资于开田方面的计82376400元。每箩种（4亩）投资为151566元，每亩投资为37892元。

6. 开荒中必须解决的两个问题：

（1）耕牛的调剂使用：山区耕牛不缺乏，但无田户几乎全是无牛户，可通过牛租、换工、分养、借用等方式进行调剂。

（2）农具的修补与重点贷放：目前山区农具并不太缺乏，问题在于破烂太多，需加修补。如何组织铁匠上山修补农具，事前应有充分准备。对无田户发放农具已如前述外，对有田户的增开水田，可作重点贷放。

（二）固定旱地和提高水田旱地单位面积产量

（甲）精耕与粗放收益的比较：目前山区耕作方法落后，随种随丢，产量很低。耕种水田也不施肥选种，方法粗放。为了发展山区生产，必须选择坡度不大、距寨较近的旱地，使之固定下来，并改进耕作技术，提高产量。但由于山区地广人稀，土质很肥，为照顾该族生产水平，保证粮食供应起见，只要不破坏山林，留出牧场和种植经济作物的地方，应有条件地容许粗放耕作。同时，从目前山区生产条件看，精耕与粗放互有得失，如邦谷寨章或司家有3个劳动力，种旱谷13.5箩种（33.8亩），总产量240箩（8640市斤），其中有一块8箩种（20亩）的旱地，去年收200箩（7200市斤），用牛工108个、人工341个。由于粗放经营，每箩种成本仅20箩（720市斤），每个劳动力得80箩（2880市斤）。同寨何老大家有7个劳动力，种水田3箩种（12亩）、旱地18箩种（45亩），总产量431箩（15516市斤）。其中，有2箩旱地、用牛工38个、人工181个，收140箩（5040市斤）。由于对这块土地加工较多，每箩成本达40箩（1440市斤）。但因不能照顾其他土地，所以平均产量低，每个劳动力的所得反比章或司家的粗放耕种少19箩（684市斤），说明精耕的收益是大的，但照目前山区情况来说，各有其优劣之处。

（乙）改进耕作方法：

1. 减少劳动力浪费：该族食米，当天吃，当天舂，每日舂米便占去了半天的时光，应在有水源处修水碓，无水处修脚碓或手磨。设置牛鞍，使黄牛参加驮运肥料和粮食。

2. 积肥与施肥：山区绿肥畜肥遍地皆是。群众对种大烟已有施肥的习惯，应大力提倡积肥施肥，目前要解决管制耕牛和加盖圈房，以便多积肥，并减少作物的损失。

3. 适当改进农具：农具种类太少，无条锄、犁、铧、铁耙等。现有的犁既小且窄。耙齿弯度太大，犁地不深，耙土不平。今后应根据群众接受程度，适当改进，并重点贷放新农具。

（丙）增产要求：基于上述条件，要求3年内在工作基础较好的地区（有1年以上工作）增加单位面积产量60%，工作基础稍弱地区（半年以上工作）增产50%。1952年平均水田每箩种产量为44.6箩（382.6市斤），旱地为14.8箩（532.8市斤）。经过1年的工作，今年水田每箩种产量可达50箩（1550市斤），旱地可达到18箩（648市斤），以此为增产基数。其中个别寨，目前产量较低，有的又超过基数，故做出平均的要求，对产量较低的个别寨，特别给予技术和物质的帮助。

1. 增产60%的地区：有广远、怕软、蛮果、贡允、营盘、崩竜、乌拉、先乌、跌撒、广外、弄焕、邦谷、甘棠、蛮海、切磨、别伦、红球、雷则、崩洞、内生等20寨（其中内生寨在总表上并入跌撒寨内）。3年具体要求如下：第一年计划增产20%，第二年计划增产30%，第三年增产10%。

2. 增产50%的地区：有大胜、板盖、崩巧、伦拉、蛮窝、卖桑、阿允、木轮、佤傍、母那、关卡、项球、南苗、坡痕、湾丹山、上瓮角等16寨。3年具体要求如下：第一年计划增产15%，第二年计划增产25%，第三年增产10%。

3. 3年内增产数如下表：

三年内计划增产数量表

项目 / 年度			第一年		第二年		第三年		合计
增产要求			增产60%	增产50%	增产60%	增产50%	增产60%	增产50%	
现有土地	水田	笋种	5949	248.2					843.1
		折合亩积	2379.6	992.8					3372.4
		产量（笋数）	29745	12410					42155
		折合市斤	922095	384710					1306805
	计划固定旱地	固定旱地笋种	517.5	354					871.5
		折合亩积	1293.75	885					2178.75
		产量（笋种）	9315	6372					15687
		折合市斤	335340	229392					564732
现有土地	计划增产数	折合增产（%）	20%	15%	30%	25%	10%	10%	
		水田	5949	1861.5	8923.5	3102.5	2974.5	1214	24025
		折合市斤	184419	57706.5	276628.5	96177.5	92209.5	37634	744775
		旱地	1863	9558	2794.5	1593	931.5	6372	23122
		折合市斤	67068	344088	100602	57348	33543	229392	832032
新开水田		笋种	118		312.5		110		540.5
		折合亩积	472		1250		440		2162
		产量（笋数）			15625		5500		21125
		折合市斤			484375		170500		654875
产量合计		笋数	水田	旱地	水田	旱地	水田	旱地	合计
			49965.5	27108	67651	4387.5	9688.5	7303.5	126104
		折合市斤	1548930.5	975888	857181	157950	300343.5	262926	4130219
		合计	2524818.5		1015131		563269.5		4130219

（1）现有水田、旱地产量系照基数（即50笋、18笋）计算。

（2）旱地产量仅计算固定部分，未要求固定部分未计入，故实有旱地产量比表列数多。

（3）3年后总产量为126104笋，如每户每年需100笋谷，973户人，只需97300笋，尚余28804笋。

（三）发展副业

山区可开水田仍然有限，旱地坡度较大，距寨较远，除第一类型的各寨外，需要发展副业和经济作物，才能解决口粮和口粮以外的必需开支，故发展副业生产特别需要。目前副业种类有：

（甲）饲养家畜：山区人民均有养猪习惯，每年养猪1头，可解决5口人3个月的口粮。上瓮角有"火塘"1所，集中繁殖牲畜，在原有基础上加以发展推广，可以保苗和积肥。

（乙）种植蔬菜：山区气候适于种植蔬菜，坝区蔬菜缺乏，可以大量供应。

（丙）卖木料、烧柴：山区森林较多，劳动有剩余，提倡修枝砍卖，在农闲和雨季前砍好贮存，并与坝区各机关部队联系，做好供销计划，可以提高市场柴价。根据崩洞调查，砍木料6根，沿龙川江运去，往返20日，除开支外，净得20文卢比，可买谷10箩，解决1个人5个月的口粮。

（丁）织布：湾丹山上瓮角等寨的妇女，多织土布出卖，可重点贷给资金，扩大生产。

（戊）经商：湾丹山兼营小贩人口占50%以上（多系汉族）。

（己）种植杂粮：山区荒地多，种植杂粮成本很低，其中黄豆（即大豆）、红饭豆、洋芋等产量多，销路广，收益大。

（庚）种植水果：山区产芭蕉、柠檬、黄果，可以重点发展。

（辛）改习手工业：如铁工、木工等。

（壬）下坝卖工：坝区的劳动力缺乏，山区过剩，农作季节相差20天，因此下坝帮工度荒极为普遍，估计在生产未得到发展以前，下坝卖工在一二年内不可避免，故应加强组织领导，适当提高工资，做到度荒、生产两不误。

以上各种副业生产，应根据各寨原有基础，重点发展一二种，不宜经营过多，分散力量。

（四）重点发展经济作物

从长远着想，山区仍以发展经济作物为有利，目前集中力量解决够吃问题，多开水田；对必须发展副业和经济作物才能解决吃饭问题的地区，以及有剩余劳动力的生产积极户，均应帮助其重点发展经济作物，为下一步大量发展准备经验。

（甲）植棉：山区人民普遍有种棉的习惯，但由于播种面积小，技术低，故产量少，收益不大。今后对第一、二类型寨着重技术指导，第三类型应加强物资帮助。

（乙）种茶：种茶在东山已著成效，1箩种旱谷地面积，可种茶500株，收益超过水田4倍，对第三类型寨可帮助其大量发展。

（丙）甘蔗：西山山麓产甘蔗，枝干粗壮，质量颇好，可以重点发展。

（丁）苏子、芝麻、麻等在山区已有种植，但数量极微，今后可根据各地情况，适当帮助发展。

三、工作配合问题

山区改造是全面的生产工作和经济工作，除扩大水田面积、土地加工、发展副业和经济作物外，必须有关方面的配合：

（一）加强卫生工作

山区医药缺乏，疾病多，死亡率大，景颇族人民信鬼，一遇疾病，大量宰杀牲畜，故加强卫生工作，更有其特别重要的意义。

（二）建立初级市场

目前山区尚无贸易机构的设置，物资供应与土特产的收购工作亦未开展。该族在新谷上市时贱价出售，青黄不接时又以高价向傣族买入，吃亏很大，故加强粮食收购和供应工作尤为重要。建议在山麓重点建立一二处初级市场。

（三）举办农贷

山区农贷因找不到保人，停止贷放，今后应根据各地不同情况，对设备、生产资金、农副业等做重点贷放。

（四）适当地改善交通条件

山区交通困难，运输不便，应适当改善，以便运送肥料、粮食。芒市河及龙川江渡船，应收归公办。

关于5年计划：大部分地区争取在3年内基本解决够吃，在群众生活水平和觉悟提高的基础上，进一步发展经济作物，解决够穿。其具体计划在实施3年计划过程中再行拟定。

（附注：西山区第一类型寨子较多，自然条件较好，各族群众生产资料亦较充实，故不能代表一般山区的情况，其他地区做计划时应根据当地具体情况拟定。）

附二
第一、二、三类型基本情况

潞西县遮放西山景颇族地区山区改造第一类型基本情况

一、基本情况

（一）各族人口

西山第一类型的寨子有24个，即跌撒、曼果、怕软、板界、先乌、乌拉、关卡、瓦傍、大胜、曼窝、广远、贡允、崩洞、甘塘、红球、曼海、轮拉、卖桑、母那、木轮、阿永、弄丙、雷则、广外等寨。

24个寨子共有652户3097人（男1409人、女1688人）。其中，景颇族581户2781人、汉族58户250人、崩龙族13户66人。平均每户4人至5人。24个寨子共有劳动力1609人，占总人口的51%，平均每户有劳动力两个半左右。

（二）土地占有3种情况

（甲）现有水田多，可开水田也多。如跌撒、曼果、怕软、板界4个寨子，共101户477人。共有水田165.2箩种（660.8亩），每户有水田1.63箩种（6.25亩）。可开水田48.7

笋种（194.8亩），增开后，平均每户有水田2.11笋种（8.44亩）。已固定旱地76.16笋种（190.4亩），占现有旱地总数的17.5%。如下表：

寨名			跌撒	蛮果	怕软	板界	合计
户口			36	31	17	17	101
人口			168	133	71	105	477
劳动力			102	65	51	55	273
现有土地	水田	笋种	59	53	26.5	26.7	165.2
		亩积	236	212	106	106.8	660.8
		产量	2690	2375	913	1410	7388
		市斤	83390	73625	28303	43710	229028
	旱谷地	笋种	55	71	40	65	231
		亩积	137.5	177.5	100	162.5	577.5
		产量	1100	1025	680	1000	3805
		市斤	39600	36900	24480	36000	136980
	园地	笋种	4	2.9	1.01	1.61	9.52
		亩积	80	36900	20.20	32.2	190.04
		产量	160	5	37.3		332.8
		市斤	6336	5365.8	1477.08		13178.88
	棉地	笋种	10	5.9	3.8	5.6	25.3
		亩积	20	11.8	7.6	11.2	50.6
		产量	200	118	70	72	460
		市斤	800	472	280	288	1840
	豆地	笋种	10	7.4	2.4	1.7	21.5
		亩积	125	92.5	30	21.25	268.75
		产量	150	68.5	34.7	15	268.2
		市斤	5940	2712.6	1374.12	594	10620.72

（乙）现有水田少，可开水田较多。如先乌、瓦傍、乌拉、关卡、大胜、曼窝、广远、贡允、崩洞、甘塘、红球、曼海等12个寨子，共286户1353人。共有水田318.6笋种（1274.4亩），平均每户有水田1.11笋种（4.44亩）。可开水田255.6笋种（1022.4亩），增开后，平均每户有水田2.07笋种（8.28亩）。已固定旱地206.08笋种（515.2亩），占现有旱地总数的20%。

（丙）现有水田少，可开水田也少。如轮拉、卖桑、母那、木轮、阿永、弄丙、雷则、广外等8个寨子，共265户1267人。共有水田231.2笋种（924.8亩），平均每户有水田0.87笋种（3.48亩）。8个寨子一共可开水田137.5笋种（550亩），增开后平均每户有水田1.39笋种（5.56亩）。已固定旱地227.28笋种（568.2亩），占现有旱地总数的23%。

（三）生产力

（甲）第一种情况的寨子，共有劳动力273人，占总人口的57%。有水牛141头、犁头203件、锄头258件，平均每户有水牛1头多、犁头2件、锄头2.5件。如下表：

项目\寨名	户数	男	女	小计	劳动力	耕畜		农具	
						水牛	黄牛	犁	锄
跌撒	36	67	101	168	102	42	15	90	100
曼果	31	57	76	133	65	51	50	37	45
怕软	17	28	43	71	51	24	16	32	42
怕软	17	53	52	105	55	24	15	44	71
合计	101	205	272	477	273	141	96	203	258

（乙）第二种情况的寨子，共有劳动力608人[1]，占总人口的48%。有水牛247头、犁头480件、锄头555件，平均每户有水牛不到1头，有犁头1件多、锄头2件多。如下表：

项目\寨名	户数	男	女	小计	劳动力	耕畜		农具	
						水牛	黄牛	犁	锄
轮拉	30	58	66	124	60	30	6	57	59
卖桑	17	40	51	91	75	29	17	27	30
母那	10	23	26	49	52	10	2	15	15
木轮	18	38	44	82	23	20	10	32	36
阿永	10	21	21	42	43	3		14	15
弄丙	96	209	244	453	19	99	67	189	192
雷则	42	87	104	191	259	23	32	76	118
广外	42	101	134	235	137	33	21	70	90
合计	265	577	690	1267	668	247	150	480	555

（丙）第三种情况的寨子，共有劳动力728人，占总人口的53.9%。有水牛345头、犁头453件、锄头562件，平均每户有水牛1头多、犁头1.5件、锄头2件。如下表：

项目\寨名	户数	男	女	小计	劳动力	耕畜		农具	
						水牛	黄牛	犁	锄
先乌	27	72	68	140	79	41	27	50	53
关卡	12	30	33	63	34	9	3	22	26
大胜	29	55	60	115	71	28	8	45	51
曼窝	35	76	97	173	101	32	10	82	98
广远	54	111	133	244	118	75	35	32	53
贡允	22	47	52	99	45	8	3	12	33
崩洞	21	49	45	94	59	31	12	54	77
甘塘	5	13	14	27	13	6	11	20	10
红球	30	58	62	120	72	25	3	46	52
曼海	13	22	35	57	27	28	13	20	30
瓦傍	8	16	27	43	19	15	4	17	14
乌拉	30	78	100	178	90	47	35	53	65
合计	286	627	726	1353	728	345	164	453	562

---

[1] 表中劳动力人数合计为 668 人。原文如此。——编者

二、土地关系

（一）买卖关系

土地支配权属山官，群众可以开垦使用，个别的经山官许可后，与外寨有土地买卖，但仅系个别现象。通常是以物易物，亦偶有货币交易的。如贡允寨雷老六夺取崩洞寨谭那用的1箩种水田（4亩），卖给广远寨谭勒退，田价卢比100文，无契约关系。又如母那寨土米垒卖1箩种旱谷地（2.5亩）给阿永寨唐罗外，地价水牛1头、卢比10元。不过土地的买卖多限于水田；而旱地一般是随地可开，除寨外附近旱谷地因路近经济价值较大有买卖外，其他离寨远的旱地，买卖极少。

（二）典当关系

多以牲畜为通货，如瓦傍寨郭来当有1箩种水田，当给乌拉寨排勒弄仅1头水牛，已6年多，随时可以取赎。上层有个别典当，如瓦傍寨排旱腊山官有水田1箩1斛种，当给乌拉寨唐木椿，当价牛2头。

（三）租佃关系

多限于水田，如弄丙寨汉族李发章向甘塘寨早纠租入1箩种水田（4亩），年产50箩，给租10箩。租额最高，是主佃平分。旱地租佃少。

（四）借贷关系

一般是借1还2，时间长短不论。借贷较多者如崩洞寨21户，借贷的12户占总户数的57%。其中，7户借进31箩，本利归还71箩。

三、生产情况

（一）各种作物产量

（甲）水田715箩种（2860亩），收谷32028箩（992868市斤），每箩种产量44.79箩（1388.49市斤）。水田每箩种折合4亩，每箩重量31市斤，故每亩产量平均为347.12市斤。

（乙）旱谷地1376.9箩种（3442.25亩），收谷20337箩（732132市斤），每箩种产量14.77箩（531.72市斤）。旱谷地每箩种折合2.5亩，每箩重量折合36市斤，每亩产量平均为212.7市斤。

（丙）园地63.69箩种（折旱地面积509.52箩种，折合1273.8亩），收苞谷2300.6箩（91103.76市斤），每箩种产量36.41箩。园地每箩种折合20亩，每箩重量折33旧斤（折合39.6市斤），每亩产量平均为72.09市斤。

（丁）棉地177.96箩种（355.92亩），收2261.8砠（9047.2市斤），每箩种产量1273砠(51市斤)。棉地每箩种折合2亩，每砠重量折合53两（4市斤），每亩产量平均为25.46市斤。

（戊）豆地84箩种（1050亩），收豆1052.75箩（41688.9市斤），每箩种产量12.53箩。豆地每箩种折合12.5亩，每箩重量折合33旧斤（折合39.6市斤），每亩产量平均为39.7市斤。

（二）水田较多

在西山区来说，田地较多的是第一类寨子，如广远寨54户，共有水田78.3箩种（313.2亩），平均每户有1.45箩种（5.84亩）。旱地（包括园地、棉地、豆地）114.95箩种，平均每户有2.28箩种。最少的关卡寨，12户共有水田7箩种（28亩），平均每户有水田0.58箩种（2.32亩），但旱地有37.7箩种，平均每户有3.14箩种。最多的板界寨有17户，共有水田26.7箩种（106.8亩），平均每户1.57箩种（6.28亩）；旱地90.86箩种（227.15亩），平均每户有地5.34箩种。第一类寨子总平均每户有田1.09箩种（4.36亩），有地3.69箩种。一般说，无田户较第二、第三类寨子少。根据板界、轮拉、曼窝、关卡、大胜、木轮等寨统计，无田户占有关各寨总户数的37.7%，有田户占62.3%，其中的12.7%是少田户，即每户有水田不到1箩种（4亩）。广远、贡允、曼果、崩洞等寨统计，无田户占有关各寨总户数的24%。弄丙寨无田户占全寨45%，整个第一类型寨子无田户约占35.5%，有田户占大多数。

（三）土地不甚集中

上层一般虽占有土地，除广远、先乌、跌撒、弄丙寨的4个大山官共有水田46箩种（184亩）外，其他上层的生活也仅达中农水平。如先乌等12个寨，山官7户，共有水田19.8箩种（79.2亩），平均每户有田2.83箩种（11.32亩）。寨头13户，共有水田24.8箩种（99.2亩），平均每户有田1.9箩种（7.6亩）。魔头21户，共有水田17.3箩种（69.2亩），平均每户有田0.82箩种（3.28亩）。拉事头12户，共有水田13.8箩种（55.2亩），平均每户有田1.16箩种（4.64亩）。群众190户，共有水田154.8箩种（619.2亩），平均每户有田0.8箩种（3.2亩）。看出上层与群众的土地占有也不多，且山官田地总产量1130箩，虽然平均每户有谷161箩，但仅够吃或是稍有剩余；寨头田地总产1900箩，平均每户有谷146箩，也仅够吃。因这两类人是一寨首领，祭鬼与待客支出不少，故收入多支出也多。魔头田地总产量是1380箩，平均每户有谷65箩；拉事头田地总产量115箩，平均每户有谷95.8箩，这两类人就不够吃了。群众田地总产量10895箩，平均每户有谷62.6箩，那就更少了。总的来说：除个别民族上层稍富裕外，一般生活水平都较低，甚至山官也有靠卖工吃饭的，如卖桑寨排早念、甘塘寨排早塘、雷则寨竜准睹等。说明不是土地集中，而是已耕田地太少，原因是没有足够的生产、生活资料开垦荒地和受山官辖区限制。

（四）可固定的旱地较多

崩洞寨有旱谷地42.5箩种（106.25亩），在10度至30度斜坡上的有12箩种（30亩），占旱地数的28%。30度至60度斜坡有21箩种（52.5亩），占50%。60度以上的有9箩种（22.5亩），占22%。而在10度至30度斜坡内可以修筑梯地的（即可固定地）全寨有12箩种。现全寨有旱地96.24箩种（包括苞谷、棉花、黄豆等地折成旱地），则可固定的12箩旱谷地，占现有旱地的3.5%，而旱地中已固定的（即苞谷地）有26.48箩种，占现有旱地的27%。一般说，棉花、黄豆等地坡度较旱谷地小，按上述可固定旱谷地的28%比算，则27.26箩种棉、豆地可固定为旱谷地7.63箩种，占现有旱地的7.9%。总的说，已固定地占27%，可固定地占20.4%，两项共占47.4%（其中可修筑梯地的占20.4%）。

　　崩洞寨耕地的坡度与第一类型中各寨耕地坡度差别不大。乌拉等12寨，位于龙川江、红球河之间，广远等5寨位于孟良坝和龙川江之间，弄丙等7寨位于坝区和红球河流域。3个地区坡度为等高。以崩洞寨可固定地占20.4%推算，第一类型寨子共有旱地2448.78箩种，可固定499.5箩种。第一类型寨子共有652户，平均每户可固定旱地0.76箩种。此外尚有部分未开而又可固定的旱地，因而西山区耕地的潜在力是大的，如加工利用，尚可增产部分粮食。

　　（五）生产资料较充实

　　（甲）劳动力：一般是有足够的劳动力或有剩余。如弄丙寨有劳动力259个，占全寨人口453人的57.17%，平均每户有劳动力2.5个。按1个劳动力一般可耕作水田2箩种（8亩）或旱地3箩种（7.5亩），则现有水田84.6箩种（338.4亩）、旱地441.37箩种（1103.42亩），需要劳动力189个，还剩余劳动力70个。但也有个别寨子劳动力与耕作面积相适应的，如乌拉寨有劳动力90个，有水田24.9箩种（99.6亩）、旱地2317箩种（579.2亩），需要劳动力82个。总的来说，山区劳动力在目前是有剩余的。第一类型寨子共有劳动力1609个，有水田715箩种（2860亩）、旱地2448.78箩种（6121.95亩），一共需要劳动力1173个，剩余劳动力436个。假如3年内将可开水田445.8箩种开垦出来，那么加上现有耕地就一共需要劳动力1396个，仍然剩余213个，可从事其他生产。

　　（乙）农具：每个劳动力有犁1件、锄1件。如弄丙寨山官家有9个劳动力（内包括长工2个），共有犁8件、锄6件；寨头家有劳动力6个，共有犁8件、锄9件；魔头家有劳动力15个，共有犁15件、锄15件；拉事头家有劳动力9个，共有犁12件、锄8件；群众户共有劳动力188个，有犁146件、锄154件。这是第一类型寨子中水田较少的寨子，农具所缺无几。但从整个类型寨子来说，农具稍缺，有1609个劳动力，平均每个劳动力仅有犁0.7件、有锄0.85件。

　　（丙）耕牛：乌拉、板界、曼窝、先乌、轮拉、关卡、卖桑、母那、瓦傍、木轮、阿永、大胜等12个寨子，共有水牛288头。按现在牛力的使用，每头牛能耕水田3箩种（12亩）或旱地5箩种（12.5亩）计算，则水田230.5箩种（9224亩）、旱地982.23箩种（2455.57亩），共需要水牛273头，还剩余15头。广远、崩洞、怕软、贡允、曼果等5个寨子，共有水牛189头，有水田214.4箩种（857.6亩）、旱地476.3箩种（1190.75亩），共需要水牛166头，还剩余23头。仅有弄丙、广外、跌撒、曼海、雷则、红球、甘塘等7个寨子水牛稍缺。这7个寨子共有水牛256头，有水田270.1箩种（1080.4亩）、旱地990.26箩种（2475.65亩），共需要水牛288头，尚缺32头。总的来说，耕牛足供生产需要。第一类型寨子共有水牛733头，水田715箩种（2860亩）、旱地2448.78箩种（6121.95亩），共需水牛727头，尚余5头。

　　四、几点意见

　　（一）扩田增产并改筑梯地

　　（甲）第一类型寨总人口3097人，以每人每年需谷24箩计，则全年需谷总数为74328箩。目前水田旱谷地总产量仅52365箩，尚缺粮21963箩。但其中小孩多而食量较少，据弄丙寨调查，7岁以下的小孩占总人数的25.3%，故实际缺粮数就大大减少了。平均每户不到5人（包括小孩在内），故每户每年有谷100箩，就可以解决全部口粮。如此计算，652户年需谷65200箩，除现有水田、旱谷地总产量外，尚缺12835箩。由于景颇族吃不惯苞谷，仅留少数作副食，大多数则喂家畜，故总产量苞谷2300.6箩，仅补助部分口粮。故粮食不够自给，是亟待解决的。

第一类型寨共有可开水田441.8箩种（1767.2亩），一般是水源较多，如红球河、龙川江等河床较深、水流缓慢，部分地段引水很容易，但有部分岸高水低的地方，须从上游开沟。西山东面与坝区接壤，地势平缓，改筑梯田后可引山水灌田。因此，第一类型寨可开水田的有利条件是沟路短，水源多，工程易，稍投部分资金，就可在两三年内全部开出来。

现有水田平均每户不到1箩种的有曼窝、乌拉、关卡、轮拉、母那、阿永、大胜、广外、雷则、弄丙等10寨。1箩种至1.5箩种的有先乌、卖桑、瓦傍、木轮、曼海、甘塘、贡允、广远、崩洞、红球等10寨。超过1.5箩种的有板界、跌撒、曼果、怕软等4寨。开垦水田后不到1.5箩种的有轮拉、卖桑、母那、木轮、阿永、雷则、广外、弄丙等8寨，1.5箩种到2箩种的有曼窝、乌拉、瓦傍、曼海、怕软、贡允、广远、曼果、崩洞等9寨，超过2箩种的有板界、先乌、大胜、跌撒、关卡、红球、甘塘等7寨。

对原有平均每户有田不到1箩种而开垦后又不到1.5箩种的，视当地具体情况，在取得有关山官与群众的同意后，在邻近别寨辖区内增开一部分。如板界寨可开田较多，卖桑、母那等寨可开田较少，而3个寨辖区接壤，可协商解决部分水田。

（乙）第一类型寨共有旱地2448.78箩种（6121.95亩），已固定旱地509.52箩种（1273.8亩），占28%。平均每户有7.8耕种，可固定地占20.4%，即499.5箩种；平均每户有7.67耕种，已固定及可固定的旱地，平均每户有1.54箩种。除已固定地309.52箩种是园地外，尚有499.5箩可在现耕地范围内选择改筑梯地。按西山土壤含磷多，而山不太高，坡度也不算陡，改筑梯地是适宜的，梯地周围需壅土做埂，开沟排水。如能利用向上开及等高横种的垦种方法，对保土保苗很有作用。西山已开为梯地的极少，故开始时只能在重点寨示范推广。

（丙）山区绿肥很丰富，牛猪粪也不少，如能逐步利用，对增产粮食很有利。跌撒、曼果、怕软等寨，平均每户有水田超过1.5箩种（6亩）。开垦水田后，平均每户有水田接近2箩种（8亩），或超过2箩种以上。广远、贡允、甘塘、红球、曼海、先乌、乌拉等寨，平均每户有田1箩种至1.5箩种，开垦水田后平均每户有2箩种左右。这些地区的工作有基础，也是当前工作的重点寨（或副点寨），因此，可适当介绍一些切合当地情况而又可行的简单的先进生产经验，在以农业为主要的广种薄收的基础上重点精耕。至于雷则、弄丙、广外、崩洞等寨子，平均每户有田1箩种左右，而开垦后，也不到1.5箩种，虽是工作有基础的地区，也应注意领导并大力改进耕作技术，提高单位面积产量，并重点精耕。在够吃的前提下，发展经济作物。这些寨3年内可在现有单位面积产量的基础上提高60%。

此外曼窝、轮拉、卖桑、母那、木轮、阿永、瓦傍、关卡、板界、大胜等寨工作基础较弱，增开水田后，除大胜、曼窝、瓦傍寨外，均都不到1.5箩种。需要在改进耕作技术上予以帮助，并只能要求在3年内增产50%。

如果3年内提高50%至60%，可全部解决吃的问题。以1952年单位面积产量水田每箩种收50箩、旱地每箩种收18箩为基础，假如平均每户有田1.5箩种、梯地5斛种（苞谷、棉、豆地不计在内），则第三年平均每户有粮：

工作基础较好：

水田　1.5×80=120箩

旱地　0.5×28.8=14.4箩

共计134.4箩。

工作基础较弱：

水田　1.5×75=112.5箩

旱地　0.5×27=13.5箩

共计125.5箩。

（二）发展经济作物

（甲）棉花：棉花的种植在西山是有基础的。大多数人家或多或少都种一些，多系自种、自织、自穿，很少外销。去年第一类型寨，共种177.96箩种，折成旱谷地，即177.96×0.8=142.37箩，每箩旱地折亩142.37×2.5=355.93亩。去年收籽棉2261.9砣，每砣重53两[①]（约4斤），折合9047.6市斤，平均亩产25.42市斤。可以看出，棉地大，产量少。按一亩棉地较高的种植技术水平，每亩可产47.4市斤，仅占5%。但从长远利益看，边疆缺布，有棉可织，在粮棉比价上棉花价值大。如果5年内在现有棉花单位面积产量上再提高80%至100%，即每亩产量在60市斤左右，可解决够穿并部分出售。但关键在于耕作技术的提高，因而也迫切需要技术指导。

（乙）芝麻：目前种的人不多。如大胜寨只唐勒当家撒种1升，收得芝麻10箩，卖得谷15箩，这是使用土地少而收益最大的。1升种相当旱谷地1斛种，而1斛种旱谷地（按他家最高产量每箩种地产30箩计）仅收旱谷3箩，其交换价值仅为芝麻的1/5。芝麻花工少，1斛种的地从犁到收，最多3个至4个工，连种子合计成本1.5箩至2箩谷，种下后5个至6个月即收。这是本少利大收益快的一种农作物，宜在各寨逐步推广种植。

（丙）茶树：西山气候温和，适宜种茶。东山下瓮角寨共有49户，有22户种茶约8450棵，平均每棵产2元，年收4225旧斤（5070市斤），每旧斤可卖1文，约值3300元，收益折谷2000多箩，可维持每家10个月的口粮。种1箩种谷地面积的茶的价值，相当4倍水田的收入，但需种后3年至4年才能收益，可在够吃的基础上重点发展。

（丁）园艺作物：园艺作物也可发展，如芭蕉、梨、李、黄果、桃子、枇杷、杏、橘子、葵花子等各寨都种得些，收益时间慢，头次要两三年才收，以后可年长年熟，价格也好。如大胜寨有12户种黄果树共36棵，每棵年得3篮，每篮10砣，每砣卖1文，去年收1080

---

① 每砣重53两，本文又作"每砣54两计"。——编者

砒，卖后得谷540箩，平均每户得45箩，可解决一家5口人5个多月的口粮。在寨子的周围或寨外附近陡坡种植，不仅能改善生活，改善环境，特别是对土壤保持作用大。

将来水田扩大到一定程度，而旱地又逐步固定后，荒地可分类发展经济作物和园艺作物，通过物资交流，增进民族间与民族内部的友好关系。目前如弄丙等寨，可先种植收益时间慢的作物（如果树、茶树等），并多种植一些本少利大收益快的作物，如芝麻、花生等油料作物。

（三）发展副业手工业

（甲）采伐木材：山区杂树野草多，每年都有很多人家砍柴、割草卖，解决部分口粮。但山上经济林却不多，水源林更少，原因是只砍不种，致使有价值的林木损失不少。今后要有种有砍，并分别用途之大小，进行砍伐和保留，才能达到保护和培植森林的目的。在这前提下，对某些有用的林木，宜组织缺粮户砍伐，有计划地输送到坝区，可解决部分人的口粮，并支援坝区建筑之用，还可以起到增进民族间感情的作用。如大胜寨唐勒当去年锯伐木头，从龙川江流放至坝区，卖给傣族得谷30箩，可解决一家6人两个月的口粮。营盘、崩洞等寨，有两三户到乌拉、大胜、板界等寨砍伐，流放猛卯、畹町各地卖给傣族，除成本外，各赚得谷10箩，也解决了一家1个多月的口粮。但景颇族对森林无管理习惯，故组织与掌握须结合起来。

（乙）扶植家庭手工业：

1. 织"通巴"（挂包）：景颇族群众多会织通巴，销路广。如崩洞寨有2/3以上的人家都会织，但无本钱，缅毛又贵，只两家织。一个通巴可卖得谷2.5箩至3箩，所需成本只1箩谷，一个月可做6个至10个。

2. 制木具：弄丙、崩洞等寨有几家专制木犁、木耙、擦子，造作简单，一天可做1张犁，或5把至6把擦子。1张犁可卖得谷1箩，4把至5把擦子可卖得谷1箩。最好多发展几家，学会制造一些简单的家具和农具。

3. 编竹器：崩洞寨有一家编竹器，做2对箩需时2天，可卖得谷1.5箩，1个簸箕可卖得谷半箩。

这些手工业坝区和山区都需要，虽为数不多，但发展后可促进民族内部的交换关系，并逐渐与农业分工，成为独立的织匠、木匠、竹匠，对促进商品经济的兴起是有作用的。

陈尚经　整理

潞西县遮放西山景颇族地区山区改造第二类型基本情况

一、基本情况

（一）第二类型包括湾丹、邦谷、崩巧、南苗及东山上瓮角等5寨，193户914人，其中景颇族143户695人、汉族47户208人、崩龙族3户11人，共有劳动力477人。

各寨各族人口劳动力统计表（表一）

项目\寨名	人口																劳动力			
	全寨总计				景颇族				汉族				崩龙族				合计	景颇族	汉族	崩龙族
	户	男	女	合计	户	男	女	合计	户	男	女	合计	户	男	女	合计				
湾丹	26	65	55	120	17	48	38	86	9	17	17	34					41	37	4	
邦谷	67	150	164	314	63	144	155	299	1	2	2	4	3	4	7	11	185	177	2	6
崩巧	50	122	129	251	50	122	129	251									136	136		
南苗	10	16	28	44	10	16	28	44									26	26		
上瓮角	40	95	90	185	3	6	9	15	37	89	81	170					89	6	83	
总计	193	448	466	914	143	336	359	695	47	108	100	208	3	4	7	11	477	382	89	6

（二）耕地面积产量：共有水田99.6箩种（398.4亩），年收谷4432箩（137392市斤）。旱谷地563.9箩种（1409.75亩），年收谷8045箩（289620市斤）。园地21.3箩种（416亩），年收苞谷1014.7箩（每箩折合39.6市斤计，共重40182.12市斤）。棉花地41.47箩种（82.94亩），年收444.8矼（照山区每矼54两计，折合约4市斤，共重1779.2市斤）。黄豆地20.55箩种（256.88亩），年收227.05箩（每箩重39.6市斤，共重8991.18市斤）。

按下列标准：1箩种苞谷地等于8箩种旱地，1箩种棉花地等于8斜种旱谷地；1箩种黄豆地等于5箩种旱地，旱谷、苞谷、棉花、黄豆等地折合旱地870.226箩种，其中已固定170.4箩种（3408亩），平均每户有水田0.51箩种（2.04亩）、旱地4.58箩种（11.45亩）。

上瓮角因位居高山，居民下坝耕种困难，原有水田全部出租给下瓮角居民耕种，除每箩种田应交官租13箩外，其余的主佃平分。无旱谷地，仅有苞谷地5.85箩种（117亩）。

各寨耕地面积产量统计表（表二）

项目\寨名	水田		旱谷		苞谷		棉花	
	面积（亩）	产量（市斤）	面积（亩）	产量（市斤）	面积（亩）	产量（市斤）	面积（亩）	产量（市斤）
湾丹	20.2	480	27.5	358	1.6	145.4	0.8	4
	80.8	14880	68.75	12708	32	5757.84	1.6	16
邦谷	24	840	276.5	4749	4.6	152.8	21.15	212.5
	96	26040	6912.5	170964	92	6050.88	42.3	850
崩巧	30.6	1392	222	2430	8.3	66	15.4	216
	122.4	43152	555	87480	16.6	2613.6	30.8	864
南苗	1.3	30	37.9	513	0.95	5.5	4.12	12.3
	5.2	930	94.75	18468	1.9	217.8	8.24	49.2
上瓮角	23.5	1690	—	—	5.85	645	—	—
	94	52390	—	—	11.7	25542	—	—

续表

项目 \ 寨名	水田 面积（亩）	水田 产量（市斤）	旱谷 面积（亩）	旱谷 产量（市斤）	苞谷 面积（亩）	苞谷 产量（市斤）	棉花 面积（亩）	棉花 产量（市斤）
总计	99.6	4432	563.4	8045	21.3	1014.7	41.47	444.8
	398.4	137392	1409.75	289600	42.6	40182.12	82.94	1779.2

项目 \ 寨名	豆子 面积（亩）	豆子 产量（市斤）	旱地合计 面积（折亩）	已固定旱地 箩种（折亩）	每户平均占有 田（亩）	每户平均占有 地（亩）	可开水田 箩种（折亩）	增开后每户平均数 箩种（折亩）
湾丹	1.15	26.3	46.7	12.8	0.77	1.8	7.5	1.06
	14.375	1041.48	116.75	32	3.08	4.5	18.75	2.65
邦谷	7.85	99.95	369.47	36.8	0.35	5.17	39	0.8
	98.125	3958.02	923.675	92	1.4	12.925	97.5	2
崩巧	10.6	94.6	353.12	66.4	0.62	6.6	16	0.93
	132.5	3746.16	882.8	166	2.48	16.5	40	2.325
南苗	0.95	6.2	53.546	7.6	0.13	5.43	22	2.33
	11.875	245.52	133.815	19	0.52	13.575	55	5.825
上瓮角	—	—	46.8	46.8	0.587	1.17	120	3.58
	—	—	117	117	2.348	2.925	300	8.95
总计	20.55	227.05	870.226	170.4	0.5	4.58	204.5	
	256.875	8991.18	1914.565	426	2	11.45	511.25	

二、土地关系

（一）上瓮角90%是汉族，主要生活来源是贩种大烟，旱地多为各户自己开荒施肥耕种，极少买卖。所有水田系解放前向傣族购进，有买卖习惯，即傣族向汉族借钱，拿田抵押，每箩种水田约60文，田仍由傣族耕种，每年交给汉族谷子50箩至60箩（1550市斤至1860市斤），一般3年后租谷停付，钱亦折消，田权仍属傣族。上瓮角现有水田已全部租给下瓮角，交官租后，主佃平分。

（二）景颇族租佃很少，如湾丹寨仅有山官排早荡因劳动力少将去年自种的约2箩种水田出租，讲定租额每年谷子20箩（620市斤）。可任意开垦荒地，谁种谁收，无地权；此限于山官辖区的居民，如辖区外居民开垦荒地，必须取得本区山官同意。水田系谁开谁有，因已投资加工有一定田权，如丢荒过久，别人也可复垦。因而，土地买卖不显著。

（三）上层田地较群众多些，但还没有形成封建剥削与土地集中情况。如邦谷寨上层15户有水田15箩种（60亩），平均每户有田1箩种（4亩），占全寨水田总数的62.5%。群众52户有水田9箩种（36亩），平均每户只有0.18箩种（0.72亩），占全寨水田总数的37.5%。上层有旱谷地96箩种（240亩），平均每户6.4箩种（16亩），占全寨旱谷地总数的35%。群众有旱谷地180.5箩种（451.25亩），平均每户只有3.47箩种（8.68亩），占全寨旱谷地总数的65%。湾丹寨也类似，全寨20.2箩种水田（80.8亩），上层6户占有总数的53%，群众20户仅占有总数的47%。主要是田地太少。原因是：

甲、第二类型寨耕地多在偏僻山坡，水田离寨远，多利用山坳修筑梯田。对工程较大的可开水田，因缺乏工具和口粮，无力投资开垦。

乙、受山官辖区限制，本寨群众不能随便到别寨开垦。

丙、劳动力分散。如湾丹寨50%以上的人做小生意，投放在农业生产上的劳动力较少。

一般说上层较群众稍富裕，但也有靠卖工生活的（如邦谷寨早利山官）。他们一般都参加生产，如第二类型寨6个山官，只有1人不参加劳动，寨头5人、魔头5人，其中只有魔头1人不参加劳动。由于上层劳动力及生产工具较多，能多开田地。但其收入除祭鬼习俗支出外，送礼待客也不少。如邦谷寨早利山官送礼待客占其收入的35.5%，说明上层占有的田地虽稍多于群众，但现有的田地产量仍不够多，尚不够维持一般生活。

三、生产情况

这种类型的普遍情况是：已耕地少，产量低下。虽有可开水田，但因投资较大而未开垦。农具严重缺乏，耕牛颇为集中，而劳动力强并有剩余。其特点是：

（一）已耕地少，产量低下。在这一类型中：地较多田较少的南苗寨，每户平均有田0.13箩种（0.52亩）、地5.43箩种（13.57亩）。邦谷寨平均每户有田0.35箩种（1.4亩）、地5.17箩种（12.93亩）。田较多地较少的湾丹寨，平均每户有田0.77箩种（3.08亩）、地1.8箩种（4.5亩）。上瓮角寨平均每户有田0.58箩种（2.35亩）、地1.17箩种（2.93亩）。最好的是崩巧寨，平均每户有田0.62箩种（2.48亩）、地6.6箩种（16.5亩）。这一类型平均每户仅有田0.5箩种（2亩）左右，平均每户有地4.53箩种（11.33亩）。但这多是3年一种，即第一年开荒，第二年种植，第三年丢荒，并在别的地方另垦。但园地多已固定。整个第二类型寨的耕地，其中已固定的有170.4箩种（3408亩），占现有旱地总数的19.5%，平均每户也有12.6斜种。

田地既少而产量又不高，主要是粗放轮歇所致。上瓮角寨的水田位于坝区，每箩种产量71.9箩（2228.9市斤）；其次是崩巧寨，每箩种水田产量45.5箩（1410.5市斤）；邦谷寨为35箩（1085市斤）；湾丹寨为23.8箩（737.8市斤）；南苗寨为28箩（868市斤）。每箩种旱谷地单位面积产量：崩龙族各寨为17.17箩（618.12市斤），南苗寨13.53箩（487.08市斤），湾丹寨为12.8箩（460.8市斤），崩巧寨为10.95箩（394.2市斤）。总平均每箩种水田产量40.84箩（1266市斤），每箩种旱谷地产量13.61箩（490市斤）。

在这种耕地少产量低的情况下，目前农业收入不足维持生活。如邦谷各寨田少地多，产量较高的一个寨有67户314人，全年水田旱谷地总收入为5589箩，平均每户年需粮食100箩，则每户只够吃10个月。如果以每人每年需要24箩谷子计，则第二类型寨年需谷21336箩。现有水田及旱谷地总产量仅12477箩，尚缺9459箩，平均每人缺3个至4个月口粮。因此，严重而迫切需要解决的是吃饭问题。

（二）有可开田，但投资较大。可开旱地很多，各个山腰都有大量荒地未加以利用。如改善耕作技术，逐步固定并改筑梯地，耕地则不成问题。这类型地区主要是需要水田。目前邦谷寨有田的16户，其中田少的（即不到1箩种）4户；崩巧寨有田的32户，其中田少的28户；湾丹寨有田的14户，上瓮角寨有田的13户。其有田户约占4个寨的总户数42%，无田户占58%。崩巧寨有田户较多，占全寨总户数的64%，其中少田户占12%；最少的是邦谷寨，有田户占全寨总户数的24%，其中少田户占6%。虽然如此，但仍有可开的水田，如南苗寨有22箩种（88亩），崩巧寨有16箩种（64亩），湾丹寨有7.5箩种（30亩），上瓮角寨有120箩种（480亩），邦谷寨有30箩种（120亩）。如果在3年内开垦出来，则各寨平均每户都可以有田：南苗寨2.33箩种（9.32亩），崩巧寨0.93箩种（3.72亩），湾丹寨1.06箩种（4.24亩），上瓮角寨3.58箩种（14.32亩），邦谷寨0.8箩种（3.2亩）。但有些寨的可开田处于几个寨共同耕作的地区，如上瓮角寨可并田多在上瓮角、下瓮角、偏山寨之间，邦谷寨尚有可开田69箩种（276亩），在邦谷、别伦、项球等寨之间，不可能全部由某一寨开垦，且地属别寨山官，又必须通过协商才能开垦。故上瓮角这类寨仅能要求3年内平均每户有水田1箩种。

这类型的可开田，大多数是沟路长、水位低、离寨远，费工需时，投资较多。如崩巧寨可开水田16箩种（64亩），即需水利工100个、开垦工800个，需10个人连续做3个多月。湾丹寨可开水田7.5箩种（30亩），就需水利工360个、开垦工144个，工料还未计算。开垦后第一年水田的产量尚不够开垦成本，但从长远计，仍有必要贷款投资，开垦出来。

（三）农具较缺乏，耕牛过于集中。多数农具残缺，使用效果不大。如邦谷、湾丹两寨平均每户只有1把半锄头，其他各寨同样是农具与劳动力不适应，如农具最多的崩巧寨虽平均每户有3把锄头，但136个劳动力，每人只能使用1把多。

各寨农具耕畜统计表（表三）

寨名	户数	劳动力	耕畜		农具	
			水牛	黄牛	犁	锄
湾丹	26	41	29	17	29	43
邦谷	67	185	68	41	150	122
崩巧	50	136	70	51	123	154
南苗	10	26	2	5	8	7
上瓮角	40	89	10	86		67
总计	193	477	179	200	310	393

南苗寨3个半劳动力只使用1把犁头、1把锄头。由于连续开垦荒地，锄头磨损增加，据说平常耕作，1把锄头可用1年，如垦荒，1把锄头只能使用3个至6个月，故坏农具很多，一般占农具的20%至30%。如崩巧寨有犁头123把，其中坏犁30把；锄头154把，其中坏锄头47把，因无铁匠修补，都不能使用。

耕畜多，但由于占有集中，无牛户占50%至70%。如湾丹寨6户有水牛29头，而全寨却有占总户数65%的缺牛户。按每头水牛可耕种5箩种地计，10头水牛已够全寨使用，故耕牛不仅不缺还有剩余。但也有个别寨子缺牛的，如南苗寨有田地39箩种，仅有水牛2头，为所需水牛8头的1/4。总的来说，第二类型寨的耕牛除足供耕作需要外，尚余40头。因此问题在于如何在两相情愿互利基础上等价合理使用，使畜力得以充分发挥。

（四）劳动力强，有剩余。第二类型寨有劳动力477人，在914个居民中占52%，平均每户有2个半劳动力从事生产。一般每个劳动力能耕种2箩种（8亩）水田或3箩种（7.5亩）旱地计，劳动力是有剩余的。例如，邦谷寨现有水田24箩种（96亩），需劳动力12个；旱地369.4箩种，需劳动力123个，共需劳动力135个。而现有劳动力185个，尚剩余劳动力50个。而湾丹寨仅需现有劳动力的1/4。以此为例，则南苗、湾丹、邦谷、崩巧等4寨，将有162个剩余劳动力。而这4寨如在3年内将75.5箩种（302亩）水田开出来，则需劳动力38个；旱地按现有面积823.4箩种（2058.5亩）计，需劳动力274个，则仍有76个剩余劳动力。除推广精耕细作及改进耕作技术需增加一些劳动力外，仍有一部分劳动力可以经营其他各种副业。

四、初步意见

崩巧、邦谷两寨工作较有基础，上瓮角、南苗、湾丹等寨也有一定的工作基础。由于各方面的政治影响，群众一般对人民政府有认识，上层愿靠我。如下瓮角寨早利山官靠拢政府较早，工作积极，表现一贯很好，这次随同工作组到向北河、小坪河等地，在协助工作上起到一定作用。他和上瓮角早都山官是叔侄关系，这就有利于上瓮角工作的展开。又如湾丹寨山官排早都在群众中有一定威信，第一次去开辟工作时，冒着大雨，到处找群众开会，并说"毛主席的人来了，快来开会"。最近工作组去他也积极协助，但其动机不纯，意在恢复其祖父盛时势力。他与邦谷寨山官排早腊是兄弟关系，早腊山官对我有顾虑，但表面不反对。这些地区的群众都是欢迎我们去工作的，如上瓮角一些群众，自愿为工作组放哨防匪。工作有利的条件是民族上层协助，群众欢迎。

根据以上情况，我们的意见是：第二类型寨主要是扩田增产，有计划有步骤地指导重点精耕，逐步固定并修筑梯田和改筑梯地，有力地扶持发展各种副业，在解决吃的问题的基础上，积极发展经济作物。

（一）扩大耕地面积。在3年内南苗、崩巧、湾丹、邦谷等寨可将耕地全部开垦出来。上瓮角寨已耕地都在坝区，且出租别人，可在附近先开出40箩（160亩）左右的水田。工作较好的地区崩巧、邦谷两寨第一年可开40%，第二年50%，第三年10%。如：

可开田	第一年开	第二年开	第三年开
崩巧16箩	6.4	8	1.6
邦谷39箩	15.6	19.5	3.9

工作基础较弱的，如南苗、湾丹、上瓮角等寨，第一年可开20%，第二年50%，第三年30%：

可开田	第一年开	第二年开	第三年开
南苗22箩	4.4	11	6.6
湾丹7.5箩	1.5	3.75	2.25
上瓮角40箩	8	20	12

在开垦前，准备工作必须做好，如深入勘测哪些地方可开和应如何开、哪些人在哪里开，就需要周密的计划。否则盲目乱开，将会损害森林水源，甚至引起不应有的各种纠纷。开垦过程中，应通过上层并与之充分协商，由山官、寨头组织领导，干部大力支持协助，务使上层满意，群众欢迎。在贷款开田分配方面，尽可能让群众特别是无田户和少田户多开一些；但对上层有田户，也应有意识地给予适当照顾，如无偿地代开一部分，或对其种植经济作物给予种子、技术帮助。

（二）提高单位面积产量。3年内可以将可开水田全部开出，再在现有单位面积产量基础上争取有较大幅度的提高。例如去年水田单位面积产量平均在44.5箩，预计今年可达到50箩（1550市斤）左右。以50箩为基数，第一年单位面积产量可增至60箩（1860市斤），第二年增至75箩（2325市斤），第三年可达到80箩（2480市斤）。至于南苗、湾丹、上瓮角等寨，因工作基础较弱，第一年单位面积产量要求增至57.5箩，第二年增至70箩，第三年可提高到80箩。湾丹寨产量最低，第三年只要求提高到75箩。如此，则3年内粮食可达到自给自足。例如邦谷寨现有水田24箩种（96亩），3年内粮食增加如下：

第一年有水田39.6箩种（158.4亩），单位面积产量60箩（1860市斤），可收粮食2256箩（69936市斤）。

第二年有水田59.1箩种（236.4亩），单位面积产量75箩（2325市斤），可收粮食4432.5箩（137407.5市斤）。

第三年有水田63箩种（252亩），单位面积产量80箩（2480市斤），可收粮食5040箩（156240市斤）。

现有旱地369.47箩种（923.68亩）。由于开垦水田、提高单位面积产量，逐步固定旱地，势必要放弃部分旱地。例如邦谷寨目前全寨已固定的旱地有36.8箩种（736亩），平均每户有0.55箩种。而现有旱地中的20%可改筑梯地，即有66.53箩种，平均每户还有可固定地1箩种。如3年内每户增加固定旱地1箩种，则平均每户固定旱地单位面积产量（按现有单位面积产量15箩提高60%，即28.8箩计）为：

户数×固定旱地数：67×1.55=103.85箩种（2596亩）

固定旱地×单位面积产量：103.85×28.8=2990.88箩（118438.85市斤）

水田产量+旱地产量：5040+2990.88=8030.88箩

总产量÷户数=平均每户有粮数：8030.88÷67=119.86箩

3年内邦谷寨平均每户可以有粮119.86箩，可基本解决全年生活所需粮食。

假若第二类型寨3年内平均每户有田1.5箩种、固定旱地1.5箩种，水田单位面积产量提高到80箩（2480市斤），旱地单位面积产量提高到28.8箩（1036.8市斤），则平均每户有粮123.2箩，群众生活就可以得到不断的改善和提高。

（三）在目前尚无条件完全改变粗放耕作的情况下，有重点地提倡精耕。由于扩大耕地面积，提高产量，在一两年内不可能根本解决吃的问题，在目前已耕田地少、产量低的情况下，就须有领导有条件地允许部分粗放耕作，同时有计划有步骤地指导重点精耕。因此，粗放与精耕在目前来说，各有好处，粗放可解决部分粮食，精耕可重点示范推广。

例如，从邦谷寨章或司与何老大两家来看粗放与精耕的情况：

何老大家10口人，雇长工1人，劳动力有7人（长工在内）。有可耕田水牛6头、黄牛7头、马4匹，各种农具31件。去年种水田3箩种（12亩），收得谷子100箩（3100市斤），单位面积产量为33箩（1023市斤）。旱地18箩种（45亩），收谷331箩（11916市斤），单位面积产量为18箩（648市斤）。平均每个劳动力负担水田0.43箩种、旱地2.6箩种的耕作，总产量431箩，平均每人有33箩。所耕旱地，其中有一块2箩种（5亩），去年收谷140箩（5040市斤），平均每箩产量70箩（2520市斤），用了38个牛工、181个人工。全部耕作成本是：工资折谷73箩、种子谷2箩、农具折旧5箩，共80箩，平均每箩旱地耕种成本为谷子41箩（1456市斤）。

章或司家8口人，劳动力3人。有可耕田水牛2头、各种农具11件。1952年种旱谷地13.5箩种（33.8亩），收谷240箩（8640斤），单位面积产量17.7箩（637.2市斤）。平均每个劳动力负担4.5箩种旱地的耕作，总产量240箩（8640市斤），平均每人有30箩（1080市斤）。所耕旱地其中一块8箩种（20亩），1953年收谷200箩（7200市斤），平均每箩种单位面积产量25箩（900市斤）。用了341个人工、108个牛工，换工很少，全系自耕。成本是：工资折谷150箩、种子8箩、农具折旧3箩，共161箩，平均每箩种旱地耕种成本为谷子20箩（720市斤）。

两家典型户的地同是前年开去年种，何家劳动力、畜力、农具较章家强得多，且压过1次荞（肥料），多犁1次，多碎土1次，多薅草2次，故单位产量高。但由于何家力量集中于这块地上，不能精耕别的地，就总产量来说却比章或司家多不了多少，而平均每人有谷也只多3箩。章家劳动力少，而负担面宽，只是一般的耕作，故成本低，但在总收益上较何家多些。如果从每个劳动力的收益看，章家每个劳动力收益80箩谷，何家每个劳动力收益61箩谷。但在土地使用上，章家使用土地多而单位产量低；何家使用土地少而单位产量高，因此粗放与精耕在目前来说都有必要。但粗放必须是有条件的，不能盲目乱开荒地，损害森林水源，而精耕也只能有重点，不可能全面精耕，两者必须有领导地掌握。

（四）各寨有不同的副业。湾丹、上瓮角等寨有不脱离生产的商贩，其中湾丹寨有50%的人口都在做生意，做生意可解决一年生活所需的1/3。他们多经营贩运鸡蛋、盐巴、肥皂、棉毯、大米、酒、红糖、槟榔等，贩运地区多在芒市、遮放、梁子街（国内）、九谷街（缅甸）等地。

（五）发展副业。

甲、织布：湾丹、上瓮角等寨汉族妇女多织布贩卖，帮景颇族弹棉花、缝衣服。如上瓮角有13户织布，另有4家至5家已有织布机。织棉纱1捆，费时半月，可做4个布，工资、浆料等成本共40文，每个布可卖11.5文，共46文。6文可买谷3笭，1个人做半个月，可维持1个半人全月的生活。如果自织自浆，仅付出纱价32文，赚14文，可买谷7笭，那么1个人做半个月可维持3个半人全月的生活。弹棉花1砣一般工资是1笭谷左右，缝衣服1套也得半开1块。这些家庭手工业收入也能解决部分生活问题。

乙、打铁：山区铁匠很少，农具修补又迫切需要，现有的两三家铁匠，只能修补简单的农具和枪支。打铁工具不多，仅三两件和1个火炉，原料多是废铁和子弹壳，因而生产量也不高，一天只能修补一二件。其工资为：打斧1把得谷半笭，需做活半天；打锄1把得谷1笭，需做活1天。如果供给铁料，增加工具，让他们带徒弟，将来可逐步培养部分铁匠，除了解决这部分人的生活外，又可整修山区农具。

丙、看火塘（即代人牧放母马）：看火塘之户，择定牧场草原，负责看管村中的母马，所产小畜不论多少，均与畜主平分。如上瓮角目前只有1家看火塘，有马20多匹，年产小马不多，但可发展。代牧牛马群有两个好处：第一保护苗，如果每个寨子有一两家看火塘，牛马就不会乱跑吃农作物；第二积粪，看火塘的可捡积牛马粪，平价卖给一些积极分子用作肥料。有了成效，景颇族人民就会慢慢养成保苗积肥的习惯，对今后的生产有极大的帮助。

丁、卖工：邦谷寨有27户下坝帮农事短工，共2310个工，工资489笭谷，每工供饭、草烟等约合谷0.7斜。2310个工共167.7笭，总计帮工收入共650.7笭谷，占27户水田旱谷地收入的42%。平均每户得谷24笭，可解决3个月的口粮。做短工虽不能根本解决吃饭问题，但在当前粮食未能自给前，却是可行的度荒办法。且帮工不是单纯的只解决生活，还可交流生产经验，故对帮工的组织与领导，是很重要的。今后在山区农闲而坝区又需工时，可适当地组织下山，并动员需工寨子进行热诚的欢迎，促进双方感情。按实际情况视劳动力强度协商给予不同的工资，并教育傣族农民对帮工要给予公平合理的待遇。在生产与生活方面，予以帮助和照顾。有条件的组织帮工户进行家庭分工，谁下坝帮工，谁在家照顾生产，使度荒、生产两不误。

戊、家畜：多数人家养猪，但数量不多。由于祭鬼习俗往往杀小猪祭鬼，今后可多养一些。如果每家每年有1头20砣重的大猪出售，可得谷30笭左右，解决一家5口人3个多月的口粮。养羊收益也不少，1只5砣重的羊，可卖得谷5笭至6笭。羊粪质肥，羊皮可卖，山区有条件牧羊。现在上瓮角寨有少数人家养羊，如果多养一些羊，特别是绵羊，则收益更大。景颇族不习惯养羊，不宜鼓励，但汉族可多养羊。

己、发展经济作物：在够吃基础上，重点发展经济作物和园艺作物。山区适宜于种棉花、果树、茶树、苎麻、芝麻、落花生等作物，这些都是成本少收益大。如棉花1笭地可收20砣左右，只花成本6笭至8笭谷左右，而20砣棉花可卖得谷16笭至20笭，扣除成本，可得谷10笭至12笭。目前第二类型寨普遍种植棉花，其面积相当于旱地33.1笭种，折合82.75亩，共产444砣，折合1776市斤，平均每亩产17.75市斤。主要是由于他们撒种时不分坰、不剪苗去丫、不捉虫除草等，而是撒播后任其生长。如给以技术指导，则5年内产量最低亦可提高1倍多，达到自织够穿的目的。

茶是成本低、价值大、销路广，但在第二类型寨子中，只能重点发展一些，不宜普遍搞。

芝麻可以多种，5斜地的芝麻，收10箩，值谷15箩，收益大。

总的说，在地广人稀的荒山地区，发展经济作物，其价值较农作物大，对保持水土也有作用。但只能在够吃够穿的基础上发展，过早发展则影响农业收入，对现有棉作物，则亟须给予技术指导。

（六）发展农业生产关键在于生产力的提高，而生产力主要是劳动力和农具。目前农具严重缺乏，亟须大量地普遍贷放农具。如按每户需用锄头3把、犁2件计，除现有农具外，尚需锄头300余把、犁头150件至200件。劳动力虽稍有剩余，但浪费大，如每户需有1个至2个劳动力做半天的舂米工作等。可推广使用石磨、竹磨、石臼等，如每户有1盘磨，即可减少工时8/10左右，即可抽出部分劳动力投入农业生产。

陈尚经　整理

潞西县遮放西山景颇族地区山区改造第三类型基本情况

一、基本情况

（一）各族人口：第三类型包括捧恨、营盘、崩龙、切磨、别伦、项球等寨，共有128户640人（其中男312人、女328人），其中景颇族101户510人、汉族22户105人、崩龙族5户25人，平均每户5人。共有劳动力361人，占总人口的56.4%，平均每户有劳动力3人。

东山向北河寨亦列入这一类型。该寨18户77人（男38人、女39人），全系傈僳族。有劳动力50人，占总人口的65%，平均每户有劳动力3人。

（二）3种情况：

1. 水田较少，但也有一些可开的水田，如捧恨、营盘、崩龙3寨。

2. 水田很少，且可开水田也有限，如切磨、别伦、项球3寨。

3. 水田极少，而苞谷地较多，开荒较困难，如东山向北河寨。

（三）耕地面积与产量：

（甲）第一种寨子共有60户311人，劳动力166人。共有水田19箩种（每箩种折合4亩，共76亩）、旱地193.05箩种（每箩种折合2.5亩，共482.65亩），其中已固定地72.96箩种，固定地与旱谷地的比例约为8∶1，折合1459.22亩，占旱地总数的37.7%。平均每户有水田0.31箩种（1.24亩），旱地3.21箩种（8亩）。水田、旱谷地总产量2534箩，平均每户有谷42.23箩。

在辖区范围内，可开水田60箩至70箩种（240亩至280亩）。

（乙）第二种寨子共有68户329人，劳动力195人。共有水田9.5箩种（38亩），旱地

247.06笼种（617.65亩），其中已固定地35.28笼种（705.6亩），占旱地面积总数的14.27%。平均每户有水田0.14笼种（0.56亩），旱地3.63笼种（9.075亩）。

水田、旱谷地总产量3070笼，平均每户有谷45.15笼。

（丙）第三种寨子，向北河寨以苞谷为主粮，共有苞谷地6.7笼种（134亩），产量378笼（14968.8市斤），每笼种单位面积产量56.3笼（2229.48市斤）。平均每户有苞谷地0.37笼种（7.4亩），苞谷22.1笼种（875.16市斤）；有洋芋地69.5笼种（43.438亩），产量412笼（16315.2市斤），每笼种单位面积产量5.9笼（233.64市斤）；荞子地3.7笼种（74亩），产量25笼（990市斤），每笼种单位面积产量6.7笼（265.32市斤）；豆子地0.2笼种（2.5亩），产量2笼（79.2市斤），每笼种单位面积产量10笼（396市斤）。

（四）生产力：

（甲）第一种寨子共有劳动力166人，按每个劳动力平均可耕种2笼种水田（合8亩）或3笼种旱地（合7.5亩）计，在现有耕地上从事农业生产需要劳动力74人，剩余劳动力92人。有水牛33头、黄牛25头，按每头水牛可耕田3笼种（12亩）或旱地5笼种（12.5亩）计，现需水牛45头，尚缺12头。有犁69架，平均每户有1架多；锄头130把，平均每户有2把。如下表：

项目 寨名	户口			劳动力	牲畜		农具	
	户	男	女		水牛	黄牛	犁	锄
捧痕	5	12	13	12	2	1	3	4
崩龙	23	50	51	59	3		12	41
营盘	3	88	97	95	28	24	54	85
总计	60	150	161	166	33	25	69	130

（乙）第二种寨子共有劳动力195人，农业生产上现需劳动力127人，余70人。有水牛48头、黄牛18头。现需水牛41头，剩余7头。共有犁92架，平均每2户有3架；锄头373把，平均每2户有11把。如下表：

项目 寨名	户口			劳动力	牲畜		农具	
	户	男	女		水牛	黄牛	犁	锄
切磨	21	51	57	70	14	12	54	85
别伦	16	34	39	41	9		20	21
项球	31	71	77	84	25	6	18	267
总计	68	156	173	195	48	18	92	373

（丙）第三种寨子东山向北河寨共有劳动力50人，按现在每个劳动力一般可耕种苞谷地4斜种或洋芋地15笼种计，现有耕地需劳动力21人，剩余劳动力29人。共有水牛3头、黄牛4头。按每头水牛可耕苞谷地7斜种或洋芋地25笼种计，需水牛10头，尚缺7头。共有犁、锄、刀、镰等农具106件，平均每户有6件，其中平均每户有锄头2件。

二、土地关系

（一）东山向北河寨地少坡大，多为轮歇地，年砍年种，除小块园地外，很少有固定地。荒山草地任其开垦，无土地私有权。俗谚："砍竹筒，做竹梯，竹筒不烂，傈僳搬家。"事实上，傈僳族确因耕地少，居住的流动性较大，如有些人家就是到向北河寨居住耕种几年又迁居磨刀河寨耕种。由于以上原因，很少发生土地的买卖典当和租佃关系。

（二）第三类型捧恨、切磨等寨，可使用的田地有限，多为自开自种。虽有可开田地，也由于缺乏口粮和工具，无力开荒耕种。

（甲）买卖关系。旱地的70%至80%是轮歇地，习惯上不买卖，如营盘寨对旱地就不许可。买卖水田的也很少，如营盘寨内部互相买卖的，只有7斛种（2.8亩），出卖给别寨的从来没有。

（乙）租佃关系。旱地未发现租佃。租佃水田的情形也少，如营盘寨只有两户向外寨租入3箩种（12亩），切磨寨只有内部互相出租的1箩种（4亩），项球寨有魔头租给外寨的8斛种（3.2亩）。

（丙）借贷关系。本寨内部群众间短期借贷，多无利息，但逾半年以上，就有利息了，通常的利息约100%。若向外寨借贷，则利率在200%左右。营盘等寨借贷较多，且多为向外寨借入。营盘寨有10户在去冬今春借进64.5箩谷，今冬明春本利共应归还117.5箩。寨内借贷很少，只有2户今年借出14.5箩，明年本利收回将为26箩。上述为平均借贷在4箩左右的，借1箩或半箩的就很多，据了解，营盘寨的借债户有26户，占总户数的80%。

（丁）牛租。普通借一天两天是不付租的，如犁旱地，只要代为看牛，也可不付租；至于犁水田是要付租的。长租包犁1箩水田，给租谷10箩（30市斤）。年租一般在20箩（620市斤）左右。如项球寨出租牛4户，租出水牛4头，年租最低为15箩（465市斤），牛租收入占自耕收入的23%；保老二家租出1头，最高40箩，占自耕收入的53%。但营盘寨包温中租出1头给贡允，年租10箩。

三、生产情况

（一）生产方法。捧恨、崩龙、营盘、切磨、别伦、项球等寨的生产方法与第一类型的弄丙寨相似。

向北河寨傈僳族多是刀耕火种，但已初步用草灰施肥。该寨劳动力较多，占总人口的65%。傈僳族内部团结，无剥削阶级，有代表人物，无民族上层。该地气候较冷，土地贫瘠，不产稻谷，苞谷为主要食品。耕作技术比西山景颇族较好。如其苞谷单位面积产量56.3箩，折每亩产量56.3×39.6÷22＝101.34市斤，比第一类型的寨子产量高出50%。

傈僳族地区生产季节是：正月种洋芋，二月种苞谷，三月撒旱谷，四月至六月铲草薅地（苞谷、洋芋一般薅二三次），五月收洋芋，七月撒荞，八月整理园地，九月收割谷子，十月收荞，十一月修盖房子，十二月砍火地。

（二）田地少，产量较高。第三类型已耕田地太少。据捧恨、崩龙、营盘、切磨、别伦、项球等寨统计，无田户共107户，占总户数的83.6%；切磨、别伦、项球等寨平均每户有水田仅0.14箩种。由于耕地少、人力多，单位面积产量也较高。如营盘寨有水田11.5箩种（46亩），去年收560箩（17360市斤），每箩种产量48.7箩（1509.7市斤）；崩龙寨有旱谷地21.7箩种（54.25亩），去年收611箩（21996市斤），平均每箩种产量28.2箩（1015.2市斤）。说明第三类型的寨子在生产技术水平上较第一、二类型的寨子好一些。

（三）固定地较多。第一种寨已固定地占现有旱地总数的37.7%，第二种寨已固定地占现有旱地总数的14.27%，而现已耕地中，可固定的也不少。第三类型寨子中的营盘寨，有旱谷地48.3箩种（120.75亩），其中有17.8箩种坡度在10度至30度，占旱谷地的36.8%，占旱地总数的14%；而棉花地、豆子地等折旱谷地31箩种（77.5亩），其中36.8%可以固定（即有11.6箩种），占旱地总数的8.8%。该寨已固定的苞谷地折旱谷地40.7箩种（119.25亩），占旱地总数的37%。总计营盘寨已固定和可固定地占现有耕地的59.8%，这都是可以修筑梯地的。而营盘寨在第三类型的寨子来说，虽是坡度较陡、增开田地也较少的寨子，但已耕地大部分可以固定。第三类型的第二种寨子的旱地，较第一种寨子的多一些，坡度比营盘寨较低，故可固定地的面积较接近或超过营盘寨可固定地的面积。

（四）劳动力多。第三类型的寨子劳动力较多，占总人口的56.4%至65%，平均每户有劳动力3个。按现有耕地面积，第一种寨只需现有劳动力的43%，第二种寨只需35%，第三种寨只需42%，平均只需现有劳动力的40%左右。剩余劳动力的出路，多是外出帮工。向北河寨多到瓮角、曼东山、南壁比、户掌、蚂蝗沟等寨，帮汉族种烟、割烟，间或也有出国卖工的。第一、第二两种寨，多到傣族地区帮农事短工，所谓"吃街子"（找笋、砍柴卖）、"吃力气"（卖工）、"吃叶子"（找野菜）的现象普遍存在。由于生活贫困，只好顾着眼前，大部分的劳动力未投到农业生产上去，耕地面积无法扩大，产量无法提高，缺粮情况严重存在。当前必须加强组织领导，才能使生产、度荒两不误。

（五）经济作物有基础。东山向北河、磨刀河、小坪河、粗糠树等寨，多种植麻、茶等作物。如向北河寨种了3斜种地的麻，收14砣，每砣可织2个口袋，每个口袋可换谷2.5箩。种茶树20棵，每棵收茶叶2兄（4两），每砣可换得谷子1箩左右。

第二种寨子种植棉花不少，产量亦较第一、二类型寨子的为高。项球寨种6亩棉花收290市斤，平均每亩收48市斤。别伦寨棉花产量较低些，每亩也收39.6市斤，超过第一类型寨棉花单位面积产量的70%至100%，占西南奖励标准400斤的10.5%。

（六）耕畜农具缺乏。农具一般的都缺乏。特别是第一种寨，平均每户只有2把锄头，且大多破烂，不堪使用。捧恨寨每3个劳动力仅使用1把锄头。第二种寨中的别伦寨，每两个劳动力使用1把锄头。锄头最缺的是第一、第三两种寨，第二种寨中除别伦寨外其他各寨稍多，平均每户可使用5把多锄头。

耕牛也少。崩龙寨平均每8户才使用1头水牛，向北河寨全寨只有3头水牛。按现有耕地对牛力的需要计算，第一种寨子缺耕牛12头，第三种寨子缺7头。在扩田增产过程中，更需要耕牛。因而农具的修补与耕牛的养护贷放，在第三类型寨子中亟须解决。

（七）兽害。东山山高林密，猴子、熊、狼、豹、山鼠等很多，常在农作物成熟时成群为害，造成不小的损失。如傈僳族余四家去年种苞谷3斜种、洋芋3斜种，被野熊吃掉，毫无收成。第三种寨每年由于兽害，使收益减少10%左右。现无防兽的组织，仅有个别狩猎。

四、几点意见

（一）扩大耕地，增加产量。第三类型第一、二两种寨子，现有耕地的产量，仅平均每户有43.5箩，照旱地产量合1566市斤，而每户每年需粮100箩（3600市斤），故粮食收入只够吃5个月。第三种寨平均每户也只有苞谷22.1箩、洋芋23箩，按每户每4天吃1箩苞谷或每两天吃1箩洋芋计，仅够吃两个多月。因而"三年够吃，五年够穿"的发展方向在第三类型寨中更形重要。

（甲）第一、二两种寨：第一、二种寨在辖区范围内可开水田不多，只有在认真贯彻"团结上层，发展生产"的前提下，才能进行协商调整部分可开田地，使少田少地的寨子有田可开，有地可种。

营盘寨在3年内如取得先乌山官的同意，可在寨北山下开出水田10箩种（40亩），在崩洞山下与弄养坝之间也可开出水田10箩至20箩种（40亩至80亩）。

崩龙寨有汉族15户、景颇族3户、崩龙族5户。本寨山官是先乌山官之侄，如能取得先乌山官及群众同意，可在寨角及先乌寨北红球河畔开出水田15箩至20箩种（60亩至80亩）。

捧恨寨可开田在50箩种（200亩）以上，因坝接南苗河，土地肥沃，有水沟3条。捧恨寨归弄丙山官管辖，弄丙山官只许捧恨、南苗两寨在此开垦，不愿意项球、邦谷两寨开垦。如消除隔阂（3年前因争权发生械斗），取得弄丙山官同意，则4个寨子可以共同协商，分别开垦。

切磨、别伦两寨，在红球河边，有可开水田41箩种（164亩）左右，也需取得弄丙山官同意，才能开垦。

因此，加强先乌、弄丙两山官和各寨山官的团结，是发展生产的主要环节。目前两大山官已靠近政府，且表现很好，只要善于团结和教育，增开田地的问题，是可以解决的。这样各寨连同原有的可开水田在内，可基本解决每户平均有水田1箩种。

此外，除已固定的苞谷地，在现有的旱地总数内再固定20%修筑梯地，则第一种寨可固定38.6箩种（772亩），第二种寨可固定50箩种（1000亩）。并在尚未开垦而有条件固定的地方开出部分，就可达到平均每户有固定旱地1箩种面积（20亩）。

各寨现有耕地单位面积产量较高，工作基础较好，现有水田每箩种面积的产量达到50箩（1550市斤），旱谷地每箩种产量达到20箩（720市斤）。在这个基础上，3年内提高产量60%，平均每户可有水田1箩种、旱谷地1箩种，则第三年平均每户将有谷110箩，可以解决够吃。

（乙）第三种寨：向北河寨仍可多开旱地。现有苞谷地6.7箩种，如再开7.7箩种，则平均每户可以有苞谷地8斜种；现有洋芋地56.5箩种，如再开33.5箩种（20.938亩），则平均每户可以有洋芋地5箩种。新开苞谷地和洋芋地折合旱谷地约70箩种左右。向北河周围可开地很多，增开70箩种（175亩）旱地的面积是可以的，而且傈僳族对苞谷地已有施肥习惯，其中大部分可以固定。

在现有苞谷地每箩种产量56.3箩（2229.5市斤）、洋芋每箩种产量5.9箩的基础上，提高产量60%，则苞谷地每箩种面积的产量将达到90箩（3564市斤），洋芋每箩种面积产量10箩。由于劳动力强，有施肥习惯，是可以提高60%的，但需改进耕作技术，如选种、密植等亦可在东山施用。

如此，第三年平均每户将有苞谷72箩、洋芋50箩，可解决够吃。

（二）发展多种作物和副业。各寨作物种类很多，应根据具体情况重点发展：

（甲）试种推广小麦：东山气候较冷，适宜种植小麦。向北河寨曾经试种，因播种时间过早，过去在8月雨水多时种下，未能成功。据粗糠树、小坪河等寨群众反映，把时间推迟是可以种的，但种子缺乏。西山广外寨也种了一些大麦，但产量不多。因此，如能供给种子和技术指导，东山傈僳族地区可发展小麦。

（乙）荞子：向北河等地，已有种荞基础，但为数不多，只3.7箩种地。营盘寨有10余箩种地可种荞子，每箩种可收10箩左右，但目前缺乏种子。

（丙）豆类：黄豆、饭豆、蚕豆、豌豆等，各寨多少也种一些。豆类易种易收，成本低，收益大，可多种一些。特别是东山，可提倡多种黄豆、黑豆。

（三）副业生产。

（甲）养猪：据向北河、粗糠树等寨群众反映，养猪收益很大。如果每家每年养1头猪（重约20砣），可卖得谷子25箩至30箩，可解决1户3个月的口粮。目前养猪是普遍的，但饲养管理很差，多是放在山上自吃，故瘦小。如盖猪圈，喂些杂粮、苞谷秆，其好处：一是猪身肥大，值钱多；二是积贮猪粪尿，用作肥料。

（乙）看火塘：看火塘即代牧母马，产小马平分。如代牧10匹以上，6年中可得小马七八匹，收益很好。各寨已有代养牲畜的习惯，可逐步发展，每寨有1户至2户放牧，既有收益，对保苗积肥也有好处。

（丙）针织：如织通巴、织筒裙、织土布等，也可扶植发展。

（丁）种卖芦子：景颇族、傣族大多嗜吃芦子，而山区特别是东山盛产芦子，如向北河寨集体种、集体采、分别卖，其收益如余文斌家占农副业总收入的10%。

（戊）帮工：在不影响自己生产的条件下，目前允许到坝区帮工，东山各寨部分帮工户可到景颇族和汉族地区做农事帮工。

（四）发展经济作物。

（甲）麻：东山区种麻已有基础，边区各族需用，销路较广。种1斜麻，可收2砣（山区每砣重53两），如加以技术指导，则产量还可以提高。目前麻的用途多用作织口袋，如将原麻收购贩运内地，加工麻纺，其价值更大，收益也多。

（乙）茶树：东山、西山两地可适量发展，选择适当地点培植成为茶山。据在东山调查，每箩种地可种500棵，每年最低可产茶叶约290市斤，约值人民币200万元，折去成本

336000元，尚获净利1664000元（即卢比280文），可买谷90多箩，能维持4个人的全年口粮。茶树种下后3年才收，故目前可先行种植。

（丙）甘蔗、棕树、花生、藤树、草烟、药材等，也可依据各地不同情况分别发展。

（丁）园艺作物：园艺作物也宜于广泛种植。东山梨树很多，每棵年产梨120砣（每砣重53两），每砣可卖得半文，每棵产品值谷30箩（1080市斤）。西山如项球寨的黄果树50棵，每年收益价值在50多箩谷以上。其他如橘子、杏、柿、核桃、柠檬等，也多可植。

（五）傈僳族多居住在山峰，对农业生产的发展，有一定困难，可根据条件和可能迁居小部分到山腰生产。

张寒光、陈尚经　整理

潞西县遮放西山几个典型村生产情况的调查

潞西县遮放西山区弄丙寨生产情况

一、各民族各阶层土地占有情况

（一）人口

弄丙寨由曼岗、崩龙、两个汉人寨和弄丙本寨5个小寨所组成，境内有景颇族（载瓦、浪速）、崩龙族和汉族，共96户453人。各族人口统计如下：

人口\劳动力\族别	人口						劳动力			
	户	男	女	合计	每户平均人口	占全寨人口%	主要	附带	占全寨劳动力%	占本族人口%
载瓦	62	148	172	320	5.1	70.6	168	34	63.5	60
浪速	6	10	12	22	3.7	4.63	15	3	5.8	80
崩龙	7	15	21	36	5.1	8.9	14	8	6.15	50
汉族	21	36	39	75	3.5	15.87	30	19	24.55	52
总计	96	209	244	453	4.7	100	227	64	100	

（1）以两个附带劳动折合一个主要劳动，计算劳动力的百分比。

（2）从上表可以看出：各族中，劳动力最强的是浪速，参加劳动人数占人口的80%；载瓦次之，占60%；崩龙族和汉族参加劳动的人数，都在半数以上。

（二）土地面积及产量

本寨土地范围：东西长约20里（直径约20华里，坡长约40里），南北宽约8华里，总面积约160平方里。现有耕地面积：水田86.6笋种（每笋种约合4亩，共折合338.4亩，新开田2.85笋种未计入），1952年产量为4688笋谷（145328市斤），每笋种平均产量为55.4笋（1717.4市斤）；旱谷地200.3笋种（每笋种约合2.5亩，共合500.75亩，新开地164.3笋种未计入），常年产量3127笋（每笋重量以36市斤计，共合112572市斤），平均每笋种产量为15.61笋（合561.96市斤）。以上水稻、旱谷总产量为7815笋。又园地16.6笋种（每笋种折合旱谷地8笋种，共应折为132.8笋种，合332亩），产量631笋，平均每笋种地产量为38.01笋；棉花地38.65笋种（每笋种等于旱谷地8斜种，应折旱谷地30.92笋种，合77.3亩），产量346.5砒（棉粮比价为1砒棉花等于0.75笋谷，折谷259.88笋），每笋种平均产量8.96砒；豆地15.47笋种（每笋种等于旱谷地5笋种面积，应折合旱地77.35笋种，即193.375亩），平均每笋种产量6.38笋。田地距本寨最近的有5里，最远的15里。

水稻最高产量1笋种可收100笋，最低25笋，一般在50笋左右。旱地每笋种产量最高为60笋，最低为10笋，一般20笋。旱地共计441.37笋种（1103.43亩），已经固定的（主要是园地）112.8笋种（园地1笋种照旱地8笋种计，折合2256亩），占25%，未固定的达75%。估计已耕地中，可能固定的有30%（旱地441.37笋种中，包括旱谷地、园地、棉地、豆地）。

弄丙寨各阶层占有土地统计表

阶层	户数	人口	水田					旱地			
			笋种	亩积	产量（笋）	市斤	占全寨 %	笋种	亩积	产量（笋）	市斤
山官	2	18	10	40	630	19530	11	2	5	45	1620
寨头	2	18	7	28	380	11780	8.28	13	32.5	330	11880
魔头	6	35	6	24	350	10850	7.08	16	40	360	12960
拉事头	3	19	5	20	260	8060	5.91	7	17.5	80	2880
群众	83	363	58.6	234.4	3168	98208	67.73	162.3	405.75	2312	83232
总计	96	453	86.6	346.4	4788	148428		200.3	500.75	3127	112572

阶层	苞谷园地				棉花地				豆子地			
	笋种	亩积	产量（笋）	市斤	笋种	亩积	产量（砒）	市斤	笋种	亩积	产量（笋）	市斤
山官	0.175	3.5	14	554.4	1.5	3	20	80	0.2	2.5	4	158.4
寨头	0.6	12	15	594	0.4	0.8	6	24	0.6	7.5	5.7	225.72
魔头	0.4	8	19.7	780.12	4.2	8.4	21	84	0.45	5.625	5.7	225.72
拉事头	0.25	5	40	1584	0.2	0.4	7	28	0.1	1.25	2.5	99
群众	15.175	303.5	542.3	21475.08	32.3	64.7	292.5	1170	14.12	176.5	84.85	3360.06
总计	16.6	332	631	4987.6	38.6	77.3	346.5	1386	15.47	193.375	102.75	4068.9

水田86.6笋种，各族占有水田最多的是载瓦，超过人口比例14%；浪速人口占4.85%，

只有水田的1.2%；崩龙族人口占总数的7.94%，只占有水田的4.7%；汉族亦比人口少2%。水田面积平均每户得0.88箩种，载瓦超过这个平均数，而为1.15箩种；崩龙族每户为0.51箩种，汉族每户得0.4箩种；最少为浪速，每户只有0.16箩种，占总平均数的18%。全寨平均每户有4.7人，如每人有田0.5箩种，产量够全年口粮之需，则不足之数为：453×0.5－84.6＝226.5－84.6＝141.9箩，即有284人需要开水田或在旱地上予以解决。

水田每箩种平均产量55.4箩，每箩谷重26旧斤（折合31市斤）；旱谷地每箩平均产量为15.6箩，每箩谷重30旧斤（36市斤）。（以下以市斤计）

各族水田产量最高的是崩龙族，其次为浪速，再次为汉族，最低的是载瓦。说明在生产技术上载瓦比较落后，将来发展生产、改进耕作技术，以提高单位面积产量。能起先进作用的是崩龙族与汉族。浪速因占有水田少，投放的劳动力较多，故产量较高。

现有水稻、旱谷总产量7815箩，平均每人可得17.2箩，如以一般生活标准每人年需24箩计，可以初步估计全寨缺粮数字和平均缺粮时间：

缺粮总数：435×24－7815＝3057箩

每人平均缺粮数：3057÷453＝6.8箩

平均每人缺粮时期：6.8÷2＝3.4箩，即缺粮3个月零8天。

但仅从数字上来推算缺粮情况，还不足说明缺粮的实际情况，原因是：

第一，每家都有副业收入，特别是有部分固定的耕地，所种早熟作物的收入可补足一部分口粮。

第二，每年下坝卖工的数十人，时间长短不一，即可少去一部分口粮，而且还增加收入，补助口粮的不足。如排木比帮工20天得谷10箩，接近解决1个人半年的口粮。

第三，全寨453人中，3岁以下的小孩占54人，其中包括婴孩在内，每年所需口粮，每人最多以1/3计算，应减去672箩，故缺粮数应为：3057－（864＋672）＝1521箩。

缺粮时间：（1521÷453）÷2＝1.69月，即缺1个半月左右。如加上第一、第二两项收入，实际缺粮时间在半月以内，或者甚至不缺。

根据上述情况看来，缺少口粮的现象应该是不存在的。但是：第一，山区人民在新谷上市时大量出售，用以买酒或购置衣物；第二，每家煮酒自食，耗去一部分口粮；第三，每家每年至少祭鬼3次，耗费粮食更多。因而在青黄不接时，形成粮荒。过去均用救济来解决（实际上包不了），今后生产救济是必要的，但如何加强领导，减少浪费，减少依赖，使其自力更生，是必须注意的事。

（三）政治情况

山官是景颇族中的政治统治者，为世袭职，有当权山官与官种之分，管理着一定的辖区，在群众中，一般都有威信，与群众有着紧密的联系。寨头是山官之下的行政官，协助处理寨内外的一切事务，每寨有1人或2人，由山官直接委派，也是世袭的。魔头是宗教上的巫师，在群众中有较高威信。拉事头和二流子是从该族社会中分离出来的，不完全从事生产劳动，部分依靠抢劫、拉事为生活来源。解放后，抢劫、拉事已减少，有若干拉事头已从事农业生产劳动。

弄丙寨有山官2人、寨头2人、魔头7人、拉事头3人（其中寨头兼拉事头者2人、魔头兼拉事头者3人，均包括在内）。

山官：

（1）排早先，约40岁。全家15口人（男7女8），全劳动力6个（男1女5），雇长工1人。本人附带劳动，是遮放西山区四大山官之一，威信较高，过去与土匪有勾结，经过我们的团结工作后，已积极靠我。

（2）排早腊，36岁。全家3口人。排早先之弟，未当权。

寨头：

（1）排勒干，45岁。全家7口人（男4女3），劳动力4个，附带劳动力1个（本人），雇长工1人。本人兼拉事头，转变不大，常在傣族地区拉事，但在本族中威信较高。

（2）木勒拉（杜拉），50岁。全家11口人（男3女8），主要劳动力6个，附带劳动力1个（本人）。兼拉事头，转变不大。

魔头：

（1）排勒都，38岁。全家9口人（男6女3），劳动力2个，附带劳动力2个（包括本人）。威信较高，可祭大鬼，得吃牛腿。本人兼拉事头，现已有些转变。

（2）何喷，40岁。全家7口人（男4女3），全劳动力3个。本人附带劳动，能祭大鬼，威信高。兼拉事头，转变好。

（3）李勒伦，50岁。全家5口人（男3女2）。主要劳动力3个，本人未参加劳动，是专职魔头。转变好，威信高，曾任西山区魔头代表，出席大自治区会议，念经时，说毛主席好。

（4）何来堆，45岁。全家5人（男2女3），主要劳动力3个，附带劳动1个。本人不参加劳动。转变差，威信不高。

（5）董勒约父子，父60岁、子34岁，两人都是魔头。全家5人（男2女3），有主要劳动力2个（子是主要劳动力），附带劳动力1个（父亲是附带劳动力）。威信不高，不得吃牛腿。

（6）戚魔头，60岁。全家10口人（男4女6），主要劳动力4个。本人过去参加劳动。威信高。

拉事头：

寨头兼拉事头2人，魔头兼拉事头3人，此外：

（1）戚腊（戚魔头之子），32岁，本人附带劳动。专门抢人，欺负汉族，最近稍有转变。

（2）排勒短，30岁。全家4口人（男2女2），主要劳动力2个，附带劳动力1个（本人）。从事农业劳动并兼为拉事头（最近因拉事被傣族打过），未转变，最难教育，不怕山官。

（3）戚米娃（小孩死得多，故取汉人名），38岁，全家7口人（男2女5），劳动力2个，附带劳动1个（本人）。未转变。

现在仍抢人拉事的：

（1）勒伯腊，24岁，全家2人（本人及妹），劳动力2个，本人主要劳动。

（2）木勒当，30岁，全家7人（男2女5），劳动力3个（本人在内）。

（3）王干，26岁，全家7人（男4女3），劳动力4个（本人在内）。

（4）木勒拉，40岁，全家8人（男6女2），劳动力4个，附带劳动力1个，本人主要劳动。

群众对头人的负担：

（1）对土司的负担：每年每户交纳门户款1文至2文，大烟1两5钱。解放后已停收。

（2）对山官的负担：

①汉族：每年每户出官工3个（栽秧、收割、堆谷时各1个），有的在上埂子和薅秧时再出1个；孤寡户只在铲烟时帮工1个。其次是上官烟（只有汉人才上），每户每年6两，收成不好时可酌减一二两；孤寡户每年出2两。又过年时必须到山官家拜年，每户并带米粑2个、酒2碗和米花糖（杀猪的带5亢肉，折合20两）。合计约折8箩谷子。

②载瓦、浪速：每户每年出官工4个（有时山官酌还一二个，但因劳动力有限，很少换工归还）。其次每户每年要上官谷，有水田的视收成情况，出1箩至4箩不等，种旱地的出2箩，无田户出银子2钱（折谷2斗）或小鸡1只，甚至免收。拜年时可去可不去。合计折谷约6箩。

③崩龙族：每户每年出官工至少4个，保头费3箩至4箩谷子，如无谷子，可以献三四排柴代替（每排1000斤）。拜年可去可不去。合计每户约出谷6箩。

④傣族：附近山区的6个傣族寨，对山官也有不同程度的负担。如山官对该寨的事的解决圆满，于他们有利，则每户每年出"保头"谷1箩，否则全寨合出谷七八箩。6个寨子中，有两个寨子每年须到山官家拜年，并携肉、酒和米粑等送给山官。山官吃新谷时也同样送礼。

⑤在山官辖区内，无论哪一家，凡杀牛或捕获野兽，须送山官一腿，杀猪送肉5亢（即20两）。

⑥吃新谷时，每家出柴1把、酒1碗、烟1钱（汉族必须出大烟，本族无烟，可出谷2斗）、鸡蛋1个，齐集山官家中，共吃1餐，尽欢而散（如山官有钱，就请大家吃，没有才由大家出）。

⑦婚娶时要送山官2亢肉、4文钱、4筒酒，请吃饭。生子也要送山官一些。如山官家有婚娶和生子，群众也要送礼。

⑧栽秧后祭官庙"龙赛"1次，山官出猪1头，全寨出牛1头。祭后山官得牛后腿外，余肉各家平分。

⑨调解拉事纠纷，要向山官送礼，纠纷越多，山官、寨头也越有利。如解决大的纠纷，送牛1条，一般拉事送卢比10文或20文，最低送1文或1筒酒。

（3）对魔头的负担：凡杀牲祭鬼，无论牛、猪都要送魔头一腿，并请喝酒吹烟，送几文钱。因此，魔头利用群众怕鬼，凡有空隙可钻，就要群众祭鬼。病了说是鬼附身咬人，要祭鬼；暴死了要洗寨子，也要祭鬼。察言观色，视经济情况，提出杀牲数目，群众即使倾家荡产，也是无不依从的。

山官对群众的剥削，除汉族一般约为全家全年收入的10%，其他各族则在3%至6%左右，因此，这种剥削还不致成为阻碍该族生产的严重障碍。

山官的开支，群众对山官的负担如前所述，但山官的开支（家庭费用以外的开支）也比较大，如百姓家中有婚、丧事情发生，要送礼1箩至3箩谷（过去死了人，山官还借给牛祭鬼）。对穷苦的人，随时给予不同的帮助，少则一两筒米，多则给一两箩谷子。平时任何人都可到他家吃饭。外寨来本寨的如无亲友，也可到他家食住。调解拉事纠纷，虽然要送官家的礼，但在调解期中都在他家吃饭、供给大烟等，这些开支也是不小的。

二、土地债利关系

（一）买卖关系

土地的所有权属于山官，实际上是谁开谁种，谁种谁收。如迁居别寨，本寨的土地使用权即告丧失。开垦荒地，需要经过山官的许可才能开垦。山官各有一定的辖区，不能超越界限。

近年以来，在辖区内群众之间或与各阶层之间，如群众家里死了人，经山官许可，水田可以抵押出卖，但旱地买卖则列为禁例。由于有了这种规定，水田买卖，山官、寨头随时加以干涉，有引起土地纠纷的。解放后，干涉买卖土地的事情已经发生变化，逐渐减少了。

弄丙寨的买卖土地情况是极个别的现象，有，也多是以物易物，尚未发展到货币交易的阶段。兹将历年来全寨所发生的田地买卖和抵押情况，简述如下：

（1）4年前木寨头卖给排用恒8斜种水田，系用1头水牛交换的（经山官同意）。

（2）2年前崩龙族何老四抵给载瓦何钻水田1箩种，抵250文，作结婚费用（经山官许可）。

（3）3年前景颇族排勒纠以水牛1头换崩龙某户6斜种地，因违反了规矩，水牛被山官牵去。排勒纠种了两年，又租与别人，买卖双方都无所得。

（4）石勒港抵与木勒拉1箩1斜种水田，换得水牛1头、大烟4两（经山官同意）。

（5）1952年，崩龙族王老自有水田1箩种半，山官、寨头都来夺占，山官把田给别家耕种。王老以2条牛换回自耕，结果牛被山官牵去，田也为排寨头占有。

（6）4年前崩龙族赵相欠别人2条牛，将自耕田抵还债主，结果牛和水田都被山官拿去。

1953年1月以后的情况：

（1）勒帕腊因病献鬼，以5斜种水田向丢干帕抵押水牛1头，押期3年。

（2）木勒睹以5箩种田向木勒拉抵借口粮，抵价不明。

（二）租佃关系

（1）地租：土地租佃关系在弄丙寨内是极个别的情况。水田虽然很少，但占有比较均衡，劳动力的出入不大，并且除水田以外，荒山遍地，到处可以自由开垦。又因土质肥沃，只要稍加耕作，即有收成。如排木比随便在荒地上种植瓜、豆、苏子等，就解决了一家5口人5个月的生活，不须靠租佃土地。弄丙每家都有或多或少的园地，没有无地户，同时也没有哪一家是专靠收租来过活的。

这里租佃土地的有以下几家：

①景颇族出租给汉族：弄丙寨汉族李发章向甘塘寨早纠租入1箩种水田，年产约50箩，租额10箩，无其他负担，租期不定。

②汉族租给景颇族的：王自生系阴阳家，因其识字、能念鬼，山官特地请他来办理文稿，并给田9斜种（山官从汉人手中夺来的），经山官许可，出租给景颇族何钻耕种，年租15箩谷。

③汉人租给汉人的：冯少昌家缺乏劳动力，本人抽大烟，又生病，不能耕种田地，将9斜种田租给张平，租额按产量平分。

④山官租给群众：山官租给本族马老大2箩种水田，租额按产量平分。今年已收回自己耕种。

（2）牛租：租牛犁旱地，多数是以1个人工换1个牛工，也有犁1箩种旱地给二三箩租谷，或犁一片烟地给大烟3两至6两的，但不普遍。一般是犁水田1箩种面积（多数是2犁2耙）出牛租10箩谷。如群众向山官租牛，还要送1壶酒，收新谷时，又要送米粑和1只鸡，表示送牛的魂。

（3）分养：

①分养母牛：牛主把买来的母牛分养出去，待生子后，无论生1头或2头，均由两家平分。分养期限不定，双方可以随时协议停止这种关系。中途如牛因病死去，无须赔偿。如系水牛，养主可以犁自己的旱地，犁水田则须付牛主牛租。

②分养猪：分养的母猪所生小猪，通常是只给猪主2头，最高是两家平分，如为单数，养主多得1头。

③分养鸡：母鸡孵出小鸡后，连同母鸡分养出去，长大了彼此平分。（景颇族俗话"喂鸡会喂穷"。按15只鸡，每天喂谷子，全年需18箩）

（三）借贷关系

弄丙寨的借贷情况同租佃关系一样，是不多的。原因不是群众没有这个需要，而是一般都比较穷困，没有特别富有的专门从事于债利生活的，口粮不够，也借不出来。亲戚之间的借贷，时间短，不给息。一般借贷，都不超过1年。借款满5个月也作1年计算，年利是借1还2。此外也有卖青的现象，即在大烟未出时，预先出售，大多是1两烟卖1文钱，新烟上市至少卖1文半。

（1）蛮甘保老二向弄丙戚魔头借牛1头，年利10文（已1年）。

（2）蛮甘保老四向本寨借牛1头，年利25文（已3年）。

（3）汉族冯绍昌向排早先山官借20文，年利10文。现已3年未还，利滚利记着账。

（4）郭有顺岳母与岳父结婚时，向十二寨陈家借9两银子（利息不明），已数十年。现岳父已死，岳母已70多岁，这笔债陈家仍来催要。

（四）工资

弄丙寨在栽秧薅秋农忙时间，换工现象较普遍。间有雇用短工的，但工资比较低。原因是田地少，劳动力有剩余，平均每户有2个劳动力，男女都可下田，因此，群众之间愿意换工，不愿意雇工。

（1）长工：雇用长工，只供吃饭，吃沙鸡、芦子，给衣服，不给工资。但可借用已收割的地来种鸦片，所得全部属于自己，不出任何租金。

（2）短工：本寨帮工每天2钱银子（4钱1文），折谷2斛5，另供饭1顿。如到新谷上市才付工资，则须加倍付给。此地因系接近傣族居住的坝区，生产季节比山区为早，当地劳动力缺乏，下坝帮工的工资至少3斛5，农忙时可达5斛谷子（坝区每箩斤数比山区约小1/3，只有26市斤，山区为36市斤），不仅解决了自己的伙食，所得工资尚可解决4口人一天的生活。

（3）放牛：到傣族区帮人家放牛的多是10多岁的小孩，供伙食，每年1套衣服和10箩至15箩谷子的工资，平时生活与主人相同，过年时并由主人送给他家酒和米粑。放牛满3年的给小牛1头。

三、生产情况

弄丙寨接近遮放坝区，虽在山上，但都是土山，到处有茂密的茅草，可垦之地很多。气候夏天比坝区凉，冬天却比坝区温度稍高，只有一层薄霜，所以气候仍属亚热带气候。就土壤和气候来说，都具备着优越的条件。

（一）生产季节

主要作物是水稻和旱谷，一般因气候关系，栽种要比坝区迟20天。兹将农副业的生产季节分述如下（以农历计）：

一月：种洋芋，撒荞，铲第二次烟，打柴，打猎，织筒裙、通巴和毯子。

二月：收大烟、蚕豆、豌豆、麦子。

三月：种苞谷（多在园地，只犁1道），撒旱谷地谷种，整理旱谷地（砍草、挖地、烧草），犁第二次水田，种饭豆，种瓜，撒辣椒籽，整理秧田，压绿肥（今年才有，而且是个别的）。

四月：洒水稻种，栽苞谷，种棉花，犁、耙水田，栽海椒秧、茄子秧，种洋芋。

五月：修理田埂，薅旱谷秧，薅苞谷地草，栽水田秧。

六月：继续薅旱谷秧，除棉花地草，除苞谷地草，栽迟秧——这时正是度荒时期，缺乏口粮的人须下坝帮工、上山寻找野菜野果和笋子等度日。

七月：薅秧，除棉花地草、犁大烟地，栽青菜、萝卜、葱、蒜等。

八月：收苞谷，开生荒，犁新地。

九月：种大烟，收棉花，收旱谷和黄豆。

十月：继续收棉花、旱谷，并犁第一次板田。

十一月：铲烟地草，打谷、背谷，修盖房屋。

十二月：继续打谷，种洋芋，做牛鼻绳，做火药，砍柴，舂米。

（二）生产力

（1）生产工具：有犁、锄、耙、镰刀、砍刀、斧等。除镰刀、砍刀与斧子同于内地外，其他如犁、锄都与内地不同，所起的作用也不一样。犁头短而窄（长约1尺，宽6寸，重4斤半），不如内地的宽大，因此犁地不深，泥土也不易倒，犁水田一般只犁4寸深（内地犁7寸），平地只犁3寸至4寸，坡地犁3寸，普遍比内地浅二三寸。内地锄头有板锄与条锄之分，此处只有板锄一种，重40两，挖土既不适合，又易损坏。木耙耙齿长约七八寸（比内地长一二寸），向后弯度很大，耙时压不进泥里，不能把草耙去，效率很低。

（2）劳动力：农业劳动，除男性担任犁、耙、狩猎工作外，妇女无不参加。家事操作如做饭、背水、背柴、舂米、纺织也是妇女做，男的绝不过问，认为这是"孔明教下的道理，不能随便破坏规矩"。农业与手工业的紧密结合，保持着较原始的年龄和性别分工的表现。

全寨抽大烟人数，计载瓦32人（其中有妇女2人）、浪速3人、崩龙族5人、汉族7人，共47人，除女子2人外，占全寨男人总数的10%。男女老幼，酷爱喝酒，每饮必醉，各家都自己煮酒，对劳动力的破坏很大。同时因土地距寨较远，耕作往返费时较多，又景颇族食米都是当天吃当天舂，用木杵或脚碓，效率很低，一个早上的时间都费在舂米上，劳动力的浪费也是严重的。

①根据几家典型户的调查，每个劳动力一年可种水田2箩或旱地3箩，劳动力盈亏的计算即以此为标准。现有劳动力是过剩的，剩余59个劳动力，可再耕水田118箩或旱地177箩种。

②目前由于粗放耕种，一个劳动力所能负担的耕地面积较宽，形成劳动力过剩，将来

逐步进入精耕细作，劳动力可能转为缺乏。

③劳动质量低下，一个劳动力的劳动日，全年不及百日，每日工作时间仅有五六点钟，比内地农民约少一半。同时每个劳动力的体质羸弱、劳动强度低、生产效率差，因此内地的1个劳动力至少可抵两个，耕种面积亦可增加1倍。

④1头水牛按当地情况，1年可耕水田3箩或旱地5箩，以现有水田和旱地面积计算，尚不足17头。实际水牛1头1年所能负担的耕地面积并不止此数，将来在使用牛力上予以提高，牛力仍是过剩的。又当地风俗习惯，黄牛只能驮运，不作犁地之用，对发展生产的影响很大。

劳动习惯：妇女每天早上舂米、背水，男子一般不做活计，到10点钟左右吃过早饭，还须休息；吸烟的人耽误的时间更久。到达耕地上已是太阳当顶，因天气太热，需到阴凉树下休息，至日头偏西，才开始工作，天黑尽后即收工归家。一天工作时间最多不超过6小时，劳动强度不高，工作效率低，对生产的影响是很大的，今后必须逐步改变这种劳动习惯。

耕作技术：弄丙寨的耕作技术，除汉族、崩龙族较为进步外，主要是刀耕火种，粗放轮耕占统治地位。开垦荒地可分以下3种情形：第一，当年开，当年种；第二，头年开，次年种；第三，是当年开，第三年种。开荒之法，一般是先砍草，晒干后放火烧山，用牛犁1道至2道，到第二年耕种季节再犁上1道，撒种后又犁1道。除草工作，景颇族只薅1遍，汉族薅两遍。除原有灰肥外，不另施肥。所以第一、二年收成较好，二年以后，周围杂草结实，从四面八方吹来地里，草复滋生，往往杂草与作物并齐，因而产量下降；三四年后无法再种，只好另辟新荒。旱地中除园地外，都是不固定的。

水田：一般是头年冬天犁，次年做田，先砍埂草，再用泥糊，然后2犁1耙。今年一般已做到2犁2耙，个别有3犁3耙的。栽秧多系密植，每窝五六株，窝距六七寸，与内地推行的稀株密植法有些近似。栽前犁耙1道，栽后薅草1道，一般不施肥，今年已有个别先压绿肥的。

大烟地的耕作是比较精细的：农历七月砍草，犁地二三道，再碎土耙平。九月点种，先放灰肥，再放猪粪、牛粪。以后不断砍草除草，直到收割。

生产成本：

（1）水田1箩种：从犁板田到收谷，共需人工、牛工如下。

①犁板田到栽秧计3犁2耙及整秧田1个工，共需牛工13个、人工13个。

②铲田埂、糊田埂需4个人工。

③整秧田1个、拔秧2个、栽秧6个、薅秧5个，共15个人工。

④割谷5个、堆谷2个，共7个。

⑤打谷8个（1头牛每日可踩6箩到8箩）。

以上共需牛工13个、人工47个（当地汉族为63个）；又种子1箩，犁锄折旧0.4箩。每箩种产量最高100箩，最低25箩，一般50箩，以平均产量计，生产成本约占收入的60.4%。

（2）旱谷地1箩种：

①从开荒起至收割止，共犁4次，需牛工6个、人工6个。

②砍草3个工、敲土5个工，共8个。

③撒种翻犁1个工，薅草8个（因土质好坏不同，薅草工由3个到15个工）。

④割谷4个、堆谷2个、打谷7个，共13个人工。

以上合计牛工6个、人工36个；又种子1箩，农具折旧0.4箩。每箩种最高产量为60箩，一般20箩，最低10箩，以一般产量计，占收入的91%。

（3）大烟地1升种（耕地面积合1箩种旱谷地）：

①牛工4个，人工4个。

②敲土捡草，共8个人工。

③点种2个、盖灰土1个、上粪肥1道2个工，共5个工。

④薅草2道12个人工，铲1道10个工，盖土6个工，共需28个工。

⑤划烟3道，第一道2个工，第二道3个工，第三道1个工，共6个工。

⑥刮烟4道，第一次3个工，第二次4个工，第三次1个工，共8个工。

⑦拔烟秆2个工。

⑧围园2个工。

以上合计牛工4个、人工63个，肥料及农具折旧1箩。最高产量40两，最低10两，一般25两，以一般产量计，占收入的95%。

（4）棉花1箩种（等于旱谷地8斞种面积）：

①砍草，3个工。

②犁2道，4个人工、4个牛工。

③敲土撒种，5个工。

④薅草，12个工。

⑤垒土薅草，12个工。

⑥收花，9个工。

以上合计牛工4个、人工45个，农具折旧0.2箩。每箩种最高产量35矼，最低8矼，一般20矼，以一般产量计，占收入的134%。

（5）苞谷1斞种（耕地面积等于旱谷地8斞种）：

①犁地、敲土、栽秧，牛工2个、人工6个。

②铲1道，8个工。

③薅1道，8个工。

④收苞谷，6个工。

⑤砍秆围园，4个工。

以上合计人工32个、牛工2个；籽种1斞，农具折旧0.75箩。每斞种最高产量为15箩，一般10箩，最低7箩，以一般产量计，生产成本占收入的134%。但苞谷地内，一般种植四季豆、豇豆、夹豆、洋芋、南瓜、青菜等，如将这些作物的经济价值计算在内，不仅不亏本，据当地群众说："种苞谷是最有利的。"

（6）黄豆1斜种（等于5斜旱谷地）：

①犁2道，牛工4个、人工4个。

②挖窝点种，人工6个。

③铲薅，人工6个。

④收豆，人工4个。

⑤打豆，人工2个。

以上合计牛工4个、人工22个；种子1斜，农具折旧0.2箩。最高产量1斜种收10箩，一般收8箩，最低收5箩，以一般产量计，生产成本占收入的66%。

生产成本折算：

（1）工资：牛工分水田与旱田2种，水田1箩种，牛租10箩，旱地1个人工等于1个牛工。每个人工，一天2谷，伙食以1升米及油盐等折合2谷，合计4斜谷一天。

（2）农具折旧：按使用时间长短折算，即锄头1把，一般使用3年，犁头使用2年，砍刀使用2年，镰刀使用2年。每种农具以消耗1年计算（这种算法是不够正确的），再照市价折算。

（3）作物价值折算：

①山区为缅币市场，因比价不一，折合本币，出入太大，故均折算为谷子。

②苞谷与水稻比价为1箩比1箩，但重量不一。水稻重26旧斤，即31市斤；旱谷是30旧斤，即36市斤；苞谷重33旧斤，即39.6市斤。黄豆1箩等于旱谷2箩的经济价值，重量为33旧斤，即39.6市斤。

③大烟1两，等于1箩谷。

④棉粮比价：1砒棉花等于0.75箩谷子。

（4）面积折算：

①水田1箩种面积，折合4亩。

②旱谷地1箩种面积，折合2.5亩。

③大烟地、棉花地、苞谷地、豆地，均以旱谷地1箩种即2.5亩计算。

根据以上标准折算如下表：

弄丙寨主要作物产量、成本、收益对照表

作物	产量		生产成本							收益			备注
	等级	产量	人工		牛工		籽种	农具折旧肥料	合计	作物折谷	盈	亏	
			工数	折谷	工数	折谷							
水稻	最高	100	47	18.8	13	10	1	0.4	30.2	100	69.8		产量以箩为单位
	一般	50	47	18.8	13	10	1	0.4	30.2	50	19.8		
	最低	25	47	18.8	13	10	1	0.4	30.2	25		5.2	

续表

作物	产量		生产成本							收益			备注
	等级	产量	人工		牛工		籽种	农具折旧肥料	合计	作物折谷	盈	亏	
			工数	折谷	工数	折谷							
旱谷	最高	60	36	14.4	6	2.4	1	0.4	18.2	60	41.8		产量以箩为单位
	一般	20	36	14.4	6	2.4	1	0.4	18.2	20	1.8		
	最低	10	36	14.4	6	2.4	1	0.4	18.2	10		8.3	
芭谷	最高	18.8	40	16	2	0.8	0.125	0.75	17.675	18.8	1125		每箩换谷1箩
	一般	12.5	40	16	2	0.8	0.125	0.75	17.675	12.5		5.175	
	最低	9	40	16	2	0.8	0.125	0.75	17.675	9		8.675	
黄豆	最高	20	44	17.6	8	3.2	2	0.4	23.2	40	16.8		每箩折谷2箩
	一般	16	44	17.6	8	3.2	2	0.4	23.2	32	8.8		
	最低	10	44	17.6	8	3.2	2	0.4	23.2	20		3.2	
棉花	最高	43.75	57	22.8	5	2	0.1	0.2	25.1	32.8	7.7		每砣折谷0.75箩
	一般	25	57	22.8	5	2	0.1	0.2	25.1	18.75		6.35	
	最低	10	57	22.8	5	2	0.1	0.2	25.1	7.5		17.6	
大烟	最高	40	53	21.2	4	1.6	0.05	1	23.85	40	16.15		每两换谷1箩
	一般	25	53	21.2	4	1.6	0.05	1	23.85	25	1.15		
	最低	10	53	21.2	4	1.6	0.05	1	23.85	10		13.85	

（1）从上表看来，最高和一般产量，除生产成本外，还有剩余，说明精耕的收益最大。

（2）至于产量最低的，虽然不够生产成本，但不种还是得吃饭，正如景颇族群众自己说的"养儿不算饭食钱"，所以仍然要耕种下去。

四、生活情况

（一）景颇族人民的食住

景颇族人民由于长期受大民族主义压迫，住居高山，生活非常穷困简陋。一般吃饭，只有盐巴、辣椒佐食，绝少吃肉和蔬菜。同时因耕作方法粗放，生产力低下，产量很少，加上祭鬼、煮酒和出卖粮食，大量浪费粮食，造成粮荒现象，以致多数家庭无法维持生活，不得不靠采集野菜野果来度过荒月。但又由于自然条件较好，谋生较易，因而养成景颇族人民的不事积蓄，吃一顿找一顿地生活下去。

弄丙寨救济粮款农具统计表

年度	品名	数量	单价（元）	金额（元）	备注
1952	大米	380斤	400	152000	1952年救济农具：锄82把，每把20000元；犁38个，每个12400元；镰刀4把，每把3000元
1952	土布	70件	40000	2800000	

续表

年度	品名	数量	单价（元）	金额（元）	备注
1953	农具	170件		289.62	1953年救济农具：砍刀21把，每把13000元；斧子25把，每把20000元
1953.6	大米	983斤	1090	1071470	
1953.7	谷	50.5箩	10500	530250	
1953.7	现金			54000	系救济当地汉人
1953.8	大米	1186斤	1060	1257400	
总计				8761320	

解放以来，政府在"生产自救"的方针下，一面在进行救济，以扶持其生产，先后发放了救济粮款和农具等共合人民币8761320元；一面总结群众过去的度荒办法和经验，积极领导，缺粮情况已逐年下降。

度荒办法：

（1）下坝卖工：坝区劳动力缺乏，每逢农忙季节，习惯于集体前往。帮工内容有如下3种：

①农事卖工：每工除供食外，工资5斜谷子。如排木比帮工20天，得谷子10箩，连在外吃饭，1个人可吃半年。

②家事卖工：常见的是用脚碓帮舂谷子，舂1箩可得工资1斜。如解决了住的问题，1人1天可舂4箩至6箩，得工资4斜至6斜。

③长年帮工：小孩下坝帮傣族放牛，除供吃外，一年有衣服1套、谷子15箩、零用钱4文。

（2）背柴卖：山上树林很多，到处都是栎柴林，1个劳动力1天可砍柴1排（重约1000斤），约30驮。每驮在坝区可卖3000元，买谷2斜半，1排柴可换得谷子8箩。但往返1次需渡船费1000元，所余无几。雨季因费工太多，群众多不愿意在雨季砍柴卖。今后应该积极领导，争取在雨季前多砍几背柴，以便在雨季中出卖。

（3）找笋子、菌子和野枇杷果下坝出卖：1背可卖得谷子3斜至1箩。

（4）织通巴（景颇族挂袋）：5天可织成1个，毛利5文，可买谷子2箩多。

（5）编草片：这是崩龙族习惯的家庭副业，两工可编成1片，能卖3文卢比，可买谷1箩半。

（6）掺吃野菜：可以节省一部分谷子，景颇族中以苞谷代饭的，却不多见。

（7）借贷：向傣族借谷子，六七月借，秋后还，借10箩还17箩。向本寨借，按时间长短，利息由1箩至五六箩不等。

景颇族的衣着同样是简单的。男子穿青布短衣短裤，一年四季就是1套单衣，没有更换的，一直穿到完全破烂才另设法购买。不过，女的所穿筒裙特别讲究，一般用羊毛织成各种花纹，染以红色。即在地上除草也穿得较好。晚间没有被褥，个别有麻织毯子1床，白天冷，也披着它。

房屋建筑，用木柱竹墙，涂以泥土，屋顶覆以茅草。屋内分上下两层，上层住人，下层关鸡，牛、猪则在大门口。后门是"鬼门"，外人不得出入。房屋矮小，室内无光。历代的民族压迫，使他们经常处于战斗的环境当中，男子腰系长刀，随时准备战斗，就是住屋也是根据这种需要而筑成的。据了解，这种建筑有以下3个作用：

（1）房屋矮，屋檐距地面仅3尺许，四面密不透风，可以减少寒冷的威胁，保持室内温暖。

（2）屋内生火，减少蚊子，可以不挂蚊帐（认为死了人，才挂帐子）。

（3）大门与"鬼门"均设有转角处，屋内漆黑，敌人进门，不易发现，可藏于转角处进行抵御。

屋内用土砌成方形火炕，烧饭、吃饭、睡觉都在火炕周围，所以屋内经常烟雾弥漫。不大洗衣、洗澡，加上人畜同处，疾病很多，在无医无药的情况下，只有求诸神鬼保佑。

（二）景颇族的宗教信仰

景颇族居住偏僻山区，常和自然界作斗争，由于对自然现象的不可理解，因而迷信神鬼是和他们的穷困生活分不开的，现实使他们痛苦、绝望，一条是诉诸武力，出外抢劫；另一条则是退而祈求神鬼的保护。认为万物有灵，每样东西都有"鬼"的存在，都可以杀牛、杀猪、杀鸡来祭它。

一个历史的传说："几百年前，汉族、傣族、景颇族、崩龙族都是弟兄。父亲死后分家，大哥汉族分得了金银，到了内地；二哥傣族分得坝区田地；三哥崩龙族分得山坡地，四弟景颇族什么也不得，只有牛皮，又没有书，不识字。牛皮里有鬼，因而我们景颇族人民把牛皮烧了包起来念鬼，这样便世世代代都念鬼了，直到今天。"

弄丙寨家家户户无不信鬼（其他地区部分因受帝国主义的影响，信基督教、天主教），一般可分为3种：

（1）天鬼：每年祭"官庙"两次，撒谷前1次，只杀猪和鸡；谷出穗时祭1次，必须杀牛1头，并杀猪和鸡若干只。两次的猪由山官出，牛是全寨的人分摊。

（2）家堂鬼：每家门前有两个鬼，后门1个，故每家至少有3个鬼。又家人死后，由魔头打卦决定送回老家，不能送的则留在家中，所以各家有多少不同的鬼。据了解排家的鬼最少，姓李姓雷家的鬼最多。他们认为，家中的鬼多，可以帮助照看庄稼，保护人、畜和其他等工作，因此是愿意的，但祭鬼时要杀牛、杀猪、杀鸡，又感到负担太重。祭家鬼一年中有3次，即撒谷、谷出穗和过年。此外生活富裕些之家，随时可祭。结婚、生子、有病皆祭此鬼。

祭鬼前，由魔头看卦、烧竹筒来决定杀牲多少，一般是杀牛1头至2头，杀猪二三头，或杀鸡七八只，实际是由魔头根据各家的经济负担能力而提出的，因杀1头牛或杀猪两头，魔头可得前腿1只（后腿1只送给山官），杀得越多，对他也越有利。

（3）野鬼：这是凶死鬼，祭这种鬼，杀牲的数目，一般要多些。

此外，如开新荒、买田也要祭鬼。总之，万物都有鬼，都要祭才能得到保护。据初步统计，鬼的数目有三四十种之多。

1年来，由于工作的开展，疾病有了治疗，祭鬼的事已经减少，但祭鬼是若干年来深入人心的事，不可能在短时间内完全去掉。如今年八月本寨排列登的小孩患病很重，需要打针，进行急救，但他们说："魔头说了今天明天都不能吃药打针。"虽经耐心说服，仍然无效，结果孩子在第二天就死去了。由此可见魔头是具有广大的群众基础的，今后应如何团结他们来共同发展生产，减少对生产的破坏和阻力，是一件极其重要的事。

本寨有崩龙族7户，他们的宗教信仰，为佛教中的"左抵"派，不杀生，禁吃烟酒，每月供佛6次，除米饭外不用他物。因其禁止杀生，不养猪鸡，对发展副业生产有一定的影响。

（三）婚丧习俗

景颇族的婚姻制度是很原始的，存在着一定的阶级界限（山官必须娶官家之女），并禁止同姓、血亲之间通婚。男女双方在婚以前，保持充分的性的自由（性病普遍存在）；结婚以后，男方仍很自由，女方则受到一定的限制。

女子仍为家中财产的一部分，结婚须向男方索取一定的聘礼。官家结婚，至少几头牛或十数头不等。百姓至少亦需1头牛，并衣服等物。如牛不能立刻交付，可以欠债。如排列砒姐夫家欠他家的聘礼牛2头到他结婚时才归还。一般结婚费用超过一家5口两年的开支。（详见排列砒、木惹典型户调查）

家中死人也是使家庭破产的一个主要原因。不管死者是大人或小孩，都要杀牲祭鬼，10余岁小孩死去，一般不杀牛，只杀猪、鸡；中年人死去，有牛的非杀不可；老人死，如系女性，须给她的娘家"火炭牛"1头。另杀牛招待客人，普通是2头。给家人纪念物，除请全寨的人吃饭喝酒外，并请全寨青年男女来家跳舞1个月（跳"叮咚"），还要给魔头和两个持矛跳舞的人大烟数两和卢比若干文。如本寨木惹（幼时又名崩龙纳）原是够吃的，娶儿媳付聘礼7头牛（已付5头，尚欠2头），今年母亲病死，全家7口生活已感困难。（详木惹家庭调查）

（四）拉事

景颇族在吃新谷时，一家团聚请老人讲故事，即所谓"吃新谷说旧话"，所讲内容是某年某月受了某家欺侮，要子孙牢牢记住，为祖先报仇雪恨。同时，由于生活穷困，借故到处拉事，得来较易。对方如请人调解，可以得到适当的赔偿，否则也可以抢得财物生活下去。因此，在解放前，偷人抢人是普遍的事，并不引为耻辱，社会上还有专靠拉事生活的人。

五、开垦水田和固定旱地

（一）就地发展

山区生产，目的以"就地发展"为主。弄丙寨的自然条件比较优厚，已如前述。就地发展是具有多方面的有利条件的。

3年来党的正确领导和当地干部的努力工作，在团结上层来共同发展生产上，取得了一定的成绩。特别是政治环境安定、拉事纠纷的减少，群众对于生产的要求和积极性，已有显著提高。这个问题，从下面的统计数字可以得到说明。

弄丙寨1952年后新开土地统计表

项目		原有土地		新开土地		抛荒土地		实增土地		占原有土地百分比		备注
		水田	旱地	水田	旱地	水田	旱地	水田	旱地	水田	旱地	
全寨	（箩）	84.6	441.37	28.5	164.3		61.8	2.85	102.5	3.3	25.4	
	（折亩）	338.4	1103.425	10.4	410.75		154.5	10.4	256.25	13.2		

1年来开垦的水田面积占原有土地的3.3%，旱地占25.4%，估计今年可增产粮食3400箩，可解决140人全年的生活。

早先山官同工作队同志踏勘可开水田面积时，特别有兴趣，并说："我一点不累，希望多跑一些路，能够多开出些水田。"由此可见上层并不反对开荒，同样对生产的要求是迫切的。只要我们今后能有组织、有计划、有领导地进行生产，是有很大的前途的。

发展生产的条件：劳动力是主要因素之一。而弄丙寨的劳动力所表现出来的是下坝卖工，上山采集野菜、野果和砍柴售卖，以及对于土地的强烈要求，说明劳动力是过剩的。但是这种现象的形成，又与现存的粗放耕种方法不能分开。正如排列矻家中一样，3个劳动力已种水田3箩、旱地8箩，共约32亩，每个劳动力耕作10.7亩。这在内地是不可能办到的事，而他却希望再开2箩种水田，并完全有力量自己耕种。由此说明群众对生产的情绪很高，另一方面说明耕作粗放也是惊人的。随着生产技术的逐渐提高，今后将由粗放转入比较细致的耕作，则每个劳动力所能负担的田地面积也将大为减少，农业人口势必增加，劳动力的过剩现象正是发展生产的有利条件。

但是，目前在生产上存在着技术上与当地某些风俗习惯禁忌对生产的破坏和影响的问题。

（1）施肥问题：现有旱地面积，除园地外，其他旱地都是不固定的轮耕地。据了解，不能固定的原因是没有施肥习惯，只知利用土地潜力，故开荒后因有大量灰肥，第一、二年内收成一般很好；第三年以后，地力不能保持，产量减少；三四年后，生产成本超过收入太大，就不再种了。

（2）水沟问题：田地周围没有水沟设备，田间埂坎亦极窄狭，一遇大雨，山洪暴发，不仅泥土被水冲刷，埂坎坍塌，有时连作物也为洪水冲走。

解决以上两个问题，是有条件的。山上牲畜很多，粪肥和绿肥俯拾即是，问题在于没有积肥习惯。群众对土地施肥认为：

①山地离家太远，照顾困难，且二三年后即不再种，用不着施肥。

②山地坡度大，施了肥容易被水冲走，土质仍然很瘦。

③施肥后土质转好，草长得更多，更难除去。

针对这种认识，结合他们对大烟地施肥的习惯，多加教育，使之勤于除草。并要求做好管牛工作，加盖圈房，积极方面可以积肥，消极方面可以减少对作物的损害。

在解决施肥习惯之后，产量增加，群众生产情绪高涨的基础之上，加以领导修沟筑埂，也是可以获致解决的。

（3）某些风俗习惯禁忌问题：本寨耕畜有水牛、黄牛，用以犁田的只有水牛，黄牛专用于驮运物品（实际无牛鞍，很少驮运），不作犁地之用。现全寨有水牛99头，耕种现有田地，牛力尚感不够，如能改变"黄牛不耕田"的习惯，则耕牛增加，牛租剥削必然减少（今后扩大耕地面积，牛力问题必须解决）。

由于山区人民信鬼，每年除固定的祭"官庙"要宰杀耕牛外，如遇疾病，则剽牛更多，往往生活较好之家，一次祭鬼，陷于贫困，无法生活。

此外，如鬼地不能开荒，都直接影响生产的发展。

（二）目前发展

弄丙寨的缺粮情况，已如前述。解决口粮问题，目前主要依靠政府救济。这一情况必须在今后逐渐减少，争取"3年够吃，5年够穿"。为达到这一目的，我们的初步意见，应从以下几点着手：

（1）扩大可开水田面积，以解决无田户或少田户的土地。本寨居西山中部山顶，引水灌田，困难殊多。但旱地目前尚不固定，产量很低，粮食收入仍以水田为最可靠。故在条件许可而又费工不大的情况下，应开出荒地，以扩大水田面积，保证增产粮食。

兹就调查所得可开水田有以下两处：

甲、距寨约10华里的董蛮坝，可开水田百余箩，但水源不足。该地又为傣族放牛之所，如全部开成水田，则牧场问题无法解决，对坝区水田的灌溉也受影响。根据估计，开田5箩，可以得到保证。

乙、临江红球河边，可开田25箩，其中比较集中的仅有10箩种面积，并需砍去部分森林；其他15箩，非常零星，但费工不大，引水灌溉，极为方便。

（2）固定部分旱地，提高水田和旱地单位面积产量。现有旱地441.37箩，其中园地132.8箩，近在屋侧，业已固定外，其他都是不固定的地。现本寨荒地很多，除迷信的鬼地、仙地与风水地外，都可开荒。应就距寨较近的已耕地和未开的土地中，选择坡度不大的旱地或梯地，使之固定下来，改进耕作技术，并适当改良农具，充分发挥土地的潜在力，以提高单位面积产量。但另一方面，由于山区条件较好（地广人稀，土质肥），习于广种薄收，目前全面精耕又不可能的情况下，为照顾目前生产水平和多产粮食，在不破坏森林、留出牧场、留出种植经济作物的地方，有条件的容许粗放耕种的同时存在（习惯的改变，是长时间的斗争过程，不能要求在短时间内一下改变过来）。

全寨96户453人，平均每户4.7人，以现有水田84.6箩种，平均每户可得0.88箩，加上可开30箩种水田，每户接近1.2箩种。水田每箩种产量为50箩，要求在3年内增产60%，则1.2箩水田可产96箩。旱地每箩种产18箩，每户固定0.5箩，3年内，同样要求增产60%，即14.4箩。田地产量合计，解决一家口粮还有剩余，并为达到"5年够穿"创造了有利条件。

（3）副业生产。山区人民除种水田或旱地解决其口粮外，目前穿衣和口粮以外的开支，尚需从副业方面获得解决。现本寨副业生产，有饲养家畜、种植蔬菜、卖木料、砍柴卖、织通巴、种植杂粮与水果及下坝卖工等，应积极组织领导，可增加山区人民的收入。

（4）发展经济作物。山区生产，从长远打算，仍以发展经济作物为主。目前生产积极而又有剩余劳动力者，可帮助其发展经济作物，吸取经验，为下一步大量发展打好基础。现山区人民已有植棉习惯，可在这个基础之上予以技术和物质方面的指导与帮助；又种茶树，在东山区已见成效：旱地2.5亩收益超过水田4倍。此外如苏子、芝麻和麻及甘蔗等，山区亦有种植，可根据不同情况，给予适当帮助。

西山工作组　罗衡　整理

潞西县遮放西山湾丹山生产情况

一、各民族各阶层土地占有情况

（一）人口

全寨26户120人。

各族人口统计表（表一）

族别	人口						劳动力		
	户	男	女	人口	每户平均人口	占全寨人口%	数量	占全寨劳动力%	占本族人口%
景颇族	17	48	38	86	5.1	71.6	39	95	43
汉族	9	17	17	34	3.8	28.4	4	5	15
合计	26	65	55	120	4.6		43		

（二）土地面积及产量

湾丹山位于潞西县遮放的龙江与红球河之间的山岭上，景颇族倚山而居，汉族聚居寨脚，相距2里。山官辖区6个寨，东南以红球河、蛮东河与龙准地（弄丙寨山官辖区）分界，西接坝田，北到普洪，面积约200平方里。现有耕地面积：

（1）水田：20.2笼种，折合80.8亩（新开田0.8笼种未计入）。1952年产量485笼，折合15035市斤。每笼种最高产量50笼（1550市斤），最低10笼（310市斤），每笼平均产量为23.27笼（721市斤）。

（2）旱地：27.5笼种（新开地19笼种未计入）。1952年产量为谷子353笼，折合12708市斤。最高产量每笼种20笼（720市斤），最低10笼（360市斤），平均产量为14笼（504市斤）。

以上水田、旱地面积共47.7笼种，1952年总产量共838笼，折合27743市斤。

全寨26户，占有水田户为14户，每户平均有田1.6笼种（强）、旱地2笼种（弱）。上层6户，占有水田10.8笼种，占全寨水田的53.5%；有旱地11.5笼种，占全寨旱地的56.9%。无田户占全寨人口的41.6%。

各族占有土地表（表二）

族别	全寨人口数		占有土地面积						每户平均				有田户口		无田户口	
			水田		旱地		园地		水田		旱地					
	户	人	笼种	亩	笼种	亩	笼种	亩	笼种	亩	笼种	亩	户	人	户	人
景颇族	17	86	19.1	76.4	19.5	48.75	13.5	270	1.6	6.4	1.68	4.1	12	61	5	25
汉族	9	34	1.1	4.4	8	20	0.3	6	0.5	2	4	10	2	9	7	25
总计	26	120	20.2	80.8	27.5	68.75	13.8	276	2.1	8.4	5.68	14.1	14	70	12	50

（三）政治情况

甲、民族上层人物：湾丹山有山官2人、寨头2人、魔头3人（山官五官排早荡兼为拉事头）。

山官：

（1）四官排早都：当权山官，38岁，参加劳动，基本靠我，与司署也有联系。

（2）五官排早荡：官种，是早都的五弟，表现靠我。约30岁，不劳动，以调解纠纷和拉事为业，经常不在家。

寨头：

（1）何顶当：为该寨先到之家，世袭10余代。本人兼做魔头，威信较高，少劳动。其子何干表现积极，已送保山学习。

（2）许老新：汉族，系山官委任，不上官租，生活较富裕。其子许老朝，系二流子，与五官关系密切。

魔头：

（1）何顶当（兼寨头）。

（2）跑钉睹：已年老，现少祭鬼，还参加劳动。

（3）伟孔睹：现主管祭鬼，40岁，参加劳动，常做"长桶"（结婚帮男方拉姑娘）。

乙、群众对民族上层的负担：山官在辖区内有部分实权，有土司支持。在经济上对群众的剥削如下：

（1）对本寨汉人寨的剥削：汉人寨除寨头1户及1已婚女回来居住外，其余7户均有负担。

①每户每年上官租2.5箩。

②每户每年上官烟5.5两。

③3户每年共上官肉1.5砣。

④7户每年共出官工32个。

⑤每户每年送年礼米粑约5斤、酒1提、肉5亢。

（2）外寨汉族的交保头费并送年礼：1953年收入保头费半开12文、年礼酒6碗、6文半开。

（3）本寨景颇族祭鬼收牛腿。

（4）拉事调解纠纷费：1953年收5次，共40文半开。

（5）暗礼：寨内人抢人在事前或事后要送给礼物。

（6）讨要：到各寨各家讨要。

二、土地债利关系

（一）租佃关系

（1）租佃：湾丹山的田地距寨较远，坡大，耕作方法落后，旱地仍是"广种薄收""开新丢旧"，已固定或能固定的耕地数不多，占有和使用价值不大，所以租佃关系不多，仅五官排早荡于1953年出租水田1箩种，租额20箩（因自耕仅收30箩）。

（2）牛租：借牛开生荒，送礼酒1碗，折谷0.2箩。犁水田每个工工资1文，人工换牛工为1工换1工。

（二）工资

栽秧、砍草等活计忙时，工资较高些（比坝子工资仍是低的）。计每工得0.2箩，平常为1斜至1.5斜。开荒多采用自由换工制，不计工资，但供吃。

（三）湾丹、拱母两寨自由组织换工制度

以何波猛为首，约集何三、寨头干、何干共4户组成的换工组已4年。除园地外，凡田

地活计如开荒、犁地、栽水田等，于农忙时全组出动，不计工资，由受工户供给伙食。参加换工组者，有时组内有的全家参加换工，全家接受受工户的伙食供应。参加换工组者可以自由退出，但因不是也不可能是等价交换的互助方式，所以无牛户吃亏大，而田地多和有牛户可用畜力换取人力劳动，实质上是一种变相剥削。但也由于该寨卖工出路少，"换工等于卖工"，因此劳动力多而田地少和无牛户也不退出换工组。

换工组各户生产资料占有表（表三）

姓名	人口	劳动力	耕牛		土地面积（箩种）		附注
			水牛数	能耕数	水田	旱地	
何三	8	5	4	2	2.25	6	1. 土地面积以箩种计算
何波猛	9	4	5	2	6.5	11	2. 4户平均每户有劳动力3.5人，能耕牛1.25头，水田2.8箩种，旱地6.2箩种
寨头干	5	3	1	1	1.5	5	3. 土地以何波勐（拱母寨寨头）占有最多，计水田6.5箩种，占4户田56%强；旱地11箩种，占4户地48%
何干	5	2			1	3	
总计	27	14	10	5	12.25	25	

1953年上半年换工组各户出工进工及盈亏情况表（表四）

姓名	进工数			出工数			盈亏情况	
	合计	牛工	人工	合计	牛工	人工	盈	亏
何波猛	334	96	238	73	73	无	261	
何三	93	49	44	177	78	99		84
寨头干	52	24	28	184	142	42		132
何干	51	21	30	94	无	94		43
总计	530	190	340	528	293	235		

三、生产情况

湾丹山的土地不算少，但产量很低，这是由于：

（1）自然环境的影响：坝子方面，南雷坝有的田地水位低，有的水沟不通，水来得迟，不能按时令栽秧；田地距本寨远（南雷坝距寨20里）。至于山田及旱地方面，气候较冷，洼子及寨子附近有树林遮阴，谷物成长不好。兽虫很厉害，林中有猴子、野猪，常糟蹋庄稼。

（2）耕作技术落后：田地大多不施肥，园地施肥主要是为种大烟。

（3）农业生产情绪不高：由于田地距家较远（20里），农业生产成本高，生活费用贵，副业（如卖工、卖柴）出路不大，为了解决生活问题，多兼营小生意，部分人从事不正当职业，如抢劫、拉事、走私等，转移了劳动力［例如五官排早荡1952年自种水田2箩种，仅自收30箩；1953年出租后，收租谷20箩（620市斤）］。

（一）生产力

（1）生产工具：农具有犁、锄、耙、镰刀、砍刀、斧等。

（2）劳动力：每个劳动力（每年有1/3的时间即120日从事主要劳动）每年可开垦荒地1箩种（2.5亩），或耕种熟地3箩种（7.5亩），或耕种水田2箩种（8亩）。若每个劳动力能经营好水田2箩种，产量可收100箩（3100市斤），则可解决一家4口人的口粮。

景颇族劳动不认真，汉族王老朝说："景颇活计，该做1天的要做两天。"

全寨各族生产资料占有情况表（表五）

族别	土地						劳动力	户数	耕畜		农具	
	田		地		园地				水牛	黄牛	犁	锄
	箩	亩	箩	亩	箩	亩						
景颇族	19.1	76.4	19.5	48.75	1.35	27	39	7	42	17	23	35
汉族	1.1	4.4	8	20	3.05	61	4				6	8
总计	20.2	80.8	27.5	68.75	4.4	88	43	7	42	17	29	43

全寨各阶层生产资料占有情况表（表六）

阶层	土地						耕畜		农具	
	田		地		园地		水牛	黄牛	犁	锄
	箩	亩	箩	亩	箩	亩				
山官	3.5	14	3.5	8.75	0.35	7	3		7	5
寨头	2.3	9.2			0.6	12	1	2	2	4
魔头	5	20	2	5	0.27	5.4	8		3	1
群众	94	37.6	16	40	0.12	2.4	29	15	31	33
总计	20.2	80.8	21.5	53.75	1.34	26.8	41	17	43	43

（二）成本计算

甲、水田：

以许老朝新开水田1箩种（距寨5里）计算，其成本为：

（1）工数及工资：开荒时人工牛工合6个；犁耙4人，牛工合10个；驮垡子需工8个；拔秧3个；砍埂子1个；栽秧5个，薅秧5个，割谷6个，堆谷5个，打谷8个，背谷5个；做秧田人、牛工共3个。以上共需人、牛工共65个，折合工资谷6.5箩。

（2）口粮需6.12箩。

（3）盐1.5砣，折谷0.9箩。

（4）烧酒8碗，水酒0.8箩，共折合谷1.2箩。

（5）栽秧、割谷各吃肉1砣，合谷1.2箩。

（6）祭田鬼杀鸡1只，折合谷0.4箩。

（7）籽种谷1箩。

（8）农具磨损1/4个犁头，及修锄头1次，折合谷0.8笋。

以上成本共计18.12笋。以1笋种平均产谷30笋计，除成本外，尚可收入10.08笋。成本占产量的60.4%。

乙、旱地：

1951年许老朝新开荒地4笋种，需工计：

头年9月开荒砍草16个工；开地牛、人工合28个；翻头道地牛、人工合28个，二道22工。次年4月挖草根25个工，撒种并犁地共9个工；6月薅秧30个工，砍地埂1个工，割谷15个工，堆谷8个工，打谷20个工，背谷15个工。以上从开荒至背谷到家需工217个，平均每笋种需工54.5个（人工44个、牛工10.5个）。

其4笋种成本为：

（1）工资：砍草、树16个工，每工半开1文，折谷3.2笋。栽种、薅和牛工201个，每3个工得半开2文，折谷26.8笋，工资共计折谷计算为30笋。

（2）口粮：每工每天（3顿）食米1.5升，除牛工外，174个人工共吃谷13.05笋。

（3）酒、肉：撒谷子时吃0.6笋的水酒，割谷时吃1.6笋的水酒；吃肉1砍折合谷2笋；背谷肉1砍合2笋，另1笋谷的水酒。以上共折谷7.2笋。

（4）盐2砍，半开6文，折谷1.2笋。

（5）草烟、芦子3文，折谷0.6笋。

（6）撒种、收谷祭鬼杀鸡2只，折谷0.4笋。

（7）籽种谷4笋。

（8）农具磨损：犁、锄各1把，合谷1笋。

以上生产成本共57.45笋，以平均每笋种产量17.5笋计，除去成本57.45笋（每笋成本14.365笋）外，实收共12.55笋（每笋种实收3.14笋），成本占产量的82.07%。

四、生活情况

湾丹山的寨子，农耕方法落后，气候较冷，谷物收成不好；寨子距坝子街子较远，帮工和卖柴的出路不大，因而形成湾丹山大多数人兼做小生意的特点，人民生活比较穷苦。湾丹山寨是西山区最贫瘠的村寨。

（一）口粮

全寨26户中仅景颇族何干和汉族王朝新两户够吃，景颇族16户平均每户缺粮8个月以上，汉族8户终年以手工业、副业谋生。1952年全寨谷产量为838笋，以每人每年需谷24笋计，则全寨产量仅够35.9人的口粮。杂粮产量折谷134.3笋，只够5.6人的口粮。另有78.5人全年缺粮。

（二）人民兼营小贩及手工业

（1）到国外走私：1952年全寨半数以上户到缅甸九谷街（相距百余里）做生意：出售大烟、鸡蛋等，购入食盐、棉花、肥皂、棉毯等。1953年九谷街已烧毁，不能再赶街。

（2）内地生意：该寨人民分别到遮放街（约60里）、梁子街（约30里）、河头村街、芒市蛮牙街（在轩岗坝）等地赶街，贩卖酒、谷子、大米、盐、糖、芦子等。

（3）汉人寨的手工业：汉族妇女帮景颇族弹棉花，每弹1砣工资1箩谷；缝衣1套，收半开2文。铁匠王玉福以做铁活为生，修斧（加钢）1把需时半天，得工资半开1文；修锄（加钢）1把做1天，得工资4文；打菜刀1把做半天，得工资1文；修换铜炮枪奶嘴，得工资2文；换铜炮枪枪壳做3天，得8文；换弹枪枪壳，得15文；做三脚架半天到1天，大的得工资10文，小的得6文。

目前在农业生产方面，虽没有更多的水田可开（现有7箩种亦可开出），但土地潜力尚未发挥，可以改良耕作技术，开办小型水利提高产量，并从发展农副业等方面，增加部分收入，以改善群众生活。

胡丕谟、金志祥、段月华、汪洋　整理

西山营盘寨生产情况调查

一、各民族各阶层土地占有情况

（一）人口

营盘寨由浪速、茶山、汉人3个小寨组成，境内包括景颇族（主要是茶山、浪速及部分载瓦）和汉族，共32户185人。

各族人口统计表

民族	户数	人口					劳动力			
		男	女	合计	每户平均人口	占全寨人口%	主要	附带	占全寨劳动力%	占本民族人口%
浪速	16	47	47	94	5.9	50.8	43	4	47	50
茶山	8	19	25	44	5.5	23.8	26	2	28	63.6
载瓦	3	6	9	15	5	8.1	6	1	7	46.6
汉族	5	16	16	32	6.4	17.3	15	3	18	56.2
总计	32	88	97	185	5.7		90	10		

从上表可以看出，各族中劳动力较强的是茶山，劳动力占其总人口的63%以上，其次为汉族占56.3%，浪速占50%，载瓦占46.6%。

（二）土地面积及产量

本寨所属范围，均是坡度高峭、森林野藤交杂的山岭。由于自然条件的限制，所以田地大部集中于崩洞寨南直达龙川江边的斜坡间，距寨子5华里至13华里。本寨与崩洞寨间的土地在习惯上历来是不必经过任何方面山官的许可或支配，便可以自由开荒耕种。

现有耕地面积：水田11.5笋种（46亩），1952年产量为560笋（17360市斤），每笋种平均产量为48.7笋（1509.7市斤）。旱地48.3笋种（120.75亩），产量为803笋（28908市斤），每笋种平均产量16.6笋（597.6市斤）。以上水稻、旱谷总产量为1363笋。又园地5.96笋种（119.2亩），产量为205笋（8118市斤）；棉地8.12笋种（16.24亩），产量为87矼（348市斤）；豆地4.3笋种（53.75亩），产量为17.6笋（696.96市斤）。

水稻最高产量1笋种田可收66笋，最低30笋，一般在40笋至50笋；旱谷1笋种产量最高可收40笋，最低10笋，一般为20笋左右。水田除个别地区可引山泉灌溉外，9/10为雷响田，但均已固定；旱地大都是火砍轮歇耕种，各种作物面积，若照西山旱谷地标准折算共计12.44笋种（311亩），已固定的（主要是园地）47.68笋种（953.6亩）约占38%，未固定的占62%。

本寨除2户山官各占有水田1笋种外，魔头2户无田。山官、魔头占全寨户数的12.1%，占有17.8%的水田。

从民族上看，汉族占有水田最多，即17.3%的人口占有水田的60.8%，平均每户有田1.4笋种（5.6亩）；茶山占有水田量与人口比例基本适应，平均每户有田0.3笋种（1.2亩）；浪速占有水田较少，按人口比例相差37.8%，平均每户有田0.09笋种（0.36亩）；载瓦占8.9%的人口则完全没有水田。全寨平均每户占有水田面积0.36笋种（1.44亩）。

全寨平均每户有5.7人，如按每人每年需口粮0.5笋种面积的产量，则水田面积不足之数为185×0.5－11.5＝92.5－11.5＝81笋种（面积）。

二、政治情况

本寨山官有两个，一为茶山官，一为浪速官，两人在整个西山的政治地位是无可插足的，但在本寨来说，则浪速官尚能掌握本寨群众。另有魔头两人。

山官情况：

（1）当权山官为浪速官保代志（全家3口，男2人、女1人；主要劳动力1人，雇长工1人），与本寨群众关系较好，但在众山官间则威望不高。家庭生活穷困，本人参加附带劳动。

（2）茶山官丁江崩（全家5口，男4人、女1人，其中小孩1人，主要劳动力2人），群众关系较差，无实权。但因本人兼大魔头，生活较富裕，不参加劳动。

魔头情况：

（1）包孔红（载瓦）小魔头（全家8口，男3人、女2人、小孩3人，主要劳动力1人），本人除祭鬼外，经常参加劳动。

（2）李老三（载瓦）小魔头（全家8口，男5人、女3人，其中小孩2人，主要劳动力3人），本人到保山民干班学习后，现已参加工作。

对土司的负担：

全寨每户每年交土司官烟1两，种地的交门户钱1文，不种的交2比至3比（1比等于1文的1/16）（由山官收交）。解放后，大烟已停收。

对山官的负担：

（1）全寨每年每户出官工3个（栽秧、薅秧、背谷）。凡杀牛、猪祭鬼时，送山官1条后腿。山官帮调解纠纷需送大烟若干（多少不一）。

（2）汉族群众每年每户交官烟3两，过年时送给山官肉5亢（20两）、粑粑1对（40两）、酒2碗（10两）；每年祭官庙时每户出大烟1两至2两或谷子1箩至2箩（大家吃），山官吃新谷时也送给5钱烟或1文钱，遇官家婚丧或生小孩子时，每户要出1文至2文钱。

对魔头的负担：

汉族每户每年出大烟5钱给魔头。凡杀牛、猪时送前腿1条，杀鸡也要送腿1只，并请魔头喝酒抽大烟。

本寨群众由于生活较窘迫，所以对山官的负担有时可以稍减。如汉族每户每年可以少交官烟，凡孤寡赤贫户不交也行。另一方面若山官杀牛祭鬼时，也请群众吃饭。群众出官工，每天照例供给1餐饭。

三、土地债利关系

（一）买卖关系

本寨与其他地区稍有不同的，是与崩洞寨之间可以混合开荒，不必通过任何方面山官的许可，即可自由使用土地；如果再通过邻近的广远寨山官，还可以越界耕种。但旱地一般是不准买卖的，如茶山官说："我们景颇族的规矩，山地是不准买卖的。"水田则可以自由买卖或典当，但由于水田太少，所以买卖典当情形还是少见，目前所了解到的仅有以下两件：

（1）载瓦人李老三，因父亲死时向本寨汉族张密刚借了1头牛献鬼，无法偿还，只好将自己的水田0.7箩种折价3亢（卢比30文）抵牛价典给张家。

（2）典进的有汉族张密刚，向崩洞寨载瓦人谭那退典进水田1箩种，典价3亢。

（二）租佃关系

（1）地租：本寨耕地少，劳动力有盈余，所以土地没有出租。向外寨佃耕的有4户：

①浪速人刘中，向贡允老班寨佃耕（定租）水田2箩种（8亩），定租每年租额40箩（1240市斤）。

②茶山人丁、荣两户，向广远寨佃耕水田2箩种（8亩），对半分租。

③浪速人保代隆，向蛮国寨山官佃耕水田 1 箩种（4 亩），平分租。

④汉族王武经，向贡允寨山官佃耕水田 2 箩种，对半分租。

（2）牛租：租牛的情形也很少。本寨习惯，普通犁地短借一两天，只需附带放牛即可不出租金。但如长租或包犁田地，则包犁水田 1 箩种（旱地 2 箩种至 3 箩种不等），牛租一般是 10 箩谷，租牛时间一年半载不限制，目前租牛的有 3 户：

①荣大出租耕牛 1 头给李老三，包犁一段时间（栽秧），牛租 10 箩谷。

②保孔隆出租耕牛 1 头给保山官，每年收牛租 10 箩谷。

③保谒中出租耕牛 1 头给贡允寨，每年收牛租 10 箩谷。

（3）分养：

①分养牛（黄牛）的有 2 户，小牛平分，母牛属原主。

②分养猪的有 9 户（其中景颇族 4 户、汉族 5 户），小猪平分，母猪属原主。

（三）借贷关系

本寨借贷关系在西山区比较突出。农民之间的短期借贷一般无利息，但时间超过 1 年以上者，通常是借 1 还 2。向外寨借贷，利息较高，多数是借 1 还 3。本寨群众生活穷困，借债户很多，据了解有 26 户之多，占总户数的 80%。这是本寨与其他各寨不同的显著特点。

营盘寨债务情况调查表

债务人	民族	债务种类					利息	利率	年代	债权人		备注
		谷（箩）	卢比（文）	人民币（元）	大烟（两）	牛（头）				民族	寨别	
九堪			3				3	100	1	汉族	本寨	
木姐					4		3	75		茶山	本寨	
保隆孔	浪速		5				5	100		茶山	崩洞	
						1	2	200		载瓦	崩洞	
保孔二	浪速		5				5	100		茶山	外寨	
保孔隆	浪速				4		6	150		茶山	本寨	
保冲空	浪速				4		4	100		汉族	本寨	
						1	1	100		茶山	本寨	
保路慢	浪速			10			10	100		汉族	本寨	
保木烈	浪速		2				2	100		茶山	本寨	
保隆则	浪速	10					10	100		傣族	弄养	
			30				30	100		傣族	弄养	
保孔刀	浪速								3	浪速	本寨	
			2				2	100		浪速	本寨	系借私房
保隆德	浪速		8				8	100		茶山	本寨	
					2		3	150		汉族	本寨	
			6						2		曼海	
保老妈	浪速		10				10	100		汉族	本寨	

续表

债务人	民族	债务种类					利息	利率	年代	债权人		备注
		谷（箩）	卢比（文）	人民币（元）	大烟（两）	牛（头）				民族	寨别	
					4.5		5.5	122.2		汉族	本寨	
					2.5		5.5	220		茶山	本寨	
保孔红	浪速			1.8			1.8	100		汉族	本寨	
保老兰	浪速		4				4	100			本寨	
店来约	茶山		5				5	100	1		崩洞	
店来乓	茶山		5				5	100		茶山	本寨	
					1.5		2	133.3		茶山	本寨	
			5				5	100		浪速	本寨	
			10				10	100		茶山	崩洞	
			4				3	75			曼海	
店来可	茶山				2		2	100		茶山	本寨	
荣拉努	茶山					1				汉族	本寨	
店来旺	茶山		5				5	100			雷则	
			6				6	100			崩洞	
保孔九	茶山				2		4	200			外寨	
			12				6	50			外寨	
		2					2	100				
喜木立	茶山				1		2	200			外寨	
丁拿砣	茶山					1			1		外寨	还卢比60文
李老三	载瓦				3		7	233.3	1	汉族	本寨	
					1				1	汉族	本寨	
					1.5		2.5	166.6	1	茶山	本寨	
谭木哥	载瓦		2				2	100			外寨	
					3		8	266.6			外寨	二年共还利七文
排利早	载瓦		4				7	87.5	2		外寨	
段朝兴	汉族				4		6	150		汉族	本寨	利息不详
					4		6	150		汉族	本寨	所借债务利未定
					10						崩洞	
丁万灵	汉族		30				30		半年		广外	
			5								芒蚌	利息不详
			50							汉族	本寨	
					4					汉族	本寨	
			5					5		汉族	本寨	
总计		12	224	11.8	59	3		50至266				

借债户最多的是茶山与载瓦，占其总户数的100%；其次是浪速，占其总户数的81%；汉族借债户占其总户数的40%。产生这种复杂借贷关系的原因，主要是土地不足，缺乏口粮。

四、生产情况

（一）生产力

（1）劳动力：本寨现有水田面积11.5箩种（46亩），旱地48.3箩种（120.75亩）；有劳动力95人。按西山一般标准，1个全劳动力每年可耕种2箩种水田或3箩种旱地（粗放耕作），那么现有水田只需6个劳动力，旱地只需16个劳动力即可耕种，剩余73个劳动力，尚能耕种140箩种水田（560亩）或200箩种旱地（500亩）。但由于耕地不够，耕作方法落后，劳动力虽有剩余，仍得不到合理使用，而趋于浪费（按：此项计算只包括农业生产所需劳动力）。

（2）水田距寨子约12华里，往返需3小时左右。群众一般习惯是上午9时后才下田，12时前后开始耕作，下午2时后吃饭或午睡，4时后又开始耕作，7时后回家。一个劳动日的实际劳动时间只有半天。

（3）无正常的副业生产：由于山高路险，群众很少下坝卖柴、卖笋子或帮工。空余时间，男的除狩猎、钓鱼，女的找野菜外，多闲荡或抽大烟（全寨抽大烟的有20人，约占全寨总人口数的10%），对劳动力的浪费与破坏很大。

（4）耕畜、农具：耕畜方面，黄牛不用来耕田，水牛有28头，可耕田的有20头。照一般的耕作水平，每头水牛至少可耕水田3箩种或旱地5箩种，现有水田只需要4头水牛，旱地只需要10头水牛，尚剩余耕牛6头。农具方面现有犁54架、锄83把，以32户计，平均每户约有犁1架半、锄2把半，是足够用的。

各族生产资料占有统计表

生产力	土地		劳动力		耕畜						农具	
	田	地	劳动力	盈	亏	占有牛户%	水牛	黄牛	占全寨%	盈	亏	犁	锄
浪速	1.5	21	45	37		9	11	7	55	6		24	39
茶山	3	22.5	27	19		3	3	6	15		2.5	13	23
载瓦		2.8	6.5	5		1	1	1	5	0.5		4	9
汉族	7	2	6.5	12		3	5	10	25	2		13	12
总计	11.5	48.3	95	73		16	20	24				54	83

（耕畜百分比及盈亏只计水牛）

（二）水利

水田大部集中在龙川江边。由于龙川江水位过低，无法引水灌溉，故全靠雨季开沟引山水泡田。根据群众反映："过去虽然没有栽不上秧的情况，但有时雨水来迟则栽秧也迟了。"一般田地附近都开有沟道，所以山洪冲苗的情况很少。但由于不施肥，水流互相过田。亦无水规。

目前最困难的问题是如何变雷响田为保水田，但据我们的调查，若要引龙川江水灌溉，则沿江两岸是高达200米的石壁夹谷，修沟困难较大。

五、生活情况

（一）缺粮问题

根据我们按户调查的缺粮情况，如下表：

总户口		够吃户		不够吃户																						
				2月		3月		4月		5月		6月		7月		8月		9月		10月		11月		12月		合计
户	人	户	人	户	人	户	人	户	人	户	人	户	人	户	人	户	人	户	人	户	人	户	人	户	人	户	人
32	185	6	22	2	6	3	21	6	46	2	10	3	14	1	4	1	2	1	5	2	26	2	15	3	14	26	163

缺粮户26户163人，占全寨总户数的81%，占总人数的80%。

缺粮总数：$[(2×6)+(3×21)+(4×46)+(5×10)+(6×14)+(7×4)+(8×2)+(9×5)+(10×26)+(11×15)+(12×14)]×2=2150筤$

每人缺粮数：$2150÷185=11.62$筤

平均每人缺粮时间：$11.62÷2=5.81$（即缺粮5个月另24天）

（二）度荒办法

（1）下坝卖工：农忙季节，下坝帮傣族，每天除伙食外，可得工资3斛至4斛。

（2）背柴下坝：普通是找柴1个下午，下坝卖1天。每背柴可换得谷2斛，或到弄养街换回盐巴。

（3）找野菜：随着季节的变化，妇女均结队往山林中找寻各种野菜，如笋子、蕈子、枇杷果、黑木耳等，可解决部分生活，但找的人多，能找回的数量就少了。

六、今后意见

本寨可开水田虽少，仍应本就地发展的原则，扩大耕地面积，将可开水田（龙川江边）10筤种（40亩）开出，并与先乌山官协商取得同意后，寨西先乌交界处（距寨约6里）尚可开水田10筤（40亩），东下曼良坝可开水田较多，唯路远开垦有困难。如以上水田开出后，可达到每户平均有水田1筤种，再固定和增开部分旱地（寨北可开15筤，崩洞寨南可开10筤，与崩龙寨交界处取得崩龙山官同意可开10筤），耕地问题基本解决，并注意发展经济作物（如棉花、豆类、花生等），逐步改善群众生活。

张寒光、曹祖培、电三　调查整理

东山上瓮角寨生产情况调查

一、各民族各阶层生产资料占有情况

（一）人口

上瓮角寨有景颇族（载瓦支系）及汉族共40户185人。

各族人口统计如下表：

民族	人口						劳动力		
	户	男	女	合计	每户平均人口	占全寨人口%	主要劳动	占全寨劳动力%	占本族人口%
载瓦	3	6	9	15	5	8.8	6	6.7	40
汉族	37	89	81	170	4.5	91.2	83	93.2	48.8
总计	40	95	90	185	4.6		89		

劳动力较强的是汉族，参加劳动人数占48.8%，载瓦仅占40%。

（二）土地面积及产量

全寨现有水田面积23.5箩种（94亩），其中汉族占有18箩种（72亩），占全寨土地面积的76.59%；全部出租。1952年除1箩种不上官租净得地租20箩（620市斤）外，其余17箩种（68亩）需上官谷，故净得租额509.5箩（15794.5市斤）。载瓦占有水田5.5箩种（22亩），全部自耕，产量450箩（13950市斤），平均每箩种产量81.8箩（2535.8市斤），每亩平均产量634.1市斤。全寨合计实收谷979.5箩（30364.5市斤）。园地5.85箩种（117亩），产量折谷645箩（25542市斤）。

本寨所有水田均分布于山下约18华里的坝区，其中出租给下瓮角载瓦的土地占70%以上。租佃形式为活租，每箩种田先提交土司官租13箩（403市斤）后，主佃对半分租。据群众反映，旱地因土冷种植作物不结实，故尚未从事开垦。园地每户均有一部分，主要用于种植鸦片及点种苞谷。

（三）土地占有情况

山官（景颇族）、保长（汉族）共3户23人，占全寨人口总数的12.4%，占有水田面积10.5箩种（42亩），占全寨水田面积的44.6%。其他10户共46人，占全寨人口数的24.8%，占有水田13箩种。27户116人为无田户，占全寨人口的62.8%。以上情况说明土地的占有是比较集中的。

按西山的标准，每人得0.5箩种土地面积的产量，即够全年口粮之需。以此计算，故本寨尚不足土地为185×0.5－23.5＝69箩，即尚有138人需增开耕地。

（四）耕畜农具

（1）牲畜：全寨有水牛10头（3户载瓦占有）、黄牛86头（13户占有）、骡马共52匹（23户占有）。

山官和保长共3户，占有水牛9头、黄牛10头、骡马5匹、锄头7把。全寨水牛10头，除6头老牛和小牛外，4头可耕田的都出租给傣族，黄牛不耕地，也不驮运，所以有的群众说："守着牛饿饭。"骡马除部分母马入箐子外（详见副业生产看箐子一项），也有经常驮运粮食到遮放街做小生意的。

（2）农具：仅有锄头67把，没有犁头，因而园地均用人工挖。

二、政治情况

全寨有山官2人，保、甲长各1人。

山官所辖区域包括汉族寨——蛮东山、南比壁，傈僳寨——磨刀河、向北河、粗糠树、严家寨、小坪河、茅草坪、大梁子及上瓮角等10个寨子。政治统治，虽属山官管辖，但实权掌握于保甲长之手而形成两位一体的封建统治。

（一）山官情况

当权山官排早都（早腊之弟），全家6口人（男4人、女2人），劳动力2人，本人不参加劳动。

官种排早腊，全家3口人（男1人、女2人），劳动力2人，本人参加劳动。

（二）保甲长情况

保长郭寿生，全家14口人（男6人、女8人），劳动力5人，本人不参加劳动。

甲长张志云，全家2口人（男女各1人），均参加劳动。

（三）群众对上层的负担（主要是汉族）

（1）对土司的负担：全寨每年共交官烟1矼（折合53两），官租每箩种水田上13箩（403市斤），解放后其官租为下瓮角寨头金勒康代收了。

（2）对山官的负担：全寨每年共交官烟12两。逢过年拜年时，合送肉2斤、酒1斤、粑粑1对。平时，凡杀猪户需送肉20两（其他9寨同）。

（四）本寨群众经济生活来源是多方面的

靠收租、种田、买"水口"、种大烟、赶马、出国做走私生意、到遮放街做小本经营生意和织布、看箐子、卖工等，也有个别的在外当上土匪，因而构成经济的错综及政治情况的复杂。由于我们的工作还未扎根，目前群众虽然基本上已靠拢政府，但群众对党的政策认识仍模糊，犹存在着怀疑顾虑的思想。

三、生活情况

（一）口粮情况

由于本寨经济生活的来源复杂，故对副业生产未能做正确的统计。现根据初步调查材料，若以每人每年需口粮24箩谷计算（大烟收入未计入），则全寨缺粮数字和平时缺粮时间如下表：

总户口		够吃户		缺粮月数																缺粮户合计	
				2月		4月		5月		6月		8月		9月		10月		12月			
户	人	户	人	户	人	户	人	户	人	户	人	户	人	户	人	户	人	户	人	户	人
40	185	11	54	1	4	6	30	1	6	7	43	3	11	1	3	2	9	8	25	29	131

平均每人缺粮时间为：

$$[（2×4）+（4×30）+（5×6）+（6×43）+（8×11）+（9×3）+（10×9）+（12×25）]÷185=921÷185=4.9个月$$

据群众反映，每户所收得的大烟，可换粮食供1个至2个月的口粮，以此推算则全寨至少还得有3个月应靠卖工、卖笋子、卖柴草及找野菜度日。

（二）副业生产及其他

（1）织布：汉族妇女除参加园地劳动外，主要是在家织布及料理家务。全寨原有16户织布（每户有布机1架），除3户已停织外，尚有13户，占总户数的32.5%。每户每月可织棉纱1捆，平均每捆可赚6文。其成本计算如下（本寨习惯包工，女工1个，每日得工资0.5文）：

①棉纱1捆30文（细纱32文，粗纱30文，以粗纱计）。

②到遮放街买纱及卖布，需时2天，折工资1文。

③煮线上浆需工1个，折工资半文。

④苞谷面3升，折价半文。

⑤撤线需工2个，折工资1文。

⑥经布需工5人花1个上午的时间，折工2个，工资1文。

⑦每捆纱可织布4件（"大川布"3件或"中国布"4件，以"中国布"计），每件以11.5文计，4件布可卖46文，除去成本，可净赚6文。

（2）买"水口"：汉族居住山区，下坝生产困难，一般有买"水口"的情况。其办法是汉族出钱换取坝区傣族临时田面权，每箩种田约60文，田仍由傣族耕种，议定每年每笋种田交给汉族租额50笋谷（1550市斤），普通是3年满期，租额停付，钱亦折消，田仍归傣族所有。村寨中现有1户买"水口"，出价300文，买田5笋种，议定每年交租50笋（1550市斤），上租时间不详，但解放后没来收。

（3）看箐子：又叫看火塘。凡看火塘者，择定寨子附近的山林草地为牧场，将村寨中的母马放牧看管，所生小马平分，母马归原主。至于负责看火塘之家所雇牧工，由其供给全部伙食外，每年发给小帽1顶、衣2套、工资60文至100文（视马群多少而定）。若牧工也有母马加入者，则工资酌情减低。全寨现有火塘1个，原有马50多匹，因死亡现只有20多匹。

（4）其他：全寨赶马的5户，卖零工的9户，打铁的1户。

四、今后的发展前途

上瓮角虽属于第三类型的寨子，但据了解，本寨生产潜力很大，自然条件也优越，对今后生产的发展是有前途的。

（一）耕地问题

（1）距离寨子约4华里，上、下瓮角之间的山沟边，最少可开水田80笋种（320亩），水源可由东北坡间引来，但需开长达1华里的沟渠，约需人工400个。

（2）在寨子东北约6华里的梁子边，可开垦水田40笋种（160亩），原挖有水沟（后因山官不同意而停止），略加修整，约需人工40个则可灌溉。

（3）本寨四周荒地很多，只要通过山官，即可逐年开垦，但因该地不宜种旱谷，改种茶时间太长（需4年才可采），因而只能种点苞谷、豆类。

（4）本寨劳动力充足，可由政府酌量贷给口粮、耕畜、农具，帮助群众开荒，而投资数也不大。这样以争取达到"3年够吃"，即平均每人有田0.5笋种的要求，是可以实现的。

（二）副业生产

（1）织布：汉族妇女大多数都会织布，在现有基础上，只要贷给一部分棉纱，最少可发展到20户至25户。

（2）看箐子：获利较大，但需加以组织领导。

（3）养羊：本寨四周山林草原很多，是一个天然的牧场，可适当发展。但应注意克服群众"养羊怕山垮"的错误思想认识。

（4）驮运：本寨骡马很多，结合箐子的发展，可以组织驮运，解决山区运输上的困难。

张寒光、朱嘉乐、赵慎行、陈尚经、邵永祥

东山向北河（傈僳族）寨生产情况调查

一、土地占有情况

（1）向北河寨为傈僳族聚居，他们自称白傈僳，由缅甸搬到这里已56年，其中有4个长者系生长于缅甸。全寨共18户77人（男38人、女39人），其中抽大烟者6户，共8人。

（2）土地面积及产量，如表：

种类	占有户数	占有人数	箩种	产量	平均产量	占全寨土地%	备注
水田	2	10	3.5箩 折14亩	55箩 折1705市斤	15.7箩 折186.7市斤	100	种头以箩为单位
旱谷	3	16	7箩 折17.5亩	80箩 折2880市斤	14.5箩 折522市斤		
苞谷	18	77	6.7箩 折134亩	378箩 折14968.8市斤	56.3箩 折2229.48市斤		各户占有数量相近
洋芋	18	77	69.5箩	412箩	5.7箩		各户占有数量相近
荞子			3.7箩	25箩	6.7箩		
豆子			0.2箩 折2.5亩	2箩 折9.2市斤	10箩 折396市斤		
麻			0.3箩	28个袋	9.3个袋		每砣麻可做2个袋
茶			20棵	8砣 折24市斤	0.4砣 折1.6市斤		

二、政治情况

（1）该寨解放前没有寨头，后由上瓮角山官委派余文斌（余文斌系基督教徒，20岁，中农，群众关系较好，家庭情况见典型户调查）的父亲担任（父死后由余文斌接任）。因系委派，在政治上不如景颇族的寨头握有特权，除管理本寨对外一切事务、直接为山官服务外，尚未发现对群众有剥削和压迫行为。解放后，全寨划为1个居民大组，下分3个小组，余文斌由寨头改任大组长。据余文斌反映：民族内部团结很好，从没发生过较大纠纷。因当地群众接近汉族多，一般熟悉汉话，对党的政策接受较易，但因历代反动统治者实行民族压迫，民族戒备心理较深，加上解放后匪特活动较猖獗，群众变天思想浓厚，经工作队在邻近地区展开工作后，逐渐消除顾虑，表示欢迎工作队到那里工作。

（2）宗教信仰：全寨18户中信基督教的有9户，共38人，不吸大烟，不喝酒，劳动力较强。非基督教徒9户，共38人，皆嗜酒，信仰多神教，有病即找"尼扒"（即巫师）念鬼。平时送鬼和祭鬼时仅用1个鸡蛋、1张花纸；若逢较大祭祀（如有人患重病等）则宰猪杀鸡，但这种情况很少。故其祭鬼杀牲对生产的破坏不如景颇族严重。

三、生产情况

该地区出产农作物有水稻、旱谷、苞谷、洋芋、荞、豆类、麻等，其收入以苞谷、洋芋为主。

（一）自然条件

本寨地处高山，气候较冷，坡度大（约40度至70度斜坡），土质瘦瘠，不宜种植稻谷。目前主要种植苞谷、洋芋，但产量也很低（苞谷平均1箩种产56.3箩，洋芋产5.9箩）。猴子、野猪、熊等野兽较多，对农作物的破坏很大（洋芋的损失几乎占50%）。

（二）生产力

（1）全寨有劳动力50人，占总人口的65%。一般都起早睡晚，稍有空闲即到山里找芭蕉叶、芦子或进行纺麻等工作。平时到邻寨帮工。

（2）全寨有水牛3头、黄牛4头、马1匹、羊17只（2家有牛，3家有羊）。农具有犁2架、锄40把、斧11把、刀30把、镰刀23把。

四、增开水田和固定旱地问题

（1）今年在这一带增开了一些旱地，其数量如下表：

苞谷地			荞地			旱谷地			水田	备注
新开荒	丢荒	实增	新开荒	丢荒	实增	新开荒	丢荒	实增		
1.75	12	0.55	2.3		2.3	3	1	2		
折35亩	折24亩	折11亩				折7.5亩	折2.5亩	折5亩	无	单位以箩种计

（2）可开垦田地面积：在小坪河与粗根树之间的波萝水井地方可开10箩种的田，但需修8里长的水沟，需要100多个工，据他们估计，这块土地每箩种平均产量约10箩。旱地（旱谷、洋芋、茶地等在内）最少可增开原耕地面积的1倍。

（3）苞谷地：由于施肥关系，已完全固定。其他旱地则坡度大，土质差，耕作技术没有改进，所以一般种1年就丢荒。

五、生活情况

（1）由于该族农业生产不足自给（根据一个中等农户的调查，农作物收入仅占总收入的25%），所以种植鸦片的很多，情况如下表：

寨名	全寨户数	种烟户	抽大烟户及人数		备注
向北河	9	8	6	8	只计不信教户
小坪河	13	10	7	7	
磨刀区	5	4	3	3	
粗根树	10	8	5	7	
朝阳寨	8	6	4	5	
总计	45	36	25	30	

除种大烟外，有的到汉族寨子帮工或到遮放街做买卖，有的则兼营跨境生意，经常到黑勐龙（缅甸境，匪特盘踞地）做生意。

（2）副业（根据一个中等户的调查，副业收入占总收入的75%）：

①卖工：一般每户卖工两个月左右。

②卖芭蕉叶：时间由每年3月卖到12月（逢街期贩卖），每背可卖卢比1文至2文（折谷1箩）。

③芦子：每逢6月至9月（逢街期贩卖），每背可卖卢比1文至3文（折谷0.5箩至1.5箩）。

④养猪：因气候较冷，不易生病，中等户每年可养两个大猪，并已有积肥习惯。

⑤种鸦片：除基督教徒外，其余大部分种植。

（3）缺粮情况如表：

寨名			向北河	
总户口		户口	18	
		人口	77	
够吃户口		户口	1	
		人口	6	
缺粮户口		户	17	
		人	71	
缺粮户的缺粮程度	1月	户	0	
		人	0	
	2月	户	1	
		人	4	
	3月	户	1	
		人	3	
	4月	户	2	
		人	11	
	5月	户	0	
		人	0	
	6月	户	4	
		人	14	
	7月	户	1	
		人	6	
	8月	户	5	
		人	23	

续表

寨名		向北河	
缺粮户的缺粮程度	9月	户	3
		人	10
	10月	户	0
		人	0
	11月	户	0
		人	0
	12月	户	0
		人	0

平均每人缺粮时间 ＝ （2×4＋3×3＋4×11＋6×14＋7×6＋8×23＋9×10）÷77＝ 461÷77＝6个月（弱）

六、一般的生活习惯

（1）住地一般选在低平坡上，地基填得很高，避免潮湿。一般是厨房、堂屋（有火塘）、内房分开，人、畜圈分开，住屋内阳光较充足。

（2）吃饭用碗筷，菜、饭分开，用桌子和凳子。

（3）男性与汉人装束无甚区别，无一定形式；妇女的衣裳是白底，上面绣些红绿花纹，缀上一些银质的装饰品。

（4）无特殊禁忌。

赵慎行、陈尚经、邵永祥　调查整理

潞西县遮放西山几个典型户家庭收支情况的调查

弄丙寨崩龙族段老大 1952 年家庭情况调查

计算年度：1952 年

调查时间：1953 年 9 月

段老大，崩龙族，年35岁，信佛（左抵教）。全家共6人（本人、母亲、妻子、3个小孩），能参加劳动者2人（即本人与妻子），自耕旱谷地1.5箩种，园地3升。

家当：

农具：有锄头2把、镰刀1把。因缺乏，去年锄、犁皆借用。

牲畜：无耕牛，去年犁地借用别人的，但未出牛租。

家禽：有公鸡2只。

用具：有瓦罐4个、竹篮1个、挑篮1对、背篼3个、席子2床。

衣物：有棉毯6张、毛线帽2顶、新织垫单2张、包头布4条、雨伞2把。

一、收入情况

（一）粮食部分

（1）种旱谷1.5箩种，年收30箩。

（2）园地种苞谷3升，收9箩。

（3）种黄豆3升，收7箩，折谷14箩。

（4）栽黄瓜半升，收14背，每背可卖2钱半，共合8文3钱，折谷4.4箩。

以上收入折谷子57.4箩。

（二）副业收入部分

（5）砍柴72背，每背卖2钱5，共得45文，可买谷35箩。

（6）卖工20个，每3个工得谷1箩，共得谷6.7箩。

（7）编草片100个，卖得40文，折谷26.2箩。

（8）卖自编竹席2床，折谷2箩。

（9）做木犁2个，卖得5文，折谷3.3箩。

（10）卖公鸡6只，重3矴，每矴2文半，共7文半，折谷5箩。

（11）卖木瓜2背，共1文半，折谷1箩。

以上副业共收入折谷子79.2箩。

上列粮食及副业两项收入统折谷子为136.6箩。其中，粮食收入占总收入的42.1%，副业收入占总收入的57.9%。

二、支出情况

（1）口粮：家里3个大人，以每人年需口粮24箩计，则需口粮72箩，3个小孩（其中初生1人）共需20箩，因而全家计需口粮92箩。

（2）盐巴：全年食盐24矴，每矴1文，合24文，折谷16箩。

（3）桶裙：全年需桶裙2条（女人用），每条8文，共16文，折谷10.6箩。

（4）布：全年需布3件，每件8文，共24文，折谷16箩。

（5）肉：全年吃肉2矴，每矴2文半，共5文，折谷3.3箩。

（6）献佛：每月献佛6次，每次用饭1小碗（献佛后饭可以拿回吃）、香1把，每月需香钱2钱，全年计6文，折谷4箩。

（7）草烟、芦子：每街需1钱，全年18文，折谷12笼。

以上总共支出153.9笼。

总收入为136.6笼，支出153.9笼，两相抵后全年不敷谷17.3笼。

从以上的收支中，我们可以看出：

（1）收入皆是正当的，支出也是生活必需，全无浪费现象。

（2）如段老大无副业等收入，则所收得粮食58笼仅够维持2个半人全年的口粮，其余3个半人的生活就无着。

（3）粮食部分的收入占总收入的42.1%。从总支出来看，粮食的收入仅占总支出的38.4%，而副业则占总支出的61.6%。

（4）信左抵教，不养猪。

（5）手工业收入好。

（6）全家不吃酒，不抽大烟。

侬天民、马淑仪 整理

弄丙寨木惹（崩龙纳）家庭情况调查——婚丧户典型

计算年度：1952 年

计算时间：1953 年 9 月

木惹（景颇族），男，50岁，家中人口男5、女4，共9人。有5个劳动力。计有田1笼6斜种、旱谷地4笼种、棉花地1笼种、黄豆地及苞谷地各1斜种。现有水牛4头（可犁田的2头）、黄牛3头、猪8头、鸡9只。农具有锄2把（今年租锄2把，每把租谷1笼）、犁4架、斧子1把、镰刀2把、砍刀1把、长刀3把。

木惹家过去的收入每年不仅够吃，且有剩余。去年因母死和娶媳，临时开支大，以致现在不够吃。其情况如下：

全年收入

（1）自有水田1.6笼种，收谷120笼；旱谷地4笼种，收谷100笼，共220笼。

（2）收棉花10矼，每矼卖1文半，折合谷子7.5笼。

（3）收黄豆4斜，折合谷8斜；种苞谷1斜，收得10笼，折合谷10笼，合计谷10.8笼。

（4）卖猪9头，得9亢；卖牛2头，得17亢，共折谷130笼。

以上共收入368.3笼。

全年支出

（一）固定开支

（1）口粮：全家9口，每人每年以20箩计，全年共需谷216箩。

（2）买布10件缝衣用，每件8文，计80文，折谷40箩。

（3）买统裙4条，每条2兀，折谷40箩。

（4）全年吃猪肉6砣，每砣2文半，折谷7.5箩；用盐巴33砣，每砣1文，折谷16.5箩，共折谷24箩。

（5）每逢街天吃酒1碗，每碗半文，全年72个街天，需36文，折谷18箩。每街买沙鸡、芦子2钱，即卢比半文，折合谷子18箩。共计36箩。

（6）祭鬼1次，杀水牛、黄牛各1头，每头100文；杀猪4头，值3兀；杀鸡10只，值15文（均系自养），共折合谷122.5箩。

（7）祭鬼需煮酒8斛，烧酒10碗，计5文；吃米2箩，折谷4.3箩；又送魔头大烟2两，折谷4箩，合计需谷8.3箩。

以上共计支出谷子486.8箩。除祭鬼所杀牛、猪、鸡等系自养不予计入外，实支364.3箩，收支两抵尚余4箩。

（二）临时开支

1.结婚支出

（1）聘礼9头牛，但已送给水牛3头、黄牛2头，尚欠女家4头牛（准备给3头）。照已交的计算，每头80文，共折谷200箩。

（2）送女家布3匹，钱3兀，折谷15箩。

（3）送女家铓1个，值100文，折谷50箩。

（4）送女家鸡蛋20个，16个为1文，折谷0.6箩。

（5）招待吃酒，计米13箩，全部折合谷子26箩，其中4箩米系亲友帮助。

（6）杀猪4头，计35文，折谷17.5箩。

（7）招待客人吃米11箩，折谷22箩。

（8）招待客人吃盐3砣，计3文；吃沙鸡、芦子5文1钱；辣椒1砣，计2文；每2文买谷1箩，共折谷5.12箩。

（9）招待客人用去大烟6两，折谷12.6箩。

以上结婚支出折合谷子348.82箩，另负债牛4头。

2.丧事支出

木惹母亲死去，所有丧事开支如下：

（1）送死人的娘家（木惹的外祖父家）火炭牛（黄牛）1头，值6兀，折谷30箩；鸡5

只，折谷2.5箩，合计32.5箩。

（2）送死人娘家水酒2筒、米粑10个、肉1砣、桶裙1条，共计13文，折6.5箩。

（3）装殓死人用毯子4床、桶裙2条，合计48文，折谷24箩。

（4）送魔头15文，大烟2两，折谷9.5箩。

（5）送"向作"（持矛跳舞人）2人的大烟3两，卢比5文，折谷8.55箩。

（6）招待客人吃米11箩，煮水酒用米2箩（其中用于全寨青年男女每晚来家跳舞，时间1个月，每晚招待酒1次），烧酒米3箩。共合米16箩，折谷32箩。

（7）给子女纪念物：银链1条值8文，铜炮枪1支计4亢，三脚架1个值8文，大锅1口值3亢，包头巾1条值7文，合计93文，折谷46.5箩。

（8）招待客人，杀牛2头，计黄牛1头值5亢，水牛1头值9亢，共折谷70箩。

以上丧事支出共折合谷子229.55箩。

结婚开支占全家9人全年经常开支的95.75%，如加上尚欠女家的4头牛计算，则占全年开支的139.3%，其中送女家的东西约占结婚支出的76.14%。又丧事支出占全家全年经常开支的63.1%。收入中杂粮和副业收入占40.2%。

从这家可以看出：（1）收支（婚丧除外）都是正当的；（2）劳动力占全家人口的55%以上，每个劳动力负担了1箩7斞种田地面积，基本上发挥了它的作用；（3）副业和杂粮的收入很大，可以解决6个人全年的口粮。

罗衡 整理

弄丙寨木勒拉家庭情况

（够吃户，已6年不负债）

木勒拉，景颇族，男，40岁。全家8口人，男6人、女2人；劳动力4个（本人、子2人均可犁田，及妻排果木），不能劳动的4人。

一、收入

（1）自有水田2箩3斞种（距家5里处1块、15里处2块），年产谷100箩。

（2）旱地4箩种，平均每箩种产量25箩，共100箩。

以上共收入谷子200箩，平均每人得25箩。超过一般生活标准24箩的0.96%。

（3）有苞谷地3.5升种，可收14箩。但因去年被牛吃掉，连同瓜、豆在内才合得4斞。

（4）黄豆2斛种，收2箩，种饭豆1斛种，收6斛，共换米2.6箩，计折谷6.5箩。

（5）种棉花6斛种，收棉花10矼，折谷12.5箩。

（6）种3架牛地的大烟（约合旱地8斛种）收入60两，计120文，折谷60箩。

（7）经商收入（买猪10头、牛4头，杀后出售）得纯利100文，折谷50箩。

（8）副业收入：喂猪2头、鸡10只，卖得15箩谷；编竹席卖得12文，折谷6箩；织蓑衣5件得5文，折谷2.5箩；卖笋子4背，计1.6文，折谷1箩；分养猪1头得8矼肉，值20文，折谷10箩。合计34.5箩。

（9）帮工4个，得谷2箩。

（10）卖修学校房子、砍木头（电线杆）、出卖竹子等共得83.5文，折合41.75箩。

（11）调解拉事纠纷3起，共得大烟3.5两（每箩2文），合卢比25文，折谷17箩。

（12）去年到畹町抢人两次、猛养1次，抢得物资有外国油布1床，值30文；帆布背包2个，值40文；衣服1件，值1兀（即卢比10文）；洋布伞2把，值30文；洋纱2包，值30文（1包送别人未计入）；长刀2把，值10文；大烟一大包，约值50文。共折谷100箩（另以前偷大白水牛1头，赠送其亲戚使用，约值120文，未计算在内）。

上列各项收入折合谷子524.65箩。

二、支出

（1）全年口粮以6口计，每人24箩谷，共需144箩。

（2）缝制新衣和桶裙共折谷49.5箩。

（3）吃盐30矼，折谷19箩；吃沙鸡、芦子每街1文，计谷18箩，全年吃肉20矼，合50文，折谷25箩；每街买酒1碗，全年共36文，折谷18箩，自己煮酒用谷30箩，合计106箩。

（4）去年帮助亲戚朋友共32箩谷，客人来家吃饭，平均1天1餐用米半斤，共180斤米，折谷9箩，总共41箩。

（5）祭小鬼3次（栽秧时1次、打谷时1次、祭家鬼1次。杀猪2头、鸡10只，因此系自养，计入喂猪、鸡粮内，不另计），送魔头酒2碗、大烟1.5两，共4文，折谷2箩。

（6）出官工4天和缴官谷3箩。

（7）抽大烟每街1两，全年144文，折谷72箩。

（8）雇工60个，连吃折谷17箩。

（9）买白糖、豆粉等全年用谷10箩，买柴4挑（自砍8挑未计入），每挑2文，折谷8箩，共18箩。

（10）喂鸡、喂猪，每天1升谷（2升1斛），全年18箩。

（11）改铸犁4个，每个铸工1升米、1.5文钱，4个折谷3.4箩；买新锄2把，共6文，折谷3箩，共合6.4箩。

以上各项支出共折合谷子476.9箩，收支两抵，尚余47.75箩。但收入中包括不正当收入种烟、抢人160笋，占总收入的30.5%；不正常收入，如经商、砍电杆、调解拉事118.75笋，占总收入的20.5%；正常收入仅占总收入的49%。在开支方面，因抢人得来财物较易，故随意花费，如招待客人及帮助亲友和日常的消费都比较大。

附木勒拉家当：

（1）农具：锄4把、犁5架（4架可用）、砍刀3把、镰刀4把、斧子1把。

（2）牲畜：水牛3头、马1匹、母猪1头（分养）、鸡大小10只。

（3）家用器具：大锅2口，小锅、锣锅4口，三脚架2个，陶罐10个，毯子14床。

（4）其他：铜炮枪1支。

李双、罗衡　整理

弄丙寨排列砒家庭情况调查

计算年度：1952 年

调查时间：1953 年

排列砒，景颇族，男，现年25岁。全家5口人，全劳动力3个（本人、兄弟和已出嫁的姐姐），不能劳动的2人（姐之子仅3岁，新婚妻子照俗例已回娘家去）。自有水田1笋种、旱谷地8笋种，牲畜有水牛1头、猪2头、鸡15只；生产工具有犁头6个、砍刀1把、锄头4把、斧子1把、长刀2把、镰刀3把；家用器具有锣锅1口、大锅2口、三脚架1个、毯子5床、包头布5条。

一、全年收入

（1）自有水田1笋种，年产40笋；另租山官水田2笋种，收谷100笋，对分得50笋，合计谷90笋。

（2）自有旱谷地8笋种，收谷130笋。

（3）租山官已收割的水田种大烟，收6两，平分得3两，值卢比7.5文，折谷3.75笋。

（4）积蓄鸦片60两，计150文，折谷75笋。

（5）帮工10个，得工资5文，折谷2.5笋。

（6）杀猪1头，卖得30文，折谷15笋。

以上收入共折合谷子316.25笋。其中，不正常和不正当的收入，如种烟、积蓄鸦片占总收入的24.9%，主粮收入占69.6%，帮工和副业收入占5.5%。

二、支出

（一）固定支出

（1）全家4人口粮（妻回娘家），每人每年24箩（其中1人仅3岁，照半个人计算），计84箩。

（2）全年吃肉7砣，每砣2.5文，计17.5文，折谷8.75箩。

（3）全年吃盐（买外国盐）13砣，计6.5文，折谷3.25箩。

（4）本人赶街，每两街吃酒1碗，每碗半文，全年72街18文，折谷9箩。

（5）买沙鸡、芦子每街3比（16比合1文），全年13.5文，折谷6.75箩。

（6）全年缝衣服6套（妻、姐衣服自己找来穿）需5件布，每件8文，共计40文，折谷20箩。

（7）给母亲缝桶裙2条，值15文，折谷7.5箩。

（8）喂鸡15只，每天1升谷，全年18箩。

（9）修理犁头6个，每个1.75文，计10.5文，折谷5.25箩。

（10）上官谷3箩。

合计全年支出折合谷子165.5箩，占农副业收入（种植和积蓄鸦片除外）的69.7%，尚剩余72箩。

（二）特殊开支（去年2月结婚）

（1）送女家牛2头（系收姐夫补交姐姐的聘礼），计200文，折谷100箩。

（2）送女家大铓1个（系姐夫帮助的），值50文，折谷25箩。

（3）送女方外国花布2丈（系表兄帮助的），值50文，折谷25箩，又布2件，计20文，折谷10箩。

（4）送女方长衣2件，计20文；垫毯1床，计6文；马垫褥1个，计5文；共谷15.5箩。

（5）杀猪6头，送女家一腿半肉，其中1头以30文钱买来，余系自养，均按每头30文计，折谷90箩。

（6）酒200碗，除送女家30碗外，全作招待之用，其中亲戚帮助70碗（每碗半文，计35文），自己煮酒用米5箩，折谷12箩，连同亲戚帮助的，共折谷29箩5斛。

（7）招待客人吃米7.5箩，折谷17箩（内中1.5箩米系亲戚朋友帮助的）。

（8）吃糯米1箩，折谷2.5箩；沙鸡、芦子3文，折谷1.5箩；盐3砣，计3文，折谷1.5箩，合共5.5箩。

（9）鸡蛋70个（以21个送女家），16个折钱1文，折谷2.25箩。

（10）请魔头看卦大烟5两，每两2文半，计12文，折谷6箩。

以上各项支出折合谷子325.75箩，即景颇族一个普通人家结婚所需要的全部费用。

送女家礼物计折谷188.6箩，占全部支出的57.9%，亲友帮助计171.5箩，占总支出的52.6%。结婚支出超过全家全年总开支的197%，约够全家两年之用。

排列砒家全年收入，按正常收支计算，不仅够吃，还有剩余，其原因：第一，劳动力强且已充分发挥，除临时借种大烟地不算外，3个劳动力已种水田、旱地11箩种，平均每个劳动力负担约11亩地（租地耕种在内）；第二，节约消费，如少吃酒，少吃肉，也少吃沙鸡、芦子，平时也不招待客人；第三，不吹大烟；第四，没有帮助别人。

罗衡、李双　整理

弄丙寨排木比家庭情况调查

（不够吃户）

计算年度：1952年

调查时间：1953年

排木比，22岁，女性。家有母亲（55岁）1人，姐姐1人，外甥2人（一个12岁，一个3岁），共5口人。全劳动力2人，半劳动力2人。

一、收入

（1）有旱谷地2箩种，去年共收谷40箩。

（2）新开荒地种黄豆1升种（等于旱谷地2.5耕种），收3箩，每箩黄豆可换谷2箩，折谷6箩；在园地种苞谷1斛种（等于旱谷地8斛种），收10箩，折谷10箩；又种饭豆1升种（等于1升种旱谷地），收1箩，折谷2.5箩；合计谷18.5箩。

（3）种洋丝瓜，收4背，卖6文，折谷3箩；收黄瓜、南瓜20背，每背1文，共20文，折谷10箩；种苏子1把，收8斛，折谷3箩；种棉花1箩种（等于8斛种旱地），收19砣，每砣值6钱银（合1.5文），计28.5文，折谷14.25箩，合计谷30.25箩。

（4）种植大烟，收入20两，折谷40箩。

（5）织通巴（挂袋）5个，每个得纯利1.25文，5个折谷4.2箩；卖鸡4只，计5文，折谷2.5箩，合计谷6.75箩。

（6）帮工20个，得谷10箩。

以上收入折合谷子共145.5箩，其中副业收入（2）（3）（5）项共55.55箩，占总收入的39.8%。

二、支出

（1）全年口粮，每人以24箩谷计算，3个半人（小孩2人，1个代人放牛，不在家吃，

1个初生；另排木比帮工20天，减去2笤）计70笤。

（2）全年吃盐12砣，1砣1文，折谷6笤；肉4砣，每砣2.5文，折谷5笤，酒36碗，计18文，折谷9笤；沙鸡、芦子每街半钱银子，36钱银子合9文，折谷4.5笤，合计24.5笤。

（3）买筒裙6条，计50文，折谷25笤。

（4）买伞2把，折谷2.5笤。

（5）煮酒自饮用谷1笤。

（6）喂狗每天需谷1升（每斛合2升，10斛为1笤），全年18笤。

（7）买锄头1把，用谷1.25笤；买砍刀2把，用谷1.5笤，合计2.75笤。

（8）帮助亲戚谷5笤。

（9）祭家鬼2次，送魔头大烟1两，折谷2笤；送酒6碗，折谷1.5笤，合计3.5笤。

全年支出合谷子价值共158.25笤（另以自己积蓄的10文买谷6.6笤，未计入），收支两抵不敷谷12.75笤。

从这家无田户的调查中，我们可看出以下几点：

（1）收入和支出都比较正常，不抽大烟和少吃酒，全年只祭鬼2次，生活上的消费都是必要的。

（2）劳动力的合理使用和充分发挥。开垦荒地，种植小菜、豆类、瓜类，土地得到充分利用。自己去帮工20天，便解决了1个人半年的口粮。

（3）副业收入所起的作用很大。副业收入为55.5笤，占全部收入的39.8%。

（4）积蓄的重要：适当地节省不正当的开支，储蓄下来，在度荒时便可以解决一部分口粮。

附家当：大锅1口、三脚架2个、大刀1把、毯子10床。

罗衡、李双　整理

湾丹山景颇族寨何木兰（女性，未嫁）去年及今年做小贩积蓄"私房"情况调查

计算年度：1952 年

调查时间：1953 年

一、生意开始

去年2月收烟时，她偷得家里的2两大烟，便到遮放傣族家换得豌豆1笤，到梁子街卖得半开10文，买回鸡蛋100个，这样就开始到缅甸做第一转生意。

第一次生意在九谷街：①卖鸡蛋100个，得半开20文。②买盐巴10砣，用去半开10文；买花肥皂20块，用去半开2文；买棉毯1床，用去半开5文，以上共开支半开17文。③纳盐巴出口税半开1文，出鸡蛋"打街"（变相的税收）1文，船钱零用钱半开1文，以上共开支半开3文。④卖了鸡蛋买东西、零用等共20文，因而收支两清。

由缅甸买东西到梁子街贩卖：①盐巴8砣（缅甸10砣合梁子街8砣）卖得半开16文（去年每砣盐巴值2文）；②花肥皂20块，卖得5文（每4块值1文）；③棉毯1床，卖得8文。以上共卖得半开29文。

由2两大烟起始，到在梁子街出卖盐巴时止，共卖得半开29文。除2两大烟本钱6文外，实得利23文。从此以后她有了更多的本钱，就常跑缅甸做生意了。

二、进出缅甸做生意

继第一转之后，又跑了9转，计：

（1）出口：共9次，皆由梁子街买得鸡蛋共900个到九谷街卖，得半开180文。除本钱90文及上税9文外，得利81文。

（2）进口：①在九谷街买盐巴106砣，到梁子街折合84.8砣，卖得半开169.6文，除去本钱106文、税10.6文共116.6文外，得利53文；②共买花肥皂100块，投本钱10文（每10块值1文），卖得25文（每4块1文），得利15文；③买毯子2床，投本钱10文，卖得16文，得利6文。

（3）以上共获利155文，再除去9次的伙食及零用共30文，实获利125文。

三、所得利的开支

赚得半开125文，买了一些东西：①羊毛12两，5文；②布衣4件，24文；③绒衣1件，12文；④黄棉线1文；⑤银手镯1只，8文；⑥耳环3个，2文；⑦漆圈（漆套腰藤圈及套脚藤圈）1文；⑧"尾作"（挂在胸前的）5颗，6文；⑨擦头油0.5文；⑩红带子2条，3文；⑪银纽扣2个，1文；⑫草鞋2双，0.5文；⑬买给父亲布1件，8文；⑭买给弟弟衣服1件，3文。以上共用75文，还剩50文。但因其兄抢人被破获，偿赃无钱，便将这50文钱及其三姊妹的"私房"拿去赔偿。奔波几次生意，只落得穿衣一身。

四、国内生意

今年缅甸九谷街已毁，不能再去，就在本地跑了几转：①到遮放街买得盐巴15.8砣，投本钱31.6文，到梁子街贩卖得47.4文，获利15.8文；②到芒市蛮牙街买芦子6砣，投本钱18文，到遮放街贩卖得30文，获利12文；③到遮放买砂糖17砣，投本钱25.5文，到梁子街贩卖得34文，获利8.5文。以上共得利36.3文，除去零用6文及到蛮牙街的伙食1文外，实得利29.3文。

段月华、胡丕谟、汪洋、金志祥　整理

湾丹山首户何赌（景颇族）家庭情况调查

计算年度：1952 年

调查时间：1953 年 9 月

一、人口

全家11口人，男6人、女5人，即本人、其母、妻3人（有1个在老鹰寨，原为嫂，长兄亡后即转配给他）、子5人、女1人。本人吸鸦片，有时参加劳动。两个妻子为主要劳动力。母已年老，不能做活。有2子放牛，其余小孩守家。另有1小外甥女同住。

请男、女帮工各1人（去年只请女帮工1人），何赌及男帮工犁田，女帮工及何赌妻栽秧、薅草等。

二、家当情况

1. 土地房屋

南雷坝（红球河上边）有田1块，面积2箩种，年产谷100箩至130箩，附近有田1块，面积1箩种，年收谷50箩；尚有1箩种水田的荒地可开。去年种旱谷地10箩种，收130箩，今年已丢荒。今年新开荒地7箩种。有5升种的苞谷地（两块），年收苞谷30箩、鸦片烟30两至100两；豆子地0.1箩种，年收1箩；棉花地0.3箩种，收籽花18砣。

有茅房大、小3间。人住一大间，关牛1间，做仓房1间。

2. 牲畜家禽

水牛8头（现有1头寄在南京寨亲戚家，系最近才买的），5头能耕田；黄牛7头，2头能驮物，4头是母牛，今年10月可产小黄牛3头；马1匹；猪3头（半大猪2头、母猪1头）；鸡约10只；狗2只；猫1只。

3. 农具

已坏犁头7个；锄头9把，好的2把、坏的7把；斧头3把，好的1把、坏的2把；砍刀1把，长刀2把；镰刀8把。

4. 家具

三脚架3个（大的1个、小的2个），铁锅7口（大锅2口、小锅5口），铜锣锅2口（已坏），铜勺3把（煮烟1把、已坏1把、盛饭1把），甑子1把，竹水筒20余个，大、小碗约10个，大坛子2个，瓦罐5个。木柜子2个，篾笼子4个，竹篮及竹箩约20个。脚碓1盘，木杵臼4套（已坏2套），筛子2个，簸箕3个。

5. 衣服、被盖、布匹等杂件

棉毯20床，背袋14个。衣裳1人1套，包头巾4条，桶裙大、小5条。绸缎细软布8块，值半开231文［系别人结婚请他做"常通"（"常通"系景颇语，其意是凡娶妻者，须找魔头打卦，找被认为是好人的人做"常通"，帮助他拖姑娘。何赌经常被人请做"常通"）送给的］。

席子4床，牛"褅"（兼枕头）7个，雨伞2把，笠帽3顶，蓑衣1件。

弹枪1支（五子爬角枪，本人尚未承认），铜炮枪2支。

矛头10杆，薄刀3柄（系留当"常通"时用）。

铜铓2扇，钹1副。

三、收入

1. 农、副业收入

（1）去年水稻收150箩，收旱谷130箩，共收谷280箩。

（2）苞谷收30箩，折谷30箩。

（3）豆子收1箩，折谷2箩。

（4）棉花收籽花18砣，轧得绒花6砣，每砣值半开14文，折谷16.8箩。

（5）种蔬菜收入折谷15箩。

（6）自养牛1头，值半开50元，折谷20箩。

（7）自养猪5头，值半开35.5元，折谷14.2箩。

（8）自养鸡17只，值半开12元，折谷4.8箩。

2. 其他收入

（1）种鸦片烟1碗种，去年收100两，折谷100箩。

（2）走私收入。去年跑缅甸九谷街做生意12转，计：

①从缅甸买棉到梁子街及本寨附近卖1次，买1包棉投本钱半开15元，卖得25元，赚得10元。

②买棉花贩卖共两次，每次挑10砣，共挑20砣。每砣买价3.5元，共投本70元。缅甸1砣合梁子街1砣8兆（2旧斤），20砣折得16砣，每砣可卖半开7元，共卖得半开112元，赚得半开42元。

③贩卖盐巴共9次，每次15砣，投本半开8元，9次135砣，共投本72元。到梁子街附近

贩卖，每砣卖得半开1元，共卖得135元，赚得半开63元。

④12转共贩卖大烟100两，每两投本半开1.5元，100两大烟共投本150元。到缅甸每两可卖3元（英国纸卢比3文），共卖得300元，赚得150元。

12转合计赚得半开265元。除去吃饭（每转4天，吃米3升，合半开1元）、零用（每街1元）半开各12元，共24元，实际赚得半开241元，折谷96.4箩。

（3）石板寨得桑婺何干之妹为妻，请他做"常通"，得半开25元；得红缎布1块，合半开25元；得酒10碗（折合半开5元），共得半开32.5元，折谷13箩。

以上11项收入折合谷子592.2箩。计：

农、副业收入382.8箩，占总收入的64.6%；其他收入209.4箩，占总收入的35.4%。

四、支付

1.生活必需开支

（1）全家14人吃饭，每日需米4斜，全年共需144箩。但本人做生意两个月不在家吃饭，公、私祭鬼和串亲戚等外出吃饭两个月，应扣米4.5箩（每4日扣米3升），实际食米139.5箩，折谷279箩。

（2）每月食盐3砣，半开4.5元，全年需54元，折谷21.6箩。

（3）全家6人（连帮工）嚼草烟，每街买草烟、沙鸡、芦子和石灰共半开0.5元，全年共需半开36元，折谷14.4箩。

（4）收庄稼时吃肉2砣，过年吃肉3砣，平时吃肉约6砣，全年共吃肉11砣，折合谷子11箩。

（5）自煮烧酒用米4箩（每箩煮得10碗酒，可吃4街），可吃3个月；其余9个月吃酒54碗（每街1碗），共折谷13.4箩。

（6）吃蔬菜折谷15箩。

（7）买布3件，每件8排（用手排），3件共24排，每排半开2元，共需半开48元，折谷15.2箩。

（8）织桶裙10条，需绒花3砣，折谷8.4箩；买羊毛10元，买洋靛5元，染纱4元，共19元，折谷7.6箩。10条桶裙的原料，共折谷16箩。

（9）去年织棉毯8床，需绒花3砣，折谷8.4箩。

2.非生活必需开支

（1）本人每日吸鸦片1钱，全年36两，折谷36箩。

（2）祭鬼开支：

第一次因小孩害病祭家堂鬼，杀牛1头（值半开50元）、猪2头（值半开20元）、鸡2只（值2.5文）。全寨群众来吃，共吃米2箩、酒13碗、盐巴0.8砣；给魔头酒2碗、大烟1钱。以上共折谷35.1箩。

第二次祭家堂鬼，杀猪1头（值4元）、鸡4只（值3元），给魔头及自用酒共5碗、大烟2钱，以上共折谷3.5箩。

第三次祭家堂鬼，杀猪2头（值11.5元）、鸡3只（值1.5元），给魔头和自用酒共3碗、大烟1钱，以上共折谷5.6箩。

栽秧献田鬼两次，杀鸡8只，折谷2箩。

祭官庙杀牛、杀猪，本人去吃并分肉，带去米半升、鸡1只、谷1.7箩，共折谷1.8箩。

以上祭鬼开支共折谷48箩。

（3）做"常通"1次，招待5人吃饭两天，需谷1箩，送新郎矛头1杆，值半开1元，共需谷1.4箩。

3.其他开支

（1）请女帮工1个，付工谷10箩，衣服2套，需半开8元，共需谷13.2箩。

（2）全年每日平均有亲友、朋友1人来往，共需客饭折谷24箩。

以上14项共支出谷516.6箩。计：

生活必需开支394箩，占总开支的76.2%；非生活必需开支85.4箩，占总开支的16.4%；其他开支37.2箩，占总开支的7.4%。

五、收支结算

（1）全年收支两抵，尚结余谷75.6箩。

（2）收入不少，开支亦大。在支出项下，虽主要是正当开支，但非正当开支亦不少。

（3）农、副业收入比生活必需开支只少11.2箩。可以看出：如不祭鬼、不吸鸦片、不做"常通"，全力投入农业生产，使产量稍加提高，单靠农业即可维持生活。

（4）该户有长工短工剥削。

胡丕谟、段月华、汪洋、金志祥　整理

湾丹山帮工户刀三家庭情况调查

计算年度：1953年1月至7月

调查时间：1953年9月

一、人口

全家有母、本人、女，共3人，本人为全劳动力，母已年老，女尚幼。

二、家当

（1）有园地1斜种，年收苞谷4箩，去年种旱地1箩种，收谷8箩，今年田、地均不种。

（2）茅屋1间。

（3）鸡1只，狗1只。

（4）坏斧1把，长刀1把，镰刀1把。

（5）小三脚架1个，大、小铁锅各1只，小甑子1个，缸2口，碗3只，瓦罐1个。

（6）竹笼1个，竹篮2个，木杵臼1套，筛子、簸箕各1个，烂伞1把。

（7）棉毯好、坏各1床，背袋1个，衣服好、坏共4套，桶裙2条，包头巾1条。

（8）烂火药枪1支。

三、收入

（1）收苞谷4箩，折谷4箩。

（2）卖蔬菜得半开5元，折谷2箩。

（3）养鸡5只，值半开4.5元，折谷1.8箩。

（4）帮梁子街五岔路老李家烧炭20天，得工资8元，折谷3.2箩。

（5）到梁子街五岔路帮零工两个月，得工资半开30元，折谷12箩。

（6）到坝子帮傣族做工7天，得半开3.5元，折谷1.4箩。

（7）帮解放军送信、带路，得半开2.5元，折谷1箩。

（8）收鸦片20两，折谷20箩。

（9）卖犁头1个，得半开6元，折谷2.4箩。

（10）卖银手镯1只，得半开15元，折谷6箩。

（11）结婚时，邻居补助半开3元，折谷1.2箩。

以上11项收入折合谷子55箩。计：

农副业收入7.8箩，占总收入的14.5%强；帮工收入17.6箩，占总收入的32%；种鸦片收入20箩，占总收入的36.3%弱；其他收入9.6箩，占总收入的17.4%弱。

四、支出

（1）每日早饭吃米1升，晚饭米半升，共1升半。7个月共吃米15箩7斜零1升。但本人帮工有3个月在外吃饭，扣米4.5箩（每天扣1升），7个月家里实吃米11.25箩，折谷22.5箩。

（2）7个月吃盐巴4.7砣（3个月吃2砣），折谷2.8箩。

（3）过年吃肉1砣，平常吃肉折半开1元，共折谷1.4箩。

（4）每街吃3母（卢比名称）小钱的草烟、沙鸡、芦子，7个月共花半开15.7元，折谷6.3箩。

（5）结婚开支：

1953年3月结婚，开支如下：

①祭鬼（兼请客）杀猪2头（值半开8.5元，系向本寨四官及何赌借的，现尚未偿还），杀鸡5只（值半开4.5元），折谷5.2箩。

②请客及送岳父家米7箩，折谷14箩。

③请客吃酒40碗，折谷4箩。

④送女方礼酒36碗，折谷3.6箩。

⑤请客吃草烟、沙鸡、芦子等，花半开1.5元，折谷0.6箩。

⑥食盐2矼，折谷1.2箩。

结婚开支共折谷28箩。

以上5项，共支出谷61箩。计：生活必需支出33箩，占总支出的54.1%强；结婚支出28箩，占总支出的45.9%弱。

五、结算

收支两抵后尚不敷6箩。除尚欠结婚用猪2头合谷3.4箩外，实不敷谷2.6箩，但因经常掺吃杂粮、野菜，故能勉强维持生活。

六、从该户情况看出

（1）收入项目零碎，数目少。其收入主要靠种烟、帮工和变卖家当。据说他帮工是因当时饿了一顿才去的。

（2）由于经济不充裕，非生活必需开支亦少，今年尚未祭鬼。

（3）这样，一家3人在正常情况下，虽能勉强糊口，但不能缝制衣服，更经不起婚、丧、病、灾的威胁，遇事便要变卖家当，这种类型户的生活是很不固定的。

（4）在发展生产中，应大力和重点扶助这种类型户。

胡丕谟、金志祥、段月华、汪洋　整理

湾丹山五官排早荡家庭情况调查

（靠小贩及不正当收入维持生活户）

计算年度：1953 年 1 月至 7 月

调查时间：1953 年 9 月

一、人口

男女各 3 人，即本人、其妻（原为大官跑之妻，大官死后即配排早荡）、子及其大哥之 2 女、1 子，全家共 6 人。本人吸鸦片，不从事农业劳动，多到各处"讲事情"，找烟吸。其妻（缅甸浪速族）颇能做生意，常往缅甸，不去时则在家薅地。兄之长女薅地找柴，次女照料猪、鸡，也薅地。其余小孩尚小。

二、家当

（1）茅屋 1 间。水田 2 箩种，去年自耕，收谷 30 箩；今年出租，租额 20 箩。有 1 升种苞谷地（园地）。今年新开旱地 5 斛种。

（2）鸡 3 只，猪、猫、狗各 1 只。

（3）坏犁头 1 个，好、坏锄头各 1 把，长刀 2 把，镰刀 1 把。

（4）三脚架大、小各 1 个，铁锅 3 口（大 1、小 2），洋铁锅 1 口，破锣锅 1 口，甑子 1 把，煮烟铜勺 1 把，碗 8 个，瓦碓 2 个，小桌 1 张，木杵臼 2 套，簸箕 1 个，竹箩约 13 只。

（5）棉毯 5 床，背袋 3 个，衣服 7 件，统裙 3 条，裤子 2 条，包头布 2 条，细软花布 4 件（值半开 25 元），席 3 床。

（6）与四官共有五子爬角枪 1 支，现由许祥（汉人，寨头之子）持用。有象脚鼓 1 个。

三、收入

（1）农副业收入：苞谷 5 箩，折谷 5 箩；养鸡 2 只，折谷 0.2 箩。

（2）收鸦片 20 两，折谷 20 箩。

（3）本人"讲事情"收入：来源不清者（本人不实讲，只说"我找来的"）半开 15 元，折谷 6 箩；到蛮先（陇川地）"讲事情"得牛 1 头（值 20 元），大烟 1 两，半开 2.5 元，共折谷 10 箩；到雷娥"讲事情"得半开 1.5 元及谷 1 箩，共合谷 1.6；到蛮窝"讲事情"得半开 2.5 元，折谷 1 箩；到拱母"讲事情"得半开 2 元，折谷 0.8 箩；与蒙哀的 3 人杀牛卖（牛来源不知），每人分得 6.5 元，折谷 2.6 箩，共折谷 22 箩。

（4）官娘做酒生意的收入：共贩酒 5 个月（30 个街天），每街投本 2 文，到梁子街买得4碗酒，到那载、茅蒋、蛮窝、弄丙及邦谷等地换物，4碗可换得谷2箩，除本钱（折合4斛谷）外，可赚1.6箩。30个街子共赚谷48箩。

以上共收入谷子95.2箩，计：粮食及副业收入5.2箩，占总收入的5.5%弱；鸦片收入折谷20箩，占总收入的21%强；"讲事情"收入22箩谷，占总收入的23.1%强；贩酒收入48箩，占总收入的50.4%。

四、支出

（1）全家每日吃米3升，7个月共食米31.5箩。但本人出外"讲事情"等不在家吃5个月，应扣米5箩（3餐扣1升）；长女到亲戚家住，不在家吃3个月，应扣米4.5箩（两餐扣1升）；其妻做酒生意不在家吃饭2个月零10天，扣米3.5箩。以上共应扣米13箩，7个月内家中实食米18.5箩，折谷37箩。

（2）7个月食盐7砣，折谷4.2箩。

（3）每月吃酒3碗，7个月共21碗，折谷2.1箩。

（4）买草烟、沙鸡、槟榔等，每街需半开0.5元，7个月需21元，折谷8.4箩。

（5）喂鸡7个月，需谷3箩。

（6）本人每天吸鸦片1钱，7个月需21两，折谷21箩。

（7）1953年祭鬼1次，杀鸡2只（值半开0.5元），买酒及大烟给魔头吃（花半开1元），共折谷0.6箩。

（8）送给别人礼物共值半开3.75元，折谷1.5箩。

以上共支出谷子77.8箩。计：生活必需支出54.7箩，占总支出的71.7强；吸鸦片支出21箩，占总支出的25.7%弱；祭鬼、送礼支出2.1箩，占总支出的2.6%弱。

五、结算

收支两抵应结余谷子17.4箩，但实际上却不够吃，剩余谷的数目可能在这几方面：贩酒收入有赊账，本人吸的大烟算少了，苞谷尚未完全收回，本人在外吃饭的天数扣多了。

从上述情况中，可看出该户：虽属山官，但不当权，属山官的收入皆归四官，只分给五官一点牛腿等。本人又不从事农业劳动，生活主要靠官娘贩酒（占50.4%），其次靠本人"讲事情"及种大烟（占44.1%）等，还经常到别人家吃饭（共吃了620餐）。其家庭单靠贩酒尚不能解决其全部生活，如"讲事情"收入减少（拉事纠纷减少，社会秩序安定）或无收入时，生活就受到极大威胁。所以这种类型户，应动员其投入农业生产，才能从根本上解决问题。

胡丕谟、段月华、金志祥、汪洋　整理

邦谷寨早断山官家庭收支调查

计算时间：1952 年

调查时间：1953 年

早断山官，年30岁。全家共7人（母、本人、妻、子、女），劳动力3个（本人参加劳动）。有水田1箩种、旱地4箩种、黄豆地3升种、苞谷地（园地）1升种、棉花地2斜种。牲畜有牛5头（水牛3头、黄牛2头）、猪6头。农具有犁3架、锄4把。炊事用具锅2口。铜炮枪1支，长刀1把。

一、全年收入

（1）自有水田1箩种，收谷40箩；旱谷地4箩种，收谷60箩；收黄豆3箩，折谷6箩；收棉花1砣，折谷0.75箩；收苞谷10箩，折谷10箩。合计收谷116.75箩。

（2）种大烟收12两，折谷24箩。

（3）卖猪1头，值1兀，可买谷5箩。

（4）献官庙得牛腿2支，约重20砣，每砣2文半，折谷25箩。

以上合计收入折谷170.75箩。

二、全年支出

（1）全家7人（其中1人系初生儿，故以6人计），每年每人需谷24箩，合计114箩。

（2）吃盐30砣，每砣1文；吃肉2砣3兀，每砣2.5文；又买牛肉先后两次，用谷3.4箩。共折谷22.8箩。

（3）买酒1兀钱，买沙鸡、芦子每街半文，全年36文，两项共折谷23箩。

（4）自煮酒用谷3箩。

（5）祭鬼1次，杀猪3头，共60文；杀鸡2只，计2文，共折谷31箩（猪、鸡均系自养）；吃米3斜1升，折谷0.7箩；煮酒用谷2箩。合计33.7箩。

（6）筒裙5条，共合91文，折谷45.5箩。去年多织3条，留作今年用。

（7）买布3件，每件8文，共折谷12箩。

（8）用谷子换大烟4两，折谷4箩。

（9）帮助百姓盖房子出谷5箩，百姓结婚贺礼6.5箩谷，共11.5箩谷。

（10）招待客人2人（每人在家吃饭半年），共需谷24箩。

以上共支出323.6箩谷。收支相抵后不敷152.85箩，但实际只缺口粮2个月，因收入方面剥削群众的一部分未计入。据早断山官自己说："官烟、官谷、吃新米等现在都没有收了。"他的话可能有一部分是真实的，原因是威信不高，当地又无汉人居住，收官烟和摊派是困难的。不过，群众婚丧、祭鬼等还是要送东西给他的，例如山官本人抽大烟，他说："一年要30两才够。"而自己种的才收12两，用谷子换了4两，不敷14两，这些可能是剥削群众的。

从他的家庭情况看来：

（1）水田很少，平均每人仅有1斛4箩种，而且自己也参加劳动，由此说明山官的经济状况并未超过一般群众。他可以代表西山区大部分山官。

（2）帮助群众和招待客人共支出35.5箩谷，占主粮收入的35.5%，占全年总收入（据现有材料计算）的23%，可以看出山官的额外支出比一般人多。

李双、罗衡　整理

崩巧寨唐来推家庭收支情况调查

计算时间：1952 年

调查时间：1953 年

唐来推全家4人，劳动力3人，生活相当于中农水平。兹将其收支情况列后：

一、收入

（1）旱谷地2.8箩种，收55箩（平均产量19.7箩）。

（2）苞谷地0.3箩种，收6.5箩。

（3）豆类：

①饭豆1碗种，收0.3箩。

②四季豆1碗种，收0.2箩。

③蚕豆1碗种，收0.2箩。

④豌豆1碗种，收0.4箩。

以上4项共折谷1.1箩。

（4）卖黄瓜30背，每背5母（卢比名称），每母人民币1000元，计15万元，折谷9箩。

（5）卖南瓜、朝阳花、丝瓜所得折谷1.6箩。

（6）卖青菜24背，每背2母半，计6文，折谷3箩。

（7）种鸦片烟1升种，收25两，烟子0.6箩，折谷51.5箩。

（8）分养1头母猪，有儿1窝，分得2头，卖得9.1文，折谷4.6箩。

（9）卖工24个，得谷7.6箩（伙食已计在内）。

（10）前后卖竹笋得谷1箩。

（11）卖枇杷果3次，得0.2箩谷。

以上11项，共计收入谷子141.1箩。

二、支出

（1）每人每年口粮以24箩计，全家4人（其中1个小孩年仅6岁，以成人的2/3计算口粮），需谷88箩。

（2）每月食盐0.75砣，每年9砣，折谷5.4箩。

（3）平均每街买草烟、芦子1砣，每月6街，全年计支4.5文，折谷2.25箩。

（4）吸鸦片烟12两，折谷24箩。

（5）买布2件，计144000元，折谷9箩。

（6）祭祀、撒谷、吃新谷、祭官庙、人病各祭鬼1次，共用去酒3瓶、食米5斞，送魔头肉折谷1箩，祭官庙摊谷1.3箩，共折谷4.3箩。

（7）村里盖房屋送酒1瓶，折谷0.3箩。

（8）买长刀1把2.5文，折谷1.3箩。

（9）买染料，计19000元，折谷1.3箩。

（10）喂猪、鸡3.5箩。

（11）买白糖给小孩，折谷2箩。

（12）买小菜，折谷2箩。

以上12项共计支出谷子142.45箩。

收支两抵后不敷1.35箩。

从这家无田户的调查中，我们可以看出以下几个问题：

（1）稻谷的收入（55箩），占总收入的38.2%；副业收入（88箩），占总收入的62.3%。而副业收入中，鸦片烟的收入（51.5箩）占总副业收入的59.5%，占总收入的36.3%，可作全家7个月的口粮。而吸大烟一项支出折谷24箩，占总支出的17%，可解决全家3个月零12天的口粮。一般说来收入是不够正常的，这是该寨的普遍现象。长此以往，这家人的生活势必随鸦片烟销路的缩小而感到困难。

（2）种植蔬菜收入折谷15.4箩，占总收入的11%，可解决全家4口人2个月的口粮。

（3）卖工收入7.5箩谷，可解决全家4口人1个月的口粮。

附家当：锅2口、三脚架1个、锄2把、犁2把、刀2把、小猪2头。

张学经、赵慎行、杨文清、石老二、排振兴　整理

东山区向北河寨傈僳族余文斌家庭收支情况调查

计算年度：1952 年

调查时间：1953 年

余文斌全家4人，劳动力2个。家当有锅1口、锣锅1口、铁火架1对、碗10余个、锄头2把、刀2把、镰刀1把、小猪4头、母鸡1只。

一、收入

（1）苞谷0.3箩种，收15箩。

（2）洋芋4箩种，收30箩，折合苞谷15箩。

（3）茶1棵，收得5厅，卖得1万元，折苞谷0.6箩。

（4）卖2头小猪，得50文，折合苞谷25箩。

（5）帮工60天，3天得谷1箩，供吃（3餐），连工资及伙食计折苞谷32箩。

（6）芭蕉叶从3月卖到12月止，计卖40背，平均每背1文，计40文，折合苞谷20箩。

（7）芦子从6月卖到9月止，计卖16背，每背平均1文半，计24文，折合苞谷12箩。

以上7项，共收入苞谷119.6箩。

二、支出

（1）全家大小4人，每箩苞谷可吃4天，全家每月需粮7.5箩，全年计需90箩。

（2）每月需盐1砣，全年12砣，计人民币96000元，折合苞谷6箩。

（3）全年吃猪肉5砣（不吃油），计人民币9万元，折苞谷5.6箩。

（4）买布2件，计19文（一件7文，另一件12文），合人民币156000元，折苞谷9.7箩。

（5）买5个碗，计人民币6000元，折合苞谷0.4箩。

（6）买锄头2把，8文，合人民币64000元，折合苞谷4箩。

（7）买长刀1把，3文，合人民币24000元，折合苞谷1.5箩。

（8）买锣锅1口，5文，合人民币40000元，折合苞谷2.5箩。

以上8项，计苞谷119.7箩。

收支两抵，不够0.1箩。

以上收支情况，可能还有一些遗漏，但从这里也可看出一些问题：

（1）这家的收支是很正常的（不种也不抽大烟，不喝酒），劳动力得到充分的发挥和合理的使用，虽然生活条件恶劣，但可勉强维持。

（2）农业收入30箩苞谷（够吃4个月），仅占总收入的25%；副业收入89.6箩，占总收入的75%。其中，芭蕉叶的收入20箩，占总收入的16.7%（弱）；芦子的收入12箩，占总收入的10%；帮工收入32箩，占总收入的26.7%；卖猪收入25箩，占总收入的20.9%；茶叶收入0.6箩，占总收入的0.5%。

（3）从前项可以看出：该寨目前重要的副业生产是一年中有10个月可卖芭蕉叶和芦子。这家的芭蕉叶和芦子收入折苞谷28.7箩，占总收入的26.7%，可解决全家4个人3个月零25天的口粮。

（4）从一、二两项中，我们可以看出这种类型户的生产问题，关键在于解决耕牛问题，即可扩大耕地面积改善生活，因为牛代替了人工后，不会影响副业。扩大耕地面积的收入，即为增产部分。同时，应进一步发展副业，提倡养猪积肥（因气候适宜，猪不易生病，并且猪粪是最好的肥料，他们已有养猪经验和积肥的习惯）。距寨较远的耕地加工施肥，使之逐步固定（一般耕1年就丢荒，耕种两年者很少，种3年的极少，但根据今年所放弃的土地数字看，可能还有出入），进一步可以试种小麦。

赵慎行、朱嘉乐、陈尚经、邵永祥　整理

东山下瓮角茶叶生产情况初步调查

一、基本情况

下瓮角在遮放坝极东，中央突起约300公尺高的小山坡的东部，三面环高山，地势较低，气候比四周山岭各寨热。全山为黄色混杂土，村寨附近多是黑色黏土，一般说来，土质比较肥沃，适宜于各种农作物的生长。

在这里，茶叶的种植，已30余年，生产较附近各寨更为发达。但由于以往国民党反动政府的血腥统治与残酷剥削，茶叶均受阻滞，品质规格从不讲究，对种植方法亦无研究和改进。因此，目前在选种、栽苗和制茶上，还遵循着非常落后的方法，对茶叶的发展前途影响很大。

1. 种茶户

全寨49户（载瓦45户、汉族3户、傈僳族1户）中种茶者达22户，占全寨总户数的44.8%强。

2. 茶园面积

全寨种植面积共16.9箩种，折合50.7亩；每箩种地约种植500棵，约计8450棵。

3. 总产量

由于茶树大小不同，大棵每年可产14两或16两不等，小棵也有摘二三两的（如头茶每棵摘1斤，二茶、三茶每次只能摘三四两），平均每棵每年最低产量为8两，8450棵年产茶叶总量为4225斤。

4. 价值

普通每砣可卖2文半（最高每砣3文，最低2文），每斤值1文，折合人民币8000元。全部茶叶成本不计，应值人民币3380万元。

二、籽种与分布情形

全寨所种茶树，均为五黑茶。据群众反映，尚可试种毛尖茶，但无人提倡。所种植区域为小山四周，东北部较多，也有种植在苞谷地边者。一般的枝叶比较茂盛，最高的约7.8尺，低的约3.4尺，每棵所占面积平均约7.8尺（64平方市尺）。

三、种植季节与方法

种茶最宜于雨水季节，一般的3年即可采摘；若土冷秧小，须4年后方可采。

1. 撒种

每年三四月间，挖坑撒种，坑多系挖在附近的园地中，深约5寸，宽约5尺至1丈不等。将茶果均匀放在坑内（每个距离1寸）盖好土，待次年苗高约尺许时，即可移植。但也有不经撒种而采用点播的。

2. 栽秧

每年四五月雨季适宜栽种，坑深5寸，四周1尺见方，坑与坑距离约8尺（也有第一年栽谷，次年再栽茶，但茶树长得较慢）。其种植方法大体如下：

（1）先砍林、铲草、烧地，后挖坑栽种。

（2）先在林中铲草栽茶，后再陆续砍林。

（3）不经撒秧，直接照以上方法，每塘点茶种二三颗。

3. 铲锄

每年冬、腊月间铲锄1次，其除草铲地范围仅在茶树附近一二尺内。

4. 采茶

茶秧栽下3年后即可采摘。一般是：

（1）头茶每年三月采，产量最高。

（2）二茶每年四五月采，平均产量只是头茶的1/2。

（3）三茶每年六七月采，平均产量只是头茶的1/2。

5. 制茶

用铁锅烧水，水沸时将茶叶放下煮，约2分钟捞起，再用手揉。用席晒干后，再经1次煮、揉、晒，即成茶。

四、产销情况

（1）已往由于社会秩序及生活不安定，在生产和销路上都呈现不景气，因此，每年产量无精确统计，以上仅是我们按现有茶树并访问典型户，做出初步的研究估计。目前群众对种茶热情很高，因而要解决的主要是销路问题。

（2）以往是边收边卖，大部分零星销售于遮放街或坝区傣族村寨，亦有输出销售缅甸景颇族地区。头茶约3文1矼，二道和三道约2文半1矼。

五、生产成本（以每笋种地计）

（1）籽种：每笋（约2000棵，需摘工及剥壳）约3文。

（2）挖坑：挖坑撒种，需1工，约1文。

（3）挖地：铲草皮、挖坑（视茶秧根长短，挖5寸到1尺深），需工10个，约10文。

（4）铲锄：不普遍铲，只铲锄茶树四周，每年需工5个，两年需工10个，约10文。

（5）采茶：需工8个，约8文。

（6）制茶：煮茶需工1个，揉茶需工2个，两次共需6个工，约6文。

（7）柴火：每煮一次半文，两次共1文。

（8）卖茶：驮到遮放需马2匹并要一人看顾，计工3个，约3文。

以上合计成本（东山工价，每天1文，值人民币8000元）共42文，折合人民币336000元。

根据下表，每笋茶种面积的产量可卖人民币200万元，除去成本336000元外，尚获净利1664000元（即280文）。照东山目前谷价3文1笋能买谷90多笋，可维持4人全年的口粮。

六、今后发展前途

（1）群众目前的顾虑是销路问题。

（2）如贸易组能按时收购，则种植面积可再发展。据了解目前可栽茶地点，至少有50笋种空地。

（3）再从品质、规格及生产技术上改进，其产量可在原有基础上提高20%。

张寒光、赵慎行、陈尚经、朱嘉乐、邵永泉　整理

附一

　　排早利山官试种的咖啡很好，预计每箩种最少产量为100箩，往年有销出缅甸者，每箩7文。若按每箩种产100箩，每箩以最低5文计，可获利500文。现全寨可种咖啡地点，预计有10箩种以上，问题仍是销路。

附二

东山下瓮角种茶情况调查表

种茶户		茶名	面积			产量		价格	
			面积（箩）	每箩约棵	共棵	每棵约产（两）	共产两	每斤（16两）人民币	共价
原有种茶户	排早利	黑茶	2	500	1000	8	8000	8000	4000000
	金得用	黑茶	2	500	1000	8	8000	8000	4000000
	何勒明	黑茶	2	500	1000	8	8000	8000	4000000
	金勒保	黑茶	1	500	500	8	4000	8000	2000000
	金常保	黑茶	1	500	500	8	4000	8000	2000000
	金四	黑茶	1	500	500	8	4000	8000	2000000
	金灭瓦	黑茶	1.5	500	750	8	6000	8000	3000000
原有种茶户	康三	黑茶	1	500	500	8	4000	8000	2000000
	排大	黑茶	0.5	500	250	8	2000	8000	1000000
	张二	黑茶	0.5	500	250	8	2000	8000	1000000
	张三	黑茶	0.5	500	250	8	2000	8000	1000000
	何勒坎	黑茶	0.5	500	250	8	2000	8000	1000000
	张连四	黑茶	0.3	500	150	8	1200	8000	600000
	金勒丁	黑茶	0.2	500	100	8	800	8000	200000
	郭勒丁	黑茶	0.2	500	100	8	800	8000	200000
	小排三	黑茶	0.2	500	100	8	800	8000	200000
	何马桑	黑茶	0.2	500	100	8	800	8000	200000
	金大	黑茶	0.4	500	200	8	1600	8000	800000
	合计		15		7500		60000	8000	30000000

续表

种茶户		茶名	面积			产量		价格	
			面积（箩）	每箩约棵	共棵	每棵约产（两）	共产两	每斤（16两）人民币	共价
新增户	排三	黑茶	1	500	500	8	4000	8000	2000000
	排四	黑茶	0.5	500	250	8	2000	8000	1000000
	郭二	黑茶	0.2	500	100	8	800	8000	200000
	金公坎	黑茶	0.2	500	100	8	800	8000	200000
	合计		1.9		950	8	7600	8000	3400000
总计			16.9		8450		67600		33400000

说明：

一、潞西县遮放所属各地各村寨土地面积和粮食、经济作物的单位名称多不一致，折算成市斤各地也有出入。兹为便利计算和阅读起见，我们就各寨的土地面积和农作物产量的一般情况，规定一大约相近数：箩种面积一律折成亩积，重量一律折成市斤。

二、折算如下

1. 面积

（1）水田：1箩种，折合4亩。

（2）旱地：1箩种，折合2.5亩。

（3）园地：1箩种，折合旱谷地8箩种，再折成2.5亩，共合20亩。

（4）苞谷地：1箩种，折合旱谷地8箩种，再折成2.5亩，共合20亩。

（5）大烟地：1箩种，与苞谷地折算同。

（6）豆地：1箩种，折合旱谷地5箩种，再折成2.5亩，共合12.5亩。

（7）棉花地：1箩种，折合旱谷地0.8箩种（即8斜），再折成2.5亩，共合2亩。

2. 产量

（1）水田1箩谷，折合26旧斤（每旧斤重6公两），约等于31市斤。

（2）旱谷地1箩谷，折合31旧斤，约等于36市斤。

（3）园地1箩，折合33旧斤，约等于39.6市斤。

（4）苞谷地1箩，折合33旧斤，约等于39.6市斤。

（5）豆地1箩，折合33旧斤，约等于39.6市斤。

（6）棉花1砣，在坝区重40两，约等于3市斤；在山区重53两，约等于4市斤。

《边疆工作通报》第 2 期

德宏傣族区 5 个典型调查综合情况

　　德宏区傣族（人口约16万），除盏西已无土司，其他主要地区始终保持着较完整的土司制度和统治机构，拥有一定的武装，各自为政，对山区民族则通过山官统治。土司既是土地所有者又为当地的领主，农民"没有土地私有权，不过对于土地有私人占有权和使用权"（《资本论》第三卷，读书版，第676页），并须向领主缴纳官租和负担一切苛杂甚至劳役，哪怕是遭受灾荒，"荒田不荒租"。农民实际上是"负有徭役义务或实物地租的隶农"（前书687页）。

　　土司下设有老畹、老幸①，他们向领主那里分取一小部官租（如芒市）或领得一小块封地（如遮放）作为薪俸，负责司理各个农户对一切封建义务的履行，替领主征收官租和一切苛杂，代表领主维护封建秩序直接处罚农民，并可以利用职权夺取和霸占土地。他们是"封建领地的中心人物之一，是领主的管事——农民的直接上司"（奥斯特罗维强诺

----

① 老幸，本文又作"老悻"。——编者

夫：《资本主义社会以前的诸社会经济形态》，三联版，第93页）；他们大多数是小地主和富农；他们和土司联结成一个政治体系，迫使农民处于服从地位，听任他们的剥削。

由于高利贷的盘剥，土地出现商品化，以及某些头人利用政治权力霸占和夺取土地，土地逐渐集中，加之土司私人庄园和某些缺乏劳动力者的土地出租，官租以外又产生地租的剥削。官租、地租、高利贷三者的合流，促使农村阶级分化。

官租和地租实际上都是剥削农民剩余生产物的实物地租的形式。领主向土地占有者（包括自耕和出租）征收官租，一方面又将其私人庄园出租，收取比官租额较高的地租。因此，官租实际上成为一种"田赋"。而农村土地出租者虽然要向领主缴纳官租，但这种负担早已算在地租里转嫁到佃农的身上。

由于官租、地租、高利贷三重剥削，农村中出现一批丧失土地的雇佣劳动者，遭受地主、富农的雇工剥削。

地主、富农利用占有某些生产资料，如耕牛、水碓、榨糖坊等，剥削和掠夺农民。

领主还要向农民课征家庭手工业税，如织布费（遮放）等。

从上述情况看来，农民一方面受领主的剥削和压迫（官租、苛杂、特权），另一方面又受地主、富农残酷的剥削（地租、高利贷、雇工、牛租、作坊费用等）。但这两方面的封建剥削形式，各地区在比重和程度上有所不同。在遮放，根据飞海寨调查，1952年全寨付出官租、苛杂为2859.5笋谷，全寨被剥削地租、债利、牛租总额为1761笋谷。领主剥削的数字超过地租、债利、牛租的剥削数字，领主剥削占优势。在芒市，根据那目寨调查，同年全寨付出官租为13871笋谷，全寨被剥削地租、债利总额为30697笋谷，大大超过领主的剥削数字，地主、富农剥削占优势。可以看出该区目前正由封建领主经济向封建地主经济发展。根据5个典型调查，各地在土地占有和阶级分化程度上都有自己不同的特点，分述如下：

一、3种地区

第一种：以遮放、陇川为代表的地区。以土司土地所有权表现显著，保留夺取和分配土地之权，不准农民自由抵押、典当和买卖土地。农民私人占有权和使用权是有限制的，即是在不抵押、不典当、不买卖、不迁徙、不拖欠官租诸条件下，才可以有世袭的占有权和使用权。因此这里的土地尚未商品化，其集中的方式，乃是采取霸占、夺取等超经济手段。又由于村寨土地界限的限制，本寨土地不能带到外寨，外寨也不能占有本寨土地（但可耕种），因之其集中只限于在寨内个别进行，故其发展较缓慢，而且是有限度的。其土地占有形式有3：领田（占有田）占72%至76%，薪俸田（封田、头人田，土司掌握）占10%至22%，私田（无官租，解放后开荒）占7%至14%。此外尚有土司私人庄园田（蚌哈）和公用田（陇川曼胆菩毛田等）。其中又有两种类型。一种是寨较小，土地较分散，如陇川曼胆、遮放飞海两寨，共65户334人。富农户数占14%，人口占17%，土地占23%；中农户数占

46%，人口占54%，土地占51%；贫农户数占20%，人口占17%，土地占14%；雇农户数占8%，人口占5%；其他户数占12%，人口占7%，土地占12%。一种是寨较大，土地较集中（非主要的），遮放遮冒寨79户428人。地主户数占1%，人口占2%，土地占9%；富农户数占9%，人口占12%，土地占25%；中农户数占34%，人口占41%，土地占48%；贫农人口占13%，土地占7%；雇农户数占21%，人口占18%；其他户数占22%，人口占14%，土地占11%。

第二种：以芒市为代表的地区。这里土司土地所有权表现不突出，官租实际上成为一种田赋，土司又以私人庄园直接参与地租剥削。土地私人占有权和使用权已成为相对稳定的田面权，除上官租外，可以自由使用或转租、抵押、典当和买卖（不卖死），官租随土地转移。由于土地商品化突破了村寨界限而渐形集中，失地农民日多，亦分两种类型。一种是中农经济占优势（约占该区50%以上）。轩岗坝17寨551户，中农户数、人口占52%，土地和产量占64%，余粮61%；富农户数占5%，人口占8%，土地占16%，余粮22%；无田户户数占8%，人口占5%。一种是富农经济占优势，地主经济亦有发展。那目等寨富农户数占6%至8%，人口占10%至11%，土地占27%至33%，余粮42%至46%。那目一寨无田户即占该寨户数49%。

第三种：以盏西为代表的地区。这里已经形成和内地接近的地主经济，没有土司制度，农民直接受汉族、傣族地主的剥削，土地高度集中，阶级极大分化。根据两个寨子调查，因民族压迫土地形成4种形式：公田、屯田、练田和私田。“公、屯、练”田为国民党政府直接掠夺，占土地19%；汉族地主占土地30%，两项共占49%。加上外寨（景颇族山官和傣族）占有的5%，则为54%。属于本寨（傣族）占有的46%的土地中，53%又为占人口19%的地主、富农所占有，而占人口45%的中农仅占有土地26%，占人口28%的贫雇农占有土地10%。

因之，反映在政治上，盏西农村是以地主为当权派，而德宏其他傣族地区土司统治之下的农村中多是富农头人当权。

二、剥削形式

（一）官租及杂派

除盏西无官租，其他地区官租约占土地产量12%至18%。根据那目畹的等稿、弄模、弄坎3寨调查：官租占富农产量的11%，占中农产量的14%，占贫农产量的18%。芒市现已无杂派，遮放、陇川杂派约占产量的3%。

（二）地租

遮放出租土地占耕地面积14%至23%，其中地主出租34%、富农出租11%、中农出租10%至17%、小土地出租者出租42%至78%。租率20%至60%，一般均为活租（50%），租佃关系尚未固定，54%的出租和75%的佃耕户发生租佃关系时间仅1年。芒市出租土地占28%至31%，租率20%至86%。中、贫农33%以上均佃耕。盏西地主出租土地占总面积67%，57%的中农和80%的贫农均为全佃农。地租占中农全部收入30%，占贫农收入40%。

（三）债利

遮放上层、富农放债占总额56%，贫、雇农负债占负债总额65%，债利占贫、雇农收入49%（解放前占60%以上）。芒市地主、富农户71%放债，贫农户80%均负债。盏西地主占放债总额56%，中、贫农占负债总额50%，债利占中农收入11%，占贫农收入21%。芒市、盏西均可由债利转为租佃，遮放、陇川未发现有此情况。

（四）牛租

出租者多为地主、富农和小土地出租者。每头牛40箩至60箩。

（五）雇工

富农一般均雇工，那目寨富农劳动力49人，雇工即为75人。每个长工年被剥削约100箩至200箩谷。

（六）水碓

多掌握在富农手中。

（七）宗教

固定负担，芒市那目寨每户约2箩谷，遮放飞海寨每户4箩至6箩谷。

宗教消耗，那目寨约占收入5%。其他如做"帕戛"，一次需700万元，全年祭鬼需200万元。

三、生产、生活水平

每箩种（4亩）水稻产量最高100箩（2000斤），最低20箩（400斤），一般为40箩至60箩（800斤至1200斤），亦即每亩产200斤至300斤，产量低下。这里的自然条件是优厚的，土壤、雨量和气候都适合谷物生长，因而阻碍着生产力发展的首先而且主要是官租、地租和债利剥削。

下面是官租、地租、债利的剥削分量占各阶层水稻产量（自耕、佃耕总和）的百分比（地租，出租和佃耕抵消；债利，贷与借抵消计算）：

在遮放，根据飞海寨调查：官租和苛杂占富农产量16%，占中农16%，占贫农10%（占有田少）。这是已经除去国民党反动派的剥削和官租、苛杂后的数字（1952年），若在解放前，二者共计约占一般农民40%至50%（官租、苛杂即占37%）。交付地租占中农产量的

5%，占贫农的20%。债利占中农收入的1%，占贫农的22%。这里债利已除去不付利息者，若加上债利则占贫农产量50%以上。

在芒市，根据那目寨调查：官租占富农产量11%，占中农的8%，占贫农的5%；而地租则占中农的16%，占贫农的33%（中、贫农少地）。债利占中农产量的1%，占贫农的10%，雇农亦负债8360个（半开）。

在盏西，根据老团坡寨调查：交付地租占中农收入的28%，占贫农的38%。债利占富农收入的10%，占中农的11%，占贫农的22%。这里富农之所以也负债，是因为农村中经济掌握在地主手里（无土司）。

从上面看来，在遮放和芒市，官租主要负担是富农和中农，贫农因占有土地较少，故负担较轻；而贫农则主要是受地租和债利的剥削，三者共占贫农产量50%以上（盏西无官租）。这就是农民贫困的原因。

再从每人平均收入上看：

在遮放飞海寨，每人平均收入（各种劳动收入及剥削与被剥削抵消总和）为95箩谷，富农每人161箩，中农90箩，贫农40箩，雇农13箩。在芒市那目寨，每人平均收入产量（水稻）70箩，富农200箩，中农87箩，贫农37箩谷。在盏西老团坡寨，每人平均产量500斤，而地主1200斤，富农760斤，中农380斤，贫农180斤，地主、富农占总收入52%。中农以下生活均为困难，解决生活方法之一，就是种大烟。

从上面材料看来，农民遭受官租、地租、债利的剥削后，中农则濒于破产边缘，贫农以下生活均不足以维持，因此，"就使他不能依照旧的规模，重新开始他的再生产"（《资本论》第三卷，读书版，第501页）。解放后，产量之所以略有提高，其主要原因，乃为政府贷款和救济，对于部分失去单纯再生产力的农户给予帮助。但这终究不是根本办法。由于官租、地租、债利三重剥削，农村里产生了一批雇农。在遮放，由于土地尚未商品化，农民由于穷困缴不起官租，土地即被领主（或其代理人）夺去，这里应包括因丧失土地而由这个领主投向那个领主和由这寨投向另一寨而未得着土地的农民。在芒市大多数因债务和租佃关系而丧失，在盏西则是因大民族主义者的掠夺和土地商品化而丧失土地。

其次是粗放耕作。每个劳动力在盏西平均耕作1箩种至2箩种（4亩至8亩），在芒市平均耕作2箩种至3箩种（8亩至12亩），在遮放则耕作2箩种至4箩种（12亩至16亩），在陇川尚有50%以上荒地未曾经营。因此，劳动力是缺乏的，土地的潜在力是很大的。

再次是宗教影响。在这里劳动力异常缺乏之下，那目寨每年有50天宗教活动，浪费劳动力达13000余工。

四、解放后农村中一些变化

基于政府帮助、内地影响，群众的负担减轻，包括群众的自发行动，迫使上层做了某些让步，农村中土地关系和阶级情况有若干变化。但从根本讲，变化不大。其变化特点是：工作基础较好的地区，稳定边疆工作前变化较大，工作基础薄弱和稳定边疆后变化较小，甚至个别有倒退现象（另外土地残存公有制度较多的地区变化就大，反之较小）。

（1）官租及苛杂减轻8%至25%，主要是中、富农得利。

（2）土地占有和阶级情况方面：各阶层变化20%左右，开荒为中农上升为富农与富裕中农的主要原因。开荒约占全寨土地面积的14%。

（3）租佃土地的增多：轩岗坝解放时无田户20户，现为6户。尤其陇川、新曼寨解放前有8件租佃关系，解放后为33件。部分无田户变为佃中农，原因是村寨熟荒和个别地区富农分散土地。小陇川富农3户全部降为中农，雇农减少7%，贫农增加13%，中农增加20%，佃中农增加3倍。

（4）拒交地租和债利并夺回抵押土地现象增多，尤其靠汉族地区。遮放欠官租户占12%至50%，飞海不付债本占43%，不付债利占45%（其中不交上层者占84%）。

边委办公室资料组
1954年3月9日

潞西县遮放区飞海寨初步调查

一、土地情况

（一）土地关系的递变

遮放在历史上为陇川副宣抚使司辖地。这里的土地所有权，是完全属于封建领主的。按照领主的规定：不准许任何农民自由买卖、典当或抵押土地。因此，农民不能获有土地所有权，而仅能在向领主（或其代理人）领来的一小块固定的土地上耕种。当一个农民因为官租及杂派太重而被迫离开寨子，或是不愿耕种的时候，必须将土地交还给领主的代理人老倴或老盹，从而就丧失了土地。即使农民愿意耕种，如果不能如数向领主缴纳各项剥削数量时，领主（或其代理人）即夺去其耕种的土地。这样，就把农民束缚在一小块固定的土地上，听任领主的残酷剥削。

20余年前（？），本寨仅11户人，当时荒地很多，每户没有固定的耕地，农民可以在村寨的辖区内随意开垦或丢弃任何一块土地。这种生产方法，在当时是完全符合封建领主的利益的。领主为了得到更多的贡赋，在当时地广人稀的情况下，只有扩大耕地面积，才能满足其贪欲。当时领主的剥削方式，是采取不定时和不定量的随时摊派。至于农民，在当时虽然可以随意开垦土地，但是在任何一小块土地上都没有一种固定的权利。

落后的生产水平和人力始终是有限的，因而，领主的广大荒芜土地，在有限的人力和落后的生产水平上不能全部垦完。但领主为了能够获得更多的剥削，就不得不"改弦更张"，借1年不出负担的眼前利益为号召，以吸引其他地区的农民来开垦。因此，11户的寨子现在已成为33户的寨子了（其他户系从芒市搬来）。

当户数增加了两倍，在广种薄收和落后的生产水平的条件下，土地面积已基本上与人口相适应。从前那种随意开垦的手段就不适应，因为那样会引起争执从而破坏了生产，也就是触犯了领主的统治秩序和经济利益。因此，就必须在土地上给予每户农民以适当的划分，使农民在一定的土地上有固定的耕种权，其他农民不得侵占。这种权利的确定和土地"占有"数量，起初是以各户劳动力所能开垦的数量为限。其后迁来的，则是由本寨头人——老倴指定一块适当的土地（不是一定数量的）给其耕种。只要每年能够如数缴纳领主的贡赋和杂派及不迁徙他寨，就在该块土地上有耕种的权利。这就是本寨农民目前在土地上仅有的一种权利。

（二）土地占有情况

本寨土地按其性质，可分为3类：

（1）领田：这是一般农民目前所"占有"的田地。种这类田地的农民，每年必须向领主缴纳官租、负担及一切杂派。农民认为这份田地是向领主领来的，所以这里暂称之为领田。全寨领田共246.5箩种（每箩种约合4亩），占全寨耕田面积76%。

（2）开荒田：这是解放后农民新开垦出来的田地，尚未被领主派上官租、负担及其他杂派。其中，小土地出租者的荒田经农民开垦后，有向其缴纳田租者，但出租者则不必向领主缴纳官租。因此，这份田已开始摆脱封建领主制的土地关系，是一种新的土地类型。这类土地共有46箩种，占全寨耕田面积14%。

（3）薪俸田：这是领主给予头人或司兵的田。这份田可以不缴官租、负担和一切杂派（连公粮也免了），作为薪俸。本寨薪俸田共33箩种，占全寨耕田面积10%强，为老倴1户及司兵2户所占有。

各阶层耕田占有情况如下表：

面积单位：箩种（每箩种约合4亩）

| 阶层 | 户数 | | 人口 | | 耕田占有 | | | | | 平均占有 | |
	户	%	人	%	薪俸田	领田	开荒	小计 面积	小计 %	每户	每人
总计	33	100	208	100	33	246.5	46	325.5	100	9.8	1.5
富农	5	15	40	19	10	50	24	84	26	16.8	2.1
小土地出租者	3	9	13	6		24.5	16	40.5	12	13.8	3.1
中农	19	58	123	59	23	161		184	59	9.7	1.5
贫农	2	6	16	8		11	6	17	5	8.5	1.1
无田户	4	12	16	8							

从上表可看出：

全寨平均每户占有9.8箩种，每人占有1.5箩种。但就各阶层看：

（1）富农占全寨户数15%，人口19%，占有耕田26%。

每户平均占有16.8箩种，为全寨每户平均数的1.7倍，为贫农每户占有的2倍；每人平均占有2.1箩种，为全寨每人平均数的1.4倍，为贫农每人占有的2倍。

（2）小土地出租者占全寨户数9%，人口6%，占有耕田12%。

每户平均占有13.5箩种，为全寨每户平均数的1.4倍，而每人平均占有为3.1箩种，则为全寨每人平均数的2倍，为中农每人平均数的2倍，为贫农每人平均数的3倍。但因土地质量属中下等（参考后面产量部分），劳动力缺乏，生活仍较困难。

（3）中农占全寨户数58%，占人口的59%，占耕田的59%。

每户及每人平均占有约等于全寨每户及每人平均数。其人口与耕田面积，在目前的耕作水平和条件下，基本上相适应。

（4）贫农占全寨户数6%，占人口8%，占耕田的5%。

每户平均占有8.5箩种，为全寨每户平均数的0.86倍，每人平均占有1.1箩种弱，为全寨每人平均数的0.73倍。因此，贫农是缺乏土地的，即比全寨每人平均数少1/4。

（5）无田户占全寨户数的12%，人口占8%，他们是无田或丧失田地的，有的仅占有少量菜园地。

因此，在这个封建领主制的社会里，一方面领主和全体农民之间存在着矛盾，领主要向全体农民课征官租、杂派及劳役；而另一方面，农村中的阶级分化亦有发展，有的上升为富农或地主，有的则降为贫、雇农，这些新兴地主、富农阶级与农民之间的矛盾，也同时存在。

（三）土地集中方式

这里的土地是不准许农民自由买卖、抵押或典当的。这是"领主经济和地主经济的一个重要的区别点"（徐涤新：《广义政治经济学》第一卷，第226页）。领主为了限制新兴地主阶级的兴起，不给予任何人以这样的权利。地主和富农集中土地的主要形式有下列几种：

（1）霸占和吞并：这种方式主要发生于村寨头人。由于老畎和老倳有管理本寨土地的权利，及为领主征收官租及杂派等。因此，当农民欠了官租或杂派（主要是官租的时候，他们就利用职权和地位，夺去农民的土地；或者将寨子里的荒田或公田收归己有。如户弄老畎就像这样霸占和吞并了大量的土地，一户就占有70多箩种）。

（2）雇工开荒：一般农民在政治上无丝毫权利，因此，他们采取雇工开荒来扩大土地占有面积。如富农莫恩，原只有4箩种，去年（1952年）请长工1人开允勐寨荒田24箩种。因此，上升为富农。

（3）"先来居上"：由于本寨立寨时人少田多，因此，先来户开垦和占有的土地较多，如富农帕夏恩寿占有15箩种，富裕中农波岩左占有14箩种，而富裕中农汤姆奥则占有20箩种。

（四）无田户情况

本寨无田户4户，占全寨户数12%；共16人，占全寨人口8%。按照目前各户经济情况，其阶级为：佃中农1户、贫民2户（内老妪1户1人）、雇农1户。他们无田和丧失耕田的原因如下：

（1）因被剥削过重被迫放弃土地者有2户。如景波印保，原有12箩种，解放前，由于领主和国民党双重剥削和压榨，虽土地遭水灾减产，也不能有丝毫减免，因此，只有放弃土地（无土地可免官租及部分负担）。

（2）因无劳动力者有1户。如牙四系一老妪，已60岁，寄食于恩软家。

（3）因新分家而未分得土地者1户。傣族风俗：老人在世，其分家户不分给生产资料（土地、耕畜），如埃相保。

目前无田户生活情况，约可分为4类：

（1）佃耕：如景波印保，解放前为雇农，解放后，政府贷给其耕牛1头，佃耕了9箩种，上升为佃中农。

（2）副业：如刀良保，全家5人，男女劳动力各1。在屋边有园地1块，种甘蔗及菜蔬，每年可卖得价值折谷约150箩，赶街卖米（借谷卖米还本）、卖酒，全年可得价值约合谷133箩；夫妇二人均吸鸦片，每年自种鸦片可收60两，除自吃外，尚可出卖一部分；帮零工每年可得25箩谷子。总共全年至少可收入308箩谷子（谷每箩约合20斤，鸦片收入未计）。

（3）卖工：如雇农埃相保，去年帮季节工及零工得97箩谷子，家庭生活已较困难。今年无人请其帮工，只好帮零工度日。

（4）寄食：如老妪牙四，已年60岁，寄食于恩软家。

这些无田户，除因无田不出官租外，其他各项负担仍要减半缴纳（老妪一户寄食他人不算户，故不出负担）。封建统治者即使对这些无田户，也要从其口中夺取粮食。解放前，本寨有3户无田户，因出不起负担而遭受老倥责骂，被迫迁往缅甸。

（五）租佃关系

本寨租佃关系的产生，是在确定土地耕种权之后，才不过几十年的事。目前，本寨尚未发现有地主，但有部分土地出租，其原因：

（1）因缺乏劳动力而出租：本寨小土地出租者3户，仅有男劳动力0.5个。除自耕1.5箩种外，共出租39箩种，占出租总面积的83%。

（2）因土地面积过多而出租：本寨有富裕中农2户，共占有34箩种，有男劳动力4

个、女劳动力2个，自耕26箩种。出租8箩种，占出租总面积17%。

以上全出租2户、半出租3户，出租面积共47箩种，占本寨占有总面积14%。

佃耕原因：主要是无田、少田，因而缺乏土地者。如：

中农4户，共有男劳动力9个、女劳动力7个，自耕26箩种、佃耕38箩种，共耕种64箩种；

贫农1户，佃耕11箩种；

无田户1户，佃耕9箩种；

以上全佃耕1户，半佃耕5户，共佃耕58箩种，占本寨耕种总面积18%。

租额：

一般均为活租制，按产量主、佃平分，因此，租率为50%。

但佃耕的土地，目前的产量均低，最高每箩种可产54箩，相当于本寨中等田，最低每箩种仅产20箩，相当于本寨下等田，平均每箩种仅产39箩。若以亩、斤折合，则每亩仅产195斤，还低于内地山区产量。

由于租额高，因此，就使得一般无田或少田户必须租入大量土地才能维持生活。如无田户景波印保佃耕9箩种，中农埃张则佃耕25箩种（约合100亩）。因此，在这样大的土地面积上若以单户进行土地加工是困难的，从而佃耕土地的产量是低下的。

（六）开荒情况

本寨原有耕田400多箩种，后因芒市大河泛滥，有100余箩种成为沼泽，因此，土地面积缩小，荒田较少。解放两年来，本寨已开荒田面积共46箩种，占全寨占有总面积14%，占全寨耕种总面积13.6%。其中，开本寨荒田22箩种，开外寨荒田24箩种。

这些开出荒田的土地所有权，已如前述。

兹将各阶层开荒的情况略述于下：

（1）富农1户，开垦外寨（允勐寨）荒田24箩种，占本寨开荒面积52%。已约定上租，但尚未上租。

（2）中农2户，开垦本寨小土地出租者2户的荒田共16箩种，占本寨开荒面积35%。这份土地的所有权仍属小土地出租者，开荒者转为佃户。已上租，租额仍用活租制，主、佃平分，租率50%。

（3）贫农1户，开荒6箩种，占开荒面积13%，自耕。

除上述已开荒者外，本寨现尚有荒田4箩种，原属中农埃张，今年因缺水放荒，但仍须交官租。

在开荒问题上，显然看出：富农开荒面积较大，是带有经营性质的。

二、剥削形式

（一）领主的剥削

（1）官租：傣语称为"毫租纳"，直译为"田租谷"。在这里的土地是完全为领主所有的，农民只有耕种的权利。在10多年前，这里没有定额的官租，是采用"缙"的一种随时按寨摊派方式，农民必须随时满足领主的贪欲。自本区土司和芒市代办方克光从上海回来后，修公路、做生意；在土地上，即将随意摊派地租的方式改为固定的官租。这种改变是在土地耕种权确定的基础上进行的，因此，才有条件实行有定额的贡赋制度。当然，这对领主的私人资本的进一步发展是完全有利的。这样从不定期和不定数量的随意摊派发展到较固定的贡赋制度，其原因：

甲、内部生产力的发展。

乙、先进社会的影响。

在开始征收官租时，每百箩产量征收35箩谷，租率35%。日寇占领期间，因生产遭受破坏，改为30%。国民党统治时期又恢复35%。解放后，潞西县各族人民联合政府成立，亦即于1952年改为28%。

按照本寨情况：全寨33户，缴官租的户数为24户，占全寨总户数70%；即有9户，占全寨30%的户数不缴官租。这9户为：无田户4户，土司兵2户，解放后新开荒田尚未被土司登记官租者2户，老倴薪俸田不交官租，私田交官租，瓦相新开荒田不交，原有田交官租，2户合为1户。因此，负担官租的面为：70%的户数，76%的土地。

目前全寨应交官租数为2194箩谷，占土司登记应交官租土地产量7643箩的28%。但土司登记产量为解放前一年的数字，而解放后生产发展，产量提高，1952年同面积产量为11930箩（已扣除不缴官租及佃耕外寨的土地产量）。因此，官租目前占缴官租土地的实际产量为18.4%，占全寨总产量13%。如以个别户来看，由于解放后各户生产发展不平衡，因此目前官租占一户的实际产量，最高为24.6%、最低为3.3%。官租占人民的实际收入中畸重畸轻的幅度甚大。

若仅从官租的百分率上看，仿佛是从35%减到28%。但在减轻官租同时，土司又向人民征借（在官租以外），这种征借是无偿的。本寨即被土司征借了242箩谷。这还是在我们的工作重点寨，至于一般寨子，其征借的数字可能远超过此数。

（2）门户钱：又译为"地皮钱"，即人民房屋地基的地租。诚如人民反映："连我们住的地方都是土司的。"最初门户钱每户每月缴纳猪肉或鸡肉5芇（每芇4两），全年6砒（每砒合40两）。后改为每户10文卢比（缅币），解放后减为5文，此项费用不论有田无田只要自立门户，均不得减免。

（3）礼物、礼金：

甲、拜年费：解放前每户1文卢比（市价兑换人民8000元，以下同）及5砒猪肉，解放后免。

乙、过年鱼：解放前每户1砒，解放后免。

丙、结婚费：解放前土司嫁女，每户1砒攀枝花，娶媳每户2砒攀枝花。

丁、即位费：小土司即位，每户2文，解放后免。

戊、死葬费。

己、见官费。

庚、睡觉费：傣语称为“恩暖”。有田户5文，无田户3文。解放后免。

辛、生子费：土司生子每户1文，现免。

（4）家臣费用：

甲、土司秘书谷：每户0.4箩谷，解放后未减。

乙、司兵费：每户6母（8母合1文）。现免。

（5）临时费：

甲、枪支费；有田户5文，无田户2文。现免。

乙、招待费：每户5文，现为不定摊派，土司到哪寨，哪寨便去筹。

（6）劳役：每年每户为土司服劳役5天，为属官服劳役5天，为老毗服劳役约合2天，全年约服劳役12天。现改为临时派。

（7）宗族祭祀：

甲、土司祭祖费每户1文，现减为5母。

乙、全毗祭祖费，去年2次，每户计2文半。

（8）宗教费用：

甲、佛爷谷：有田户4箩，无田户2箩。

乙、布庄谷：布庄即供奉佛爷者，每户1箩谷。

丙、毫赂谷：赂佛之谷，每户1箩。

丁、庄房灯油费：每户5母。

（9）下属官员摊派：

甲、属官摊派：

脚步费：每年下寨约3次，每次每户1文，共合3文。解放后免。

做摆费：每年每户6母。现免。

织布费：手工业税，每户每年4母。现免。

乙、老毗摊派：

脚步费：每年每户4母。现免。

接任费：老毗接任，每户1文。

评产费：因官租评产，每户3文（有田户出）。

丙、“吉礼”费用：“吉礼”即各寨请先生1名，办理寨内文书记账等事。其薪金每户4箩半谷。1952年寨内群众自动取消先生。现无。

“吉礼”纸笔费：每户1文。现无。

以上连官租共31种负担。解放后已免者20种，其性质为礼物、礼金、临时费和下属官员杂派；未免者9种，其性质为地租、宗族祭祀、宗教费用和直属官员薪金；改为临时性的有招待和劳役2项。

上述是属于领主制的各项剥削。此项剥削，解放前全寨负担为：官租2645箩谷，各项杂派278箩谷及1000文卢比（约合667箩谷），共计为3590箩谷（劳役12天及招待、见官、死葬等费未计），约占当时全寨总产量（约为9775箩谷）37%。解放后，官租为2194箩谷，征借242箩谷，杂派为178箩谷及211.5文卢比（约合141箩谷），共计为2755箩谷（临时性招待、劳役未计），占全寨目前总产量（16590箩谷）16%。因此，从剥削量与产量的百分比相对数字看来，即从37%降为16%，则相对减少了59%，但这主要原因乃是解放后产量普遍提高（包括原面积产量及解放后开荒产量）、百分比相对降低的结果。若从剥削分量的绝对数字来看，解放后，官租及各项杂派共减少了835箩谷，即减少了原剥削量的23%。

（二）地主、富农的剥削

（1）地租：傣语称地租是"戛纳"，直译为"田价"。本寨地租均系活租制，即按产量主、佃双方平分，因此，租率为50%。佃农每年必须将收成一半交付地租。佃农交付地租后，即不再付出官租，官租由田主缴纳，但这不能认为田主又被领主剥削。事实上田主早已把官租计算在地租内，领主和田主分享着农民所供给的地租。但是新开荒田，田主已不上官租，而地租未减，仍为50%。则此种地租已摆脱领主的控制，为田主一人所独占。

租佃关系详前。

（2）债利：傣语称为"毫恩"，直译为"利谷"。

全寨贷入总额为1975箩谷，其中本寨借出742箩谷，外寨借出1233箩谷。在贷入总额中有106箩谷无利，这种无利借贷大多属于本寨借出的（本寨无利借贷即占101箩谷），计无利借贷占贷入总额5%。有利借贷1869箩，占贷入总额95%，利1055箩，平均利率57%。

除无利借贷不计外，在有利借贷中，属官及富农共借出902箩，占放债总额56%。属官借出平均利率为62%，富农借出平均利率为57%，为各阶层借出利率的最高数。

而在贷入方面，贫农及雇农共贷入1015箩谷，占贷入总额64%。贫农贷入利率为62%，雇农贷入利率为65%，为各阶层贷入利率的最高数。

这就是说：56%的放债总额是属官和富农的，而64%的负债总额是贫、雇农的。

（3）雇工：

甲、长工：全寨请长工者3户，均为富农。其中，1户系请季节工，但在4个月以上，算1个长工。

每个长工工资100箩到105箩谷，季节工工资仅70箩谷。加长工口粮每年35箩谷，季节工口粮约15箩谷。每年给每个长工衣服3套、鞋1双、袜1双、棉毯1床、雨伞1把、毛巾

（包头）1条、皮裤带1根，以市价折算，约合人民币17万元（衣服系以纱计算），折合谷子14箩；但季节工仅给纱半包，约合人民币11万元。因此，1个长工工资每年约合149箩到154箩谷子，1个季节工工资约合95箩谷子。但1个长工每年至少可以生产价值350箩到400箩谷子，因此，每年被剥削约201箩到250箩谷。

乙、零工：请零工的季节，大多是在生产过程中的需要和赶时间的季节，如栽秧和割稻等季节，每工每天工资1箩谷，新谷登场时才算。如富裕中农波月宰，全家男劳动力1个、女劳动力1个，根据本寨目前耕作标准，至多可耕7箩种，但实际耕种12箩种。在犁田和打谷时，因季节长，还可慢慢犁、慢慢打，但在栽秧和割稻的时候，需要赶季节，人手不够，就需请零工。该户全年请零工50个，计栽秧请工6个、割稻请工41个、堆谷请工3个，全年只付出工资50箩谷。其所以能多种5箩种，产量多收250箩谷，雇工则为决定性劳动。除付出工资50箩谷及自己犁田、打谷（约20个工）外，雇50个工约剥削150箩谷以上（当然这不能是常年的）。因此，短工的剥削是很重的。

丙、牧童：全寨请牧童5个（内景颇族2个），计富农请牧童1个，中农请牧童4个。牧童工资为5箩至10箩谷，加上口粮、衣物（数量与长工同，但质较劣），1个牧童全年实际工资为50箩至55箩谷。

（4）牛租：全寨共租入耕牛6头，计本寨出租3头、外寨出租3头。每头牛耕1季需付牛租40箩至50箩谷。租入牛户为中农3户、贫农1户。

（5）水碓：本寨有常年水碓两盘，每盘碓4个，每个碓每小时可舂谷1箩，每日可舂18小时（从上午6时至下午12时），则以18乘4，每盘全日可舂72箩谷子。每10箩谷子收费两斜米（10斜1箩），则每日可收1.4箩米，以365日计，则每盘碓全年剥削收入511箩米。以365日乘之，则每盘碓全年剥削收入511箩米。但每日舂米数量不一，即以折半计算，每盘碓每年至少可赚255箩米。按照此地谷子质量，一般为10箩谷子可舂成4箩米，则255箩米，合谷637箩。此数字即为每盘水碓全年至少剥削的数字。

两盘水碓为4户所占有，除允勐寨1户外，本寨3户皆为富农。因此，富农不仅占有优良的土地和生产工具，而且还占有作坊——水碓。

水碓剥削对象，主要为贫苦农民和"小菩少"（即未出嫁少女）。本寨农民辅助生活来源之一，就是舂米赶街卖，而小菩少则以舂米卖为其私房钱的主要来源之一。

（三）其他剥削

本寨官租为2194箩，但本寨老倮实交土司1600箩，其中500余箩，则是老倮假官租从中剥削农民的。

以上为本寨目前存在的主要剥削形式。农民一方面遭受领主无厌的剥削，而另一方面又遭受农村中新兴地主和资产阶级的重重剥削，这两条锁链紧紧交束在农民身上，使一般农民日趋贫困。

三、各阶层人民生活水平

（一）目前一般家庭（5口之家）及个人生活标准

根据1952年刚上升为富农莫恩家庭调查作为标准。因此户原为中农（解放前不够吃），于1952年请长工1人、牧童1人，开荒24箩种，始上升为富农，目前尚有300箩谷债务未偿清，准备今年还，因此其目前生活尚接近中农；而同时他本人又是本寨积极分子之一，情况反映较真实，因此，被选为生活调查标准。

（1）个人支出部分（全年支出）：

品名	口粮	衣服	鞋	袜	棉毯	毛巾	裤带	合计
单位	箩	套	双	双	床	条	根	
数量	35	3	1	1	1	1	1	
价值	42万元	7.2万元	3万元	1万元	11万元	5000元	1万元	79.2万元

附注：

1. 口粮系大人、小孩平均数。

2. 衣服系以纱计算，每包纱22万元，可织布制衣8套至9套。

3. 每箩谷以市价12000元折算。

4. 价值以贸易公司价格计算，以人民币为准。

根据上表，则个人支出全年需792000元，折谷66箩。若衣服只制两套，棉毯买次等的（价38000元），如此可节省8箩谷，则全年只需付出58箩谷，但棉毯1条可用3年。

（2）家庭公用支出部分（5口之家）：

品名	盐	猪油	灯油	芦子	犁	锄	砍刀	长刀	箩	合计
单位	砣	砣	亢		个	把	把	把	对	
数量	18	6	72		4	2	2	1	1	
价值	13.5文	24文	36文	36文	6文	7文	6文	3文	3文	134.5文

全年家庭公用部分共支出134.5文。以市价每箩谷1.5文计算，折合89.7箩谷。但草烟及菜蔬须自种，按照傣族情况，每家均有园地1块，菜蔬均不购买；草烟则有购买的，若需购买草烟，则每街需1亢，全年需7.2砣，市价每砣9文，则需64.8文，折谷43箩，如此全年需付出132.7箩谷。

（3）家庭及个人全年开支标准数：根据上述开支情况，则一个5口之家，全年开支（个人及家庭公用）为58箩乘5加上89.7箩，等于379.7箩谷，或为66箩乘5加上132.7箩，等于462.7箩谷，即全家（5口）全年开支为379.7箩到462.7箩谷。以5人除之，则每人平均全年需付出75.94箩到92.5箩谷。

（二）各阶层人民目前实际收入情况

单位：箩谷

阶层	户数	人口	收入			被剥削及负担		实际收入	平均实际收入	
			劳动收入	剥削收入	小计	被剥削数	公粮		每户	每人
合计	33	208	22236	2458.5	24694.5	4620.5	186.5	19887.5	602.7	95.6
富农	5	40	6210	1178.5	7388.5	882	67.5	6439	1287.8	161
中农	20	127	14207	350	14557	2908	102.5	11546.5	607.5	90.9
贫农	2	16	1263	21	1284	623.5	6.5	654	327	40.9
雇农	1	6	97		97	18.5		78.5	78.5	13.5
贫民	2	6	308		308	5.5		302.5	151.3	50.4
小土地出租者	3	13	151	909	1060	183	10	867	289	66.7

附注：

1. 劳动收入系包括水稻及副业作物产量、卖工、卖米（赶街）等。

2. 剥削收入系包括地租、债利、牛租、作坊（水碓）及其他等。

3. 被剥削数系包括官租、各项杂派、地租、牛租及债利等。

根据上述，每人全年生活标准，需谷75.94箩到92.5箩。则：

富农每人收入为161箩，约为标准数之1倍。

中农每人收入为90.9箩，略少于标准数。

贫农每人收入为40.9箩，尚差标准数35.4箩到51.6箩，即不足现有数的1倍。

雇农每人收入为13.5箩，尚差标准数62.44箩到79箩，即不足现有数的5倍。

贫民每人收入为50.4箩，差标准数25.54箩到42.1箩。

小土地出租者每人收入为66.7箩，差标准数9.24箩到25.8箩，尚可勉强维持生活。

因此，本寨各阶层生活优劣次序为：富农、中农、小土地出租者、贫民、贫农、雇农。各阶层生活悬殊是很大的，从富农每人收入161箩到雇农每人只得13.5箩谷。

（三）一般生活的土地标准数量的估计

根据本寨农业生产总值，水稻产量占76%，农副业生产（杂粮及园地作物）占24%（参看下文副业生产）。而每人全年需支出价值约合75.94箩到92.5箩谷，因此每人至少需要水稻产量能达57.61箩到69.3箩谷之土地数（以每人生活支出标准数乘76%即得）。

据此，则每人：

上等田（产90箩谷）需0.64箩到0.77箩种；或次等田（产70箩谷）需0.82箩到0.99箩种；或中等田（产50箩谷）需1.15箩到1.38箩种；或下等田（产30箩谷）需1.92箩到2.31箩种。

但从目前土地占有情况上看，如贫农2户16人，占有中等田6箩种、下等田11箩种，以每人生活标准所需的各该等土地数量除之，即以1.15除6加上1.92除11等于11。①仅够11人生活之土地数量，尚不足5人的土地数量。而富农5户40人，占有上等田34箩种、中等田26箩种、下等田24箩种，以同法除之，则够84人生活所需之土地数量，超过44人生活所需之土地数量，即超过本寨每人生活所需的土地数量的标准数1倍有余。

四、生产力水平

（一）劳动力

全寨共208人，男劳动力47.5个、女劳动力48个，共计95.5个，占全寨人口46%。

全寨请外寨长工3人。加上长工，则全寨男劳动力为50.5个，全寨劳动力为98.5个。全寨耕种面积为336.5箩种，每个劳动力需耕作3.4箩种，每个男劳动力需犁6.7箩种田（女劳动力不犁田）。因此，在这个水平下，1个男劳动力和1个女劳动力，可耕作6箩至7箩种，即耕作24亩至28亩。根据这个标准来看各阶层劳动力的使用情况：

富农：男劳动力8个、女劳动力9个，共计17个，耕种面积84箩种。平均每个劳动力需耕作4.9箩种，每个男劳动力需犁10.5箩，超过本寨劳动力使用标准。因此，劳动力不够，必须请工。共请长工3人、零工5人（零工应尚不止此数）。

中农：男劳动力34个、女劳动力30个，共64个，耕种223箩种。平均每个劳动力需耕作3.6箩种，每个男劳动力需犁6.6箩种，约等于本寨劳动力使用标准数。因此，在目前生产情况下，劳动力与土地基本上相适应，但有个别户因劳动力过多而出卖零工，也有因劳动力短少而请零工者。

贫农：男劳动力3个、女劳动力3个，共6个，耕种28箩种。平均每个劳动力需耕作4.6箩种，每个男劳动力需犁9.3箩种。虽劳动力短少，但请不起工，而土地又多属于下等田，因此，只有靠广种薄收来维持最低水平的生活。

其他尚有1.5箩种，为小土地出租者1户附带劳动所耕种，兹不计。

（二）耕牛

全寨耕牛共132头，平均每户占有4头。但在耕牛总数中，仅有54头可耕者，占全寨耕牛总数的40%，平均每户占有可耕牛1.6头。而60%的牛均属幼牛，幼牛数字之大，是值得注意的，这是将来发展生产的有利条件之一。造成这种现象的原因，主要是由于日寇及国民党强拉宰杀，耕牛锐减，这些幼牛都是解放后才育养起来的。

全寨耕种面积为336.5箩种，每头牛（幼牛在外）平均耕作6.2箩种（旱地及园地未计入）。向寨外租入耕牛3头，则每头牛平均耕作5.9箩种（约合23亩）。

各阶层耕牛占有及使用情况如下：

富农5户，占有牛39头，占全寨牛总数30%，其中可耕牛15头，占全寨可耕牛数28%。

---

① 原文如此。——编者

平均每户占有牛7.4头，其中可耕牛3头。平均每头可耕牛需耕作5.6箩种。

中农20户，占有牛82头，占全寨牛总数62%，其中可耕牛35头，占全寨可耕牛数65%。平均每户有4.1头，其中可耕牛1.8头。平均每头可耕牛需耕作6.4箩种。

贫农2户，占有牛5头，占全寨牛总数4%，其中可耕牛1头，占可耕牛数2%。平均每户占有牛2.5头，其中可耕牛0.5头。平均每头可耕牛需耕作28箩种，大大超过本寨耕牛耕作面积平均数。加上向外租入耕牛1头，仍不敷用，平均每头牛仍需耕作14箩种。

小土地出租者3户，占有牛6头，占全寨牛总数4%，其中可耕牛3头，占全寨可耕牛数5%。平均每户占有牛2头，其中可耕牛1头。但其土地系出租，故出租牛2头。

从上面看来：富农占有耕牛数比其他阶层多（全寨黄牛63头，富农即占有33头，占52%以上），可进行较为精细的耕作，中农一般占有与目前生产情况相适应，而贫农的耕牛占有极少，又无力多租入耕牛，只有靠更为粗放的方式来进行生产。

（三）产量

本寨耕种面积336.5箩种，全年（1952年）水稻产量为16590箩。平均每箩种的田产46.3箩，即每亩约产231.5斤（以每箩种面积4亩，以每箩谷20斤折算）。

各阶层耕种面积及产量分述如下：

富农耕种84箩种（内开荒24箩种），产4800箩。平均每箩种产58箩强，即每亩平均约产290斤。

中农耕种223箩种（内开荒16箩种），产量10710箩。平均每箩种产48箩强，即每亩平均约产240斤。

贫农耕种28箩种（内开荒6箩种），产量1050箩。平均每箩种产37箩强，即每亩平均约产185斤。

小土地出租者耕种1.5箩种，产量30箩。平均每箩种产20箩，即每亩平均产100斤。

从上看来：富农的产量高于本寨平均数和其他各阶层的产量平均数。当然，他们是掌握着优良而较充足的生产工具，但更主要的则是他们占有优良的土地。根据土地产量，将本寨土地划分为4等，即每箩种产80箩至100箩为上等田，产60箩至80箩为次等田，产40箩至60箩为中等田，产20箩至40箩为下等田。则各阶层占有土地情况如下：

单位：箩种

阶层	占有土地面积					备注
	上等田	次等田	中等田	下等田	小计	
富农	34		26	24	84	下等田新开
中农	10	19	113	42	184	
贫农			6	11	17	
小土地出租者			24	16.5	40.5	16箩种新开
合计	44	19	169	93.5	325.5	

从上表可看出：上等田大多数落在富农手里，中农占有的多系中等田，贫农的土地则以下等田居多。

（四）生产力水平

根据以上劳动力、耕牛和产量的调查材料，则这里的生产力水平可以大致描述如下：

1个男劳动力、1个女劳动力、1头耕牛，耕作6箩至7箩种（约合24亩至28亩），平均每箩种产水稻46.3箩（每亩约产231.5斤）。因此，产量是低下的，耕作是粗放的。但是这种产量低下的原因，不仅是因为粗放耕作，而更主要的是领主和地主、富农以极残酷的重重剥削和各种榨取的方式来吮吸农民的血汗，以致逼使农民勉强维持单纯的、简陋的再生产规模。这只是从各阶层人民生活水平的材料看，中农以下生活就开始感到困难（这还是解放后的材料），由这一点就可以得到证明。

五、解放后农村中的一些变化

（一）生产有所发展、生活较前改善

解放后，由于：

甲、掀去了压在少数民族农民头上的第一块大石板——国民党反动派大民族主义者的统治，根绝了他们的苛杂和掳掠（如杀猪、宰牛等）。

乙、边疆社会秩序较安定。

丙、由于我们政策的教育，使本民族的领袖人物的统治手段和剥削分量略有减轻。

丁、我们领导生产的影响及对缺乏再生产能力的农民给以贷款和救济。

除以上4种主要原因外，其他如贸易公司、银行等工作，也起了一定的作用。因之，农民生产比较安心。两年来，生产和生活都有一定的发展和改善。下面是本寨解放后生产发展的两个指数的估计：

（1）水稻生产指数：根据1949年土司登记，全寨交官租土地的水稻产量为7643箩，1952年同面积的水稻产量为11930箩。以1949年土司登记的产量为基数100，则1952年产量为1949年的156%。

（2）扩大耕地面积指数：1949年全寨占有土地面积为279.5箩种，1952年因开荒增加到325.5箩种。以1949年占有土地面积为基数100，则1952年的土地面积为1949年的116.5%。

由于生产提高，人民生活得到改善。

（二）土地性质的部分蜕变

解放后，本寨共开荒田46箩种，占全寨耕种面积14%。这类土地已不向领主缴纳官租。就是说，占耕种面积14%的土地，已开始摆脱封建领主经济的土地关系，向着封建地

主经济（地租）的土地关系蜕变（非本质的蜕变）。

（三）中农以上阶层略有上升

解放后，本寨阶级上升的有3户，占全寨总户数9%。其上升情况如下：

姓名	阶级变化		阶级上升原因
	解放前	解放后	
莫恩	中农	富农	解放前只有4箩种，解放后，于1952年开荒24箩种，并请长工1人、牧童1人，上升为富农
汤姆患	贫农	小土地出租者	解放前，因缺乏劳动力，自耕9箩种放荒。1952年景波月保佃耕其荒田，租额50%
景波月保	雇农	中农	解放前，出卖劳动力。1952年开汤姆患9箩种荒田，1953年并请牧童1人，放债10箩，上升为中农

（四）土司负担略有减免（参看前面"领主的剥削"）

（五）自发减免官租、债利

（1）本寨于1952年自动不交部分官租者3户、完全不交者1户，共4户，占总户数10%，占交官租户17%。4户成分皆为中农。其中完全不交的1户，于1952年老倖曾拉过他两次牛，他与老倖对抗不让拉，老倖便于1953年不准全寨人帮其栽秧。当时工作队未了解此情况，没有及时给予解决和支持。群众说："没有就不上，有就上一点，解放后看他（土司）怎么样。"

（2）本寨目前已停付债利的计：债本673箩，占全寨负债总额43%；利息422箩，占全寨付出利息45%。停付债利的为：贫农2户、贫民1户、小土地出租者1户。群众目前对债利的态度是：上层放的债，数额大而时间较长者，不给；外寨的不来要不给；本寨的一般均付利息。群众说："本寨的不付利息，不好看，以后就不容易借了。"

（六）反对劳役

今年土司为了强收官租，派本寨农民在本寨盖谷仓，以便就地收租。本寨农民不盖，说："土司有钱，他要盖谷仓，叫他出工钱。"

从上面材料看出：解放后农村中已不断发生着量的变化，这种变化正在日益增长着。如群众说："勐茂皖已不缴官租，为什么我们还要缴？""毛主席、共产党好，就是我们的土司不好。"

起正荣、岛明诚、王叔武　调查

王叔武　整理

陇川县傣族农村初步调查

（本材料系根据陇川县清平、曼胆、陇弄3个乡的不完整材料和曼胆寨1个典型寨的材料初步整理。）

一、各阶层生产资料占有情况

（一）土地占有情况

根据曼胆寨调查，全寨水田共264箩种，其中：

私人占有田216箩种，占全寨水田的81%。

头人薪俸田15箩种，占全寨水田的6%。

村公田33箩种，占全寨水田的13%。

村公田中，15箩种为"菩毛"（未结婚之男青年）公田，即做宗教活动时"菩毛"组织之公用，其余掌握在头人手中。因此，人民实际占有土地为全寨土地的81%。

但是这里之所谓占有，并不包含所有权的意思，所有权完全属于土司，农民只有占有和使用土地之权，即这种占有和使用也还是有限制的，即是在不变卖（可以不固定形式的转租）、不迁徙、不拖欠官租、不反抗土司诸条件下，才有世袭的占有和使用土地之权。

现将私人占有田和头人俸薪田（头人占有）合在一起，来看各阶层土地占有情况：

阶层	户数		人口		占有面积		平均占有箩种	
	户数	%	人口	%	箩种	%	每户	每人
合计	32	100	126	100	231	100	7.2	1.8
富农	4	12.5	17	14	60	26	15	3.5
小土地出租者	3	9.4	5	4	23	10	7.7	4.6
中农	10	31.2	54	43	90	39	9	1.7
贫农	11	34.4	41	32	58	25	5.2	1.4
雇农	4	12.5	9	7				

从上表看出：占户口13%、人口14%的富农，占有土地26%；但占户口47%、人口39%的贫、雇农，则仅占有土地25%。因此，这个寨子的土地是较集中的。

再看清平乡各阶层土地占有情况：

阶层	户数		人口		占有面积		平均占有箩种	
	户数	%	人口	%	箩种	%	每户	每人
合计	320	100	1574	100	2269	100		1.4
富农	64	20	419	27	822	36	12.8	1.9
中农	124	39	629	40	1027	45	8.3	1.6
贫农	88	27	382	24	420	19	4.7	1.1
雇农	24	8	57	3				
商贩	15	5	64	4				
其他	5	1	23	2				

这里的土地占有是较分散的，富农、中农、贫农每人平均占有数量分别为1.9箩种、1.6箩种、1.1箩种。

因此，仅从土地占有关系来看阶级关系，在这里部分地区表现得尚不够明显和突出。

（二）畜力占有情况

曼胆寨各阶层占有畜力情况：

阶层	户数	耕牛		黄牛	
		头数	每户平均	头数	每户平均
富农	4	23	5.7	21	5.3
中农	10	21	2.1	33	3.3
贫农	11	8	0.7	13	1.2
小土地出租者	3	7	2.3	7	2.3

注：耕牛系水牛，黄牛不作耕田用。

从上表看出：富农每户占有耕牛为中农的2.7倍，为贫农的8倍。

再看清平乡全乡各阶层占有畜力情况：

阶层	户数	水牛		黄牛		马（匹）	骡（匹）
		头	每户平均	头	每户平均		
富农	64	212	3.3	306	4.8	45	7
中农	124	227	1.8	263	2.1	25	
贫农	88	72	0.8	51	0.6		

富农每户占有耕牛约为中农的2倍，为贫农的4倍；每户占有黄牛约为中农的2.3倍，为贫农的8倍；马占全寨总数的64%；还有骡7匹。

因此，富农占有大量的畜力。列宁说："有许多耕马的农民差不多总数富农；假使他

有许多耕畜，那就是说他可以耕种许多田。"（列宁：《告农村贫民书》）

再从富农占有畜力的百分比来看：在曼胆寨，占户数12.5%的富农占有耕牛39%；在清平乡，占户数20%的富农占有耕牛41%，占有黄牛49%，占有马64%。诚如列宁所说："如果三分之一的农户集中了马匹（按：俄国以马耕地）总数底一半，那么由此毫无错误地可以得出结论说：这一部分农民手中集中了全部农业生产不下一半（而且也许一半以上）。"（《俄国资本主义的发展》，解放社版，第115页）

因此，这里的畜力应当说是集中的，这就形成牛租剥削的基础。

二、租佃和债务关系

（一）租佃关系及地租

根据曼胆寨材料，其租佃关系如下：

阶层	占有箩种	耕种箩种	租佃箩种	
			出租	佃耕
合计	271	271	76	76
富农	60	60		
中农	90	124	13	47
贫农	58	87		29
小土地出租者	23		23	
公田	33		33	
外寨	7		7	

从上表看出：本寨租佃面积占土地面积的28%。出租者主要为公田，占出租土地的43%，小土地出租占30%，加上外寨出租的7箩种，则占出租土地的83%。佃耕者主要为中农（占本阶层耕种面积38%）和贫农（占本阶层耕种面积33%），中农、贫农尚短少土地。

本寨租佃关系的特点：

（1）租佃关系非固定的，1年1期，来年再定。

（2）公田占出租面积的大部分（43%）。

（3）私田出租主要为缺乏劳动力者（如小土地出租者）和个别缺乏耕畜者（如中农出租13箩种）。

地租的形式有二：

活租：按产量平分，一般租额为50%。

定租：则按土地好坏事先认定租额，一般为每箩种交地租10箩至20箩，约占产量的40%；最高每箩种交地租60箩，约占产量的60%。

（二）债务关系及债利

根据曼胆寨调查，各阶层借贷户情况如下：

阶层	借出户数		贷入户数	
	户数	占本阶层户%	户数	占本阶层户%
富农	3	75		
中农	1	10	2	20
贫农			5	45
雇农	2	50	1	25
小土地出租者	1	33		
宗教职业者	1			
合计	8	25	8	25

从上表看出，债务关系的面占全寨总户数的25%，富农75%放债，贫农45%负债。雇农虽亦放债，但因无土地，无耕畜，积蓄得一点极少的工资，无法投放在生产上，因此，与富农的以投放债利从事掠夺农民剩余生产物者其性质迥异。

利率分两种，即实物借贷和货币借贷。

实物借贷是借谷还谷，每借10箩还20箩，利率100%；

货币借贷是借卢比（缅币）还谷，最低利率为80%，最高为120%。

借贷的时期不分年利或月利，而是以收割季节为准，在收割季节以前，不论时期是1个月或1年，其利息、利率均相同。一般债务不能超过两年。两年不还者，实物借贷债主可到谷场中直接把谷挑去；货币借贷债主可以到负债户家中拿取任何东西作为抵偿，负债户均不得有异辞。

因此，这里的"利息异常的高"，债主榨取的手段异常毒辣和凶暴；利息支付以实物为主，表面上尚不同于"货币经营资本的发展"，但本质上其掠夺农民剩余生产物，"把直接生产者的全部剩余劳动占领，但并不会把生产方法改变"。"这种高利贷资本，会使这个生产方法穷乏化，使生产力麻痹，不能使它发展。同时，这种高利贷资本，又会使这个悲惨的状态永久化"（以上见《资本论》第三卷，读书版，第498页）。而"小生产者是保持或是丧失他的生产条件，还取决于无数偶然的事故，每一种这样偶然的事故或丧失，都指示贫乏化的意思，但那都是高利贷者这种寄生虫寄生的点"（同前书，第501页）。曼胆寨贫农岩相，每年除各项费用和负担外，本可结余50箩谷左右，但因3年前结婚过礼，借了500文卢比，除300文是他老爷子借给他不要利息外，另200文每年须付利息100箩谷，因此，每年至少又需向别人借30箩至50箩谷，债务不断增加，生活不够，从中

农降为贫农。诚如马克思所说："他就落到高利贷的网中去了，并且他只要一度这样陷落，就会永远不能翻身。"（同前书）

三、雇工和牛租

除去地租和债利的剥削外，还有雇工和牛租。

（一）雇工

"富农底最主要的特征之一就是雇用雇农和短工。"（列宁：《告农村贫民书》）

根据曼胆寨调查，各阶层劳动力情况如下：

项目	合计	富农	中农	贫农	雇农	小土地出租者
劳动力	74.5	9	26	33	5.5	1
平均耕作箩种	3.6	6.6	4.7	2.6		

全寨每个劳动力平均耕作3.6箩种，而富农每个劳动力则平均耕作6.6箩种。因此，富农劳动力大大短少，必须雇工。共雇长工4人，并在栽秧和割稻时请短工。因此，雇工是富农的剥削手段之一。其工资及剥削分量与遮放飞海寨相同，兹略。

（二）牛租

根据曼胆寨调查：全寨出租耕牛7头，其中富农出租3头、小土地出租者出租3头、贫农出租1头，则出租耕牛主要为富农和小土地出租者。全寨租入耕牛12头，其中中农租入5头，贫农租入7头。租入耕牛主要为中农和贫农。

牛租租额最高为60箩谷，最低为40箩谷，折合卢比80文至120文，而一般市价每头耕牛只值100文。因此，1头牛租即可购买1头耕牛。而贫苦农民平时无资金购置耕畜，到新谷登场时剩余生产物又付给牛主，这样就永远无法购买耕牛了。如贫农福寿，因缺乏耕牛，每年必须付出牛租60箩谷，而同时每年又必须向别人贷入40箩至50箩谷以维持生活，这个对照说明了牛租是怎样地夺去了农民的口粮。

由于贫苦农民需要维持最低限度的口粮，而无法付出牛租时，就要承受更为残酷的剥削方式。

（三）以劳役抵牛租

如农民付不出牛租，则以劳役抵偿。如贫农哩胡租入富农杨老贵1头牛，租额15箩谷（短期）。哩胡帮了30个工，其弟放了两个月牛才算抵清，以工资折算，共约合40箩谷，超过原租额267%。富农的剥削是这样苛毒和残酷的。

四、土司剥削（包括山官保头费和宗教负担）

1952年全寨水稻产量为13550箩，同年各项负担及占产量的比率如下：

（一）官租
全寨官租约900箩，占产量6.6%。

（二）杂派
印太款：土司母亲的派款，全寨负担120文卢比，折谷60箩。

司兵费：本寨养土司兵1名，每年付谷120箩，每户3箩至6箩不等；衣服费48文卢比（已由解放前每户4文减为1.5文），折谷24箩。共合谷148箩。

门户钱：全寨152箩谷。

恩汤金：土司或属官往他地开会差旅费的派款，每年至少摊派两次，每次每户负担3文，全寨全年约出192文，折谷96箩。

婚丧费：对土司婚丧的负担，每次每户约需半文，但解放后土司尚未发生婚丧事，故未出。

以上杂派共约合谷456箩，占产量的3.3%。

（三）属官杂派
管爷谷：全寨共64箩谷。

管爷脚步费：管爷下乡全寨每户付伙食1文，随员半文，每年至少2次，全寨约合谷48箩。

管爷婚丧费：管爷婚丧，须送大礼，若系嫁女，全寨并须购送马1匹，解放后尚未出。

以上共合谷112箩，占产量的0.9%。

（四）山官保头
全寨向邦瓦、庄左、庄线、广丈、广帕、祖帕6个山官缴纳保头费，共计为谷子43箩、鸡8只、酒10斤、卢比7.5文。共合谷93箩，占产量的0.7%。

（五）宗教负担
佛爷谷：全寨67箩谷。

佛爷衣服费：全寨32文，折谷16箩。

灯油费：全寨4箩谷。

布转谷：全寨87箩谷。

公德费：全寨每年约需谷84箩。

以上共约合258箩，占产量的1.9%。

综上所述，则全年负担1355箩谷，占产量的13%。这仅是解放后的数字。

但是这个负担百分比，各阶层畸重畸轻的幅度很大，今就5户典型户材料来看：

姓名	阶层	水稻产量	负担情况	
			数量	占产量%
廖板乌	头人	1100	29	2
杨老贵	富农	1000	114	11
闷三	中农	700	117	15
福寿	贫农	300	72	24
晃相	雇农		11	

负担幅度从2%至24%，头人最轻，富农较轻，中农较重，贫农最重，而雇农无田地亦须付出11箩谷。

五、荒田情况

根据曼胆乡全乡调查：本乡荒田约1281箩种、荒地3115箩种，共约4396箩种，折合17584亩（以每箩种4亩折算）。但目前全乡耕作面积为水田2084箩种、园地300箩种，共2384箩种，约合9536亩。因此，目前耕种面积只占可耕面积的35%，尚有65%的土地未曾开垦。

根据清平乡调查，本乡单是熟荒就有367箩种，生荒尚有800余箩种，总共167箩种均可开成水田。

那么这样广大荒芜的土地，为什么不去进行开垦呢？

（1）所有权属于土司，具体掌握在村寨头人的手里，农民不能随便开垦。

（2）由于"封建君主制的民族主义"（斯大林：《社会民主党怎样理解民族问题》），反对汉族和拒绝其他民族进行开垦，而傣族内部又因劳动力缺乏无力开垦（清平乡每个劳动力平均耕作3.03箩种；曼胆乡每个劳动力平均耕作2.86箩种，即需耕作11亩至12亩田）。

即使傣族贫苦农民愿意进行开垦，又为下面诸因素所威胁和限制：

（1）必须奉赠财物给头人。

（2）新荒土质不好，产量低，因此官租重。

（3）缺乏生产资料和生活垫札。

（4）开垦后，曾被上层霸占过。

因此，一般农民对开荒存在着很大的顾虑。

六、民族杂居乡民族间的土地关系及其变化

根据陇弄乡调查：全乡714户，傣族493户、崩龙族63户、景颇族158户。景颇族全为解放后下坝生产者。

（1）汉族与傣族租佃关系及变化：该乡土地除土司所有外，尚有1000余箩种屯田，此田为腾冲1户汉族地主所有，佃耕户为傣族。1951年后，由于内地土改，腾冲地主即未来收租。因此，这份田的所有权已落在傣族农民手里，"谁种谁收"。由于此类田系在土司管辖以外，不交官租，因此按其性质乃为私田。

（2）傣族与崩龙族的土地关系及变化：崩龙族无水田或少水田，其生活主要依靠向傣族租入水田。今年崩龙族向傣族租入屯田，但租期仅1年，崩龙族说："田种好了第二年别人就拿去。"

而在曼蚌寨，田是傣族的，水是崩龙族的。过去傣族不租田给崩龙族，崩龙族也就不放水给傣族，因此有70余箩种丢荒了11年。今年该乡通过建政疏通民族关系，这块荒田，由傣、崩龙、景颇3个民族共同开，其中2/3归景颇族，水大伙用。

（3）傣族与景颇族的土地关系及变化：该乡景颇族158户，都是政府号召下坝生产的。1953年，傣族（尤其是上层）怕景颇族下来多了，占了他们的土地，因之傣族上层大量霸占土地。如董秀寨头人，将自己的土地出租，而雇工开荒种了70余箩种，在"民族主义"的掩护下，扩大自己占有面积。该乡未建政前，荒地全为上层霸占，景颇族不得开。建政后，由于上层得到政治上的照顾，才在这一问题上做了某些让步。

陇川民族工作队曼胆、清平、陇弄小组　汇报

李派臣、陈琪、王叔武　整理

潞西县芒市那目寨初步调查

潞西县那目寨全寨286户（傣族283户、汉族3户）1755人。根据初步调查材料，就土地占有、租佃关系、债务情况、无田户生活情况、生产水平等方面，说明如次：

壹、土地占有情况

一、各阶层土地占有

各阶层户数、人口及占有土地箩种情况如下表：

阶层	人口				土地占有		
	户数	占总户数%	人口	占总人口%	占有箩种	占全寨箩种%	每人平均箩种
合计	286		1755		1533		0.81
富农	18	6.29	187	10.65	477	33.41	2.54
中农	99	34.61	745	42.45	793	55.64	1.06
佃中农	21	7.41	141	8.03			
贫农	10	3.44	62	3.53	24	1.68	0.38
佃贫农	5	1.75	36	2.05			
小土地出租	21	7.41	99	5.64	132	9.26	1.33
雇农	71	24.83	322	18.34			
小商	37	12.92	145	8.26			
迷信职业	4	1.39	18	1.02			
土司代办署官					107		

富农（包括经营地主 1 户）

注：

1. 占全寨箩种百分比的百分数，系本寨各阶层占有箩种数与各阶层占有总数 1426（1533－107）箩种相比。

2. 全寨每人平均箩种数 0.81，系以 1755 人除 1426 箩种，未计入土司代办署官占有的 107 箩种，若并入计算，全寨每人平均箩种数应为 0.87 箩种。

3. 箩种系当地土地单位面积，约合内地土地 4 亩左右，依 4 亩计算，全寨有水田 6132 亩。每箩稻谷合 20 市斤。

各阶层土地占有户数分配情况如下：

阶层	总计	3箩种以下	4至6箩种	7至9箩种	10至12箩种	13至15箩种	16至18箩种	19箩种以上
箩种合计	1426	63.5	211	251	215	97.5	153	435
户数合计	148	24	44	31	19	7	8	15
富农	18				1	1	1	15

续表

阶层	总计	3箩种以下	4至6箩种	7至9箩种	10至12箩种	13至15箩种	16至18箩种	19箩种以上
中农	99	10	34	26	18	5	6	
贫农	10	8	2					
小土地出租	21	6	8	5		1	1	

富农（包括经营地主1户）

由以上各表可以看出：

（1）土地渐形集中：富农户数占总户数6.3%，已占有土地33.4%；从土地占有户数分配表上看，10箩种以上的富农与部分中农有49户，占总户数的17%，而占有土地899箩种，占全寨各阶层土地1426箩种（不计入土司代办及署官占有数）的63%；若以占有13箩种以上计算，则占总户数10%的户数，占有土地48%。

（2）农民大量丧失土地：无田户有138户，占全寨总户数的48%（包括佃中农21户、佃贫农5户、雇农71户、小商37户、迷信医卜职业者4户），其中雇农户数占总户数的1/4，其生活完全依靠出卖劳动力。（详见无田户情况）

（3）阶级仍在分化中：中农目前虽占总户数的34%（不计入佃中农），但从土地占有户数分配表上看，在表中所列占有户数的组距相差甚大，从占有3箩种起直至占有16箩种止，而其中以占有4箩种至12箩种者为数甚多，若遇有婚丧等例外开支，即须借债，以至抵押土地，则可能降为贫农或雇农。（阶级分化情况，详见债务情况调查）

（4）地主经济已经形成：富农占有20箩种以上者有13户，最高占有已达40箩种（合160亩），请长工经营或以高额租率剥削；长工数有雇用3人者，租率一般占产量的60%以上，最高者达产量的86%；小土地出租者最高出租到17箩种，均以高租率进行剥削。（详见租佃情况调查）

从以上说明这种不合理的土地占有关系已严重地束缚着生产力的发展。占全寨耕种面积68%的自耕田，计1117箩种，各阶层自耕户127户中可以实际投入农业生产的劳动力约250个，按目前生产水平，每一劳动力的耕作限度最多耕3箩种（详见"本文伍、生产水平"），即有占自耕面积的1/3的土地，计367箩种须雇工耕种。不仅雇用的劳动力劳动生产率不高，而且自己的劳动力与占有土地不适应的多田户，除出租土地收取地租外，又阻碍着精耕技术的接受，宁愿安于目前生产的粗放水平，雇用可够用的适应于目前耕作水平的贫苦农民劳动力，进行剥削劳动代价；另一方面，占全寨耕种面积32%的佃耕田523箩种，由于大部分的高额租率重重地压榨着佃耕户，佃农没有再生产能力，生活陷于贫困。

各阶层耕畜农具占有情况如下：

阶层	合计	富农	中农	佃中农	贫农	佃贫农	小土地出租者	雇农	小商	迷信职业
户数	286	18	99	21	10	5	21	71	37	4
占总户数%	100	6.3	34.6	7.4	3.4	1.8	7.4	24.8	12.9	1.4
水牛	254	55	155	18	7	4	5	8	1	1
每户平均占有水牛	0.9	3	1.5	0.9	0.7	0.8	0.2	0.1	0.03	0.2
黄牛	433	87	200	33	12	4	23	28	45	1
每户平均占有黄牛	1.5	4.8	2.0	1.6	1.2	0.8	1.1	0.4	1.2	0.2
水牛黄牛合计	687	142	355	51	19	8	28	36	46	2
水牛黄牛每户平均	2.4	7.9	3.6	2.4	2.0	1.6	1.3	0.5	1.2	0.5
占水牛黄牛总数%	100	20.7	51.5	7.4	2.7	1.6	4.0	5.2	6.6	0.3
犁	286	52	192	28	10	4				
耙	249	38	170	25	12	4				
锄	452	71	198	31	16	8	16	78	32	2
镰刀	457	92	230	33	16	7	19	45	15	
农具合计	1444	253	790	117	54	23	35	123	47	2
农具每户平均件数	5.0	14	8	5.5	5.4	4.6	1.7	1.7	1.2	0.5
占农具总数%	100	17.6	54.6	8.2	3.6	1.7	2.4	8.6	3.2	0.1

注：农具调查材料不够全面，表列数字系按土地劳力雇工比例估计补充。

由上列材料可以看出：富农占有的农具，其每户平均件数约为中农的2倍，佃中农、贫农及佃贫农的3倍，其余各阶层的8倍至28倍；但更重要的是耕畜的占有，富农每户平均占有的水、黄牛数，为中农的2倍强、佃中农的3倍强，几为贫农的4倍，其余各阶层的5倍至19倍，即富农以总户数的6%占有水、黄牛总数的21%。"如果五分之一的农户集中了马匹总数底一半，那么由此毫无错误地可以得出结论：这一部分农民手中集中了全部农业生产不下一半（而且也许一半以上）。""农民的贫困与被剥削之增加，是毫无疑义的。"（列宁：《俄国资本主义的发展》，解放社版，第115、119页）

二、各族土地占有

（一）各族阶级分化中的3种类型

那目全寨286户1755人，计共22姓，除姜（富农成分）、王（商人）、黄（商人）3姓各1户，系于近10年内由内地到此安家的汉族，不计入傣族族系系统外，其余19姓的户数人口如下：

族姓	户数	占总户数%	人口	占总人口%
合计	283	98.7	1743	99.1
金	48	16.8	295	16.8
焦	27	9.4	190	10.8
刀	21	7.3	143	8.0
方	19	6.6	102	5.7
尚	19	6.6	118	6.7
项	18	6.3	132	7.5
郎	17	5.9	87	4.9
线	16	5.5	114	6.5
周	16	5.5	89	5.1
毕	14	4.9	65	3.7
岳	13	4.6	59	3.3
板	13	4.6	97	5.5
李	11	3.8	71	4.1
肖	11	3.8	66	3.7
杨	7	2.4	34	2.0
汪	6	2.1	48	2.8
腾	3	1.1	14	0.8
冯	3	1.1	17	1.0
赛	1	0.4	2	0.2

注：占总户数百分比的百分数，系各户数与总户数286相比；占总人口百分比的百分数，系各人口数与总人口数1755相比。

从上面材料可以看出：

（1）金姓的户数人口均占总户数人口的16.8%，约合1/6，即全寨平均每6户中必有金姓1户，金姓是寨内人口最多的族姓。

（2）15户以上的族系有9姓，户数共202户，占总户数的70%，人数共1270人，占全寨总人口的72%；15户以下的族系有10姓，其户数人口均不及总户数的30%。

（3）各族系的户数及人口数，若按多少次序排列，由最多的金姓、焦姓逐渐减少至最少的赛姓，全寨各族系户口人口的分配情况形成圆锥体的形状。

现就各族系的阶级分化情形分作3种类型，即（甲）土地占有户数比重较大的族系、（乙）土地占有和阶级分化鲜明的族系、（丙）土地占有极微的族系。

（甲）土地占有户数比重较大的族系。

这类族系的土地占有情况如下：

阶层 \ 族姓		汪	杨	项	刀	合计	备注
富农	户数	1		2	1	4	
	人口	12		26	25	63	
	自耕	20		35	15	70	
	出租			32		32	
	佃耕				16	16	
中农	户数	4	4	7	10	25	
	人口	31	20	63	68	182	
	自耕	35	22	69	61	187	
	出租		4		7	11	
	佃耕			8	23	31	
贫农	户数		2	2	2	6	内有全佃农2户
	人口		12	15	16	43	
	自耕		4.5	3	2	9.5	
	佃耕			16	3	19	
小土地出租	户数	1		4	4	9	
	人口	5		17	14	36	
	出租	6		37	22	65	
雇农	户数			2	1	3	方姓迷信职业2户
	人口			7	5	12	
小商	户数		1	1	1	3	
	人口		2	4	6	12	

注：自耕、出租和佃耕数，均以箩种为单位计算，下同。

上表汪、杨、项、刀4姓共同的特点是：无田户户数甚少，除汪姓无无田户外，其余3姓的无田户（雇农、全佃农、小商、迷信医卜职业者）户数约占各该族姓户数的1/6或1/7，无田户户数在各该族姓户数中的比例极小；与此相反，各该族姓有田户（富农、中农及贫农）在各该族姓户数中的比例甚大，约5/6或6/7。

4姓共占有土地374.5箩种（包括自耕及出租），占全寨各阶层占有总数1426箩种的26.8%，人口共360人，占全寨总人口的20.8%；富农每人平均1.6箩种，中农每人平均1.1箩种，贫农每人平均0.3箩种（不计全佃农在内），小土地出租者每人平均1.8箩种。

汪、项、刀3姓均有较多的土地出租，项、刀二姓共出租土地98箩种，将达全寨阶层出租总数309箩种的1/3。

（乙）土地占有和阶级分化鲜明的族系。

这种族系的土地占有情况如下：

阶层 \ 族姓		合计	金	焦	方	线	周	板	尚	郎	备注
富农（包括经营地主1户）	户数	13	3	1	3	2	1	1	1	1	
	人口	123	28	10	20	28	8	19	6	4	
	自耕	272	55	12	51	56	32	36	18	12	
	出租	77	32	18	10	4	8	5			
	佃耕	26	20		6						
中农	户数	80	24	15	5	5	9	5	9	8	
	人口	593	166	124	29	48	59	50	68	49	
	自耕	499	149	80	34	36	35	60	58	47	
	出租	24	12		6		6				
	佃耕	269	61	46	2	16	72	5	35	32	
贫农	户数	7	4	1					1	1	内有全佃农3户
	人口	41	18	9					6	8	
	自耕	12.5	5						15	6	
	佃耕	25	20	5							
小土地出租	户数	8	1	2	3	1		1			
	人口	43	6	10	18	4		5			
	出租	38	3	13	13	4		5			
雇农	户数	38	12	4	4	4	3	3	5	3	
	人口	179	62	15	24	16	12	9	27	14	

续表

阶层 \ 族姓		合计	金	焦	方	线	周	板	尚	郎	备注
小商	户数	28	4	3	4	4	3	3	3	4	
	人口	108	15	17	11	18	10	14	11	12	
迷信职业	户数	1		1							
	人口	5		5							

　　上表所列8个族姓的共同特点是：无田户户数均占各该族姓总户数的1/2或1/3，或在二者之间，无田户与有田户的户数比例悬殊不大，计无田户共82户（包括全佃农在内），有田户共93户，二者的户数接近于平衡。与此相适应的情况是阶级的分化比较明显：各该族姓均有富农（包括经营地主1户），共计13户，占有土地349箩种（包括自耕及出租），几乎达到全寨土地的1/4，人口共123人，计每人平均2.9箩种；中农占有土地523箩种，约占全寨土地的36%，人口共518人（不计入全佃农75人），平均每人约占有1箩种；贫农每人平均占有0.6箩种（不计入全佃农20人）；小土地出租者平均每人占有0.9箩种。

　　（丙）土地占有比重极微的族系。

　　这类族系的土地占有情况如下：

阶层 \ 族姓		合计	毕	岳	李	肖	腾	冯	赛	备注
中农	户数	15	2	2	6	4		1		内全佃农8户
	人口	111	9	16	44	33		9		
	自耕	55	1.5	3	40.5	10				
	佃耕	120	6	9	40	49		16		
	出租	16	16							
小土地出租	户数	4	1	3						
	人口	19	6	13						
	出租	29	3	26						
贫农	户数	2				1	1			内全佃农1户
	人口	14				7	7			
	自耕	2				2				
	佃耕	6					6			

阶层	族姓	合计	毕	岳	李	肖	腾	冯	赛	备注
雇农	户数	29	10	6	4	5	2	2		
	人口	129	41	25	21	24	7	8		
小商	户数	5	1	1	1	1			1	
	人口	20	6	4	6	2			2	
迷信职业	户数	1		1						
	人口	1		1						

上列7个族姓的共同特点是：7个族姓都没有富农，7姓共56户，其中仅有有田的中、贫农及小土地出租者共12户，共占有118箩种，占全寨土地的8.2%，中农每人平均1.5箩种（多属产量较低的坏田，全佃农55人不计入），贫农平均每人0.3箩种，小土地出租者每人平均1.5箩种。

腾、冯、赛3姓共7户，计33人，完全无田；肖姓11户，仅有中、贫农各1户，余9户无田（内有3户全佃）；毕姓14户，2户有田，其余无田（内1户全佃）；岳姓13户，4户有田，其余无田（内1户全佃）；李姓11户，4户有田，其余无田（内2户全佃）。

（二）各族系占有土地的两个特点

各族系土地占有情况有两个特点：一是土地为6个大的族系所集中，一是土地集中各族系中的亲属。

（甲）土地为6个大族所集中。

姓	户数	占总户数%	人口	占总人口%	自耕田	占全寨土地%	出租田	占全寨土地%	佃耕田	占全寨土地%
合计	149	51.6	976	55.3	663	46.4	215	15.0	224	46.0
金	48	16.8	295	16.8	209	14.7	49	3.4	95	20.0
项	18	6.3	132	7.5	107	7.5	69	4.9	12	2.4
刀	21	7.3	143	8.0	78	5.4	29	2.0	42	8.5
方	19	6.3	102	5.7	85	6.0	29	2.0	8	1.6
焦	27	9.4	190	10.8	92	6.4	31	2.2	51	10.3
线	16	5.5	114	6.5	92	6.4	8	0.5	16	3.2

注：全寨占有土地数为1426箩种，全寨佃田总数为523箩种。

从上列材料，说明以下几点：

（1）6姓有田户户数占全寨有田户户数70%：6姓共有149户，除去6姓无田户47户，6姓有田户共102户，全寨有田户共147户，6姓有田户占全寨有田户户数的70%，占全寨总户数35.6%。

（2）6姓有田户共占有全寨土地61.4%：6姓有田户102户，其自耕及出租土地共878箩种，占全寨各阶层占有土地总数1426箩种的61.4%，6姓有田户平均每户占有8.7箩种。

（3）6姓耕种面积占全寨耕种面积54.1%：全寨耕种面积1640箩种，6姓耕种面积887箩种，6姓耕种面积占全寨耕种面积54.1%。

（4）6姓头人构成统治集团：6姓均系本寨的头人族姓，焦姓为前本昄布胜（富农），金姓现有布昄1人（经营地主）、布幸1人（富农）、陶曼3人，项姓现有布幸2人（富农、中农）、布借1人（富农），方姓现有布幸1人（富农）、陶曼2人（富农），线姓现有布幸2人（富农），刀姓现有布幸1人（富农）。全寨布昄、布幸和布借共10人，全由金、项、方、线、刀及汪（富农、布借）6姓所担任，6姓构成本寨政治上及经济上的统治集团。

（乙）土地集中于各族系中的亲属。

除头人及其亲属所集中的土地在下节叙述外，现将非头人亲属占有土地情况说明如下：

（1）金姓一族48户，共11支系（就4代以内分支为准，4代以上的亲属已不易了解。各族系均以4代或5代的亲属为一个支系）。其中有4系为头人亲属28户，有4系共12户无田（内有1户中农），其余3系为：①亲叔侄2户一系，均系富农；②亲兄弟2户一系，均系中农；③亲兄弟及从侄4户一系，中农、商人、小土地出租者及雇农各1户。

（2）项姓一族18户共4系：2系为头人亲属，1系1户无田，另1系姊弟2户，姊系小土地出租者，弟系中农。

（3）刀姓一族21户3系：1系为头人亲属，1系3户，1系2户，后2系中各有1户中农。

（4）焦姓一族27户共10系：5系各户均有田；5系为无田户（内有1户中农），有田各户的亲属关系是亲兄弟及亲叔侄。

（5）方姓一族19户共4系：1系为头人亲属，其余3系共9户，9户中仅有1户中农、2户小土地出租者。

（6）线姓一族16户6系：1系为头人亲属，3系6户为无田户，2系4户中有1户中农，1户小土地出租者。

（7）郎姓一族17户共7系：4系无田，3系有田，有田3系中各系户的亲属是：亲兄弟3户1系，全为中农；亲叔侄及从兄弟4户1系，富农、中农、贫农及小商各1户；亲叔侄2户1系，均系中农。

（8）板姓一族13户共7系：3系4户无田；2系各1户均为中农；1系亲兄弟2户，中农、小商；1系5户，富农1户、中农3户、小商1户，其亲属关系是父子及从兄弟。

（9）周姓一族16户6系：3系7户无田，3系有田，其中1系从兄弟3户均为中农。

（10）汪姓一族6户3系：1系头人亲属，1系兄弟2人2户均为中农，1系1户中农。

（11）尚姓一族19户共4系，各系均有少数耕地。

（12）杨姓一族7户2系：仅1户无田（小商）。

（13）李姓一族11户共4系：3系5户无田，1系有田。系中又分2支，1支无田，1支3户均为中农，其亲属关系为亲兄弟和亲叔侄。

其余各族姓多系无田户。

由上述情况可以看出：各族系占有土地的情况是土地集中于各族系中的亲属。

三、头人及其亲属占有土地情况

	姓名	成分	现任职务	人口	占有箩种	父户数	父占有	亲兄弟户数	亲兄弟占有	从兄弟户数	从兄弟占有	亲叔侄户数	亲叔侄占有	从孙户数	从孙占有	合计户数	合计占有	总计户数	总计占有
	合计			167	296	1	8	12	109	6	43	26	167	2	7	47	334	64	630
金	金永贵	经营地主	布晥	9	37			2	18			5	20	2	7	9	45	10	82
	应罕莫	富农	布幸	9	14													1	14
	陶曼罕	中农	陶曼	5	6			1	7			2	19			3	26	4	32
	汤软阴	雇农	陶曼	9		1	8					3	20			4	28	5	28
	帕夏恩贺	小商	陶曼	6						2	11	1	12			3	23	4	23
项	帕夏累体	富农	布幸	11	32													1	32
	辛隐恩	中农	布幸	9	8			2	22	1	8	5	44			8	74	9	82
	项先	富农	布借	15	35													1	35
方	老辛货算	富农	布幸	9	20			1	20							1	20	2	40
	方陶曼	富农	陶曼	8	21			1	3	1	8	1	2			3	13	4	34
	波叶焕	富农	陶曼	10	18													1	18
线	线老辛	富农	布幸	14	30			1	8							1	8	2	38
	应缅相	富农	布幸	14	30			1	11							1	11	2	41

续表

姓名		成分	现任职务	人口	占有箩种	父		亲兄弟		从兄弟		亲叔侄		从孙		合计		总计	
						户数	占有	户数	占有	户数	占有	户数	占有	户数	占有	户数	占有	户数	占有
刀	刀老幸	富农	布幸	22	15			1	10	2	16	9	50			12	76	13	91
汪	汪火头	富农	布借	7	20			2	10							2	10	3	30
焦	波岩所保	中农	陶曼	8	6													1	6
杨	汤木相	小土地出租	陶曼	2	4													1	4

头人及其亲属的关系以及他们与土地的关系如下：

（1）头人的亲属多系头人的亲侄或从侄、亲兄弟或从兄弟，其亲属关系均不出3代以外的亲族。

（2）同姓头人，同属一个族系的亲属有：项火头为项老幸（帕戛累体）的从孙，金老幸与陶曼罕系从兄弟，方老幸与方陶曼是从兄弟，又同为波叶焕（陶曼）的从叔，线老幸为应缅相（线老幸）的从侄。

（3）头人17户，其中有田户15户，共152人，占有296箩种，其占有数占全寨土地占有总数的20.7%，即1/5稍强，计平均每户占有19.7箩种，每人占有约2箩种。头人亲属47户，共300人，占有334箩种，占全寨土地占有总数的23.4%，计每户平均占有7.1箩种，每人占有约1.1箩种。头人及其亲属有田户共62户，占全寨总户数的21.6%；人口共452人，占总人口24.2%；共占有土地630箩种，占全寨占有总数的44.2%，计每户平均占有10.1箩种，每人平均占有1.4箩种。

（4）头人自耕田230箩种，佃耕田52箩种（全系方克光代办及署官低率租给头人的），自耕佃耕面积为282箩种，占全寨耕种面积1640箩种的17.2%。头人亲属自耕259箩种，佃耕67箩种，自耕佃耕面积为326箩种，约占全寨耕种面积的20%。头人及其亲属的耕种面积608箩种，占全寨耕种面积的37.2%。

（5）头人出租田66箩种，占全寨出租总数309箩种的21.5%；头人亲属出租田75箩种，占出租总数的24.4%；头人及其亲属共出租141箩种，占出租总数的45.9%。

（6）以每箩种田常年产量90箩谷为标准，头人及其亲属每年水稻收入计算如下：

头人：$230 \times 90 = 20700$ 箩（自耕收入）　………………………（1）

$66 \times 90 \div 2 = 2970$ 箩（出租收入，租率以对分计）　………………（2）

$52 \times 90 - 52 \times 90 \div 4 = 3510$ 箩（佃耕收入，租率以25%计）　…………（3）

以上3式共计27180箩，头人人口共152人，每人每年需要粮食以36箩计，共需粮食

5472箩，头人每年剩余粮食21708箩，平均每人约可剩余143箩。

头人亲属：259×90＝23310箩（自耕收入） ················ （1）

75×90÷2＝3375箩（出租收入，租率以对分计） ·········· （2）

67×90÷2＝3015箩（佃耕收入，租率以对分计） ·········· （3）

以上3式共计29700箩，头人亲属人口共300人，每人每年需要粮食36箩，共需10800箩，头人亲属每年剩余粮食18900箩，平均每人剩余63箩。

头人及其亲属共452人，每年共剩余粮食40608箩，平均每人剩余约90箩。

贰、租佃关系

一、基本情况

（一）佃耕情况

全寨佃耕户共55户，占全寨种田户153户的36%；佃耕面积共523箩种，占全寨耕种面积1640箩种的32%。佃耕户55户中，全佃农25户，又占佃耕户的45.4%；其佃耕面积为275箩种，约占耕种面积的17%，占全寨佃耕总面积的52.5%。

各阶层佃耕面积分配如下：

阶层	户数	佃耕面积		产量	租额	平均租率
		箩种	占佃耕面积%			
富农（包括经营地主1户）	3	42	8.0	3900	1230	31.53
中农	36	206	39.4	16440	9625	52.46
佃中农	21	225	43.0	12500	7130	57.04
佃贫农	5	50	9.6	3530	1920	54.54
合计	55	523	100.0	36370	19905	54.78

（二）出租情况

全寨出租户共37户，占全寨有田户的25%，共出租土地309箩种，其中出租本寨者257箩种，占出租田总数523箩种的49.1%，其余52箩种，为7户出租户出租外寨耕种。除本寨各阶层出租309箩种外，还有：①土司代办及署官出租107箩种，计方克光出租66箩种，方克嘉出租41箩种；②外寨出租159箩种，计弄转寨出租120箩种，弄罕寨出租39箩种。各项出租情况如下：

出租户	户数	出租笋种		产量	租额	平均租率	出租外寨笋种
		笋种	占出租总数%				
合计	31	523	100.00	36370	19915	54.75	52
富农（包括经营地主1户）	11	115	22.00	8980	5250	58.35	10
中农	6	46	8.77	2910	1940	66.66	6
小土地出租	14	96	18.34	7900	5235	66.26	36
方克光（土司）		66	12.63	5260	2540	48.28	
方克嘉（属官）		41	7.82	4200	1310	31.19	
弄罕寨		39	7.44	1870	960	51.35	
弄转寨		120	23.00	5250	2680	51.04	

（三）本寨各阶层出租笋种户数分配

阶层	出租笋种合计	出租笋种户数分配					
		2至4笋种	5至7笋种	8至10笋种	11至13笋种	14至16笋种	小计
合计	257	6	9	6	5	5	31
富农（包括经营地主1户）	115		3	3	1	4	11
小土地出租	96	5	4	2	2	1	14
中农	46	1	2	1	2		6

（四）本寨各阶层佃耕笋种户数分配

阶层	佃耕笋种合计	佃耕笋种户数分配						
		2至4笋种	5至7笋种	8至10笋种	11至13笋种	14至16笋种	17至24笋种	小计
富农（包括经营地主1户）	42		1			1	1	3
中农	206	6	8	4	3	4	1	26
佃中农	225		6	6	4	4	1	21
佃贫农	50		3	2		1		6
合计	523	6	18	12	7	10	3	56

二、租佃产生的原因

产生租佃关系的一般原因如下表：

佃耕阶层\佃耕原因	富农		中农		佃中农		佃贫农		总计	
	户数	箩种	户数	箩种	户数	箩种	户数	箩种	户数	箩种
劳动力多			9	68	10	98	3	20	22	186
佃外寨田			2	19	7	88	2	22	11	129
佃私庄田	3	42	5	34	4	31			12	107
债务转化			3	36	1	8	1	8	5	52
同姓亲戚			3	39					3	39
异姓亲戚			1	8					1	8
佃耕邻田			1	2					1	2
合计	3	42	24	206	22	225	6	50	55	523

上表系按各项佃耕原因的比重大小顺序排列，可以看出，无田少田户有较多的劳动力要求佃耕土地是产生租佃关系的一般的重要原因，其他各项原因仍是佃耕户劳动力的要求所决定，不过在租佃关系的产生上，它们也起着一些促进的作用。但佃耕土司代办署官私庄田的情况又有所不同，富农、中农中一部分佃耕私庄田的情况如下：

佃耕户数	主要劳动	附带劳动	自耕箩种	佃耕私庄箩种
7	23	35	94	76

7户耕种面积170箩种，不是40个劳动力所能耕种的，必须雇工，因此，私庄田的租佃关系是较特殊的。根据了解，土司代办署官私庄田，原系寨内园地，署官派农民开垦后成为私庄，出租出来。107箩种私庄田中，头人佃耕的52箩种占私庄的半数，其余佃耕私庄户，多与头人有亲戚关系，因而能佃耕私庄田。因此，产生租佃关系的基本原因，有以下几点：

（1）土地日渐集中的结果迫使富农和富裕中农出租耕种不完的土地。出租土地的11户富农和6户中农，其土地占有和劳动力情况如下：

阶层	户数	主要劳动	附带劳动	占有土地数	出租土地数（包括出租外寨）
合计	17	35	42	419.5	177
富农	11	26	31	340	125
中农	6	9	11	79.5	52

17户出租户显然不能自耕其所占有的土地，其出租部分占其占有部分的42%，除去出租部分，其自耕部分为242.5箩种，仍为其劳动力所不能耕种，必须大量雇工。

在阶级分化与土地集中的过程中，出现大批的丧失土地者，本寨无田户约占全寨户数的1/2，这批无田户中，有充分的劳动力接受出租户出租的土地（甚至是以高租率接受的），这是全佃农的出现。

（2）阶级分化的结果分化出较多的小土地出租者。全寨小土地出租者21户，占全寨总户数7.41%，共出租132笋种（包括出租外寨），约占出租笋种总数的1/4。小土地出租者的出现，促进了租佃关系的产生。

（3）私庄田和外寨多余土地的出租，扩大了本寨的佃耕面积。土司代办署官私庄田107笋种，弄罕、弄转两寨出租159笋种，二者共266笋种，占本寨佃耕总面积的一半，这两部分出租的土地，使本寨佃耕面积再度扩大。

（4）债务上的土地抵押，增加了发生租佃的新因素。本寨近50年内，土地逐渐集中，其集中的方式是通过土地抵押，这是变相的一种土地买卖，但因系抵押性质，土地债务关系尚未割断，致使土地抵押关系一部分转化为租佃关系，增加了产生租田的新因素。

三、地租（附官租及全寨产量分配）

（一）定租

本寨地租普遍是定额租，当地称为"死租"。佃户租田后，年交田主固定的租额。活租有1户，系对分。

（二）租率

租率情况如下表：

出租户		富农（包括经营地主1户）	小土地出租者	中农	方克光	方克嘉	弄罕寨	弄转寨	合计
出租户数		11	14	6					31
出租笋种数		115	96	46	66	41	39	120	523
佃耕户租率分配	86%		1						1
	80%		1	1					2
	76%			1					1
	70%至75%	2	6	1	1				10
	65%至70%	1	3	1					5
	60%至65%	5	3	1			1	1	11
	55%至60%	2	2	2			1	3	10
	50%至55%	1	1		4		1	3	10
	45%至50%				2				2
	40%至45%	1				1	1	1	4
	35%至40%				1	2		1	4
	33%	1							1
	22%					1			1
合计		13	17	7	8	4	4	9	62

由表列情况可以看出：

（1）高额租率的耕种面积相当大：①租率占产量50%以上的佃耕户，约占佃耕总户数的80%，租率占产量50%以下者仅占20%；②租率占产量50%以上的佃耕户共50户，其中以租率占产量55%至77%者为最多，共计36户，租率占产量75%以上者4户，最高租率达到产量的86%；③租率占产量的45%至55%者共12户，这种租率，约相当于对分制；④租率占产量45%以下者12户，其中租率占产量35%至45%者10户，最低的租率为占产量的33%及22%，各1户。

（2）本寨出租户的租率均在产量的50%以上：①本寨富农出租租率均在产量的50%以上，最普通的为由60%至75%；②本寨小土地出租者的租率没有低于产量50%的，一般为由50%至75%之间，最高为86%；③本寨中农出租租率没有低于产量55%的，一般为由55%至80%。

（3）私庄田及外寨田的租率较低：①私庄田及外寨田的租率最普遍的是占产量的40%至65%；②最低的租率是方克嘉的私庄田，最高为40%，最低22%。

按：本寨官租总额解放前为18800笼，约占全寨总产量143640笼的13%，解放后减为15800笼，约占总产量的11%。官租虽由田主负担，但仍转嫁给佃户，致使有的佃户负担的租率，相当于产量的22%至86%，田主交官租后的实际租率为产量的11%至75%。各阶层产量实际分配情况如下：

阶层 产量分配	富农（包括经营地主1户）	小土地出租	中农	佃中农	贫农	佃贫农	土司代办属官外寨	合计
自耕产量	33560		71490		2220			107270
官租额	3571.6		7863.9		244.2			11679.7
出租收入	5250	5235	1940				7490	19915
官租额	577.5	576.9	213.4				823.9	2191.7
佃耕产量	3900		16440	12500		3530		36370
地租额	1230		9625	7130		1920		19905
产量合计	37460		87930	12500	2220	3530		143640
官租合计	4149	576.9	8077.3		244.2		823.9	13871.4
实际收入	37331	4658	72168	5370	1976	1610		123113
官租地租占实际收入%	14.4	12.3	24.5	132.7	12.3	120.0		27.4
每人平均笼数	199.6	47	96.8	12	31.8	44.7		70.1

注：

1. 单位为笼，每笼合20市斤。

2. 佃中农、贫农多系种坏田，面积大，产量低，平均数小。

3. 官租合计数13871笼，另有2000笼上下的头人、先生、小跑年薪，由有田户负担，共合官租总额15800笼。

4. 合计每人平均数70.1笼，系以全寨总人口与实际收入合计数相比。

可以看出：全佃农的地租负担占其实际收入的120%至133%，小土地出租及贫农的官租负担占其实际收入的12%，中农的官租地租额占其实际收入的25%，富农的官租地租额占其实际收入的15%。

四、租佃特点及其与生产的关系

综上所述，本寨租佃情况有以下几点特点：

（1）租率高，租佃面大，佃耕面积广：本寨的租佃关系是高额租率和较大的佃耕面积相结合的租佃关系，佃耕户和出租户共86户（不计外寨和私庄），几乎占全寨户口的1/3，佃耕面积共523箩种，也约占全寨耕种面积的1/3，但都是在高租率下进行佃耕的，因此，租佃关系在生产关系中占有相当的比重。

（2）租佃关系表现出特别鲜明的阶级性：土地集中和阶级分化的结果，迫使多田户出租土地，同时也出现大批全佃农，佃耕土地者多系中农以下成分，富农的佃耕是特殊的（佃耕私庄）。

（3）租佃关系交织着土地抵押关系：土地抵押在本寨是比较普遍的，因债务而丧失土地者不少，其中一部土地抵押关系又转化为土地租佃关系，形成土地抵押与租佃的交织情况。

（4）租佃关系束缚着生产的发展：①高租率束缚着佃田的生产。佃田租率普遍在产量的50%以上，佃户必须以产量半数以上的收成交付地租，交租后所得无几，因此，高租率束缚着佃户的生产积极性。②全佃农缺乏再生产能力。21户全佃中农共有水牛18头，平均每户不及1头，其中有6户无水牛。佃农须于农忙时出卖劳动以维持生活，影响早耕早种，计佃耕10箩种以上的全佃农，每箩种田平均施工35个，耕作是极为粗放的。③高额地租妨碍着"保佃政策"的有利贯彻。边疆民族区域发展生产15项具体政策，得不到5种人（出租土地者、没有租得田的无田户、受高租率束缚的佃户、需要卖工的佃农、种下等田的佃户）的完全满意，影响这一生产政策更好地有利地贯彻。

叁、债务情况

本寨债务情况，按其性质可分为：①不涉及土地抵押的债务；②因债务涉及土地抵押，仍保留"银到田归"；③因债务涉及抵押土地，但已经抵死。兹分述如下：

一、不涉及土地抵押关系的债务

（一）各阶层放债欠债情况

债务 \ 阶层		富农（包括经营地主1户）	小土地出租	中农	佃中农	贫农	雇农	小商	迷信职业	合计
放债	户数	11	2	25	2	1	6	8	1	56
	占放债总户%	19.6	3.8	44.6	3.6	1.8	10.7	14.3	1.8	
	放债额	12929	2850	13210	187	400	800	1900	100	32376
	占放债总户%	39.9	8.8	40.8	0.6	1.2	2.5	5.9	0.3	
欠债	户数	1	4	11	8	1	11	3	2	41
	占欠债总户%	2.4	9.8	26.8	19.5	2.4	26.8	7.3	4.8	
	欠债额	1000	3750	2770	2500	1400	9160	2096	700	32376
	占欠债总额%	3.0	11.5	36.7	7.6	4.5	28.2	6.4	2.1	

注：债额以半开计，单位为个。

（二）利率和利息

最普遍的利率为年息45%，一般均以谷息计算，即每百个半开年息15箩谷，每箩谷合半开3个，共45个半开。最高利率为60%，最低为30%至35%，但均不甚多。

就年息45%计算，两年利息即达本金的90%；就年息60%计算，两年利息已超过本金；年息30%至35%者，3年利息已达本金的90%或超过本金。本寨债务，大多数都是发生在两年以前的，欠债户所付利息一般都达到本金数目，并已超过本金若干倍。

付息一般系交实物，也有折交货币的，也有以杂粮或其他实物折付利息的。贫雇农中有替债主做零工，以工资折付利息，这是劳役利息，但不普遍。

（三）债务时间及借债原因

发生债务的时间，分3个阶段统计如下：

债务时间	1940年以前	1941年到1951年	1951年以后	合计
欠债户数	9	21	11	41
欠债额	5550	21669	5157	32376

1940年以前发生债务的欠债户9户中，其成分为中农3户，雇农3户，贫农、小商及小土地出租者各1户，其中有自1900年及1920年以来即发生的债务。

解放后欠债户11户，其成分为中农3户，佃中农2户，雇农3户，小商、小土地出租及富农各1户。

1941年到1951年10年内的债务，多数是在日寇占领期间发生的，这时苛杂繁重，生活困难，不少贫苦农民借债过活。一部分因欠债把自耕田地抵押出去，丧失土地者不少。

欠债户欠债原因有如下几点：

（1）生活及负担：为生活及苛杂负担而欠债的占全部债务的1/3，特别是1941年到1950年的债务多是由于生活及苛杂而产生的。

（2）婚姻：贫雇农多为结婚而负债，一经负债，即成为终生的束缚。

（3）上代遗下的债务：欠债户中一部分债务系由祖、父、兄等遗留下来由子孙负担，1940年以前债务均属此类。

（4）借债做生意：小商所欠债务多属此类。

（5）购置：有为盖房、买牛、买田而借债的。

（6）官租：一部分欠债户是为官租而欠债的，中农欠债多属此类。

（7）还债：借债还债。

（8）丧病：贫雇农中有为丧事或疾病而借债者，均系小额借贷。

二、"银到田归"的债务

各阶层债务人抵出"银到田归"的土地如下：

阶层	小土地出租	中农	佃中农	佃贫农	小商	雇农	外寨	合计
户数	2	4	2	1	2	8	1	20
抵出箩种	8	35	19	8	16	50.5	12	148.5

雇农抵出的土地50.5箩种，占全部"银到田归"土地的1/3强；佃中、贫、雇农及小商共13户，共抵出93.5箩种。这13户无田户10余年或20余年前，全是中农或贫农。

各阶层债权人占有"银到田归"的土地如下：

占有者	户数	现有箩种	"银到田归"箩种	"银到田归"占现有箩种%	转为租佃箩种
富农	9	228	73.5	32.2	20
中农	8	82	37	45.1	
小土地出租	1	15	8	53.3	
外寨	1		14		
署官	1		16		6
合计	20	325	148.5		26

9户富农现有228箩种，其中有1/3为"银到田归"箩种；8户中农现有82箩种，其中约有将近1/2为"银到田归"箩种。因此，若不因债务人抵押土地，这些富农和中农的土地占有数只能是中贫农的占有数。

"银到田归"的土地由债权人耕种，富农耕种不完，又由债务人向债权人佃回耕种，即转为租佃关系，计26箩种，占"银到田归"土地总数148.5箩种的17.5%。其转为租佃关系的时间都是在解放以后（其中1户于解放前转为租佃关系）。

三、因债务抵死的土地

自1905年到1948年40余年内，因债务而丧失的土地如下：

阶层	富农	中农	佃中农	佃贫农	雇农	合计
得田户数	6	12				18
现有箩种	165	122				287
失田户数		3	3	2	14	22
失去箩种		17	21	17	78	133

失田户共22户，其中除3户中农外，余均为无田的佃农和雇农，22户共失去土地133箩种。这些丧失的土地被6户富农所得计57箩种，占6户富农现有165箩种的34.1%；为12户中农所得者计76箩种，占12户中农现有122箩种的62.3%。

四、债务特点及其与生产的关系

本寨债务的特点是：①债务面大，不涉及土地关系的债务107户（借贷双方），涉及土地关系的债务80户（"银到田归"及抵死土地的双方），二者共187户，占全寨总户数286的65%；②债务与土地的联系较密切，或保留"银到田归"的形式，或转为租佃关系；③债务表现着鲜明的阶级剥削性质，放债户多属中农以上，欠债户多系中农以下的阶层；④利率较高，一般为年息45%。当15项生产政策宣传后，欠债户要求加1项有关债务的政策，足见农村高利贷威胁着贫苦农民的生活和生产是相当严重的。

肆、无田户生活情况

一、无田原因分类

无田原因如下：

无田原因	合计	上门（入赘）		分家			欠债			外寨迁来
		上有田户门	上无田户门	有田户分家	分家时未分田	无田户分家	田已抵死	银到田归	不分债不分田	
户数	102	1	6	10	8	40	19	13	3	2

全寨无田户共136户，其中上有田户门未分得田者1户，上无田户门6户，分家无田者58户，因欠债而无田者35户，外寨迁来2户，共102户。余34户，无田已50余年，其无田原因不详（汉族无田户2户，共无田户138户）。

（1）上门无田：按傣族习惯，入赘男子分居不分田，本寨上门无田者7户，占无田户总数136户的5.3%，其中1户系上有田户门，6户系上无田户门。

（2）分家无田：近50年内本寨各族系曾不断分家。如金老眈家，30余年前五弟兄同居共40余人，分家后老眈的大哥家有5子，又分为5家，其第二子有2子，又分为2家，计老眈亲弟兄5人，现共分为11家。又如无田户帕戛老罕（金姓）亲弟兄4人分家，其兄3子又分3家，共分为6家。由于分家较为普遍，无田户的数目从而逐渐增多，由分家而无田者58户，占无田户总数42.8%。由分家而无田的情况有3种：

①有田户的分家：父亲占有土地，儿子分家出来时，暂不分田，父亲死后再分。这类共10户，占无田户总数8%，占分家无田户总数的17%。

②分家时未分得田：由于父子或婆媳或弟兄不睦，主动分家出来，因而父不给子田、婆不给媳田、兄不给弟田。这类共17户，约占无田户总数14%。

③无田户分家：这类共40户，约占无田户总数30%，占分家无田户总数70%。

（3）因欠债而无田：因欠债抵押土地而无田者35户，约占无田户的26%。因欠债而无田者有3类：

①土地抵死：这类19户，约占无田户总数14%，占欠债无田户总数54%。

②"银到田归"：这类13户，约占无田户总数10%，占欠债无田户总数37%。

③分家时不分债不分田：分家时有债务未偿，分居者如不负债务责任，则亦不分家中之田。这类共3户，占无田户总数2.2%，占欠债无田户总数8.6%。

（4）外寨迁来：外寨迁来无田者2户，占无田户总数1.5%。

二、无田户目前生活情况

无田户人口劳动力如下：

阶层\户口	佃中农	佃贫农	雇农	小商	迷信职业	合计
户数	21	5	71	35	4	136
人口	143	35	331	142	13	664
劳动力	69	17	163	61	5	315

（一）佃农

佃中农21户143人，劳动力69个，佃耕225箩种，产量共12500箩，租额共7130箩，交租后所得为5370箩，每人平均约得37箩，仅够1人每年所需的粮食，其他生活费用，须靠小春及其他劳动收入弥补（佃中农耕田土地多，但田多系下等田，产量特少）。

佃贫农6户35人，劳动力17个，佃耕50箩种，产量共3530箩，租额共1920箩，交租所得为1610箩，每人平均得46箩，亦仅够所需粮食，虽稍有剩余，仍需靠其他收入弥补生活费用。

（二）小商

小商35户，系就无田户中有半开200个以上可做小生意或其他经营者列计，各户本钱情况如下表：

本钱	总计	200	300	400	500	600	700	800	1000	1500	2000	3000
户数	35	5	3	6	5	1	1	3	4	3	2	2
合计	29000	1000	900	2400	2500	600	700	2400	4000	4500	4000	6000

本寨小商，多系中农、富农分家出来的子侄，分家时不分田，但分得一笔本钱。其生活除一部分靠舂米和养猪外，也靠放债和去缅甸做生意。

（1）放债：小商35户中发生债务关系者11户，其中有8户放债半开1900个，有3户共欠半开2067个。小商放债多系小额放贷，放债额没有超过700个半开的，年息一般为45%，最高年息60%。欠债的小商，系借债做本钱，亦多系小额借贷，如二黑保欠1300个半开，共欠6个债主。

（2）去缅甸做生意：去时带黄牛或大烟，牛价不高，为能卖得卢比，便于购买货物，买回的货物主要是洋油、食盐和洋线、棉纱、毯子及其他禁物（打火机、手表、电池等），一般是到缅境目遮地方，4天可达，去1街（5天），回1街，每月跑2次到3次。

波安啥全家5人，主要劳动力3个，无田，以550个半开跑缅甸生意，每月可赚谷10箩，够维持2人到3人的生活，利润率合6%。

佃贫农所炼熟悉跑缅甸生意，本人无钱，帮人合跑，得利平分，每月可得半开40枚，够维持1人至2人的生活。

（三）迷信职业

靠迷信职业4户，系迷信医卜职业，有3户年可收入半开200枚上下，有1户可收入500余枚。近因医药卫生工作的开展，本寨设有接生站，并免费治疗病人，迷信职业者的收入大为减低，但其中1户，每月仍约有10枚半开的收入。

（四）雇农

雇农是无田户中生活最困难者，全寨雇农71户331人，劳动力160人，主要靠舂米卖和卖零工及长工过活。

三、雇农生活来源

（一）舂米卖

舂米卖为本寨各种无田户一般的副业，个别中、贫农亦有舂米卖者，但不靠此为生，靠舂米卖为生的绝大多数为雇农。

本寨有水碓60余座，除很少一部分为私人所有，或六七家或三五家共有1座。私人所有者，若夜间不用，仍可由他人使用。每座水碓白天可舂谷4箩，夜间可舂谷6箩，一昼夜可舂谷10箩。水碓舂米，不需要人看守，将谷放入臼窝，经过相当时间，即舂成米，然后取米放谷，继续舂取，多由妇女照料。

舂米卖的人家，一般在一个街期内（5天）可舂15箩至20箩谷，10箩好谷，舂得米4.7箩上下，售给粮食公司，因当地箩较大，以斤折箩，约合5箩米，每箩米半开8枚，合40枚半开，10箩好谷值共35枚半开，计舂10箩谷得利5个半开，合人民币2万元。舂15箩，可得人民币3万元。1个月有6个街期，可得18万人民币，约可维持1个半人1个月的生活；若每街舂20箩，即可维持两人1个月的生活。谷子好坏与舂米利润关系很大，如谷子不好，结果米少糠多，就要亏本。因此，为了要买好谷子，也有到10多里路外的地方去买的。

本寨60余座水碓，因水力情况不同，有半数可全年使用，有半数仅能使用半年，这些水碓，每年维持约2/3的雇农的一部分人口的生活。但水碓为雇农所有者极少，租水碓1个整天，须付半开1个。

（二）养猪

养猪是与舂米联系着的，舂米卖不仅可以得利，还可剩糠。舂10箩谷可得糠2箩，糠1箩可值半开1枚，每月可得糠价半开12枚至24枚，亦可以维持半个到1个人1个月的生活。但糠多用于养猪，养猪也是本寨无田户的一项重要副业，全寨几乎没有一家不养猪，十分贫苦者则分养。肥壮的猪，可值半开200枚至300枚，因此，养猪也是无田户的一项重要收入。

无田户乜叶相保家，全家5人，母女及3个小孩，小孩1人替人放牛，年得40箩谷及衣裤4套，全家生活专靠舂米买，每月舂米60箩（每街2人舂10箩），一年中约不够二三十箩谷食用，但仍可靠养猪所得弥补。

（三）卖工

卖工有卖长工、卖零工及到缅甸卖工3种：

卖长工：全寨卖长工共46人，其中雇农出卖长工28人，占全寨出卖长工的半数以上。有两家雇农，甚至各出卖两个长工。长工由雇主供食外，年得衣裤3套，并得工资，工资按劳动力强弱议定，做辅助劳动的童工工资每年约30箩至60箩谷（合90个至180个半开），做主要劳动的成年人的工资每年约100箩至180箩谷，因此，出卖主要劳动的雇农，除本人外，尚能维持家中两人的生活。

卖零工：多田户多系雇工耕种，由于全寨耕种面积较广，劳动力较缺乏，因而工资较高，每工约1箩至1.5箩谷（合半开3枚至4枚半），雇农每年出卖零工30个至50个，可维持1个人的生活。

做缅工：全寨到缅甸卖工的雇农有13家，如赛岩望全家4人，主要劳动力1个，附带劳动力1个。本人于1953年到缅甸卖工6个月，带回水牛两头及卢比56个。两头水牛值半开300枚（1大1小，大者约值180枚，小者约值120枚）。计每月约得半开50余枚，约合人民币26万元至27万元，够维持家中3人的生活。

四、雇农生活上的几项重大负担

（一）债利

雇农有放债的也有欠债的（详见债务情况），欠债雇农每年必须将其收入所得交付债利，因此，即使终年劳苦，所得勉强足以维持生活，付出债利后，仍陷贫苦境地。

（二）婚丧用费

按照地方习惯，男子娶妻，必须付与女方礼银，最少是半开200枚，一般三四百枚，若家中娶多嫁少或家中有了丧事，势必因婚丧而负债，因此即成为终身生活上的一大负担。

（三）宗教费用

按照宗教习惯，老年人必须进庄房拜佛，不然即为别人所耻笑。在一年中的进洼出洼3个月期间，每7天供佛1次，供佛之日虽仅吃1餐，但须吃得较好，计3个月内须供佛13次，以最低限度计算，供佛所用纸张、水果、肉食等需半开50枚，若稍讲究一些，则需半开100枚以上。

伍、生产水平

一、基本情况

（一）耕种面积和产量

全寨自耕田1117箩种，佃耕田523箩种，耕种面积为1640箩种，自耕约占总面积的68%，佃耕约占总耕种面积的32%。

全寨主要劳动力516个，约占全寨人口1755的30%；附带劳动力518个，亦占全寨人口的30%。以两个附带劳动力计为1个劳动力，合劳动力775个，占总人口的44.1%。

全寨有水牛254头、黄牛433头，黄牛不作耕田之用。

以上是土地和劳动力情况，与此相适应的单位面积（箩种，每1箩种约可折合4亩计算）产量情况如下：

	总计	上等田	中等田	下等田
面积	1640箩种	1112箩种	309箩种	219箩种
产量	143640箩	111200箩	24640箩	7800箩
每箩种平均产量约数	88箩	100箩	80箩	40箩
每亩平均产量约数	440斤	500斤	400斤	200斤

注：每箩种田折合4亩计算，每箩谷折合20斤计算。

从上述情况可以看出：

（1）下等田产量特别低，这是外寨弄罕、弄转两寨出租给本寨的田，田高缺水，晚种晚收，影响了产量的提高。上田、中田均系那目田，上、中田的分别只是早水田和迟水田的分别，产量由80箩到100箩。全寨平均产量每箩种田目前为88箩，折合每亩440斤，与内地产量相比，仅为内地每亩丰产量1000斤到1500斤的1/2或1/3还弱。因此，土地生产潜力仍然是很大的。

（2）全寨水稻总产量为143640箩，全寨每人平均可得82箩。以每人每年需粮食稻谷36箩计算，则此数可供本寨2年零4个月之食用，小春生产数尚未计算在内。

（3）平均每头牛耕田6.3箩种（合25.2亩），平均每一劳动力耕种2.1箩种（合8.4亩，每一劳动力的平均耕种面积数是值得研究的，详后）。

（4）目前上田每箩种水稻产量为100箩，中田80箩，下田40箩。

（二）劳动力的耕作限度

大多数自耕中农都这样说："两个主要劳动力和一个附带劳动力最多耕种6箩种，再多就种不完了。"以此作为劳动力耕作限度的标准，全寨劳动力与耕地适应关系以3种情况计算如下：

（1）以两个半劳动力耕作6箩种，即以1个劳动力耕作2.4箩种，全寨耕种面积需要劳动力683人（1640÷2.4），全寨劳动力775人，还有92个劳动力剩余。

（2）以3个劳动力耕种6箩种，即以1个劳动力耕作2箩种，全寨耕种面积需要劳动力820人（1640÷2），全寨不够劳动力45个。

（3）以两个劳动力耕种6箩种，即以1个劳动力耕种3箩种，全寨耕种面积需要劳动力547人（1640÷3），还有228个劳动力剩余。

依据上述3种情况，可以看出：

（1）第三种情况，即每个劳动力耕种3箩种是比较合乎实际的，因为以每个劳动力耕种3箩种计算，虽然全寨还剩余228个劳动力，但这是以全寨劳动力总数全部投入农业生产计算的，事实上不可能是这样，全部劳动力须除去：①286户炊事需要的附带劳动，以2个附带的劳动为1个劳动计算，共计143个主要劳动；②富农、小土地出租者及小商中有劳动力而不从事农业生产的人数；③各阶层在生产季节中因病因事不能劳动的人数。除去了这些劳动力，农业生产上就没有剩余的劳动力了。

（2）若以每个劳动力平均耕种2.1箩种作为目前耕作水平的标准，也是不适当的，因为平均数的计算仍是以全部劳动力与全部耕种面积相比，其中没有除去应当除去的劳动力，因而就会使实际劳动的人数加大，每一劳动力的耕种面积就相对缩小。

（3）如果每个劳动力耕作4箩种，由于加大了劳动力的耕种面积，势必缩减耕作效率，则在耕种方面，不是更加粗放，就是必须雇工，二者必居其一。

因此，依据目前生产水平，以每个劳动力耕种3箩种（自然可稍高或稍低）作为每个劳动力的耕作限度，则全寨农业生产劳动力应为547个，约占总人口的31%。

（三）各阶层耕种面积与其劳动力的适应情况

以1个劳动力耕种3箩种作为耕作限度为标准，全寨各阶层与其劳动力的适应情况如下表：

阶层＼适应情况	户数	人口	主要劳动	附带劳动	劳动力总数	耕种面积	耕地与劳动力适应情况
合计	286	1755	516	518	775	1640	剩余228个
富农（包括经营地主1户）	18	187	49	51	74	394	不够75个
中农	120	886	263	263	395	1172	剩余5个
贫农	15	98	30	33	46	72	剩余22个
小土地出租者	21	99	23	30	38		剩余38个
小商	37	145	45	38	64		剩余64个
雇农	75	340	106	103	158		剩余158个

可以看出：

（1）富农的劳动力与其耕种面积不适应，耕种面积大而劳动力少，其余各阶层均有剩余劳动力。

（2）富农虽不够75个劳动力，但这是个最低数，因为这仍是以全部劳动力投入生产计算的，还必须加上其他作业所需的劳动力。

（3）中农耕种面积，照表中的数字看，大体与其劳动力相适应，但若计入其他作业所需劳动，仍然是不够的。

（4）贫农有剩余劳动力，但为数不多。

（5）小土地出租者和小商共有劳动力约100个，但二者共为51户，除去本身其他作业所需劳动，其投入农业生产的劳动，如卖工和换工之数不多。

（6）雇农158个劳动力，除供给富农、中农所需劳动力外，其余劳动力使用于其他作业和种园地。

因此，在每一劳动力耕作3笼种情况下，除去各阶层其他作业所需劳动如炊事、织布、赶场、春米、种园地等外，实际可以投入农业生产的劳动力，只是500个至550个之间，约占总人口数的30%。

二、耕作季节和耕作工数

（一）耕作季节和劳动供应

水稻耕作可分5个阶段，并以每个劳动力耕作3笼种为耕作限度，全寨农业生产劳动力应定为547个，全寨耕种面积应为1640笼种，制表如下：

	第一阶段	第二阶段	第三阶段	第四阶段	第五阶段
夏历月份	12月至正月	3至4月中旬	5月中旬至6月下旬	9月	11月
傣历月份	3至4月	6至7月	8至9月	12月	2月
耕作项目	犁板田	耙头荒、驮粪、犁二荒、花田、耙秧田、铲埂、上埂、栽秧	薅秧、砍埂、修沟、放水、断田	割谷、堆谷	打谷、驮谷、堆草
耕作日数	20	48	40	30	30
每笼种田需工数	3	16	14	5	5
耕种总面积需工数	4932	26240	22960	8200	8200
劳动力供应工数	10840	26256	21880	16410	16410

根据上表，说明每一个阶段劳动力供应情况如下：

（1）每笼种田平均施工43个。

（2）在第一阶段由于耕作日数较长，而每笼种田仅需工3个，1640笼种耕种面积共需4932个工，全寨547个劳动力，在20天内可以充分供应。

（3）第二和第三阶段是水稻生产的重要时期。在第二阶段，耙田、驮粪、犁田、耙秧田、铲埂、栽秧等一系列生产劳动是连接起来的，必须在48天内耕作完毕，在这一阶段内，每笼种田需工16个，全寨耕种面积需工26240个，全寨劳动力于48天内可以完成26256个工，恰够供应这一阶段全寨耕种面积所需的工数。

在第三阶段，主要耕作是薅秧，其次为修沟、砍埂、放水、断田等，耕作日数为40日，每笼种田需工约14个，全寨耕种面积需工22960个（1640×14），全寨劳动力40天只能提供21880个工（547×40），尚不足1000余工。这说明两种情况：

①薅秧以妇女劳动力为主，本寨妇女劳动力还不够供应目前耕作水平所需的劳动。

②耕种面积多、劳动力少的农户，只得少薅秧或晚薅秧，少薅或晚薅的结果，必然会影响产量的提高。

（4）在第四、第五阶段，因为早谷早割、晚谷晚割，劳动力的供应时间较长，就有充分的劳动力可以供应。

（二）中农、贫农的耕作情况

各种情况的中贫农耕作情况如下：

农户	耕种面积与劳动力适应的中农	耕种面积大、劳动力少的中农	劳动力多、耕种面积小的贫农	佃耕面积较大的佃中农	佃耕面积较小的佃中农
户数	6	11	3	10	9
人口	47	117	16	72	63
劳动力	18	40	9	36	29
耕种面积	31	159	7	118	60
产量	2780	11400	690	5800	3970
驮粪	86	208	31	775	459
犁田	270	1038	90	458	378
耙田	178	412	43	387	224
撒秧	11	237	3	23	18
拔秧	32		13	97	54
栽秧	57	218	29	232	102
薅秧	366	1112	116	736	430
整田	68	476	12	303	174
割谷	148	602	40	307	241
打谷	169	1289	58	310	274
堆谷	68	268	19	134	126
驮谷	75	499	22	356	348
雇工数		1370			
合计	1528	6359	476	4118	2828
每箩种田					
平均施工数	49	40	68	35	46

根据上表情况说明如下：

（1）耕种面积与劳动力适应的中农：6户中农的劳动力均足以供应耕种面积的需要，而且还有剩余劳动可以投入土地。因此，各户每箩种田的需工数均在43工以上，且有达59工的，平均每箩种田需工49个，超过一般需工水平；产量每箩种90箩左右。

（2）耕种面积大、劳动力少的中农：11户中农，每户劳动力2个至5个，耕种面积为11箩种至18箩种，各户劳动力均不足以供应耕地的需要，因而必须雇工或换工，其雇工或换工数有达300个者，一般都是100多个，最低亦须换工90个。11户的耕种面积为159箩种，平均每户14.5箩种，每箩种平均需工40个，没有达到43工的水平，产量均在80余箩上下。

（3）劳动力多、耕种面积小的贫农：这类贫农投入土地的工数，最高为77个，是全寨最高的需工数，每箩种田平均需工为68个，产量均在100箩附近，达到上田产量的标准。

（4）佃耕面积较大的佃中农：10户佃中农的佃户各在10箩种以上，有多至22箩种者，劳动力最多6个、最少2个，各户每箩种田需工数均低，大多数均在30个工左右，平均需工数为35个，是全寨最低的需工水平，由于田坏缺水，耕作上就更加粗放，这是真正的"广种薄收"，产量一般在40箩附近，是全寨最低的产量。

（5）佃耕面积较小的佃中农：这类佃中农的耕种面积大体与其劳动力相适应，亦有多余劳动投入生产，平均用工数46个。这类佃中农所佃耕的土地各有不同，产量达到各自佃耕的上、中、下田的水平。

三、劳动与土地的适应关系

依据上述，本寨劳动力与土地适应的关系是：

（1）寨内占有土地多而劳动力少和劳动力与土地大体适应的户数比较多，土地占有少、劳动力多的户数则较少，因此，普遍要求土地加工是有困难的。

（2）在犁田到栽秧这一阶段，依上计算为16个工，如增为19个工，则全部耕种面积需工31160个劳动力，以耕作48日计，每日需647个，全寨共547个劳动力，虽不够供应，但这是全部耕地的加工，如果重点的部分的加工，则加工所需的劳动力供应上困难不大。因此，重点加工施肥和除草是有可能的。

方峰和、李新中、杨方贵、马培荣、王宏道　调查

王宏道　整理

潞西县轩岗坝初步调查

　　轩岗全坝计大小18个寨子，上轩岗8寨：那偏、那卡、等播、那勒、芒冒、芒端、顿勐、户弄；下轩岗10寨：那恩、轩蚌、芒广、上邦瓦、下邦瓦、棒炳、芒牙、芒棒、芒项、芒滚。共751户4211人，劳动力2029个。全坝耕种面积4039.8箩种田，约合16159亩（每箩种约合4亩），产量260167箩谷子，折合5723619市斤（每箩谷子22斤）。每箩平均耕种5.4箩种，约21.6亩，每人耕种0.96箩种，合3.84亩。

　　上下轩岗18寨及已调查过的轩蚌等13寨人口、户数及土地概况如下表：

轩岗坝各寨概况表

上下轩岗	寨名	户数	人口	自耕		出租		佃耕	
				箩种	产量	箩种	产量	箩种	产量
合计		751	4211	3274.6	215085	419	2232.5	765.2	45027
上轩岗	等播	26	156	105.8	5455	5	160	77	3794
	芒冒	35	187	181.5	8870	7.5	450	39	1730
	那勒	48	219	197.5	14500	20	1260	34.5	3190
	芒端	53	344	239.6	18875	27.5	1740	44.5	4210
	顿勐	35	202	94.7	10930	25	1740	34.7	3100
	户弄	20	91	42.3	3200	2	170	33	2880
上轩岗	那偏	12	83	85	5280	28	1450		
	那卡	37	192	163	11790	9	1170	28	1838
下轩岗	芒棒	82	438	481.5	31070	74	4390	73	4240
	轩蚌	91	603	370	25293	35	2160	116	6325
	芒牙	69	409	277	16822	23	980	63	3620
	芒滚	35	182	129.2	7455				
	那恩	9	37	18	1020			9	470
	上邦瓦	26	144	65.5	5660	9.5	540	39	2290
	下邦瓦	12	59	29	2355			8.5	590
	芒广	63	321	292	17480	89.5	2925	106	3840
	芒项	56	296	300.5	15790	43.5	1830	50	2170
	棒炳	42	248	202.5	13240	20.5	1360	10	740

上轩岗各阶层经济情况表

阶层		合计	富农	中农	贫农	雇农	小土地出租
户口	户数	266	13	127	80	43	3
	所占比例	100%	5%	47.7%	30%	16.1%	0.8%
人口	人数	1474	127	780	408	150	9
	所占比例	100%	8.7%	52.9%	27.6%	10.1%	0.6%
占有田面积	箩种	1233.4	203	792.3	214.8	1.3	22
	占比例	100%	16.4%	64.2%	17.4%	0.3%	1.7%
	产量	87040	15460	55461	14419	90	1610
	占比例	100%	17.7%	63.7%	16.7%	0.1%	1.8%
自耕田	箩种	1109.4	168.5	730.8	208.8	1.3	
	产量	78900	12760	51991	14059	90	
出租田	箩种	124	34.5	61.5	6		22
	产量	8140	2700	3470	360		1610
佃耕田	箩种	290.7		133.2	153.5	4	
	产量	20802		10479	10163	160	
耕种田面积	箩种	14001	168.5	864	362.3	5.3	
	所占比例	100%	12%	61.7%	25.8%	0.3%	
	产量	99702	12760	62470	24222	250	
	占比例	100%	12.7%	62.6%	24.3%	0.4%	

注：本表系那偏、那卡、等播、那勒、芒冒、顿勐、芒端、户弄8寨统计。

已调查的轩蚌等13寨（代表全坝73%）耕种总面积为2936.8箩种，产量共196022箩，其中自耕2385.1箩种，占耕种总面积81.8%，产量160560箩，占总产量81.9%；佃耕551.7箩种，占耕种总面积18.2%，产量35462箩，占总产量18.1%。13寨各阶层占有土地2638.1箩种，产量176230箩，其中自耕2385.1箩，产量160560箩，自耕箩种及其产量均占占有总数及其产量的90.3%；出租256箩种，产量15670箩，均占占有总数及其产量的9.7%。

一、土地占有

根据上轩岗8寨下轩岗5寨材料，轩岗坝13个寨（代表面73%）各阶层土地占有情况如下：

阶层	户数	占总户数%	人口	占总人口%	占有笋种	占笋种总数%	每人平均笋种
合计	551	100	3143	100	2638.1	100	0.84
富农	20	3.6	183	5.8	347	13.2	1.8
中农	285	51.7	1814	57.7	1815.3	68.7	1.0
贫农	149	27.1	807	25.7	403.5	15.2	0.5
雇农	78	14.2	281	8.9	1.3	0.1	0.004
小土地出租	12	2.2	40	1.3	71	2.7	1.8
其他	7	1.2	18	0.6			

由上表可以看出：

（1）13寨富农20户，平均每寨1.6户，小土地出租者12户，平均每寨约1户，二者在面上虽比重较小，但就每人平均笋种数看，则每人平均占有数已为中农的1.8倍，为贫农的3.6倍。占13寨总户数3.6%的富农，占有13寨笋种总数13.2%。13寨的土地还不十分集中。

（2）中农、贫农的户数占总户数78.8%，其占有土地面积约占总面积的83.9%，是一个面较广泛的阶层。除去其中全佃农50户，自耕中、贫农共430户，仍占总户数的78%。

（3）雇农及其他阶层共85户，占总户数15.4%，约合1/7，完全无田；若加入全佃农60户，则无田者共145户，占总户数的26.3%，约合1/4强。13寨平均每4户中有1户无田，无田户户数仍是相当大的。

兹再分别说明各阶层情况如次：

（一）富农[①]

富农占有经济比重如表：

寨别	户数占总户数%	人口占总人口%	占有土地占土地总数%	占有产量占总产量%	出租占富农占有的%
上轩岗8寨	500	8.70	16.4	17.7	17.0
下轩岗5寨	24.5	3.30	10.2	12.9	35.0
13寨合计	3.6	5.82	13.1	15.3	22.6

从下轩岗5寨的情况来看，富农7户自耕100笋种，出租44笋种，每人平均占有土地2.57笋种，产量189.8笋谷子，收入足供其3年食用。

---

① 此标题为编者所加。——编者

富农除自己参加部分劳动外，尚有部分剥削收入，主要有以下3种剥削形式：

（1）剥削劳动力，剥削长、短工：如棒炳寨冯帕戛雇长工1名，尚请短工。

（2）债利剥削：金润向放债1400个半开，年息400箩谷子。

（3）地租剥削：金汤板占有土地19箩种，出租11箩种，收租290箩谷。

富农本身的劳动力只占富农人口的30.3%，而每个劳动力的平均耕种面积为5.9箩种，合20多亩，其劳动力是与其占有的土地不适应的。他们既有雇工，又有出租。13寨富农所出租的土地占其所有土地的22.6%，即出租其所有土地的1/5强。

富农不仅占有较多的土地，而且土地质量也是较好的，就轩蚌寨看，富农单位面积产量最高，如表：

阶层	富农	中农	贫农	雇农
单位面积产量	100	68.4	53.2	72.7

富农每箩种田的产量几乎为贫农的两倍。

（二）中农

中农经济占有比重如表：

寨别	人口占总人口%	耕种面积占总耕种面积%	产量占总产量%	自耕占中农耕种面积%	佃耕占中农耕种面积%	出租占中农占有土地%
上轩岗8寨	52.9	61.7	62.6	82.7	17.3	7.7
下轩岗5寨	61.9	74.9	76.0	94.1	5.9	3.8

上轩岗8寨和下轩岗5寨中农的特点在于：

（1）人口占总人口53%至62%，耕种面积占耕种总面积62%至75%，产量占总产量63%至76%。

（2）自耕比重很大，占其耕种面积83%至94%；佃耕和出租比重很小，佃耕占其耕种面积6%至17%，出租占土地面积的4%至8%。可以看出：上下轩岗13寨是中农经济占优势。13寨中农虽是一个面较广泛的阶层，但农村"农民的分化"经常是"牺牲中农而发展农民的两极集团"，"就其社会关系讲来，这一类农民是摇摆于高的一类与低的一类之间，它倾向于高的一类，然而爬到里面去了的只有区区少数的幸运者，至于社会进化的全部进程则把它推到低的一类里去。"（列宁：《俄国资本主义的发展》，解放社版，第150、154页）。由于13寨富农经济还没有进一步发展，因而目前中农还保持着一定优势。

（三）贫农

贫农占有土地较少，下轩岗5寨占总人口23.9%的贫农，占有土地总数13.4%。其耕种面积为269.2箩种，其中大部分系佃耕，受地租剥削。

贫农耕种土地情况如下表：

寨别	自耕	占贫农耕种面积%	佃耕	占贫农耕种面积%	出租	占贫农占有土地%
上轩岗8寨	208.8	57.6	153.5	42.4	6	2.8
下轩岗5寨	188.7	70.0	80.5	30.0		

由于贫农耕种土地中有相当大的一部分佃耕，即有与之相适应的地租负担。贫农每人耕种面积为0.78箩种，每个劳动力耕种1.47箩种，生活仍极贫困。贫农每人除地租外的实收如下：

寨别	每人平均耕种面积		每人平均占有		每人实收箩数
	箩种	产量	箩种	产量	
上轩岗	0.88	59	0.52	35	47.3
下轩岗	0.68	34.7	0.47	24.6	29

下轩岗5寨贫农每人实收入，仅够9个月的口粮。

（四）雇农情况

雇农情况，据已调查的13个寨子，雇农人口占总人口9%，户数占总户数14.2%。雇农的生活资料获得方式主要有以下3种：

（1）出卖劳动力为雇农生活资料的主要来源，下轩岗5寨雇农人口131人。有劳动力68个，占雇农人口51.9%。出卖劳动力方式大体可分为3种：

①长工，每年工资20箩到120箩，壮年熟练长工工资较高，童工及女工工资较低。

②短工，分粗活与轻活两种，粗活如犁田、薅秧等，每工0.7箩到1.0箩谷子；轻活如栽秧、割谷等，每工约4000元。

③放牛，放1头牛1年给工资二三箩，一般每村都有集体放牛的组织，专门有二三人放牛，工资多少看放牛数多少而定。

（2）做手工业或小生意。做手工业的极其个别，有的帮人盖房子。做小生意的较多，轩蚌寨雇农有好几户都到芒市挑盐巴卖，近街的地方，也有在街天卖豆粉者。

总之，雇农由于没有土地、牲畜及农具，其生活只有靠出卖劳动力，有些村寨雇农还负担公粮，如芒棒寨每户雇农负担公粮13箩（按该地区各村寨中公粮的负担是由头人分配，并未根据合理负担的原则分配，故形成雇农及其他无田户负担公粮的不合理现象），为生活所迫，有个别跑缅甸卖工，经年不得回家生活。据了解，轩蚌一寨，到缅卖工经年未归的尚有5个，其中有3个是雇农，有两个是贫农，5个均是青壮男女，可见由于土地制度的不合理，农民丧失了生产资料，只得跑缅甸卖工。

（五）全佃农[①]

全佃农情况如下表：

寨别	户数	占总户数的%	佃耕土地		每户耕种	
			箩种	产量	箩种	产量
合计	60	10.8	279	14938	4.6	249
下轩岗	15	5.6	67.5	3740	4.5	
上轩岗	45	16.0	211.5	21198	4.7	

全佃农除了极个别是佃中农外，其他均为佃贫农。全佃农占13寨户数的10.8%，平均每户佃耕4.6箩种，产量249箩谷子。

（六）小土地出租者

小土地出租者，人口比重很小，其情况如下表：

寨别	户数	人口	占总人口的%	出租土地		每人平均		
				箩种	产量	箩种	产量	实收
合计	12	40	1.2	71	4460			
上轩岗	3	9	0.6	22	1610	2.44	178.8	89.4
下轩岗	9	31	1.8	49	2850	1.67	112.9	54

按：实收入及产量均以箩计，每箩 22 斤谷子。

二、生产工具占有

轩岗坝傣族农民生产工具比较充分，凡有1头牛的都有1个以上的犁头，一般耕田户都有2个至4个犁头，犁架是自制，耙全部用竹木自制。生产工具中最主要的是水牛，据轩蚌等8个寨的调查，各阶层生产工具占有如下表：

轩岗坝耕牛统计表（据轩蚌、等播、芒牙8个寨子统计）

寨别	户数	耕种土地	水牛	黄牛	可耕水牛	可耕田	剩余牛力	平均每户得可耕牛
芒牙	68	328	127	152	76	450	20	1.11
芒棒	82	554.5	212	424	131	786	38	1.6
轩蚌	91	486	199	191	119	714	38	1.3

---

① 此标题为编者所加。——编者

续表

寨别	户数	耕种土地	水牛	黄牛	可耕水牛	可耕田	剩余牛力	平均每户得可耕牛
等播	26	182.8	83	139	49	276	15	1.88
那勒	48	217.5	116		69	414	32	1.43
芒昌	35	189	71	45	42	252	10	1.2
芒滚	35	129	112	178	67	402	45	1.91
那卡	37	209	68	103	39	234	4	1.05
合计	422	2295.8	988	1232	592	3528	202	1.4

注：据芒棒寨统计，本寨有水牛 212 头，可耕牛有 131 头，占水牛总数的 61.8%，其他各寨按 60% 的耕牛类推。

8寨422户，耕种面积2295.8箩种水田，计有水牛988头，黄牛更多，但黄牛一般只用于驮运，其中有可耕的水牛592头。按本地标准，每头耕牛平均可犁6箩种水田，则共可犁3528箩种水田，超过8寨耕种面积达1200多箩种，8寨尚有多余耕牛202头，可见耕牛的潜在力很大。按芒棒寨统计，现在所用的可耕牛力，只达可耕牛总数的70.6%，尚有29.4%可耕牛的潜在力。

各阶层耕牛（水牛）饲养情况，如表：

寨别	合计		富农		中农		贫农	
	户数	耕牛	户数	耕牛	户数	耕牛	户数	耕牛
等播			16	64	7	17	26	83
芒棒	5	35	48	168	2	4	82	212

芒棒寨无耕牛的计有14户，其中有8户是无田户、有田耕种而无耕牛的计有6户（贫农5户、中农1户）。轩蚌寨无耕牛的有20户，其中中农2户、贫农3户、雇农11户、小土地出租者3户、手工业者1户。

轩蚌寨第二居民小组20户生产工具如下：

阶层	户数	犁头	耙	锄头	备注
合计	18	45	30	33	小土地出租者1户、雇农1户无农具
中农	7	23	15	16	
贫农	11	22	15	17	

附

芒棒及等播的基本情况统计表

芒棒寨基本情况统计表

阶层	户口		人口				占有田面积			劳动力	
	户数	占全寨户数%	男	女	小计	占本寨人口%	箩种	每人平均占有水田	产量	劳动人数	劳动力占人口的%
合计	82	100%	204	234	483	100%	555.5	1.14	35460	170	35.1%
富农	5	6.09%	19	20	39	8.9%	98	2.51	7470	9.5	24.3%
小土地出租	4	4.88%	3	11	14	3.19%	32	2.28	1720	1	7.1%
中农	48	58.53%	139	156	295	67.35%	398	1.34	25100	120	40.6%
贫农	11	3.41%	22	23	45	10.27%	27.5	0.61	1170	21.5	47.7%
雇农	8	9.75%	16	15	31	7.08%				13	41.9%
小商	4	4.88%	5	7	12	2.04%				4	33.3%
鳏寡	2	2.44%		2	2	0.45%				1	50%

阶层	自耕水田			佃耕水田				耕种水田面积			出租水田			
	箩种	占全寨自耕田%	产量	箩种	占佃耕田%	产量	租额	箩种	产量	每人平均耕种	箩种	占全寨出租数%	产量	租额
合计	481.5	100%	31070	73	100%	4240	2030	554.5	42310	1.24	74	100%	4390	2155
富农	76	15.7%	6080					76	6080	1.95	22	29.7%	1390	695
小土地	1	0.2%	50					1	50		31	42.1%	1670	835
出租	377	78.2%	23770	55	75.3%	3220	1583	432	26990	1.46	21	28.1%	1330	625
中农	27.5	5.7%	1170	18	24.6%	1020	447	45.5	9190	1.01				
贫农														
雇农														
小商														
鳏寡														

等播寨基本情况统计表

阶层		合计	中农	贫农	雇农
户口	户数	26	16	7	3
	占全寨总户数的	100%	61.5%	27%	11.5%
人口	人数	156	98	43	15
	占全寨总人口的	100%	62.82%	27.56%	9.61%

续表

阶层		合计	中农	贫农	雇农
耕种面积	箩种	182.8	133.8	45	4
	产量	9286	7070	2056	160
自耕水田	箩种	105.8	101.8	4	
	产量	5455	5281	174	
佃耕水田	箩种	77	32	41	4
	产量	3794	1789	1905	160
出租水田	箩种	5	5		
	产量	160	160		
单位面积产量		50.8	52.8	43.5	40
每人平均收入		59.1	72.1	47.7	10.6

三、租佃关系

轩岗全坝佃耕田共765.2箩种，其中本乡各阶层出租本乡者共419箩种，外乡出租本乡者共346.2箩种。全坝耕种面积为4039.8箩种，佃耕田占全坝耕种面积的18.9%。外乡出租的土地除极少数是属官田外，绝大部分是属于山区汉族的。

全坝租佃箩种情况及13寨各阶层租佃情况如下：

轩岗坝租佃关系统计表

项目	佃耕土地			出租土地		
	箩种	产量	占耕种面积的	箩种	产量	占占有面积的
合计	765.2	45082	18.8%	418	22320	11.3%
上轩岗8寨	290.7	20802	20.7%	124	8140	10%
下轩岗5寨	474.5	24280	18.9%	294	14180	11.9%

注：出入相抵，租入超过数，系外乡租出的。

轩岗坝13寨各阶层租佃情况表

阶层	户数	人口	佃耕土地		出租土地	
			箩种	产量	箩种	产量
合计	551	3143	551.7	35462	256	15670
富农	20	183			78.5	5230
中农	285	1814	300.7	20169	100.5	5620
贫农	149	807	234	14213	6	360

续表

阶层	户数	人口	佃耕土地		出租土地	
			箩种	产量	箩种	产量
雇农	78	281	17	1080		
小土地出租者	12	40			71	4460
其他	7	18				

上轩岗接近汉族地区，与汉族往来较密切，租佃关系较多。等播寨耕种面积182.8箩种中，佃耕田77箩种，占耕种面积42.3%；全寨共26户，有8户全佃农、2户无田户，全佃户与无田户占全寨总户数的38.4%。上轩岗全部佃农45户，占总户数16.9%，绝大多数都与汉族发生租佃关系。距汉族较远的寨子，其租佃多系傣族内部的。芒棒寨佃田共73箩种，本寨出租74箩种，全是寨内租佃。

从统计表看出，13寨出租土地256箩种中，有30%是富农出租。中农佃耕土地远较出租土地为多，出租箩种数占佃耕箩种数的1/3。13寨贫农佃耕土地234箩种，占其耕种面积的37%，佃田在贫农耕种土地中占较大比重。

四、债利关系

（一）借贷概况

轩蚌寨全寨借债户35户，占全寨户数39.4%，计借入12935个半开，年利谷1657.5箩，折合年利率约为50%。放债户15户，占全寨户数16.4%，计放债3891个半开，年利528箩谷子，折合利息1848个半开，年利率为47%。寨内借贷利率较寨外为低。

等播寨借债户13户，占总户数50%，计借入8500个半开；放债户16户，计放债1170个半开，放债户比借债户多，但放债额比借债额少，只达1/8，主要是从外寨或汉族借入的。

（二）借贷形式

借贷形式主要有以下几种：

1. 无利借贷

此种借贷发生在亲属之间，如冯米埃过向女儿借9个半开，无息。也有一定限期内无利，过期则算利的，如半波埃软向赛波一那借30个半开，一年内无利，一年以后起就算利。无利借贷是少数。

2. 买青

每年六月至八月青黄不接时，贫苦农民口粮缺乏，只得把田中的青苗预售出去，这是商业性剥削。此种形式是过去土司预收官租，群众交不出，只得向属官借贷银两，言定收谷子后本利赔还,由此成为一种借贷形式。此种借贷期限很短,一般只是三四个月,但利率有时高达本金的8倍。解放后由于政府低利贷款,此种买青现象已大为减少,如芒冒寨1952年卖青的有179箩谷,1953年只有15箩。

3. 水息

是目前最普遍的也是最主要的借贷形式,绝大多数是借100个半开收年利10箩到30箩谷子。此种借贷利率照常年谷价,约为20%至60%。借贷以后一般把田作抵押,若年代久远,租佃和抵押有所混淆,致引起纠纷。水息利率照现在粮价已经超过100%。那卡寨借贷关系中90%以上是水息。

4. 抵押

(1)以田面权抵本利者:贫农汗保三保,1953年向早岩借500个半开,将3箩种的田抵给汗岩4年,4年内由汗岩耕种,到期收回,本利均免。

(2)以所抵押田的收入中定量交足利息者:等播寨周二借债940个半开,以5箩田抵押,即典当给债权人,田仍由周二耕种,产量350箩,交债主240箩。

5. 分养

分养母猪,生1头小猪归养方,生2头小猪认为不吉利,子母齐杀死,生3头小猪则主方得1头,4头以上则主方得2头,其余悉归养方。

分养肥猪,从值20个半开左右养起者,养大后双方平分;从值50个半开养起者,养大后,先扣除本的一半归主方,然后双方平分。猪死不赔。

等播寨26户人中有8户分养猪。

(三)借贷原因

1. 官租

轩蚌寨农民项波月比熬全年收入334箩,全家生活需320箩,负担官租70箩,故被迫借债,从1932年到现在先后向8个债主借了930个半开。半波埃软在日寇撤退时因欠官租150箩,折合1700个半开,将8箩种田抵给摆老倖,从此无田。王波月景波无田的原因也是为了官租。日寇侵入时,土司把原来交半开的官租改成交谷子,当时谷价涨到5个半开1箩,冯过曼因借债买谷交官租,由此欠债500个半开,年利75箩。那卡寨欠债总额中有20%是因官租而借,轩蚌寨以官租为借债主要原因的占16.7%。

2. 婚丧

轩蚌寨第二居民小组20户中,有11户借债,其中因婚姻而借债的即有5户;等播寨26户有7户因婚姻而借债,计借半开2882个,占全寨总欠债数的31.7%。如万象因结婚而借债半开700个,共欠6个债主。

其次有因缺口粮或其他摊派而借债的。解放前国民党派的有11种苛杂,司署派的有17种。

（四）债利特点及其演变

傣族所欠汉族债额目前已不偿还，那卡寨借半开10383个，向外寨外族借的占55.4%，其中欠汉族小洋（即缅甸卢比）1677文，占69%。

实物利息为债利的主要手段，有少数以工抵利者，一般利息有90%以上都是放谷息。

债利变化除不支息的以外，尚有因利过重而减息者，如冯曼国借500个半开，原息75箩，1952年改为50箩。方米月恩所欠半开100元，原利20箩，1953年减为15箩。

债利问题目前是群众自动处理，本族内部借贷与民族之间借贷的处理有所区别。

段礼仁、刘光、李正昌、赵学骥、张国栋、张志昌　调查
王叔武、宋修梅、张琮、罗大云、马培荣

刘光、王宏道　整理

盏西两个寨子的基本情况

（老团坡寨及遮坎大寨两寨初步调查）

盏西为傣族聚居的坝子（杂居汉族、回族，山区则居有景颇、傈僳、崩龙等民族）。虽然这里有土官孟家，但是一直未当过土司，历史上这里就属于腾冲的一练（相当于乡）。

在明朝的时候，当王骥镇压麓川之役，在这里进行过屯田，封赏给镇压少数民族"有功"的汉族军官。从此，这里的一半土地便属于汉族地主的了。

到了清代，曾一度驱逐了孟氏的统治力量，后因孟氏把守昔董有功，又被准许回到这个坝子来。从此，盏西便改土归流，成为腾冲的一练。孟氏也就失去了像其他傣族地区土司的统治权力和力量。

国民党统治时代，更将盏西以槟榔江为界划为两镇——关上镇和遮坎镇，各设镇长1人，由县政府委派。解放前，孟氏曾任关上镇长，而遮坎镇长则由汉族充任。

由于上述的历史情况，其表现于经济上的特点是，这里已不是"普天之下，莫非王（土司）土"，这里已经没有官租，它的土地性质是由下列4种因素组成的：

一、土地的性质和种类

1. 公田

老团坡寨有公田54.2箩种，这份田据说原属傣族的，后因汉族地主企图霸占，引起诉讼，经伪县府判决，作为公田，由伪县府财政科兼管。

2. 屯田

在老团坡寨有62.5箩种，这份田已不是原先接受封赏的汉族军官的子孙所有，大部分已将屯租出卖给腾冲的汉族地主，由腾冲地主来收屯租。

3. 练田

在遮坎大寨有48.5箩种，又叫"队长田"，为一练的公田。过去是谁当队长给谁种，由伪政府收租。

以上3种土地，在两个寨子里共有165.2箩种，解放后，公田、练田由人民政府接收。屯田由于腾冲汉族地主有的被打垮，有的逃亡国外，亦由我政府接收。因之，这些土地目前由政府代管收租。

4. 私田

即私人占有土地，其中包括内地汉族地主、傣族地主、景颇族山官和农民的所有土地。这些土地都是完全有所有权的。在这个所有权上面，不再有像其他有土司的傣族地区的所谓官租及其他负担等。这类土地，老团坡寨本寨占有266.55箩种，外寨占有20.9箩种；遮坎大寨系本寨占有131.3箩种，外寨占有281.2箩种。

根据以上4种土地类型，这两个寨子的土地大致可归纳划分如下：

单位：箩种（每箩种约合4亩）

寨名	私人占有		目前政府接收和代管土地			总计
	本寨	外寨	公田	屯田	练田	
合计	397.85	302.1	54.2	62.5	48.5	865.15
占总数	46%	35%	6.2%	7.2%	5.6%	100%
老团坡寨	266.55	20.9	54.2	62.5		404.15
遮坎大寨	131.3	281.2			48.5	461

从上表可看出如下情况：

（1）两寨土地总面积为865.15箩种，在土地总面积中，属于本寨占有的约为46%，属于外寨占有的约为35%，属于伪政府占有及目前我们代管的土地（原为汉族地主的）约为19%。

（2）在外寨占有土地中，除老团坡寨20.9箩种为傣族所占有及遮坎大寨景颇族山官出租的21箩种外，其余260.2箩种，全为汉族所占有（其中大部分是汉族地主的）。因此，汉族在该两寨占有土地约为该两寨土地总面积30%。加上原伪政府占有及目前我们代管（原为汉族地主的）之19%的土地，即占该两寨土地总面积49%，将近一半的土地落于汉族统治者之手（包括国民党反动政府占有）。

（3）若以两寨分别来看：老团坡寨的土地，属外寨占有的，亦系傣族所占有。除伪政府占有及目前由我政府代管土地占该寨土地面积28%外，72%的土地仍在傣族手中。而遮坎大寨的土地，属外寨占有的，除21箩种系景颇族山官所出租外，260.2箩种均为外籍汉族所占有。因此，本寨占有仅为本寨土地面积的28%，而72%的土地，其所有权是属于外籍汉族或伪政府的，其中外籍汉族土地占全寨土地面积56%，国民党政府占有及目前我们代管土地占全寨土地面积10%，景颇族山官占有土地占全寨土地面积5%。绝大多数的土地已落入汉族统治者之手。其原因：遮坎镇背倚腾冲，为汉族统治者侵入该地的基地，因此土地均为汉族地主所侵占。而老团坡与遮坎尚有一水——槟榔江之隔，又为傣族旧的统治中心，因此，解放前尚只有汉族统治的代表者——伪政府所占的土地，而随着汉族的统治代表者而来的汉族地主，尚未来得及在该寨施行侵占和吞并的卑污手段。

二、土地的占有情况

根据以上材料，两寨的土地面积，其中属于外寨及政府和代管土地即54%，而属于本寨占有的仅占46%。在这46%的土地中，53%又为地主、富农所占有。因此，农民缺乏土地，以致生活困难，遭受地主和高利贷的双重压榨。兹将两寨各阶层土地占有情况列表如下：

阶层	户数		人口		土地占有		每户平均箩种	每人平均箩种	备注
	户数	占比（%）	人数	占比（%）	箩种	占比（%）			
总计	219	100	1276	100	411.85	100	1.9	0.3	土地面积未包括外寨在内
地主	9	4	74	6	119.5	29	13.3	1.6	包括二地主1户
富农	21	9	165	18	100	24	4.8	0.6	包括佃富农6户
中农	83	38	579	45	107.55	26	1.3	0.2	包括佃中农48户
贫农	72	33	346	27	40.3	10	0.6	0.1	包括佃贫农57户
雇农	6	3	17	1	2.5	0.6			
小土地出租者	11	5	31	3	40.5	10	0.9	0.3	
小商与小手工业者	11	15	51	4	1.5	0.4			
贫民	6	3	11	1					

上表系不包括外寨占有及政府所占有本寨的土地，若以该两寨土地总面积（865.15箩种）计算，则每户平均为3.9箩种。每人平均为0.7箩种，约相当于目前富农平均占有的箩种数。但富农21户中，有6户为佃富农，因此，富农占有尚略高于此数。

从这两个寨子土地占有情况看来：其阶级分化明显，土地集中。中农每人平均仅占有0.2箩种，约合0.8亩。中农以下是大量缺乏土地。

三、租佃关系

由于这两寨的土地54%是为外寨和政府所有，加上本寨占有46%的土地中有29%为地主所占有，则至少占有土地总面积67%的土地均系出租。这是从出租面积看。再从佃耕户来看，占中农户数57%、占贫农户数80%均系全佃农，半佃农尚未计入。因此，这里的租佃关系是复杂的，农民遭受地租的残酷剥削。其租额和租率如下：

单位：箩（每箩约20斤）

类别	公田	屯田	练田	私田	转租
每箩种租额	12	13	7	平分	上租后平分
租率	30%	32.5%	17.5%	50%	67.5%至82.5%

租率最低为17.5%，最高达82.5%，其中以私田和转租的租额最高。在出租田中，私田占绝大部分（公田约占出租面积28%，私田则占72%），而公田中亦有一部分转租者。因之，绝大部分租率平均在50%以上。由于中农和贫农占有的土地少，绝大部分均需依靠佃耕，但每年又必须将佃耕收成的一半以上粮食交付地租。因此，生活困难，不得不靠借债生活。

四、高利贷

根据老团坡寨调查，全寨放债总额为银圆3125元，收利息1314.4箩谷，而地主的放债数量即为放债总额56%（1760元），收入利息即占总收入利息86%（1132箩谷）。

全寨负债总额为银圆8603元、银子417两、谷子659箩，而中、贫农负债即为银圆4440元、银子277两、谷子591箩，中、贫农负债占全部负债总额50%以上。

高利贷者不仅剥削农民全部剩余劳动，而且采取抵押方式进一步地吞并农民土地。

（1）上银息，即由债务关系转为租佃关系。如孟有学借地主孟守义150元银圆，将自耕田2.5箩种作抵押，自己沦为佃户，每年上地租35箩作为银息，已抵15年。

（2）活押——"银到田归"，如孟守庭借小关寨某户120元银圆，抵去1箩种田，已抵4年，无力可赎。

这样，地主、富农通过抵押手段，大量吞并农民土地。

五、各阶层人民生活

这里只计算水稻、地租和债利3项的收支情况，因为地租和债利是必须用谷子支付的，从这里可以看出各阶层每年粮食（水稻）的实际收入，从而也就可以看出各阶层生活的一般情况。

根据老团坡寨调查，各阶层水稻的实际收入如下：

单位：箩谷

阶层			总计	地主	富农	中农	贫农	小土地出租者	雇农	手工业及小商	贫农
收入	水稻产量	自耕	5133	1830	1300	1738	190		75		
		佃耕	9739	300	935	6764	1740				
		小计	14872	2130	2235	8502	1930		75		
	地租		2613	1525	414	228		433		13	
	债利		1407.4	1132	78.4	30		85		60	22
	合计		18892.4	4787	2727.4	8760	1930	518	75	73	22
支出	地租		3889	140	264	2582	742.5	154		6.5	
	债利		2194.4	82	353.4	962	411	79	34	133	140
	合计		6083.4	222	617.4	3544	1153.5	233	34	139.5	140
	占收入比			4.6%	22.6%	40.5%	59.7%	45%			
结余			13178	4565	2110	5216	776.5	285	41	−66.5	−118
每户平均结余				507	234	121	39	41			
每人平均结余				62	38	19	9	13			

从上表看出：该寨全年水稻产量约为14872箩。平均每人可得25箩（约合500斤），尚可维持口粮。但由于地租和高利贷的剥削，中农以下所剩粮食不足以维持生活，中农每人平均仅得19箩谷子（约合380斤），贫农每人平均仅得9箩谷子（约合180斤），而地主每人平均收入粮食为中农的3.5倍，为贫农的7倍；富农每人平均收入粮食为中农的2倍，为贫农的4倍。地主、富农的实际收入，占全寨实际收入12809箩的52%。

由于地租和高利贷的双重剥削，中农以下各阶层的生活就陷于穷困之中，他们解决生活的办法：

（1）种大烟（种烟地距离寨子约1天路，目前尚无法进行调查）。

（2）杂粮收入。如玉麦、洋薯等。

（3）副业收入。如养猪、煮酒等。

（4）拉青，亦名借谷分。由于以上3种办法，尚不能解决生活，只得于青黄不接时期——每年四五月间拉青，遭受高利贷的残酷剥削（拉青一般每借6箩还10箩，利率66%）。

六、解放后租佃和债利的变化

基于政府帮助和内地土改影响，租佃和债利关系已有一些变化；当然，这种变化是非本质的。

（一）租佃关系的变化

1. 政府与农民间的租佃关系

由于解放后在该地区尚未实行土地改革，过去伪政府所侵占的公田，被我政府接收收租；又由于内地已土改，在该区内地主的土地亦由我政府代管收租；加之该区逃亡地主的土地又由我政府代收租保管，因之，过去与伪政府及部分汉族地主的租佃关系，一变而为我政府与农民间的租佃关系了。这类土地的租额，区政府只是按情况酌予少减或不减，一般租额为9箩至12箩。群众反映："这是自己开的田，过去受汉族地主的剥削，今天应当不要收租，只交公粮了。"但不敢提出减租。

2. 地主与农民间的租佃关系

这里有两种情况：如老团坡寨由于政府土地占出租面积较大（据64户佃耕户调查，政府土地面积占其佃耕面积48%），在私人出租土地中，大部分均是傣族上层，因此，群众目前尚不敢欠租。在遮坎大寨，由于大部分土地是属于汉族的（非逃亡或内地地主），群众已有自发地不交租或少交租的。群众反映："过去几代人被汉族剥削，翻不过身来，今天毛主席领导，少数民族得翻身，不交租了。"要求只交公粮。但对政府代收的租，则不敢减少。15项政策宣传后，地主钻空子，强调"有力偿还者还之"。故群众反映说："我们受汉族地主多年的剥削，现在的政策又叫我们交旧欠，成国民党时候了。"这是由于我们干部未能正确掌握而发生追收旧欠事件。如宪世才已被追还旧欠20箩。

（二）债务关系的变化

1. 与汉族的债务关系

对陈年老账已不付息；一般的债利则少交或不交。群众认为："过去被汉族高利贷者剥削，现在不给息了，若来催，便报政府。"如遮坎大寨好大潘（傣族）于1930年借胡官国（汉族）银圆100元，年利30箩，解放后已不给了。

2. 对傣族内部的债务关系

群众认为："因邻近，不应付，怕以后借不到。"因此，一般均付息，部分的少交。如好大潘（傣族）于1946年借本寨潘其杰银圆100元，年利20箩，1952年只付息10箩。

七、小结

（1）这里没有领主，在土地占有上，个人均有完全的所有权。不像德宏自治区其他傣族地区在这个所有权上还罩着一层领主——大地主、大土地所有者——的所有权。

（2）由于汉族地主的长期压迫和掠夺，将近土地的一半（49%）落入汉族地主之手。

（3）傣族内部阶级分化明显，土地集中。该两寨地主占户数4%，人口占6%，占有土地29%；富农占户数9%，人口占13%，占有土地24%；地主、富农共占户数13%，人口19%，即占有土地53%。

（4）地租、高利贷的双重压榨：两寨出租土地约占两寨土地总面积76%，57%的中农和80%的贫农全系佃耕。租率绝大部分均在50%以上。老团坡寨地主放债数量占该寨放债总额56%，收入利息占全寨收入利息86%，而中、贫农负债数量则占全寨负债总额50%以上。并因债利抵押，使农民大量丧失土地。

（5）农民生活陷于贫困。中农每人平均实际收入水稻仅得19箩（约合380斤），贫农每人平均实际收入水稻仅得9箩（约合180斤），不足以维持口粮，因而种大烟以谋解决。而地主、富农每年实际收入水稻，占全寨实际水稻收入数量的52%。

（6）解放后，由于政府帮助和内地土改影响，在租佃和债务方面已不交或少交。

盖西民族工作队、李派臣、王叔武　调查

王叔武　整理

《边疆工作通报》第 3 期

（西双版纳傣族社会经济调查专辑之一）

中共云南省委边疆工作委员会编印

1954年4月6日

《边疆工作通报》第 3 期

目录

车里戛董戛洒两行政村 17 个寨子社会经济初步调查

一、村寨间的一般情况及土地占有形式

所调查的17个寨子，共701户（解放前613户）3543人（解放前2760人），包括戛董、戛洒两个行政村的各一部分。这两个行政村都是景洪（车里）宣慰街直接统治的地区，其社会经济情况，具有一般的代表性。

甲、这17个寨子大体可分4种类型

（1）占有大量寨公田或波郎田的富裕寨子：这种寨子田地多，质量也好，单户"份田"的固定性大，多集体出租；头人大，地位也高，约占17个寨子的35%（计6寨）。

（2）占有寨公田或波郎田，但并不大量，仅够本寨分配耕种的一般寨子。这种寨子很少有集体出租，或单户出租，租入者也很少，受部分官租剥削；头人地位不低，约占17个寨子的29%（计5寨）。

（3）占有部分寨公田或部分波郎田，但数量少，还不够本寨分配耕种的，较穷的寨子。这类寨子集体租入和个人租入土地者较多，受剥削重，寨子的头人地位也低，

---

① 此文未收录。——编者

无田户及田地分配问题较多，各阶层对土地要求迫切。此类寨子约占17个寨子的23.5%（计4寨）。

（4）不占有任何田地的最穷的寨子。此种寨子都是从外地搬入的傣勒，其特点是寨子小、人少，单户租入多，副业收入大，但不受或少受官租和劳役的剥削。此种寨子占17个寨子的10%左右（计2寨）。

乙、17个寨子的土地情况

17个寨子共有耕地53839纳，约合13584.7亩。每户平均74纳多，约合18亩。每人平均12纳多，约合3.83亩。各寨田地占有和解放前后变化情况如下表：

解放前各寨田地占有情况表

寨名	田地种类				合计
	寨公田	波郎田	头人田	私人田	
曼坝角		575			575
曼藏宰	890	890			1780
曼末因	30	10		191	231
曼广龙		4818		567	5387
曼景栋		180			180
曼广妹		960	30		990
曼喝勐	1750	20	55	557	2382
曼沙	350	1000	170	95	1615
曼栋	1900	1760			3660
曼弄卡		450	10		460
曼回说		1070	70	115	1255
曼令	783		20		803
曼脸	625			100	725
曼拉		590		250	840
曼鸢点	2060	680	320	215	3275
曼卖	4320		80	350	4750
曼丢	420	1050		20	2490
总计	13128	14053	755	2460	30396

解放后各寨田地占有情况表

寨名	田地种类				合计
	寨公田	波郎田	头人田	私人田	
曼坝角		600			600
曼藏宰	1060	1220		25	2305
曼末因	80	10		263	353
曼广龙		4993		542	5535

续表

寨名	田地种类				合计
	寨公田	波郎田	头人田	私人田	
曼景栋		245			245
曼广妹		960	30		990
曼喝勐	1870	20	70	753	2713
曼沙	1650	1650	50	250	3600
曼栋	1740	1810		240	3790
曼弄卡		550	10	15	575
曼回说		1290	70	90	1450
曼令	590				590
曼脸	1250		10	107	1367
曼拉		555		250	805
曼鸾点	3225	1034	380	372	5011
曼卖	4850		220	535	5605
曼丢	500	1150		20	1670
总计	16815	16087	840	3362	37204

说明:

（1）土地单位：纳。"纳"就是"田"的意思，也是傣族计田的单位名称，纳的面积大小不一致，一般的约1/4亩（4纳为1亩）。

（2）表内所指寨公田、波郎田、头人田、私人田，乃是在土司制度下几种田地的占有形式（其他地方还可能有其他占有形式）。

①寨公田。是属于全寨公有的田地。这种田地并不是各寨都有，从表中可以看出，而是"本勐"（即早来的意思）寨才有。因此，据说在有寨公田的寨子内，也不是所有的人家都可以分到这份田种，而是属于本勐户才有权分种；此种田不缴官租，由本寨头人管理分配。

②波郎田。"波郎"是官府的头人，波郎田就是他们的俸禄田；此种田实质上是宣慰土司所有，分赐给官员收租以作俸禄，不能世袭，也不变更。

此类田由波郎的寨为单位，分配给各寨耕种，每年定额收租（一般租额占产量10%左右），波郎除收租外，其他不管（也不能管），而田地支配使用权完全属于种田的寨子，由村寨头人管理，波郎实质上"只认租不认田"。

③头人田。是指村寨中头人的薪俸田。这种田几乎每寨都有，仅是多少不同而已。它和波郎田不同的地方，则是同等职务的头人不一定有同样的薪水。因为头人田是在村寨占有田中（包括波郎田、寨公田在内）分配后留下的一部分田地，因此，富寨子就留得多，穷寨子就留得少，而且不固定。如村寨中户数增加，田地不够分配时，还可减少此种田的面积（当然不是年年变动）。就其管理性质来说，还带有一定的群众性。就每个头人占有

的数量来说，一般的都不超过群众占有数的1倍。

④私人田。多系群众自己开的荒田，本来照土司的法律，土地不能私有，开荒只能享有3年不交官租的"优待"。但群众开荒之后，很少或没有向司署报告，土司也无法知道。故此种田不缴官租、不纳税，也不调整变更。群众自称为私田。

以上4种田的占有形式，除私人田和头人田外，不论寨公田或波郎田（此两种田有些寨子已混在一起，目前只有田数而没田界了），共同的特点是：都是以寨子为单位，不论人口多少，按户平均分配使用。因此，单户占有田地数量，表面上是平均的，但若按人口则不平均，再加纳的面积大小不一，则更不平均。但如以寨为单位，从每户平均产量上看，又相差不多，据说这是因为纳面积的大小系根据田的好坏、远近而定的，故其产量相差不大。

（3）从表中看出，田地较解放前已大为增加。据说这是因为农业产量增加的关系。解放前很多人为了逃避国民党负担不敢分地种，甚至把已分得的田地送还村寨，因为照他们的规矩是："不种田就不交纳捐税"，这也是土地要按户分配的原因。解放后负担减轻了，分家分地种的也就增加了，有些寨反映："解放前是愁地分不出去，现在又愁地不够分了。"特别是开荒田（私人田）已大大增加，可见群众对土地的要求是迫切的。

（4）从上表中可以看出，总的方面是波郎田和寨公田的比例差别不大。如以寨为单位来看，波郎田的面积较寨公田的面积大，而且基本上是集中在没有寨公田或寨公田少的村寨中。如以每户平均占有数看，寨与寨之间差别不小。但如以占有大量波郎田（如曼广龙）或占有大量寨公田（曼喝勐）与占有寨公田、波郎田相差不多的寨子（如曼弄卡寨）相比，其平均数则相差不多。可以看出，迫切需要解决土地问题的是那些不占有田地或占有很少的村寨。

丙、17个寨子的牲畜情况

17个寨子中现共有各种牲畜2266头，每户平均约占有3.2头，其中水牛930头，每户平均1.3头；黄牛1037头，每户平均1.46头；马299匹，每户平均0.42匹。各村寨占有情况解放前后的变化如下表：

解放前各寨牲畜占有情况

寨名	户口	水牛	黄牛	马	合计	每户平均数
曼坝角	23	21	41	12	74	3.26
曼藏宰	36	34	39	5	78	2.16
曼末囡	22	8	1	5	14	0.64
曼广龙	70	73	122	7	202	2.89
曼景栋	15	31	29		60	4
曼广妹	31	33	12	6	51	1.64
曼喝勐	36	38	47	3	88	2.44

续表

寨名	户口	水牛	黄牛	马	合计	每户平均数
曼沙	49	39	50	1	90	1.86
曼栋	40	55	52	7	114	2.6
曼弄卡	11	5	3		8	0.73
曼回说	24	47	55	4	106	4.41
曼令	35	34	30	12	76	2.17
曼脸	37	44	43	4	91	2.45
曼拉	25	22	1		23	0.92
曼鸾点	51	68	86	9	163	3.19
曼卖	86	72	34	32	138	1.60
曼丢	22	27	27	1	55	2.5
总计	613	651	672	108	1431	2.33

解放后各寨牲畜占有情况

寨名	户口	水牛	黄牛	马	合计	每户平均数
曼坝角	29	33	53	7	93	3.15
曼藏宰	43	62	67	35	164	3.8
曼末因	23	27	16	6	49	2.13
曼广龙	80	96	225	36	357	4.64
曼景栋	15	34	25		59	3.68
曼广妹	37	43	44	27	114	3.08
曼喝勐	37	45	61	7	113	3.05
曼沙	57	72	70	5	147	2.58
曼栋	46	90	49	27	211	4.58
曼弄卡	13	11	3	2	16	1.19
曼回说	27	54	74	13	141	5.2
曼令	37	45	53	3	101	2.72
曼脸	52	54	37	6	97	1.86
曼拉	28	38		17	55	1.69
曼鸾点	62	89	105	42	236	3.80
曼卖	97	114	77	59	250	2.57
曼丢	27	23	33	7	63	2.33
总计	710	930	1037	299	2266	3.19

（1）从上表可以看出，解放后较解放前增加的数字很大，各种牲畜共增加了835头（匹），约占解放前总数的58.3%。从单寨看，除曼令一寨因户口增加而有减少外，一般

较解放前都增加20%左右，个别增加了1倍。据说1头牛可耕140纳左右的田（约合20亩左右，内地情况也大致如此），如照此计算，17个寨子现有水牛930头，可耕地53000多纳，水牛还有剩余，至少是不太缺乏，问题在于合理调剂。

（2）村寨的占有是不平衡的，从各寨平均占有数看，差别更大。比如曼回说每户平均占有牲畜5.2头，而曼弄卡每户平均则占有1.19头，两寨之间，悬殊4倍左右。由此可见，从总的方面计算，牲畜是不缺乏的，但在某些村寨或单户中则仍感缺乏，其占有是不平衡的。

（3）从上表可以看出，这里黄牛比水牛还多，但黄牛不犁田，也不犁地，主要是驮运。若加上驮马，每户几乎有两头运输力，从总的方面估计，这里的运输力是不缺乏的，还可看出这里有很多的牲畜肥料，问题在于合理使用。

丁、17个寨子的农具情况

17个寨子中，现有各种农具6286件，每户平均8.85件。其中：犁头共有794张，每户平均1.2张；锄头985把，每户平均1.3把；镰刀1954把，每户平均2.95把；砍刀1764把，每户平均2.48把；耙727张，每户平均1张。各寨占有农具情况如下：

解放前各寨占有农具情况表

寨别	户数	犁头	锄头	镰刀	砍刀	耙	其他	合计	每户平均
曼坝角	23	29	26	63	59	19	2	198	8.6
曼藏宰	36	35	38	107	71	29	3	283	7.86
曼末囡	22	7	27	28	28	6	4	100	4.55
曼广龙	70	77	85	162	157	79		560	8
曼景栋	15	10	15	29	18	11		83	5.87
曼广妹	31	28	23	66	63	24		204	6.58
曼喝勐	36	36	55	96	80	50		307	8.52
曼沙	49	61	64	109	104	39		377	7.7
曼栋	40	42	48	74	70	42		276	6.9
曼弄卡	11	6	11	15	16	13		69	6.27
曼回说	24	29	43	73	62	32		239	9.958
曼令	35	33	39	82	92	12		258	7.4
曼脸	37	25	46	53	69	22		215	5.81
曼拉	25	25	28	45	38	16		158	6.33
曼鸢点	51	64	64	204	102	49		479	9.39
曼卖	86	96	78	107	178	92		551	6.45

续表

寨别	户数	犁头	锄头	镰刀	砍刀	耙	其他	合计	每户平均
曼丢	22	26	37	59	60	22	4	207	9.4
总计	613	629	711	1385	1269	557	13	4569	

解放后各寨农具占有情况

寨别	户数	犁头	锄头	镰刀	砍刀	耙	其他	合计	每户平均
曼坝角	29	36	41	88	90	27	22	304	10.48
曼藏宰	43	45	53	128	97	37	6	366	8.51
曼末因	23	14	38	29	35	10	8	134	5.58
曼广龙	80	94	99	241	136	93		663	8.66
曼景栋	15	14	28	34	44	25		135	9.00
曼广妹	37	34	27	81	90	52		284	7.67
曼喝勐	37	35	54	102	102	37		330	8.91
曼沙	57	63	66	164	138	67		498	8.73
曼栋	46	51	57	116	128	51		403	8.76
曼弄卡	13	10	12	22	21	10		75	5.76
曼回说	27	36	50	87	80	37		290	10.74
曼令	37	43	62	117	109	33		364	9.83
曼脸	52	41	50	108	97	14		310	5.96
曼拉	28	28	41	76	58	22	2	227	8.10
曼鸾点	62	79	71	164	152	63		529	8.53
曼卖	97	140	216	320	309	122		1107	11.41
曼丢	27	31	30	77	78	27	24	267	9.88
总计	710	794	985	1954	1764	727	62	6286	

从上两表可以看出：

（1）从总平均数上看，这里的农具是不算少的。就其主要农具——犁头、耙、镰刀、锄头、砍刀的平均数来看，基本上与其现有耕地面积和劳动力也是相适应的（锄头稍缺）。

（2）村寨占有悬殊很大，如曼卖寨每户平均数为11.41件，而曼末因每户平均仅5.58件，相差1倍左右。但最低的也在5件以上，一般的平均数为7件至9件之间。

（3）解放后较解放前增加数很大，各种工具共增加了1717件，约占解放前总数的37.5%。从单寨看，除曼鸾点一寨因户口增加而平均数略有减少外，一般寨都有增加，最多的增加了1倍左右，就是曼鸾点的总占有数也较解放前增加了50件。这可以看出，解放后群众的购买力是普遍上升了。

二、阶级分化情况及各阶层生产资料的占有

甲、17个寨子的阶级分化情况[①]

17个寨子现有710户3543人，其中计有富农22户约占总户数3.1%，人口117人约占总人口的3.3%；中农469户占总户数的66%，人口2601人占总人口的71.92%；贫农113户占总户数的15.9%，人口5128人占总人口的14.45%；贫民30户占总户数的4.2%，93人占总人口的2.62%；雇农42户占总户数的5.9%，134人占总人口的3.78%；小贩6户占总户数的0.85%，20人占总人口的0.56%；土地出租者23户占总户数的3.23%，101人占总人口的2.85%；其他成分者5户占总户数的0.71%，17人占总人口的0.47%。

各寨各阶层所占户数及其在解放前后的升降情况如下表：

解放前各寨户数人口统计表

寨别	土地出租 户数	土地出租 人口	富农 户数	富农 人口	中农 户数	中农 人口	贫农 户数	贫农 人口	雇农 户数	雇农 人口	贫民 户数	贫民 人口	小贩 户数	小贩 人口	其他 户数	其他 人口	合计 户数	合计 人口
曼坝角					17	100	4	20	1	2	1	1					23	123
曼藏宰	1	6			20	104	13	68			2	6					36	184
曼末困					6	24	7	19	1	2	4	12	2	7	2	14	22	78
曼广龙			3	14	48	268	10	50	4	11	4	16	1	4			70	363
曼景栋					5	27	6	26	1	2	1	2	1	2	1	4	15	63
曼广妹			3	12	12	81	10	38	5	14	1	2					31	147
曼喝勐			2	10	18	93	10	42	6	19							36	164
曼沙	2	9	2	9	30	159	8	36	7	24							49	237
曼栋			3	12	24	103	10	48	2	8					1	2	40	173
曼弄卡					6	21	4	19	1	2							11	42
曼回说					22	98	2	9									24	107
曼令	1	2	1	5	10	33	12	47	7	21	1	2			3	5	35	115
曼脸					14	60	20	.89	3	12	10						37	161
曼拉					16	67	9	36									25	103
曼鸾点	5	26	5	27	18	89	6	27	8	31	6	18	3	14			51	232
曼卖			2	9	70	324	14	44									86	377

[①] 此标题为编者所加。——编者

续表

寨别	土地出租		富农		中农		贫农		雇农		贫民		小贩		其他		合计	
	户数	人口	户数	人口	户数	人口	户数	人口	户数	人口	户数	人口	户数	人口	户数	人口	户数	人口
曼丢					15	68	6	21	1	2							22	91
总计	9	43	21	98	351	1719	151	639	47	150	20	59	7	27	7	25	613	2760

解放后各寨各阶层户数人口统计表

寨别	土地出租		富农		中农		贫农		雇农		贫民		小贩		其他		合计	
	户数	人口	户数	人口	户数	人口	户数	人口	户数	人口	户数	人口	户数	人口	户数	人口	户数	人口
曼坝角					22	127	5	31	1	5	1	4					29	167
曼藏宰	3	17			34	197	3	15			3	9					43	238
曼末囡					12	54	1	5			9	29			1	7	23	95
曼广龙	2	11	1	7	62	35	9	37	2	6	3	10	1	4			80	432
曼景栋					5	25	7	34			1	2	1	2	1	3	15	66
曼广妹	1	4	3	15	16	88	13	49	2	5	2	7					37	168
曼喝勐			2	8	22	118	5	27	9	28							37	181
曼沙	3	10	2	8	43	234	5	16	2	11	2	3					57	282
曼栋	2	8	5	27	26	129	6	24	6	25					1	2	46	215
曼弄卡	1	2			9	39	2	13	1	2							13	56
曼回说	1	8			24	131	2	9									27	148
曼令	1	2	2	8	12	69	11	52	8	18	2	6			2	5	37	160
曼脸	5	19			20	98	16	73	9	28	2	7					52	225
曼拉					21	93	7	26									28	119
曼鸾点	4	20	5	31	33	201	11	44	1	4	4	15	4	15			62	329
曼卖			2	13	88	475	7	31									97	519
曼丢					20	24	5	26	1	2	1	1					27	143
总计	23	103	22	117	469	2549	113	512	42	134	30	93	20	5		17	710	3543

从上两表可以看出：

（1）解放后较解放前的阶级情况基本上是普遍上升的。其特点是：贫农以下减少，中农以上增加，但还没有上升为领主头人以外的新兴地主阶级。不论解放前后，农村阶级关系的共同特点都是"中间大、两头小"，即中农阶层占户数的绝对多数。

（2）贫农和土地出租者较解放前增加，其原因是：

①部分农民出租土地后而去做生意，有的是因为才分家或才分得田缺乏耕畜，故暂时出租。这在国民党时期是不能做到的，因为那时占有一份土地就得平抬负担，这可以说是解放后的一种新情况。还有些农民是因为家里死了人缺乏劳力而出租。根据上述情况，他们之中有的是中小商人兼土地出租或兼其他成分才较合适，但有些缺乏耕牛的人家到明年就不一定出租，如称其为贫农，他又依靠出租土地，如称其为小土地出租者，其租期又不固定，因此只好都暂列入"土地出租者"。

②"贫民"是指基本上依靠个人劳动谋生，但又无固定职业的人，这个阶层较解放前增加了10户，其中有的因刚分家还未分到土地。

（3）富农的户数与内地比较不算多。据了解，这里的富农多系农村中"叭"级以上的中上层头人，所以他们能够多分比一般农民多1倍左右的头人田，他们过去无负担，最多的也不过是受一点轻微的官租剥削（在无寨公田，而仅有波郎田的村寨才有），因此，他们才能积累资金，扩大再生产，对农民进行雇工、高利贷的剥削，由此可看出这里富农的封建性。但由于土司制度的限制，他们还不可能依靠自己现有的政治经济力量集中大量的土地，而发展为如内地一样的地主。同时，因为他们所多占有的土地是当头人时才有，不能世袭，若头人职务被撤换，或死掉之后，其多占之土地仍有被土司抽回的可能，这是与内地富农不同的特点。

（4）中农占绝对多数，但其中情况也很复杂，表中的中农是以其剥削分量不超25%或受轻微的剥削、基本上能自给自足者为标准。根据其情况，大体可分以下4种类型：

①剥削分量不超过15%至25%者，约占中农阶层的13.2%，占全部户数的8%左右，此类中农多系农村中的中下头人，目前他们和富农的主要分界线仅在于剥削分量上次于富农。因此，可以估计，在将来划分阶级成分时，这一类型的中农，其中有一部分可能会划成富农。

②剥削与被剥削的分量都不大，其全年的剩余占其全部收入的40%左右者，约占中农4%左右。这类中农有一部分是村寨中的中下头人，多数则是因为劳动力强、人口少而副业收入大所形成。

③剥削与被剥削相抵，或不剥削人，或只受轻微剥削而能自给自足或略有剩余者，约占全部中农户数的46.6%。此类仅有一小部分是农村的下层头人。

④被剥削分量较重，或负债，或租入大部土地，但又基本上能自给自足者，约占全部中农的15%左右。据了解，他们不少是解放后才上升的，并以穷寨子占的比例较大。

（5）农村中的贫农、雇农、贫民为数不少，占农村户口的25%到30%左右。估计在将来划分农村阶级时，一部分可能被划为贫农或雇农。据了解，这3个阶层有如下几种情况：

①因丧失劳动力的鳏、寡、孤、独和老弱残疾者，据不完全的统计，占贫农、贫民、雇农等阶层的20%左右。

②缺乏或不占有生产资料，受人剥削重，或依靠出卖劳动力维持生活者，占贫农、贫民、雇农等阶层的60%左右。

③由于宗教迷信被诬害为"琵琶鬼"，被寨内收回了土地和夺去主要的生产资料，以至被赶出本寨而无法从事农业生产者。此类仅曼脸一寨有，而且都是从外寨"赶"来的，据说因该寨养着大象可以"压鬼"，故把所谓"琵琶鬼"的人家赶至此寨，至今尚未分地。有的则因头人（富农）为找劳动力而不分给土地。此类占贫农、雇农、贫民的2%左右。

④解放前为逃避国民党负担，被迫把土地交回村寨，至今尚未分得土地者，占贫农、雇农及贫民等阶层的20%左右。

⑤依靠出卖零工、小贩等不固定的职业维持生活的烟鬼懒汉，此类据不完全的统计，约占贫农、雇农及贫民等阶层的2%。

（6）关于土地出租者的情况，据了解，该阶层中的一部分虽然出租土地，但不是依靠地租收入作为主要生活来源。据17个寨子出租户的调查，其地租收入仅占其全部生活来源的30.3%，而其中一大部分是因丧失劳动力和没有牲畜而出租土地的。据11个寨子的统计，因以上原因而出租土地的共17户，占11个寨子土地出租户的49%，占单户出租的50%。

（7）表中的"其他"成分是指宗教职业、游民、牛出租户等，"牛出租户"是基本上依靠出租耕牛为主要生活来源的，此类人户，仅在曼栋寨有，在5户"其他"成分中，"牛出租户"占3户。

以上就是这17个寨子中阶级分化的大概面貌。

乙、各阶层生产资料的占有及其解放前后的变化

解放前各阶层生产资料占有情况统计表

阶层	户口		人口		土地		牲畜		农具	
	户数	%	人数	%	数量	%	数量	%	数量	%
富农	21	3.5	98	3.55	1715	6.52	147	10.33	235	5.12
中农	351	57.3	1719	62.29	3000	69.82	1085	75.4	2934	64.1
贫农	151	23.8	639	23.15	6359	20.89	141	9.79	931	20.31
雇农	47	7.67	150	5.43	130	0.53	4	0.37	179	3.91
贫民	20	3.26	59	2.14	260	0.84	1	0.069	167	3.64
小贩	7	1.1	27	0.98	107	0.28	9	0.62	42	0.912
土地出租	9	1.47	43	1.98	825	2.12	39	2.71	79	1.721
其他	7	1.1	25	0.91			18	1.25	16	0.35
合计	613	100	2760	100	30396	100	1444	100	4569	100

解放后各阶层生产资料占有情况统计表

阶层	户口		人口		土地		牲畜		农具	
	户数	%	人数	%	数量	%	数量	%	数量	%
富农	22	3.1	117	3.3	1980	5.31	151	6.66	235	3.7
中农	469	66	2549	71.72	27986	75.01	1840	81.16	4830	76.13
贫农	113	15.9	512	14.45	5126	13.74	134	5.88	841	13.25
雇农	42	5.9	134	3.78	120	0.32	8	0.35	151	2.38
贫民	30	4.2	93	2.62	390	1.03	12	0.51	69	1.08
小贩	6	0.85	20	0.56	282	0.75	5	0.22	28	0.44
土地出租	23	4.55	101	2.85	1295	3.51	106	4.67	179	2.82
其他	5	0.7	17	0.74	25	0.06	11	0.48	11	0.17
合计	710	100	3543	100	37304	100	2267	100	6344	100

从以上两表可以看出：

（1）目前占农村户数3%强的富农，占农村土地的5.31%左右，说明土地并不算集中。

（2）生产资料较解放前各阶层都有增加，尤其是中农以上的阶层；贫农和小贩略有减少，其主要原因是随着户数减少的一种相对情况。

（3）富农的生产资料和户数虽有增加，但远不及中农，富农较解放前只增加了1户，约占解放前富农户数的4.76%。中农较解放前增加118户，约占解放前中农总数的33%强。各种生产资料也一样，如富农占有土地较解放前只增加7%强，而中农则增加到66%；富农占有牲畜较解放前增加2.7%强，而中农则增加到69%。富农占有工具较解放前还略有减少，中农则增加了64%强。

（4）富农、中农、土地出租者和贫农的土地平均数相差不大，富农每人平均17纳多，中农平均13纳左右，土地出租者平均13纳多，而贫农平均数为10纳。这说明土地不甚集中，同时土地的分配虽不按人口进行，但总的方面大体平均，富农不过多了一份头人田。

（5）各阶层牲畜的占有悬殊不小，工具则悬殊不大，如富农每户平均有牲畜6.86头、工具9.35件；中农每户平均占有牲畜3.91头、工具10.2件，比富农还多；贫农占有牲畜每户平均1.2头，较富农少5倍左右[1]，平均占有工具7件左右，比富农仅少2件；土地出租者牲畜每户平均数为4.2头，工具7件，仅次于富农，农具与中农相差不大。

以上说明富农畜力有剩余，中农大体够用，贫农则感缺乏，土地出租者的畜力剩余更大，这就规定了贫农受富农与土地出租者的牛租剥削。

---

[1] "较富农少5倍左右"的表述有误。原文如此。——编者

解放前土地占有情况表

寨别	土地出租					富农					中农				
	波朗	寨公	头人	私有	小计	波朗	寨公	头人	私有	小计	波朗	寨公	头人	私有	小计
曼坝角											475				475
曼藏宰		70			70						520	500			1020
曼末囡											10	30		109	149
曼广龙						240			65	305	3798			440	4238
曼景栋											90				90
曼广妹							90	30		120	480				480
曼喝勐							140	25		165		1230	55	450	1735
曼沙	50	50	150	20	270						800	50	20	75	945
曼栋							300			300	290	1200			2390
曼弄卡											300				300
曼回说											1070		70	15	1155
曼令			20		20	20				20		283			283
曼脸												425		50	475
曼拉											315			250	565
曼鸾点	110	275	30	50	465	150	250	180	53	635	215	1035	110	90	1450
曼卖							100	30	40	170		3720	50	310	4080
曼丢											750	300		20	1070
合计	160	395	200	70	825	480	810	240	185	1715	10013	8773	305	1909	21000

寨别	贫农					雇农					贫民				
	波朗	寨公	头人	私有	小计	波朗	寨公	头人	私有	小计	波朗	寨公	头人	私有	小计
曼坝角	50				50	50				50					
曼藏宰	370	320			690										
曼末囡				52	52									10	10
曼广龙	780			45	825										
曼景栋	90				90										
曼广妹	300				300	60				60	30				30
曼喝勐	20	380		82	482										
曼沙	150	250			400										
曼栋	570	400			970										
曼弄卡	150				150										
曼回说			10		10										
曼令		460			460		20			20					
曼脸		200		50	250										
曼拉	275				275										
曼鸾点	135	300			435						50	150		20	220

续表

寨别	贫农					雇农					贫民				
	波朗	寨公	头人	私有	小计	波朗	寨公	头人	私有	小计	波朗	寨公	头人	私有	小计
曼卖		500			500										
曼丢	300	120			420										
合计	3190	2930	10	229	6359	110	20			130	80	150		30	260

寨别	小贩					其他					合计				
	波朗	寨公	头人	私有	小计	波朗	寨公	头人	私有	小计	波朗	寨公	头人	私有	小计
曼坝角											575				575
曼藏宰											890	890			1780
曼末因			20		20						10	30		191	231
曼广龙			17		17						4818			567	5385
曼景栋											180				180
曼广妹											960			30	990
曼喝勐											20	1750	55	557	2382
曼沙											1000	350	170	95	1615
曼栋											1760	1900			3660
曼弄卡											450		10		460
曼回说											1070		70	15	1155
曼令												783	20		803
曼脸												625		100	725
曼拉											590			250	840
曼鸢点	20	50			70						680	2060	320	215	3275
曼卖												4320	80	350	4750
曼丢											1050	420		20	1490
合计	20	50		37	107						14053	13128	755	2360	30296

解放后土地占有情况表

寨别	土地出租					富农					中农				
	波朗	寨公	头人	私有	小计	波朗	寨公	头人	私有	小计	波朗	寨公	头人	私有	小计
曼坝角											400				400
曼藏宰	80	90			170						1090	820		25	1935
曼末因												80		233	313
曼广龙	140			45	185	70			20	90	4238			440	4678
曼景栋											155				155
曼广妹	30				30	90		30		120	480				480
曼喝勐								140	85	225		1420	70	626	2116
曼沙	100				100	100		50		150	1150	1600		200	2950
曼栋	100	100			200	150	340			490	1190	1200		230	1620
曼弄卡			15		15						450		10		460

续表

寨别	土地出租					富农					中农				
	波朗	寨公	头人	私有	小计	波朗	寨公	头人	私有	小计	波朗	寨公	头人	私有	小计
曼回说	70				70						1220		70	90	1380
曼令		20			20	40				40		270			270
曼脸		125		10	135							575	10	65	650
曼拉											365			220	585
曼鸢点	65	225	30	50	370	120	250	200	75	640	497	1830	120	133	2580
曼卖							100	10	110	220		4500	210	385	5095
曼丢											900	400		20	1820
合计	585	560	30	120	1295	530	870	290	290	1980	12135	12695	490	2666	27986

寨别	贫农					雇农					贫民				
	波朗	寨公	头人	私有	小计	波朗	寨公	头人	私有	小计	波朗	寨公	头人	私有	小计
曼坝角	200				200										
曼藏宰	50	100			150							50			50
曼末因														10	10
曼广龙	545			20	565										
曼景栋	73				75										
曼广姝	330				330						30				30
曼喝勐	20	190		42	252		120			120					
曼沙	300	50		50	400										
曼栋	370	100		10	480										
曼弄卡	100				100										
曼回说															
曼令		260			260										
曼脸		550		32	582										
曼拉	190			30	220										
曼鸢点	217	570		85	787						70	200		30	300
曼卖		250		40	290										
曼丢	250	100			260										
合计	2647	2170		309	5126		120			120	100	250		40	390

寨别	小贩					其他					合计				
	波朗	寨公	头人	私有	小计	波朗	寨公	头人	私有	小计	波朗	寨公	头人	私有	合计
曼坝角											600				600
曼藏宰											1220	1060		25	2305
曼末因			20		20	10				10	10	80		263	353
曼广龙				17	17						4993			542	5535
曼景栋						15				15	245				245
曼广姝											960		30		990
曼喝勐											20	1870	70	753	2713
曼沙											1650	1650	50	250	3600

续表

寨别	小贩					其他					合计				
	波朗	寨公	头人	私有	小计	波朗	寨公	头人	私有	小计	波朗	寨公	头人	私有	合计
曼栋											1810	1740		240	3790
曼弄卡											550		10	15	575
曼回说											1290		70	90	1450
曼令											590				590
曼脸											1250		10	107	1367
曼拉											555			250	805
曼鸢点	65	150	30		245						1034	3225	380	372	5011
曼卖												4850	220	535	5605
曼丢											1150	500		20	1670
合计	65	150	30	37	282	25				25					37204

从上两表，可以看出这样几点：

（1）头人田基本上完全集中于土地出租者、富农及中农的手里。譬如解放前总共有头人田755纳，21户富农就占去了200纳、9户土地出租者就占去了240纳、351户中农占去了305纳，而151户贫农才占有10纳，其他成分根本不占有。解放后这种情况并未起多大变化，这说明头人田主要分布在土地出租者、富农及部分中农中，但在中农阶层的大头人不多。

（2）私田又以中农的占有为最多。譬如解放前351户中农占有私田1909纳，每户平均5.5纳；而21户富农占有70纳，每户平均3纳多；贫农151户占有229纳，每户平均才占有1纳多；其他成分则没有占有私田。这说明富农（头人）田多，劳动力少，不需要也不可能开荒，中农有劳动力，在"开荒不出负担"的鼓励下，确是一个积极经营土地的阶层，这个特点在解放后的发展情况中更为明显。

解放前各寨各阶层农具占有表

寨别	土地出租者							富农						
	户口	犁头	锄头	镰刀	砍刀	耙	其他	户口	犁头	锄头	镰刀	砍刀	耙	其他
曼坝角														
曼藏宰	1	1	1	5	3	1								
曼末因														
曼广龙								3	5	4	9	9	4	
曼景栋														
曼广妹								3	4	3	8	8	3	
曼喝勐								2	3	4	5	5	4	
曼沙	2	2	2	3	1	2		2	4	4	7	4	4	
曼栋								3	3	5	4	7	14	
曼弄卡														
曼回说														

续表

寨别	土地出租者						富农					
	户口	犁头	锄头	镰刀	砍刀	耙	其他	户口	犁头	锄头	镰刀	砍刀	耙	其他
曼令	1	2	1	4	2	1		1	4	3	10	6	1
曼脸													
曼拉													
曼鸾点	5	9	9	12	13	5		5	9	7	13	9	6
曼卖				1				2	2	3	6	5	2
曼丢													
合计	9	14	13	24	19	9		21	31	33	62	53	38

寨别	中农							贫农						
	户口	犁头	锄头	镰刀	砍刀	耙	其他	户口	犁头	锄头	镰刀	砍刀	耙	其他
曼坝角	17	25	21	52	50	15		4	4	4	9	7	3	1
曼藏宰	20	22	26	62	47	18	3	13	11	10	37	18	9	
曼末囡	6	3	8	7	7	5		7		6	9	9		3
曼广龙	48	63	68	125	118	65		10	8	7	17	14	8	
曼景栋	5	5	7	12	7	5		6	4	7	15	9	5	
曼广妹	12	19	15	41	27	17		10	5	5	14	16	4	
曼喝勐	18	115	31	57	47	24		10	7	11	19	19	12	
曼沙	30	46	44	73	75	27		8	8	10	20	18	5	
曼栋	24	30	31	53	51	17		10	8	11	13	13	10	
曼弄卡	6	3	8	13	10	6		4	3	3	2	6	7	
曼回说	22	27	41	70	59	30		2	2	2	3	3	2	
曼令	10	13	14	28	33	9		12	14	20	36	47		
曼脸	14	14	14	2	25	12		20	11	32	23	39	10	
曼拉	16	16	17	35	28	16		9	9	11	10	10		
曼鸾点	18	27	21	47	40	20		6	4	5	11	9	4	
曼卖	70	80	62	80	150	79		14	14	13	21	23	11	
曼丢	15	20	29	43	45	17	9	6	6	8	16	15	5	4
合计	351	438	457	823	829	381	12	151	118	165	275	275	95	8

寨别	雇农							贫民						
	户口	犁头	锄头	镰刀	砍刀	耙	其他	户口	犁头	锄头	镰刀	砍刀	耙	其他
曼坝角	1		1	2	2	1	1	1					
曼藏宰	1							2	1	1	3	3	1
曼末囡	1		1	1	1			4		5	6	5	
曼广龙	4	1	3	5	8			4	1	2	3	5	1
曼景栋	1							1					
曼广妹	5			1	1			1					
曼喝勐	6	1	9	15	9	10							
曼沙	7	1	4	6	6	1							
曼栋	2	1	1	4	5	1							
曼弄卡	1												
曼回说													

续表

寨别	雇农							贫民						
	户口	犁头	锄头	镰刀	砍刀	耙	其他	户口	犁头	锄头	镰刀	砍刀	耙	其他
曼令	7		1	4	4	1		1						
曼脸	3			5	5									
曼拉														
曼鸢点	8	9	9	15	14	8		6	3	6	103	11	4	
曼卖														
曼丢	1													
合计	47	13	29	58	55	22	1	20	5	14	117	24	6	

寨别	小贩							其他						
	户口	犁头	锄头	镰刀	砍刀	耙	其他	户口	犁头	锄头	镰刀	砍刀	耙	其他
曼坝角														
曼藏宰														
曼末囡	2	3	4	4	3	1	1	2	1	3	1	3		
曼广龙	1	1	1	3	3	1								
曼景栋	1							1	1	1	2	2	1	
曼广妹														
曼喝勐														
曼沙														
曼栋								1				1		
曼弄卡														
曼回说														
曼令								3						
曼脸														
曼拉														
曼鸢点	3	3	3	3	6	2								
曼卖														
曼丢														
合计	7	7	8	10	12	4	1	7	2	4	3	6	1	

寨别	总计						
	户口	犁头	锄头	镰刀	砍刀	耙	其他
曼坝角	23	29	116	63	59	19	2
曼藏宰	36	35	38	107	71	29	3
曼末囡	22	7	27	28	28	6	4
曼广龙	70	77	85	162	157	79	
曼景栋	15	10	15	29	18	11	
曼广妹	31	28	23	66	63	24	
曼喝勐	36	36	55	96	80	50	
曼沙	49	61	64	109	104	39	
曼栋	40	42	48	74	70	42	

续表

寨别	总计						
	户口	犁头	锄头	镰刀	砍刀	耙	其他
曼弄卡	11	6	11	15	16	13	
曼回说	24	29	43	73	62	32	
曼令	35	33	39	82	92	12	
曼脸	37	25	46	53	69	22	
曼拉	25	25	28	45	38	16	
曼鸾点	51	64	64	204	102	49	
曼卖	86	96	78	107	178	92	
曼丢	22	26	37	59	60	22	4
合计	613	629	711	1385	1269	557	13

解放后各寨各阶层农具占有表

寨别	土地出租者							富农						
	户口	犁头	锄头	镰刀	砍刀	耙	其他	户口	犁头	锄头	镰刀	砍刀	耙	其他
曼坝角														
曼藏宰	3	3	2	7	7	2	1							
曼末囡														
曼广龙	2	2	2	6	6	3		1	1	2	4	3	2	
曼景栋														
曼广妹	1							3	4	3	8	8	3	
曼喝勐								2	4	5	6	7	3	
曼沙	3	2		6	4	3		2	5	4	7	5	5	
曼栋	2	2	3	4	4	1		5	7	8	16	16	7	
曼弄卡	1	1		3										
曼回说	1	2	2	3	3	2								
曼令	1	1	1	1	3	1		2	4	4	5	5	1	
曼脸	5	6	3	1	7	2								
曼拉														
曼鸾点	4	8	6	14	13	7		5	8	6	7	12	7	
曼卖								2	4	6	9	10	4	
曼丢														
合计	23	27	19	51	50	21	1	21	37	38	62	66	32	

寨别	中农							贫农						
	户口	犁头	锄头	镰刀	砍刀	耙	其他	户口	犁头	锄头	镰刀	砍刀	耙	其他
曼坝角	22	32	30	72	72	22	17	5	4	8	14	13	5	5
曼藏宰	34	39	46	22	78	34	5	3	2	3	5	9		
曼末囡	12	13	23	23	20	10	7	1	1	2	1	2		
曼广龙	62	81	82	202	188	80		9	9	10	23	22	7	
曼景栋	5	7	7	15	11	6		7	6	10	17	11	7	
曼广妹	16	20	17	51	52	20		13	10	7	24	26	9	

续表

寨别	中农							贫农						
	户口	犁头	锄头	镰刀	砍刀	耙	其他	户口	犁头	锄头	镰刀	砍刀	耙	其他
曼喝勐	22	29	39	65	73	29		4	6	4	12	2	4	
曼沙	43	55	60	142	117	52		5	1	2	9	12	7	
曼栋	26	33	35	68	77	34		6	4	6	14	14	5	
曼弄卡	9	7	10	17	13	8		2	2	2	5	5	2	
曼回说	24	33	46	80	74	33		2	2	2	4	3	2	
曼令	12	27	34	65	57	17		10	10	22	43	41	13	
曼脸	20	23	26	54	43	11		16	10	13	29	29		
曼拉	21	24	31	63	46	22	1	7	4	10	13	12		
曼鸾点	33	46	43	102	83	39		2	13	12	29	28	8	
曼卖	88	129	203	295	284	112		7	7	7	16	15	6	
曼丢	20	26	25	64	65	23	24	5	4	5	13	12	4	
合计	469	624	757	1490	1353	552	54	113	95	125	271	265	79	5

寨别	雇农							贫民						
	户口	犁头	锄头	镰刀	砍刀	耙	其他	户口	犁头	锄头	镰刀	砍刀	耙	其他
曼坝角	1				2			1		2	2	3		
曼藏宰								3	1	2	4	3	1	
曼末囡								9		11	15	11		1
曼广龙	2		1	2	2			3		1	1	2		
曼景栋								1						
曼广妹	2			1	3			2			2	1		
曼喝勐	9	1	6	19	16	1								
曼沙	2							2						
曼栋	6	5	5	12	16	4								
曼弄卡	1													
曼回说														
曼令	8	1	1	3	3	1		2						
曼脸	9	1	7	13	15			2	1	1	2	3	1	
曼拉														
曼鸾点	1	2	2	2	2			4		1	4	5	1	
曼卖														
曼丢	1	1			1			1						
合计	42	11	22	52	60	6		30	2	18	30	28	3	

寨别	小贩							其他						
	户口	犁头	锄头	镰刀	砍刀	耙	其他	户口	犁头	锄头	镰刀	砍刀	耙	其他
曼坝角														
曼藏宰														
曼末囡								1		2		2		
曼广龙	1	1	1	3	3	1								

续表

寨别	小贩							其他						
	户口	犁头	锄头	镰刀	砍刀	耙	其他	户口	犁头	锄头	镰刀	砍刀	耙	其他
曼景栋	1							1	1	1	2	2	1	
曼广姝														
曼喝勐														
曼沙														
曼栋								1						
曼弄卡														
曼回说														
曼令								2						
曼脸														
曼拉														
曼鸾点	4	2	1	6	9	1								
曼卖														
曼丢														
合计	6	3	2	9	12	2		5	1	3	2	4	1	

寨别	总计							
	户口	犁头	锄头	镰刀	砍刀	耙	其他	合计
曼坝角		36	40	88	90	27	22	303
曼藏宰		45	53	128	97	37	6	366
曼末因		14	38	39	32	10	8	144
曼广龙		94	99	241	226	93		753
曼景栋		14	18	124	24	14		104
曼广姝		34	27	86	90	32		269
曼喝勐		40	54	102	107	37		340
曼沙		63	66	164	138	67		498
曼栋		51	57	114	127	51		400
曼弄卡		10	12	22	21	10		75
曼回说		37	50	87	80	37		291
曼令		43	62	117	109	33		364
曼脸		41	50	108	97	14		310
曼拉		28	41	76	58	22	2	227
曼鸾点		79	71	164	152	63		529
曼卖		140	216	320	309	122		1107
曼丢		31	30	77	78	26	24	267
合计	710	800	984	1967	1838	696	62	6344

根据表内各种工具比较，各阶层都以犁头为最少，其特点是：中农以上的阶层，除个别寨子的中农和极少数的土地出租者外，都是"犁比户多"，而贫农以下的则是"户比犁多"，23户贫民只有2个犁头，42户雇农只有11个犁头，可见贫、雇农及贫民最缺犁头。

另外，镰刀、砍刀各阶层所有数基本上是与其劳动力相适应的，在710户中，除个别户外，其他不论多少，都占有部分农具。

解放前各寨各阶层牲畜占有表

寨别	土地出租				富农				中农				贫农				雇农			
	户口	水牛	黄牛	马	户口	水牛	黄牛	马	户口	水牛	黄牛	马	户口	水牛	黄牛	马	户口	水牛	黄牛	马
曼坝角									17	20	41	12	4	1			1			
曼藏宰	1	2	6						20	31	28	4	13	1	5	1				
曼末囡									6	7	1	2	7	1			1			
曼广龙					3	3	8		48	68	99	7	10	1	13		4	1	2	
曼景栋									5	15	14		6	12	6		1			
曼广妹					3	12	4	6	12	18	8		10	6			5			
曼喝勐					2	5	14		18	29	25	2	10	4	8	1	6			
曼沙	2	1			2	7			30	31	50	1	8	1			7			
曼栋					3	9	6		24	38	35	5	10	8	11	2	2			
曼弄卡									6	4	3		4	1			1			
曼回说									22	45	55	4	2	2						
曼令					1	6	10	1	10	17	12	3	12	10	8	8	7	1		
曼脸									14	25	34	4	20	19	9		3			
曼拉									16	22		1	9							
曼鸢点	5	17	11	2	5	13	27	4	18	32	41	2	6		2		8	2		
曼卖					2	2		10	70	69	34	22	14	1						
曼丢									15	25	27	1	6	2						
合计	9	20	17	2	21	57	69	21	351	496	507	70	151	70	62	12	47	4	2	

寨别	贫民				小贩				其他				总计			
	户口	水牛	黄牛	马	户口	水牛	黄牛	马	户口	水牛	黄牛	马	户口	水牛	黄牛	马
曼坝角	1												23	21	41	12
曼藏宰	2												36	34	39	5
曼末囡	4				2				2				22	8	1	5
曼广龙	4				1								70	73	122	7
曼景栋	1				1				1	4	9		15	31	29	
曼广妹	1												31	33	12	6
曼喝勐													36	38	47	12
曼沙													49	39	50	1
曼栋									1	2			40	55	52	7
曼弄卡													11	5	21	
曼回说													24	47	55	4
曼令												3	35	34	30	12
曼脸	1												37	44	43	4
曼拉													25	22	1	

续表

寨别	贫民				小贩				其他				总计			
	户口	水牛	黄牛	马	户口	水牛	黄牛	马	户口	水牛	黄牛	马	户口	水牛	黄牛	马
曼鸾点	6			1	3	4	5						51	68	86	9
曼卖													86	72	34	32
曼丢													22	27	27	1
合计	20			1	7	4	5		7	6	9		613	651	690	117

解放后各寨各阶层牲畜占有表

寨别	土地出租				富农				中农				贫农				雇农			
	户口	水牛	黄牛	马	户口	水牛	黄牛	马	户口	水牛	黄牛	马	户口	水牛	黄牛	马	户口	水牛	黄牛	马
曼坝角									22	123	53	7	5				1			
曼藏宰	3	2	4	9					34	60	59	26	3		4					
曼末因									14	25	16	3	1							
曼广龙	2	1	14	10	1	3	6	1	62	90	193	25	9	1	11		2			
曼景栋									5	13	6		7	15	15					
曼广妹	1		2	6	3	9	13	8	16	31	27	7	13	3	2		2			
曼喝勐					2	4	9	1	22	38	47	6	4	3	5		9			
曼沙	3				2	2	8	1	43	70	62	4	5				2			
曼栋	2	1	11	1	5	19	21	5	26	61	57	20	6	6	5	1	6	3		
曼弄卡	1								9	9	3		2	2		1	1			
曼回说	1	2	3	2					24	50	69	11	12	2	2					
曼令	1				2	2		8	12	28	27	3	10	12	18		8			3
曼脸	5	1							20	40	31	6	16	14	4		9			2
曼拉									2	38		17	7							
曼鸾点	4	10	24	3	5	14		8	33	60	81	26	11	1		4	1			
曼卖					2	3		4	88	111	75	55	7							
曼丢									20	20	33	7	5	3			1			
合计	23	17	58	31	22	56	67	28	469	777	839	224	123	62	66	6	42	3		5

寨别	贫民				小贩				其他				总计			
	户口	水牛	黄牛	马	户口	水牛	黄牛	马	户口	水牛	黄牛	马	户口	水牛	黄牛	马
曼坝角	1												29	33	53	7
曼藏宰	3												43	62	67	35
曼末因	9	1		2					1			1	23	27	16	6
曼广龙	3				1	1	1						80	96	225	36
曼景栋	1				1				1	6	4		15	34	25	
曼广妹	2												37	43	44	27
曼喝勐													37	45	61	7

续表

寨别	贫民				小贩				其他				总计			
	户口	水牛	黄牛	马	户口	水牛	黄牛	马	户口	水牛	黄牛	马	户口	水牛	黄牛	马
曼沙	2												57	72	70	5
曼栋									1				46	90	94	27
曼弄卡													13	11	3	2
曼回说													27	54	74	13
曼令	2	3	3						2				37	45	53	21
曼脸	2	1											52	54	37	6
曼拉													28	38		17
曼鸾点	4	1		1	4	3							62	89	105	42
曼卖													97	114	77	59
曼丢	1												27	23	337	7
合计	30	6	3	3	6	4	1		5	6	4	1	710	930	1037	299

从以上详表看出：

（1）解放前9户土地出租者，分布于5个田地较多的寨子，而富寨子曼鸾点就占了5户，这5户占有17头水牛；其他4户，除曼令1户没有牛外，其余3户都有水牛，这说明解放前土地出租者绝大部分是上层。

解放后土地出租者由9户增加到22户，分布在10个寨子，其中有10户左右没有水牛，但是他们的马比解放前大有增加，从两匹增加到31匹。这说明在这一阶层中，有不少是租出了土地，或卖掉了耕牛而去经营商业。

（2）马的增加除土地出租者外，中农也有很大增加，从70匹增加到220匹，增加了2倍多。富农略有增加，其他阶层则没有多大变动，这说明解放后中农已开始从事商业。

（3）除曼沙和曼令两寨外，富农所占有的水牛，每户都平均在3头左右，个别的约达到4头。中农除曼丢和曼弄卡两寨外，其他寨子的中农每户都平均占有水牛2头左右。而有6个寨子的贫农没有水牛，有3个寨每户平均1头，有3个寨子是几户才平均有1头，只有曼景栋和曼令两个寨子的贫农平均占有在1头以上（据说曼景栋是从外面搬来的傣勒，很少占有土地，不少都是依靠副业和牛租的收入为生活的主要来源）。其他成分则更缺乏，雇农只有1个寨子是6户占有3头水牛，这说明当前最缺耕牛的主要是雇农，而最受牛租剥削的是贫农。

（4）虽属同一个阶层，但因寨子的不同，生产资料的占有也是不平衡的。

三、各种剥削关系

甲、租佃剥削

（1）17个寨子租佃总的情况是：解放前共有各种形式的田地36867纳（在各寨各阶层的土地占有统计表中，未包括有外寨租佃关系的土地，故为30396纳）。发生租佃关系的田共有6471纳，约占全部耕地面积的17.5%。

解放后共有各种类型的田地47118纳（已加入有租佃关系的田），发生租佃关系的耕地为9914纳，约占全部耕地面积的20%。

（2）各阶层租入租出情况及其在解放前后的变化如下表：

解放前：

阶层	租出情况					租入情况				
	户数	人口	田数	占该阶层田面%	占本户田面%	户数	人口	田数	占该寨田面%	占本户田面%
富农	5	23	270	13	50	4	19	140	7.7	20
中农	5	21	190	0.08	60	38	403	3419	16.59	70
贫农	6	25	230	36.7	9	20	82	1362	20	15
雇农						1		50		
小贩										
贫民	2	6	85	34						
土地出租	9	43	635	100	100					
其他										
合计	27	118	1410			108	504	4971		

解放后：

阶层	租出情况					租入情况				
	户数	人口	田数	占该阶层田面%	占本户田面%	户数	人口	田数	占该寨田面%	占本户田面%
富农	10	51	300	14	30	7	38	320	15	
中农	35	189	1158	7.36	45.77	186	1004	7428	21.62	55.4
贫农	15	51	650	12.6	90	38	139	1271	24.6	130
雇农	1	4	70	31	100					
小贩	4	14	257	80						
贫民	5	16	262	60						
土地出租	23	201	1175	100	100					
合计	93	526	3602			231	1181	9019		

　　根据两表比较可看出：解放后较解放前租出租入数都有了很大的增加，租出数较解放前增加60%多，租入数较解放前增加50%左右，其中各阶层情况各有不同：

　　①富农虽增加了1倍的户数，出租土地只增加30纳，但是百分比却减少了20%，这说明富农的土地已有了增加；而租入较解放前增加不到1倍的户数，却增加了1倍以上的土地。从租出租入两方面的情况比较来看，说明租出土地是富农对农民进行封建剥削的一种方式；而租入土地则是富农利用雇工经营，是对农民进行资本主义剥削的一种方式。

　　②中农的租出数解放后较解放前户数和土地都增加了1倍以上，但其租入户占有土地的百分比却减少了15%左右。而租入户数较解放前也增加了1倍以上，租入的土地较解放前也增加了40%以上，其占租入土地的百分比却减少了35%左右。说明中农的土地大量增加，其生产情绪提高了。

　　③贫农的租出数、户数和土地都增加了60%以上，其出租数占贫农阶层所有土地的百分比却减少了60%至70%，但占出租本户土地的百分比未变。租入数的户数也增加了将近1倍，田数却减少了300多纳，而占本户田的百分比却又增加很大。以上两个方面情况说明：贫农解放以来，虽短缺耕牛农具，但农业户已增加不少，因而，自己经营的土地数也有增加。其租入土地所占百分比所以增加而无减少的原因，主要是解放后部分农户已上升为中农，而基数较前已经减少了。

　　④雇农解放后也增加了1户，出租土地70纳。贫民则是出租户减少，土地增加。

　　⑤小贩与土地出租者的特点是：解放前后都是租出不租入，解放后租出更加大。

　　以上说明，各阶层（尤其贫农以下成分）解放后敢于接受份田的户数已有了很大增加。

　　⑥从表内看出租入与租出的数字不是相抵的，而是租入多、租出少。其原因是：各阶层租出土地以单户建立的租佃关系较多，而各阶层租入的土地，其中绝大部分都是以寨为单位建立的集体租佃关系，而又按户分配的。因而造成调查统计工作进行困难。

　　据不完全的统计，解放前单户建立的租佃关系约占全部租佃面的20%，解放后的占40%左右；解放前以寨为单位建立的租佃关系约占80%，解放后约占60%。说明这里的租佃关系是以两寨为单位建立的较多，即是单户的租佃关系，也多属两寨，由于村寨之间土地占有不平衡而发生"富寨子不要""穷寨子租不到"的特殊情况。

　　（3）以寨为单位和以户为单位这两种不同的租佃形式虽都是实物地租，但各有其特点。前者佃权较稳，租额较轻，一般不超过总产量的15%；租子不分，多由头人掌握公用（如宗教活动等）。后者则佃权不稳，租出户之所在寨在调剂土地时，可以随时拨佃，租额很重，一般是活租对分，由田主直接向佃户收租。各寨各阶层详细租佃情况如下表：

解放前：

寨别	土地出租者											
	租出						租入					
	波朗	寨公	头人	私有	合计	租额	波朗	寨公	头人	私有	合计	租额
曼坝角												
曼藏宰												
曼末囡												
曼广龙												
曼景栋												
曼广妹												
曼喝勐												
曼沙												
曼弄卡												
曼回说												
曼令		20			20	30						
曼脸												
曼拉												
曼鸾点		75			75	70						
曼卖												
曼丢												
曼栋												
合计												

寨别	富农											
	租出						租入					
	波朗	寨公	头人	私有	合计	租额	波朗	寨公	头人	私有	合计	租额
曼坝角												
曼藏宰												
曼末囡												
曼广龙												
曼景栋												
曼广妹			30		30	27						
曼喝勐									20	20	20	
曼沙		50			50	40						
曼弄卡												
曼回说												
曼令								50			50	30
曼脸												
曼拉												
曼鸾点												
曼卖		140			140	30		50			50	25

续表

寨别	富农											
	租出						租入					
	波朗	寨公	头人	私有	合计	租额	波朗	寨公	头人	私有	合计	租额
曼丢												
曼栋		50			50	50		20			20	15
合计												

寨别	中农											
	租出						租入					
	波朗	寨公	头人	私有	合计	租额	波朗	寨公	头人	私有	合计	租额
曼坝角								400		40	400	120
曼藏宰												
曼末囡								30		30	60	13
曼广龙										17	17	15
曼景栋							50				50	50
曼广妹									30		30	27
曼喝勐			50		50	35		50		70	120	73
曼沙		50			50	30	100	625			725	562.5
曼弄卡								100			100	100
曼回说								290		170	460	632
曼令								440			440	313
曼脸								12		150	162	92
曼拉							295	15	170		480	130.5
曼鸢点		20			20	10						
曼卖								930		75	1005	470
曼丢	50	25			70	65						
曼栋								100			100	100
合计												

寨别	贫农											
	租出						租入					
	波朗	寨公	头人	私有	合计	租额	波朗	寨公	头人	私有	合计	租额
曼坝角								170			175	50
曼藏宰												
曼末囡												
曼广龙												
曼景栋							150				150	105
曼广妹	90				90	128						
曼喝勐												
曼沙										60	60	32
曼弄卡												
曼回说												

续表

寨别	贫农											
	租出						租入					
	波朗	寨公	头人	私有	合计	租额	波朗	寨公	头人	私有	合计	租额
曼令								40			40	
曼脸								530			530	315
曼拉												
曼鸾点							275				275	63.5
曼卖												
曼丢		20			20	15						
曼栋		120			30	55						
合计												

寨别	贫民											
	租出						租入					
	波朗	寨公	头人	私有	合计	租额	波朗	寨公	头人	私有	合计	租额
曼坝角												
曼藏宰												
曼末囡												
曼广龙				17	17	15						
曼景栋												
曼广妹												
曼喝勐												
曼沙												
曼弄卡												
曼回说												
曼令												
曼脸												
曼拉												
曼鸾点												
曼卖												
曼丢												
曼栋	50	20			70	60						
合计												

寨别	总计												全寨			
	租出						租入						租出	租额	租入	租额
	波朗	寨公	头人	私有	合计	租额	波朗	寨公	头人	私有	合计	租额				
曼坝角								570			570	170			800	239
曼藏宰																
曼末囡								30			30		60	13		
曼广龙			17	17	15								17	17	15	
曼景栋								200			200	155				

续表

寨别	总计												全寨			
	租出						租入						租出	租额	租入	租额
	波朗	寨公	头人	私有	合计	租额	波朗	寨公	头人	私有	合计	租额				
曼广妹	90		30		120	155			30		30	27				
曼喝勐				50	50	35	50			150	200	125	50	25		
曼沙		100			100	70	100	625			725	562.5			900	
曼弄卡								100			100	100				
曼回说								330		170	500	632				
曼令		20			20	30		1020			1020	658				
曼脸								12		150	162	92			300	115
曼拉							570	15	172		757	194				
曼鸾点		95			95	80							870	2625		
曼卖								980	75		1055	495	1210	260		
曼丢	100	60			160	140										
曼栋		170			170	105	120				120	25	500	7		
合计	190	445	30	67	732	630	870	3852	202	592	5516	3353.5	2630	554.5	2000	354

备注：

1.（1）曼回说贫农租入田，未出实物租而出劳役（修水井）。

（2）曼鸾点无租入（缺）。

（3）曼藏宰无租入（缺）。

（4）曼丢无租入（缺）。

（5）曼拉全无材料。

2.（1）曼弄卡无租出。

（2）曼脸无租出。

（3）曼回说无租出。

（4）曼坝角缺。

（5）曼藏宰缺。

3. 雇农、小贩、其他诸阶层无数字。

解放后：

寨别	土地出租者											
	租出						租入					
	波朗	寨公	头人	私有	合计	租额	波朗	寨公	头人	私有	合计	租额
曼坝角												
曼藏宰	80	90			170	215						
曼末因												
曼广龙	140			45	185	245						
曼景栋												
曼广妹	30				30	49						
曼喝勐												

续表

寨别	土地出租者											
	租出						租入					
	波朗	寨公	头人	私有	合计	租额	波朗	寨公	头人	私有	合计	租额
曼沙		100			100	115						
曼弄卡			15		15	15						
曼回说	70				70	50		20			20	15
曼令		20			20	30						
曼脸		125			125	80						
曼拉												
曼鸢点		245			245	323		25			25	13
曼卖												
曼丢												
曼栋	100	100			200	202						
合计												

寨别	富农											
	租出						租入					
	波朗	寨公	头人	私有	合计	租额	波朗	寨公	头人	私有	合计	租额
曼坝角												
曼藏宰												
曼末困												
曼广龙												
曼景栋												
曼广妹			30		30	25						
曼喝勐		25		25	50	45						
曼沙			50		50	52.3	50				50	15
曼弄卡												
曼回说												
曼令		20			20	15		100			100	80
曼脸												
曼拉												
曼鸢点		100			100	100				20	20	25
曼卖												
曼丢												
曼栋		70			70	60		120			120	710
合计												

寨别	中农											
	租出						租入					
	波朗	寨公	头人	私有	合计	租额	波朗	寨公	头人	私有	合计	租额
曼坝角	25				25	25		700			700	140
曼藏宰		120			120	30	100	120			220	220

续表

寨别	中农											
	租出						租入					
	波朗	寨公	头人	私有	合计	租额	波朗	寨公	头人	私有	合计	租额
曼末囡								80		50	130	28
曼广龙								150		411	192	225
曼景栋								150			150	137
曼广妹								50	30		80	70
曼喝勐		215		165	380	1895		190		100	290	196
曼沙							450	805			355	657
曼弄卡		50			50	10	100	140			240	270
曼回说			70		70	44		490		170	660	452
曼令								610			610	331
曼脸		25		25	50	60		318		200	518	323
曼拉							415	15	422		852	1493
曼鸢点		223			223	1705		100			100	90
曼卖		100	9		190	95		1536		125	1661	1573
曼丢								20			20	15
曼栋		50			50	40		150			150	90
合计												

寨别	贫农											
	租出						租入					
	波朗	寨公	头人	私有	合计	租额	波朗	寨公	头人	私有	合计	租额
曼坝角	70				75	73	50				50	10
曼藏宰		50			50	55	20				20	15
曼末囡												
曼广龙							25				25	20
曼景栋							100				200	1875
曼广妹	120			120	160							
曼喝勐			25		25	10		20		10	30	33
曼沙								40			40	225
曼弄卡		20			20	11						
曼回说								110			110	44
曼令								390			390	2865
曼脸								160		50	210	184
曼拉							190		50		240	34.5
曼鸢点		177			177	1085	36				36	325
曼卖								50		20	70	40
曼丢				70	40							
曼栋				135	70			20			20	15
合计												

续表

寨别	雇农											
	租出						租入					
	波朗	寨公	头人	私有	合计	租额	波朗	寨公	头人	私有	合计	租额
曼坝角												
曼藏宰												
曼末囡												
曼广龙												
曼景栋												
曼广妹												
曼喝勐		70			70	39						
曼沙												
曼弄卡												
曼回说												
曼令												
曼脸												
曼拉												
曼鸢点												
曼卖												
曼丢								50			50	60
曼栋												
合 计												

寨别	贫民											
	租出						租入					
	波朗	寨公	头人	私有	合计	租额	波朗	寨公	头人	私有	合计	租额
曼坝角												
曼藏宰												
曼末囡												
曼广龙				17	17	15						
曼景栋												
曼广妹	30				30	48						
曼喝勐												
曼沙												
曼弄卡												
曼回说												
曼令												
曼脸				12	12	10						
曼拉												
曼鸢点		220			220	230						
曼卖												
曼丢												
曼栋												
合 计												

续表

寨别	小贩											
	租出						租入					
	波朗	寨公	头人	私有	合计	租额	波朗	寨公	头人	私有	合计	租额
曼坝角												
曼藏宰												
曼末囡												
曼广龙												
曼景栋												
曼广妹												
曼喝勐												
曼沙												
曼弄卡												
曼回说												
曼令												
曼脸												
曼拉		240			240	240						
曼鸢点												
曼卖												
曼丢												
曼栋												
合计												

寨别	其他											
	租出						租入					
	波朗	寨公	头人	私有	合计	租额	波朗	寨公	头人	私有	合计	租额
曼坝角												
曼藏宰												
曼末囡												
曼广龙												
曼景栋	25				25	11.5						
曼广妹												
曼喝勐												
曼沙												
曼弄卡												
曼回说												
曼令												
曼脸												
曼拉												
曼鸢点												
曼卖												
曼丢												
曼栋												
合计												

续表

寨别	总计												全寨			
	租出						租入						租出	租额	租入	租额
	波朗	寨公	头人	私有	合计	租额	波朗	寨公	头人	私有	合计	租额				
曼坝角	100				100	9.8		750			750	150			800	160
曼藏宰	80	260			340	390	100	140			240	235	940	150		
曼末囡								80		50	130	28				
曼广龙	140			62	202	260	175			42	217	245				
曼景栋							375				375	336				
曼广妹	180		30		210	282	50		30		80	70				
曼喝勐		310		215	525	283.5		210		110	320	229				
曼沙		150			150	1675	500	845			1345	6945			900	
曼弄卡		50		15	65	25	100	160			260	281				
曼回说	70		70		140	94		620		170	790	511				
曼令		40			40	45		1100			1100	6975				
曼脸		150		37	187	150		478		250	728	507			300	105
曼拉							65	15	472		1092	1838				
曼鸾点		1525			1525	1236		161			162	1355	320	64		
曼卖		100	90		190	95		1586		165	1751	1638	1210	260		
曼丢	50	20			70	40		20			20	15				
曼栋	135	320			455	372		340			340	335	500	7		
合计	755	2925	100	419	4199	3538	1905	6505	502	787	9699	6291.3	2970	481	200	265

备注:

1. 曼坝角的租出部分系转租的。

2. 田分为波朗田、寨公田、头人田、私有田 4 种。

3. 面积单位:纳。

4. 利息租额:以挑为单位(每挑 40 市斤)。

从以上详表中说明两点:

(1)发生租佃关系的土地,不论解放前后,都以寨公田为多。根据租入数字看,解放前在5516纳田中,寨公田为3852纳,占70%;解放后在租入的9699纳田中,寨公田为6505纳,占67%。出租田地多属于占有大量寨公田的寨子,从而在租入的田地中自然很大一部分是属于以寨为单位进来的了(这个租入数字是按户调查统计的,没有把单户和集体建立的租佃关系分开,这是缺点)。

(2)解放前后租率虽有变化,但不大,以租入户支出地租统计,解放前后的平均租率都约占产量的40%左右(产量是以纳的平均产量推算的)。如以租出户收入地租计算,解放前平均租率为30%,解放后略有增加,为32%,这种差额可能是由于田主隐瞒。由于单户租佃与集体租佃租额高低不同,在私租或公租中还有个别的或部分的"劳役"地租,以及部分单户租佃中有因田主出牛,或出籽种,而多得地租等等复杂情况,其租率在30%至

40%左右是大体正确的。

由此可见，这里租佃关系是极为复杂的，从全区看则更复杂，还有民族间与民族支派间的租佃关系，以及边疆国境内外的租佃关系等等。

乙、债务关系

目前17个寨子710户中，放债的共98户，共放出谷子1788挑（折71520斤，包括借贷数折谷在内），其中各阶层所占比例如下表：

阶层	户数	借出数	占借款数的%	利息	平均利率
富农	18	499.5	27.37	180	40
中农	64	694	38.81	328	32
贫农	5	8	0.44		
雇农	1	1	0.05		
贫民					
土地出租	6	560.5	31.34	132	23
小贩					
其他	3	25	1.33		
合计	97	1788			

目前各阶层负债情况如下：

阶层	户数	负债数		百分比		利息		利率	
		谷	人民币	谷	人民币	谷	人民币	谷	人民币
富农	1	2		0.127					
中农	61	788	954500	50.303	63.53	245		31	
贫农	41	633.5	200000	40.44	1.33	588		93	
雇农	11	101.5		6.47		138.5		120	
贫民	5	8.5	250000	0.542	1.65				
小贩	3	5	70000	0.31	0.46				
土地出租	3	28	5000000	1.78	31.18				
其他									
合计	125	1566.5	15065000						

（1）债务方面的统计材料不完全，但可以看出：农村主要的高利贷者为富农与土地出租者，17个寨子共22户，富农就有18户放债，23户土地出租者中有6户放债，这两个阶层放出谷1060挑，占放债总额（包括稻谷和人民币两种）59%强，如除去群众间无利自由借贷部分，估计土地出租者及富农阶层占农村高利贷总额的80%左右。

贫、雇农受高利剥削甚重。照土地出租者及富农放债表内看，其剥削的平均利率才是 40%，甚至轻到 23%；但从贫、雇农所付出之债利数看，平均利率竟达 90% 以上到 120%，相差很大，后者是可靠的，则显系高利贷者隐瞒利息。

贫、雇农所负债务绝大多数都是谷子，很少借钱，这说明贫、雇农主要是缺乏口粮。在债钱项目中，以土地出租者为最突出，但据了解，借那 500 万元的人，并不是因为生活困难，而是为了经营商业。

（2）除表中所说明的借谷、借钱两种借贷形式外，还有卖青、典当、抵押等。1953 年 11 个寨子的调查，各阶层共卖出（也就是借入）182 挑，其比例是：中农 44 挑，贫农 80 挑，贫民 60 挑。而卖青的利息多是 100%，甚至还超过。

各阶层典押土地（土地使用权）共 260 纳，其中中农 160 纳、贫农 50 纳、雇农 50 纳，还有抵押其他物品者（如首饰、工具等）。不论卖青、典当、抵押，土地出租者及富农有进是没有出的。

（3）解放前的一些零星情况是：曼卖寨的富农头人鲊乃怀（"乃怀"就是最有钱的人，为宣慰所封）自称解放前每年放出千元以上的半开。曼鸾点寨的土地出租者鲊克朗印、咪一奔，每人每年放 200 挑（折 8000 斤）谷子以上。曼掌的"叭龙伴"（官称，现任版纳景洪村副主席）每年约放出谷子 400 挑左右。曼非龙的大佛爷，据说每年放出谷子 500 挑左右，利息多是 100%，最低 50%。据群众反映个别寨子（曼鸾点等寨）贫、雇农 100% 负债、卖青或抵押物品。解放后的变化情况，从以上表中也可看得出来。

丙、牛租剥削

解放前各阶层租入租出耕牛情况如下表。

解放前：

寨名	土地出租者						富农					
	租出			租入			租出			租入		
	头数	利息	占总%	头数	利息	占总%	头数	利息	占总%	头数	利息	占总%
曼景栋												
曼丢												
曼喝勐							1	25		1	30	
曼坝角												
曼栋							1	25				
曼广龙												
曼卖												
曼鸾点												
曼末因												
曼广妹							3	60				
曼藏宰		30					2	80		1	14	

续表

寨名	土地出租者						富农					
	租出			租入			租出			租入		
	头数	利息	占总%	头数	利息	占总%	头数	利息	占总%	头数	利息	占总%
曼沙												
曼拉	1											
曼脸												
曼回说												
曼弄卡												
曼令							1	25				
合计												

寨名	中农						贫农					
	租出			租入			租出			租入		
	头数	利息	占总%	头数	利息	占总%	头数	利息	占总%	头数	利息	占总%
曼景栋	6	190						130		1	20	
曼丢										2	75	
曼喝勐	1	21		3	62					3	69	
曼坝角										1	15	
曼栋	2	40								3	70	
曼广龙	2	45								8	210	
曼卖	1			7	100		1	23.5		1	30	
曼鸢点										1	25	
曼末囡							1	30				
曼广妹							2	50		3	65	
曼藏宰				6	210							
曼沙	2	30								4	78	
曼拉	2	31								3	63	
曼脸	3	50					1	15		1	20	
曼回说	5	72										
曼弄卡												
曼令	2	30										
合计												

寨名	其他						合计					
	租出			租入			租出			租入		
	头数	利息	占总%	头数	利息	占总%	头数	利息	占总%	头数	利息	占总%
曼景栋	3	95					13	415		1	20	
曼丢										2	75	
曼喝勐							2	46		7	161	
曼坝角										1	15	
曼栋	2	50					5	115		3	70	
曼广龙							2	45		8	210	

续表

寨名	其他						合计					
	租出			租入			租出			租入		
	头数	利息	占总%	头数	利息	占总%	头数	利息	占总%	头数	利息	占总%
曼卖							2	23.5		8	130	
曼鸢点										1	25	
曼末因							1	30				
曼广妹							5	110		3	65	
曼藏宰							3	110		7	224	
曼沙							2	30		4	78	
曼拉							2	31		3	63	
曼脸							4	65		1	20	
曼回说							5	72		3	22	
曼弄卡												
曼令							3	55		4	105	
合计							49	1147.5		56	1283	

注：雇农、贫农、小贩缺乏数字。

解放后：

寨名	土地出租者						富农					
	租出			租入			租出			租入		
	头数	利息	占总%	头数	利息	占总%	头数	利息	占总%	头数	利息	占总%
曼景栋												
曼丢												
曼喝勐							2	34				
曼坝角												
曼栋							4	84				
曼广龙	1	25					1	20				
曼卖												
曼鸢点	4	91					4	85				
曼末因												
曼广妹							4	75				
曼藏宰	1	30										
曼沙	1	18										
曼拉												
曼脸												
曼回说												
曼弄卡												
曼令												
合计												

续表

寨名	中农						贫农					
	租出			租入			租出			租入		
	头数	利息	占总%	头数	利息	占总%	头数	利息	占总%	头数	利息	占总%
曼景栋	4	112					3	68				
曼丢	2	50								4	112	
曼喝勐	3	50		5	107					1	30	
曼坝角	2	56		3	72.5		1	28		4	80	
曼栋	5	70		1	8					3	35	
曼广龙	7	160		4	92					8	185	
曼卖	3	8		7	101		1	27		3	47	
曼鸾点	3	42		11	101					8	148	
曼末因	1	20		2	38		1	14				
曼广妹	2	45		1	20		2	50		8	158	
曼藏宰				1	10					1	50	
曼沙	4	72		1	18					4	72	
曼拉	3	43								4	58	
曼脸	5	85		1	15					3	55	
曼回说	3	34		1	34							
曼弄卡				1	30							
曼令	2	35										
合计	49											

寨名	雇农						贫民					
	租出			租入			租出			租入		
	头数	利息	占总%	头数	利息	占总%	头数	利息	占总%	头数	利息	占总%
曼景栋												
曼丢												
曼喝勐				1	15							
曼坝角				1	30							
曼栋												
曼广龙												
曼卖												
曼鸾点												
曼末因												
曼广妹												
曼藏宰												
曼沙												
曼拉												
曼脸												
曼回说												
曼弄卡							1	10				
曼令												
合计												

续表

寨名	其他						合计					
	租出			租入			租出			租入		
	头数	利息	占总%	头数	利息	占总%	头数	利息	占总%	头数	利息	占总%
曼景栋	3	81					10	261				
曼丢							2	50		4	112	
曼喝勐							5	84		7	152	
曼坝角							3	84		8	182.5	
曼栋							9	154			43	
曼广龙							9	205		12	277	
曼卖							4	35		10	148	
曼鸢点							11	318		19	249	
曼末因							2	34		2	38	
曼广妹							8	170		9	178	
曼藏宰							1	30		2	60	
曼沙							5	9		5	90	
曼拉							3	43		4	58	
曼脸							5	85		4	70	
曼回说							3	34		3	34	
曼弄卡										1	30	
曼令							3	45				
合计							83	1541		94	1721.5	

注：

1.耕牛单位以头数计，利息（牛租）以挑计（每挑合 40 斤）。

2.表中曼弄卡解放前无数字。

3.小贩没数字。

（1）以表中解放后和解放前比较，出租数从49头增加到83头；租入数从56头增加到94头，而解放前后的共同特点是：都以贫农租入占绝对多数。解放前贫农共租入31头，占整个租入数的55%；解放后增至51头，占8.5%。

富农则多是租出，个别也有租入的，但土地出租者租出不租入，中农租出也租入，说明受牛租剥削的主要是贫农和部分中农。

（2）租额高低不同，解放前后也有变化，租额最高的每头平均40挑，低的10挑，据说这是看牛的好坏而定。其平均率解放前为23挑，解放后为18挑，较解放前平均减少22%，虽略有减轻，但这项剥削仍是很重的。据一般了解，牛租略重（40挑左右）收成不好，1头牛租就等于1个贫农正产收入的50%左右（1个贫农1年只收100挑左右），就照现在减轻了的情况估计，一般的租额也还占1个贫农正产收入的25%左右。这里农民的阶级上升下降，常会因为一头耕牛的死亡或增加而转移。

（3）租牛并不能使用一年，而是租用一季，除交租外，还要代替主人喂养。有的长年租牛和分养混在一起（分养的多是母牛，生了小牛对分），实质上是一种高利贷剥削。

因为"养牛"和"租牛"是两回事情，"养"不能用，使用就得另外拿租，所以牛租的剥削是很重的。

丁、雇佣剥削

解放前各阶层共有全劳动力1205个、半劳动力202个，其中各阶层所占比例及其雇工卖工情况如下表：

阶层	户数	人口	劳动力		雇工情况			卖工情况		
			全	半	长工	短工	工资支出	长	短	工资收入
土地出租	9	43	29	3	1	44	67			
富农	21	98	34	13	4	270	315			
中农	351	1719	768	119	5	870	660			
贫农	151	1719	269	47		275	137.5		1209	604.6
雇农	47	150	51	13				5	780	651
贫民	20	59	34	3		10	5		327	163.5
小贩	7	27	9	2		40	20		3	1.5
其他	7	25	11	2						
合计	613	2158	1205	202	10	1509	1204.5	5	2319	1384.5

解放后的变化情况如下表：

阶层	户数	人口	全劳力	半劳力	雇长工	雇短工	工资数	卖长工	卖短工	工资数
土地出租	23	101	17	23	2	88	134			
富农	22	117	34	21	5	738	594			
中农	469	2610	1015	191	15	2389	1869		618	309
贫农	23	512	239	39		268	134		696	348
雇农	42	134	67	24				3	332	301
贫民	30	93	36	11		68	34		852	426
小贩	6	20	10	5					30	15
其他	5	17								
合计	710	3543	1425	311	22	3551	2765	3	2528	1399

（1）解放后较解放前雇工与卖工数字都有了增加，不同的是解放前是卖工数多雇工数少，而解放后则是雇工数多卖工数少，可能是雇工有意隐瞒，也可能是卖工数统计有问题。

（2）所谓"长工"并不是指的像内地那样的"长年工"，主要是"季节工"。表内的长工，有些是指季节工，有些是照100个短工左右计算的。

（3）在短工中包括那些不以"日工"计算的零工。据了解，这里有些鳏、寡户，依靠长年给人舂米为生，舂一二箩谷（四五十斤）大约得二三斤米，不便于计算他的工日，因为有时只舂一早晨或一下午就算了，这种人已包括在雇农之内，但没有把他的工日或收入包括进去。

（4）在短工中，还有些是换工的，在"卖工"内也有富农"卖工"，因系换工故未计入。在贫农雇佣短工数中，可能有一部分是属于换工性质的。

（5）工资照习惯每个日工1箩谷子（20斤合5毛半开，人民币1万元左右），"季节工"也多照日工计算，因此，表内工资都是这样计算的，即是短工每天1箩，长工90天45挑（1挑2箩）。

据说：这里的雇工剥削常和高利贷交织在一起，在新谷登场以前，雇、贫农因缺口粮，就被迫向土地出租者及富农建立这种预支工资的借贷关系，利息在100%左右（据说解放后已有个别不加利息）。以上说明土地出租者及富农对农民的几种剥削的手段是极为毒辣的。

（6）关于劳动力计算，并不是以年龄划分的，而是根据农户的自报，一般以能种田、栽秧为全劳动力。

（7）从表中看出，解放后贫农比解放前卖工数已大为减少，而中农雇工数却增加很大，这是因为贫农的户数较前就已减少（种地户增加），同时也说明了中农的发展情况。

戊、官租劳役剥削

现根据15个寨子的材料把各阶层被剥削情况及其解放前后的变化列表于后。

解放前官租、劳役统计表

阶层	户数	人口	水稻收入	副业收入	合计	官租	劳役	合计	占农业收入%	占总收入%
土地出租										
富农	10	45	1510	809	2319	94.5	13.5	108	7.15	4.65
中农	259	1300	26022	19989	46011	2773	589	3362	13.00	7.30
贫农	98	421	7950	5216.5	13166.5	883.5	170.5	1054	13.25	8.00
雇农	12	35	126	360	486	15	48.5	63.5	50.39	13.06
贫民	5	18	50	369	419	27	12	39	78.00	9.31
小贩	1	4	15	85	100		3	3	20.00	3.00
其他										
合计	385	1823	35673	26828.5	62501.5	3793	836.5	4629.5	12.7	7.41

解放后官租、劳役统计表

阶层	户数	人口	水稻收入	副业收入	合计	官租	劳役	合计	占农业收入%	占总收入%
土地出租	14	63	1856	1383.5	3239.5	84	4	88	4.8	3.90
富农	18	98	3120	1885	5005	84	1	85	2.72	1.7
中农	404	2245	52256	34339.5	86595.5	2269	196	2465	4.7	2.84
贫农	80	355	7039	5773.5	12812.5	381	76.5	457.5	6.49	3.57
雇农	2	6		90	90		3	3		3.33
贫民	13	42	510	438	948	46		46	9.01	4.85
小贩	5	18	287	286	573	17.5	3	20.5	7.14	3.75
其他										
合计	536	621	65162.5	44195.5	109358	2881.5	283.5	3165	4.85	2.89

注：

1. 以上两表，解放前缺曼沙材料，解放后缺曼令材料。

2. 官租劳役都是以挑为单位折算的，劳役是按当地工价每工1箩20斤、5角半开（1万元人民币左右）、每两箩为1挑与官租统一计算的。

根据以上不完全的统计，可以看出：

（1）官租劳役的剥削是很重的，但解放前后的变化也确实不小，而其特点是：解放前各阶层负担占其总收入的比例是：富农为4.56%、中农为7.3%、贫农为8%、贫民为9.36%、雇农为13.06%，只有小贩轻，为3%。解放后土地出租者的负担为其总收入的3.9%（解放前未有），富农为1.7%、中农为2.84%、贫农为3.53%、贫民为4.85%、雇农为3.33%、小贩为3.57%。由此，可看出除小贩和土地出租者有增加外，其他各阶层较解放前都大为减少。以负担实物数量看，中农得利最大。

（2）表内劳役、官租主要是被宣慰街波郎所剥削的数字，不包括群众为本寨大头人所服的劳役数。过去一般寨子群众对本寨叭以上（富农）头人在插秧时都要帮三四天白工，有的半天算一天，个别的多帮的情况也有。这种剥削解放后有些已经取消，多数是减少，个别的有增加。宣慰街波郎们对群众的劳役剥削，解放后被遭减少一些，有的则改变花样。如曼鸾点的波郎，过去劳役项目很多，解放后把它合并成3项，即①做赕时派人伺候；②有婚丧嫁娶派人打杂；③每隔3天两个人轮流去伺候"波郎神""换净水"，事实上就是给波郎干活。因为波郎并不能有这样多的活做，而且这样做"影响"也不好，主要是得利不大，于是他就把这项劳役剥削变为货币——每月向群众收3元半开的"工价"。这种小名堂据了解还不仅是一个寨子，所以，说明解放后虽有些变化，但并未触动封建统治的基础。

（3）1952年官租名义上减了1/3，但有的寨子在未减之前就有些把官租交掉了，所以减1/3的情况并不是平衡的。当时的态度也有各种各样，没有种波郎田的寨子当然是无所谓的。闹减官租主要是租波郎田的寨子，尤其是那些穷寨子；特别是这些寨子的头人最为活跃，由他们带头领导，群众则多数是附随，多数人反映："交是要交，只是少交点"，

"一年减一点，减到社会主义"；有的人则认为："不交不好"，"田是人家的，人家把田拿回去怎么办？"只有个别勇敢分子主张"一点不交了"，"毛主席领导不能再剥削了"，"让他们自己去劳动"。

宣慰街头人，当时在以召存信为首的带动下，被迫接受了"减1/3"的要求，但很不愉快，据说上述情况近来又有新的变化。

己、宗教开支

据17个寨子不完全的统计，总收入为6241825斤谷子（163091.25挑，包括富农的剥削收入在内）。1952年宗教支出共计：15933挑，合796650斤，约占总收入的10.2%，占水稻收入的33.5%（水稻收入为53397.5挑）。各阶层所占比例及解放前后变化如下表。

解放前宗教剥削情况统计表

阶层	户数	总收入数	宗教负担	百分比	农业百分比	备考
土地出租	8	661	98	14.82	25.45	缺1户
富农	17	2949	194	6.57	10.05	缺4户
中农	338	60712.5	2787	6.22		缺13户
贫农	140	15826.5	2154.5	13.79	22.6	缺11户
雇农	39	1040	229.5	22.04	87.93	缺8户
贫民	19	917	147	16.03	84	缺1户
小贩	6	205	14	6.28	21.53	缺1户
其他						
合计	567	82312	5623.5	6.83		

解放后宗教剥削情况统计表

阶层	户数	农业收入	副业收入	其他收入	合计	宗教支出	占农业%	占总收入%
土地出租	23	2146	1362.5	296	3804.5	1121	52.2	29.4
富农	22	3290	2006	478	5774	816	24.8	14.2
中农	469	56567.5	37096.5	1210	94874	10935	18.3	11.5
贫农	113	9807	6934.5	182	16923.5	2492	25.4	14.6
雇农	42	656	639.5		1295.5	155	23.6	12
贫民	30	622	113	29	765	280	44.8	36.5
小贩	6	278	286		676	112	40	16.5
其他	5	30	206	81	317	22	73.5	6.8
合计	710	73397.5	486644	2276	124317.5	15933	21.7	12.6

注：

1.解放前的总收入中不包括土地租出者及富农的剥削收入，解放后的"其他"项目收入是包括了剥削（租子、债利等）与被剥削（卖工等）收入，表中系把所有的收入和支出都折成谷子，单位为"挑"（40斤）。

2.宗教支出主要是指集体与个人两项的统计数，而每日养活和尚所需饭菜未计入在内。

从上表可以看出：宗教开支解放后较解放前已有了很大发展，解放前平均占总收入6.83%，解放后则增加到11.5%，而且这是前后收入悬殊大的水平上的比例。解放后所谓个人赕——所谓"赕来世"的人尤其增加，如曼广龙80户当中，解放后就有35户做大赕，最高的赕到人民币1000万元，最低的也有150万元。如把该项支出以现价每挑折成人民币2万元，即为3.1866亿元，以200万元买一头耕牛计（去年只需100万左右），可买耕牛160头左右。又如以每天生活费800斤（20挑）粮折算，可养活800人一年的生活，可见它对群众生产和生活的严重影响。

四、解放后各阶层的公粮负担及其总收入支出情况

甲、各阶层的公粮负担情况

该地是照"负担户"（由二三家组成的）办法负担，即不分产量多少和穷富悬殊，而是照门户平均负担。解放后有点变动，"负担户"内部根据收入情况多少有了点调整，但仍很不合理。以1953年为例，各阶层的所占比例如下表。

17寨各阶层公粮负担情况统计表

阶层	户数	人口	收入数量				负担数量			
			正产收入	副业收入	总收入	折合市斤	负担数额	折合市斤	占正产%	占总收入%
土地出租	23	101	2146	1362.5	3508.5	175325	300	1500	11.24	7.15
富农	22	117	3290	2006	5296	264800	365	18250	9	5.8
中农	469	2610	56567.5	37096.5	93664	3709650	8034.5	401725	13.32	7.86
贫农	113	512	9807	6934.5	16731.5	837075	1540	77000	16.57	9.47
雇农	42	134	656	639.5	1295.5	64775	181	9050	26.5	12.3
贫民	30	93	623	113	736	36800	108	5400	19.35	6.73
小贩	6	20	278	286	564	28200	61.5	3075	24.3	15.72
其他	5	17	30	206	236	11800	36	1800	45	30.77
合计	710	3543	63397.5	48644	112041.5	5228425	10626	531300	14.09	8.49

从上表可以看出：

（1）除按户分担的方法极不合理外，并可看出其不合理的程度。在各阶层中以富农负担为最轻，仅负担365挑，折合18250斤，仅占其正产收入的9%，占其总收入的5.8%。而负担最重的是劳苦群众，如贫农的负担数占其正产收入的16.57%，占其总收入的9.47%；雇农负担数占其正产收入的26.5%，占其总收入的12.3%。负担最重的达到正产物的45%，占总收入的30.77%。由于这种极不合理的分配负担方法的存在，所以在各寨中曾出现了一

些使人难以容忍的情况。例如：曼东老的岩温，因无力负担而自愿把分得的100纳寨公田交还头人；有的因负担过重，不能缴纳而被头人处罚劳役，如曼沙寨的寡妇因为无力缴纳公粮，被头人处罚劳役，替全寨57户挑水，每户挑两天，现在她提及此事便痛哭流涕；有的因负担过重被迫典当或"出卖"（土地使用权）土地。所有这些，都是贫苦农民。富农和一部分土地出租者则负担非常轻，甚至有些头人没有负担。这样使我在政治上造成了很大的损失。自1953年起，为了改善这种情况，改为累进征收，但其中也存在着一些问题，由于累进等级少而等差大，累进率的等差又小，而群众的土地占有数量又相差不大，因而对过去平均负担的现象仍不能从根本上给以合理调整。

（2）一般群众对交纳爱国公粮的态度是拥护的，例如曼拉的鲊龙岩反映说："爱国公粮无论出多少，我们也喜欢，官租我们不想交了。"曼末图的群众在座谈会上说："出爱国公粮我们应该出，出公粮政府还是为我们办事情。"但对于合理负担，群众也有要求，尤其是雇农和佃农，要求更为迫切，有的孤寡户提出："不种田的不交爱国公粮可以吗？"

1953年，政府公布合理负担政策之后，有些寨子的上层表示不满。如曼劣的头人回寨传达时说："家家的谷仓政府要来量，政府有一个尺子，一插进谷仓中，就晓得有多少谷子，每人留20挑吃饭，剩下的要卖给政府。"曼广龙的头人说："多有多出、少有少出的办法倒好，我们就只等区上的同志来讲讲道理帮助分配。"有的说："他们（指政府）喜欢多少来抬多少好啦！"

乙、各阶层的总收入支出情况

该区气候湿热，土地肥沃，出产极其丰富，一般说来，生活应该比较富裕，但在封建领主制度下，生产长期得不到发展，再加上封建领主的各种形式的剥削及宗教上的各种负担，迫使一部分人过着贫困的生活，而另一部分人则享受着比较富裕的生活。各阶层收支情况如下表。

17寨各阶层收支情况调查统计表

	项目		土地出租	富农	中农	贫农	雇农	贫民	小贩	其他	合计
	户数		23	22	469	113	42	30	6	5	710
	人口		101	117	2610	512	134	93	20	17	3543
收入	水稻收入	挑数	2146	3290	55667.5	9807	656	623	278	30	63397.5
		折斤	107330	164500	2854825	490350	32800	31150	13900	1500	3696325
		每人占有（斤）	1063	1406	1084	950	245	334	695	50	
	副业收入	折谷挑数	1362.5	2006	37096.5	6934.5	639.5	113	286	206	48644
		折斤	68125	100300	1854825	634725	31975	5650	14300	10300	2373250
		每人占有（斤）	674	857	711	677	239	60	715	605	

续表

	项目		土地出租	富农	中农	贫农	雇农	贫民	小贩	其他	合计
收入	其他收入	折谷挑	296	478	1210	182		29		81	2276
		折斤	14800	23900	60500	9100		950		4050	113300
		每人占有（斤）	174	205	27	16		10		238	
	总收入		190225	288700	4770150	846175	64775	37750	28200	15850	6214825
	每人占有（斤）		1911	2488	1822	1643	484	404	1446	893	
支出	牛租债利	挑数			891.5	1460	183.5	140	19		2694
		折斤			44575	73000	9175	7000	950		134700
	宗教	挑数	1121	816	10935	2492	155	280	112	22	15933
		折斤	56050	40800	546750	124600	7750	14000	5600	1100	796650
	官租劳役	挑数	88	85	2465	457.5	3	46	20.5		3165
		折斤	4400	4250	123250	22875	150	2300	1025		158250
	公粮	挑数	300	265	8079.5	1540	181	108	61.5	36	10626
		折斤	15000	17250	403975	77000	9050	5400	3075	1800	532550
	生活费用	挑数									
		折斤	80800	93600	2088000	409000	107200	74400	16000	13600	3028000
收支情况	总支出		156250	155900	3206550	706475	124155	103100	26650	16500	4495570
	剩余(斤)		33975	132800	1563600	139700			1550		1746255
	缺欠(斤)						59375	56350		650	125375

（1）从上表可以看出：富农及土地出租者是傣族农村中最富裕的两个阶层，仅正产物的收入已经足够他们的生活，计土地出租者每人平均有正产物谷子1063斤，富农每人平均有正产物谷子1406斤，其副业及其他债利、地租等收入尚未计入。生活最贫苦的是贫、雇农，贫农的正产物收入只够生活的一半，雇农的正产物仅能维持全年1/4时间的生活。贫农除了正产物之外，再加上副业的收入，勉强能够维持生活，若遇婚丧嫁娶，则必借债；而雇农加上副业收入也只够半年的生活，其余不够一半的生活费用，全系靠卖工收入来维持。

（2）各阶层副业收入的数量在生产生活中占着很重要的地位，总计副业的收入折合稻谷2373250斤，约占各阶层总收入的39%左右，若没有此项收入，许多人的生活便要受到很大的威胁。如贫农的正产物只够半年的生活费用，其他半年的生活则全靠副业的收入来维持；贫民、小贩及孤寡户的主要生活来源，几乎完全靠副业的收入，故今后对副业的发展仍应值得注意。

（3）每年的剩余粮食是相当可观的。据上表统计，每年应有余粮1746255斤，而这部分粮食，绝大部分是掌握在富农、土地出租者及中农的手中，他们就运用这些资本放高利贷，进行商业投机，或者消耗在宗教上。

（4）在支出的项目中，除生活费用一项开支较多外（共计3028400斤），其他最多的一项便是宗教开支。每年的宗教负担计796650斤，约占全年总支出的18%，占生活开支总数的26%左右，从上面的数字中便可看出宗教负担对生产的严重破坏性。

（5）虽然劳苦人民受着各种苛重的剥削，收入极少，生活很苦，但由于该地各种优厚的自然条件，至今尚保留着若干原始互助形式，穷苦者均能找到饭吃，不致挨饿，故傣族民间流传着"穷不要饭""富不过万"的说法。

省边委工作组、省民委工作队　调查

边委第二科　整理

1954年3月23日

《边疆工作通报》第 4 期

（耿马傣族社会经济情况初步调查专辑之一）

中共云南省委边疆工作委员会编印

1954年5月10日

《边疆工作通报》第 4 期

　　《耿马县傣族社会经济情况初步调查》系根据滇西工委、缅宁地委、省民族工作队第三队调研组关于《耿马县社会情况调查报告》及《附件》综合整理而成。其中，对于该区土地性质、地租形式、商业资本等问题曾做了若干试探性的初步分析，因占有材料不全，存在问题尚多，在分析土地性质部分，只根据 4 个寨子不完整的材料，难免不无主观片面的地方，特别是在论断：商业资本一方面作为帝国主义世界市场和当地直接生产者之间的媒介，因而（在解放前）大大地促使该区经济的殖民地化；另一方面，由于原始共同体的残余，尤其实物支付手段形态的阻碍作用，又使"商业资本与高利贷资本底独立发展，阻碍着农民的分化"，从而为帝国主义和封建制度服务。这一论断是否确当，尚需广泛搜集材料进一步加以研究，现仅作为初步整理资料刊印出来，供内部参考，请各地同志提出修正意见。

省委边委办公室

1954年5月10日

目录

耿马县傣族社会经济情况初步调查

一、民族关系和人口分布

耿马原为松林密布的丘陵地带，居住着土著佧佤族。约当明洪武年间，因麓川之役，傣族自勐卯迁来。起先用武力征服土著民族，其后傣族领袖罕姓与佧佤族领袖通婚夺取领导权，进而统治其他民族。明万历十一年，罕家被封为世袭耿马宣抚使司，其管辖范围约为今沧源、耿马、双江三县地区。并将其辖区划为9勐（沧源勐角、勐胜、勐董、勐岛、双江勐库、勐勐及耿马、勐永、勐撒）、13圈（大寨、曼茂、空片、翁打、海岛、海内、娥德、鲜来、鲜干、干弄、干老、班令、曼肯）。"勐"是坝子，为傣族聚居，由土司本姓亲属任勐官太爷进行统治；"圈"是被征服民族的居住区，由土司外姓亲属任新爷通过傣族圈官去进行统治。并拥有一定数量的武装，除规定亲兵120名外，尚有自卫团和民兵，其武器有枪800支至2000支。并设有监狱，借以镇压傣族及其他各族人民。

由于以土司为中心形成的统治集团，对其他民族施行压迫，并利用民族间的矛盾借保护为名以便实行其对各族人民的统治，因而形成极为复杂的民族关系，其中尤以傣族与佧佤族的矛盾尤为突出。即以1945年至1950年间，傣族和佧佤族即曾发生3次大规模的械斗，每次械斗给予农村生产力造成很大的破坏，如1945年一次械斗即烧毁村庄9座（傣8、佧佤1）。其他各次械斗所造成的损失尚不计。

本县共有13种民族，其人口分布情况如下：

民族	人口		分布地区
	人	%	
傣族	16220	25.15	耿马、孟定、勐撒、勐永、遮哈、勐简
汉族	27147	42.09	散居、山区
佧佤族	10118	15.69	聚居、山区
拉祜族	7014	10.87	聚居、山区
濮曼族	1091	1.69	散居
傈僳族	816	1.26	散居
景颇族	792	1.23	散居
蒙化族	438	0.68	散居

续表

民族	人口		分布地区
	人	%	
崩龙族			散居
回族			散居
民家族	864	1.34	散居
咪哩族			散居
本人族			散居
合计	64500	100.00	

这些民族受着傣族土司的统治和剥削。例如在罕允、允楞等寨，汉族和佤族都不得种田；山区民族经常受劳役、杂派及生产物贡品等剥削。

解放后，土司罕裕卿及其大部臣属外逃，其政治上层组织已垮，下层村寨组织仍原封未动。武装大部分被土司带走，劳役、官租和杂派已基本停止征派。民族关系虽有所改善，但由于基层政权仍掌握在乡村头人手里，民族隔阂在群众的关系上尚未得到应有的消除。

二、土地的性质和种类

全县土地均属土司所有，不准买卖和转让。农民"因此也就没有土地私有权，虽然对于土地既有私人的也有共同的占有权和使用权"（《资本论》第三卷，人民出版社版，第1032页）。在一般的村寨里，私人占有权已确定，残存的公田名义上仍为公共占有，但实际上已落入头人手中，变为地主、富农的"阶级占有"，谁当头人谁就有权霸占或鲸吞这份土地或这份土地的地租，因而成为地主或富农。但在个别地区（如勐撒坝）的个别村寨里，土地仍然是定期地按全村户口分配，因此，私人占有权目前仍未稳定。

由于农民村社躯壳的残余，村寨的土地界限较严，农民离开村寨即失去土地占有权，甲村不能到乙村所辖范围内开荒，但两寨间的租佃关系是被允许的。每个村寨尚保留一定数量的用作公共支出的共有地（目前掌握在村寨头人手里）。

这里的土地形式约可分为8种，按其占有性质又可归纳为4类：

（一）上层和头人占有

（1）"田头"：每份8亩至18亩，太爷以下亲兵以上的臣属各得一份作为薪俸。

（2）"私庄"：土司封给新爷以上臣属的采邑。最多拥有800户农民（农奴），最少20户（新爷有私庄者只占20%）。这些私庄内的农民（农奴），不但要负一定数量的生产物（即实物地租）地租，而且还要经常地为其主子服劳役。

（3）"私田"：土司及其臣属将其部分土地直接出租给农民，征收实物地租，直接参与地租剥削的土地。

（二）村寨共有地，实际为村寨头人所掌握

（4）"公田"：由村寨头人掌握，分给新来户耕种，或分租给群众，租额作门户摊派及杂项开支。此项田地约占村寨土地面积9%至36%。目前已为村寨头人操纵和鲸吞。

（5）"客田"：客田出租后，将租额作为招待费用。

（三）缅寺占有

（6）"缅寺田"：系本人当和尚带进缅寺的土地，以及用迷信欺骗群众，认为"不吉利"的土地送给缅寺者。

（四）农民占有

（7）"百姓田"：分给农民耕种的土地。数量视村寨占有土地的多寡而定，一般每份约8亩，这就是目前农民占有的土地。但因所有权仍属于土司，农民还须负缴纳官租、银课、杂派、劳役等义务。这里还包括一部分"差田"，即一般称为"夫马田""洗碗田""放炮田""搓蜡条田""打扫厕所田"等。"份地现在继续是给土地占有者'保证'廉价人手的手段"，"因为只有本地的而且必须是'有份地保证'的农民才能担任工役"，"如果不以这种或那种方式把人口束缚于住在地，束缚于'公社'，如果没有公民的这种或那种权利不平等，工役制这个制度就是不可能的"（以上见列宁：《俄国资本主义的发展》，解放社版，第172页）。

（8）"开荒田"：解放前开荒作为公田，解放后已归群众占有。

以上8种土地类型，各占土地总面积的百分比，目前尚缺乏具体材料。大体说来，1类至6类完全为上层头人所掌握，估计约占土地面积50%（尚待查明）。因此，实际为农民所占有的土地约占土地面积50%。

三、阶级分化和生产资料占有情况

（一）土地占有（根据罕允、曼抗、允楞、曼蚌4寨材料综合统计）

阶层	户数		人口		占有土地	
	户	%	人	%	面积	%
地主	21	11.35	138	16.77	683	20.17
富农	22	11.89	123	14.95	513	15.15
小土地出租者	3	1.62	14	1.70	43	1.27

续表

阶层	户数		人口		占有土地	
	户	%	人	%	面积	%
中农	64	34.59	297	36.09	783	23.12
贫农	35	18.92	144	17.49	333	9.83
雇农	26	14.05	70	8.51		
贫民	8	4.32	22	2.67		
手工业者	4	2.16	9	1.09		
高利贷者	1	0.55	2	0.24	25	0.74
宗教职业	1	0.55	4	0.49		
公田					493	14.55
客籍田					469	13.85
缅寺田					45	1.32
合计	185	100.00	823	100.00	3387	100.00

注：

（1）各阶层的划分，依据原材料未予变动。

（2）原材料对于地主、富农的区别，主要是以劳动、不劳动为划分标准。一般说来，这里的地主主要也是靠雇工经营的。

从上表看来：地主、富农占户数23%，人口占31%，占有土地35%，仿佛土地不集中。但这里应注意的是，占户数33%、人口26%的贫、雇农，只占有土地10%弱；加上中农，则占户数68%、人口62%，仅占有土地33%；还有32%的土地，公田、客籍田、缅寺田即占有30%（其他阶层占2%），这些公田原作寨公有，不上官租，其出租租额收入，作为公共的支出，但现在实为头人所鲸吞，如曼抗寨圈官，将公田租165担收归己有（余充作公用）。这类公田各寨现有数量不等，曼抗寨有166担种，占该村土地33.5%；允楞寨有31担种，占该寨土地9.1%。正如马克思所说："在时间的进行中，这些公地，被军事上、宗教上的高官侵夺了……农奴关系就是这样发展的。"（《资本论》第一卷，人民出版社版，第269页）

由于这里是地主土地的来源，主要为田头、私庄、公田、客田、私田等，土地是与政治结合在一起的。因此，世袭的官员，他们有世袭的私庄和俸禄田，便成为世袭的地主；而委派的村寨头人，当他卸职时，他便从土司那里丧失了现实的政治权力，从而也就丧失了俸禄田和侵占这些公田的特权，从而下降为富农。"领主与臣属的私人关系，照例总是跟土地关系联系在一起的。"（柯斯明斯基：《封建主义》，三联版，第40页）。但是对于上两种类型的地主，其分别具体说明材料，尚需做进一步的了解和分析。但从4寨分别来看，又可分为4种类型：

（1）城区村寨，上层集中阶级分化明显复杂，并因无田户可依靠其他职业（如小商贩等）为生，故雇农较少，如罕允寨。其各阶层土地占有情况如下：

阶层		地主	小土地出租者	富农	中农	贫农	雇农	贫民	手工业者	高利贷者	宗教职业者	客籍田	合计
户数	户	11	3	6	15	5	2	8	4	1	1		56
	%	20	5	11	27	9	3	14	7	2	2		100
人口	人	83	14	32	81	22	2	22	9	2	4		271
	%	31	5	12	30	8	1	8	3	1	1		100
占有土地	面积	315	43	166	189	19				25		111	868
	%	36	5	19	22	2				3		13	100

注：

（1）面积单位：亩。

（2）客籍田系外寨占有及出租的土地，大多为外寨的地主、富农及一部分公田所占有。

（3）本寨地主占有外寨土地未计入表内。故表列地主占有土地的数字相对减少。

（2）中农以下缺乏土地或无土地；寨公田占有大量土地，但寨公田又为头人所操纵和把持，或为封建剥削主要方式之一，因而形成土地大量集中，如曼抗寨。其各阶层土地占有情况如下：

阶层		地主	富农	中农	贫农	雇农	公田	客籍田	合计
户数	户	3	6	21	11	3			44
	%	7	13	48	25	7			100
人口	人	21	38	97	53	11			220
	%	10	17	44	24	5			100
土地面积	面积	121	146	274	106		415	75	1138
	%	11	13	24	9		36	7	100

注：

（1）面积单位：亩。

（2）公田为曼抗圈官全部霸占。

（3）其他民族杂居寨内，他们受着民族压迫，傣族不给他们以耕种土地的权利（傣族农民则有占有土地的权利），因此就只有充当雇工为生。这样形成了该寨内雇农阶层的扩大，雇工人数之增多，对地主阶级，特别是富农的形成，成为一个有利条件，如允楞寨，雇农16户，占户口33%，其中汉族5户、佤佤族6户，即共占11户，70%的雇农是其他民族。该寨各阶层土地占有情况如下：

面积单位：亩

阶层		地主	富农	中农	贫农	雇农	公田	缅寺田	客籍田	合计
户数	户	7	4	13	9	16				49
	%	14	8	27	18	33				100
人口	人	34	19	51	30	40				174
	%	20	11	29	17	23				100
土地面积	面积	206	88	174	95		78	45	170	856
	%	24	10	21	11		9	5	20	100

（4）土地较分散地区，如曼蚌寨。这里的土地占有出入不大（除雇农外），但农村雇佣劳动者和农村资产阶级业已形成。其各阶层土地占有情况如下：

面积单位：亩

阶层		富农	中农	贫农	雇农	客籍田	合计
户数	户	6	15	10	5		36
	%	16	42	28	14		100
人口	人	34	68	39	17		158
	%	22	43	25	10		100
土地面积	面积	113	147	113		113	486
	%	23	30	23		24	100

（二）耕畜占有

阶层	户数	耕畜						每户平均头数
		水牛		黄牛		小计		
		头	%	头	%	头	%	
地主	21	80	34.78	92	24.124	172	28.29	8.19
富农	22	51	22.17	104	27.52	155	25.49	7.04
中农	64	89	38.70	146	38.62	235	38.65	3.67
贫农	35	9	3.91	27	7.14	36	5.93	1.03
雇农	26			1	0.26	1	0.16	0.04
贫民	8	1	0.44	2	0.53	3	0.49	0.37
高利贷者	1			6	1.59	6	0.99	6.00
合计	177	230	100.00	378	100.00	608	100.00	3.37

上表看出：地主、富农占总户数23%，即集中了耕畜53.78%。地主每户平均占有耕畜8.19头，为中农每户平均占有的2.2倍，为贫农每户平均占有的7.9倍；富农每户平均占有耕畜7.04头，为中农每户平均占有的1.9倍，为贫农每户平均占有的6.8倍。而占总户数33%的贫、雇农只占有耕畜总数的6%。地主、富农集中了如此大量的耕畜，形成了牛租和雇工经营土地的基础。

四、租佃关系和地租

（一）租佃关系

阶层	出租			租入		
	面积		平均租率	面积		平均租率
	担种	%		担种	%	
地主	65.5	18.66	21.78	73.5	22.44	11.01
富农	24.5	6.98	22.59	85.5	26.11	15.71
中农	18.5	5.27	25.68	136.0	41.53	15.53
贫农				31.0	9.47	16.94
雇农	1.5	0.43	10.00	1.5	0.45	30.43
公田	166.0	47.29	10.66			
客籍田	75.0	21.37	20.75			
合计	351.0	100.00	16.95	327.5	100.00	14.98

注：每担种约合 2.5 亩。

这里的租佃关系是与这里的封建的土地所有制相适应的。若仅从表中各栏孤立来看，则地主出租面积只占出租总面积的19%；但这里应注意的是，公田和客籍田出租则占出租总面积的69%，占出租总面积一半以上，这些土地完全掌握在头人（亦即地主、富农）手里，如曼抗圈官将公田租额全部鲸吞。因此，地主、富农出租面积实际占出租总面积94%。中农出租少量耕地，雇农1户将其百姓田1担半种出租，"他们抛弃份地，因为没有耕畜，没有种子，无法经营经济。现时没有钱，就有土地也全无办法"（《列宁文集》第一册，人民出版社版，第170页）。

从租入方面看：地主、富农租入土地占租入土地总面积的49%。而其租入率仅为其出租租率的一半，他们租入低租的土地，然后又用高租租出。正如列宁所说："富人把成千成万俄亩租来，然后又把它们贵三倍地转租给农民。"（同前书，第164页）在租入土地中，中农租入土地面积占租入土地总面积的42%，这就说明了中农以下仍是大量缺乏土地的。

除以上农村中的租佃关系外，领主及其臣属逐步放弃其领主制的官租及私庄等落后的剥削形式，即放弃了迫使农奴为其耕种土地及服其他劳役而直接占有农奴的剩余劳动——劳动地租（劳役地租），而将其部分土地改为私田，直接参与定租形式的地租剥削，即直接以剩余生产物形态占有地租了。佃耕这类土地，除去定额的地租外，其他负担均可不出，借以提高农民生产情绪。但其土地性质已由领主的赋役制蜕化为一般地主的地租的剥削了。

领主的官员，又向领主承包一个地区的负担，然后将该地区的土地佃给农民耕种。他们用低价向领主承包下来，然后用高价租给农民。

以上两种租佃关系，目前尚缺乏具体材料。

（二）地租形式

这里的地租形式有下列3种：劳动地租、生产物地租和货币地租。在个别地区（如孟定）尚保存有较原始的劳动地租形态，曼蚌寨的土地被分为领主的土地和农民的土地，农民除掉用自己的工具在自己领得的土地上耕种外，还需用别的时间，在领主的土地上，无代价地为领主劳动。但在一般地区，劳动地租则蜕变为两种形态：在部分私庄，土地完全分给农民耕种，无给的剩余劳动大部分不是替领主耕种土地，而是为其服各种杂役；在一般农村里，农民在向领主领来的土地百姓田上耕种，除缴纳一定数量的官租（生产物）及杂派，还要为领主服某种固定项目的杂役。因此，前者为劳动地租的直接蜕变形式，而后者乃是劳动地租和生产物地租的混合形态，亦可视为劳动地租向生产物地租发展的过渡形式。较纯粹的生产物地租，表现在私田的地租上。耕种私田的农民，除向地主缴纳定额的租额外，不再缴纳各项杂派和服各项劳役，这类地租形态包括公田的出租，"它和前一个形态是由这一点来区别，剩余劳动不复在它的自然形态上，也不复在地主或他的代表人直接的监督和强制下进行"（《资本论》第三卷，第1037页）。因而人身的不自由及隶属关系较劳动地租形态获得某些解放。"与劳动地租比较，生产者宁可说将会有更大的活动范围可以获得剩余的时间，而以这种劳动的生产物，和他的必要需要由以得到满足的劳动的生产物一样归他所有"（同前书，第1038页）。因此，在解放前，一般农民愿意耕种私田，而不愿意耕种份田——百姓田。货币地租"为单纯由生产物地租转形而生的地租"（同前书，第1040页），这里的地主在市场粮食价格较贱的时候，他就收取剩余生产物——稻谷；但当市场粮食价格昂贵的时候，他便收取当作"生产物价格"的货币。但由于新谷登场时，粮价一般是低贱的，而货币地租只是"间或地"出现，"又回到实物地租上来"。但是这种"间或地"出现的地租的货币形态，是"以生产物有一个市场价格"为前提的，这就显示出商品经济在这个地区有了一定程度的发展。

从上面地租形式看来：较原始的劳动地租形态和部分私庄的劳动地租的直接蜕变形式，只是在部分地区进行；绝大部分地区，则是为百姓田、私田和公田，因此，生产物地租形态仍占统治地位，这里劳动地租是作为生产物地租的一种补充形式。而货币地租只是封建地租的一种部分的偶然的形式，作为生产物地租的一种不重要的补充。"在生产物地租是地租的支配形态和最发展形态的限度内，总或多或少有前一种形态即直接用劳动即用徭役劳动来交付地租的形态的残余，和它陪伴在一起，而不管地主是私人还是国家。"（同前书，第1037页）生产物地租较之劳动地主为农民的分化提供了更大的可能，"在这个形态（生产物地租）内，各个别直接生产者的经济状况，也将会出现更大的差别。至少已经有变成这样的可能性。并且，这种直接生产者，也有可能获得手段来直接再榨取别人的劳动"（同前书，第1038页）。

根据初步调查，生产物地租形态又可分为下列两种形式：

（1）定租。最低为公田，租率10%，但这些田多掌握在头人手中，头人又将他用高额转租。因此，农民所佃耕土地，一般租率为19%至27%。地租是以实物——稻谷为主要支付手段。

（2）对分租。这是"……劳役经济的简单残余"（列宁：《俄国资本主义的发展》，第168页，解放社版）。地主出耕畜、籽种，农民用自己的农具在地主的土地上耕作，收成对分。这种对分租的农民其生活不比长工好些（参看前书第170页注），因为把他们个人的开支计算在内，其所得不到收成的1/4。而长工每年生产价值，一半被剥削，自己还可得一半。（参看后面雇工剥削）"在工役雇佣和奴役雇佣之下劳动的报酬总是比资本主义的'自由'雇佣之下更低些。"（同前书，第169页）

以上两种均是"实物地租"。"这是穷困所迫的租佃制，是这样的一种农民的'租佃制'，这种农民是已经不能抵抗自身这样变成农业雇佣工人了……实物租佃使农民彻底破产并把他们变成乡村雇农；实物租佃的意义被上面这个事实十分清楚地说明了。"（同前书，第169页）

五、高利贷

其种类可分为：实物借贷、货币借贷、买卖青苗、租额加利、土地典当、人身抵押等。兹分述于下：

（一）实物借贷

实物主要为稻谷高利贷者在青黄不接时将稻谷借给农户，于新谷登场时，收取对本利息，利率为100%（若以年利计算，则在200%以上）。解放后，一般减为50%。兹将解放后各阶层实物借贷情况列表于后：

阶层		地主	富农	中农	贫农	高利贷	贫民	合计
借出	谷（担）	1771	502	145		50		1868
	平均利率	50%	53%	50%		50%		51%
贷入	谷（担）			267	261		10	538
	平均利率			23%	57%		56%	45%

注：表列数字仅为 4 寨内各阶层借、贷的绝对数字，外寨贷本寨数字未计入在贷入栏内。

上表看出：贷入者为中、贫农，而借出者主要为地主、富农，他们趁农户困难的时候，又用谷息高利盘剥。

（二）货币借贷

借货币还货币。这里又分两种：借半开还半开，解放前利率为100%，解放后减为50%；借人民币还人民币，这是解放后才有的，利率一般为15%。兹将解放后货币借贷情况列表于下：

阶层	借出				贷入			
	半开		人民币		半开		人民币	
	元	利率	万元	利率	元	利率	万元	利率
地主	30	50%	30	17%				
富农	50	50%	70	14%				
中农	12	50%			100	50%	20	
贫农					170	50%	200	13%
合计	92	50%	100	15%	270	50%	220	13%

货币借贷的负债者，主要为贫农，其次为中农。他们遭受领主、地主和富农的重重剥削，加上国民党反动政府的苛派，因而一遇到婚、丧、嫁、娶等偶然事件，又成为地主、富农及高利贷者盘剥的对象。

（三）买卖青苗

这实际上"就是商业资本与高利贷的结合：经常需要货币的农民，从包买主手里借得货币，然后以自己的商品抵偿债务"（列宁：《俄国资本主义的发展》，解放社版，第326页）。但是这里农民作为抵偿的虽然是生产物——稻谷，而包买主则是将生产物作为商品出售和包买的。"在这种情形下（这是广泛非常流行着），出售商品总是按照人为地压低了价格进行"（同前书，第327页），市价稻谷每10担需46元半开或37.8万元人民币，但是购买青苗则只需20元半开或20万元人民币，低过市价1倍（甚至1倍以上）[①]。"这种债权者同债务者的关系必然地引起债务者之在人格上隶属于债权者，引起奴役，引起债权者之利用债务者的特别穷困的场合，以及其他等等"（同前书，第327页）。4寨共买进青苗2482担谷，其地主买进1125担、富农买进425担、高利贷者一户即买进700担，总计地主、富农及高利贷者共买进2250担谷，占买进青苗总数的91%。而卖出青苗者主要为中、贫农。

（四）租额加利

这是地主、富农另一种盘剥方式。农民因生活穷困，交不起地租或牛租者，第二年则对本对利，如再交不清，则利上加利。

---

① "低过市价1倍（甚至1倍以上）"的表述有误。原文如此。——编者

（五）土地典当

解放后已开始发生。曼蚌寨富农已典入3担籽种的土地。按照领主规定：土地是不准抵押、典当和买卖的，然而"耕作农民分化之全部过程就在于：生活超出了这些法律的范围"（列宁：《俄国资本主义的发展》，解放社版，第75页）。

（六）人身抵押

如曼抗寨雇农贺应德，8年前因妻丧事，借了富农康郎西米半开30元，将其女抵给债主做奴婢，按当地封建制度所规定：要在女婢结婚后、男女双方为其主子再做3年至5年白工，然后方可出外自立门户。这显然是一种家庭奴隶的残余。

高利贷者对当地农民是采取如何盘剥和野蛮的形式？诚如列宁所说："乡村愈偏僻，乡村距离新的资本主义制度、铁路、大工厂、大资本主义农业的影响愈远——当地的商人和高利贷者的垄断就愈厉害，他们之压服四周的农民就愈厉害，而且这种压服将采取愈更野蛮的形式。"（《俄国资本主义的发展》，解放社版，第340页）

六、雇工及牛租

（一）雇工

根据允楞、曼蚌、曼抗、巷允4寨调查：雇农最高占户数32.6%、人口23%，最低占户数3.6%、人口0.7%；4寨平均则雇农占户数14%、人口8.5%，这是已固定了的农村中雇佣劳动者。加上占户数19%、人口17.5%短少土地（占土地9.8%）和短少耕牛（占耕牛6%）的贫农，及占户数4%、人口3%无耕地而生活来源不固定的贫民，他们生活来源的一大部分是要靠帮短工或零工来维持的。"因此，看起来有五分之一的农民已转入这种状况：他们'最主要的业务'是为富农和地主做雇佣工作。"（《俄国资本主义的发展》，第308页）而每年必须有数月下坝帮工以维持生活的山区佤佬族的雇佣劳动者尚不计。"这样，在农村企业者阶级的形成与低类'农民'的扩大，即农村无产者数目的增加之间，可以看出完全的相互依存。在这些农村企业者中间，起显著作用的是农民资产阶级……"（同前书，第340页）

这里的雇佣劳动形式有下列几种：

1. 长工

每个长工全年工资2卓（每卓10石，约合400斤），供伙食及衣服两套，并由雇主负责医药。每个长工全年生产价值约12卓，除去工资、伙食、衣服及医药等费用外，全年被剥削剩余劳动约6卓（约2400斤）。这种雇用长工的经营办法是较普遍的。

2. 短工或日工

每工除由雇主借给两餐饭外，所得工资仅稻谷4筒（约合7市斤）。此类雇工来源：主要为贫苦农民及山区佤佬族和汉族。"所以一定数量的乡村雇农，尤其是日工的形成，是

富农存在的必要条件。"（同前书，第150页）

3. 包白

雇主不出任何生产工具和肥料等，只将土地包给雇工，他的报酬是按实际产量分配，雇主得2/3、雇工仅得1/3。其剥削分量超过前述对分制租佃。因此，实际上这是一种"工役租佃制"，是"劳役经济的简单残余"（同前书，第168页）。

4. 土地给酬

雇工给地主劳动1年，所得报酬只是3担种的次等田或旱地。这种土地给酬的方式，实际上仍是"劳役经济的直接残余"（同前书，第163页）。

5. 家庭奴婢的无偿劳动（详见前高利贷人身抵押）

（二）牛租

根据曼抗寨调查，各阶层耕牛租佃情况如下：

阶层		地主	富农	中农	贫农	合计
出租	头	6	3	3		12
	%	50	25	25		100
租入	头		3	3	7	13
	%		23	23	54	100

出租耕牛者绝大部分为地主、富农，共占出租耕牛数75%（地主50%、富农25%）。而租入耕牛者绝大部分为中、贫农，共占租入耕牛77%（中农23%、贫农54%）。这是与地主、富农对生产资料集中相关联的。

牛租的租额是相当惊人的，1条牛租耕一季，解放前租额为30担（1200斤）稻谷，解放后一般为25担稻谷，仍合1000斤（约合94.5万元），其价值约为1条耕牛之价，约等于两个人全年的粮食。因此，部分农民因缺乏耕牛而下降为贫农，有的被迫放弃份地而去当雇农。

从上述材料看来，这里显然有"……极不相同的结合中的两种基本制度，即工役制度与资本主义制度。工役制度是在于用邻近农民的农具来耕种地主的土地，而且给酬形式并不改变这种制度的本质（不论是零工雇佣的货币给酬，或是对分制的物品给酬，或是狭义工役制的土地或牧场、森林等等给酬）。这是劳役经济的直接残余，而劳役经济的上述经济特征差不多完全适用于工役制。资本主义制度是在于雇用工人（年工、季工、日工等），这些工人用东家的农具来耕种土地。这两种制度实际上是极其多样化和奇妙地交错着：在许多地主领地上，这两种制度结合在一起；应用于各种不同的经济工作"（《俄国资本主义的发展》，第150页）；另一方面，劳动的偿付又以实物为主要支付手段，这是工役制的基础。"工役是以实物偿付劳动为基础。"（《俄国资本主义的发展》，第158页）资本主义制度和工役制就是这样巧妙地结合在一起的。

七、土司制度及其剥削

土司是全境土地的最高所有者，也是全境行政、军事、司法的最高首领。"在封建时代，军事上诉讼上的裁决权，是土地所有权的属性。"（《资本论》第一卷，第398页）"这好比跟着资产阶级的社会发展，司法权与行政权会与土地所有权相分离，而在封建时代，它们却是土地所有权的属性。"（《资本论》第三卷，第488页）"当然，经济外的强制在巩固农奴制地主的经济权力方面起过作用，但封建制度的基础并不是经济外的强制，而是封建土地所有制。"（《苏联社会主义经济问题》，第37页）"大地产之拥有是封建贵族获得贡物制农民及赋役制农民的先决条件。"（《反杜林论》，第233页）

土司下设太爷、新爷、圈官、郎爷和伙头等：

太爷是由土司宗室有"能力"及有"资望"的叔伯和兄弟世袭的。他们的特权为：

（1）有封地，除头人田8担至15担种外，还有私庄；

（2）指挥所辖的新爷及新爷以下的各级官员；

（3）分别总理全境的军、政大权。如掌勐太爷罕华文掌握全耿的事务和外交，军弄太爷掌握全耿的军事等；

（4）轮派群众为其无代价地服各项杂役；

（5）管理其他少数民族；

（6）可以分取一部分土司的地租和各项杂派。

新爷由土司分封外姓亲属南、宋二家担任，宋家世守文职、南家世守武职，个别汉族获得土司亲信，亦可被分封为新爷者。新爷亦可世袭，但非绝对的。新爷死后，其子仍需由土司分封，不封则不得世袭为新爷；或新爷死后，其家仍享有新爷头衔，但俸禄田及各项特权则被取消。新爷的特权为：

（1）有头人田5担种，部分也有私庄；

（2）管辖一个地区（约当于乡）；

（3）巡视所属各寨，每户摊派谷1箩；

（4）处理诉讼和惩罚群众，因而受贿、敲诈和勒索；

（5）可以随意抢夺和奸污妇女；

（6）每年按户轮派两人为其服各项杂役；

（7）加征土司"烟课"尾数约当产量10%，收为己有。

郎爷的特权种类相当于新爷，但其职权及其管辖范围略小于新爷。

郎爷下为圈官，圈官有大小，大圈官管属小圈官。其特权为：

（1）有头人田5担种，个别大圈官也有私庄，由群众为其无代价地服劳役；

（2）管理所属各寨伙头；

（3）处理诉讼；

（4）指挥作战和民族械斗；

（5）鲸吞公田和客田的收入。

伙头一般由新爷或郎爷推荐，土司委任。其特权为：

（1）领有头田一份，作为俸禄；

（2）向土司领发田地，代土司分配和分租给群众；

（3）为土司向群众征收官租、杂派和派夫役，并可从中"贪污"；

（4）逢年节向群众摊派礼品，自己代表送礼做客，并率领群众向土司拜年贺节。

这些大小官员，是"封建领地的中心人物之一，是领主的管事——农民的直接上司"（奥斯特维强诺夫：《资本主义以前诸社会经济形态》，三联版，第93页）。他们向领主领有封地，不需出任何负担，大多数由农民无代价地为其服劳役或将土地出租经营，因此，他们大多数是地主、富农，就由土地关系上和领主结成一个地主集团，骑在农民的身上。

根据初步调查，解放前领主的剥削有以下种类：

1. 官租

傣语名"考笋"或"毫笋"，直译为1笋谷。在坝区，每种1笋种子面积的土地即缴纳官租谷1笋。除去官租外，尚须服固定项目的杂役或差役。因此，乃是生产物地租和劳动地租混合在一起的地租形态。更确切地说，这种官租（地租）是作为赋税的形态出现，"假设相对出现的，不是私有土地的地主，却像在亚细亚一样，是那种对于他们是地主同时又是主权者的国家地租和课税就会合并在一起，或不如说，不会再有什么和这个地租形态不同的课税"（《资本论》第三卷，第1032页）。

2. 地租

除官租外，土司及其臣属还直接占有一部分土地，并将此份土地直接出租给农民，参与一般封建地主的地租剥削，此类土地除缴定额的生产物地租外，其他各项杂派及劳役均可不出。因此，这是较纯粹的生产物地租形态。

3. 烟课

出产鸦片烟的地区需向土司缴纳烟课，其数量不明。其臣属催收烟课时，还需加尾数，根据新爷杨选芝所加尾数即为产量的10%，则正项烟课当高于此数。全县为10万多两。

4. 杂派

（1）门户钱：每户6元半开；

（2）门牌费：每户2元半开；

（3）飞机费：每户2元半开。

5. 司兵费

（1）兵款：供给土司豢养亲兵、团兵、自卫团并收养国民党旧军官及兵痞等杂用。每次贫苦农民也要出5角半开，一般中农需出5元至6元半开。每年需出3次至4次，则一般每年需出15元至24元半开。

（2）司兵伙食费：每年每户出3次至4次，每次每户要出3担至4担米，则全年每户需出9担至16担米。

（3）司兵服装费：每年派3次，每次每户平均出3元至4元半开，则全年需出9元至12元半开。

（4）拾兵费：农民有3个至4个儿子的，必须抽1名为土司服兵役，每名赎买费需60元半开，有时全村逗了由伙头上缴。

6. 土司差旅费

解放前，土司到南京开会，每户摊派10元至15元半开，即平常去双江、孟定，每户亦须派3元半开。

7. 属官伙食费

太爷、新爷、郎爷的伙食费，每3月派1次，每年4次，每户平均5斤至10斤米。

8. 礼金

（1）即位费：小土司即位，全县摊派"金砖银砖费"，每户2元半开。

（2）嫁娶费：嫁或娶，每户礼金半开1元。

（3）吊丧费：土司家遇有死丧，全县每户须出送丧吊孝费1元。

（4）拜年拜节费：每年春节、端阳及六月堆沙3个节日，每户要送拜年拜节费3元半开。

9. 土司敬佛费

（1）做赕费：土司每年做赕一次，农民均须来听送礼，每户送1包茶、1包烟、1桌菜及1元以上的功德金。除此以外，全部开销亦由群众分配担负。如解放前土司做了一次大赕，费时半年，共杀了72头牛、82只猪及用去半开99000元，农民每户负担了6元至7元半开。

（2）谢龙费：土司"谢大龙"，每户出2元半开。

（3）诵经费：土司做大衙门经，每户送1元半开。

10. 屠宰税

杀一头牛收税7角半开，杀一只猪收税5角半开。

11. 诉讼费

太爷、新爷、郎爷下乡调解民事纠纷，除每户需送1只鸡外，小案子诉讼双方均需送礼物，一般案子需15元左右调解费，大案子则需100余元半开。

12. 土产贡纳

（1）送木柴：山区佤佤族、拉祜族、汉族及其他民族每年每户要送土司1挑柴，个别赛子如石房、曼快的汉族及党怕、曼母、捐养的佤佤族每年每户则需送1排木柴。

（2）送草排：山区佤佤、拉祜等民族，每年每户要送3挑至4挑草排给土司、太爷、新爷等盖猪圈、牛圈及草棚之用。

（3）送木炭：拉祜族、濮曼族每年每户要送3挑至4挑给土司。

（4）送木疙瘩：昂郎鸭村每户要送3挑至4挑。

（5）送松毛：土司过节或做"赕"时，山区要送600挑至700挑松毛。

（6）送猎物：山区民族猎得野兽和禽鸟，必须送一部分给土司。

（7）大龙潭专给土司送竹笋、豆子、蜂蜜、鱼、冬瓜、芋头和草排。

（8）送土锅：勐永每年要送30挑土锅给土司。

（9）送老鼠：每年农历正月有几个村寨专打老鼠送给土司吃，如打不着，折钱缴纳。

（10）送鹞鹰：原来一个村子专送鹞鹰给小土司玩，嗣后折银子2两缴纳，变为鹞鹰费。

（11）送便棍：原来有一户拉祜族专给土司削揩屁股棍子，嗣后折为便棍费银子2两。

13.服差役

（1）当亲兵：德档、发弄、贺戛三村专为土司当亲兵。

（2）管监、执刑、暗杀：贺戛、德档二村专为土司管监狱、执行死刑及暗杀等。

（3）临时武装：上规负责临时战斗出兵70名。

14.服劳役

除土司、太爷、新爷的私庄，有为其专门服劳役外，其他村寨服劳役情况如下：

（1）土司盖房子，全县每户至少要出5个至10个白工（自带口粮），山区则负责抬木料和石头。

（2）坝区每户要给土司送租，每次要送5天至7天。

（3）每户要给伙头、郎官服劳役5个白工。

（4）思洪、者必二村专给土司抬轿子。

（5）扎木村专给土司煮菜放炮。

（6）千东村专为土司搓蜡烛条、抬桌子。

（7）法贺寨专为土司烧茶煮饭。

（8）某村（不详）专给土司打扫厕所和喂猪。

（9）遮哈村（傣勒）专为土司看守大门和坟墓。

（10）罗扬、南站、安民村（汉族）跑信当夫。

（11）回窝、回秀、类乡等寨负责挑水。

（12）曼印、那孝负责抬土司、太爷棺材。

（13）磨陆、那民负责为缅寺打扫及挑水、砍柴等。

（14）上、下四排山专当夫役。

（15）弄坑负责盖缅寺亭子。

（16）芒坑、芒弄负责为土司、太爷提鞋、背公文包。

（17）安牙、上坝、下坝等寨为新爷、太爷哭丧吊孝。

15. 战争费

每逢民族械斗或战争时，每户加派米1担。

16. 其他

（1）在曼抗村，每户婚、丧均需请郎官吃1顿饭，送13个饼子。

（2）接受伙头或辞去伙头，均需送给郎官1包茶、1包烟和包上1元半开。

这些负担，实质上都是变相的地租剥削，有的是全境共同负担的，有的是固定的村寨负担的，但是在农村中，大、小头人和村寨绅老可以不出负担，耕种私田和公田的不出负担，那么，"按份地分配赋税（与公社的义务性质不可分离地联系着），就导引到捐税从富农转移到贫农公社（即连环保与没有土地拒绝权）逐渐变成对农民有害的东西"（《俄国资本主义的发展》，解放社版，第129页）。

八、宗教情况及其剥削

耿马傣族信仰小乘佛教[①]。约当14世纪，由印度经缅甸传入勐卯。在明朝的时候，随着傣族的迁移传入耿马。耿马的宗教在历史上就是与缅甸有联系的。加之，由于傣族跨国境而居，经济上、政治上以及亲属关系上都是与国外有联系的。因之，解放后，匪特曾利用并通过宗教的往来散布谣言。

全县共有缅寺112所，长老、佛爷、和尚共有965人，占全县傣族人口6%。

缅寺僧人共分三等十级：第一等长老，共分五级：最高为印长老（傣语：阿拉损），其次为大长老（洪马）、二长老（咱户马）、三长老（细明杂）、四长老（历杂）；第二等称佛爷（傣语：浮被），分大佛爷、二佛爷、三佛爷三级；第三等为和尚，又分大和尚、小和尚二级。

男子幼时均需入缅寺当小和尚数年学习傣文，还俗后（和尚、佛爷可还俗，长老则不能）才有社会政治地位，才有当伙头的资格。小和尚经长老认可得升为大和尚，但和尚升佛爷则必须经土司亲自批准，必须是忠实于宗教，也就是忠实于土司，宣扬土司"德政"的方可。尤其是升长老，必须做大"赕"才能升，而升印长老又必须土司亲自做大"赕"。这样一来，佛爷、长老的升陟和挑择，乃是掌握在土司的手中……

根据曼抗寨调查：每年全寨被缅寺剥削约合人民币68985000元，每户平均约合人民币1521120元，约占总产量的22.5%。

但是做大"赕"一次，根据解放前掌太爷所花费的计算：准备时间半年，宰猪82头，宰牛72头，用去半开9万元，光是吃米线的米就用去400担。

---

① 为"南传上座部佛教"的俗称。——编者

九、商业资本

这里的领主，不但是土地所有者和政治、军事、司法的统治者，而且是"生产物的售卖者"。"在奴隶关系、农奴关系、贡赋关系（在所沦为原始共同体的范围内）之下，只有奴隶所有者、封建主、受贡国家，是生产物的所有者，从而是生产物的售卖者。"（《资本论》第三卷，第402页）领主将其官租、地租和烟课等剥削来的生产品——大米等输出国外，同时，又在缅甸的腊戍、滚弄等地开设盐号和纱号，贩运帝国主义的日用商品，和帝国主义者一道剥削本民族劳动人民。帝国主义者就通过了民族上层将该民族卷入了帝国主义世界商品市场。特别是在第二次世界大战期间，外货大量倾销。即以耿马城一个街子计算，每街（每隔4天赶街一次）可销洋布百匹。

全县共有大小市场9个：耿马、孟定、勐撒、勐勇、遮哈、勐简、曼鲁、大水井、大寨。除大寨街在山区外，余均在坝区。其中以耿马、孟定二街较大。

耿马城为土司所在地，约400余户，全城是"仿照着农村之组织"（《政治经济学批判》，群众1950年版，第287页），划分为3个寨子。根据罕允寨（3寨之一）调查，全寨56户，经营工商业者29户，占全寨户口52%。资本最高约合人民币2亿元以上，最低约500万元（土司及上层的资本不在此限）。

输出商品主要为稻米，输入品则为纱、布、盐及其他日用品和奢侈品。他们由帝国主义者那里"把精制的物品和多费的奢侈品输入，并为大地主的虚荣心供给营养，他们热心要购买这种货物，并支付大量本国的原生产物来交换它们"（《资本论》第三卷，第406页注引《国富论》）。

这里输入商品（与农产品的价格比较）是特别昂贵的。解放前，出售5担稻谷（200斤）的价值才能买进1把洋锄，10担稻谷（400斤）才能缝1套便服。"在商业资本是媒介未发展诸共同体间的生产物交换时，商业利润就不仅表现为侵占和欺诈，并且大部分是这样发生的。"（《资本论》第三卷，第408页）帝国主义者和商业资本用低价收进原生产物，然后又将轻工业品（消费品）用高价交换给直接生产者。因此，农民生活就益陷于贫困。

商人资本在这里起着这样的作用：它成为帝国主义者的商品和该民族直接生产者的原生产物之间的交换媒介，它是帝国主义经济侵入该地区的桥梁；因而，它是依存于帝国主义的那一边的。

由于商品经济的"殖民地化"，货币流通也是卢比（缅币）和半开的混合市场。

"商业和商业资本的发展，到处都发展着生产以交换价值为目的的趋向，扩大它的范围，增加它的种类，使它世界主义化，把货币发展为世界货币。所以，商业到处对于各种已有的在它们不同各种形态上主要以使用价值为目标的生产组织，都多少发生分解的作用。关于旧生产方式，它有多大的分解作用，首先是依存于旧生产方式的坚固性和内部结构，并且，这个分解过程会归结为什么，那就是，用何种新生产方式来代替旧生产方式，也不是

由商业而定，而是由旧生产方式自身的性质而定。"（《资本论》第三卷，第410页）

这就使得我们必须进一步探讨这个社会旧生产方式的坚固性和内部结构。

在这里，由于：

（1）原始共同体的残余。农业和手工业的直接结合，村寨界限很少变动。"这种自足的共同体，是不断以同一的形态再生产；如偶然被破坏，也会在同一地点，以同一名称，再树立起来。它的简单生产有机体，给了我们一个解决这样一个秘密的钥匙：为什么亚细亚诸国不绝解散，不绝重建，王朝也不绝变更，但与此相反，亚细亚的社会却是没有变化。社会的经济基本要素的结构，在政治风云的浪潮中，是依然依照旧样。"（《资本论》第一卷，第432页）

（2）实物支付手段，阻碍了社会的发展。在这里不论是地租也好，劳动的偿付也好，都是以实物作为主要支付手段的。"另一方面，地租的实物形态——那在亚细亚是国税的主要要素——虽然是用那种以自然关系不变性反复生产出来的生产关系为基础，但那种支付形态，反过来，也有维持这种古旧生产形态的作用。土耳其帝国得以保存至今，这便是秘密之一。"（《资本论》第一卷，第140页）"我国乡村经济在另一阻碍农民分化的重要现象，就是劳役经济即工役经济的残余。工役制是以实物偿付劳动为基础——因而是以商品经济的不甚发达为基础。"（《俄国资本主义的发展》，第158页）

（3）"我国乡村中商业资本与高利贷资本独立发展，阻碍着农民的分化"（同前书，第158页）。在这里，一方面，社会生产及其内部结构仍然是以使用价值生产作为主要目标的，另一方面，资本还没有支配生产，直接生产者也还不是以生产商品为主要目标。因此，商人资本是独立发展的。"所以商人资本的独立发展，与社会一般经济的发展，是成反比例的。"（《资本论》第三卷，第405页）"商人资本的独立发展与资本主义生产的发展成反比例……"（同前书同卷，第406页）

其次，"……是因为旧时的传统，家长制生活方式的传统，以最大的力量压在一般农业上面，特别是农民身上，因此资本主义的改革作用（生产力的发展，一切社会关系的改变等等）在这里是最缓慢和最渐进地显现出来"（《俄国资本主义的发展》，第147页）。

以上就是这个社会旧生产方式的内部坚固性和结构。"前资本主义各国生产方式的内部坚固性和结构，对于商业的分解作用，是一个障碍。"（《资本论》第三卷，第412页）

斯大林在《苏联社会主义经济问题》中指出，封建制度利用商品生产，它长期地为封建制度服务，并着重指出"决不能把商品生产看作是某种不依赖周围经济条件而独立自在的东西"（《苏联社会主义经济问题》，人民出版社，第13页），对于我们来理解该区商业资本的性质和作用同样是有着重要意义的。

在解放前，由于帝国主义商品的侵入，这个古老的社会，就不得不而且已经卷入了帝国主义世界商品市场，它的落后的生产方式，成为帝国主义者殖民地市场的一个有利条件。因此，商业对于这个旧的生产方式，不论是发生或多或少、或迟或缓的分解作用，若不是由于全国的解放，必然而且是不可避免地像其他东南亚的民族一样，沦为殖民地或半殖民地经济的悲惨命运。

十、解放后的一些变化

解放后由于土司和部分属官外逃，私庄已为农民占有。

劳役和官租已废除。因此，过去因负担重而丢掉份地的农民，现在要求重新耕种份地。

地租一般减轻20%，但亦有未减的。

债利减轻50%。

牛租约减轻30%。

国营贸易已初步掌握市场，1953年上半年外货仍占80%，下半年外货即降为20%，因此，人民币亦已开始占领市场。

李玲、王叔武　整理

附：双江县傣族农村基本情况初步调查

——本材料系根据省民族工作队第三队调研组关于勐库 1 个乡及勐勐乡公很寨 1 个寨的材料初步整理。其与耿马情况相同者，从略。

双江县勐库乡及勐勐乡为傣族聚居的两个乡，其中杂居着汉族、拉祜族、佤佤族、濮曼族和蒙化族。在1906年以前，这里是归耿马宣抚使司管辖。1906年勐库改归缅宁管辖，为六屯县佐，其后又将勐勐合并，改为九屯县，1927年正式改为双江县。

与改县的同时，取消了土司制度。勐库乡的土地，已由领主所有制转变为个人所有制，从封建领主经济转变为封建地主经济，土地可以自由买卖、抵押、典当等；勐勐乡，土司虽被取消，但在村寨中旧有制度仍占统治地位，土地名义上仍为村公有，"来时修，去时丢"，作为直接的土地占有者，只能将土地临时抵押，不能杜绝（除过去土司将其私田杜卖外）。

一、阶级分化及土地占有

根据勐库乡调查，全乡各民族各阶层土地占有情况如下：

面积单位：石种

阶层		户数		人口		占有土地		平均占有	
		户	%	人	%	面积	%	每户	每人
合计	小计	436	100	1505	100	273.6	100	0.63	0.18
	地主	12	2.75	58	3.85	110.9	40.53	9.24	1.91
	富农	17	3.90	78	5.19	41.1	15.02	2.42	0.53
	中农	97	22.25	376	24.98	66.3	24.23	0.68	0.18
	贫农	165	37.84	582	38.67	42.7	16.61	0.25	0.07
	雇农	134	30.73	371	24.66	7.9	2.89	0.06	0.02
	小土地出租者	2	0.46	3	0.20	1.4	0.51	0.70	0.47
	宗教职业者	4	0.92	22	1.46	3.0	1.10	0.75	0.13
	小商贩	3	0.69	10	0.66	0.3	0.11	0.10	0.01
	小手工业者	2	0.46	5	0.33				
傣族	小计	229	52.52	788	52.36	232.2	84.87	1.01	0.29
	地主	9	2.06	39	2.59	98.7	36.07	10.97	2.53
	富农	14	3.21	63	4.19	35.1	12.83	2.51	0.56
	中农	75	17.20	294	19.53	59.6	21.78	0.79	0.20
	贫农	87	19.95	291	19.34	27.4	10.02	0.31	0.09
	雇农	38	8.71	76	5.05	7.0	2.56	0.18	0.09
	小土地出租者	2	0.46	3	0.20	1.4	0.51	0.70	0.47
	宗教职业者	4	0.92	22	1.46	3.0	1.10	0.75	0.13
汉族	小计	36	8.26	127	8.44	15.1	5.52	0.42	0.12
	地主	3	0.69	19	1.26	12.2	4.46	4.07	0.64
	富农	1	0.23	6	0.40	0.5	0.18	0.50	0.08
	中农	10	2.29	35	2.33	1.8	0.66	0.18	0.05

续表

阶层		户数		人口		占有土地		平均占有	
		户	%	人	%	面积	%	每户	每人
汉族	贫农	13	2.98	42	2.79	0.3	0.11	0.02	0.01
	雇农	4	0.92	10	0.66				
	小商贩	3	0.69	10	0.66	0.30	0.11	0.10	0.01
	小手工业	2	0.46	5	0.33				
佧佤族	小计	32	7.34	119	7.91	9.6	3.51	0.30	0.08
	富农	2	0.46	9	0.60	5.5	2.01	2.75	0.61
	中农	7	1.61	25	1.66	2.0	0.73	0.28	0.08
	贫农	14	3.21	57	3.79	1.2	0.44	0.09	0.02
	雇农	9	2.06	28	1.86	0.9	0.33	0.10	0.03
拉祜族	小计	124	28.44	438	29.10	16.7	6.10	0.13	0.04
	中农	4	0.92	20	1.33	2.9	1.06	0.73	0.14
	贫农	41	9.41	169	11.23	13.8	5.04	0.34	0.08
	雇农	79	18.12	249	16.54				
濮曼族	小计	14	3.21	29	1.93				
	中农	1	0.23	2	0.13				
	贫农	9	2.06	19	1.26				
	雇农	4	0.92	8	0.55				
蒙化族	小计	1	0.23	4	0.26				
	贫农	1	0.23	4	0.26				

上表看出，其特点为：

（1）土地高度集中，阶级分化明显。地主、富农占户数6%、人口9%，占有土地56%；中农占户数22%、人口25%，占有土地24%；而贫、雇农占户数68%、人口63%，仅占有土地19%；农村无产者和半无产者占户数和人口的绝大多数。

（2）85%的土地属于傣族，其中主要的又是集中在傣族地主和富农手里。占傣族户数和人口的一半即占全乡贫、雇农户数和人口将近一半的傣族农民，是农村无产者或半无产者；占全乡贫、雇农的另一半，是山区各民族农民中的无产者和半无产者（包括汉、佧佤、拉祜、濮曼、蒙化等族）。

勐勐乡，根据公很寨调查，该寨各阶层土地占有情况如下：

阶层	户数		人口		占有土地		平均占有面积	
	户	%	人	%	面积	%	每户	每人
地主	3	11	12	12	449	40	139	37
富农	6	21	24	25	319	29	53	13
中农	6	21	20	21	170	15	28	9
小土地出租者	2	7	2	2	29	3	14	14
贫农	8	29	36	36	149	13	18	4
雇农	2	7	3	3				
高利贷者	1	4	1	1				
合计	28	100	98	100	1116	100	39	11

上表看出，该寨的特点为：

地主、富农占户数32%、人口37%；贫、雇农占户数36%、人口39%；而中农只占户数人口21%，阶级分化情况形成两头突出的特点。这是与勐库乡不同之处。

但就土地集中程度上看，地主、富农占有该寨土地69%；而地主即占有该寨土地40%。因此，和勐库乡一样，仍是地主经济占优势。

这些地主、富农，在旧土司制度时，差不多都是土司的官员。土司制度取消后，土司将其部分私田卖给其臣属，这些臣属因此也就代替了将土地所有权集中一身的土司，而转化为大、中、小地主，统治着现在的农村。

二、解放后农村中的一些变化

（1）1952年双江减租退押运动中，勐库乡曾分得果实，嗣后成立变工组，搞爱国主义教育及领导群众进行一系列生产工作，因此，群众觉悟水平已有提高。

（2）一般债务——不论是四山汉族地主的，或是本民族的——已不赔偿。

（3）雇工工资略有提高。解放前，每年工资30元至50元半开。必须终年为地主劳动。解放后，每年工资30万元至50万元人民币，雇工并可带耕自己的田。

（4）地主转移剥削方向。如公很寨上层宋子早，把过去霸占村公田还给群众，将因债务抵押给他的田收回自种（过去由负债户耕种），辞退长工，将游资盖碾房、买缝纫机，向手工业和作坊剥削方向发展。

（5）地主分散土地。如公很寨上层俸景侯，去营盘找自己亲密的朋友来耕种其土地，并说："政府以后土地改革给你了，3年以后，你给我一点租。"

李玲、王叔武 整理

《边疆工作通报》第 5 期
中共云南省委边疆工作委员会编
1954年5月29日

《边疆工作通报》第 5 期

　　红河县几个哈尼族寨子的调查材料，系就《滇南工委民族工作队于红河县思陀土司区重点进行社会经济情况的初步调查的报告》摘要整理。各地民族工作队在当地党委领导下就地进行社会经济情况的调查，这是很好的。这个材料的整理，只是摘出要点，希望滇南工委民族工作队提修正意见。

　　元阳县硐浦、水普龙及麻栗寨 3 个哈尼族寨子的调查材料，系去年 12 月间省委边委会、民委工作组在当地配合滇南工委民族工作队所做的调查，由于时间仓促，许多主要问题如土地租佃、典当赎取以及外寨土地占有者的成分等，均未做深入了解。现仅作初步整理，刊印出来，供内部参考。

省委边委办公室

1954年5月29日

目录

红河县思陀区哈尼族社会经济情况初步调查（摘要）

我队于今年1月底开始在红河思陀土司区几个重点寨进行哈尼族土地情况调查，历时1月零5天，初步调查了三村甲一个完整甲、阿蒙甲的罗额、阿蒙两寨、乐育甲的玉古村和桂栋寨，及里密甲的里密、坝密两寨。思陀土司区位于红河县西北，全区为山坡密林地带，境内住有哈尼、彝、汉、瑶及傣（瑶、傣共20户左右）5个民族。田地系梯田，水源灌溉便利，稻谷为主要作物，山脚多种棉花，旱地种蚕、豌豆及麦子（现多种大烟），养猪为主要副业。自然条件是较优厚的，生产技术较内地亦不甚落后。但由于封建土司制度和地主阶级长期统治剥削，人民至今仍过着极为贫苦的生活，封建土地所有制严重地束缚着生产力的发展。根据上述各寨初步调查，土地和剥削的基本情况是：

一、土地已高度集中

（1）约占全区户口总数19%的地主、富农，约占有70%的土地。在个别土地最集中的寨子里，如阿蒙寨则地主、富农集中了全寨90%的土地，罗额村集中了81%的土地。

（2）三村甲基本上是彝族聚居甲，地主占有的土地多系典入，年代不久，占有1万斤至3万斤产量土地的地主较多，解放后中、贫农取赎回去一部分土地，目前地主、富农仍占有52%的土地。

（3）乐育街是现在司署所在地，也是全区汉族最集中的地点，共277户1167人，其中地主、不法商人兼高利贷者73户，约占总户数1/4，占有产量431416斤的土地，全系以投机生意和高利欺骗盘剥农民，买进典入农民土地。按照哈尼族规矩，"卖田不卖死"，田地出卖后，卖主仍有佃权，汉族地主占有的土地全部以占产量50%以上的租率租给卖主耕种，以地租剥削农民。

（4）土司在全区土地上收土地产量20%左右的官租。土司直接占有的属于他自己的私田则出租给农民收取地租剥削，这类土地各甲都有，目前尚无正确统计材料，但据其收入了解，占有产量10多万斤的土地。此外，全区一切山林、大部分水沟和无主荒地皆属土司所有，土司可出卖森林，群众要开荒须向土司上租。

这样，在土司"王土"里，不仅有地主占有的土地，也有土司占有的大量私田，领主经济正向地主经济发展，地主阶级已渐占优势。

20世纪中期云南少数民族社会历史调查实录
第四卷 民族工作（二）

二、土司、地主对农民进行残酷的统治和剥削

（一）统治情况

长时期以来，土司对于辖境内的人民是有生杀予夺的权力的。土司衙内设有管家、助理员、"门上"和仆役共数十人，武装百余人，各甲设有甲长，下设招坝、大伙头、三伙头及十甲长，土司通过大伙头以上村寨大小头目实行对全区的统治。村寨头人亦有武装，三村甲是土司早年的统治中心，宗族及骨干多聚居于此，甲内大新、阿补及大寨三寨头目，过去每人均有2支至5支大小枪，加上土司分散隐蔽的约共有轻重大小枪支百余支，解放后武装虽已解散，武器则分散隐藏起来；又如罗额、阿猛两寨地、富16户，亦有大小枪38支、火药枪42支。土司及寨内头目解放前并设有法庭、监狱、刑场及刑具等镇压人民的工具。

（二）剥削形式

主要有地租、高利贷、雇工和杂派。

1. 地租

实物地租为统治的地租形态，租额有活租、定租两种，一般均为"分边吃"的活租制，地主与农民各分产量的一半，但地主仍认涨不认落，罗额寨中农普则鲁租种地主龙姓30背产量稻田一份，去年收25背，仍须交租15背，则租率为60%。活租外也有少数定额租称"包租"，租额一般较高，农民普克萨租种地主李姓50背产量稻田一份，议定年交租30背，租率为60%，但3年平均产量为43背，租率已为平均产量的70%。此外，地主还随意加租，或将加租数折为现款或劳役向佃户苛索。

除了地租剥削外，还有押金剥削。租田耕种者须交地主押金，以产量100背稻谷的田计算，上田半开三四百元、中田二三百元、下田一二百元，如不交押金，则须增租或认劳役。里密寨贫农普未娘租种地主李姓田一份，年产20背，交租11背，因未交押金，无偿地替地主耕种年产10背稻谷田一份。罗额寨中农普则鲁佃耕地主30背产量稻田一份，交押金半开50元，去年被地主夺佃，只退押金30元。

地主、富农出租的田多系坏田远田。农民一经租田耕种而未交押金或欠租，则人身自由也受束缚。农民不能自己决定哪天去挖自己的田地，必须等待没有地主来叫做工的那天才能去挖自己的。

2. 高利贷

这项盘剥有各种各样的形式，有烟利、谷利、放青苗和牲畜分养。一般年利率为100%，两年债利率为150%，最高且达200%。乐育街上放高利贷成为剥削阶级的一项重要收入，以土司宗族"三老爷"为首的就有一个在老密放洋烟高利贷的集团，老密人连裤子也穿不上。放债者要烟要钱，全看市场价格变动情况而定。放青苗则利用季节性差价来贱买贵卖。牲畜分养则大到牛马、小到鸡鸭，一般为各分一半，但农民经常是少分得甚至分不

得。地主牲畜分养，遍及附近村庄，成为吸血的密网。罗额寨地主李姓老婆的私方债利谷子即有18000多斤，地主常姓的两个媳妇私方债利谷也有1万多斤，这还不算地主本人的债利收入。高利贷盘剥是极端严重的。

3. 雇工

（1）短工：解放后地主、富农多夺回出租的土地而雇短工耕种，三村甲大寨地主夺佃者21件，共计产量3万多斤的土地由剥削佃户改为剥削短工；阿蒙甲里长雇短工耕种的稻田有34800斤产量，棉花地、旱地雇工尚未计入；里密甲地主李姓年收600背（每背58斤，共计34800斤）产量的土地全雇短工耕种。

（2）长工：三村甲全甲雇用男长工35人、女长工33人，共68人，长工人数占全寨总人口的3%；里密甲里密、坝密两寨地、富18户，共雇用长工8人。成年长工除供吃、穿外，最高工资20元半开，解放后最高30万元人民币，童、女工则只供吃、穿，不给工资。罗额寨长工常虾德帮地主李姓7年，1952年出来算得工资80万元人民币，年合工资11.5万元人民币。

（3）白工：三村甲长工5人，长期为地主使用，有3人不得工资，有2人仅得极少的工资。土司、里长常派群众做白工，如挖沟、种棉花、砍树和盖房等。土司派罗额寨群众挖沟，不仅不给饭食和工资，而且罗额挖沟群众还要负担别寨来挖土司的沟的人的宿食；阿猛寨里长派群众挖他的棉花地，不去的就被管押。

（4）工时：罗额寨有些地主、富农雇工强迫被雇者早来晚归或延长工数来减低工资，如工资1背谷子一般做8个至10个工，则工资虽不减，但强迫做10个至12个工，又或加紧工作来进行剥削，如一般6个工才能挖完的田，强迫以4个工挖完。地、富对雇工的剥削是用尽了一切的办法的。

4. 杂派

土司除收官租外，并收各种杂派：

（1）烟捐：里密甲全甲每年烟捐2400两，另半开2000元，里长额外收大烟400两和半开400元至450元；三村甲每百（两）大烟收烟捐六七十两。

（2）门户捐：每次半开二三元、七八元或二三十元不等。

（3）土司婚丧费。

（4）土司外出旅费。

（5）土司医药费。

（6）枪款。

（7）招待土司费：里密甲各寨土司来时杀猪招待，一年计供应猪30头、鸡300只，用不完带走。

（8）年节礼：猎获物品如熊、豹和鹿等必须献送土司，年节至少须送鸡。解放后杂派情况才有些改变。

从以上所述土地占有和剥削形式可以看出：这种极不合理的生产关系是如何严重地束

缚着农村生产力的发展。

已调查各寨土地占有关系分述如次：

甲、三村甲

全甲包括大新、阿补、大寨、期洛、摩可索5个村子，村与村相距不到1里，住有哈尼族、彝族和汉族3种民族。原为土司所在地，甲内旧头目较多。大新、阿补及大寨3寨各族各阶层土地占有如下表：

阶层		户数		人口		占有产量		平均产量	
		户	%	人	%	斤数	%	每户	每人
合计	小计	472	100	2106	100	1565934	100	3318	744
	地主	43	9.10	246	11.60	495645	31.80	11527	2015
	富农	51	10.80	270	13.10	449938	28.70	8822	1632
	中农	158	33.40	725	34.00	436456	27.80	2762	603
	贫农	151	32.00	653	31.60	171237	10.90	1134	262
	雇农	52	11.10	156	7.40	2726	0.20	52	17
	其他	17	3.60	50	2.30	9932	0.60	584	180
哈尼族	小计	134	28.50	584	27.70	541311	34.50	4040	927
	地主	17	3.60	89	4.20	190102	12.10	11183	2136
	富农	13	2.90	68	3.20	152803	9.70	11754	2247
	中农	45	9.60	178	8.40	115484	7.40	2566	648
	贫农	47	9.90	211	10.10	82922	5.30	1764	393
	雇农	12	2.50	38	1.80				
彝族	小计	307	64.90	1424	67.70	976279	62.30	3180	685
	地主	26	5.50	157	7.40	305543	19.50	11751	1933
	富农	36	7.60	196	9.30	277457	17.70	7707	1415
	中农	111	23.50	538	25.50	306588	19.60	2762	568
	贫农	99	20.90	420	20.20	84139	5.30	849	197
	雇农	35	7.40	107	5.30	2552	0.20	72	23
汉族	小计	31	6.60	98	4.60	48344	3.20	1550	500
	富农	2	0.40	12	0.60	19678	1.35	9839	1639
	中农	2	0.40	9	0.40	14384	0.91	7192	1598
	贫农	5	1.10	16	0.70	4176	0.30	835	261
	雇农	5	1.10	11	0.60	174	0.01	35	16
	其他	17	3.60	56	2.30	9932	0.63	584	198

（1）从表列情况可以看出土地集中的程度：占户口总数20%的地主、富农占有土地总数的60%，占户口总数47%的农村无产和半无产阶级仅占有土地产量总数的12%；中农占总

户数的33%，占土地产量总数的28%。农村阶级分化极为明显。

（2）彝族占总户数64.9%，占土地产量62%，每户平均产量3180斤；哈尼族占户数28.5%，占产量24.5%，每户平均产量4040斤；汉族占户数4.6%，占产量32%，每户平均1550斤。

（3）全甲地主、富农共出租30余万斤产量的土地，约占其占有土地产量的1/3。解放后地、富夺回产量3万余斤的土地雇工耕种，可见佃权是毫无保障的。另一方面，地、富受内地土改影响，以欺骗手段诱惑农民赎田、典田，大新寨一寨中、贫农解放后赎回及典入田数如次：

产量 年度	中农		贫农	
	产量斤数	增加倍数	产量斤数	增加倍数
1951年	216	100（基数）		
1952年	16918	78.3	3785	100（基数）
1953年	67528	312.6	15893	4.2

中农到1953年赎回及典入土地的产量总数为67528斤，为其1951年赎回及典入数的312.6倍。到1953年中、贫农共赎回及典入83421斤产量的土地，约占上表所列地、富占有产量的9%。

乙、阿蒙甲

阿蒙甲罗额、阿蒙两寨土地占有如下表：

阶层		户数		人口		占有产量		平均产量	
		户	%	人	%	斤数	%	每户	每人
罗额、阿蒙寨	小计	96	100	415	100	383992	100	4000	949
	地主	15	15.60	77	18.50	270730	70.50	18048	3516
	富农	8	8.30	49	11.80	42150	10.90	5269	860
	中农	25	26.10	114	27.40	51140	13.30	2046	450
	贫雇农	48	50.00	175	42.30	19972	5.30	416	114
罗额寨	小计	75	100	321	100	221292	100	2951	700
	地主	12	16.00	63	19.60	13430	60.50	11200	2134
	富农	6	8.00	37	11.60	31700	14.30	5283	857
	中农	20	26.60	96	29.90	40410	18.20	2020	421
	贫雇农	37	49.40	125	38.90	14752	7.00	400	118
阿蒙寨	小计	21	100	94	100	162700	100	7750	1730
	地主	3	14.20	14	1.480	136300	83.70	35430	9000
	富农	2	9.50	12	12.70	10450	6.50	5225	900
	中农	5	23.80	18	19.30	10730	6.60	2146	600
	贫雇农	11	52.50	50	53.20	5220	3.20	500	100

(1)罗额、阿蒙两寨是哈尼族聚居村寨,土地集中较早。解放前,头人地、富兼并、霸占、争夺土地更激烈,而集中方式主要是典入土地。土地一般不卖死,前辈典出土地,后裔或家族均可赎,今年典明年可赎,谁有势力谁赎。阿蒙寨李里长6万余斤产量的土地,其中5万余斤是当20年里长时期掠夺得来的;地主马姓18000多斤产量的土地,有17000斤左右是典入的。由于典田赎田极为复杂,随时随地都发生土地纠纷。

(2)两寨土地已高度集中。占户数15%的地主,占有土地产量71%;占户数50%的贫、雇农,仅占有土地产量5%;中农占户数26%,占土地产量13%。约占76%的户数是处在贫困破产的状态中。

(3)阿蒙寨地主占户数14%,占有土地产量84%;贫、雇农占户数53%,占土地产量3%;中农占户数24%,占土地产量6%。中、贫、雇农合占户数76%,占土地产量不到10%。地主每人平均产量为富农的10倍,为中农的15倍,为贫、雇农的90倍。全寨每人平均产量1730市斤是较富裕的,但全寨3/4的人口是挣扎在饥饿中。

丙、里密甲

里密、坝密两寨土地占有情况如下表:

阶层		户数		人口		占有产量		平均产量	
		户	%	人	%	斤数	%	每户	每人
里密、坝密两寨	小计	187	100	866	100	735086	100	4000	900
	地主	11	5.80	87	10.50	240296	32.70	21846	3000
	富农	28	14.90	161	18.60	222822	30.70	7960	1384
	中农	69	36.80	344	39.70	211709	28.50	3000	600
	贫农	62	33.10	231	26.50	51036	7.00	800	220
	雇农	15	8.10	41	4.70	5743	0.70	383	140
	其他	2	1.30	2	0.20	3480	0.40	1740	1704
里密寨	小计	80	100	409	100	493768	100	6200	1200
	地主	9	11.30	79	19.30	224286	45.00	25000	2840
	富农	12	15.00	64	15.60	144662	30.00	12000	2260
	中农	23	28.70	127	31.20	87686	17.00	3800	690
	贫农	25	31.30	104	25.40	31914	6.00	1240	300
	雇农	11	13.70	35	8.50	5220	2.00	480	150
坝密寨	小计	107	100	457	100	241318	100	2200	530
	地主	2	1.80	8	1.70	16010	7.00	8000	2000
	富农	16	14.90	97	21.20	78160	32.00	4900	800
	中农	46	42.90	217	47.50	124023	51.00	2700	570
	贫农	37	34.60	127	27.70	19122	8.00	520	150
	雇农	4	3.80	6	1.40	523	0.50	130	90
	其他	2	1.80	2	0.40	3480	1.50	1740	1740

（1）两寨系哈尼族聚居。土地可分三等，一等田占40%，次等田占40%，下等田占20%。里密寨80户共有牛48头、骡马85匹，两寨无牛户共33户，约占总户数18%。

（2）地主、富农占户数20%，占有土地产量63%；贫农、雇农占总户数42%，占有土地产量7.7%；中农占总户数37%，占有土地产量28.5%。

丁、乐育甲

乐育甲桂栋村土地占有情况如下表：

阶层	户数		人口		占有产量		平均产量	
	户	%	人	%	斤数	%	每户	每人
地主	1	2.00	5	2.50	10321	16.00	10321	2064
富农	4	9.00	28	13.80	24174	38.50	6000	882
中农	9	20.00	45	22.10	16768	26.00	1863	331
贫农	30	65.00	119	58.30	8468	13.00	255	71
雇农	1	2.00	3	1.30	696	1.00	696	232
小土地出租	1	2.00	4	2.00	3422	5.50	3422	855
合计	46	100	204	100	64389	100	1400	301

（1）地主、富农占户数11%，占有土地产量54%；贫、雇农占户数67%，占有土地产量14%；中农占户数20%，占有土地产量26%。

（2）本寨租种土地情况如下：

①租种本寨：

租制	份数	产量	租额	租率
分边	8份	5710斤	2855斤	50%
包租	1份	464斤	174	37%

②租种外寨：

租制	份数	产量	租额	租率
分边	42份	79338斤	39569斤	50%
包租	28份	64331斤	41383斤	64%

③租种汉族出租土地：

租制	份数	产量	租额	租率
分边	34份	56206斤	28103斤	50%
包租	19份	41591斤	21775斤	525

④租种彝族出租土地：

租制	份数	产量	租额	租率
分边	8份	22932斤	11466斤	50%
包租	7份	16070斤	8758斤	54%

⑤租种土司出租土地，即包租两份，产量6670斤、租额3578斤，租率约为产量的53%。

滇南工委民族工作队　调查

王宏道　整理摘要

元阳县猛弄乡峒浦寨初步调查

壹、土司和农村各阶层

峒浦寨是哈尼族聚居寨子，219户988人，系猛弄土司哈尼族百姓的辖地。土司是当地"管地管民"的封建领主，在封建的领主名义下有了辖区内的土地所有权。土司拥有武装及兵役，衙内设有总管及兵头，并设有法庭及刑具；对于所辖村寨，则通过所派寨内招坝、里长及伙头执行直接管理寨内农户对领主封建义务的履行。

农民在土司领地里是不能有土地的私有权的。作为他们直接劳动生产条件而被实际占有使用的土地，在欠交官租和不履行封建义务以及引起土地纠纷的情况下，即由土司名义收回，另予他人耕种。土司对农民的剥削和奴役关系，主要表现为：

一、对耕地征收官租

全寨已固定的水田672亩，土司按产量征收6%的官租，官租可随土地的占有而转移。依1949年全寨水田产量370980市斤计，共征官租22259市斤稻谷。

二、对地皮苛派税捐

包括门户钱、烟捐、柴草费、棉花款4项，门户钱、柴草费按户分摊，烟捐、棉花款向种植者征纳。

三、对人身的无给劳役

农户每年须给土司家无给做工7天；土司有时以修路建屋为名，向寨内指派劳役人数或折为捐款。

四、强制性的封建杂派

包括祭坟费、拜年礼、新米、猪、香油费、联防费、开会费等，普遍按户摊派，按年按季收缴。

可以看出：封建领主的土地所有权是使土司能够统治奴役农民的唯一依据。官租实际上就是封建土地所有权在经济上实现自己的形态，其他各种劳役苛杂剥削，则是用经济以外的强制对农民实行榨取，以巩固土司的权力。

这一套土司制度在本寨的统治，在解放前已逐步削弱了。土司白日新于1944年死去，土司职由其印太白张惠仙代理，此后大权旁落，当任土司兵头起家的本寨当权大地主马姓利用地主权势维持土司制在本寨的统治于不坠。直至解放以后，农民觉悟提高，先后废除了官租和各项杂派劳役。

在土司制度下，农民虽没有土地的私有权，但农民对土地的占有权和使用权则早已固定，土地的买卖、抵押和典当在农村中颇为流行，土地日益集中，农村阶级已有明显的分化。本寨各阶层生产资料占有情况如下：

一、水田、旱地占有

阶层	户口				水田占有							旱地占有			
	户	%	人	%	等则			小计		平均数		面积	%	平均数	
					上	中	下	面积	%	每户	每人			每户	每人
地主	3	1.4	21	2.1	63	79	2	144	21.4	48	6.9	23	1.7	7.7	1.1
富农	7	3.2	43	4.4	51	13	5	69	10.3	9.9	1.6	46	3.4	6.7	1.1
中农	43	19.6	228	23.1	74	145	25	244	36.3	5.3	1.1	623	45.7	14.5	2.7
贫农	117	53.4	520	52.6	79	38	73	190	28.3	1.6	0.4	541	39.7	4.6	1.1
雇农	38	17.4	134	13.6	1	5		6	0.9	0.2	0.1	91	6.7	2.4	0.7
其他	11	5.0	42	4.2	8	9	2	19	2.8	1.7	0.1	40	2.8	3.6	1.0
合计	219	100	988	100	276	289	107	672	100	3.1	0.7	1364	100	6.2	1.4

注：
（1）面积及平均数单位以亩计。
（2）其他一栏包括小手工业者2户、贫民4户、小商4户、乞丐1户。
（3）地主在外寨占有的土地未计入本表。

从表列土地占有情况中反映出的阶级分化情况如次：
（一）地主大地产独占形态的出现
（1）土司：在本寨，没有作为土司私人占有的土地，在土司制崩溃状态下，土司剥削农民的依据已无形消失。

（2）地主：地主阶级在土司领地内以占有土地为其剥削农民的物质依据。本寨地主3户，共占有水田144亩，占本寨水田总亩21.4%，约占1/5强。就地主每户平均占有数48亩计，此数已为中农的9倍、为贫农的30倍、为雇农的250倍，地主经济在本寨的统治是突出的。但地主分别占有的具体情况又有不同：其中一户当权地主独占水田105亩，集中了全寨1/6稍弱的土地，则已具有地主大地产的盘剥性质，它代表着旧土司制里发展起来的强大经济力量。

（3）富农：富农7户，占总户数3%；占有水田69亩，占水田总数10%，每户平均约占10亩。本寨富农出租水田极少，多系自耕和雇工耕种。

土司、地主和富农作为封建农村里的统治剥削阶级，但在农村社会经济发展过程中各又代表着各个不同的发展阶段，大地主独占大量土地是本寨占有情况上的突出特点。

（二）作为旧时农村基础的中农已大量向贫农分化

全寨中农43户，占总户数19.6%；占有水田244亩，占水田总数36%，每户平均约6亩，每人平均约1亩；此外每户占有旱地约15亩，每人占有约3亩。中农的户数及其土地占有情况本身说明下述事实：

（1）它在农村阶级分化中曾是一个受牺牲的阶层：中农户数仅占总户数219户的1/5，每5户农户才有中农1户。中农特少的这一情形显然不是农村的原来面貌，在农村社会经济发展进程中，中农的无数同伴已投入贫农或雇农的行列。这个占农户1/5的中农，不仅说明是农村阶级分化中受牺牲后的一个剩余，而且还仍处在不稳定的状态中。

（2）它保持着商品经济之最少发展：中农每户土地占有数约为地主的1/8、约为富农的1/2、约为贫农的35倍、约为雇农的28倍。一般保持着自给自足。它不像地主和富农握有大量的或多余的粮食出售，也不像贫、雇农必须购买粮食。它凭自己生产的实物以供消费，货币的收入与支出都不多，因而它的经济成为商品的或货币的性质就很少——它保持着商品经济之最少发展。

（三）贫苦农民形成农村中极为广阔的阶层

除去约占总户数5%的地主、富农及占总户数20%的中农外，农村75%的户数是极为广阔的贫苦农民阶层，包括占总户数53%的贫农，占有水田总数28%；占总户数22%的雇农及其他，占有水田总数3.7%。贫农这一阶层是值得考察的，这一阶层户数的庞大，有下列两个来源：

（1）本寨中农的分化。

（2）邻近外寨移民的加入：30余年内，土司制已废除的邻近外寨哈尼族农户，因忍受不了大汉族主义民族压迫——汉族地主及土匪的剥削抢劫——移入本寨，请求土司保护，开垦旱地定居者不少。这样就扩大了本寨户数人口，并推动了本寨农民的分化，"移民是加强着移出地区农民的分化，把分化的因素转到移入地区里"（列宁：《俄国资本主义的发展》，解放社版，第155页）。

为数甚多的贫农这一阶层在本寨生产情况上的特点是：

（1）经济规模极其狭小：贫农每户平均1.6亩水田和4.6亩旱地，按其产量收入，至多只够一年1个至1个半人的生活费用，显然不够平均每户4个半人的全家全年生活开支。"小块土地的经济规模极其狭小，而且经济是处于完全衰落的状态（土地的出租就明显地证明了这点），没有劳动力的出卖就不能生存，生活水平极其低下——这一些就是这一类型的明显的特征。"（同前书，第151页）这正足以说明本寨贫农的情形。

（2）大批贫农外出卖工：贫农人口最多，占有土地极微，出卖劳动力成为维生的重要依据。本寨田少人多，每年有2/3以上的贫农主要劳动成批到外寨和外县做季工或零工，到外县者多赴个旧、建水，甚至有远赴蒙自者。

（3）贫农多兼为小商：贫农多数兼做小生意借以维持生活，卖工工资稍有剩余，即作为本钱贩卖黄烟、甘蔗、杂粮等生活日用品，有时赶猪远道贩卖。这种小生意市场主要在黄草岭街和水普龙新街，也有到个旧、建水的乡村场镇及越南莱州的。

雇农占总户数17%，除出卖劳动力受雇主剥削外，又受着高利贷者的剥削。

从上述土地占有和阶级分化情况中还可看出：

第一，寨内土地特别缺少，农民与地主大地产间的阶级矛盾愈为突出。全寨水田共672亩，每人平均仅0.7亩，依1953年水田总产430000市斤稻谷计，每亩产量约为640市斤，每人平均420市斤，而每人年需粮食约900斤，全寨水田总产仅够全寨5个至6个月之食用，全寨一年中约有半年缺粮。而全寨水田由占总户数5%的地主、富农占有32%，占总户数20%的中农占有36%，占总户数53%的贫农占有28%，占总户数22的雇农及其他仅合占有3.7%。一方面全寨处于严重的基本缺粮状态，一方面土地占有关系又极端的不合理，特别是一户大地主地产独占全寨水田总数几达1/6、握有全寨水田总产1/10，这样的生产关系束缚生产力的发展是很显然的，大地主地产与农民之间的阶级矛盾也就显得突出。

第二，全寨农业经济性质正处于商品经济代替自然经济的过程中。"农民分化的过程同时就是商品经济代替自然经济的过程，因此市场之创立不是由于消费的增加，而是由于实物消费（虽然较丰富些）之转变为货币的或支付的消费（虽然较贫弱些）。"（同前书，第141页）列宁对于农村经济的分析，指出货币的和实物的收入与支出在商品经济代替自然经济的过程中有着极为重要的关系，这首先是"在现代社会中，没有买卖是不能生活的"，农民"已经完全依赖市场，依赖货币的权力"了（同前书，第128页）。本寨及邻近村寨雇用工资计算有时虽以实物支付，但仍以货币为折算标准。上述中农保持商品经济的最少发展，正是由于货币的收入与支出是由中农向两极（地、富与贫、雇）而增大着：地主、富农售卖大量的和多余的农产品归结为货币收入的增大，而广大的贫苦农民必须以货币"购买自己极感缺乏的最必要的农产品"（同前书，第138页），则是"实物消费之转变为货币的消费"，即个人消费的货币支出的增大。在农村阶级分化的两极增大着货币的收入与支出，同时就表示着商品经济代替自然经济的过程。

二、耕牛及农具占有

阶层	耕牛头数	占总数%	犁	锄	镰刀	弯刀	砍刀	薅锄	斧子
地主	16.0	33.7	4	14	4	3	4	4	5
富农	6.5	14.6	3	20	6	4	7	3	4
中农	21.0	46.2	16	97	40	18	18	21	7
贫农	2.2	4.8	7	178	39	29	34	38	9
雇农	0.1	0.7		37	17		3	1	1
其他			2	10	2	1	5	4	1
合计	46	100	32	356	108	55	71	66	27

（1）地主、富农占有耕牛总数48%，贫农占有水田总数28%，但仅有耕牛总数5%，有田也难于耕种。

（2）地主1户，占有耕牛10头，黄牛19头，驮马、驮骡各1匹，耕畜已趋于集中独占。

（3）除地主、富农占有较多的主要农具外，其他各阶层的生产农具是很缺乏的：中农平均每3户有犁1张，贫农每17户有犁1张。

（4）"有时候农民为着金钱用自己的农具耕种地主的土地。"（同前书，第166页）贫、雇农占有较其他农具为多的锄头和镰刀，正是为着生活挖地主的土地和用自己的镰刀收割地主、富农的稻谷。

贰、租佃关系

阶层	出租				租入			
	户数	亩数	%	收租斤数	户数	亩数	%	交租斤数
地主	3	126	69.2	32208				
富农	2	3	1.7	779				
中农	5	16	8.8	4122	17	87	43.7	26325
贫农	4	10	5.5	2574	37	104	52.3	24711
雇农					2	8	4.0	1980
其他	2	27	14.8	7011				
合计	16	182	100	46694	56	199	100	53016

一、耕种面积和佃耕面积

全寨占有水田面积672亩、耕种面积689亩（外寨出租本寨17亩）。佃耕面积199亩，占耕种面积29%，全部为中、贫、雇农56户（占全寨户数1/4强）佃耕。

二、出租与租入

全寨出租亩积182亩中，地主占出租总数70%，贫农及其他占出租总数20%，中农、富农出租数合占10%。这种出租情况正说明本寨农业生产关系中地主经济的独占和贫苦农民经济的衰落在租佃上的反映。地主大地产出租水田80余亩，几占全寨出租总数的一半，地主剥削佃户的剩余劳动以及必要劳动是直接以剩余生产物形态占有地租，纯系封建性剥削；贫苦农民出租土地，正反映他们的"经济是处于完全衰落的状态，没有劳动力的出卖就不能生存"，他们外出卖工或做小贩谋生，正是受着地主经济统治的排挤，他的一小块土地的占有丝毫改变不了他们的日趋衰落的境况。

租入户纯为中、贫、雇农，贫农佃耕数占佃耕总数52%，中农占44%，雇农占4%。其中有因债务将土地抵与地主又向地主租入耕种的。

三、租率

普遍为活租制，按产量主佃对分，租率为50%。

四、活租制束缚佃田生产的发展

佃耕田总数中，贫农佃耕比重最大，但贫农之外出卖工或做小贩者亦为数极多。贫农对于佃田势必消极生产，以免受地租剥削，而抽出劳动出外经营，以求收入的增加。活租是束缚生产发展的旧租制。

叁、债务情况

一、欠债放债户数及债额

全寨欠债户119户，占全寨户数54%，欠债额半开1143.5元、稻谷16.1石、人民币1974000元，共折合稻谷17631市斤。

放债户共26户，占全寨户数12%，放债额半开360元、稻谷13石、人民币2521600元，共折合稻谷13594市斤。

阶层	放债						欠债					
	户数	%	放债额	%	利息	平均利率	户数	%	欠债额	%	利息	平均利率
地主	1	3.9	6774	50.0	6840	101						
富农	1	3.9	1350	10.0	2880	213						
中农	9	34.6	1656	12.0	2754	166	27	22.7	7540	42.8	9162	122
贫农	9	34.6	3548	26.0	3726	105	77	64.7	8334	47.3	13842	166

续表

阶层	放债						欠债					
	户数	%	放债额	%	利息	平均利率	户数	%	欠债额	%	利息	平均利率
雇农	4	15.4	122	0.9	252	206	14	11.8	1658	9.4	2142	130
其他	2	7.6	144	1.1	324	225	1	0.8	99	0.5	180	182
合计	26	100	13594	100	16776	123	119	100	17631	100	25236	144

注：放债额及利息均以稻谷斤计。

在债务里，地主放债额比重最大，而贫农次之；欠债则贫农比重最大，中农次之。部分贫农的工资积蓄和劳动所得是卷进债务里去了，但大部分贫农，亦如在租佃情况里一样，是剥削者的主要对象，贫农这一较大的阶层，正处在愈趋贫困的境况中。

二、欠债原因

主要是缺乏口粮而借债，其次是为婚丧费用而借债，为这两种原因而借债者占欠债总额70%以上。

三、利率

最高年息为400%，最低100%。

四、借债种类

（一）货币借贷

解放前多借半开，解放后借人民币，利息均折为稻谷。半开谷息一般200%，最高400%；借人民币的谷息，合160%。

（二）买青谷

贫苦农民于青黄不接缺乏口粮，或于栽种时缺乏成本，向地主、富农告贷，秋收后以稻谷偿还。一般借谷1石，利息1石或1石2斗，利率为100%至120%。

（三）买青烟

秋间借贷次年以大烟偿还。借烟1两，利息1两至1两2钱，利率为100%至120%。

（四）猪肉借贷

多系贫苦农民于腊月间向富农借贷，有还谷、还烟和还工3种情形。还谷利率约为160%，还烟为270%，还工为120%。

此外还有分养牲畜及上瞭等盘剥形式。

高利盘剥是多种多样的。

肆、生活水平

根据全寨水稻产量及上述各阶层租佃及债务收入支出情况，并定每年每人需食粮稻谷900斤，计算各阶层生活水平如次（贫苦农民卖工工资及其他经营收入未计算）：

全寨水稻产量及租佃债务收入支出后实际分配如下：

阶层	地主	富农	中农	贫农	雇农	其他	合计
稻谷斤数	123166	76379	115601	80402	298（负）	16375	411627
%	30.0	18.5	28.0	19.5	0.07（负）	4.0	100

全寨地租债利收入及支出稻谷分配如下：

阶层	地主	富农	中农	贫农	雇农	其他	合计
收入稻谷斤数	39048	3659	6876	6300	252	7355	63490
收入%	61.2	5.8	11.0	10.0	0.3	11.7	100
支出稻谷斤数			35487	38553	4122	180	78342
支外%			45.3	49.2	5.3	0.2	100

地主实际收入稻谷123168市斤，水田产量占68%，地租占26%，债利占6%。3户地主，21人，共需食粮18900市斤，余粮104268市斤。

富农实际收入稻谷76379市斤，水田产量占95%，地租占1.2%，债利占3.8%。富农7户43人，共需食粮38700市斤，余粮37679市斤。

中农实际收入稻谷115600市斤，较其耕种水田产量144212市斤少去28712市斤，约占20%（地租及债利的收支抵消后，地租支出15%、债利支出4%）。中农43户228人，共需食粮205200市斤，不够食粮89600市斤，须靠旱地杂粮或其他收入弥补。

贫农实际收入稻谷80400市斤，较其耕种水田产量112655市斤少去32255市斤，约占40%（地租债利收支抵消后，地租支出约占25%、债利支出约占15%）。贫农117户520人，共需食粮468000市斤，年不够387600市斤。

雇农稻谷实际收入在地租债利收支相抵后已不够298市斤。雇农38户134人，共需食粮120600市斤，年共不够120900市斤。

其他阶层稻谷实际收入16375市斤，水田产量占56%，地租收入占43%，债利收入于收支抵消后占1%。其他阶层共11户42人，共需食粮37800市斤，年不够21425市斤。

除地主、富农有大量的或较多的余粮外，其余各个阶层都严重缺粮。

伍、解放后农村情况

解放后农民废除官租、杂派、劳役，土司代理人白张惠仙到省学习，管家、班长、兵役早已分散，法庭刑具已废除。

地主、富农以欺骗手段诱惑农民赎田买田，计赎田户共38户，占全寨户数17%，赎回土地137亩，约占全寨水田总数20%；买田者18户，占全寨户数8%，共买土地97亩，占水田总数14%。

欠债户119户中，全部抗息者53户、尚交部分利息者45户、全交利息者21户。

农民抗租甚多，阶级关系一直是紧张的。

龙壮图、周坊、杨叔孔、钟家楷、王荫煌、许尔康、许飞云、罗克功
苏秀芬、李学明、李三、龙宗义、吴保菊、龙玉英、毛琼珍、邰丽华　调查
郭家元、李皓松、何佑候、普文华、何永烈、段文兴、李世兴、汪洋
周坊、王宏道　整理

元阳县水普龙寨初步调查

水普龙大小两寨共174户（彝族113户、哈尼族5户、汉族56户）882人，共有水田4196工，约合1399亩。早年属纳楼彝族土司普姓辖地，农民对土地的占有权早已固定，土地抵押、典当和买卖亦不受限制，农村阶级已有初步分化。往后住境汉商以高利贷盘剥农民，土地渐形集中，愈益促进地主经济的发展。36余年前形式上即废除土司制，地方政权为地主阶级代理人——"行政委员会"或乡、镇长所掌握，一面对抗土司残余势力，一面加强对农民的压迫统治。但土司制度虽然废除，土司仍拥有武装，经常派其"管家"到寨向农民尽可能收取土地产量4%至6%的"官租"或指派劳役，直到1950年，农民才完全拒交"官租"和土司杂派，最后摆脱封建领主的剥削。目前全寨地主9户，全系汉族；富农8户，汉族、彝族各半，共占有全寨水田总数的1/2，农民陷于破产边缘。显而易见，地主阶级封建剥削的土地所有制是严重地束缚着农村生产力的发展的。

壹、农村阶级的分化

甲、各阶层生产资料占有

占有	阶层	地主	富农	中农	贫农	雇农	小土地出租者	小手工业者	小商贩	贫民	合计
户口	户数	9	8	52	62	16	8	12	4	3	174
	%	5.1	4.6	30.0	35.6	9.2	4.6	6.9	2.3	1.7	100
	人口	80	47	303	301	55	23	47	18	8	882
	%	9.1	5.3	34.5	34.1	6.2	2.6	5.3	2.0	0.9	100
水田占有	工数	1373	697	1467	378	16	191	57		17	4196
	折合亩数	457.7	232.3	489	126	5.3	63.7	19		5.6	1399
	%	32.7	16.5	34.9	9.0	0.4	4.4	1.4		0.4	100
	每户平均	50.9	29.0	9.4	2.03	0.33	7.8	1.6		1.9	8.03
	每人平均	5.7	4.9	1.6	0.4	0.1	2.8	0.4		0.7	1.58
耕畜农具占有	水牛	12	10	56	27		2	1			108
	%	11.1	9.3	51.8	25.0		1.9	0.9			100
	马	14	9.5	20	2.5	0.5					46.5
	%	30.1	20.4	43.1	5.4	1.0					100
	犁	6	5	21	9						41
	%	14.6	12.2	51.2	22.0						100
	耙	5	5	28	19	1	1				59
	%	8.5	8.5	47.5	32.1	1.7	1.7				100
	锄	24	19	106	93	17	9	14	1	1	284
	%	8.5	6.7	37.3	32.8	6.0	3.0	5.0	0.35	0.35	100
	镰刀	20	8	69	61	10	8	16	1	1	194
	%	10.3	4.1	35.6	31.4	5.2	4.1	8.3	0.5	0.5	100

注：土地面积折算，系以 3 工折为 1 亩。

从表列生产资料占有情况中可以看出：

（1）占总户数 5% 的汉族地主，占有水田总数 33%、牛 11%、马 30%、农具 10% 上下；约占总户数 5% 的富农（汉族、彝族各半），占有水田总数 17%、牛 10%、马 20%、农具 10% 上下。地主、富农集中了水田总数的一半,牛21%、马50%、农具20%上下。

(2)无田少田的农村无产阶级和半无产阶级(贫、雇农、小手工业者、小商贩、贫民),占总户数56%,仅占有水田总数的11%,每人平均数尚不及0.4亩,必须靠出卖劳动力才能维持生活。

(3)中农占总户数人口的1/3,每人平均约占有水田数(1.6亩)虽然与全寨每人平均占有水田数相近,但其中的一部分仍是少于此数的,生活仍属贫困。

上述情况可以简单归结为一特点:土地已相当集中,地主、富农手中集中了全寨农业生产一半以上,农村阶级已有极大的分化,表现为阶级的和民族的封建剥削性质。

从表列各阶层生产资料占有情况中还可以看出:

第一,地主经济的形成已破坏了旧土司制的土地关系:在领主(土司)为唯一地主的土地所有形态下,农民在作为份地而占有使用的土地上所进行的生产是较为分散落后的,地主、富农阶级在土司领地内成长起来,并集中土地所进行的生产,表现为发展着的生产力,需要对束缚自身发展的旧制度残余予以破坏,因而:

(1)在表列各阶层生产资料占有情况中,作为旧制度基础的中农这一阶层是被削弱和缩小了,部分向低的一类分化,降为贫农而扩大了贫农这一阶层。表列无田少田的农村无产和半无产阶级每人平均占有水田不到0.4亩,贫苦农民占有零星小块土地的这种个体经济,"与其说是农民手中的工具,不如说是地主手中的工具,与其说是供农民自由劳动的工具,不如说是地主榨取劳役的工具"(列宁:《社会民主党在1905至1907年第一次俄国革命中的土地纲领》,外文局版,第91页注引文)。因为在地主阶级封建剥削的土地所有制下,贫苦农民无论如何是无法摆脱贫困破产的命运的。

(2)贫苦农民以本身劳动为基础占有一部分农具,但更多的还是由于便于出卖劳动力,特别是锄与镰刀的占有情形。"有时候农民为着金钱用自己的农具耕种地主的土地——这就是所谓'零工雇佣'。"(列宁:《俄国资本主义的发展》,解放社版,第166页)本寨约有2/3以上的人家卖零工,每天得工资两毫半或3升谷子。地主占有457亩水田,除出租外,约有200余亩雇长短工耕种。土地既集中于地主、富农,农民如果有劳动力而无农具,要想出卖零工也是不可能的。农民农具占有情况正是说明农民忍受"零工雇佣"的剥削去耕种地主的土地。

第二,本寨农业生产已具有商品经济性质:"约占五分之一的农户拥有全部农民农业生产总量中的半数,以及绝大部分的租佃土地,现在这种农民的经济已经多半是商品经济而不是自然经济了。"(列宁:《社会民主党在1905至1907年第一次俄国革命中的土地纲领》,外文局版,第121页)除了租佃土地内容有所不同外,就1/5农户拥有全部农业生产半数一点说,本寨农业生产已具有商品经济性质,它正加速着农村的分化,破坏旧制度的残余。

乙、剥削形式

主要是地租、高利贷和雇工3种：

1. 租佃关系

（1）租佃情况：全寨出租水田约448亩，占全寨水田面积32%；本寨佃耕户共60户，占全寨总户数1/3，佃耕水田253亩，多系佃耕本寨地主、富农出租之田。各阶层租佃亩积如下：

租佃	阶层	地主	富农	中农	小土地出租者	贫农	贫民	雇农	小手工业者	合计
出租	出租亩积	225	82	52	63	22	4			448
	占出租总数%	50.3	18.2	11.6	14.1	4.8	1			100
佃耕	佃耕亩积			65		166		11	11	253
	占佃耕总数%			25.6		65.6		4.4	4.4	100

表列租佃情况的特点是：

①地主、富农及小土地出租者的出租亩数共370亩，占出租田总数的82.6%；

②贫农佃田最多；

③贫农和贫民部分出租土地。

（2）租制租率：租制有分边和包租两种。

①分边：当地亦称"分田半谷"，为活租制，秋收时田主到田分谷，农民必须以一年劳动生产品的一半交付田主，还须背送田主家。这种分边租制，系活佃性质，除少数佃户佃期较长外，一般常被田主抽夺转租。

②包租：系定额租制，但为数不多，租率为产量的60%，高于分边制，解放前还须由佃户负担官租，农民迫不得已才包租佃田。

从租佃关系上可以看出：

（1）活租制的普遍表现为旧式租制占优势。列宁分析工役制形式的多样化说："非常流行的是为土地而工作的工役制，这种工役制或是采取对分制形式，或是采取为租给农民的土地、附属地等等而工作的直接形式。"（《俄国资本主义的发展》，第167页）本寨地主、富农占有土地以出租和雇工耕种对农民进行剥削，就正如列宁所说："在地主经济中，出租土地也有两种互相对立的意义：有时候是为着取得地租把土地租给别人耕种，有时候这是经营自家经济的方法，是保护领地以劳动力的方法。"（同前书，第169页）活租制的落后性是由于它束缚佃田生产的发展，佃田耕种者宁愿消极生产以避免地租剥削，从而得以抽出劳动力以另求自己收入的增加。活租制较普遍的存在说明旧式落后租制在本寨还占着优势。

（2）定额租的出现表现为对旧式租制的破坏。定额租制有固定的租率，不论它高于或低于对分的活租制，它是发展着的租制，是对旧式租制具有破坏性的。本寨定额租率高于分边，农民迫不得已才包租，正如列宁所说："在农民经济中，租佃有两种互相对立的意义：对于一些人是有利的经济扩张，对于另一些人则是贫困影响下的协定。"（同前书，第169页）定额包租表现为某些进步性是因为它对生产的积极要求，佃田者必须生产积极，才能保证继续耕种。这种"贫困影响下的协定"已在破坏着旧式的落后租制了。

（3）贫农租佃面大，表现为贫农正趋于破产的边缘。本寨租佃关系具有鲜明的阶级剥削性质，中、贫农佃耕户几占中、贫农总户数的一半，共佃耕全寨佃田总数91%，而贫农佃耕户则佃耕全寨佃田总数的67%。贫农这一阶层是地租剥削的主要对象。占总户数34%的贫农，其每人水田平均占有数为0.4亩，最高年产250斤，仅够3个月口粮，虽靠旱地收成弥补，仍难免挣扎在饥饿线上。而且即便占有小块水田，由于缺乏耕牛和生产成本，无法自己耕种，只好出租，自己卖工度日。可见广大贫农阶层目前正处于破产边缘。

2.债务情况

（1）放债欠债户数金额：

项目 放欠债	户数			半开数 （单位元）	稻谷数 （单位石）	折合人民币数
	汉族	彝族	小计			
放债	19	24	43	5479	4.53	22278400
欠债	31	75	106	8924	8.6	36242000

全寨欠债户共106户，占全寨总户数的61%，其中彝族欠债户75户，则占欠债总户数的71%。放债户中多系汉族地主、富农，本寨地主、富农多系高利贷主变成。据1951年调查，20户欠债总数2821元半开中，一户汉族地主所放债额为1397元，占总债额的一半。放债总额人民币22278400元中，彝族放债额占总额的38%、汉族占62%。

（2）解放前及解放后的债务件数及债额：解放前债务共197件，债额为半开8324元、稻谷4.8石，共合人民币33334400元，占欠债总额92%；解放后债务14件，债额为半开600元、稻谷2石，共合人民币2560000元，占欠债总额8%。

（3）利息及利率：利息有银利、谷利两种。计全寨付银利半开204元、谷利281石，共折合人民币23280000元，平均利率为年息64%，最高为150%，欺骗性的借贷年息有达240%者，利率为50%者亦多，少数有低为10%的。

（4）借贷形式：除一般以货币或实物单位借贷按年计息外，还有：

①买青谷：亦称"放秋谷"，农历三月至六月间，农民因缺口粮迫而借债，高利贷者利用农民困难，投机活动，借放秋谷，借给农民半开10元，秋收时还本利稻谷2石，按市

价计，合年息200%上下，最高有达本金的5倍者。

②田地典当：农民为能借得债款，有以田地抵押典当者，其中又有押契、转典和杜断等情形。地主、高利贷者利用这些形式盘剥，集中了农民的土地。

（5）借贷原因：

原因 债额	缺乏口粮	苛杂及其他	婚丧	合计
债务件数	78	76	47	201
占欠债户%	38.8	37.8	23.4	100
欠债额	10372000	13182000	12688000	36242000
占总债额%	28.6	36.4	35.0	100

本寨的债务情况是较为严重的，农民除受地主、富农的地租和雇工剥削外，负债农民还须年付2000余万元的利息给高利贷者。"它（指高利贷）吮吸着它（指生产资料分散的地方）的血，破坏着它的神经，并强迫再生产在日益悲惨的条件下进行。"（《资本论》第三卷，人民出版社版，同页）"它又颠覆了、破坏了小农民的和小市民的生产，总之，颠覆了、破坏了一切在其内生产者还是当作他的生产资料的所有者出现的形态。"（同上，同页）本寨地主经济的形成，正是凭借高利贷剥削方式，进行其破坏和颠覆小农民"还是当作他的生产资料的所有者出现的形态"的过程。

3. 雇工剥削

（1）长工。据1951年调查，水普龙大寨120户中的24户共雇用长工43个，其中一家地主雇了3个女工、4个男工，另一家雇用3个男工、1个女工。43个长工多来自外寨，其中哈尼族占77%。

（2）工资。成年男工，年得6石谷子或40元至60元半开；童工1石2斗谷，女工年得谷1石5斗石。此外，男工年有布衣2套，包头、紧腰1丈5尺；女工衣2套，紧腰5尺，包头3尺。

（3）工时。长工不得回家，终年做粗重活；童工放牛羊、挑水、砍柴；女工做田活及煮饭、纺线、背小孩。也有替雇主赶马、背粮食和背酒的。每日工作时间一般在14个小时以上。

（4）零工。卖零工人家占全寨户口的2/3以上，工资每天2毫半钱或3升谷子。

（5）剥削量。以零工计算，每亩水田以年产500斤为标准，每亩须工20个，每工工资3升谷，合12斤，则20工付出工资为240斤，剥削量为产量的50%上下。

丙、各阶层盈余和缺乏粮食情况

全寨1953年水稻产量3836石稻谷，约合690000市斤；全寨882人，以年需粮食5石计，合900市斤，每人尚不够1月半的粮食，须靠旱地杂粮补充。按各阶层占有水田及其收获数，并以每人年需食粮500斤计算，各阶层余粮和缺粮情况如下：

1. 地主

余粮约180000市斤，计每人年余2年半粮食。

2. 富农

余粮约63450市斤，计每人年余1年半粮食。

3. 小土地出租者

余粮约5170市斤，计每人年余约3个月粮食。

4. 中农

缺粮约22400市斤，计每人年约缺1个月粮食。

5. 贫农

缺粮约203200市斤，计每人年约缺9个月粮食。

6. 雇农

缺粮约45370市斤，计每人年约缺11个月粮食。

7. 小手工业者及贫民

缺粮约37000市斤，计每人年约缺9个月粮食。

可以看出：中农以下程度不同的缺粮情况，充分表现了不合理的封建土地所有制给予农民的贫困程度。

贰、解放后的阶级关系

解放后农村阶级关系一直是紧张的，地主阶级的反动性质亦日益暴露，表现为对农民的猖狂进攻。随着官租苛杂的废除，农民生活得到改善，逐年增产，而被迫交付的地租数额亦相对增大，1950年全寨计交租463石，1951年计495石，1952年计472石，1953年计494石。另一方面，因受内地土改影响，地主又以欺骗手段，诱惑农民赎田买田，借以分散土地，夺取农民劳苦所得的积蓄。同时，农民亦自发反抗剥削，起来抗租抗息，农村阶级矛盾更为紧张显著。

李乔、陆光明、佟世有、张明英、白良明、普桢端、思庆章
萧继侯、朱子洗、徐世芳、杨景云、萧丽英、李世春、张文纲　调查

李乔、王宏道　整理

元阳县麻栗寨初步调查

　　麻栗寨是哈尼族聚居村寨，共298户1255人，早年属建水官厅彝族土司普姓辖地，30余年前改土归流，土司制即已废除。全寨水田约1518亩，其中为外寨汉族地主占有者485亩、为外寨少数民族田主占有者73亩、为本寨富农占有者332亩，三者共890亩，约占水田总数59%。外寨地主、田主占有本寨水田1/3还强，是本寨生产关系上突出的一个特点。另一方面，雇、贫农占户口总数70%，仅占有水田282亩，每人平均0.34亩，挣扎在贫困饥饿线上。这种极不合理的土地占有关系，严重地束缚着生产力的发展是显而易见的。

壹、生产资料占有

一、水田占有

各阶层水田占有情况如下：

阶层 \ 占有	户口				水田占有			每人平均数	
	户数	%	人口	%	亩数	产量	占面积	亩数	产量
外寨汉族地主	26				484.6	416268	31.7		
外寨少数民族田主	12				73.0	48258	6.0		
富农	12	4.0	73	5.9	332.7	138240	21.6	4.6	1890
中农	79	26.4	373	29.7	345.6	294120	22.5	0.93	782
贫农	127	42.6	563	44.9	248.2	161784	16.2	0.44	288
雇农	67	22.8	231	18.4	23.4	20106	1.4	0.11	80
其他	13	4.2	15	1.2	10.3	4842	0.6	0.68	317
合计	336	100	1255	100	1518	1099618	100	1.2	876

注：
（1）合计户数 336 系将外籍地主、田主计入，本寨总户数为 298 户。
（2）产量以市斤计。

　　水田占有情况说明土地已达到相当高度的集中，表现为严重的阶级剥削和民族压迫性质，其特点是：

（一）外寨汉族地主经济在本寨的统治。除去外寨少数民族（哈尼族、彝族）田主占有本寨水田73亩外，外寨汉族地主26户，共占有本寨水田485亩，约占全寨水田总数1/3，平均每户约占有19亩。外寨汉族地主的占有数，约为本寨整个中农阶层占有数的1倍半，为整个贫农阶层占有数的2倍，为整个雇农阶层占有数的20倍还强。哈尼族农民的土地成了汉族地主方面掠夺的对象。

（二）本寨本族富农经济已有相当的发展。除去外寨地主、田主占有数外，本寨本族各阶层共占有水田961亩，其中富农12户共占有333亩，约占1/3稍强。12户富农占有数约与整个中农阶层的占有数相等，约为整个贫农阶层1倍半稍弱，约为整个雇农阶层的15倍。就富农每人平均数看，富农为中农的5倍，为贫农的10倍，为雇农的45倍。富农经济在本寨已有相当的发展。

（三）农村广大哈尼族农民在贫困中挣扎。除去富农外本寨各阶层中，其中水田占有每人平均数中农不到1亩、贫农0.4亩、雇农0.1亩、其他0.7亩；即以中农每人平均产量780斤计，年缺粮约两个月，贫农年缺粮8个月，雇农年缺粮11个月，其他年缺粮约7个月。可见本寨94%的人口在不同程度上挣扎在贫困中。

二、旱地占有

本寨各阶层旱地占有及使用情况如下：

占有使用\阶层	占有情况					使用情况						
	阶层户数	占有户数	占有亩数	占总数%	占有每户平均	苞谷	黄豆	鼠豆	芋头	红米	辣子	荞
富农	12	12	26.3	5.5	3	16.3	0.7	2.0	0.7	2.0	2.8	1.8
中农	79	72	168.7	35.0	2.3	90.8	38.3	4.6	5.5	10.6	10.3	8.6
贫农	127	115	187	38.7	1.6	94.1	33.3	5.7	6.3	13.0	17.0	16.6
雇农	68	48	95	19.6	1.9	20.4	15.9	2.3	2.5	22.0	26.4	5.9
其他	12	2	6	1.2	3	1.0	1.0			4.0		
合计	298	249	483	100	1.9	222.6	89.2	14.6	15.0	51.6	56.5	32.9

农民旱地占有，主要由于水田占有极微，为了获得杂粮度日，开垦荒山为旱地，但就旱地每户占有平均数看，富农每户占有数仍然是最高的。又就旱地使用情况看，用于栽种苞谷的旱地几达旱地总数的一半，不难看出：在富农，这是牲畜饲料，或作为商品出售；在农民，则成为靠以生活下去的粮食代替品了，但为数还是极微的。

三、耕畜农具占有

占有 \ 阶层		富农	中农	贫雇农	合计
户数		12	79	195	286
耕畜	件数	22	46	60	128
	%	16.5	37.7	45.8	100
	每户平均	1.8	0.6	0.3	0.4
	骡马	10	22	15	47
	%	21	47	32	100
	每户平均	0.8	0.3	0.07	0.16
农具	锄	33	142	282	457
	镰刀	20	90	173	283
	薅锄	2	8	1	11
	弯刀	8	30	43	81
	砍刀	9	3	59	71
	谷床	12	6	3	21
	合计	84	279	561	924
	%	9.1	30.2	60.7	100
	每户平均	7	3.5	2.8	3.2

这个耕畜农具占有表的特点是：看去是富农阶层占有百分比较小，而富农每户平均占有数则相对大，中、贫、雇农的情况则恰与此相反。但这正足以说明本寨的情况：外寨地主、田主占有本寨水田总数1/3，全部出租本寨农民耕种，专从事地租剥削，外寨地主经济在本寨的统治，在使中、贫、雇中广泛佃户必须以自己的耕畜、农具耕种地主土地的同时，也就限制了本寨富农经济更进一步的发展。虽然如此，富农占有土地面积还是相当大的，故在耕畜、农具的占有上，富农每户平均占有数是分别达到中、贫、雇农每户平均占有数的3倍至10倍。

贰、租佃关系

一、租佃面积

全寨各阶层自耕田941亩、佃耕田577亩，佃耕占自耕面积61%，其中佃耕外寨汉族地主在本寨占有出租者485亩、佃耕外寨少数民族田主在本寨占有出租者73亩、佃耕本寨各阶层在本寨占有出租者19亩。本寨各阶层占有面积为960亩、全寨耕种面积为1518亩，佃耕面积占耕种面积38%，佃田面积是相当大的。租佃情况如下：

租佃 ＼ 阶层	外寨		本寨				合计
	汉族地主	少数民族田主	富农	中农	贫农	雇农及其他	
出租亩数	485	73	2.5	4	9.5	3	577
占出租总数%	84.4	12.4	0.4	0.7	1.6	0.5	100
佃耕亩数			11	192	294	80	577
占佃耕总数%			2	33	51	14	100

（一）外寨汉族地主出租数，占出租总数84%，与少数民族田主出租数共占出租总数的97%，本寨各阶层出租数仅占3%。

（二）全寨佃耕户共154户，占全寨总户数52%；贫农佃户田数占佃田总数一半以上，中农佃田数占佃田总数的1/3，余为雇农佃耕，富农佃耕数极微。

（三）全寨年交地租240263市斤，占水田总产23%。

二、租制、租率

分包租（定额租）及分边租（活租、对分）两种，以分边租为最多，包租极少。

从本寨租佃关系里可以看出：外寨汉族地主占有本寨大量土地，以其土地所有权为基础，其出租土地剥削直接生产者的方式是直接以剩余生产物形态占有地租，这是封建地租里生产物地租的范畴。"生产者的劳动，其抵偿原来生活消费资料所包含的劳动这一部分，叫作必要劳动，此外的部分，即超过必要劳动部分，叫作剩余劳动。这种剩余劳动的生产品，在各阶层社会里面，为剥削阶级所占有。在封建或半封建社会里面，这种剩余劳动的生产品便以地租和赋税等形式，为地主和地主的国家所占有。"为了说明本寨地租情况，还必须从农业上的剩余劳动率及其剥削率的大小比较，才能看出封建地租的实质。

三、剩余劳动率及其剥削率

根据本寨几户典型户的调查材料，并按下列剩余劳动收入的计算方式（计算方式参照前书），计算如此：

（1）剩余劳动收入：农场收入－（家庭工业和副业收入＋生产资料成本＋生活费用）

在抵偿生产资料成本和生活费用还不足的情况下，则：

（2）剩余劳动收入：全年收入（包括农场及家庭工业和副业）－（生产资料成本＋生活费用）

中农卢墨阿，全家6人，主要劳动及附带劳动各2个，有田26石，抵出20工，租入9

工，其全年支出与收入如下：

甲、生产资料支出13石

包括谷种2斗，黄豆、鼠豆各2升，肥料，蓄养耕牛1头，农具耗费，及新修鱼塘1个的费用（用去谷1石）。为便于计算，单位以谷石计，谷每石合人民币8万元。

乙、家庭生活费用支出56石

雇工：无

丙、农场收入73石

稻谷、黄豆、鼠豆及辣子、豆等均折为稻谷。

副业收入4石。

全年收入合计77石。

按第（1）式，其剩余劳动收入为零，就是全家没有剩余劳动的收入；按第（2）式，则剩余劳动的收入为8石。"剩余劳动率乃是剩余劳动对于必要劳动支出的比率关系"（引见前书，下同），则其剩余劳动率为：

8石的剩余劳动收入÷56石的生活费用支出＝15%（稍强）

把家庭副业计入，剩余劳动率为15%。可见剩余劳动量是很小的。

卢墨阿佃耕9工水田，年产16石谷，依对分，受地租的剥削为8石。按第（1）式，地租侵占必要劳动量的15%，按第（2）式，地租的剥削等于剩余劳动量的100%，地租攫取了农民的全部剩余劳动。

这还没有把佃耕情况分开统计，如只在佃耕土地计算地租，剥削率就更大得多了。

中农佃耕情况是如此，贫、雇农佃耕遭受地租的剥削自然更为残酷。剩余劳动率极小，农业剥削率极大，这就是封建地租的实质。

至于由于佃户欠租所受到地主的盘剥虐待，处罚工役，加租夺佃，年节送礼，以及招待地主及其收租仆从，这些剥削是难以计算的。

叁、债务情况

一、欠债放债户数金额

阶层 债务	外寨		本寨				合计
	汉族	少数民族	富农	中农	贫农	雇农	
放债户数	37	24	8	19	6		94
放债额	33868000	9020000	1396000	2616000	272000		47172000
占总额%	72	19	3	5.4	0.6		100
欠债户数			5	31	56	21	113
欠债额			4840000	18748000	19588000	4376000	47552000

续表

阶层债务	外寨		本寨				合计
	汉族	少数民族	富农	中农	贫农	雇农	
占总额%			10	40	41		100

注：债额以人民币计，单位元。

债务情况，一如土地和地租是以汉族地主经济在本寨的统治为其特点，外寨汉族放债额占放债总额的72%，与外寨少数民族放债额共占总额的91%，本寨各阶层放债额合占总额的9%，其中富农放债额占总额的3%。也一如在租佃情况上贫农和中农是地租剥削的对象，在这里，他们又是高利贷剥削的对象：贫农占欠债总额的41%，与中农合占总额的81%，7800万元人民币债额中，他们负担着6300万元。高利贷者威胁着他们的生产和生活是严重的。

二、利息、利率

利息计算有两种：借谷子或半开以谷子计息，或以半开计息。利率最高150%，最低33%，一般50%。全寨负债户每年计交谷息544石，折合人民币43520000元，合97981斤谷子，高利贷者每年夺取了中、贫、雇农3个阶层水田产量总数的17%。

三、土地抵押

高利贷者在农村盘剥，迫使农民以所耕土地作为债务的抵押，已抵死者不计外，其抵与债主但仍为负债户耕种按年交谷息者计如下表：

抵押阶层	阶层户数	抵押户数	抵押户占阶层户%	抵押户占抵押总户%	自耕亩积	抵押亩积	抵押数占自耕数%	抵押数占抵押总数%
中农	79	19	24	28.8	342	74	22	30
贫农	127	33	26	50.0	239	127	53	51
雇农	67	14	21	21.2	24	46	191	19
合计	273	66	24	100	605	247	40	100

全寨抵田户共66户，占中、贫、雇农总户数的24%，共抵出水田247亩，占三者自耕田总亩积的40%。第六居民小组共11户，除1户原无土地外，余10户已将土地全部抵出；第二〇居民小组12户，8户抵出土地后又向债主租入耕种，交纳地租，余3户已将土地卖去。全寨247亩抵押田中，贫农抵押亩数占一半，与雇农抵押亩数合占抵押田总数的70%。雇农抵押的土地约为其自耕土地亩积的2倍。

肆、解放后的农村情况

解放以后，外寨汉族地主经济在本寨的统治这一基本情况基本未变，但农村阶级关系则一直是紧张的，一方面地主阶级向农民逼租逼息，一方面被剥削农民也向地主阶级自发地抗息抗租。自1950年至1953年的地租债息情况如下：

（下表租额以谷计，单位石；债额以人民币计，单位千元；利息以谷计，单位石）

租佃债务 ＼ 阶层		富农	中农	贫农	雇农	合计
佃耕户数		8	33	83	30	154
占佃耕总户%		5.6	21.4	53.6	19.4	100
佃耕亩积		11	192	294	80	577
原租额		24	96	671	156	947
解放后租额	1950年	24	112	236	40	412
	1951年	24	77	186	30	317
	1952年	24	63	121	38	246
	1953年	24	76	112	31	243
	4年平均	24	82	164	35	305
平均数占原租额%		0	85	24	22	32
欠债户数		5	31	56	21	113
占欠债总户%		4.4	27.4	49.6	18.6	100
欠债额		4840	18748	19588	4376	47552
原交利息		58	186	221	80	545
解放后利息	1950年	48	121	131	31	331
	1951年	47	91	117	25	280
	1952年	26	149	126	16	317
	1953年	22	51	80	3	156
	4年平均	38	103	113	19	273
平均数占原债额%		66	55	51	24	50

贫、雇农抗租，4年来交租平均数与解放前原租额比较，约为原租额的22%或24%，这是抗租的主要力量。中农交租平均数为原租额的85%，全寨交租平均数为原租额的32%。

全寨4年来交息平均数约为解放前原利息数的50%，其中雇农交息数为原利息的24%、贫农为51%、中农为55%。

另一方面，中农1953年所交租额较1952年所交数为大，雇农1952年、1953年所交租额均较1951年所交数为大；中农、贫农1952年所交债息数均较1951年所交数为大。则地主高利贷者对农民"进攻"的凶焰仍是很大的。

农民虽然抗租抗息，但束缚农村生产力发展最基本的则是地主阶级封建剥削的土地所有制，不摆脱这项束缚，他们永远无法发展生产。

汪洋、杨毓才、王阳、李忠泽、刘耀清、唐浩、尹正标
李文华、陈秀芳、王兴贞、罗实慧、史学典、李祥生、王云增　调查

杨毓才、汪洋、王宏道　整理

1954年5月

《边疆工作通报》第6期
中共云南省委边疆工作委员会编印
1954年6月5日

《边疆工作通报》第 6 期

省委边委按：

潞西、盈江两县工委1954年培养民族干部的计划较为系统地总结了过去培养民族干部的经验，并及时提出今后的方针，这样做是完全必要的。其中，除潞西对在职民族干部垮台原因尚需就各民族的历史发展和当前社会经济特点进一步做出本质的分析，盈江县在职干部不安心工作的情况必须采取有效措施加以解决外，关于过去培养民族干部工作的一些经验总结基本上是正确的，特刊发各地参考。

1954年6月1日

目录

潞西县工委关于培养民族干部的基本总结及
1954 年培养民族干部计划（草案）

第一部分：基本总结

一、关于培养在职民族干部方面

（一）1950年迄今上送的少数民族学员200人，另外还有当地汉族26人。其具体情况如下：

1. 民族类别：傣族×××人，占上送学员总数的65%；景颇族××人，占30.5%；崩龙族×人，占2%；傈僳族×人，占1.5%。

2. 个人成分：中、上层××人，占上送学员总数的35.5%；一般群众出身×××人，占64.5%。

3. 送往地点：保山民干班×××人，占上送总数的61.5%；云南民族学院××人，占21%；西南民族学院×人，占1.5%；中央民族学院×人，占2.5%；其他××人，占13.5%。

4. 学习后参加工作的×××人，占上送学员总数的72.5%，其中留上分配及调外县工作的××人，占上送学员总数的27.5%；参加工作又垮台回家的××人，占14.5%。

5. 学习回来后回家生产的××人，占上送学员总数的72.5%。

（二）本县在职民族干部的情况：我县现实有民族干部××人，其中有上送学习回来参加工作的××人，未经学习直接吸收参加工作的××人（参加工作后垮台回家的××人未计在内）。

1. 民族类别：傣族××人，占全县在职干部总数的70.73%；景颇族××人，占24.3%；布朗族×人，占4.7%。

2. 个人成分：中、上层出身××人，占全县在职民族干部总数的33%；一般群众出身55人，占67%。

3. 分布情况：全县工作人员共×××人（包括勤杂人员在内）。其中民族干部××人，占11.3%。其具体情况：

（1）党、政、群系统：5个单位（边委、县委、县政府、公安局、武装部），民族干部有×人（傣族×、景颇族×），占本系统干部总数×××人的5.1%；占全县在职民族干部总数××人的8.53%。

（2）各区及工作队系统：4个区及工作队民族干部有××人（傣族×、景颇族×、崩龙族×），占本系统干部总数×××人的27.52%；占在职民族干部总数的70.8%。

（3）财经系统：12个单位（粮食、贸易、税务、银行等），民族干部有×人（傣族），占本系统干部总数×××人的3.2%；占在职民族干部总数的10.9%。

（4）文教卫生系统：6个单位（新华书店、防治站、保健站、妇幼队、民族医院、卫生院），民族干部有×人（傣族×、景颇族×），占本系统干部总数×××人的5.6%；占在职民族干部总数的8.53%。

4.质量情况：

（1）党员：×人（傣族），占在职民族干部总数的2.43%。

（2）团员：××人（傣族××、景颇族×），占在职民族干部总数的20.73%。

（3）区级干部：×人（傣族），占在职民族干部总数的10.93%，其中上层出身×人，群众出身×人。

（4）工作组长级干部：××人（傣族×、景颇族×），占在职民族干部总数的12.19%，其中上层出身×人，群众出身×人。

（5）一般工作人员：××人（傣族××、景颇族××、布朗族×），占在职民族干部总数的76.7%。

5.民族地区干部民族化情况：我们目前共划4个区，每区皆为两个以上的主要民族聚居，民族干部分布于民族区有××人。民族化情况分述如下：

（1）轩岗区：山区系汉族，坝区全系傣族。以坝区来看，民族干部××人，占坝区干部总数××人的50%。

（2）那目区：山区系汉族，坝区全系傣族。以坝区来看，民族干部××人，占坝区干部总数××人的65%。

（3）遮放区：坝区全系傣族，山区主要为景颇族及其他少数民族杂居。民族干部×人，占全区干部总数××人的32.97%。

（4）猛戛区：全系山区，主要为汉族聚居，有少数景颇族及其他少数民族。民族干部×人，占全区干部总数××人的14.9%。

（三）根据以上情况，可看出如下几个特点：

1.从民族干部民族类别上看：傣族多，景颇族少。如：傣族干部××人，占民族干部总数的70.73%；景颇族干部只有×人，只占24.3%。

2.从民族干部出身上看：群众多，上层少。如：中、上层出身×人，占全县在职民族干部总数的33%；群众出身××人，占67%。

3.从民族干部的分布情况上看：农村多，机关少。如：全县4个区及工作队民族干部有××人，占民族干部总数的70.3%；县直属机关民族干部仅有××人，占民族干部总数的29.7%。

4.从民族干部质量上看：一般干部多，区、乡级干部少；党、团员傣族干部多，景颇族干部少。如：一般干部××人，占民族干部总数的76.7%；区、乡级干部××人，占23.3%；党、团员共××人，其中傣族就占××人，景颇族只有×人。

（四）对垮台回家干部的初步分析：3年来，我县在职民族干部垮台回家的共××人，占在职民族干部总数×××人的27.39%。其中傣族××人，景颇族××人，傈僳族×人；曾送往外地学习过的有××人，未经学习在本地吸收参加工作的×人。垮台原因经初步分析有如下几点：

1. 婚姻问题。这在傣族干部中是普遍存在的，他们认为：年纪大了不结婚会被别人耻笑，男的怕参加工作找不到老婆，不得结婚，如线庆禄（已垮）说："敢会叫我们当和尚？"女的怕参加工作学不会织布，嫁不出去。有的甚至互相纠缠拉后腿说："你要爱我就不要去（指参加工作），你要是不爱我就去嘛！"景颇族干部中亦有此问题，但较傣族干部则次之（仅有×人）。垮台回家的××个傣族干部中，就有××人。以上共垮台××人，占垮台民族干部总数的48.3%（上层出身×人，群众出身×人）。

2. 家庭困难及缺乏劳动力。在景颇族干部中，这又是一个较为主要的原因。积极分子有些是家庭主要的劳动力，家庭生活困难，而在吸收他们参加工作时又没有十分重视这方面；参加工作后，再加上我们对其家庭照顾差，因此，这样垮台的就有9人，占垮台干部总数的29.1%，其中景颇族就有×人，傣族×人。

3. 匪特胁迫诱骗。如：拉去傈僳族××（当匪排长）、××当土匪；×××、×××携枪外逃。由此原因而垮台者即有×人之多，占垮台干部总数的16.1%。

4. 其他。因肺病及生孩子垮去×人，占垮台总数的6.45%。

5. 我们帮助教育不够。这点与上述各点均有密切关系，在工作上耐心帮助教育不够，使用不放手。个别干部甚至轻视、歧视他们，如那目区的干部说××（垮台）是"脓包"！轻视他们，认为"落后""没出息""办不了事"，只当一个翻译使用，跟上东跑西跑，这种大民族主义的思想残余作风严重地损害了民族干部的健康成长。这是民族干部垮台的主要原因。

（五）关于培养在职干部的几点体会：总的说来，不同民族、不同出身的民族干部都具有不同特点，必须根据其不同特点，采取不同方式培养。具体体会如下：

1. 分工负责，包干培养。首先选择有一定能力、思想进步、感情与某个民族干部融洽的外来干部，给予包干帮助、任务，具体培养某个民族干部。

2. 看对象，给任务，布置任务要具体，方式方法要交代清楚；并要抓紧检查，每做完一件事，须通过汇报，帮助总结。对其成功之处，加以表扬；不对之处，说明理由，以发挥其工作积极性，培养其独立工作能力。

3. 对负有一定领导责任之民族干部，凡系其职权范围内管辖之事，只能帮助他做，不能代替他去做；凡系在其领导下之干部，必须尊重其领导，该请示者请示，该报告者报告，如不能做到这点的干部，经屡次教育又不改正，则应坚决予以调离，必要时予以撤换。

4. 必须有意识地从各方面帮助民族干部在群众中树立威信，特别是群众出身的民族干部。主要是通过加强对他们的政策教育，群众观点、群众路线工作方法的教育，另外还要注意使他们通过一些有关群众利益问题的具体解决以及在一些群众场合适当地让他们出头露面，如开会作报告等。

5.民族干部在政治上的要求进步，已随着其不断增长而益形迫切。不仅有许多人要求入团，而且也有一部分人要求入党，在经过进一步的教育后，其中有一部分已具备了党、团员条件，因此必须开始重视在民族干部中的建党和继续建团的工作。这不仅是民族干部的要求，而且也是工作发展的要求，如果我们忽视这个问题，就无法进一步提高培养民族干部，也就不可能使工作扎下根子，工作前进一步。

6.对民族干部有缺点，一般不应急于进行正面批评，而应多以外来干部自我批评来启发他检讨自己，或采征求其对外来干部意见的方式启发之。对其某些带有原则性的错误和缺点必要进行批评时，亦要先弄清事实，且应个别进行，并要以诚恳之心、和蔼的态度讲清道理，使其自觉地认识错误。切忌追逼方式及训碰的粗暴态度。

7.对贫、雇农出身的民族干部，应适当帮助其解决家庭生活、生产的困难，主要是采取帮助其发展生产的方式来解决，借以使其安心工作，不为家庭所累。

8.傣族上层及上层子女出身的民族干部，分两类：

一类是家属当权，生活富裕，其表现特点是表面积极，实际是动摇不定；但由于年青，具备着青年特点，容易接受新事物，大部积极寻求进步，深怕别人说他不进步，因此往往在工作中表现"过左"，甚至表面表现反对其家庭，对此类干部应教育其加强对其家属的教育，并指出其与家庭对立是不对的。

另一类则虽系上层子女出身，但家属并不当权（有些则与当权派有一定矛盾），家庭生活亦不富裕，其表现特点为"支持群众不死口，脱离上层不放手"，迫切要求进步靠我，对群众疾苦表示同情，但不敢大胆支持，斗争性弱，怕得罪土司、头人，对此类干部应教育其勿与上层对立，但应提高其政治觉悟。

9.对景颇族干部更应注意不应要求过高，在其有错误的时候，应当用不急不躁、诚恳的态度，个别的通过本民族的先进分子的方法去帮助教育他们，就是因一时一事对我不满而发了脾气，仍应冷静而不冲动，以热情的态度来对待，进行教育，讲清道理。

二、关于培养农村积极分子方面

（一）我县除汉族20000人以外，少数民族总人口约70000人（傣族45000人、景颇族20000人、其他5000人），具体情况如下：

1.先进区：人口25000人，占少数民族总人口35.69%；积极分子约占先进区人口2%（约500人）。

2.薄弱区：人口30000人，占少数民族总人口41.85%；积极分子占薄弱区人口1%（约300人）。

3.空白区：人口15000人，占少数民族总人口21.4%弱；仅只有一些朋友。

（二）对培养农村积极分子的几点体会：

1.适当地解决其家庭生活困难，注意其家属教育工作，是培养积极分子首要解决的问题。因为积极分子的提高是与解决其切身利益及做好其家属教育工作密切相连的。如一个垮台的积极分子说："我懂的道理多，我很喜欢跟毛主席走，但我的父母不懂事，家里生活又困难，我不能再起带头作用了。"

2.对积极分子要求不要过高，贯彻每一项任务、进行每件具体工作时要先和他们研究，使之领会我之意图，并征求其意见，以检验我之政策、任务和步骤。同时要加强策略思想教育（团结上层），使其活动不超出政策所允许之范围，避免成为上层眼中钉和危险人物，这样，积极分子才更易提高和巩固。

3.当积极分子做完了一件工作后，必须耐心地、细致地帮助其总结。对其哪怕是很微小的成绩，都应给以表扬，以发挥其在工作中之主动性和积极性；对其错误或缺点，应以诚恳耐心的态度个别地给予教育指正、说明事实、讲清道理，并应尽可能通过本民族中的先进分子来进行。

4.积极分子成长起来后，必须给予一定的合法活动地位，如政权中之委员、生产小组之小组长。用一定的组织形式来培养其在群众中之威信。但应经常不断地对其进行依靠群众、关心群众疾苦、群众观点、群众路线、工作方法的教育。

5.不仅要注意长期性的基本积极分子，而且要注意到每个工作中的一些暂时性各方面的积极分子。同时要根据不同时期的不同的工作任务和工作内容进行不同的教育，借以逐步提高他们，使之经常有活动的资本。

第二部分：1954年培养民族干部的计划

我县3年来在上级党委领导下，采取了各种办法，培养了×××个脱离生产的干部（现在本县工作的××人、外地工作的××人）和800多个农村中的积极分子，这是我们今后进一步深入民族工作最宝贵的财产，但仅此还远赶不上工作的需要，各方面的民族干部仍然奇缺。为此，特制订1954年培养民族干部计划如下：

一、方针和要求
（一）方针：仍然是贯彻中央的指示——"普遍大量培养和放手提拔使用"的方针。
（二）要求：有两方面。分述如下：

1.数量上：选拔×××人为脱离生产干部（傣族××人、景颇族××人、当地汉族××人）。要求在傣族区本民族干部占傣族工作区干部总数70%至80%，景颇族工作区占50%，汉族区占50%。农村中积极分子，在先进区要求增至占先进区总人口的4%（约1000人），薄弱区增至占薄弱区总人口的2%（约600人），空白区要求增至占空白区人口的1%（150人，指能够开辟工作的空白区）。

2.质量上：

（1）对在职干部的要求：在区一级的民族干部中，培养×个民族干部的区委书记、×个区长级干部、×个科长级干部。对组长级干部要求每个组长能胜任1个乡的领导工作，并在现有组长××人中培养×人为区级干部；要求一般干部的每个工作人员提高到能胜任2个至3个寨子的领导工作，并在现有一般干部××人中，培养1/4为组长级干部（××人）。党团员方面：要求党员增至占民族干部总数的10%，团员要求增至占民族干部青年总数的50%。

（2）对积极分子的要求：在现有积极分子中要求使其进一步懂得，为什么农民必须在党和毛主席的领导下走向社会主义社会的道路和怎样使农民走向社会主义社会的道理；新选择的积极分子，要求使其懂得，为人民群众服务的光荣和团结上层依靠群众及认识社会主义前途等道理。

二、方式和方法

（一）通过各项工作提高在职干部，主要方法有如下几点：

1.通过各种大小不同的会议，认真检查与总结工作、交流经验、表扬模范、检讨缺点，通过会议提高干部政策思想水平。这是提高在职干部的有效方法之一。

2.环绕每个中心工作，组织机关干部学习，既有力地配合了中心工作，又培养提高了干部的政策思想水平。过去我县、区均曾这样地搞过，经验已证明，运用这一方法，不仅干部的政策思想、工作作风得到提高，而且更有力地支持了每次中心工作。

3.结合以上方法，密切联系着实际工作、思想，又紧密地结合着文件。这样学习了文件既可联系实际，通过检查又可提高干部政策思想。

（二）上送学习、培养提高：全年拟上送学习×××人（在职干部××人、有培养前途的积极分子××人）。具体分配如下：

1.云南民族学院××人，其中积极分子××人（傣族××人、景颇族××人）、在职干部轮流××人（傣族干部×人、司署属官5人、景颇族×人）。

2.保山民干班××人，其中在职干部××人（傣族7人、景颇族3人）、积极分子××人（傣族××人、景颇族×人）。

（三）开办县的积极分子训练班：

1.训练任务与步骤：

（1）任务：由县工委亲自掌握，全年共训练×××人（傣族×××人、景颇族×××人、当地汉族×××人）。

（2）步骤：共分8期，每期××人，每期时间15天至20天。分傣族4期、景颇族2期、当地汉族2期。关于训练时间的支配，根据少数民族农暇季节进行，以不妨碍生产为原则。

2.训练方法和内容：

（1）方法：以专题报告、分组讨论、个别谈话、漫谈、大会发言、学习文件、联系实际、总结工作等方式进行。

（2）内容：以国家在过渡时期的总路线总任务为主，结合中心工作及群众观点、群众路线、工作方法和团结生产政策教育等。

三、意见

（下略）

以上当否，请地委指示。

盈江县工委1954年干部工作计划（草案）

一、情况

甲、我县各系统干部共×××人，其中少数民族干部×××人，占干部总数27.9%。分开来看，党群系统（包括工作队）×××人，其中民族干部××人，占42.33%；政法系统×××人，其中民族干部××人，占37.5%；公安局、法院××个干部中，没有一个民族干部；财经系统×××人，其中民族干部××人，占12%；文教卫生系统××人，其中民族干部××人，占25.6%。全县党员××人，其中傣族仅×人，占2.4%；本地民族干部中尚未产生党员。团员××人，其中少数民族××人，占21.4%。县区级主要负责干部大多系外来汉族干部，民族干部均安置了上层。从这些情况看来，民族干部生长得很不够，各系统发展情况极不平衡，政治质量很差，区一级骨干中，连汉族干部也是少而弱的，因此大力培养提拔干部就成为我县今年很重要的工作。

乙、1953年以来，干部的教育工作主要是用干部会议的方式通过总结工作来提高思想。去年党群（包括政法、财经、卫生、参加工作队的干部）系统开了4次干部会议，财经系统开了1次扩大财经会议，通过这些会议，对干部思想和工作的提高起了很大的作用。1年来基本解决了干部不安心、急躁冒进的思想。因此从整个来看，当前干部基本上是安心边疆工作的。这就正如每次扩干会后都有干部反映"这次下去工作，脑子可清醒了"。所以从1年来的情况看，对干部的教育工作，干部会议是主要而能收效的方法（边委按：应注意在实际工作中的锻炼与帮助系统提高）。经常的政治理论学习，虽也起些作用，但1年来，由于县委领导上主要放在群众工作和财经工作上面，因此对经常的理论学习抓得不够紧，因此学习中产生了放任自流的现象，今后要设法弥补和克服。

丙、干部思想作风主要存在着这样3个方面：一方面由于1953年以来一直在反对不安心边疆工作思想，这一思想一露头就碰上迎头打击，因此这一思想就从公开地转入潜伏地存在。今年2月扩干会，×××个干部中不安心工作的就有×××人，占31%弱，这说明这一思想仍然比较普遍地存在着，若不继续不断加以解决，它还会泛滥的。另一方面，由于一部分来得早的干部没有经过阶级斗争的锻炼，又没有经过很好的思想改造；由土改队转来的虽经过了阶级斗争的锻炼，但没有正确领会团结上层政策，把思想搞糊涂了。整个说来是阶级觉悟不高，认识问题、处理问题的基本立场摆得不对，所以要为改革创造条件，提高干部的阶级觉悟也就显得极其重要。再一方面是严重地存在着不正当的男女关系，1年来发现不正当男女关系共×起，其他一般的干部中是普遍存在找老婆、闹恋爱的思想，都须在今年中妥善处理解决。

丁、从文化程度上看，全体干部×××人中，文盲×××人，占38.4%；初小程度×××人，占26.5%；高小程度××人，占17.5%；初中××人，占12.9%弱；高中××人，占4.5%。根据这一情况，说明我们干部的文化程度是很低的，因此普遍提高文化程度是今后要注意解决的问题。

二、大力培养民族干部，逐步实现民族化和自治权利

甲、总的要求和具体任务。随着工作逐渐展开，重点试验减租清债，可能涌现更多的积极分子，因此要求除现有民族干部外，全年新培养各族干部××人，达到民族干部占干部总数的50%。

学习训练：计划全年送昆明民族学院××人（其中在职干部××人），送保山民干班××人；县里短期训练×××人，分5期训练，每期10天，其中专门训练1期人民武装的骨干。经训练后，从中吸收贫、雇农出身的农民、爱国知识青年（光识本族文字也行）参加工作队，先行锻炼培养后，再充实机关。

汉族干部的调整：为使民族干部的生长不受编制的限制，对汉族干部必须做适当的调整。计划全年送回内地工作××人、转我县财经单位××人、转地方国营作场×人，这样才不致使民族干部因编制限制而不能生长。

乙、根据过去培养民族干部的经验，应该正确运用下列几个基本做法。

1.首先解决外来汉族干部的思想认识问题。认识培养民族干部是要他们"用自己的脚走路"，深刻领会其重要意义，同时要克服普遍存在着的轻视民族干部的大民族主义思想，对民族干部所起的作用，也要做正确估计，克服对他们要求过高或只作为翻译的片面认识。

2.切实掌握普遍培养、重点提高的原则。普遍培养是普遍进行一般的教育学习，以提高思想，提高工作。重点提高是从各族干部中选择对象，加工培养，树立旗帜，以推动整个民族干部共同进步。而普遍培养和重点提高又应该是紧密结合，不能偏废，才能互相适应地提高民族干部。

3.认识民族干部的不同特点，具体加以帮助培养。不同民族有不同的特点，同一民族的干部也有不同类型的特点，应根据这些特点进行分析，根据分析结果，针对其特点，再加以具体的帮助，不能千篇一律地高喊培养。

4.大胆放手地交给工作，具体地交代做法，在进行的过程中帮助检查，做完之后耐心地帮助总结，这样在实际工作中锻炼提高。但在大胆放手的过程中，要防止放手不管、放任自流，否则，民族干部不可能得到提高，但包办代替也阻碍了民族干部的提高，所以应该坚决克服这两个极端的偏向。

5.有成绩要表扬，有错误要加以适当批评。是非应该分清，要克服过去对民族干部只说好、不说坏，只表扬、不批评的毛病。做对的要表扬，做不对的要批评，但应该注意对民族干部不宜要求过急过高，要从实际出发去认识他们。

6.注意做好家属工作，帮助其解决具体困难，以使其能够更安心地工作。家属的教育工作主要是通过提高民族干部的觉悟之后，让他们回去经常进行教育，我们可以在逢年过节进行慰问教育，并随时了解其情况；有了具体困难就要进行具体的帮助，要做到家属能鼓励子弟努力工作，而子弟又能随时对家属进行教育。

丙、在总路线的照耀下，培养干部的目标要十分明确。总的说：要培养能够把各民族引导到社会主义社会的干部，这就是我们培养民族干部的目标。

丁、汉族干部的民族化问题。

1.积极认真学习民族语言，要求在各族地区工作的汉族干部，在今年年底能够用该民族地区的民族语言宣传一般政策，能听反映、收集情况。

学习的方法，首先思想上应该认识学习民族语言的重要意义，其次是汉族干部与民族干部互相包教包学，不害羞，随学随用，要掌握用什么学什么，用与学不能脱节，这样既学得快，又记得牢。

2.建立傣文业余学习班，进行傣文学习。主要是吸收机关干部参加，聘请傣族干部中识傣文较深者教授；要求参加学习者到年底能看能写简单的傣文书函。

三、干部教育和管理工作

（略）

（补按：文中第二行少数民族干部数字应说明当地民族干部数字及比例——边委）

四、组织工作

（略）

附：潞西县那目寨傣族知识分子（傣文）情况

一、基本情况

潞西县那目寨的傣族知识分子（傣文）计183人，占那目寨总人口11%弱。其中富农34人，占18.4%；中农80人，占43.7%；佃中农20人，占10.9%；小土地出租者10人，占5.5%；贫农10人，占5.5%；雇农18人，占9.8%；小商11人，占6%。可见傣族知识分子不少，而且遍布于各阶层中，这是因为傣文容易学的原因。但在阶级社会中，知识为统治阶级所独占，故在贫苦群众中虽有识傣文者，但为数甚少，而且傣文的修养程度不高，最好的也只能登记账目、缮写通知、阅读一般的傣文书籍。傣文修养较深者，多为一些上层头人、宗教佛爷等。那目寨傣族知识分子情况如下表：

阶层	识字人数	占识字人数%
富农	34	18.4
中农	80	45.7
佃中农	20	10.9
小地出租者	10	5.5
贫农	10	5.5
雇农	18	9.8
小商	11	6
合计	183	100

从上表中可以看出：傣族知识分子虽多，但贫雇农民所占的比例不大，仅占识字人数的15%左右；富农（多系头人）的人口仅占人口总数的10.5%，而识字的人数则占识字总人数的18.4%；中农在识字人数方面占有相当大的比重。

二、农村傣文书籍分类

傣族农村中的傣文书籍，据初步了解，并根据其性质大体可分下列数种：

1.经书：据民间传说，现在所存留的经书，系唐朝高僧唐三藏至印度取回，流传至今。此种传说不甚可靠，因傣族的佛经当中，主要的经典均系缅文缅语，可见傣族信仰的佛教可能从缅甸传入，故其经典亦以缅文经典为主。其主要经书有下列几类：

（1）《三光》（计有3册）：

《束西哈汉呆戛》；

《束骂哈哇》；

《束也体呀哇》。

以上经书属于讲述释迦牟尼的身世及家庭历史、释迦牟尼结婚生子直至离家修行、成佛为止，可以说是释迦牟尼的传记。

（2）《威哩》（计有5册）：

《威哩束纳哇》；

《威哩骂哈哇》；

《威哩巴拉哇》；

《威哩巴布拉戛西》；

《威哩巴洗》。

以上经书系阐述佛教的教义、佛教对宇宙人生的看法。

（3）《帕提骂》（计有7册）：

《帕提骂桑戛里》；

《帕提骂威潘》；

《帕提骂都答他》；

《帕提骂没戛拉丙他》；

《帕提骂戛他瓦提吐》；

《帕提骂巴坦木》。

以上经书劝告世人应以慈悲为本，并且只有诚心拜佛才有出路，并告诉人们修行的方法。

2.民间传说及傣族文人的著作：

（1）《娥并散啰》：《娥并散啰》系民间关于青年男女恋爱故事的传说，故事情节略与牛郎织女相类似。据说在相隔不远的两个村庄，一对青年男女互相迷恋，男的行三（傣语称散），女的行四（傣语称娥）。他们有着纯真的爱情，暗自订下了终身，但是男方的母亲不喜欢该女，想尽千方万策阻挠他们成婚。女方被迫无奈而自杀，当气绝之际，男的闻讯，赶到女的身旁，见状不忍，亦抽刀自杀，同归于尽，演成恋爱悲剧。传说两人死后变为一对星星，每隔三年相见一次。所以今日傣族风俗中，男行三不能和女行四结婚的禁忌即由此而起。此书虽受到封建统治者和宗教的排斥，但仍为一般青年所喜爱，傣族农村中仍然广泛流传着。

（2）史书：记载世道变革、人民生活变化的历史材料，这种书籍现在农村中为数极少。其次是家族的家谱记载，差不多每个姓都零星地保存着一些。

（3）民歌：在傣族民歌中，最多的是情歌，青年男女用歌曲的形式唱出双方爱慕的感情。此种歌曲为广大青年男女所喜爱，每个青年都能歌唱，歌词优美，婉转动人。另一种是歌颂劳动的，表现傣族劳动人民热爱劳动与自然搏斗的意志。山歌大多自出心裁，随口编唱。有喜爱民歌而识傣文者，将其所喜爱的歌曲收集编纂成册，这些零星收集的民歌，各寨都有，但比较完整编纂成书者较少。

（4）杂文：大致包括祭文、赞颂、碑记等类。祭文是对死者生前事迹的歌颂，表达生者对死者的怀念和忧伤感情。碑记与内地的墓志相似，多半歌颂死者生前的事迹而铭记于石。赞颂多见于"做摆"或做"扒戛"时的纪念文章，主要是歌颂宗教和佛力，其次是歌颂统治者和农村中的头人，然后讲述社会变革，叙述统治者（指国民党及帝国主义）给人民带来的灾害，现在还歌颂解放后毛主席带给各族人民的好处和安居乐业的新气象。

（5）翻译书中，除佛经从缅文翻译外，其他戏剧、小说均翻译内地的章回小说，但只翻译其中一些章节，有的编成傣戏演唱，普及到各个村寨当中。每至春节，各村寨组织演唱。据目前了解，翻译小说有如下几种：

《包公案》（仅译出《陈世美不认前妻》一节）；

《北宋杨家将》；

《薛仁贵征东》（仅译《污泥河救驾》一段）；

《薛丁山征西》（仅译《大破杨凡》）；

《樊梨花征西》（仅《大破白虎关》《收应龙》《辕门斩子》几段）；

《五虎平南》；

《五虎平西》；

《东汉演义》（译《吴汉杀妻》一节）；

《三国演义》（译《过江招亲》及《桃园结义》两节）；

《庞太师走国》；

《李旦走国》；

《元龙太子》；

《西游记》；

《忘恩记》；

《神仙传》；

《三下河南》；

《封神演义》；

《薛刚反唐》；

《河伯祭妇》；

《龙虎传》；

《三下河东》。

三、傣族农村知识分子的来源

1. 家庭长辈培养教育出来的知识分子：傣族农村家庭中，只要上辈识傣文，下辈识傣文者便很多，主要是家庭中自己教育培养。如那目寨刀老幸家，因刀老幸懂得傣文，全家便有6个人识傣文的。在教育培养过程中，有自幼便开始学习的，有成年之后才开始学的。大多在劳动之余或夜晚学习。一般先学字母，然后练习拼音，待拼音熟练之后，便可使用傣文。但此类知识分子傣文的修养程度不甚高，只能看一些普通来往应用的文字，写一些简单的字条。程度较好的能记账算账，能应付来往文书。

2.缅寺中佛爷教育培养出来的知识分子：有些家庭无人识傣文而又愿意学傣文者，每晚到缅寺中，请佛爷负责教授。到缅寺学习的绝大部分是成年人，在缅寺里学出来的知识分子，一般傣文修养的程度也不算高，但对傣文经典较为熟悉。此种知识分子在傣族农村中占有相当大的数量。

3.佛爷还俗的知识分子：一部分和尚，自幼送入缅寺，待其长大成人，有的不愿过佛爷的生活而还俗。这类知识分子，傣文修养程度很高，特别是对傣文经书十分熟悉，为傣族农村中的高级知识分子，能做祭文、赞颂及"做摆"或做"扎戛"时的各种纪念文章。

四、傣族知识分子的出路

傣族农村的知识分子，除佛爷专门从事宗教职业外，其他的知识分子根据其傣文修养的程度，有如下几种出路：

1.做"布庄"。傣文程度较高、对佛教经典较为熟悉的知识分子，到了年老不能从事劳动生产的时候，便可到庄房做"布庄"。每年进注之后，布庄领导已进缅寺拜佛的人诵读经书，有些地区群众每年给予一定的报酬。

2.做"先生"。傣文程度较高、能写能算者，可以做本寨的"先生"，帮助头人办理有关本寨事务及司署来往的文书。寨子里的各种账务必须"先生"负责登记和清理，可以说是头人的秘书，如司署的官租、杂派或全寨的各种摊派等，都由他负责，但不得头人的许可，任何事情都不能做主。"先生"的待遇甚高，每年寨子里给薪金谷子100箩，最低50箩，但能做上"先生"的人极少，每寨只有1人。

3.缮写经书及写作各种文章。若傣文程度很高、傣文书写熟练美观者，可替别人缮写经书。傣族农村做"扎戛"或做"坦木"，抑或家庭间老人死去都要向庄房送经书1部，每年需要写经书者很多，每写1页价值1个半开，按页数计，给以工资，页数较多的经书，可得到缮写费半开50余个。农村中能写经书者为数不多，每寨仅一二人而已。若能做各种纪念文章和祭文的，每年的收入相当可观。做一篇纪念文章或祭文，最低限度可以得到70个半开。但这种知识分子为数很少，须具有很好的傣文修养水平，精通经典、熟知典故，因为像这一类的文章都与佛教经典有关，只有做过一段时间的和尚又还俗的才能写作。

4.做傣文教师。较富有的人家，数家共请教师1人教授孩子傣文。其薪金不等，如果傣文修养较高，并且教学有方，则待遇较高，每个学生每年给谷子10箩；若傣文修养较差，则待遇较低，每个学生给1箩至3箩不等。各寨请教师专门教授的很少。

五、傣族学习傣文的教材

傣族学习傣文的主要教材是经典，一开始学便读佛经，每夜诵读不休。其次是一些翻译剧本和小说，这种书籍多半是一些神奇古怪的故事，吸引力强，为一般人所喜爱，小说和剧本已成为一般读者的辅助读物。其他如民歌及一些民间传说的记载为广大群众所喜爱，互相借阅，有的背诵如流。

六、知识分子在群众中的地位和作用

傣族中高级的知识分子在农村中的地位较高，每遇节日或者"做摆"等都必须他们参加讲经和写各种文章，群众有较大的事（如做"扒戛"）也必须请他们参加，待若上宾。若村寨中遇有较大的节日，还要派专人前往迎接，参加节日活动，替寨子做各种有关的纪念文章。至于一般知识分子在群众中没有什么特殊的地位。

傣族农村中的知识分子，目前在我们工作中所起的作用据了解有下列数点：

1.傣族农村知识分子对我政策接受较快，也较完整。如在宣传15项生产政策时，芒牙寨的居民小组中，很多知识分子经过政策的学习后能较完整地体会和接受。

2.较高级的知识分子，开会时能记录，对我宣传政策方面能起到一定的作用。如芒捧寨的畹政府委员金莫瓦，每当开会时均用傣文记录会议内容，回去后能把会议精神较为生动系统地传达给群众，群众易于接受和了解。

3.知识分子在傣族农村中非常熟悉寨子各方面的情况，寨子里许多事情都曾经过他们之手，各方面的底细都清楚，对我们了解该族情况帮助甚大。

总的说来，傣族农村中的知识分子较多，群众喜欢学习傣文，而且易于学习。可惜知识分子的知识来源仅限于经书和翻译小说，对目前的新事物，由于书籍的限制，接触较少。今后必须在这方面加以研究解决。

李春泰、罗大云　调查

罗大云　整理

《边疆工作通报》第 7 期

（德宏傣族区社会经济调查专辑之二）

中共云南省委边疆工作委员会编印

1954年6月15日

《边疆工作通报》第 7 期

这里刊印的遮放遮冒及瑞丽两个寨子的调查，大体可归在第一种地区（见本《通报》第2期《德宏傣族5个典型调查综合情况》[①]）。但土地占有程度一般较飞海寨、曼胆寨为集中，富农经济已有相当发展，农村中出现了大批无产及半无产阶层。遮冒寨富农占户口10%，占有土地25.4%；中农占户口34.23%，占有土地47.8%；贫、雇农占户口46.8%，仅占有土地7.5%。瑞丽两个寨子的富农占户口7.4%，占有土地13%；中农占户口51.8%，占有土地74.4%；贫、雇农占户口35.2%，仅占有土地2.3%；租佃、债利关系日趋复杂，并已出现短期土地抵押。

省委边委办公室

1954年6月15日

目录

---

① 见本书第 114 页。——编者

② 本标题与正文标题并不一致。原文如此。——编者

潞西县遮放区遮冒寨初步调查

遮冒全寨79户428人，是遮放区最大的傣族聚居寨（杂居汉族1户7人）。其土地性质与飞海寨情况基本类似（见《边疆工作通报》第2期《德宏傣族区5个典型调查综合情况》《潞西县遮放区飞海寨初步调查》）。但土地占有较为集中，失地农民较多，出现了一批贫、雇农，租佃关系也较复杂。兹分别说明如次：

一、土地情况

（一）土地占有有以下4种形式

1. 领田：是一般农民所占有的田地，须向领主交纳官租。全寨共272.9箩种，占全寨土地面积71.3%。

2. 开荒田：是解放前后农民新开垦的田地，目前不交纳官租，全寨25.5箩种，占全寨土地面积6.6%。

3. 薪俸田：是土司给予在职老畹、老倖及土司兵作为薪俸的田地，不出负担。全寨共82.6箩种，占全寨土地面积21.49%。目前薪俸田的占有及使用情况如下表：

面积单位：箩种（每箩种约合4亩）

职别	姓名	成分	家庭人口	薪俸田占有		薪俸田使用情况			
				面积	%	出租		自耕	
						面积	%	面积	%
老畹	方老畹	地主	7	36.2	43.8	35.2	59.5	1	4.8
老倖	方老倖	富农	9	9.6	11.7			9.6	41
土司兵	黑相弄	富农	6	12.8	15.5			12.8	54.7
土司兵	荒混	小土地出租	5	12.8	15.5	12.3	21.8		
土司兵	莫算衣过		9	11.2	13.5	11.2	18.9		
合计			36	82.6	100	59.2	100	23.4	100
各项占全寨总数的%			8.4	21.49		58.3		8.2	

4. 公田：原为本寨先生（即文书）的薪俸田，后先生取消，该项田即收归寨公有，共3.2箩种，占全寨土地面积0.61%。现出租给农民耕种，地租为老倖所掌握。

（二）各阶层土地占有情况

本寨阶级分化及各阶层土地占有情况如表：

面积单位：箩种

阶层	户口		人口		水田占有		
	户数	%	人数	%	面积	%	每人平均占有
合计	79	100	428	100	384.2	100	0.89
地主（老皖）	1	1.26	7	1.63	36.2	9.42	5.17
富农	7	8.86	50	11.68	97.6	25.4	1.95
富裕中农	5	6.33	39	9.34	43.2	13.84	1.1
中农	22	27.9	136	31.7	132.8	34	0.98
小土地出租者	6	7.63	26	6	42.4	10.9	1.6
贫农	10	12.65	58	13.55	28.8	7.49	0.49
雇农	17	21.5	78	18.2			
贫民	4	5.07	14	3.2			
小商人	1	1.26	7	1.63			
（寡妇）	6	7.63	13	3.1			
公田					3.2	0.83	

从上表看出：全寨每人平均占有耕地0.89箩种。各阶层占有情况如下：

1. 全寨有地主1户7人，每人平均占有土地5.17箩种，为全寨每人平均占有数的5.8倍。

地主为本寨老皖，其全部土地系凭借政治特权霸占而来。97.2%的土地出租，每年剥削地租约1264箩；出租水牛3头，每年剥削牛租约127.5箩，共剥削地租、牛租1391.5箩（每箩合20市斤，共折合27830市斤）。

2. 富农7户50人，每人平均占有土地1.95箩种，为全寨每人平均占有数的2.2倍，为贫农的4倍。

富农土地的来源，可以分为3方面：

（1）领田：这类土地所占数量较大，共52箩种，占本阶层土地面积53.2%。

（2）开荒田：共39.2箩种，占本阶层土地面积40%。

（3）通过高利贷盘剥兼并的田地：共6.4箩种，占本阶层土地面积6.8%。

上述3种土地，包括不出官租的土地33.6箩种，占本阶层土地面积34.4%；须出官租的土地64箩种，占本阶层土地面积65.6%。

富农剥削情况，如表：

姓名		合计	莫算衣过 （土司兵）	帕戛摸	冒算 排六	三吞	黑相弄 （土司兵）	帕戛满	方老倖 （头人）
地租 剥削	出租面积	11.2	11.2						628
	地租收入	1070	442						
债利剥削收入		168	115.5		30			22.5	
雇佣 剥削	长工	5个	2个	牧童1个		牧童1个		牧童1个	
	月工	19个	4个			4个	5个	4个	2个
	零工	908个	66个	148	241个	70个	193个	107个	83个
牛租 剥削	出租头数	5		2				3	
	牛租收入	223.5		96				127.5	

注：
（1）各项收入单位：箩（每箩合 20 市斤）。
（2）方老倖地租剥削收入，系指贪污官租数。

从上表可以计算出，富农总的剥削量共谷子4404.2箩（每个长工每年剥削量为170箩），折合88084斤，占富农收入的53.4%。其中，雇佣剥削分量占全部剥削量的66.8%、地租剥削占24.4%、债利剥削占3.8%、牛租剥削占5%，所以雇佣剥削是富农的主要剥削手段。

3. 中农12户175人（包括富裕中农），占全寨户口34.23%，占人口41.04%，占有土地面积47.84%。

4. 贫农10户58人，占全寨户口12.65%，占人口13.55%，占土地面积7.49%。每人平均占有0.46箩种，约为全寨每人平均占有的0.5倍。

（三）本寨土地问题上的特点

根据以上情况，可以看出本寨土地问题的特点是：

1. 土地较为集中。占全寨34.82%的土地集中于仅占全寨户口10.12%、人口13.31%的地主、富农手中，而占全寨人口47.88%、占户口54.4%的贫、雇农以及其他无田地阶层，则只占有全寨土地面积的7.49%。

2. 丧失土地农民多。全寨有无田户38户（包括佃中农5户、佃贫农5户）167人，占全寨户口48.1%，占总人口39%。丧失土地原因如表：

失地原因	户数	缴不起官租，土地被领主夺回	社会不安定和逃避土司压迫剥削迁居而丧失土地	缺乏劳动力，土地自行放弃或被夺占	习惯上分家不分田	祖遗无田（原因不明）	逃婚	合计
户数	38	9	9	3	7	9	1	38
占无田户总数%	100	23.69	23.69	7.9	18.4	23.69	2.63	100

由上表所示，可以看出将近一半的无田户是因为受封建土司残酷的统治和剥夺的结果而致丧失土地的。由于很多农民经不起剥削的痛苦，“不得不投归某一封建主，请其‘保护’”。但是，当逃难的农民投归这里时，土地基本上已为先来者占有。原来居住在这里的农民，则由于不能满足领主的贪欲，也被领主夺去土地。如寡妇牙好哏，原有田11.2箩种，每年纳官租245箩，1950年拖欠官租50文（缅币单位），老皖（领主代理人）即将其田夺去。隔年仍屡次来催讨旧欠，逼其拍卖去很多家具零杂以赔偿旧欠。

此外，由于陇川江和芒市河经常泛滥成灾，许多良田瞬即变成一片沙坝，缺乏生产、生活资料的农民只好任其荒芜，而富农即乘机揽进土地，形成土地的渐趋集中。

3. 农民对土地使用权不固定，一块土地往往数家易种。如贫农曼温，13年前有田5箩种，产量约400箩，负担官租50箩谷子又卢比30文，卖时谷价每箩是0.25文，故共负担官租170箩谷子，占产量42.5%，经不起苛重的剥削，乃“自动”丢弃。后由农民冒口承耕，仅3年时间，也因同样原因，又转为农民弄哏耕种。由于土地使用权的不固定，影响农民对土地的加工。

二、租佃关系

由于农村中出现了新兴的地主阶级，主要靠出租土地剥削地租过活，同时，农民内部因缺乏劳动力而出租土地者也不少（当然后者的出租和前者有本质的不同），故租佃关系随着而比较突出。全寨出租土地101.6箩种，占全寨土地面积26.4%；出租户10户，占全寨户口12.65%；全寨佃耕土地121.6箩种，占全寨水田耕种面积30%；佃户20户，占全寨户口25.3%。

（一）各阶层租佃情况

阶层	租佃土地情况							
	租出				租入			
	面积	%	地租收入	占主粮收入%	面积	%	地租付出	占主粮收入%
合计	101.6	100	3436	66.8	121.6	100	4004	35.4
地主	35.2	34.6	1246	93.3				
富农	11.2	11.02	442	33	4	3.2	56	3.7
富裕中农					24	19.7	772	21.5
小土地出租者	42.4	41.7	1326	100				
中农	9.6	9.54	384	34.3	70.4	57.8	2400	47.3
贫农					23.2	19.3	776	66.9
（公田）	3.2	3.18	20					

注：租出租入相抵，租入超过数，系外寨租出的。

从上表可以看出，农村中出租土地阶层主要是地主及缺乏劳动力的小土地出租者，其出租面积占全寨出租面积的76.3%；佃耕者主要是中农及富裕中农，佃耕面积占全寨佃耕面积的77.5%。

（二）地租形式及地租剥削程度

地租形式有两种：

1. 定租：全寨20户佃户中，采用定租形式的有11户，占55%。定租的租率最高为46.6%、最低为7.8%，一般是在40%至50%之间。

2. 活租：平分租。这种平分租，并不是一般的按产量主佃对分，而是从总产量中先提出牛租额若干归佃户后，才主佃对分。至于提出多少，由主佃双方在发生租佃关系时讲明，一般是以每头牛48箩计算，佃多提多，佃少提少。一般租率也在40%至50%之间，没有高到50%的。

按照上述，定租、活租的租率仍是重的，根据全寨20项租佃中，其租率是这样的：

租率（%）	项数
7.8	1
20	1
42	1
42.5	1
42.85	1
43.3	1
43.75	3
44	1
45	4
45.45	1
46	1
46.6	3
47	1
平均租率 42.76	合计 20项

根据各阶层租、佃情况表，可看出地租剥削占贫农主粮收入的66.9%；其次是中农，占主粮收入47.3%；最轻是富农，只占3.7%而已。

（三）租佃土地年期对照

如表：

户数	出租土地年期
1	10多年
1	5年
1	4年
1	3年
1	2年
6	1年

户数	佃耕土地年期
3	3年
2	2年
15	1年

从上表可以看出，全寨发生租佃关系不过是10多年的事情。至于一般农民出租土地，只是近几年的事情，而且出租年期短促，多数属于临时租佃。农民佃耕土地仅1年的，即占3/4，说明佃权没有得到保障，转佃极为频繁，严重影响生产。

总之，租佃面广，地租剥削重，租期短促，转佃频繁，是全寨租佃关系的特点。

三、领主的剥削

（一）官租剥削

最初的官租是每百箩缴44箩，日军进占期间减为30箩，国民党重返统治又提高至35箩。解放后1951年减为28箩，比最初减轻16%，比临解放时减轻7%。

农民交不出官租，土司即夺佃或宰杀猪、鸡抵偿官租旧欠。由于交换和货币的发展，所以往往又用货币交纳官租的全部或一部分，农民被迫只得将谷子挑至远离寨子60华里的街子出卖，因而落在商人资本的铁爪之下。为了交纳官租，不得不以低廉的价格出卖自己的生产物。

今年因稻田不遭水灾，普遍增产，故官租率相对降低。如中农瑞庄种8箩种，负官租130箩，产量400箩，租率32.5%；今年产量720箩，租率降低为18%。土司即令司兵当场衡量农民实收产量，然后按28%标准征收。

各阶层负担官租情况：

全寨占有土地者41户，其中除老皖、老倖、属官、土司兵（2户）及新开荒者4户、无收成者1户，共10户不交官租外，实交官租户数为31户，占全寨户数39.2%，占有田户75.7%。共交纳官租总额3444.7箩，占全寨总产量11.6%，占负担户总产量15.6%。但老倖实交司署总数仅2816.8箩，被从中贪污627.9箩。目前各阶层负担官租情况如下表：

各阶层负担官租表

阶层	原户数	负担户数	负担户土地占有			官租	
			面积	占本阶层总数%	产量	箩	占产量%
合计	50	31	278.3	72.4	22192	3444.7	15.5
富农	7	5	75.2	77	6256	702	11.1
富裕中农	5	4	38.4	88.8	3280	643.7	19.6
小土地出租者	6	3	22.3	52.6	1792	274	15.2
中农	22	17	132.8	100	10192	1747	17.1
贫农	10	2	9.6	33.3	672	78	11.6

从上表可以看出，富裕中农及中农负担官租的土地面积最广，占各阶层土地总面积的88.8%及100%，富农的官租最轻。

各阶层不负担官租表

面积单位：箩种；产量单位：箩

阶层	原户数	不负担户数		不负担户土地占有		备注
		面积	%	面积	产量	
合计	79	48		105.9	7402	
占全寨%		60.8		27.5	25	
地主	1	1	100	36.2	2890	老朊
富农	7	2	28.5	22.4	1600	老倖、土司兵
富裕中农	5	1	20	4.8	320	新开荒
小土地出租者	6	3	50	20.1	1136	属官、司兵
中农	22	5	22.7			全佃户
贫农	10	8	80	192	1200	新开荒、全佃户
雇农	17	17	100			无田
小商人	1	1	100			无田
（寡妇）	6	6	100			无田
贫民	4	4	100			无田
（公田）				3.2	256	公田

（二）各种苛杂剥削

土司除了向农民征收官租外，还有名目繁多的苛捐杂派。解放前的各种苛捐杂派与飞海寨情况略同，这里所列的是解放后仍未废除的几种，计有：

1.门户捐：起初是征收猪肉，每月每户20两，以后改为每户每年出卢比10文，解放后减为5文（合人民币4万元）。目前全寨负担门户捐的共69户，共负担合人民币2760000元。

2.土司祭祖费：土司每年祭祖宗1次，费用向老百姓摊派，每户出缅币1钱（合人民币2000元），全寨共负担142000元。

3.招待款：每逢土司或其属官下乡，住宿、吃喝费用概由老百姓负担，每户派卢比1文（合人民币8000元），全寨共负担568000元。

4.其他社会负担：如布捧费，每户负担谷子2箩，先生费、布庄费、祭鬼费每户各负担谷子1箩，全寨共负担351箩。

各阶层杂派负担情况如下表：

单位：箩

阶层	合计	占产量%	土司杂派	社会负担
富农	36.6	0.46	16.6	20
富裕中农	45.75	1.27	20.75	25
小土地出租者	36.6	1.25	16.6	20
中农	201.3	1.97	91.3	110
贫农	88.5	4.7	41.5	47
雇农	155.53		87.53	68
贫民	26.45		12.45	14
（寡妇）	48.34		24.34	24
合计	639.07		311.07	328

四、高利贷

本寨高利贷有两种。

（一）货币借贷

主要是贷卢比，利息交谷子。这种借贷形式目前并不多，全寨只有6户借贷，年利息60%至75%。

（二）实物借贷

这是最普遍的借贷形式，占农民借贷的86.3%。农民因受剥削，口粮缺乏，故于青黄不接之际，不得不向高利贷者借口粮，贷放者多为富农。利率一种是50%，一种是100%。贫、雇农民占全寨借债户54.6%。各阶层借贷情况如下表：

阶层	总户数	贷出情况		借入情况	
		贷出户数占本阶层户数%	占放债户数%	借入户数占本阶层户数%	占欠债户数%
合计	79	24.7	100	27.16	100
地主	1	100	5		
富农	7	71.4	25		
富裕中农	5	60	15		
中农	22	13.6	20	36.3	36.3
小土地出租者	6	33.3	10	33.3	9.13
贫农	10			80	36.3
雇农	17	5.8	5	23.5	18.26
贫民	4	50	10		
小商人	1	100	5		
（寡妇）	6	16.6	5		

本寨借贷关系的特殊情况：

1. 这里有左抵教徒19户，其教规规定：教徒不能抽鸦片、喝酒。故生活上不正当的消耗较小，生活较富裕，所以教徒放债也很多。但他们认为放债不能索取利息，否则，将会受到佛的谴责。因此，很多左抵教徒放债都不要利息。例如：富裕中农莫雷亨，今年借出谷子57箩给9户农民，都没有利息。

2. 开始发现债务抵押——本利抵清的形式。负债户无力偿还欠债时，即将土地田面权暂时抵押给债主，期满田地无条件归还原主，债务关系即算清结。如富农莫算衣过于6年前借给曼炳寨软坎亨（土司兵）100文卢比，言定年利60箩谷子，但利息一直未还，故于去年双方商定将田6箩种抵给债主，期限1年，限满本息抵清，田归还原主。

五、雇佣剥削

雇农占农村总人口18.2%，富农雇工剥削收入占其主粮收入的25%左右，占富农全部剥削量的66.8%。

这里的雇工多数是季节工，从开始春耕到栽完秧，约3个至4个月的时间，雇长工的较少。雇工除了从事田间主要劳动外，还要为雇主找柴禾，一天起早摸黑，工作繁重。工资全部以实物支付，工价视劳动力强弱而定。长工的工资一般是100箩谷子左右，衣服2套，鞋子2双，包头巾1条，帽1顶，口袋1个；季节工（3个至4个月）工资60箩至80箩谷子；零工一天工资是8斜谷子（合16市斤）。每个长工被剥削的剩余生产物约170箩谷子（合3400市斤）。

此外，还有一种变相的雇佣剥削形式。傣族青壮年"上门"（入赘）者很多，他们多数是贫、雇农青壮年，招婿入赘者则多属富裕中农以上阶层。本寨有22个青壮年"上门"，其中贫农4人，雇农13人，余为中农。"上门"后名义上虽为女婿，实际上是当雇工，在家庭中地位卑下，不得继承财产，因此只要夫妻感情不和，即被驱出。

综合以上地租、官租及其他苛杂剥削3项对农民剥削的程度如下表：

单位：箩

阶层	负担数目	占各阶层产量%
合计	8087.77	
占全寨产量	27.3	
富农	794.6	10.1
富裕中农	1461.45	40.6
小土地出租者	310.6	10.4
中农	4348.3	42.6
贫农	942.5	50.3
雇农	155.53	
贫民	26.45	
（寡妇）	48.34	

从上表可以看出，各阶层负担中，富农、小土地出租者最轻，中农较重，贫农最重。

方国良、起正荣、黄坚实、陈琪　调查

陈琪　整理

瑞丽县两个寨子的基本情况

（本材料系根据喊沙寨、芒沙寨两寨材料初步整理而成）

瑞丽县原名勐卯坝，傣族约占全县人口的70%，山区还居住着景颇、崩龙、阿昌、汉族等。由于与缅地仅一江之隔，各民族在经济生活及社会关系与缅甸都有着密切的联系。根据海关去年调查材料，全县大小14个街子，每年外货销售数字约83亿元之多（包括各种消耗品和奢侈品），仅几项主要的生活必需品纱、布、海盐、煤油等，全县每年需要总值约在40亿元至50亿元之间。农村中较富裕的农民平均每人每年需购外货30万元，一般农民平均每人每年需购外货11万元。

这里的社会经济制度，和其他傣族地区基本上是相同的。土地所有权属于土司，农民只有占有和使用权。多数地区还保持着某些农村公社的残余，农民离开寨子，须将土地交还寨子，分给其他农民耕种，不能出卖。因此，离开了寨子，就丧失了土地。其社会经济发展面貌与潞西遮放及陇川傣族基本类似，而债务和土地抵押关系则较该两地区为发达。现根据喊沙、芒沙两寨的初步调查，分别说明如次：

一、阶级分化及土地占有情况

根据芒沙寨调查，土地性质有两种：

（一）领田

即农民须向土司交纳官租的耕地，共160箩种，占全寨土地面积的88.4%。农民对这份土地不得出卖典当，但因欠债，可以短期当出抵息。

（二）薪俸田

系土司留给各村寨在职头人作薪俸的土地。若村寨中没有头人，则出租给农民耕种，司署直接收取地租。全寨共21箩种，占全寨土地面积的11.6%。

两个寨子阶级分化及土地占有情况：

1. 喊沙寨阶级分化及土地占有，如表：

阶层	户口		人口		土地占有（箩种）		平均占有（箩种）	
	户数	%	人数	%	面积	%	每户	每人
地主	2	2.9	15	4.7	25	7	12.5	1.7
富农	1	1.5	10	3.1	14	3.9	14	1.4
小土地出租者	2	2.9	6	1.9	13	3.6	6.5	2.2
富裕中农	9	13	59	18.4	74.5	21	8.2	1.3
中农	31	44.9	150	46.9	216.5	60.9	6.9	1.4
贫农	8	11.6	34	10.6	12	3.4	1.5	0.4
雇农	11	15.9	35	10.9				
其他	5	7.2	11	3.5				
合计	69	100	320	100	355	100	5.1	1.1

注：

（1）其他阶层包括丧失劳动力的鳏寡赤贫户。

（2）面积单位：箩种（每箩种约合4亩）。

（3）中农中包括佃中农8户，贫农中包括佃贫农3户。

（4）地主两户，其中一户为上层（副听头）占有土地20箩种，不出官租，出租土地已14年；另一户占有土地5箩种，全部出租，租额收入尚须交官租，又出租耕牛1头，有黄牛100多头，雇工饲养，放债谷约1000箩。地主土地来源缺乏材料。

2.芒沙寨阶级分化及土地占有，如表：

阶层	户口		人口		土地占有		平均占有	
	户数	%	人数	%	面积	%	每户	每人
富农	7	18	36	9.1	53	27	7.57	1.47
小土地出租者	2	5.1	9	4.7	15	9.4	7.5	1.6
中农	13	33.3	79	42	92	63.6	7	1.16
佃中农	3	7.7	14	7.5				
佃贫农	6	15.2	27	14.1				
雇农	8	20.7	23	12.3				
合计	39	100	188	100	160	100	4.1	0.88

从上列两表，可看出两寨共同之点：各阶层占有土地悬殊并不太大，基本上是中农经济占优势；但农村中丧失土地的无产及半无产阶层占有很大比重，这是两寨农村阶级分化的特点。两寨平均每户占有土地4.7箩种，每人占有1.01箩种。占总户口9.2%、占人口12%的地主、富农，占有土地17.8%，平均每户占有9.2箩种，每人占有1.5箩种。占总户口51.8%、占人口59.4%的中农（包括富裕中农、佃中农），占有的土地占74.3%，平均每户占有6.8箩种，每人占有1.3箩种。再从雇农、佃贫农、佃中农这3个无田地阶层看，则两寨丧失土地的农民即占总户口40.7%，加上贫农则占47.4%。因此，无产及半无产阶层占农村中户口的将近一半，土地集中于中农以上阶层。

二、各阶层牲畜占有情况

阶层	水牛占有					租借情况	
	小计	%	可耕	不能耕	每户平均占有	租出	租入
地主	6	3.6	5	1	3		
富农	19	11.2	14	5	2.4	5	2
富裕中农	47	27.7	35	12	5.2	11	4
中农	83	48.2	55	28	1.8	4	34
小土地出租者	2	1.2	2		0.5		3
贫农	9	5.3	7	2	0.3		8
雇农	4	2.5	3	1		1	1
其他							
合计	170	100	121	49	1.5	21	52

注：表中小土地出租者、雇农租入耕牛，系向人家租田种小春或种园地时用的。

从表中看出，平均每户占有1.5头水牛，但各阶层占有很不平衡，富裕中农、地主、富农占有最多，平均每户占有3.8头，为贫农的6.3倍，为中农的2.1倍，因此，出租耕牛最多的是富农及富裕中农。中农占有耕牛是不足的，平均每户尚需租入耕牛0.7头。贫农占有耕牛最少，约两户共有1头，故平均每户需租入耕牛约0.6头。畜力占有的集中是牛租剥削的基础。

三、租佃关系

根据初步了解，农村中出租土地者，主要是地主、小土地出租者及富农，其出租面积占总出租面积的82.6%；佃耕土地者主要是佃中、贫农，其佃耕面积占总佃耕面积约90%，因为丧失土地的农民很多，故不得不在最苛刻的条件下向地主与富农租地。

（一）地租形式及租率
地租形式分定租制和活租制两种。

定租制一般租额在50%至60%之间，也有个别高达75%，或低至40%的。

活租制租率一般是50%，但这种租制很少，仅个别发生于亲戚之间的租佃上。

地租的剥削是极为苛重的，据喊沙寨9户佃户调查，共佃耕土地51箩种，产量2670箩，租额共1295箩，占产量的48.5%。中、贫农因缺乏土地，必须向地主、富农租入土地，但每年必须将其约1/2的收获物交付地租，全家处于半饥饿的贫困状态。说明"实物地租较之劳役地租，为农奴的分化提供了更大的可能"（奥斯特罗维强诺夫：《地租与资本主义在农业中的发展》，三联书店版，第2页）。

四、高利贷

这里的高利贷剥削形式有下列几种：

（一）货币借贷
多数系借缅币，但偿付利息又有不同，可分3种：

1.借货币还货币，月利最高每百元30元、最低15元。

2.借货币，本还货币、息付实物（谷子），如农民恩丁借卢比100元，年利谷子60箩。

3.借货币还工，因无钱偿还，而以劳役抵偿。

（二）实物借贷
借谷子还谷子，年利一般100%。

（三）借鸦片还谷子

多是山区汉族借出，借入每亢（4两）秋后还谷子10箩。

（四）买卖青苗

贫苦农民于青黄不接、口粮缺乏时，以低于市价约1倍的价格卖出青苗。喊沙寨贫苦农民出卖青苗的有5户，共出卖135箩，买青苗者多系富裕中农以上阶层。

（五）土地抵押

芒沙寨农民芒卯于1951年向富农瑞庄借谷子54箩，年利100%，至1953年共结欠本利120箩，无法偿还，只得将3箩种田（产量240箩）抵给债主。

根据喊沙寨调查，各阶层债务情况如表：

单位：箩

阶层	原户口	借出				借入			
		户口	%	数量	%	户口	%	数量	%
地主	2	2	25	1052.5	80.2				
富农	1	1	12.5	60	4.5				
富裕中农	9	5	62.5	200	15.3				
中农	31					20	64.5	976	75.8
贫农	8					6	19.4	223	17.3
雇农	11					5	16.1	90	6.9
合计	62	8	100	1312.5	100	31	100	1289	100

从上表看出，地主放债最多，其放债额占总放债额80.2%，欠债阶层主要是中、贫农，其欠债额占全寨总欠债额的93.1%。因此，债务关系基本上是地主对中、贫农的剥削关系。这种借贷关系还涉及民族之间的关系（与山区汉族、景颇族之间的借贷关系），以及内外关系（与缅甸傣族之间的借贷关系）。

五、领主的剥削

约18年前（即衍景泰未袭土司位以前），这里没有所谓官租、门户钱等负担。当时土司向人民索取贡税的方式是派款，每畎以"查兰"（100盾卢比）为单位，村寨以"芒"（50盾卢比）、"命"（25盾卢比）和"孟"（12盾卢比）为单位进行摊派，当时每户每年约需派款最高为100盾卢比，一般为50盾卢比，最低为24盾卢比。当时，每10箩谷价为卢比5盾至6盾，最低为3盾。因此，每户每年一般需负担谷子100箩。另外，还有各种苛捐杂派，负担繁重，逼得农民无以为生，大批逃亡。如喊沙寨当时有50户，逃亡在外寨或缅甸的就有30多户。芒赛寨30余户，因大批逃往缅甸而只剩7户。

目前土司征收官租，每笋种田收10笋谷子；门户钱有田户出5盾，无田户减半；还有管爷租每户2笋。其他临时杂派以及无偿劳役，如盖房子、修仓库、"摆场"……名目繁多。如1953年初，土司盖房子，强派农民木料、草片、竹子……规定按时送到，按时完工。

根据喊沙寨调查，全寨各阶层共负担官租1886.5笋，占全寨负担官租阶层产量的10.1%；全寨负担门户捐262.5盾卢比，折合谷子87.5笋，占全寨产量0.5%。

六、宗教负担

傣族人民信奉佛教，每年消耗在宗教上的用费数目很大，这里举两户为例：

1. 帕戛混，地主成分，全家7人，有田20笋种，每年收入谷子940笋，总开支397笋，其每年宗教开支如表：

项目	合计	宗教节日支出					庄房负担	其他
		进出洼	烧白柴	泼水节	尚干	送丙		
卢比	293	12	3	15	18	10	186	49
折人民币	1758000	72000	18000	90000	108000	60000	1116000	294000

上表开支数字折合谷子94笋，占总支出23.8%。

2. 曼相，中农成分，全家11人，每年收入谷子790笋，总开支723笋，其每年宗教开支如下表：

项目	合计	宗教节日支出				别人做摆送礼	念经拜佛（日常）	庄房负担	其他
		进出洼	烧白柴	泼水节	送丙				
卢比	224	12.5	2	10	5.5	94	30	60	10
折人民币	1345000	75000	13000	60000	33000	564000	180000	360000	60000

上表开支数字折合谷子75笋，占总支出10.3%。

七、缺粮情况

根据喊沙寨调查，全寨每年水稻总产量17500笋，平均每人有54.6笋，足供口粮之需而有余。但在封建领主制度的残酷剥削下，领主不仅夺去了农民的全部剩余生产物，而且还榨取去相当部分的必要生产物，以致农民生活日趋贫困。从下表可以看出缺粮户的情况：

缺粮月数	1月至3月		3月至5月		5月至7月		7月至全年		合计	占本阶层户口%
	缺粮户	占本阶层户口%	缺粮户	占本阶层户口%	缺粮户	占本阶层户口%	缺粮户	占本阶层户口%		
中农	2	6.5	2	6.5	1	3.2			5	16.2
贫农	3	37.5	1	12.5			2	25%	6	75
雇农	4	36.3	1	9			2	18%	7	63.3
其他			1	20					1	20
合计	9	13	5	7.2	1	1.4	4	6.2	19	27.5

注：

1. 缺粮户数和月数，概以实际收支数字计算得出。

2. 每年一人口粮以平均 25 箩计算。

从上表看出，农村中占27.5%的户口缺乏口粮，贫农缺粮户口占3/4，雇农缺粮户口占2/3，他们是处在半饥半饱的状态中。

瑞丽工委临时调研组、喊沙寨工作组、芒沙寨工作组、王叔武、李派臣　调查

陈琪　整理

附一：潞西县傣族宗教情况初步调查

佛教是傣族的宗教信仰，在傣族人民中具有极为广泛深厚的群众基础。与信仰佛教的同时，还有鬼的迷信（在信仰"歹勒"佛教支派的村寨中，每寨均设有鬼房，"多列""左抵"两个佛教支派则不信鬼）。现将其概况分述如下：

一、佛教的来源及演变

潞西县傣族地区的佛教，据佛教经典的记载及传说，一支从印度传至缅甸，再传入我国边境傣族地区；另一支由缅甸传入暹罗，再由暹罗传入我国边境，傣族称此派为"勇"。

据说，远在400多年之前，有印度高僧9人，由其中名叫阿拉汉木者率领，至缅甸讲经，其中2人在缅甸停留不久即到我国边境傣族地区传教，1人至盈江，1人来芒市。至芒市者名叫汉达，其所讲的经书教义即现在佛教中的"多列"教。后来经过逐渐演变，从"多列"教中分离出一派叫作"歹勒"，"歹勒"教中又有自暹罗传入的一派叫作"勇"。

"多列"教传入100多年后，"左抵"教又由缅甸传入。根据"左抵"教佛典《帕拉

马抵戛》的记载，"左抵"佛名叫过达马，生于孟戛比拉哇地方，幼时家庭很富。后来，因见人类有生、老、病、死等患难，因而入山修行，修36年成佛，出山传道，行走时足离地尺许，村人见状奇异，迎入家中，过达马当即念诵佛经，村人记录其言语，成为现在的"左抵"佛经。过达马活了80岁即死，他的徒弟到各地传教，便由缅甸传入我国边境，至今300多年。目前潞西县傣族地区的佛教中，已形成"多列""左抵""歹勒"3个教派，其中以"歹勒"教的势力最大，教徒最多。

二、佛教的经典及教义

（一）佛教的经典
［见《通报》第6期《潞西县那目寨傣族知识分子（傣文）情况》"傣文书籍分类"，此处从略。］

（二）傣族佛教的教义
佛教认为宇宙间有3个世界，即西方极乐世界、人间（红尘）、地狱（阴间）。凡是看破红尘、周围一切环境不能动摇其心者，死后才能被佛引入西方极乐世界，与善人相处（佛教所谓的"善人"，即诚心信奉佛教的人），过极其幸福美满的生活。如果不信奉佛教，或信奉不诚心者，便是佛教中所谓的"罪人"，死后必入地狱，领受应得的苦役及刑罚。其他若以慈悲为本，乐善好施，虽不能做到"明心"、"见性"、超脱"红尘"（现实世界），死后也能至太虚幻境，过太平无事的生活。

"左抵"教认为人的最高寿命是1亿年，最低的寿命是10年，人的寿命减低至10年的时候，佛便要把所有的经书及和尚都收回去，这时人类陷于无知无识的状态中，像野兽一样互相残杀，好人都不住坝子，纷纷走入山中，接着洪水泛滥，把坝子里互相残杀的人完全淹死。至洪水退后，逃往山中的人又复进入坝子，从此人的寿命又逐渐增加到1亿年。以后又慢慢地降低到10年，又发生战乱和洪水，这样不断地循环下去。"左抵"教就是这种循环论的衷心信奉者。

由于佛教这种教义的影响，傣族群众一般认为只有在生前积功积德，遵守佛教戒条，诚心诚意拜佛以修来世。年在40岁以上的老人便正式进庄（庙房）拜佛，在佛前受戒，成为正式信徒。傣族在生活用费上很节省，但在宗教用费上则很慷慨，有的甚至尽其所有以供佛。

三、佛教中的规戒

傣族佛教中要求教徒对人处世的基本道理有下列几点：
爱：佛经中称为"妈达"，主张人与人之间须发挥友爱，避免吵闹争夺。若人们都能遵守，便是天下太平，四海无事。

怜悯：佛经中称为"格鲁纳"。只有人类都具有怜悯别人之心，才能发挥高度的爱和体现慈悲的心理。

希望别人幸福：佛经中称为"木底达"。别人幸福不应忌妒，自己不幸乃前生未积阴德。

不欺人、不献媚：佛经中称为"维比哈"。不如自己者不应欺侮，强于自己者不要献媚。

除这些道理之外，对教徒还有若干教律，每个教徒应严格遵守：

（一）三皈

（1）皈佛：信徒思想上对佛应该坚定不移地信奉，不能有丝毫动摇，如果对佛教稍有怀疑，便是不忠实者，就不能到西方极乐世界。

（2）皈法：信徒必须服从佛的法规，遵守一切戒律，若违犯教规便是罪大恶极，终身不赦。

（3）皈身：不但在思想上与教义一致，在行动上严格遵守教律，还须把身体和生命都献给佛。

（二）五戒

不杀生：佛教中称为"巴乃抵巴达"。此条戒律目前只有"多列"和"左抵"两派遵守。所以在信仰"多列"及"左抵"教的村寨中，均不饲养家畜（如鸡、猪、鹅、鸭等）。一般群众都不杀生，见杀不吃。

不偷不盗：佛经中称为"阿丁纳达拉"。不论是教徒或一般群众都要遵守此条，严格禁止偷盗。

不奸淫妇女：佛经中称为"阿戛米苏米酒杂拉"。此条列为众人遵守，尤其是佛爷及信徒更不能稍有违犯。

"穆萨娃达"：汉语有"要严肃"（不开玩笑，不说谎话）、"要诚恳老实"（不打人，不骂人）、"要光明磊落，容忍让步"（不挑拨离间）等含义。

不吃酒、不抽烟：佛经称为"束拉米里亚马萨巴达他纳"，不论是一般群众或是宗教信徒都要严格遵守。现在只有"左抵"教和"多列"教遵守严格，"歹勒"教的佛爷都抽大烟、喝酒，群众中抽大烟的更多，喝酒则已经成为群众普遍的嗜好。

（三）九戒

除上述的五戒外，再加四戒，总称九戒：

禁欲及按时进餐：若佛爷与妇女发生关系便为教戒所不容，罪大不赦。一般群众及善男信女虽有禁欲规定，但群众已不遵守。另外每天进餐时间亦有规定，如已进庄拜佛者，在进餐时，每天只能进餐1次，其他时间不能吃任何饮食。

不打拳、不跳舞、不击鼓、不吹箫、不弹弦、不看戏、不擦粉、不戴花等规戒。佛教认为以上种种都是世俗之事，信徒应该以清静为本，不为世俗所染，方能成为正果。

只许睡1尺高的床，不许垫棉：信徒应该苦修苦练，在物质享受上也应该以苦为乐，不能贪图享受，方能逐渐超脱红尘。

不做买卖，不用金银：因为金银对人的诱惑性很大，若金银不离手，逐渐会引起贪图荣华富贵的念头，思念人间，不能得救。

（四）"左抵""多列""歹勒"在宗教戒律上的差异

"左抵"教不饲养牲畜（除耕畜外），一般群众不杀生，见杀不吃；不拜外寨的佛爷及佛像；本寨的佛爷死后，派本寨的和尚继承，不能向外寨聘请；一般不信鬼神。

"歹勒"教饲养家畜，一般群众可以杀生；本寨的佛爷死后无人继承的，可到外寨去请，能拜别寨的佛爷及佛像；信鬼，每个"歹勒"教的村寨中都有鬼房。

"多列"教不信鬼神，不养家畜，一般群众不能杀生；能拜外寨的佛爷及佛像；本寨的佛爷死后，无人继承，可到别寨去请。故"多列"教教规介于"歹勒"和"左抵"之间。

四、庄房（庙房）组织及佛爷收入

（一）庄房组织

全芒市共有庄房36处，其组织情况如下：

和尚：完全不从事劳动生产，依靠宗教收入维持生活，是纯粹的宗教职业者，和尚中有如下几级：

夏备：初进庄房，还未成为正式和尚者。

召尚：经过一段时间的学习，能认识教义中的"三饭"，并能诵经书者，从"夏备"升为召尚。全芒市共有召尚58人。

召们：认识经书较多，能遵守佛规，且年在20岁以上者，由召尚升为召们。

召几：精通经书，能严格遵守规戒，热心于宗教事业者，由召们升为召几。召几为一般庄房的最高领导者，全芒市坝共有29人。

御封佛爷：由土司加封，并授权领导全司所辖区内的佛爷，传达土司命令，负责召开筹办和领导全司性的宗教集会，是全司佛教中最高统治者，全芒市坝仅有1人。

布庄：布庄有两类。一类是精通经书，年纪较大，领导进庄拜佛的善男信女念诵佛经者。此类布庄，在群众及教徒中有威信。另一类布庄是做炊事工作侍候佛爷者，此种布庄在群众中没有什么威信。也有汉族因无法维持生活而充当布庄者。全坝共有念经的布庄60人。

（二）庄房佛爷的收入

佛爷有专门的薪水谷，傣语叫作"毫路"，并有其他的收入。现将潞西县那目寨佛爷每年收入情况附表于后：

项目		半开（个）	人民币（元）	谷子（箩）	共计人民币（元）
宗教节日的收入	进洼	3224			12896000
	出洼		250000		250000
	更庭		257200		257200
宗教节日的收入	腊八		257400		257400
	过年		257400		2579400
	烧白柴		50000		50000
	泼水节		50000		50000
毫路				572	6864000
其他			760000		760000
合计		3224	1882000	572	21642000

五、几个主要宗教节日

（一）进洼

每年傣历九月十五日（相当于汉族夏历的五月十五日）起，已进庄拜佛的全体老人，每隔7天，拜佛1次，历时3个月。在这3个月之内，一般已进庄拜佛的人都不参加管理家务。进洼的来历据宗教上的传说是：每年傣历九月，佛到西天去与其母讲经，需时3个月才能重返人间。有一次，正当佛到西天讲经期内，佛徒数千人到乡下去传教，践踏了群众的庄稼，耽误了群众的生产，群众怨声载道，对佛徒不满，佛得知此事后，内心感到不安。此后，每遇佛到西天讲经时，便把所有的佛徒都集中起来，规定在这3个月内不许到任何地方去，只能忏悔，以赎前罪。故现在很多进庄拜佛的老人，在进洼时期，不能远离家庭，或到别家去过夜。

（二）出洼

3个月的进洼时期届满之后，各村寨举行盛大集会，傣语称为"扛朵"（即忏悔的意思）。在那天，所有的男女老幼都到庄房拜佛。传说佛到西天讲经3个月后，重返人间，所以当出洼的时候，各村各寨鸣锣敲鼓，举行盛会，欢迎佛祖。同时须在庄房内向佛忏悔1年来的罪过。故而每年出洼时期，除在本寨拜佛外，并在比较中心的地区或宗教历史较悠久的寺庙旁举行"扛朵"。在此时期，群众穿红着绿，成群结队前往，显得格外热闹。

（三）烧白柴

每年冬尽春来，傣族未婚青年男女同至山间砍白柴，把砍回的白柴架在庄房旁边，用火焚烧，认为烧了白柴之后天气由冷变热。宗教上的传说是：百余年前，有佛祖的弟子生病，正在发冷难耐之际，被一老人看见，感动其怜悯之心，便取柴烧火，供生病的和尚取暖，和尚疾病得愈。此事被佛闻知，认为善举，便定冬尽春来之际为烧白柴节。

（四）过春节

系受汉族的影响，傣族原来没有过春节的习惯，但现在傣族过春节又不与汉族完全相同，已带上了浓厚的宗教色彩。春节的头3天，所有的人（尤其是老年人和未婚青年男女）在本寨拜佛后，并结队到外寨拜佛。向佛敬献各种礼品，意即感谢佛祖保佑，使百姓安居乐业。

（五）泼水节

每年清明节前后为傣族的泼水节。泼水节前夕，一般未婚青年男女同至山中采摘鲜花，做花房。泼水节时，无论男女老少，互相泼水。认为泼过水后，疾病不生，四季平安无恙。据傣族宗教传说：远在佛祖还未成佛之前，人类共居，无人领导管理，时时发生暴乱，不能安居乐业，于是人们共同商议，推选公正贤能者，以管理众人之事，时佛祖为人公正，被推为长者，管理人类。执政后，看到当时人类没有历法，四季不明，耕作不便，于是便根据气候变化，制订历法。订一年之内有13个月，有月大月小，月大30天，月小29天。当时有玉皇大帝座前之太上老君，认为此种历法施行后，可能四季颠倒，应该定为每年12个月，每月30天。两人争论甚久，相持不下，最后以砍头作赌。结果，太上老君所定之历法施行数年后不能适时，太上老君便砍头以应诺言。头砍下后，不能与地相接，着地便会发生火灾，给人民带来极大灾害。最后玉皇命令自己7个女儿，每人轮流抱着人头一天，天上一天，地上恰是一年。每年在移交人头时，可能有血滴到人间，血滴在哪里，哪里便发生灾害，必须用水洗去血迹，以免发生灾害。故每年都要泼水一次，世代相传，直沿袭到现在。从以上传说中可见，宗教上受汉族的影响也很明显。

六、扒戛与坦木

（一）扒戛与坦木的意义

"扒戛"是傣语"扒拉达戛"的简称，"扒拉达戛"即佛门弟子的意思。"扒戛"是傣族人民认为最好的称号，成为傣族人民一生中所祈望达成的理想，有的一生节衣缩食，把钱积蓄起来做一次"扒戛"。认为做了"扒戛"之后，才能正式成为佛祖的徒弟，并得到佛祖承认其为最忠实的信徒。若是"扒戛"及功德做得多，佛祖便认为其已不迷恋于人间的荣华富贵，死后便被佛度入西天。

"坦木"傣语即经书的意思，老年人没有取得"坦木"的称号，便认为耻辱。所以一般没有力量做"扒戛"的，便做一次"坦木"。

（二）"扒戛"与"坦木"的种类及手续

首先必经的第一个步骤便是做"坦木"，做"坦木"很简单，只要用30个半开买一本经书送到庄房，由佛爷念经后赐予名称即可。

第二步是做"扒戛庄"。做时必须请全寨的人和其他寨的亲朋前来做客，宴客3天至7天。除了请客施舍之外，还须买佛像1个，做衣服41套及许多佛爷袈裟（数目多少须视该寨的佛爷多少而定）和供礼，即表示不留恋人间荣华富贵，现在把自己所有的东西都献给佛，将来自己的身体也要献给佛。

在宗教最高和最理想的阶段，是能做"扒戛体"，认为做了"扒戛体"之后功德圆满，死后能到西天，其做法与"扒戛庄"相同。

（三）做"扒戛"与"坦木"的用费

做"坦木"费用开支不大，只要有50个半开便可做一次。但做"扒戛"则不容易，其用费开支很大，非一般人所能做到，所以傣族群众中有很多是"心有余而力不足"。其费用开支之大，从下表中便可看出。

扒戛费用开支统计表

项目	数量	半开（个）	折合人民币（元）	备注
米	700斤		560000	待客用
猪肉	60矼		1200000	待客用
衣服	41套		2550000	供佛用
佛像	1个		1200000	供佛用
蔬菜		50	200000	待客用
盐		20	80000	待客用
柴			160000	待客用
其他		90	360000	包括各种供礼
合计		160	6310000	

一般群众对做"扒戛"非常羡慕，认为做"扒戛"是生前既幸福，受人尊敬，死后又能升西天。如有钱没有做"扒戛"，群众对他的反映便不好（当然还有其他原因），而"扒戛雷体"家放了很多高利贷，但落后群众还认为他为人不错，这是与做过"扒戛"有一定关系的。

七、信鬼

信鬼的主要是信"歹勒"教的村寨，佛爷也帮助群众看鬼。芒市坝信仰"歹勒"教的村寨较多，故鬼的信仰也极为普遍，其所信的鬼神有火烧鬼、吊死鬼、打死鬼、杀死鬼、跳水鬼、冤枉鬼、身孕鬼、水鬼、海鬼、将军鬼、寨头鬼、琵琶鬼及全司的鬼等。

（1）傣族认为凡是人身体衰弱，发生头痛、腰痛及浑身无力等病状，便是碰上了鬼，必须请佛爷看鬼（别的人也可以），经查明后用红黑饭及纸钱送鬼。

（2）若到水边回来发生疾病，便认为是碰到海鬼和水鬼。经佛爷查明后，须用鸡两只、鸡蛋两个到水边去祭，约需人民币两万元。

（3）将军鬼：传说率领人马出征打仗死亡者称为将军鬼，碰到此种鬼须用花纸伞1把、纸旗1面及鸡1只去祭。

（4）寨头鬼：建寨时最先来者，死后封为鬼官，主持全寨的吉凶，每年须祭两次，第一次在栽秧时，第二次在薅秧时，祭祀费开支如下表：

品名	猪肉	鸡	纸	合计
合半开（个）	150	20	2	172
折合人民币（元）	600000	80000	8000	688000

此外若未婚妇女怀孕或出门归家都要自行祭寨头鬼。

（5）全司的鬼：传说三国孔明南征时的孟获曾在芒市安营扎寨，死后成鬼，每年傣历九十月间属马日举行祭祀，费用如下：

品名	牛	猪	鸡	纸	火药	合计
数量	3头	1口	40只		2斤	
折合半开（个）	600	200	200	200	20	1025
折合人民币（元）	2400000	800000	800000	20000	8000	4100000

除了每年规定的祭祀时间外，遇有军事行动，必须举行祭祀，认为祭祀之后，孟获暗中保护，能旗开得胜。

从上述情况中可以看出，宗教开支，占去人民收入相当大的数量。据那目寨的调查，每年在宗教上的消耗约半开12000个，折合人民币4800万元，约合谷子4800箩（105600斤），够70人1年的生活。如加上"做摆"、祭鬼等开支，还远超过此数。各种宗教活动对劳动力的消耗很大，那目寨每年约消耗劳动力13377个。在信仰"左抵""多列"教的村寨，不饲养家畜，也严重影响副业生产。

方克良、方兰琴、方峰和、杨则矩、罗大云　调查

罗大云　整理

1954年3月16日

附二：潞西县傣族婚姻情况

封建社会下的傣族婚姻，虽然在男女认识的初期，还存在着"在阶级的限度以内则承认当事者有某种程度的选择自由"（恩格斯：《家庭、私有财产及国家的起源》，三联书店版，第85页），而婚姻的最后决定权，仍操于父母之手。现在，傣族的婚姻在群众中已进入比较稳定的一夫一妻制，但"最初的阶级压迫是与男性对女性的奴役相一致的"（见前书，第69页），婚后的男子，仍然可以串姑娘，而婚后的妇女则受严格约束。现将该族的婚姻概况分述于后。

一、从认识到结婚

傣族男女一般到了成年之后，便利用各种群众性的宗教节日及空闲时间，互相认识以至产生爱情，但必须经过双方家长的同意，请媒说亲，按照民族的习惯筹办婚礼，而后方能结婚。

傣族青年男女寻找对象主要是在几个群众性的宗教节日当中（每年较大的宗教节日有过春节、泼水节、进洼、出洼、做摆等），互相认识，逐渐建立感情。如过春节，除初一至初三集体在本寨或到外寨拜佛外，约有半个月的时间，青年男女三五成群相聚于山野间，做各种娱乐活动、"丢包"等游戏，尤为青年男女喜爱。他们通过这些活动互相认识，若双方情投意合、彼此爱慕，则互相交换礼物，以作纪念。又如泼水节前一天，青年男女共同至山野间采摘野花，供做花房之用。采花之际，男女对唱情歌，表达心意，若双方有意，即可暗自交谈。"进洼"和"出洼"前夕，除请老人做客外，男女青年夜间举行聚餐，餐毕，相约至寨外，直到深夜，有的直至黎明方散。其他如除夕前"烧白柴"，青年男女共同到山上去砍柴，也是他们互相认识和寻找对象的机会。

青年男女寻找对象的活动，除上述各种宗教节日外，"猎少"（即串姑娘的意思）也是青年男女主要的活动之一。"猎少"没有时间的限制，除雨季因农事较忙、下雨行动不便而较少外，其他时期为数较多。每天夜晚，青年男子三五成群，相约串门，有的甚至到距离很远的村寨，直至深夜方归。串时，男的等待在女家门口，吹弄箫笛，以作暗示，女方若有意，闻声后，深夜开门而出，共同谈心。若系有感情者，便在事先约定，女方应时而出。有的或到女家的厨房中交谈，父母不加干涉，有的父母还以自己的女儿能找到对象而高兴。但也有个别的家庭，因劳动力的缺乏或其他原因，对女儿监视较严（如和女儿共同睡觉，防男子来串等）。同时在傣族现存的社会制度下，妇女的地位较低，在互相"串"的当中，女的不喜欢男方，不能得罪或过分表示看不起的情形，若果得罪的人过多，男的便相约孤立女方。这种串姑娘的习惯对生产力的影响很大，青年男女因没有充分的睡眠时间，往往没有充沛的精力进行生产。男女青年之间，感情深厚而愿结为夫妇者，男女双方暗中交换礼物和聘礼，男方送给女方亲手编制非常别致的"编耙"（妇女劳动时系于腰间之竹篓），女方送给男方以自己亲手织成的非常秀丽的"筒缘子"（男人挂于腰间之小布袋）。若果女方接受了男方送给的钱，并送给男方自己的衣服，在傣族的习惯上已经成为男女自由订婚的形式。女方的父母知道后，若不同意女儿婚事，必须向男方交涉取回衣服，赔还已接受的聘礼，方能另和别人结婚。若衣服未取回之前自行出嫁，男方可提出质问和控告，女方父母要受到头人的罚款。

青年男子找到对象之后，便托别人告诉自己的父母，父母同意之后，便请媒人到女方说亲，取得女方父母的同意时，按傣族的习惯，先交付婚礼费（详细数字附表于后），举行婚礼。

二、离婚

由于傣族妇女的社会地位很低，他们离婚的手续和离婚的条件非常简单，有因为一些细小事情便提出离婚的，其手续大致如下：

女方先向男方提出离婚，须赔偿男方结婚时给女方的婚礼费。如果结婚后，女方对男方不满，便自行跑回娘家，直至提出离婚，赔偿男方婚礼费后，方能改嫁。再嫁的婚礼费，只需按照原来赔偿男方的数额交付女方即可。有的跑回娘家后，若男方主动提出离婚，可不赔偿婚礼费；男方不喜欢女方而提出离婚者，一般也不赔偿婚礼费，也没有什么其他限制，女嫁男婚，互不过问。

此外，在傣族中入赘的情形比较普遍，家庭中若缺乏劳动力，或者人手较少，不愿把女儿出嫁便招男人入赘。入赘者没有继承财产的权利，数年后分居，不分田产，故现无田户中因入赘后分居者为数不少。很多贫苦农民，无力娶妻，被迫入赘（入赘不需要婚礼费）。入赘后的离婚手续极其简单，若男女双方不能共处，只要其中一方提出离婚，即可解除婚姻关系。

由于傣族的离婚手续简单，婚姻没有保障，同时妇女没有继承财产的权利，因此，形成傣族妇女普遍积蓄"私房"。

三、"少淘"（年龄大而未婚的女子）及"冒淘"（年龄大而未婚的男子）

据潞西县那目寨的调查，共有"冒淘"6人、"少淘"7人，其产生原因，大概有以下数种：

婚礼费过多，家庭贫困而无力结婚者。这一类多系男人，很多因此无颜住在本地而出走缅甸。

"琵琶"（傣族认为会放鬼者）的子女，不能与非"琵琶"的子女结婚，只有"琵琶"与"琵琶"的子女之间才能发生婚姻关系。因此，就大大地限制了所谓"琵琶"家庭的子女选择对象的机会和范围，找不到对象便形成"少淘"和"冒淘"。

面貌和性格不好而形成"少淘"及"冒淘"者，此种情形男女都有，但以妇女数量为多。另外若妇女的性格不好，看不起一般男青年，便由"青年头"通知所有未婚男子不去与之往来。

没有能力而形成"少淘"和"冒淘"者。在傣族农村中若男子成年后不会耕田耕地、从事劳动生产，女的不会织布和料理家务，便很难找到对象。

"少淘"及"冒淘"的社会地位极低，为众人所歧视，在群众中处于孤立地位。他们不但生前被轻视，死后的埋葬方式也与众不同。据说在死后发丧时，棺材不能直抬出寨，只能横抬，并且埋葬的地位也只能在最后一等。所以很多人到了成年之后，积极寻找对象已成为他们思想上的主要要求，很怕将来找不到对象而被歧视。贫苦者为了结婚，被迫借债和典田卖地。

附"少淘""冒淘"调查表如下。

那目寨"少淘"登记表

姓名	毕洋坦换	金安保	向安所	毕姐	交月佐	交所	交地团
年龄	61	40	40	31	30	31	31
成分	雇农	贫农	中农	雇农	雇农	中农	中农

那目寨"冒淘"登记表

姓名	毕岩赞喊	交岩	刀岩拉	项岩保	交五相	岩补
年龄	35	36	34	30	31	33
成分	雇农	中农	雇农	雇农	贫农	雇农

四、未婚青年组织与婚姻的关系

傣族农村中有一种特殊的未婚青年组织，一般成年人均可以参加，但兄长未结婚，弟弟不能参加；姐姐未结婚，妹妹不能参加。参加时必须由"荷冒"（男青年头）将"芦子"（傣族成年人的嗜好品）放到欲参加者的家中，方能参加，否则不能加入。

未婚青年组织的领导者是"荷冒"与"荷少"（女青年头）。"荷冒""荷少"的产生是由青年群众选举，然后提交头人，经过头人审查认可后，再由头人把名单提交佛爷，由佛爷加委。当选为"荷冒"与"荷少"者，必须是年纪较大（但不能超过30岁），世故经历较多，能说会讲，具有一定的活动能力和组织能力，但更重要的是能服从头人，为头人所喜欢。头人不满意者，即使青年群众选举出来，头人可以不同意而迫令另选。

"荷冒"及"荷少"在青年中有较多的权力，一切活动都由他们负责组织领导，同时还可以处罚一些他们所认为"不守规矩"或者"违犯纪律"的人。并且还有权摊派各种节日用费或组织活动的经费。"荷少"又由"荷冒"领导，他除了管"荷冒"（未婚男子）

外，还可以管荷少。

这种封建性的未婚青年的组织与婚姻的关系甚为密切。"荷冒"（男青年头）及"荷少"（女青年头）负责领导青年群众进行各种活动，其中绝大多数是宗教节日的组织领导工作。同时在这些宗教节日中，也是青年男女相聚一起选择对象的机会。如上所述，春节、赶摆、泼水节、进洼、出洼、砍白柴等宗教节日，及寻找对象的活动，都是由"荷冒"及"荷少"负责领导进行的。

此外，还组织未婚青年集体卖工，筹措组织所开支的经费。在这些活动期间，每一个青年都必须参加，如果经过"荷冒""荷少"的通知而不参加者，便要受到处罚。其处罚的方式有两种：一种是经济上的处罚，在集体卖工时不参加者按当时当地的工资标准和卖工天数罚款，若各种节日均不参加者，处罚半开1元（约合人民币8000元）；另一种处罚方式是批评和赔礼，不参加青年组织活动者，全寨的未婚青年，由"荷冒"率领，到不参加活动者的家中进行批评，要未参加者本人或父母向"荷冒"赔礼认错。

傣族未婚青年组织带有极大的封建性，不论在组织上、经济上或是政治上都操纵在头人的手中，"荷冒"的各种行动，多半听命于头人和宗教佛爷。如宗教节日的活动等，都须按头人的意图进行，未婚青年组织没有独立自由进行活动的权利。但这种组织在傣族青年中有着较广泛的群众基础，须予适当注意。

五、婚姻上的几个限制

（1）进洼时期内不能结婚。自每年傣历九月十五日起老年人每隔7天到缅寺拜佛1次，历时3个月，这3个月内叫作"进洼"。在此时期内傣族认为结婚不吉利，同时正值雨季，生产较忙，筹办不易，并且认为"雨季结婚，像狗一样不知季节"，在宗教及习惯的限制之下，所以进洼时期结婚者很少。但这样的束缚，目前已经有了一些变化，个别的男女青年彼此爱情深厚，有不顾传统习惯的限制而结婚的，也有因女方婚前有孕不得已而结婚的，但结婚后须用12疤肉（约合29斤）、12碗酒祭寨子1次，请全寨头人吃1顿饭，否则便认为触犯寨鬼，将来寨子内发生疾病和其他灾害，须结婚者负责。

（2）遇直系亲属去世，1年之内不得结婚。在直系亲属长辈去世1年中是服孝期间，忌禁举办喜事，认为在此时期举办婚礼，对死者极不尊敬，更主要的是，认为在服孝期内结婚很不吉利，将来子女稀少，不易长大成人，家运不顺。

（3）"琵琶"家庭的子女不能和其他人结婚。所谓"琵琶"，每一个寨子都有，户数的多少没有一定，据潞西那目寨的调查计有7户。此种家庭只允许他们互相间发生婚姻关系。群众对"琵琶"的恐惧心理很大，从而对"琵琶"施以很大的压力，过去曾将"琵琶"赶到缅甸，放火烧毁房屋。由于这种禁忌的关系，在婚姻问题上往往发生以下两种后果。

由于社会上对所谓"琵琶"的人家极端轻视，禁忌发生婚姻关系，故一般的青年男子，对"琵琶"家庭的未婚女子，采取轻浮玩弄的态度，甚至发生不正当的男女关系，当女方怀孕迫不得已而结婚时，男的便到女家入赘，数日后，男的便自动跑回本家，向女方提出离婚，祭寨子1次便可了事。因此，也更加助长了一般青年男子的玩弄态度，造成女方极大的痛苦。

若"琵琶"家庭的子女和其他家庭的子女在男女关系上，双方出于真诚的爱慕，感情深厚，但有以上的限制而不能结婚时，男女双方便约定时间，逃到别地结婚，但此种情形为数不多。

（4）男女双方虽相恋甚久，感情甚深，均愿结为夫妇，或已私订终身，暗中交换过婚礼，有的甚至发生性的关系而怀孕，但由于女方父母欲招男方入赘，男方不愿时，女方父母宁愿将自己的女儿养在家里，不准出嫁到男方，由此也引起了青年男女对父母的反抗，有的男女相约，逃往别地。

（5）交不起婚礼，不能结婚。现在通常的婚礼一般是300个半开、30矼肉（约合75斤）、酒30碗。但有的家庭，除公开规定的数额外，暗中还要索取一部分钱，数目没有一定。尤其是女儿所找到的对象家庭穷困，便借故索取较多的婚礼，使之不能成婚。当遇到更富有者前来求婚时，父母只要能索取较多的婚礼，便不顾儿女的意愿，由父母一手包办婚姻。这造成男女青年在婚姻上的痛苦，从而也迫使他们不得不加以消极或积极地反抗，如：

偷亲：如果女方的家庭不同意，或者索取婚礼过高，男方无力交付婚礼，便和女方暗中约定时间地点，届时男的把女的带回家去，然后再向女方父母要求减低婚礼钱，因而，女方父母不得不同意适当减低婚礼。

逃婚：若男方较穷，女方的父母不愿意，但男女双方的感情很深，于是双方便约定时间共同逃往别地。结婚后，约3年又可回家。

（6）男行三、女行四不能结婚。据傣族的传说及习俗，认为男行三女行四结婚不能白头偕老，或者家运不盛，终身无子。目前此种禁忌逐渐改变，若双方情感十分深厚，有不顾习俗而结婚者。

六、婚姻费用

傣族的婚姻费用很高，婚礼数额由司署规定，现在正式规定的婚礼费是男家交付女家半开300个、酒60碗、肉60矼（约合90斤）。若女方出嫁前有孕或寡妇改嫁者，婚礼费照原来的数额减去一半。但寡妇有孕后改嫁，只交付婚礼费原规定数额的1/4。其他如送黑钱、请客费、回门费、认亲费等项开支，往往超过婚礼费。现将各项用费分述于后：

媒人费：肉1矼半（约4斤），酒两碗，半开12个，以上折合人民币14万元。

婚礼费：半开300个，肉60矼（150斤），酒60碗，黑钱以最低数计需半开200个，以上共折合人民币320万元。

请客费：须支出半开320个，折合人民币128万元。

回门费：结婚后一日，新郎和新娘同回女家，须带肉两矼（5斤）和其他杂物，约合人民币3.6万元。

杂费：其中包括送头人每人肉1矼，供庙房半开两个，送给女青年组织肉4矼(16斤)，送给亲者每人半开1个，以上约合人民币24.4万元。

以上共需支出半开1320个，折合人民币532.6万元。

由此，可见傣族的婚姻用费很大，在几项婚姻用费中，以婚礼一项为数最多，占全部婚姻用费的60%；其次是请客费，占全部婚姻用费的24%。全部婚姻用费若以谷子计算，约合500箩左右，够12个人一年的生活。因此，很多受封建剥削的贫苦农民因结婚而借债甚至破产者很多。据那目寨的调查，欠债户中，已知欠债原因者23户，欠债数额计半开15580个，其中为婚姻而欠债有10户，占欠债户的43.5%，欠债7660个半开，占欠债额总数的47%；其中因而丧失田地者两户，抵押田地14箩种。由此可见傣族农民在封建统治阶级的重重剥削下，加上婚姻费用的庞大开支，严重地影响着他们的生产和生活。

附那目寨因结婚欠债户口统计表：

姓名	成分	欠债金额	年息	利率	借债时间	抵押田
岩帕	中农	1000	150	45%	1943	
五所	中农	3000	450	45%	1946	
波月望保	贫农	600	60	30%	1945	8
二矼补	雇农	100	15	45%	1945	
迭岩相过	雇农	100	10	30%	1948	
波月相座	雇农	400	60	45%	1945	
波岩相石	雇农	1700	225	45%	1945	6
波岩跑	雇农	460	70	45%	1900	
岩哏保	雇农	200	40	60%	1942	
叶喊	雇农	100	20	60%	1952	
合计		7660	1095	41%		14

注：欠债额单位：半开。年息单位：箩。抵押田单位：箩种。

方兰琴、方峰和、杨则矩、罗大云　调查

罗大云　整理

《边疆工作通报》第 8 期

（德宏傣族区社会经济调查专辑之三）

中共云南省委边疆工作委员会编印

1954年6月25日

《边疆工作通报》第 8 期

这里刊印的德宏区傣族 4 个典型调查（共 44 寨），其社会经济发展基本上可分为两种情况：盈江县大体属于第二种地区，莲山县及梁河县萝卜坝、小陇川坝接近第三种地区（见本《通报》第 2 期《德宏区傣族 5 个典型调查综合情况》[①]）。盈江县富农经济较发达，如南算寨富农占户口 9%，占有土地 44%；贫、雇农占户口 52%，占有土地 7%。莲山县以土司为代表的封建领主经济已日趋没落，汉族地主经济颇占优势，如太平街汉族地主占有大量土地（约 8000 亩）；本族中富农经济也有相当发展。梁河县除土司仍收官租，尚保留着领主经济成分一点和盏西不同外，地主经济（本族及汉族）已有相当发展，土地占有日益集中。如萝卜坝那勐寨地主户口占 13%，占有土地 61%；小陇川坝汉族地主兼并大量土地，约占有全坝土地 23%。

省委边委办公室

1954年6月25日

目录

[①] 见本书第 114 页。——编者

盈江县两个傣族寨子的调查

（本材料系根据中共盈江县工委会关于南算寨和下缓线寨调查的两个报告初步整理）

一、土地占有

根据下缓线寨的调查，该寨土地按其性质可分为4种：

1.口粮田：实际为封赏的土地，土司分与其宗室或亲戚者。对土司无官租及其他一切负担。

2.零田：土司卖出的土地（来源是因纠纷没收充公的）。对土司无官租及其他一切负担。

3.租田：司署直接收取地租的土地。耕种此类土地的农民除向司署交地租外，其他一切负担均不出。

4.官田：耕种此类土地的农民，必须向司署缴纳官租及其他一切负担。

上述4类土地各占总面积百分比尚待查明。但就其拥有私有权的程度划分，则一类至三类所有者有完备的私有权，已不属于封建领主经济范畴；第四类则为领主所有权，农民有占有权和使用权。因此，耕种者对于上述土地的负担和人身隶属关系就各有不同，有：缴地租的农民，他们有人身自由，和地主有契约关系（租佃）；独立的自耕生产者的自由农民，他们既无契约关系，也没有土地隶属关系，属于农民劳动经济范畴；负担官租及一切杂派的农民，他们隶属于土司，是半自由的农民（这个半自由是从对土地只有占有权和使用权而来的）；还有农村的无产者，自由雇佣农民。

兹将二寨各阶层土地占有情况分述于下：

1.土地集中的村寨，如南算寨。该寨分上、中、下3个大小不等的寨子，上、下寨直属土司，名曰"散寨"（可能是私庄的蜕变，尚待查明）；中寨属畹头（地方行政）管辖。全寨46户172人，占有土地187箩种。

面积单位：箩种

阶层	户数		人口		土地占有		耕畜占有	
	户	%	人	%	面积	%	头	%
富农	4	9	27	16	81.5	44	30	34
中农	15	32	61	35	65.5	35	48	54
贫农	15	32	55	32	13.5	7	6	7
雇农	9	20	20	12			4	5

续表

阶层	户数		人口		土地占有		耕畜占有	
	户	%	人	%	面积	%	头	%
小土地出租者	3	7	9	5	11.5	6		
公田					15.0	8		
合计	46	100	172	100	187.0	100	88	100

上表指出：占总户数9%的富农，集中了土地44%、耕牛34%，亦即集中了土地将近1/2、耕牛的1/3。这就是本寨贫、雇农阶层扩大的原因。本寨贫、雇农占总户数52%，亦即占总户数1/2以上的农民，只占有土地7%、耕牛12%；雇农阶层虽亦占有耕牛5%，但他们没有土地，没有资本，有耕牛也全无办法。

2.客籍地主占有大量土地，本寨各阶层土地占有不甚突出的寨子，如下缓线寨。本寨直属土司。全寨28户112人，占有土地214.5箩种。

阶层	户数		人口		土地占有		耕畜占有	
	户	%	人	%	面积（箩种）	%	头	%
司署					5	2		
客籍地主					81	38		
富农	1	3.5	6	5	5.0	3	3	8
小土地出租者	1	3.5	2	2	5.5	3		
中农	9	32	42	37	89.5	40	23	60
贫农	10	36	47	42	27.0	13	10	27
手工业者	2	7	9	8	1.5	1		
贫民	3	11	4	4				
高利贷者	2	7	2	2			2	
合计	28	100	112	100	214.5	100	38	100

上表看出：本寨土地大量集中在司署及客籍地主手中，共占本寨土地40%。因此，有25%的户口无土地，但因本寨靠近小辛街，这些无土地户可依靠手工业及摊贩为生，故无雇农。这也是本寨富农不发达的原因，因为富农的主要特征就是雇用长工和日工。

概略说来，本寨情况是这样的：40%的土地集中在外寨地主手里；32%的中农和36%的贫农，即68%的农民，他们既非富有者，又不是完全无产者，他们因束缚于土地，而领受领主和地主的奴役；另外有25%的户数（手工业、贫民、高利贷），已因商品经济发展而从农民中分化出来；剩下来的7%的户数（富农和小土地出租者），他们已开始爬进剥削者的队伍中去了。

根据上述两寨阶级分化情况来看，土地是集中的，地主和富农集中了将近一半的土地（不论是外寨地主占有或本寨富农占有）。中农约占户数的1/3，贫农亦占户数的1/3，这就说明了自然经济和中农的衰落（参看《俄国资本主义的发展》，176页）。而另一方面，由于商品经济的影响，如下缓线寨已有1/4的户口，开始从农业中分离出来。

二、剥削形式

1. 官租和杂派：耕种官田的农民，每箩种交官租10箩谷，开印（正月二十日司署开印）谷1箩，霜降（每年霜降司署士兵打靶）谷1箩，年利谷1箩，尚有其他杂派。但因土地买卖关系的出现，有的便把自己负担的官租加在卖出的土地上转嫁给买者，因此有的田官租特重。特别是有政治权力的土司宗族亲戚等，常利用特权或土地买卖把官租转嫁到农民身上，而司署又常在青黄不接时即征收官租，因此，逼得农民只好忍痛出卖青苗，求助高利贷或杜绝土地，又再度落在统治者剥削的罗网中，使农民濒于绝境。

2. 地租：由于土地集中，大部分农民均缺乏土地，因此，租佃关系是突出的。

根据南算寨调查，全村佃耕土地有24户，占总户数52%，佃耕179.7箩种，占耕种面积（307.2箩种）58%，亦即半数以上的户和半数以上的耕种土地都发生租佃关系。其中地主、富农出租的即占出租总面积59%，而佃耕者主要为中、贫农。中农8户，占该阶层户数53%，佃耕土地占佃耕总面积48%；贫农100%佃耕，佃耕了49%的出租土地，亦即半数以上的中农及全部贫农，佃耕了97%的出租土地。这样就显示出来了中农、贫农是如何广泛地和严重地遭受着地主、富农的地租剥削。

地租的形式有二：

（1）定租制：租率最高46%，最低为15%，一般为25%至35%，这只是从租额上看。实际上交租时，地主用大斗量，汉族地主每箩大2升，傣族地主每箩大1升，因此，租额实际高于此数。

（2）工役制：劳役地租残余。如南算寨洪保佃耕刀波卫准4箩种的田和租其耕牛1头，不付地租和牛租，而每年为地主耕种4箩种的田。

佃权在这里是毫无保障的，地主可以随时加租夺佃，加重对农民的剥削。另一方面，也打击着农民经营的兴趣，阻碍着生产的发展。

3. 高利贷：下缓线寨54%的户数欠债，其中有中农55%欠债、贫农90%欠债。南算寨41%的户数欠债，中农33%欠债、贫农87%欠债，共欠债卢比2951文。其中为地主、富农所放者占债额67%，而欠债中，中农欠债占总额48%、贫农亦占48%，即96%的债务额均为中、贫农所借。地主、富农就是这样用地租（包括官租）压榨农民，然后又用高利贷去吮吸他们的膏血。

债务形式有四：

（1）水息（借钱交利谷）：每百文卢比利40箩至50箩谷。此种借贷，部分须以土地作抵押。

（2）干息（货币借贷）：每百文卢比利40文卢比。

（3）借谷份（实物借贷）：每1箩谷年利1箩。

（4）月利：俗称"牛打滚"，为一般商业借贷。每百文卢比月利10文，利息满年后，利上加利。

4. 雇工（缺乏材料）。

三、副业和手工业情况

根据下缓线寨调查，该寨副业和手工业的情况大略如下：

1. 养猪：全寨28户，有22户养猪，共养猪134头。估计养猪收入一般可占农民家庭收入20%。

2. 织布：全寨有机22架，经常织布者7人。全年全寨生产花布428件，除自用94件，余334件均在市场出售。这种"农民工艺中最小的商品生产，已经开始把工业与农业分离开来，虽然工业者与农业者在这个发展阶段上大半还未分离"（《俄国资本主义的发展》，第299页）。

织布在农民家庭收入中，最高占50%，如刀罕准等7户即靠织布生活，少的也占10%至15%左右。

3. 木工：全寨木工8人，每人每年约可做木活2个至3个月。他们之所以不能经常做活，是因为"同小商品生产者比较起来，手工业者以同土地的最牢固联系为特色：100手工业者中间，有80.6%是耕作者"（同前书，第297页）；而另一方面，则是"与家长制农业分离的工业的第一个形式，是手工业，即按照消费者订购而制造物品"（同前书，第295页），"因为销售制成品的市场最初是极其狭小的"（同前书，第298页）。

4. 其他：如银匠、屠宰、谷物加工（舂米卖）、种菜、编竹器及做小生意等。

四、解放后农村中的一些变化

根据南算寨的调查：

1. 官租未动，杂派减轻。该寨在解放前每户平均每年须负担司署苛杂150文卢比左右，解放后，只剩开印、霜降二项。

2. 在租佃关系上：

（1）地主逃亡，佃户停付地租者有5件；

（2）业主自动减租者有2件；

（3）主、佃均表明态度，拖欠地租尾数者有3宗；

（4）照常交租者有32宗。

3. 在债务关系上：

（1）债主索性要债，欠债者硬抵不交；

（2）借、贷双方协议减息；

（3）债务人用软拖办法应付债主；

（4）债主逃亡，停止付息；

（5）债主不催，贷方亦不付息。

王叔武　整理

梁河县第三区萝卜坝（勐很）两个寨子的基本情况

（本材料系根据汤家屯、曼曹两寨初步调查整理）

萝卜坝位于梁河县城南约60华里。平坝内多为傣族聚居（杂居汉族），四周山区则为汉族聚居。这里的傣族分为"大傣"（旧称"大摆彝"）和"小傣"（旧称"小摆彝"）。根据小傣农民说：大傣是官种，小傣是百姓种，百姓种不可与官种通婚，也不可以当官。但就土地关系来说，大傣大多耕种官田（土司田），而小傣则耕种屯田。他们是别寨而居的。此次调查的两个寨子，均为小傣聚居的寨子。

一、土地占有

两寨占有的土地均属屯田。在勐很这个坝子里，屯田和官田是互相间隔着的，这个寨子是屯田，邻寨便是官田，一般占有官田的寨子的土地比占有屯田的村寨的土地为多。

所谓屯田，就是明代麓川之役后，封给"镇压"少数民族"有功"的汉族军官的土地。农民耕种每箩种，每年必须向受封军官缴纳10箩至20箩的稻谷的屯田，其性质原来是和德宏区傣族地区普遍存在的官租性质相同。当地农民为别于土司（称为祖爷），称该受封军官为"新爷"，由于时间长远，屯田辗转让渡，有的卖给土司或被土司夺去，遂一演变而与官租合流；有的卖给汉族地主，而与地主合流；有的为傣族农民所购买，因而成为独立自耕所有者。因之，目前"新爷"只空具其名而已，有的则称现在的执业地主为"二新爷"的。

兹将两寨各阶层土地占有情况分述于后：

（1）土地较为集中者，如曼曹寨。全寨25户135人，占有土地59.4箩种。

阶层	占总户口数%	占总人口数%	占总土地面积%
富农	8	10	31
中农	40	45	45
贫农	40	41	20
雇农	8	1	
小土地出租者	4	3	4

从上面看出：富农占户数8%，集中了31%的土地，而占户数48%（即将近一半）的贫、雇农少地或无地。

（2）土地较分散者，如汤家屯。全寨23户97人，占有土地34.5箩种。

阶层	占总户数%	占总人口%	占总土地面积%
中农	39	52	64
贫农	52	44	25
雇农	4	2	
小土地出租者	4	1	11

上面中农阶层中，有占总户口数9%的富裕中农，占有土地总面积20%，土地已呈现集中趋势。

两寨共同的特点，除上述同属小傣聚居村及均占有屯田外，两寨占有土地较一般傣族村寨为少，因此就必须向外寨大量佃耕土地。汤家屯向外寨佃耕土地占耕种面积65%，曼曹寨则占一半。

二、屯租、地租、高利贷三重剥削

1. 屯租：占有每箩种每年必须交纳10箩（如曼曹）或20箩（汤家屯）稻谷，而且是"荒田不荒租"。由于时间长远，土质优劣不均，产量不等，因此租额为15%至100%。汤家屯全年付出屯租360箩谷，平均占产量19%；曼曹寨全年付出屯租473.5箩谷，占全寨水稻产量11%。

2. 地租：

（1）定租：租率最低为50%，最高达77%；

（2）活租：亦即对分制，租率50%；

（3）提分：先由产量中提出一部分给地主，然后再平分。如杨绍和佃耕2箩种，产量80箩，先提出7箩给地主，然后平分，租率54%。

根据曼曹寨调查，全寨每年付出地租1279箩谷，占全寨水稻产量30%。

3. 高利贷

（1）实物借贷：借1箩还2箩，利率100%。

（2）谷息：借钱还谷。最高每百元半开谷息26箩（以市价折合78元半开），利率76%；最低为谷息8箩，利率24%；一般谷息为20箩，利率60%。

（3）加租谷：债主将利谷一部分改为地租，这个部分比原来的利谷还重。如曼曹寨蚌自正借曼东寨汉族地主罗有兴大洋100元，除付利息10箩外，还加租谷40箩。债务关系和租佃关系兼而有之。按其本质则系典当的变型，农民为了保留对自己土地的耕种权，而忍受更加沉痛的剥削。

（4）典当和买卖土地：如汤家屯白安福因债务当田 2 箩种；曹春富因借债 2100 元，杜卖了 3 箩种的田。

根据汤家屯调查，该寨 83% 的户都负债，贫农 100% 负债，负债数占全寨负债总额 62%。曼曹寨 64% 的户负债，中农、贫农负债户占该阶层户数 80%。曼曹寨全年付出债利 978 箩谷，占该寨全年水稻产量 23%。

屯租、地租、高利贷三者，合计共占全年水稻产量 64%（曼曹寨调查）。由此可见，农民全年劳动果实，大部分为地主阶级和富农分子所掠夺，因而造成绝大多数农民的生活陷于穷困。

三、各阶层主粮（水稻）分配情况

根据曼曹寨调查，该寨各阶层主粮分配情况如下：

稻谷单位：箩（每箩 30 斤）

阶层	户数	人口	收入				支出				结余		
			产量	地租	利息	小计	屯租	地租	利息	小计	箩数	每户	每人
富农	2	14	385	324	122	831	80			80	751	375	53
中农	10	61	2270	50		2320	257.5	610	525	1392.5	927.5	93	15
贫农	10	55	1620			1620	116	669	416	1201	419	42	7
雇农	2	2							10	10			
小土地出租者	1	3		25		25	20		27	47			
总计	25	135	4275	399	122	4796	473.5	1279	978	2730.5	2065.5	83	16

注：

（1）本表仅计算水稻产量、屯田及地租和高利贷的支出和收入，因上述 3 项是以实物（稻谷）支付的。

（2）雇工及农副业收入未计入，尚待进一步调查。

上表指出：富农每户平均结余水稻 375 箩，约为中农的 4 倍、贫农的 9 倍。若以每人每年平均食用需口粮 24 箩（每箩 30 斤）计算，则富农每人平均年剩口粮 1 倍半，中农每人平均缺口粮 9 箩，而贫农则缺 17 箩。

富农收入主要依靠剥削，富农每年收入产量仅 385 箩，而地租和债利剥削即收入 446 箩，占产量的 1.2 倍（雇工剥削尚未计）。

中农每年收入水稻 2320 箩，每人平均可得 38 箩，本可供食粮而有余，但屯租、地租和利息即已剥削去 1392.5 箩，占收入 60%。

贫农每年收入水稻1620箩，每人平均可得29箩，亦足以维持口粮，但屯租、地租和利息即剥削去1201箩，占收入74%。

因此，中农以下生活就陷于贫困之中。

他们解决生活的唯一办法，只有依靠农副业。这里的农民每户都有园地1块（在后山），雨季种杂粮（玉米和薯类），以补主粮之不足（这里傣族可掺吃杂粮）；干季种青菜、萝卜、瓜类等菜蔬，除自食一部分外，尚可出售一部分（主要为赶街出售），借以补助日用。此外如卖工、养猪等，亦可补助一部分。

附录

那勐寨阶级分化情况

那勐寨靠近那勐街，曾为土司庄园，现仍为萝卜坝上层所在地，二土司即居于此。

本寨为大傣聚居的寨子，耕种官田，与上述二寨种屯田、小傣聚居的村寨不同，这里的土地是高度集中的。兹根据该地人民银行同志调查，将各阶层土地占有情况整理列表于后，以供参考。

阶层		合计	地主	富农	中农	贫农	雇农	小土地出租者	商贩
户数	户	39	5	4	16	9	1	2	2
	%	100	13	10	41	23	3	5	5
人口	人	188	35	31	64	42	2	5	9
	%	100	19	16	34	22	1	3	5
占有土地	箩种	256	158	41	33	16		4	4
	%	100	61	16	13	6		2	2

地主集中了土地将近2/3，加上富农所占有的土地，则地主和富农集中了全寨土地77%，亦即占户数20%的地主、富农，集中了土地将近4/5，那么，占户数80%的农民当然要破产和饥饿了。

李派臣、王叔武　调查

王叔武　整理

梁河县勐养乡（小陇川坝）初步调查

梁河县第三区勐养乡，位于陇川江（一称龙江）两岸，故也称小陇川坝。

全乡共有37个寨子727户3260人，其中40户以上的有7个寨子，10户以上40户以下的有16个寨子，10户以下的有14个寨子。其地区范围长约30里，宽约5里。

这里基本上是傣族聚居区，但也有少数的其他民族杂居，计阿昌族59户，占全乡户口8.1%；汉族27户，占全乡户口3.7%；民家族2户；景颇族1户。

一、土地性质及其演变

小陇川坝系明朝镇压"麓川之乱"受封世袭南甸宣抚司龚姓辖区之一，宣抚司（土司）是其辖区内"管地管民"的封建领主。辖区的土地所有权属土司，农民对土地有占有和使用权，对土司交纳官租，土司认租不认田，官租可随土地而转移。其土地有下列4种：

1. 司粮田：交纳官租的土地，当地农民称之为"司粮田"，计3089箩种，约占全坝土地总数3280箩种的94%，官租额约占土地水稻年产量11.2%。其中为坝区内各阶层占有耕种者，有2619箩种，占司粮田总数80%；为坝区外汉族地主、田主占有而出租者，有470箩种，占20%（当地每箩种田面积约合内地5.5亩）。

2. 屯田和练田：除受宣抚司受封外，又"安屯设练"，封赏"随军有功"的汉族军官，称为新爷，因而司粮田之外还有屯田和练田。他们有屯、练田的土地所有权，收取屯练租，不向土司交纳官租。在时间的进程中，新爷的后代子孙曾出卖了屯田，其土地所有权一部分为坝外汉族地主所有，一部分转为坝内的公学田，一部分为坝内傣族农民所有。练田的练租，也不断在坝外汉族地主间买卖，由种练田的农民交练租给守卡练户，转交给练田主。

（1）屯田：计70.5箩种，约占全坝土地总数2%弱，为坝外汉族地主所有，出租给坝内傣族农民耕种，平均租率为土地产量的29%。

（2）练田：计29箩种，占全坝土地总数0.9%，由坝外汉族地主收取练租，平均租率为土地产量的34%。

3. 公学田：计43箩种，占全坝土地总数1.3%，其来源有两部分，一系由土司粮田拨来，不交官租，作为坝内办学及公益开支；一系买来的屯田。

4. 私田：日寇占领期间，土司家属以贱价掠夺农民占有的土地30箩种，租给农民，收取地租，平均租率为产量的51%。就地租性质而言，这部分土地已脱离官租系统，为土司家属私有。傣族农民购买屯田19箩种，有了屯田的所有权，自己耕种，不交官租。这两种私田，共49箩种，占全坝土地总数的1.5%。

上述土地所有性质，有封建领主和地主的所有和个体农民的所有两种形式，但前者占绝对统治地位，后者的土地数极其微小。

由于土地抵押、买卖和租佃较为普遍，坝外汉族地主占有土司粮田470箩种及屯田80箩种，均出租给坝内傣族农民耕种，收取地租，以及坝内各阶层出租的土地，计全坝佃耕面积为1184.2箩种，占全坝耕种面积36.1%，平均租率约为产量的50%。农民耕种受官租剥削的土地面积约占全坝土地面积的2/3弱，受地租剥削的土地约占全坝土地的1/3强。

二、各阶层生产资料占有情况

（一）土地占有情况

各阶层土地占有情况如下表：

阶层	户口		人口		土地占有及产量				平均占有面积（箩种）	
	户数	%	人数	%	面积（箩种）	%	产量（箩）	%	每户	每人
地主	6	0.8	48	1.1	197.5	7.4	10760	7.6	32.9	4.11
富农	14	1.9	108	3.3	234.5	8.8	13350	9.5	16.7	2.07
中农	283	38.9	1336	40.9	1548.3	58.1	83977	59.5	5.5	1.15
佃中农	39	5.3	155	4.5						
贫农	218	29.9	1037	31.8	521.3	19.5	25106	17.9	2.4	
佃贫农	52	7.1	237	7.6						0.5
小土地出租者	27	3.7	80	2.8	117	4.4	6050	4.3	4.3	
雇农	72	9.9	211	6.4						1.46
小商人	15	2	47	1.4						
小手工业者	1	0.1	1	0.03						
（公田）					43	1.6	1676	1.2		
合计	727	100	3260	100	2661.6	100	40919	100	3.66	0.81

注：

（1）面积单位：箩种（每箩种约合5.5亩）

（2）产量单位：箩（每箩合30市斤）

从上表可以看出：

全乡平均每户占有3.66箩种，占有产量193箩（折合5790市斤）；每人占有0.81箩种，占有产量43.2箩（折合1296市斤）。但就各阶层看：

1.地主每户平均占有32.9箩种，为全寨每户平均占有数的9.1倍，为贫农每户占有数的13.7倍；地主每人平均占有4.11箩种，为全寨每人平均占有数的5.1倍，为贫农每人平均占有数的8.2倍。

2. 富农每户平均占有16.7箩种，为全寨每户平均占有数的4.5倍，为贫农每户占有数的7倍；富农每人平均占有2.07箩种，为全寨每人平均占有数的2.5倍，为贫农每人平均占有数的4.1倍。

3. 中农每户平均占有5.5箩种，为全寨每户平均占有数的1.7倍，为贫农每户平均占有数的2.3倍；中农每人平均占有1.15箩种，为全寨每人平均占有数的1.4倍，为贫农每人平均占有数的2.3倍。

4. 小土地出租者每户占有4.3箩种，为全寨每户平均占有数的1.18倍，为贫农每户平均占有数的1.8倍；每人平均占有1.46箩种，为全寨每人平均占有数的1.8倍，为贫农每人平均占有数的2.9倍。

5. 贫农每户平均占有2.4箩种，为全寨每户平均占有数的0.65倍；每人平均占有0.5箩种，为全寨每人平均占有数的0.6倍。因此，贫农是缺乏土地的，即比全寨每人平均占有数短少2/5的土地。

6. 无田户占全乡户口24.4%，占人口19.93%，可见约占全乡1/4户的阶层，在封建制度的剥削压迫下而丧失土地。这些阶层虽有的因佃耕土地而为佃中农或佃贫农，但雇农的户数仍占有全乡户数的9.9%。

7. 地主、富农占全乡户口2.7%，占人口4.4%，占全寨土地面积16.2%；贫、雇农占全乡户口46.9%，占人口45.8%，仅占有土地19.5%；中农占户口44.2%，占人口45.4%，占有土地58.1%。因此，整个农村阶层，基本上仍是中农经济占优势。但土地已出现集中趋势。

（二）牲畜、农具占有情况

根据27个寨子464户的调查，各阶层牲畜、农具占有情况如下表：

阶层		合计	地主	富农	中农	佃中农	贫农	佃贫农	小土地出租者	雇农	小手工业者
户口	户数	464	4	9	180	22	160	26	10	52	1
	%	100	0.8	1.9	38.8	4.7	34.6	5.6	2.2	10.9	0.2
人口	人数	998	28	60	835	82	717	100	41	134	1
	%	100	1.4	3	41.5	4.1	15.4	5	2.5	6.6	0.5
水牛占有	头数	725	13	38	393	24	203	24	11	19	
	%	100	1.8	5.3	55	2.8	28	3.4	1.6	2.7	
	每户占有	1.5	3.25	4.2	2.2	1.1	1.2	0.9	1.1	0.4	

续表

阶层		合计	地主	富农	中农	佃中农	贫农	佃贫农	小土地出租者	雇农	小手工业者
黄牛占有	头数	314	26	43	149.5		86.5		2	7	
	%	100	8.2	13.6	17.6		27.6		0.6	2.2	
	每户占有	0.7	6.5	4.8	0.8		0.5		0.2	0.1	
马占有	匹数	159.5	8	19	80.5	3	39	1	5	4	
	%	100	5	12.5	50.4	1.9	24.4	0.6	3.1	2.6	
	每户占有	0.3	2	2.1	0.4	0.1	0.2	0.04	0.5	0.08	
犁头	张数	602	8	26	314	34	174	35	5	6	
	%	100	1.3	4.3	52.1	5.6	28.8	5.8	0.8	0.9	
	每户占有	1.3	2	2.9	1.7	1.6	1	1.3	0.5	0.1	
锄头	把数	545	7	23	263	33	166	34	5	14	
	%	100	1.3	4.2	48.2	6.1	30.4	6.2	0.9	2.6	
	每户占有	1.2	1.7	2.5	1.4	1.5	1	1.3	0.5	0.3	

由上表看出：地主、富农占有水牛、黄牛最多，中农次之，贫农较少，雇农最少。地主平均每户占有水牛为中农平均每户占有数的1.5倍，为佃中农的3倍，为贫农的3倍。富农平均每户占有水牛为中农平均每户占有数的2倍弱，为佃中农的4倍，为贫农的4倍弱。农具占有以富农为最多，其平均每户占有约为中农平均每户占有数的1.7倍，为贫农的2.5倍。每户贫农占有犁头、锄头约1把，故农具仍是缺乏的。

三、租佃关系

（一）各阶层租佃情况

1. 出租情况：本乡出租共105户，占全乡户口14.4%，占有田户548户的19.1%；共出租土地565.5箩种，占全乡占有土地面积的21.25%，全部土地出租于本乡。此外，属于外乡地主出租的土地共618.7箩种（包括土司私田、屯田、练田等，田主主要是汉族地主），为本乡出租面积的108.1%。各阶层出租土地情况如下表：

阶层	户口			出租面积			产量	租额	租率
	出租户数	占本阶层户数%	占全乡出租户数%	箩种面积	占本阶层占有土地面积%	占全乡出租土地面积%			
地主	6	100	5.7	154.5	78.2	27.3	7240	3830	52.9%
富农	11	78.5	10.5	80.5	34.3	14.2	3480	1652	47.4%
中农	55	19.4	52.4	158.5	10.2	28.1	7403	3591.5	38%
贫农	6	2.7	5.7	12	2.3	2.1	500	190	50.2%
小土地出租者	27	100	25.7	117	100	20.7	6050	3037.5	38.9%
（公田）				43	100	7.6	1676	652	40.9%
合计	105		100	565.5		100	26349	12953	40.9%

从上表材料，可看出本乡各阶层出租土地情况：从全乡出租户数看，中农出租户数占全乡出租户数52.4%，在全乡出租户数中占最大比重；其次为小土地出租者；再其次为富农；最后是地主及贫农。但是，如果从占本阶层户数比例看，则地主、小土地出租者出租最多，富农次之，地主占78.2%，富农占34.3%的土地出租，中农出租土地只占本阶层土地10.2%。

若再从出租土地面积看，地主、富农出租土地及公田出租占全乡出租面积49.1%，若加上外乡地主出租于本乡的土地，则地主、富农出租土地及公田出租就占出租面积75.6%，占全坝土地面积的36.1%。

2. 佃耕情况：全乡佃耕户299户，占全乡户口的41.1%，占全乡种田户612户的48.8%。佃耕面积共1184.2箩种，占全乡耕种面积3280.3箩种的36.1%。各阶层佃耕土地情况如下表：

阶层	佃耕户口		佃耕面积		产量（箩）	租额（箩）	平均租率
	户数	占全乡佃户%	箩种	占全乡佃耕面积%			
富农	2	0.6	4.5	0.3	215	107	49.7%
中农	90	30.1	294	24.8	1568	6287	40%
佃中农	39	13.1	263.6	22.3	13695	4901	38.9%
贫农	114	38.1	395	33.4	18460	8035	43.5%
佃贫农	54	18	227.1	19.2	8940	3793	42.4%
合计	299	100	1184.2	100	56998	23123	40.9%

（二）地租形式

有定租制和活租制两种。本乡出租的土地以活租制为主，全乡出租土地153宗中活租制有100宗，占65.3%；定租制53宗，占34.7%。客籍地主出租土地则以定租制为主，占72.4%。因此，从整个佃耕面上看，仍以定租制为多，全乡佃耕土地345宗中，定租制192宗，占55.6%。

（三）解放后租佃关系的变化

1. 租佃土地增多：解放以后，边疆社会秩序较安定，农民迫切要求土地，改善生活。在未来进行社会改革之前，农民只好向田主租入土地耕种。因之，租佃面较解放前扩大。根据新芒东、芒环两寨调查，新芒东寨33宗租佃关系中，解放前发生只有8宗，占24.2%；解放后发生的占75.8%。芒环寨出租土地85箩种，解放后出租的50箩种，占58.8%，解放前出租占41.2%。

2. 农村阶级略有变化：随着租佃关系的变化，农村阶级略有上升。如芒环寨全寨41户中，有5户贫农，原只有土地9.3箩种，解放后租入土地29箩种，扩大耕地面积占211.8%，目前经济地位已相当于中农水平；无田户（雇农）也因租入土地面变为佃农。解放前全寨有雇农10户，现只有3户。

四、债务关系

（一）各阶层放债欠债情况

各阶层放债欠债情况如下表：

阶层	原户数	放债情况				欠债情况			
		户口		放债额		户口		欠债户	
		放债户数	占总数%	半开	占总数%	欠债户数	占总数%	半开	占总数%
地主	4	4	9.5	6665	33.3				
富农	9	6	13.9	5540	27.8	1	0.4	200	0.5
中农	180	29	66.9	7030	35.2	96	46	27856	44.8
佃中农	22					1	0.4	200	0.5
贫农	160	3	6.9	241	1.2	98	47.3	31078	49.9
佃贫农	26					5	2.6	560	0.3
小土地出租者	10	1	2.4	500	2.5	4	1.9	1105	1.9
雇农	52					2	0.9	525	0.8

续表

阶层	原户数	放债情况				欠债情况			
		户口		放债额		户口		欠债户	
		放债户数	占总数%	半开	占总数%	欠债户数	占总数%	半开	占总数%
小手工业者	1								
合计	464	43	100	19976	100	207	100	61524	100

注：

（1）表中材料根据 27 个寨子调查所得。

（2）放、欠债额单位以半开 1 元计算，即 2 枚半开，1 枚约合人民币 4000 元。

从上表可以看出：

1. 农村中债务关系面很大，发生债务关系户数占总户数53.87%。放债户数占总户数9.3%，欠债户数占总户数44.57%。

2. 地主、富农放债最多，放债户数占本阶层户数77%，地主100%放债，他们的放债额占总放债额61.1%，平均利率43.45%。欠债户以中、贫农为最多，占欠债户93.3%，欠债额占总欠债额94.7%。

所以，农村中的债务关系基本上是地主、富农对中农、贫农特别是贫农的剥削关系。207户欠债户每年共付出利息11285箩谷子（付息普遍交实物），平均每户负息54.5箩谷子（折合1635市斤），解放后利息平均减轻一半。由于高利贷的残酷盘剥，农民陷于破产边缘。有些农民因受债利盘剥，无力偿还，只得抵押田地。如芒回寨农民郗安祥，共欠债利420元半开，无力偿还，抵出4箩种田。

（二）借债原因

根据芒回寨调查，全寨42户，借债户24户，占57.1%，共借半开8360元，其借债原因如表：

借债原因	借债额	占总数%
婚姻	2850	34
丧事	448	5.3
官租	400	4.8
苛杂	350	4.1
其他	4312	51.8
合计	8360	100

从表面看，婚丧是农民欠债的主要原因之一，但实质上是农民因受重重封建剥削，

生活穷困，致婚丧必借债，而成为高利盘剥的主要对象。在其他原因中也因有村寨中头人的诬陷苛索而借债的。如农民景德泰，被诬告其祖父强奸妇女而被头人处罚，不得不借债100元半开偿还罚款。

五、山区汉族与坝区傣族的经济关系

环绕着全坝的山梁上，居住着不少汉族，在汉族经济的发展与坝区傣族经济接触的过程中，汉族与傣族发生了债务、土地抵押及租佃等关系，也即是汉族地主对坝区傣族农民的剥削关系。

（一）债利剥削及土地抵押

汉族高利贷者的侵入，如芒回寨50年来的债务情况中，全寨38户债权人，汉族有16户，占42.1%；放债额占38%，平均利率36.2%。在高利贷者的残酷剥削下，农民迫不得已而将土地抵押出去。根据芒岗寨的调查，全寨40户，因受债利剥削而抵押土地者共19户，约占全寨户数50%，抵押出土地的成分，除有5户仍为中农外，其余14户均为全佃农（佃中农11户、佃贫农3户），即由于抵押土地的结果。这19户共抵押土地98.5箩种（其中有4.5箩种抵与景颇族，24.5箩种抵与外寨傣族），占全寨土地面积186.2箩种的52.9%，抵押与汉族的占37.3%。其所抵押金额总数为9850元半开，平均每箩种抵押价格为142元半开。全坝农民因受债利剥削而抵押出去的土地约470.2箩种，占全坝土地面积14.3%。为汉族地主占有者共463.7箩种，占全坝土地面积14.1%。

（二）租佃关系

由于债务上的土地抵押关系，汉族债主又将土地出租给傣族农民耕种，而转化为土地的租佃关系，债务人成为债权人的佃户。如捧连寨全寨土地面积123箩种，其中因债利抵押而转化为租佃关系的土地（汉族）共45.5箩种，占全寨土地面积37%，占外寨出租给本寨土地总数59.5箩种的77%。租率最高为75%，最低为25%，平均租率约为50%。全坝属于汉族地主出租土地（因债利抵押而转化为租佃关系者，不包括屯田、练田）共463.7箩种，占全坝发生租佃关系土地面积1184.2箩种的39%。

六、小结

（1）由于大汉族主义者的盘剥与掠夺，约占全乡土地面积23%的土地沦为汉族地主所占有。全乡39.3%的土地为地主、富农所占有，无田地阶层占总人口24.4%。

（2）地租、高利贷的苛重剥削。全乡出租土地面积占总面积21.25%，出租户占全乡户数14.4%，佃耕面积占总耕种面积36.1%，佃户占全乡户口41.1%，地租平均租率40.9%。

地主、富农放债额占总放债额61.1%，收入利息69.5%；中、贫农负债占负债户93.3%，负债额占94.7%。贫农每人每年平均收入正粮仅24.3箩（折合729市斤），不足维持口粮。

（3）解放初，全乡尚征纳官租约占产量11.2%。但由于社会秩序安定，政府帮助，农民生产情绪有了一定提高，租佃土地面积扩大，债务关系减少，利息减轻约一半，欠债生活已有初步改善，政治觉悟也有所提高，各地不断产生自发斗争，拒交官租、屯田租、练田租，阶级关系更形紧张，农民与领主和地主的矛盾更为突出（包括农民与坝内坝外汉族、傣族地主的矛盾）。

段增培、杨则矩、朱国冠、王宏道、刘光、马培荣、杨方贵　调查

刘光、王宏道、陈琪　整理

莲山县坝区 3 个寨子的基本情况

（本材料系根据莲花山、太平街、海线寨3个材料初步整理）

莲山旧名盏达，为干崖副宣抚使司辖地。1909年（清宣统元年），该司以出卖国界（？）罪名被裁，并没收其全部财产。1924年，其子思鸿升自缅甸归，又发还该司土地40%。1932年，国民党改设莲山设治局，与旧土司制度并存。

全县共有傣、景颇、汉、傈僳、阿昌5种民族。其人口百分比大致如下：

汉族2446户12105人，占全县总人口34.10%，聚居坝区（部分杂居山区）；

傣族3017户11773人，占全县总人口33.10%，聚居坝区；

景颇族1985户9410人，占全县总人口26.50%，聚居山区；

傈僳族276户1549人，占全县总人口4.4%，杂居山区（村寨聚居）；

阿昌族125户658人，占全县总人口1.90%，杂居山区（村寨聚居）。

因此，聚居坝区民族主要为傣族、汉族，并由于先进社会经济的影响，促成了傣族旧的社会经济（土司领主经济）的分解。在长期的历史进程中（约200年），无论在经济上、政治上，在这里都表现为：以傣族土司为代表的封建领主经济的没落和以汉族地主为代表的封建地主经济的兴起。

一、3种类型

（一）傣族土司的统治中心——莲花山的基本情况

该村为土司司署所在地。全村174户635人。全村土地面积共800箩种。其阶级分化情

况如下：

阶层	占总户口数%	占总人口%	占总土地面积%
地主	10	14	46
富农	14	16	28
中农	16	17	7
小土地出租者	11	11	12
贫农	16	16	2
雇农	6	6	
商贩及手工业者	24	19	
贫民	2	1	
宗教职业者	1		
寺产			5

从上表看出，该村阶级已极大分化：地主、富农占户数24%，占人口30%，集中了全寨土地74%；而贫、雇农占户数和人口22%，仅占有2%的土地；就是中农，占户数16%、人口17%，亦只占有土地7%，因之中农以下是大量缺乏土地的。此外尚有占户数26%、人口20%丧失了土地的商贩和贫民，他们主要的生活来源是依靠着转运商品经营。

上述占有的土地，按其性质又可分为下列两大类：

第一类的土地是：所有权属于土司及其宗室（思姓），而臣民有占有权和使用权。基于这种所有权，耕种此类土地的农民必须向土司及其宗室（领主）交纳一定数量生产物的官租（数量不明，根据德宏区其他土司区约占产量10%以上）。由于土地商品化，这种权利的划分是十分明显的：领主可以出卖官租，因为他有所有权，而农民可以抵押、典当和买卖土地，因为他有占有权和使用权，官租随土地转移。由于土地辗转买卖，收官租者已非领主一人，大批官租落在地主手里。如在解放前，土司曾将太平街一带官租卖与汉族地主，官租成为地主剥削的一部分。在这里，官租被撕下了原来还披着的封建领主"课税"外衣，现在已透彻地暴露出地租削剥的真面目来。诚如马克思所说："假设相对出现的，不是私有土地的地主，却像在亚细亚一样，是那种对于他们是地主同时又是主权者的国家，地租和课税就会合并在一起，或不如说，不会再有什么和这个地租形态不同的课税。"（《资本论》第三卷，第1032页）因此，这类土地的实质就是：地主有所有权，农民有永佃权。

第二类的土地是：个人有完备的私有权，对领主没有官租的负担，可以自由租佃、抵押和买卖。此类土地按其私有者的社会地位，可分为下列4种：

（1）土司及其宗室私有者；

（2）土司赐给其臣属的土地，而为其臣属私有者；

（3）上述两种，在时间进行中已有大部分通过抵押、典当和买卖等形式落在高利贷者、地主、富农和个别农民手里，而成为民众（对土司而言）私有者；

（4）缅寺私有者。

这类土地便是由领主经济直接蜕变而为地主经济的有利因素。

除上述两大类外，还有薪俸田，为土司给其臣属作为薪俸，免交官租，但其臣属既不能私有，也不能永久占有，免职后，仍须交还给土司。

上述两大类性质的土地，不论是第一类也好，或者是第二类，都已经完全商品化。虽然这种土地的可让渡性和让渡并未推动生产物地租到货币地租的转化，但是它仍然符合马克思的这个结论："因此，不仅以前有纳租义务的人能够转化为独立自耕的所有者，城市以及其他处所的货币所有者也购买土地，为了要把土地租给农民或资本家，把地租当作他这样投下的资本的利息来享受；这个情形也会加进来，帮助着以前的剥削方式发生变革，使所有者与实际耕作者的关系发生变革，使地租自身发生变革。"（《资本论》第三卷，第1047页）在这里，由于领主大量出卖庄园（土地）和领地（官租），封建领主的剥削方式逐渐变革为封建地主的剥削方式；由于土地自由买卖，为数不多的农民转化为独立自耕的所有者，原来的地租形式是以活租（对分）占统治地位（现仍存于傣族内部的租佃），现在则大部分变革为定租形式（表现在太平街汉族地主以定租为主要地租剥削形式）。

（关于各类土地所占总面积的百分比以及各类土地的变化诸情况，目前尚缺乏具体数字，尚待进一步调查和分析。）

（二）汉族地主统治中心——太平街基本情况

约当200年前，腾冲汉族商人王、李、寸3姓迁来莲山，他们首先由商业资本集中了财富，又通过高利贷集中土地。由于商品生产的发展，促进了自然经济的解体，农业与手工业有了分工，土地商品化加速了土地集中的过程。当时的王家有"王半盏"之称，意即集中了盏达土地之半。1928年，王家每年收入地租10万多箩，估计他一家当时即集中了土地万亩左右。这些土地的来源，一方面是领主的庄园和领地的出卖，一方面则是吮吸农民的膏血、剥夺农民的土地而来。因此，其土地性质可分为3种：

（1）购买土司的庄园，有完备的私有权；

（2）购买土司的领地，即购买土司的官租，地主有所有权，收与原来官租数量相当的地租，农民有永佃权；

（3）农民典当、抵押和出卖的土地尚需向领主交纳官租，当然这种官租负担早已被狡猾的地主转嫁到佃农的身上去了。

根据目前初步调查，太平街全街共132户（汉族125户、傣族5户、景颇族2户）554人。其阶级情况如下：

阶层	户数	占总户数%	备注
地主	8	6	
地主兼工商业	11	9	
商业兼土地出租者	27	20	
手工业兼土地出租者	21	16	
手工业	6	4	
商业	26	20	
贫民	24	18	
农民	9	7	系解放后转为自耕者
合计	132	100	

根据上表，19户地主占全街户数15%，他们集中了土地约2000箩种（8000亩），年收租约50000箩以上。若再加上36%户数的土地出租者，则全街51%户均全部或部分地靠地租剥削为生。因此，这个街子集中的土地估计至少在万亩以上。诚如斯大林分析帝俄时代边疆部族的情况时说道："这些部族的土地曾作了俄罗斯哥萨克和富农分子方面殖民地化的对象。"（《马克思主义与民族、殖民化问题》，人民出版社版，第154页）在这里，则是少数民族的土地做了大汉族主义地主分子方面殖民化的对象了。

由于封建地主经济的发展——它是与商人资本和高利贷资本相结合而进行的，它一方面对于旧的封建领主经济，"破坏所有权形态并使其解体"，而另一方面，则是"在旧榨取的位置上，现在出现了残酷的死要钱的暴发户了。但生产方式自身不会因此而被改变"（《资本论》第三卷，第775页）。封建的生产方式在这里仍然是没有变更。

在长期的封建地主经济和封建领主经济的斗争过程中，反映在政治上表现为各种不同形式的民族械斗。尽管这些械斗是披着不同程度的民族外衣，但仍不难从其策动者和参加者的经济地位而探寻出其本质来。从历史上几次大规模的民族械斗，都是以莲花山和太平街为中心而相对峙的，这一点就获得充分证明。与其说傣族和汉族的民族械斗，如1924年当地的土司喊出"兴夷灭汉"的口号，不如说是少数民族反对大民族的斗争。参加这一斗争的主角是以傣族土司为代表的领主反对以太平街汉族为代表的地主。从1949年5月最大的也是最后的一次民族械斗来看，参加土司这一边的，除干崖、南甸各土司外，还有昔马乡的汉族，他们因太平街地主刘昌义任设治局长派款不公，起而与土司一道攻打太平街；而参加太平街这一边的，除汉族外，也有周围村寨的傣族头人参加（如海线寨旧布甿波发），他们大多数是地主、富农分子，在某些经济上的利益是一致的，因此，他们参加太平街的一边来反抗土司。民族界限在这一次斗争中被打破了，因而它的本质——经济上利益的一致性就暴露了出来。这次械斗，自1949年5月至1950年6月，围攻太平街共13个月，但始终没有攻下来。

（关于商品生产情况及农业和手工业分工程度，尚缺乏具体材料，本街地主集中土地3种性质的土地各为若干？以及分布在各寨的具体情况，尚需进一步查明。）

（三）傣族农村之一——海线寨基本情况

约当百年以前，本寨人民原住他处，当时因民族内部发生斗争，本寨人民起来反抗土司，被土司驱逐，夺去土地，才不得不迁到这里重建家园。在1940年前，本寨有70余户，因不堪日寇及国民党反动政府的压迫和重重剥削，造成了大批人民逃亡缅甸。因此，10多年间，本寨人口只剩下1/2，目前仅有37户168人。全寨占有土地共89箩种，而耕种面积则为192箩种，佃耕面积占耕种面积63%。因之，本寨占有的土地少，而租佃关系是突出的。全寨阶级分化情况如下：

阶层	占总户数%	占总人口%	占总土地面积%	占总耕种面积%
富农	19	27	30	32
中农	54	52	57	56
贫农	11	12	3	11
雇农	8	4		
小土地出租者	5	3	10	1
小贩	3	2		

根据上述材料，富农占户数19%，占人口27%，占有土地30%，若从人口百分比上看，土地占有数字并不算集中，但从户数百分比上看，则富农的土地占有就显得比较集中。诚如列宁所说："富农家庭人数到处都高于平均数，而贫农家庭人数则低于平均数……如果是不以门户、家庭为单位而以每一人口为单位来做一切比较（如民粹派所爱做的），那就是错误的。"（《俄国资本主义的发展》，第107页）若就贫、雇农方面看，占户数19%、人口16%的贫、雇农，仅占有土地3%，而且全都是解放后开荒得来的，因此，就说明了解放前这些人是完全丧失土地的，他们是雇佣劳动者，"是富农存在的必要条件"（同前书，第105页）。中农占全寨户口、土地的一半，"它的特征是商品经济之最少发展"（同前书，第154页）。"工役制是以实物偿付为劳动基础——因而是以商品经济的不甚发展为基础。工役制是以一种中农为前提并且正需要这种中农，这种中农既不是完全富裕的（否则他们就不会被奴役于工役制下），也不是完全无产者（要采用工役制，就必须有自己的农具，就必须至少是小小'正当的'所有主）。"（同前书，第158页）因此，他们是工役制残余存在的前提。这从租佃关系中就可以看出来。

富农经济的发展，从租佃关系上表现得很明显了。

本寨各阶层佃耕情况如下：

富农7户，佃耕6户：全佃耕4户，佃耕34箩种，每户平均佃耕8.5箩种；半佃耕2户，佃耕10箩种，每户平均佃耕5箩种。

中农20户，佃耕15户：全佃耕5户，佃耕36.5箩种，每户平均佃耕7.3箩种；半佃耕10户，佃耕22箩种，每户平均佃耕2.2箩种

贫农4户，佃耕4户：全佃耕4户，佃耕18箩种，每户平均佃耕4.5箩种（解放后开荒3箩种未计）。

从佃耕数字上看，富农每户佃耕数量最多（不论是全佃耕或半佃耕）。诚如列宁所说："农民愈富，他租入土地就愈多。"（同前书，第68页）

再从租佃关系上看，根据本寨18户佃耕户调查，其租佃关系可分为两类：

佃耕太平街土地的（亦即以定租为主要地租形式的）共8户：富农5户、中农1户（旧头人）、贫农2户（解放后才租入，仅4箩种）。这样就看出，在解放前佃耕太平街土地的主要为富农和头人。因此，他们是与太平街的商业资本和地主经济有联系的。

其次是佃耕本民族土地的（亦即以活租为主要地租形式）共11户：中农8户、贫农3户（内1户今年兼佃太平街的田）。活租系对分制，租额一般较高，是工役制的残余。（参看前书，第163页）因此，中农、贫农是遭受工役制残余（应属于领主经济范畴）的剥削。工役制残余是阻碍农民分化的重要因素之一。（参看前书，第158页）

本寨副业中的商品生产，主要为烟草、山药和养猪。

（属于莲山傣族农村调查目前仅有此一份材料，恐未能全面代表，尚待继续进行对各种类型村寨的调查。关于本寨的租佃关系及农业中商品生产情况——包括粮食商品和副业商品——亦待进一步深入调查。）

二、剥削形式

（一）地租

1. 官租：参看第一部分一节。

2. 定租：最低占产量25%，最高占产量60%。一般有完备私有权土地的出租租额较低，需上官租土地的出租租额较重（等于官租和地租双重负担）。

3. 活租：产量对分。

4. 转租：低额租入，高额租出，从中剥削。

（二）高利贷

1. 货币借贷：月息最高6分（百元利6元），最低5分。到期不还，变本加厉。

2. 银租：借货币而利息以谷计算者。普遍是100文小钱，每年交谷息35箩（约合59.5文），年利60%左右。这是货币借贷与实物借贷的过渡形式。

3. 实物借贷：借谷1箩，上谷1箩，利率100%。

4. 抵押：一般抵押品为金、银、田产或契照。

（三）买青苗

这是商业资本和高利贷的结合。在春季借得仅能买3箩谷子的5文小钱，到秋收后就需以10箩谷子抵偿债务。

（四）牛租

每头牛每年租额最低25箩谷，最高40箩谷。而牛还经常要由租入户饲养，母牛（如租入系母牛）生小牛后和牛主平分，小牛长大后仍需交租。

以上大别之为4类10项，这些剥削方式是十分错综复杂地交织着，紧紧地缠在农民的身上。

从上述剥削形式中仍然还可以看出：实物支付形态占着主要的位置，它起着"维持这种古旧生产形态的作用"（《资本论》第一卷，第140页）。

（关于各种剥削方式占各类农民收入的百分比，尚待进一步调查。）

李派臣、禄惠英、王叔武　调查

王叔武　整理

《边疆工作通报》第 9 期[1]

（西双版纳傣族社会经济调查专辑之二）

中共云南省委边疆工作委员会编印

1954年7月1日

《边疆工作通报》第 9 期

本期刊印的《版纳景洪曼鸢典寨土地关系初步调查》，结合现况与历史资料，对该寨各类土地占有形式做了若干试探性的理论分析，企图弄清各类土地的真正所有性质及其内在联系与演变情况，由此寻找西双版纳傣族社会阶级构成方面的若干特点及当前阻碍生产发展的因素，这种努力是好的。但由于调查本身涉及的范围较广泛也较复杂，占有材料不全面和不够充分，存在问题还不少。诸如封建领主制的成长过程、地租形态的发展、农村公社的残余等，尚待广泛收集材料，继续进行钻研。在划分阶级中，有"相当于富农阶层的土地出租者"的提法也不很恰当，应各依其主要收入来源的性质或职业决定其成分。因此本文作为一个典型调查来看，其在全区的代表性还很不够，特先刊印出来，供内部参考。请各地同志提出修正意见。

省委边委办公室

1954年7月1日

---

① 本文注释除编者注以外，均为原注。——编者

② 本目录部分标题与正文标题并不一致。原文如此。——编者

版纳景洪曼鸢典寨土地关系初步调查

曼鸢典是夏董行政村17个寨子中较老较富的一个寨子，在流沙河左岸，东距车里城子约15华里，共62户329人，包括相当于富农阶层的土地出租者4户、富农5户、中农33户、无产和半无产农民20户。除有两户傣哪（汉傣）杂居外，其余均为傣仂（水傣）。占有5种不同类型的土地，即：要上官租的波郎田，不上官租的寨公田，村寨内部现职头人多分得的薪俸田，分田时不并入分配的私有田和在流沙河附近淤积地带开出来种菜、种烟的属于私有的园地。总面积为5367纳，约合1340亩。这里存在着与土改前内地农村不甚相同的土地制度，它就体现在这几种不同类型的土地上。而它们并非孤立自存，就其内在联系来着眼，可以摸索出此地区一些历史发展的行程。在这方面，这个小寨子是具有一定的代表性的。

1953年11月，省委边委工作组前往该寨，配合中心工作进行调研，历时1个多月。兹将所得材料初步整理，准备由横的方面识别各类土地的性质，由纵的方面探索其发展及蜕变，试找出阻碍此地区生产发展的因素，供领导及各地同志参考。

壹、几种类型土地的情况

一、傣族对各类土地的称谓及其来源的传说

曼鸾典现有5种类型的土地，总面积为5367纳（包括全寨集体出租部分，但不包括园地），约合1340亩。本寨对各类土地的称谓及其来源的传说与现有面积如下：

1. 不上官租的寨公田

傣话称为"纳曼"。"曼"即"寨子"，直译应为"寨子田"。其来源，有的老人谈：当初安寨子，地广人稀，即到处可以开荒耕种；以后有了"官家"，要群众供养，就把最好的一部分抽了去，剩下的就是寨子田。据叭竜谈：是宣慰"照顾"老百姓，划出这份田来不收租。据鲊竜谈：是波郎分给各个寨子的。但他们自己也感觉模糊。邻寨曼景岱有一个传说是："曼鸾典人来得早，爬上树去划掉一大片土地，我们来得晚，就挤不着了！"

本寨寨公田有3640纳，占总面积的67.82%。

2. 要上官租的波郎田

傣话称为"纳波郎"。"波郎"是宣慰、土司的家臣的通称。所谓"波郎田"，即是供养这些家臣的"俸禄田"。

据说宣慰从各寨抽出来的好田，他自己又把最好的部分留下（即"宣慰田"，傣话叫"纳竜召"。本寨没有这项田），其余则按官阶等级分给大小家臣，由农民耕种，交纳官租。宣慰的田世代相传，波郎田的主人随时更换——它是跟定某官某职的，谁任该职，由谁管业。①

---

① 车里宣慰使及其所属各勐土司，自元明相继受封以来，世代相传。其统治机构分工极细，组织完密：正印宣慰使俨然皇帝，其亲贵有如亲王，各勐土司就像诸侯，兼管各村寨的波郎则是封疆大吏，村寨内部各级头人则是地方官。除了村寨头人由老百姓充当外，其余一般都是贵族。它的组织系统，详见《通报》第11期《西双版纳封建土司的政治制度调查》部分。宣慰以下，由四大"卡贞"（相当于丞相）起，计有大小家臣36人。连同宣慰一家，共收官租18350挑谷子（每挑约合46市斤，此项数字可能尚有许多隐瞒和遗漏）。若照每百纳缴30挑的官租率折算，合61170纳，占其直辖区耕地面积的35%左右。

大小官员抽收官租的波郎田，并不集中在一处，如怀郎曼轰除在曼鸾典有1000纳外，还分布在曼空、曼喜木、曼广、曼夏、曼宰5个寨里，其数不详。但就其官租总数1870挑谷子，以100纳上30挑的租率折算，所占波郎田当在6233纳，合1558亩，则分布在本寨的仅为1/6弱。又如都竜稿的波郎田分布在曼凹、曼满、曼莫、曼贞、曼别、曼宰、曼八角、曼丢、曼藏宰等10寨，照官租总数3700挑折算，总面积当为12333纳，合3084亩。

又在同一个寨子里，可以同时有几个官员的波郎田，如上举曼宰的波郎田，即分属怀郎曼轰与都竜稿；曼鸾典邻寨曼景岱的波郎田，分属召竜怕萨、那窝、那扁等官员。据说是宣慰为方便驾驭，对待家臣除由世袭改作流官外，还把庄园错综分散，撤销他们可能进行背叛的物质基础。各勐世袭土司的领地，其分布也很插花。

再如领有波郎田和管理村寨的波郎，并不是同一个官员，有意识地把封疆大吏和庄园隔离开，可见该区领主已有高度的统治术。

本寨波郎田属于"怀郎曼轰"。这个官是宣慰四大丞相之一，职掌司法、户籍等。解放前后，都是由刀学林担任；1952年刀病死，就由原任"怀郎庄往"（四大丞相中较低一级者，掌粮米事务）的×××升任。这项官租，也由他来收。

本寨波郎田共有1000纳，占总面积的18.62%。

3. 村寨内现职头人多分得的薪俸田

傣话称为"纳打金倒昏、波板、波猛"，"纳打金"意即应该吃的田；"倒昏"即寨中叭、鲊、先各级头人；"波板"职务如通讯员；"波猛"为掌管水利的人。

其来源，有的说是由村寨内部拨给的，有的说是波郎拨给的（据说刀学林曾送给本寨老叭50纳）。它也和波郎田一样，是跟定职位走，头人更换，具体的主人也更换。

本寨现职头人有9个，分别享有薪俸田30纳至80纳，共380纳，占总面积的7.8%。①

4. 分田时不并入分配的私有田

傣话称为"纳朱摩朱摩望"，意为"祖先开的"，也叫"纳多好"，意为"自己的田"。

据我们亲眼看到的几块私有田，是农民在自己份地附近开垦出来的零星小块荒地，但

① 村寨内部头人有叭（相当村长）、鲊（相当副村长或秘书）、先（相当委员）3级。小寨无叭，以"鲊竜"为首。鲊、先两级1人至3人。其产生据说是出于民选（一般用投豆办法），再由该寨波郎提请宣慰、土司加封，决定权仍属后者。解放前还有不少贿买事件。而在选举时是由头人提名，事前就有操纵。如本寨叭竜1人，连任已有20多年；其父即当叭竜，当时他就做了老鲊。前年本寨鲊、先两级头人改选结果（并无一定选期，只是个别调整），他弟弟当选为鲊竜，妹夫鲊康郎印（是本寨也是整个行政村资本较大的商人）也做了鲊级头人；只能列席会议，并无实权的先级头人3个和"波板"，算是出于推选，其成分也是劳动群众。又就籍贯看，充任头人的多半是本寨老户，外来新户当选的较少（如本寨8个卸职头人和9个现职头人中，外来新户只各占3人），也不占重要职位。

其直接由宣慰掌握委任的有两个：一是负责军事的浑喊（有不同级别，本寨属鲊级，称"鲊喊"），由宣慰使署的珍喊统率，归那跨、那晒（左、右榜大元帅）节制。村寨内部无固定武装，有事临时召集。一是专管水利的波猛，也由议事庭直接委任，并受各笼的大波猛领导，成为垂直系统。

波板除在行政事务上起"通讯员"作用外，在公共事务上负责防火（傣族的住宅是竹架草房，又在楼上生火，最易燃烧）。如有大风，波板即传锣通知灭火。另有一个介乎头人与群众之间的"陶格"，起向下传达和向上反映的作用，主要是调解纠纷，其地位有如以前内地的绅老。本寨陶格还兼管青年男女的恋爱、婚姻等，无薪俸田。

宗教统治者除佛爷外，尚有管理宗教行政的"波张"（负责催收各种宗教负担并作为佛寺的管家）和祭龙祭鬼的巫师各1人，每户一年给谷子1挑。本寨的二佛爷就是叭竜的亲外孙，可看出政治与宗教的密切联系。

至地方各级政权系统，在村寨以上设"贺西"，辖3寨至5寨，其区域大小相当于行政村。"贺西"以上设"笼"，相当于大乡。笼以上为勐，相当于区。勐之上为版纳。宣慰直辖版纳景洪（即车里坝子），共有4笼，曼董行政村即其中之一。

各笼又有地方性的头人"叭竜笼""叭咪笼"（管行政）、"浑喊"（军事）、"波猛"（水利）和文书各1个，由村寨提名，议事庭委任。版纳景洪的4笼叭竜联合办事，有如其他版纳土司下面的议事庭，又以"笼洒"的叭竜办为首。曼鸾典叭竜，也是4笼叭竜之一，所以权力很大。他们还有一部分大薪俸田在曼景兰，每年收租分用。详见《通报》第11期《版纳景洪曼董行政村政治情况初步调查》。

也有整块大片的，如目前叭竜还有1挑谷种的私田，约合6亩；群众波依轰有两挑谷种的私田，约合12亩。

其私有内容，可以不上官租，不受调整，可以出租典当。据说解放前，叭竜曾经卖过一块。但群众的反映是："我们无权卖。"

这种私有田的面积不是以"纳"计算，而是以种子计算，这也是值得注意之点。

本寨私有田，解放前计有9.75挑谷种，解放后增加为15.5挑。我们根据自己所掌握的面积材料，把它折算成372纳，占总面积的6.92%。

此外，在流沙河附近淤积地带开出来种烟，也是属于私有的园地，解放前只有27块，解放后有81块，大部分是在我工作队具体领导发展副业生产的时候开的。面积不容易计算，未列入总数。

二、各类土地的使用情况

上述各种类型田，除私有田不再分，俸禄田归现职头人分别享有外，波郎田和寨公田都由全寨各户分种。

分田时间，每年1次，在傣历八月初（合阳历五六月，即在犁田以前）。

方式是在佛寺召开群众会，由叭竜等头人主持，遇有下列情况进行调整，否则不变，但群众大会是必须召开的。其情况是：

（1）有人分家，新立门户；

（2）有外来户；

（3）过去不种田的人提出要求，希望分田种；

（4）过去分着坏田的提出掉换的要求。[1]

在分种过程中，值得注意之点是：

（1）叭竜1人不分波郎田，只分寨公田，也就是不必上官租。此外，波郎还从收得的官租中拨20挑给他，作为催收的报酬。

---

[1] 据该寨老五谈：他是景谷的汉傣，先搬到车里。抗日时期，到曼鸾典来上门。立门户后，分得寨公田50纳、波郎田25纳。1948年本寨到曼舒公寨上门的波劲告离婚回来分田种，调整时抽去他的25纳波郎田，换给50纳寨公田抵充，这份田亩积虽大，但丢荒已久，所以无人要。他下力盘好后，1952年又由曼景岱搬来3户"琵琶鬼"（傣族遇有昏迷不醒的烧热病，即将病人吊打，问是谁"放歹"作祟。病人受不住，胡扯乱咬，说着谁，那一家人就是"琵琶鬼"，立刻驱逐出寨。被诬的人在戛董行政村只有曼列和本寨敢收容。由于曼列养大象，本寨有叭竜，福气大，镇得住），连本寨新安家的埃康1户共4户。分田时先把集体租给曼卖的寨公田拿回350纳，再抽补调整。据说这次变动相当大：老五的50纳波郎田又被抽出，分给景岱搬来的波仔因；又抽出鲊竜告（旧头人）、波香说、爱扁亚、岩毡4家的波郎田各25纳合成两份50纳，分给其余两家，都是抵作寨公田。由曼卖拿回的350纳，以50纳作为埃康的寨公田；50纳由老五、波香说、岩毡3人分种；50纳由景岱搬来的3家分种；50纳由鲊竜告、爱扁亚两家分种，都是作为波郎田。埃康因为缺乏劳、畜力，不愿多分。下余150纳，则分给以前缺波郎田的8户。我们曾问："既有机动田，为什么还要这样大变动呢？"他似有顾虑，只说：有的人家是自愿的，有的是由大家决定。

（2）叭竜以外各头人及群众，必须同时分种要上官租的波郎田和不上官租的寨公田。

（3）原则上每户分1份，包括寨公田50纳，波郎田25纳，不问人口多寡、劳动力强弱。①

（4）与分种田地相伴而来的一项义务，就是要负担波郎的官租和劳役，解放前还要负担国民党的门户及杂派。②

（5）村寨内部的分田，形式上似乎很民主，实际上是由头人操纵：享有好田、近田的多半是他们本人及其亲属，遇有必要进行抽补调整时，他们的份地基本无变动。③

（6）由于本寨是个较老较富的寨子，耕地面积广阔，解放前曾以全寨名义，集体出租寨公田800纳给曼卖。解放后户口及种田户增多，已先后拨回调整。因有此项机动田，故在每年分田时变动不大。

份地分配后，种田户在某种限度内有自由使用权，如把它出租，甚至典当。目前出租全部或部分份地的有22户，共租出1300纳；典当全部或部分份地的有4户，共典出245纳。

但此种典当仅具雏形，即出若干钱，典种3年至5年，到期不必还本，无条件收回，等于预收地租。至于买卖关系，则为其法律及习惯所不许。

---

① 由老五的谈话中，已可看出波郎田和寨公田之间的界限早已被打破；又从单户调查中了解到有8户并无波郎田，只有寨公田70纳至75纳，又较别户为多；另方面，他们也上官租，经追问才知道由于波郎田不够分配（1000纳波郎田若照25纳一份分配，只够分40户。目前该寨62户中，不分田的只有1户孤寡），就用寨公田抵充；另一种办法，是缩小波郎田的份地面积，如老五所谈"3户分种50纳"。故在目前该寨波郎田部分的份地并不等同，在单户调查表上，有25、20、18、17、16、15等单位为纳的数字。由散归总，为1034纳，而零头"34纳"只是一个虚数。至于寨公田部分的份地面积，则一律为50纳。

② 详见本文第三部分第二节"剥削情况及其变化"。

③ 各寨分田的方式不尽相同：或由头人指定，或由大家评议，或者抽签拈阄。最后一类与德国"马克公社"的分田办法同（见恩格斯《空想社会主义与科学社会主义》的附录《马克》。全书题为《宗教·哲学·社会主义》，林超真译，亚东图书馆版，第204页）。本寨形式上采用第二种方法，实质上仍是第一种。评议当中有争吵，老叭的话就是最后的结论。前年分田时，鲊竜曾经搞给他的姑爷一份好田，群众不满意。照理本寨已经掌握一份集体出租的机动田，调整时不应有太大的变动，但就老五所谈的具体情况看，并不如此（在这次调查中，为什么扯到旧头人鲊竜告，也还摸不清底）。又据波板告反映，本寨有十三四户的份地常常在调动，他们多半是外来户或本寨中与头人关系疏远的穷苦户。分田时就没有得到好田，提出掉换的要求，只能在这十三四户的份地中及部分机动田中打圈子，结果是越换越坏。由此可见，所谓"寨公田"就从这一意义上来说，也已经逐渐变得不公道了。

贰、各类土地的性质、历史演变及其内在联系

一、关于"寨公田"

1. 西双版纳傣族早熟的封建社会

傣族自己关于寨公田来源的传说，有一部分是可以相信的，如说开荒以后，被官家抽剩那部分就是寨子田。至于"波郎分给各寨子""宣慰照顾老百姓，划出一份田来不收租"等，则是统治阶级颠倒黑白的说法；但在另一方面，也留下了某些历史线索，可以作为我们分析此地区土地关系时的参考。

这里因为靠近缅甸和暹罗，经常遭受外族压迫。根据傣族自己的历史记载：傣历930年（公元1568年）缅甸大规模进犯，傣族被征服后奉它为母国，以后灾难不断发生。最大的有两次：一在公元1627年，"缅王命将击勐泐（即十二版纳），获胜，掳宣慰使刀韫猛、勐遮酋诏四闷那尹打劳，及所有十二版纳以西各地居民至阿瓦，仅残余极少数之人种而已。翌年，方有少数人民逃归，并招收猛戛（景谷县西南）一带之'汉摆彝'移民，领垦荒地，一切地方组织习惯不变更"。一在公元1806年至1808年，"景栋、景永（十二版纳）、孟琏、景千（整欠）、猛勇各地，经缅将萨雅左那诺与暹罗戛于腊之惨烈鏖战，地方糜烂，村舍荡然。各地官民，纷纷逃往耿马、猛戛、猛博、猛堕、猛班、交趾、老挝以及汉地以避。其未能逃避者，概被戛于腊掳往景迈、猛南。景永一带，遂荒废无人居矣。（傣历）1175年（公元1813年），天朝责成代办刀太康，负责招收逃散官民回景永建村以居"。①

在外族侵略下，几次"荒无人烟""散而复聚"后，重新建立村寨，开垦田园，曼鸾典老人所说"当时地广人稀，到处可以开荒耕种"，是有根据的。但所谓"以后有了官家"，就和事实有出入：这里的官家出现得很早，据傣史记载，宣慰的始祖叭真，于傣历542年（宋淳熙七年，公元1180年）入主勐泐，战胜各地酋长后，称景龙金殿国至尊佛主，建都景兰（今车里）。其领域东至老挝（寮国），南至景海（暹罗境内），西至南孔（即萨尔温江，亦即怒江），北至元江。有人民844万人，白象9000条，马9.7万匹。这个记载不免渲染夸大，但不能说是毫无根据的。

据说它的首都车里，明朝时候有万多户，公元1913年汉族统治者柯树勋建造行政总局时，曾在地下挖出几十万块红砖，是遭受兵灾被焚毁埋藏起来的宫殿、佛寺的遗物，附近还发现了好几十所佛寺的遗址。可见确是一个具有相当规模的王国。

这个王国很早以前就实行封建制。据傣史载：叭真做了景龙金殿国至尊佛主后，分封长男以下3个儿子于兰那（即八百宣慰司，今属泰国）、猛交（今越南东京一带）、猛老（今寮国），幼子承袭王位。以下，历代都有分土地、食采邑的记载。如苏联尼科尔斯基

---

① 这部历史，傣族自称为 Nhangse Benmeengle 或 Nhangse Benmeeng Sibsoang Banna，李拂一译作《泐史》，云南大学西南文化研究室出版。引文见中卷第28、34页。

所说："这是一种早熟的专制式的国家。"①这个国家的建立，距离现在已经有774年。

2. 作为专制主义基础的东方型农村公社

有不少事实足以说明它和其他东方的、早熟的专制式国家相同，是建立在集体土地所有制的东方公社的基础上，而这种公社的驱壳一直顽强保留到今天，其具体表现就是这份按户分种的寨公田。

遭受过若干次兵灾的傣族人民，散而复聚后，在荒废的土地上重整家园，不是自流式地任由单户去占领的。首先，如曼景岱人的传说："曼鸾典人来得早，爬上树去划掉一大片土地。"这一大片土地，论其原始意义，是属于曼鸾典寨的，也就是属于曼鸾典村社的，其他村社不得来侵占。如解放前邻寨曼景岱（搬来时间较晚）开出500纳田，种了1年后，曼鸾典人说是他们的地皮，要曼景岱在3年以后上租子，就把这500纳收为本寨的寨公田。其次，在这一大片土地上，只有曼鸾典的人可以开，也就是说，只有作为这个村社的成员才可以开。这种制度一直保留到现在：经批准加入曼鸾典村社的人，就可以分得一份土地，如第一部分第二节注一所述②，如解放前由景谷搬来的汉傣老五、解放后由曼景岱搬来的3户"琵琶鬼"等都是；另方面，村社成员迁离村寨，必须交出土地，不允许带走使用权。这和景颇族公社的"来时修（开荒之意），去时丢"相同（如1953年来本寨上门的埃书，因为死了老婆，要搬回原住村寨，先把份地75纳交出）。其次③，作为曼鸾典的村社成员，也不能在这一大片土地上随便去占领，它自始就贯穿着保留至今的分田制度。据说最初分配时，寨边好田分得少些，远处坏田分得多些；以后户口增加，荒地也开完了，就把远田当中多分部分抽出来调整。因为享有寨边好田的都是头人和老户，这样做对他们并不吃亏；而享有远处坏田的人则是敢怒而不敢言。这里面可以看出一个问题，即户口的增加不是骤然的。且不必说兵灾以后的残破情况，就以今天看，许多地方依然是地广人稀，特别在勐遮，已经使用的土地还不到一半，可是还没有发现单户自由占领使用的情形。据中央团校工作组在戞洒（即笼洒）行政村曼达寨的调查，寨内居民不论哪一家开荒自种3年后，就要收为寨公田，进行统一分配，为此，寨公田的面积在不断扩大中。（曼鸾典寨公田按单户占有数和集体出租数合并统计，1948年为2905纳，1953年为3640纳，计增加735纳）该组也曾在曼鸾典调查，据了解，群众在份地附近开出来的私有田，之所以不能出卖，原因之一是老叭和鲊竜可以随时决定把它收为寨公田。由此可以看出其集体所有制的痕迹，并就这些残余说，称之为寨公田仍是适当的。马克思分析在东方形态的公社财产时指出："在那里，财产仅仅是作为公社财产而存在，各个成员本身只是特殊部分的占有者，或继承的或非继承的。因为每一小部分的财产不是属于任何单独的成员，而是属于作为公社直接成员的个人，也就是属于作为与公社一致生活而不脱离公社之人。因之这种单

---

① 《原始社会史》，作家书屋版，第 95 页。
② 见本书第 366 页注①。另，第一部分又作"第壹部分"。——编者
③ 原文如此。——编者

独的人，只是占有者，只有集体的财产，也只有私人的占有。"①上述情况是与之相类的。

3. 傣族农村公社土地的真正所有者及成长过程

如上分析，铲草立寨时划下的一大片土地是属于村社集体所有，而不属于任何单独的成员，关于这点，已经找到不少证据；但公社本身，是否可以真正领有这一片土地？——事实说明：官家可以随便来抽，把最好的一部分收归自己或分给臣属，足见公社并非真正所有者。中央团校工作组在曼鸾典了解私有田的使用情况时，群众反映私有田不能出卖的另一个原因是："土地是召片领（即宣慰）的。"我们进行访问时，曼鸾典老叭也曾说："一草一木都是人家宣慰的。"

马克思告诉我们："在大多数基本的亚细亚的形态里面，高居这一切小集团之上的结合的统一体，作为最高的所有者或唯一的所有者而出现，而因此实际的公社都不过作为承袭的占有者而出现，因为这个统一体是集体财产之真正的所有者与真正的前提，所以它本身可以是一种特殊的、站在这许多实际的各傀儡集体之上的东西；由是在这些集团里边，每一单一的人，事实上已被剥夺了财产，或者说，在这些集团里边，由于当作这许多集团之父而体现为专制君主的结合的统一体，通过各个人所属的公社而赋予各个人，所以各个人在无机自然界中所发见的他的主观上物体的财产，对于他只是间接的。"②这里面，已经给我们指出此区土地所有制的最隐微的事实。

这个"体现为专制君主的结合的统一体"，不是从天上掉下来的，而是从公社内部成长起来的。马克思又说："统一体可能就在劳动的过程中扩展为能够产生整个制度的共同体。"③在西双版纳傣族的政治制度中，目前还保留有一个特殊的机构——议事庭。属于宣慰一级的议事庭，是由宣慰署中主要大臣（怀郎曼凹、怀郎曼轰及怀郎庄往）和各勐土司聘驻宣慰的代表（可由司署官员或四大丞相兼任。如都竜稿兼任勐混土司的代表，怀郎庄往兼任勐海的代表）共同组成，推举召景哈为庭长。无固定会期，有事就召开。所议事项包括：

甲、有关十二版纳的重要事项；

乙、各勐土司不能自行解决或发生争执的事项；

丙、关于十二版纳旧制度的变更或新制度的制定；

丁、宣慰使及各勐土司的袭职及废立；

戊、宣慰使司署及宣慰府中的重大事项；

己、土司或人民提请解决的事项；

庚、宣慰使交议事项。

凡经议事庭议决事项，即提交宣慰使执行；唯宣慰使不同意，可交回重议或直接否决

① 马克思手稿之一《前资本主义生产形态》，日知译。连续登在山东大学《文史哲》杂志 1952 年一、二、三期上。省民委会曾翻印。引文见《民族问题学习资料汇编》，第 10 页。
② 《前资本主义生产形态》，见省民委会印《民族问题学习资料汇编》，第 5 页。
③ 同上书，第 6 页。

之；又宣慰使交议事项，议事庭不同意也可以否决。但争执之事，实际少有。

此种议事机构，贯串在各级政权中；值得注意的，它又是公社内部早已有的组织形式。目前情况是，各寨都受宣慰所指派的波郎管理（一个波郎可以同时管理几个村寨），但他们并非亲民之官，只坐在宣慰街，遥为节制。而实际处理一切事务的，则是公社内部用投豆办法选举出来的各级头人（虽然这种选举目前仅具民主形式）。头人的员额相当多，如本寨就有9个，除少数有固定职守外，其他并无具体工作，但有事情，老叭或鲊竜必须召集各头人来开会商议；重大事项，还要召开群众大会来处理。尽管决定权已经属于大头人，但这种原始民主形式还被保留着。

由此推见，这一个特殊机构议事庭，既非钦定（专制君主不会愿意有这样的东西来扯腿），亦非外来（元明受封时，中国老早没有这样的东西），乃是从公社内部成长起来的，体现为专制君主的结合的统一体，乃是"在劳动的过程中扩展成为产生整个制度的共同体"。

马克思又说："结合的统一体由部落家族的首长之一人所代表。"[①]这里的历史记载是："叭真战胜此方各地之后，兰那、猛交、猛老皆受统治。时天朝皇帝为共主。有猛交酉名那剌毗朗玛，景昽酉名蒙猛，兰那酉名菩提逻阇唷者，以及剌隗、金占、唷厓、埤腊、咔喃、崆岢等各酉长，会商劝进，举行滴水礼，推叭真为大首领。异来'把厦'一座，高三十五挲；金水瓮一个，广阔各三肘，亦高三肘，重七百四十万钪，嵌宝七种；又伞盖七十七笼，嫔妃一万二千人。后曰娘阿夏玛些嬉。参与集会者，有和、唷厓、今占、古喇、帕西、埤腊、咔喃及崆岢等国人员。"[②]

剥去那些渲染夸大的东西，还可以看出由部落联盟过渡到国家组织的痕迹，此后叭真子孙一系相承，不再由大家推选了。而在上述宣慰一级的议事庭组织系统中，还存在着部落联盟的残余——除宣慰家臣外，必须有各勐土司的代表参加，清楚地说明这一种过渡。

为此，曼鸾典老人所说，安下寨子，开出田地，以后有了官家，作为具体的时间——即曼鸾典人重整家园、建立村寨的时间看，是不合事实的；但作为历史发展的顺序看，又是合乎事实的。

这一个"早熟的、专制式的国家"的建立，远在铁器时代以前。该族直到今天，自己还不能够制造铁器，要依靠内地或缅甸输入。他们向英帝购买的洋锄，用到只剩三四寸还舍不得抛弃。这方面，它也同样具有古代东方的特色。苏联尼科尔斯基说："历史上最古的国家，出现在古代的东方，亦即出现在那些将牧畜业与灌溉园艺的发展道路融合在一起的国家。在这里，在向金属时代过渡的时期，远在铁器时代以前，就出现了阶级与国家。"[③]这里的情况，颇与此相类：

①《前资本主义生产形态》，见省民委会印《民族问题学习资料汇编》，第6页。
②《泐史》上卷，第1页。
③《原始社会史》，第98页。

首先是，在这里，只有畜群才是主要的、真正的私有财产（目前耕畜的有无，对阶级升降仍起着极为重要的作用。详下），而掌握得较多的，一般是直至今天仍被称为一寨之"父"的老叭、鲊竜等大头人（目前群众与老叭及鲊竜谈话时，都要在前面加上个"波"字，即傣语中的"父亲"。即使是年纪大、辈分长的人对他们也同样称为"波叭""波鲊"等。关于这点，他们曾用一个比喻来解释："小孩生下来就是他父母的，这个寨子的百姓就是老叭的。"）。这不仅留有牧畜业的痕迹（他们也大量蓄养黄牛，但黄牛不用于耕田，顶多只是驮运东西；作为生产资料看，不占重要位置；作为表示财富看，则占重要位置。关于这点，其表现虽然没有景颇族那样突出，但我们认为仍是同一类型的），也留有掌握畜群的家长的痕迹。从历史发展看，这就是引起阶级分化、走向阶级社会的第一个基点。

其次是，灌溉园艺在这里似乎萌芽得很早。各个村寨都有专管水利的头人波猛（领导筑堤修沟，用量水器分水），而且已经成长为整个统治机构中的一部分。各寨波猛直接由宣慰、土司委任，并接受笼一级和贺西一级的大波猛领导，成为另一个垂直系统（其他一个垂直系统是军事方面的，详见第壹部分第一节注二）。如恩格斯所说："在每个这样的公社中，最初就存在着一定的共同利益，保护这种利益的工作，虽是在共同监督之下，但却不能落到个别成员的身上；这些工作，有如解决争端，制止个人方面之违反规则；看守水源，特别是在炎热的国度里；最后，在非常原始的状态下，也有一些宗教的仪节。这样的职位，在原始公社中都可随时遇到。例如，在最古的德意志的马克里，就是如此。在印度直到现在，还有这种情形。明白的，他们被赋予某种全权，这是国家政权的萌芽。生产力逐渐发展起来，人口密度的增加，在某些场合上，这些公社之集合成为更大的整体，又引起新的分工，和新的机关的建立，以保护共同的利益，反抗敌对的利益。"下面他又说："政治统治的基础，到处都是社会职能的遂行；而且政治的统治，只有在它执行这种社会职能的场合上，方能长久地保持下来。在波斯、印度等国，昌盛一时而后趋于衰落的许多前后相继的东方专制皇朝，每个都很好地知道自己首先是江河流域灌溉事业的总的经营者。在东方，如没有灌溉，那么农业是不能进行的。"[1]由目前的一些痕迹看，很有可能这也是西双版纳傣族专制主义建立的基础及其成长的过程。

可以设想：傣族公社的这些"公仆"，在被委托执行这些公共职务后，逐渐成为高高在上的支配阶级，"转化而为东方的王与侯"，从而把一切土地也变作"王土"，成为公社土地的最高的所有者或唯一的所有者了。

4.为封建领主保证劳动人手的寨公田

现在我们再看当作这许多集团之父而体现为专制君主的结合的统一体，是怎样通过各个人所属的公社而把土地赋予各个人：

曼鸾典老人说，他们开出来的土地，被官家抽去1000纳，拨给怀郎曼轰，由农民耕

---

[1]《反杜林论》，三联版，第223—224页。

种，交纳官租。这1000纳波郎田，目前界线虽然有混淆，但是大体范围依旧存在着。专制君主不在"王土"以内普遍收租，而要抽出这样一部分，就说明这里地租形态的发展，同样经历了一个劳动地租的前行阶段。目前勐捧、勐海还给我们留下这样的线索：当地尚有部分领主，指挥、监督农民"助耕"自己的"庄园"，掠夺其全部生产品。农奴之所以能够维持最低生活，进行再生产的凭借，就是这份王土以内的寨公田（在勐捧，农奴被喊着不到，还要处罚半开银币3元6角钱）。李拂一所译《泐史》下卷"庄园"部分载有宣慰使直辖之"卡十二呵圈"，列举其名称；译者曾在"卡十二呵圈"下附注："圈即庄园，卡为奴，伸引为宣慰使私庄之意。"据省民委会语文组刀忠强同志谈：西双版纳傣族有一个阶层叫作"滚玲囡"，是给宣慰打杂的，有2000多户，分布在曼广龙、曼广卖、曼景谋、曼乐、曼括、曼醒、曼藏宰、曼罕等寨，分种的田叫"纳竜召"，即宣慰田，目前也是上官租。宣慰有事情，随时征调他们来做，平日每寨要轮派3个人前来值班3天，担任守房子、养马、挑水等杂役。而负责管理"滚玲囡"的官员就是宣慰的总管"召竜帕萨"。

刀同志所述是在地租形态已经发展到杂有生产物地租阶段的情形。如果还在纯粹的劳动地租阶段，则与列宁在《俄国资本主义的发展》《社会民主党在1905至1907年第一次俄国革命中的土地纲领》等书中所提到的俄国"份地制度"相比较，颇有共同之点。

"农民的'份地'在这种经济中好像是实物工资（用适合现代概念的话来讲），或者是保证地主以劳动人手的手段。农民在自己份地上的'私人'经济，是地主经济的条件，其目的不是给农民'保证'生活资料，而是给地主'保证'劳动人手。"[1]

在第一部分第二节里曾经叙述曼鸾典分田的情况是：叭竜以外各头人及群众，必须同时分种要上官租的波郎田和不上官租的寨公田，相伴而来的一项义务，就是要接受交官租、服劳役（如为领主盖房屋、伺候波郎神、打杂等）和门户摊派等负担。由此可见，公社内部的分田，其目的已经不是为了平均使用，而是为了平分负担，为此许多寨子又把寨公田叫作"负担田"或称"白工田"。为此解放前只有强迫分田的例子，而无争着种田的例子（由于负担太重，如曼鸾典解放前51户中，竟有11户不敢接田种）。

由此可见，所谓寨公田，并非真正无地租，只是地租形态有差别（1953年12月在曼鸾典上门的埃书死了老婆，要搬回原住村寨，除把份地波郎田25纳和寨公田50纳全部退回外，并照老规矩留下谷子35挑，作为接种份地者代出门户的费用。值得注意的是，本人官租负担只合6挑，仅为照老规矩留下来的数目1/6强）。正如马克思所说："剩余的生产品虽则在法律上被确认为经由劳动而实际上占有的后果，但不用说仍属于这个最高的统一体。所以说，在东方专制主义的条件下，事实上作为专制主义基础的这种大部分在小公社范围内由于工业和农业相结合，所产生的部落或公社的财产，是存在的。"[2]

总起来说，所谓寨公田实质上已为封建领主所领有，并以公社作为专制主义的基础，即利用公社的躯壳，对农民进行其劳动编制，使公社负责管理农民履行一切封建义务，因

① 列宁：《俄国资本主义的发展》，解放社版，第 161 页。
② 《前资本主义生产形态》，《民族问题学习材料汇编》，第 5 页。

20世纪中期云南少数民族社会历史调查实录

第四卷 民族工作（二）

而成为一种"按连环保原则向农民征收赋税的一种便宜工具"①。公社集会，在封建的庄园内，变为"庄园的议事庭"；公社所推举的头人，乃是庄园的代表和对领主的负责者。除头人以外，管庄园的，还有领主所委派的波郎。这样，公社组织，在封建的庄园内仍旧保存，使庄园适应于自己的目的了。

二、关于"波郎田"

1. 与份地制度密不可分的面积单位"纳"

在上述各类土地中，波郎田之属于封建性质最为明显，但在封建性土地这一范畴中，它又具有若干特色，体现着历史发展的某一个阶段。

初步了解，波郎田的特点是：

（1）与纳这一个单位名称紧密结合——这也是寨公田的特点，即在分田时加入分配的各类土地的特点，还包括宣慰田、土司田和村寨内部分给头人的薪俸田等。与此相反，不进行分配的土地就不以纳计算，如本寨和其他各寨的私有田、新开菜地等，都是以籽种或块数来计算。邻近本寨的一个傣哪（汉傣）寨子曼景栋，因为搬来时间较晚，没有田种，就把山地开成梯田，有12挑谷种，种了5年，召竜戞来把它收为波郎田，面积定为200纳②，官租定为50挑，从此以后，才改用纳来计算面积。足见纳这一单位名称是与应出负担的各类土地相伴而来，在波郎田更为显著。"西双版纳"直译应为"一万二千田"，据说就是以前贡赋钱粮的计算单位，③足见纳这一单位名称本身就包含着封建性质。

（2）除了以纳作为单位名称外，还有特殊的计算单位：曼栋有一份波郎田，是拨给3户划船人种的，问他们总数有多少，回答是3个70纳，不说210纳；曼飞竜计算波郎田的面积，或者是35纳，或者是70纳，或者是150纳。这不仅与村寨内部的分田办法相结合，也与宣慰司署的官租法规相结合。宣慰司署明文规定官租租率为：30纳收10挑、50纳收15挑、70纳收20挑、100纳收30挑4个等级。④总的来说，这一个特殊的计算单位，又与劳动地租下面的份地制度密不可分。

（3）在某些方面，所谓纳只是一个虚数。在曼鸾典，怀郎曼轰的波郎田1000纳，由那些极不整齐的田埂和犬牙交错的分布情况来看，实在大有问题。与此同例：宣慰街头人

①《联共党史简要读本》，解放社版，第31页。

②曼景栋波郎田的来源、面积及官租数，是根据该寨老鲊的口述；省民族工作队进行面上的调查，统计该寨单户自报的波郎田为245纳，与此有出入，还应继续了解。

③此据省民委会王叔武同志向刀学林（怀郎曼轰）访问所得的材料。刀是该族的大知识分子，最熟掌故。王同志访问时间在去年建政时。当时他很忙，答应以后详谈，但几天之后他就病死了，许多资料都没有得到，非常可惜。

关于"钱粮"，《泐史》下卷49页有这样的记载："十二版纳自经缅王法苏妥坦麻暹阇大肆掠夺以来（公元1568年），地方荒凉，居民稀少，无力送粮上纳天朝，遂会议决定，以银两折缴，计共应纳谷米一千零八十四石……共二千七百四十九两八钱三分九厘八毫。"引文省略分配数字。

④这一项官租租率，也不是绝对数字，看田的好坏而有增减。

散在各寨的波郎田，一般都是成千成百的整数①，但是否与原有波郎田面积相吻合，也还成疑问。一个具体的例子：曼栋有一份波郎田1000纳；原来分给10家人种，每块份地100纳；现在分给19家人种，每块份地仍然号称100纳；同寨另一份波郎田500纳，已经被河水冲去100纳，但纳数及官租数并未减少，弥补的办法是准许这几家种田户在河边鱼塘里拿鱼。由此可见，所谓纳只是一个虚数，它与耕地面积结合的程度，大大不如与官租数额的结合为紧密。但也不是和耕地面积全然无关：我们曾在曼鸯典和曼飞龙步测过几块，虽有出入，但一般为4纳至5纳合1亩。据他们说："纳有大小，远田坏田要大些。"则在耕地面积计算上，还要结合土质、距离等等条件来考虑，这也和份地制度密切相关。

（4）它虽然还有地区可指，但已经逐步失去了固定的位置和界线：如曼鸯典的波郎田分布并不集中，许多地方与寨公田犬牙交错，更突出的是在分田时两者之间已经有了极大的混淆（见第一部分第五节注一和注二②），这就标志着地租形态的过渡。

（5）目前一般的情况是领主认租不认田，曼鸯典叭竜在介绍波郎田情况时说："他们只会收官租，田埂地角在哪里，完全不知道！"这里面深刻地反映出领主早与土地脱节，只认租子不认田；也与农奴脱节，只认租子不认人了！

2.由劳动地租过渡到生产物地租

由上述几个特点，不难找出一条发展的线索，即这一个地区的大小领主，最初还是"裂土分封"，给予庄园，让他们实际进行管业（如上述在勐捧、勐海目前还有部分领主喊白工，指挥、监督他们耕种自己庄园的例子），渐渐嫌麻烦，同时感觉到收受农民的租税比领有农民个人还重要，从而把劳动地租改为生产物地租，让农民具有"耕种土地并从自己收成中，拿出一部分实物缴给封建主所必需的某种劳动兴趣"③，就逐步与土地和农奴脱节。这一发展，是由于经济上的原因，也是最基本的原因。

定居较晚的村寨，只有波郎田而无寨公田，即所有份地都要上官租。据省工作队前后两次的调查（一次是最近），戛董、戛洒两行政村共28个寨子里，缺乏寨公田的计有11个，这又是一个发展线索。即在进入生产物地租阶段后，农民不得不在份地上加工（怕交不出定额官租），同时也有了加工的兴趣（提高产量后，可以相对减轻剩余生产品的被剥削量）。此地区土地具有巨大的潜力，在原来领主庄园上加工生产，缴纳定额地租后，已可得到必要生产品，这样，领主就不愿再付出实物工资，从而取消了"不上官租"的那一型份地，是完全可以理解的。

---

① 由《通报》第 11 期《西双版纳土司制度初步调查》第一附表可以看出，各个官员的俸禄（官租）都是一些整齐数字。由于各级份地的官租租额并未成为等比级数，所以单独用某项标准折算所收官租的亩积，常常会有零头，甚至除不尽。又省民族工作队根据各寨的单户调查表制成的"土地占有情况"统计表（见《通报》第 3 期，第30—37 页）中，各寨所有波郎田也没有完全成整数，这可能是单户自报当中的出入，如上述曼鸯典的例子。

② 见第一部分第五节注一和注二，应为"第贰部分第五节注一和注二"之误。该两注见本书第 379 页注①和注②。——编者

③ 斯大林：《列宁主义问题》，外文版，第 76 页。

这种地租形态的过渡，还有一个政治上的原因：历代君主把土地分封给子弟亲族的结果，这些亲贵凭借着封地掀起争夺权位的砍杀就不断发生；最高统治者接受这些教训，就把"食采"变为"食禄"，目的在使大小臣属与土地分割开，拆去"造反"的墙脚。①

第一部分第一节注一②中曾经叙述过目前波郎田的分布情况是：（1）某官的波郎田并不集中在一处；（2）一个寨里可以同时有几个官员的波郎田；（3）享有波郎田的官员和管理村寨的波郎常常分隔开，更重要的是废除了因袭制度，表现了该区领主的高度统治术。

这些改变开始于何时，还找不到直接的文献，但在《泐史》中，也有一条有关的记载：在傣历1147年（清乾隆五十年，公元1785年）召景哈召集十二版纳各大头目、各土司贵族等会于议事庭，并呈准宣慰使，另订十二版纳的划分。其划分结果有一个显著的特色，就是同一版纳的领地隔离分散。如第十二版纳分辖景真（在南峤）、猛远、勐醒（在镇越）、小勐养（在车里东面），真正成为"天南地北"。可惜另订以前的区划查考不到，无从对比。

总的说来，这一发展表现在地租形态上，是变劳役为实物；表现在政治形态上，是变"封建"为"郡县"。但是这种改变并不彻底，关于后者，各勐世袭的土司依然存在；关于前者，劳役地租下面的份地制度正在保留，这又和农村公社的残余密切相关。

（三）关于"薪俸田"

据省工作队前后两次在夏董、夏洒两行政村28个寨子的调查，享有"薪俸田"的只有12寨，可见并不普遍；其余村寨，则用捐赠谷物的方式作为头人的薪俸，每户1挑至3挑。各寨情况也不同，较穷的寨子只给充任通讯员及防火的波板，也有把这个职务轮流充任的。此外，在杀猪宰牛时，要送给叭竜或鲊竜脊肉、胸膛等一两斤至八九斤。但负责催收官租的头人，一般都由波郎拨给一点田作为"奖赏"。可见头人享有薪俸田可能仍是村社的残余，尚非封建领主的规定。

本文第一部分第一节注一及注二③中，曾经简略地介绍过中央和地方的政治组织，就村寨内部的头人看，其产生还带有若干原始民主的色彩，但要注意较大头人名位的确定必须经过领主的加封。目前情况是，公社内部的集会已经变为庄园的议事庭，虽因它的本身还是一个农民组织，有时还可以给封建主以抵抗，如解放后村寨小头人参加以至领导进行减官租运动，但我们更不能忽略其为领主服务的事实。前述曼鸾典大小头人的具体情况

---

① 具体的例子如像议事庭长召景哈。这个官名就包含着这样的线索："景哈"是橄榄坝的一块地方，"召"就是"官"。据说有一次宣慰受到强大敌人的攻击，景哈侯率兵救了他；敌人败退后，宣慰"升调"他做议事庭长，住到宣慰街来。以后议事庭长就称召景哈，而且遥封在景哈。这对第一个召景哈来说，是用"论功行赏"的办法巧妙地收了他的兵权；对以后无数个召景哈来说，永远让他们成为脱离巢穴的老虎，就可以高枕无忧了。

② 见本书第 364 页注①。——编者

③ 见本书第 364 页注①和 365 页注①。——编者

（壹、一、注二①），他们在村寨内部已经形成一个政教合一、姻亲联系的相当巩固的统治网，虽然本寨现象在戛董行政村内算是比较突出的。其为领主利用的方面，如马克思所说："好比加特力教会曾在中世纪，不分阶级、家庭出身和财产，由人民中间挑选出一些最优秀的分子来形成它的等级制度，把这当作是巩固僧侣统治权和镇压世俗社会的一个主要手段。一个统治阶级越是能吸收被统治阶级中最优秀的分子，它的统治越是巩固，越是危险。"②

这是从政治上分析村寨内部的头人。再从经济上看，他们也享有一定的特权，便于发展富农经济。有俸禄田的不必说，接受实物津贴或犒赏的一般也较旁人好；较大头人利用"原始互助"作掩护，进行雇佣剥削，甚至喊白工（如曼藏宰叭竜办）。如曼鸾典9个头人，其生产资料占有情况如下表：

单位：土地（纳）、牲畜（头）

姓名	人口				土地占有						水黄牛占有			
	成分	全劳动	半劳动	不劳动	波郎田	寨公田	薪俸田	私有田	合计	占单户平均数%	能耕能驮数	占单户平均数%	不能耕驮数	占单户平均数%
叭竜	富	1	1	3		50	80	25	155	221	3	170	8	567
鲊竜	富	1	2	4	20	50	70		140	199	6	338	10	709
鲊康郎印	商人兼土地出租者			6	25	50	30		105	149	2	113	3	212
鲊喊	土地出租者		1	1	20	50	25		95	135				
先波拉	中	2	2	3	25	50	25		100	142	1	56	4	283
先拉养	中	2	2	5	25	50	25		100	142				
先尖	中	1	1	1	25	50	25		100	142			2	141
波板	中	1	1		25	50	30		100	142	1	56		
波猛	富	1	2	1	30	50	70	20	170	248	2	113		

说明：

1."单户平均占有土地数"系由总数中减去寨出租及薪俸田数再以61个种田户平均，每户合70.11纳。

2."能驮能耕水黄牛单户平均占有数"为1.77头。

3."不能耕驮水黄牛单户平均占有数"为1.41头。

4."阶级成分"系根据生产资料及剥削与被剥削量（包括地租、牛租、债利、雇佣等）划分。鲊喊1户虽因缺乏耕牛而出租土地，但本人一贯不劳动（解放前当召存信的机枪手）是划他成分的主要条件。目前经营小贩，生活情况不很好。

———————————

① 见本书第 365 页注①。——编者

②《资本论》卷三，第 780 页。

如上表，9户头人中，富农及土地出租者共5户，占55%强；全寨富农及土地出租者共9户，现职头人也占55%强；9户当中，尚有旧头人2户，合并计算，则占77%强。

斯大林说："农民村社事实上是一种掩饰富农凶焰的方式。"[1]在这里又得到了证据。

四、关于"私有田"

马克思认为农村公社不同于原始社会之处在于：农村公社是人类社会的最初形态，在这种社会形态下，已经出现了地域性或近邻间的联系，以代替亲属的结合，并且出现了对土地所有制的二元主义，亦即除集体的所有制外，还发生了私有制。

在西双版纳，其表现形态首先是宅地、园地的私有和土地以外的财产如牲畜、农具、各项生产品等类的私有。至所谓私有田，如就公社内部来说，可能是富农经济发展的结果；如就全区范围来说，则是由于地租形态的发展，在"王土"以内钻空子出现的。

初步了解，较老、较富、分田时变动不大的寨子才会有公开合法的私有田，如曼鸾典。该寨私有田的位置，一般都在自己份地的附近，而且很零碎，成为整块的并不多；也有的寨子是用鱼塘改成的（如曼纽），如果是在寨公田范围内，头人有权随时把它收入分配的行列；在波郎田范围内，又比较稳定。与此相反：移来较晚、缺乏寨公田的村寨，开垦荒地三五年后必须交官租（生荒5年，熟荒3年），就变成波郎田，如前述曼景栋的例子；但如曼回溯、曼摩等小寨，由于内部团结，集体隐瞒的结果，每家都开有一点私田，曼回溯老鲊曾对我们说："别的寨子有人戳，开出巴掌大一块，波郎立刻就知道；我们寨子人齐心，他屁都闻不着！"

由于地租形态的发展，由"劳役"过渡到"实物"，领主已无须直接经管，逐渐与土地脱节，形成"认租不认田""认租不认人"，因而就留下一个空隙：在"王土"之内出现了私田。但其私有权仍有限制：不能买卖，迁移时就丧失所有权。此种私有田的来源及使用，都与地主经济范畴中的私有田大不相同。

五、小结

总的说来，曼鸾典的土地关系——也许可以推广来说西双版纳傣族地区的土地关系，是建基于农村公社基础之上的封建领主所有制。原来公社集体所有的土地已被封建领主所掠夺，通过各个人所属的公社，以份地形态赋予各个人，成为保证领主劳动人手的实物工资。随着地租形态的发展，寨公田已失去存在意义，逐步撤销了庄园和它的界线，即所有份地都要上官租；又因领主与土地脱节，而在"王土"之内出现了私田，它和头人多得的薪俸田，逐渐变成了助长富农经济的一个条件。但它也同样具有亚细亚形态的特色——各个人对公社的关系不是独立的，生产的内容只是看作自己生存的保证，农业和手工业之结

---

[1]《联共党史简要读本》，解放社版，第31页。

合为一等①，因之商品关系不可能得到有力的发展。解放前由于帝国主义商品的倾销，虽已带上浓厚的殖民地经济的色彩，但因内地侵来的官僚买办资本又垄断了国内外贸易，也阻碍了傣族内部商人地主的出现。②

这又应当分作两方面来说：一方面，公社内部独立的商人不容易成长，无从积累较多的资金转化为土地资本。一方面，由于封建的土地所有制的限制，在公社内部，买卖土地要受习惯和法律的约束，份地只可短期出租以至进行变相的典当，但一直没有变成真正的商品；在大小臣属，他们的庄园已经为俸禄所代替，土地所有权最后集中在一二人之手，因之没落的贵族，也就缺乏可以出卖的东西。所有这些，都阻碍着公社的分解，得以牢固地保持下来。就不难理解：为什么它经历了那么多的风云变化，若干次荒无人烟，但又在同一地点，以同一名称，再树立起来，而一切地方组织习惯不变更。

---

① 举例言之：如西双版纳自然条件十分优厚，稻谷可以两熟，而且也曾有人种过两季，但就缺乏商品粮食的生产。——自然，过去交通不便，销路有限，是一个原因；可是山居民族就缺乏粮食，也不是完全无销路。目前，只种一季，如果稍为加工，也可以增产不少，但在这方面，同样缺乏兴趣。这是由于生产关系阻碍了它，后面还要分析。这里，我们先提一点，如马克思所说：在东方公社的财产形态里，"个人并不把自己当作劳动者，而当作所有者或同时也在劳动着的集团的成员。价值的创造，不是这种劳动的目的——虽则也可能花费剩余劳动，以便替自己换取别人的（劳动），亦即剩余生产品——而保证各个所有者及其家族乃至全部公社的生存，才是它的目的"（《前资本主义生产形态》，《民族问题学习资料汇编》，第3页）。解放后，生产条件有所改变，生活得到改善，农村里面积累起来的资金，除一部分转化为商业资本外，大部分则是用在"赕佛"和生活开支等浪费和消费上（小商贩里面，以卖米干、米线、酿酒的为最多，说明其经营范围仍是以消耗品为主），很少投放在扩大再生产上。由上引此类公社的特质来看，原因之一可能就是"生产的内容只看作自己生存的保证"。

相伴而来的现象，是农业与手工业的强固结合：以纺织为例，它几乎成为每一家的副业，青年妇女们都在操作着。尽管在过去，由于帝国主义廉价商品的倾销，妇女都穿上洋布，但家庭纺织业仍未完全被破坏。这方面，她们的技术水平是相当高的：可以在白布上织出很多花纹，更能够用彩色线编组一些图案布。如果逆推到帝国主义商品侵入以前，她们具有相当水平的手工业仍未能从农业分离而独立，进行自己的商品生产，其原因可能就是生产的目的性限制了它。

因之，这里也突出地表现了城市和乡村成为不可分割的统一体，在宣慰和各勐土司所在地，虽然也已经建立了初级市场，但如果把它当作城市，毋宁把它当作"王公的营垒"更妥些。如马克思所说，"在真正意义上只是经济制度的赘疣"（《前资本主义生产形态》，《民族问题学习资料汇编》，第13页）。

与此相适应，其奴隶制的痕迹也很不明显（缺少大量使用奴隶的社会条件）：其对山区各少数民族（如哈尼、攸乐、濮满、三达等）的征服，都不采取直接奴役的方式，而是"征服者一方面容许被征服者继续原来的生产方式，一方面以获得贡物为满足"。宣慰对山区各族，同样设置许多波郎，坐在宣慰街遥为节制。各族对波郎的贡纳：开山地1块（不论大小），若种谷子每年交半开银币1元或等价谷物；若种棉花，每年交5斤。打得野兽要分别送交鹿茸、熊胆、猎肉等。各族遇有重要事件，头人来找自己的波郎解决处理；各族要到宣慰街来，吃住也在波郎家。

所有这些，似乎都是属于亚细亚的形态，由于材料不足，只作问题提出，以后再继续调查研究。

② 解放前这里的进出口贸易是被伪"中茶公司"及与残匪勾结的内地奸商鸿祥、鸿记、李容生、曹荣川、刘献臣、侯祖萌等50多家所垄断，傣族商人无法抬头。

叁、村寨内部的阶级剥削及在解放前后的变化

显然看出：这里对立的阶级主要是领主集团与农民（农奴），但村寨内部已经有了阶级分化并出现富农经济，解放前后并有显著的变化。分述如下：

一、阶级关系及其变化

1. 富农及相当于富农阶层的土地出租者

村寨内部，占统治地位的是那些拥有政治特权和充足生产资料的富农以及在解放前主要是放高利贷，解放后主要是握有商业资本的土地出租者。

曼鸾典的富农，解放前后都是5户，户数无变化，但所占比重有变化：解放前占总户的9.8%，解放后只占总户8.06%。具体户也有变化：解放前，鲊竜告（旧头人）多得70纳薪俸田，雇用长工1个，债利剥削亦重，划为富农，现卸职退田，并招得姑爷，剥削量减轻，降为中农；波依囡过去雇用波板为长工，有债利剥削，划为富农，解放后认了1个干儿子，担任主要劳动，如果承认其亲属关系，应降为中农。解放后鲊丙宰出租耕牛2头、爱糯香出租耕牛1头及私有田1挑谷种，均由中农上升为富农。

其生产资料占有数，解放前为：各类土地635纳，占总面积的19.39%，占单户平均占有数的200%稍弱；牛马共44头，占总数的27%，占单户平均占有数的275%。解放后为：各类土地645纳，占总面积的12.96%，占单户平均占有数的161%；牛马共64头，占总数的23%，占单户平均占有数的284%。[①]

这里的富农虽然不像旧俄时代的富农可以购买许多的土地，但他们凭借政治地位，可以多得1倍左右的土地。其牲畜、农具的占有，则比其他阶层的平均占有数要多到2倍至3倍，这也是其成为富农的一个重要原因。列宁在分析旧俄时代的农村阶级时，特别强调此点："一部分人，有许多耕马；而另一部分人，而且是很多的一部分人，或是完全没有耕马，或是很少耕马。……这些农民或是完全破产了的，或是无产的农民，我们称他们为农村贫民。……其次就是中农，他们每人有两匹耕马。……再次就是富农，他们每人有两匹以上的耕马。"（《告农村贫民书》，《文集》第一册，268页。这一论点也早贯穿在《俄国资本主义的发展》的许多章节中）

此外，"一定数量的乡村雇农，尤其是日工的形成，是富农存在的必要条件"。这里的情况和旧俄有些相同，也出现了一种"农村无产阶级"的"新的类型"，即"具有份地的雇农、日工"（上面引文均见《俄国资本主义的发展》，第150—151页）。还有以村寨为单位具有强制性质的"原始互助"（某些村寨请着不到要罚钱，其结果是"互而不助"或者是"助而不互"），更是那些拥有政治特权的富农进行雇佣剥削最为便利的方式。此外，中、富农阶层还普遍用"招姑爷""认干儿"招亲戚同住，甚至抱养小孩等方式来进

---

① 此处耕地"总面积"，不包括集体出租部分。下同。土地"单户平均占有数"，只除去集体出租部分，不除薪俸田，并以实有户数平均。解放前平均每户可以占有64纳，解放后平均每户可以占有80纳。

行变相的雇佣剥削。①

解放前由于逃避负担，曼鸾典51户中，就有11户不敢接受份地，因而更扩大了雇佣劳动的市场：当时经常雇佣长工、季节工及日工的富农和富裕中农共有10户，占总户的20%稍弱；经常受雇佣剥削的有17户，占总户的33%强。解放后个别雇佣季节工，一般雇佣日工的富农和富裕中农共有8户，只占总户（62户）的13%还弱，经常受雇佣剥削的锐减为9户，只占总户的14%稍强。可见解放以前这里的社会正是迈着大步向富农经济的道路发展。

解放以后，农民首先从国民党的横征暴敛中解放出来，获得了空前安定的生产环境，特别是由于我党和人民政府的大力领导与支持帮助，以前因逃避负担而不敢分家的已经分出（分家后可以多得份地），不敢分田的也争着要了。解放后本寨计有分家户7户，迁来户5户，搬走户1户，农业户则较解放前增加了21户。耕地面积：解放前为3275纳，解放后为4977纳（包括单户租出部分，但不包括全寨租出部分），计增加52%稍弱。牛马总数：解放前为163头，解放后为278头，由于添购及繁殖结果，计增加70%强。就在一定程度内遏制了富农的凶焰。

但在某一些空隙里，却出现了农村资本主义的自发势力，这又要从土地出租者说起。

曼鸾典土地出租者解放前后都是4户②，户数及具体户均无变化，但所占比重有变化：解放前占总数的7.86%，解放后只占总户的6.45%。具体情况也有变化，如咪依奔过去除收地租外，主要靠放高利贷，现在逐步把高利贷资本转化为商业资本，据说曾经借给鲊召拉半开900元做贩卖及屠宰猪牛的生意。匋格的牙是由车里搬来的基督教徒，一贯出租份地及耕牛，做医生，以前还兼放债，现在自己也跑小生意。鲊康郎印出租份地专做生意已有七八年，但解放前资本并不多，解放后曾经跑昆明几次。最近一次参加贸易团，仅缝衣机就买来4架，此外还有布匹、百货等。据他自报，利润在1000多万元。又经常跑石膏井驮盐到橄榄坝、佛海等处售卖，换来棉花、麂皮等土特产。雇用由南峤搬来的奎真帮做生意、烤酒卖，估计其全部资本不下5000万元。上述土地出租者的生产资料占有数：

---

① 初步了解，本寨认外来单身汉作为干儿，进行变相雇佣剥削的，有鲊康郎印（认南峤人奎真为干儿）、波怕燕（认景真人爱仑为干儿）、波依因（认爱仑的哥哥爱香为干儿）等3户；抱养小孩、储备力量，或已长大成人，还本生利的，有鲊康郎印（抱养男孩岩柄，已有13岁；抱养女孩峨的，才1岁）、波埃送（抱养岩帮，现已成人）、波及因（抱养埃及因，现已成人）等3户；招亲戚同住的，有波依衮（舅子埃勇附敌，现已争取回来，与他同住）、波板告（招舅子夫妇二人同住）等2户。此外鲊召拉收容蒲田坝搬来的波陶猛亚，因为是个"老波陶"（老大爹），不好认作干儿子；还有由勐宋曼方搬来的波一香（53岁）、由曼孝搬来的埃见（20岁），一时还找不到站脚处，就住在缅寺里，农忙时卖零工，闲时帮佛爷打杂。这些人，除了亲属关系真正确定或年纪尚幼者外，其余个人成分，都应当算作雇农。由于没有另立门户，所以未划进去。

又：此地的婚姻制度多半是上门，他们叫结婚为"纳汉子"，很不习惯说"讨老婆""嫁女儿"。结婚离婚很自由，但在时间上男女各有打算：结婚时间男的愿在收获以后，女的愿在犁田以前；离婚则相反。夫妻不和睦，如在农忙节季，女方家长会劝她暂时忍耐一下，这都与生产有关。

② 本《通报》第3期20页"解放前各寨户数人口统计表"列为5户，中有1户"波不送"，因丧失劳动力而出租土地，已另外剔出列入贫雇农。

解放前占有耕地395纳，合11.9%，占有牛马29头，合17.78%；解放后占有耕地395纳，合75.13%，占有牛马36头，合13%。土地全部出租，可耕耕牛部分出租。富农而兼营商业的，如鲊召拉、叭竜等。鲊竜、叭竜也跑石膏井驮盐卖，但次数不多。

总的说来，解放后由于农副业生产都有显著发展，农民生活普遍上升，农村资金也在不断积累，这样：相对地缩小高利贷市场，因之不可能全部转化为高利贷资本，同时土地还没有变为商品，也不可能作为投放对象。封建经济的特征就是单纯再生产，这里还多受着不能买卖土地的限制和目的不在创造价值的生产内容的限制，所以除了添补一些牲畜、农具外，投放在扩大生产方面的就很少。因而留给农村资金的出路只有两条：一是用在宗教浪费和生活消费上，一是转化为商业资本。夏董、夏洒20个寨子83户中小商人中，有10户出租全部或大部份地去专营商业。此类商人兼土地出租者，成为村寨内部一个新兴的统治力量。

2. 中农

列宁对旧俄农村的中农阶层的分析，对我们极有教益："我国乡村经济中另一种阻碍农民分化的重要现象，就是劳役经济即工役制度的残余。工役制是以实物偿付劳动为基础——因而是以商品经济的不甚发展为基础。工役制是以一种中农为前提并且正是需要这种中农。这种中农既不是完全富裕的（否则他们就不会被奴役于工役制之下），也不是完全无产者（要采用工役制，就必须有自己的农具，就必须至少是小小'正当的'所有主）。"（列宁：《俄国资本主义的发展》，第158页）西双版纳虽已过渡到生产物地租阶段，虽在耕作上脱离了工役的束缚，但是还没有脱离份地和其他工役的束缚。如前分析，基本上仍是属于劳役经济的范畴。这就阻碍了农民的分化，因而中农也占了很大的优势。解放前的阶级情况，一般是"中间大、两头小"，据省工作队17个寨子的统计，613户中，中农351户，占57%强；解放后更见突出，如17个寨子710户中，中农469户，占66%（本《通报》第3期19至22页"解放前后各寨户数人口统计表"[①]）。但曼鸾典略有出入：解放前51户中，只有中农18户，仅占35.29%；解放后62户中，有中农33户，占53.22%。当然，划分阶级原是群众的事，我们掌握的材料，可靠程度是有限度的。

其生产资料的占有，就17个寨子说，解放前占有耕地8.82%，占有牛马75.4%；解放后占有耕地78%，占有牛马82%。

就曼鸾典一寨说，解放前占有耕地1450纳，合44.27%，占有牛马75头，合46%；解放后占有耕地2579纳，合51.81%，占有牛马167头，合60%。其户数和生产资料占有数基本上是相适应的。从上列数字可以看出，他们也是小小"正当的"所有主。

至于解放以后中农更占优势，理由则如上述。

3. 无产和半无产农民

列宁又教导我们："农村工人之被分与土地，常常是有利于农村经营主，所以具有份地的农村工人这一类型是一切资本主义国家所固有的。在各个不同的国家里，这个类型采

---

① 见本书第 196—197 页。——编者

取着各种不同的形式：英国的草屋者不是法国或莱茵省的零细农民，而后者也不是普鲁士的贫农或农奴。每一种形式都带有着特殊土地制度的痕迹，特殊土地关系历史的痕迹——然而这并不妨碍经济学家们把它们概括在农业无产阶级这个类型之中，它的一小块土地所有权之法律基础，对于这种资格是完全没有关系的。不论是土地所有权完全属于他（如零细的农民），抑或是地主或庄园主只给他以土地使用权，最后抑或是他作为大俄罗斯农民公社社员而占有这小块土地——问题并不因此而有丝毫改变。"（《俄国资本主义的发展》，第151页）

曼鸾典就有不少初步划为雇农、贫农、小贩的阶层，因为缺乏耕牛和农具，或者不敢接受份地，或者出租份地自己又来卖长工、季节工、日工，这些人，有的因为兼营小贩，有的职业很不固定，曾把他们分别定为小贩和贫民，其实这种划分是多余的。又在土地出租者中，也有个别户因缺乏劳畜力而出租土地的，也应该剔出来，"把他们概括在农业无产阶级这个类型之中"。"农民自己也出租许多土地。他们抛弃份地，因为没有耕畜，没有种子，无法来经营经济。现时没有钱，就有土地也全无办法。"（《告农村农民书》，《列宁文集》第一册，第170页）"因此，最正确的方法，就是根据他们所有的耕马的数量来分别富农、中农和无产农民。"（同上书，第167页）当时旧俄的情况虽和这里不尽相同，但在农民没有土地私有权和被分给份地的情况下，土地以外生产资料（耕畜、农具等）的占有，往往是决定阶级升降的重要因素，则是可以肯定的。这些人应是我们在这种地区的依靠对象。

如果照这样划分，曼鸾典的无产农民（或用习惯称谓称为"贫雇农"），解放前有24户，占总户的47.06%；解放后有20户，占总户的32.25%。

其生产资料占有：解放前耕地为800纳，占总面积的24.42%；牛马15头（能耕者仅4头），占总数的8.2%。解放后耕地1432纳，占总面积的28.55%；牛马10头（能耕者仅3头），占总数的3.6%。

其份地出租数，解放前材料不完备，解放后为637纳，占本阶层份地总数的45%。

4. 中农以下农民阶层的不稳定性

份地制虽然形成阶级关系"两头小、中间大"的特点，多少阻碍了农民的更大分化，但在农民被分给份地的情况下，耕畜、农具、劳动力等才是真正的所有物。因其占有情况不同，而开始产生了农村阶级的两极分化。由于此等所有物变化性较大（遇天灾人祸即丧失，反之恢复也较易），这就形成了中农以下农民阶层的不稳定性。

如曼鸾典解放前18户中农中，有两户（鲊丙宰、爱糯香，见前）在解放后因增购并出租耕牛，上升为富农；有1户（爱坎尖，详下）前年死了父亲，卖掉耕牛，退回份地，下降为雇农；还有1户先拉养，解放前被人诬告为盗牛，波郎罚他320元半开，把1条水牛和5条黄牛卖光，因而破落，目前受牛租及分养猪的剥削相当重，但他担任"先"级头人已有两年，作为依靠对象应有所考虑，故仍定为中农（划阶级应以经济条件为主——省委边委办公室）。

解放前24户贫雇农中，有6户解放后买得耕牛；有两户原有耕牛，解放后愿意接田种；有1户当了"先"级小头人，多得1份薪俸田；有1户当了"波张"，有宗教剥削，都上升为中农。

注：有两个足以说明农民阶层不稳定性的具体例子如下。

（1）波宰令：原是曼令寨的人，于1944年来本寨波刹家上门。1945年带着老婆自立门户，分得50纳寨公田、20纳波郎田。由于劳动力少，又缺乏耕牛，只好将全部份地租给别人种，收租50挑，自己带着老婆卖短工，做零活。1949年他自己去帮卡的牙家做了1年的长工，得20挑谷子，又帮人家出公差，得一些工资；老婆帮人做零活，有时贩点草烟、烧酒卖，除开销外，两人积下20多块半开，买了1口猪养起，到年底，卖得108元半开，就用80元买了1条半大水牛来。喂到1950年已经下得力，学会犁田了，就将份地拨回自己盘。从此不再帮工，农忙时还找几个零工来帮助。生活逐渐宽裕了，亲戚不够吃，还主动借给一些，这样，就由雇农上升为中农。

（2）爱坎尖：1951年死了父亲，把耕牛卖掉，份地退回，母子二人靠帮工过活；剩得工资合10挑谷子，放了出去，利加5，去年共得15挑。

母子嫌寂寞，请了一家未立门户的亲戚（夫妇俩）来同住。4人共同卖工，1952年又积得42挑谷子。

1953年年底，来本寨上门的埃书死了老婆，要搬回原住村寨，把份地退回，并照老规矩留下谷子35挑，作为接种份地的人代出门户的费用——也就是移交门户。

此项份地已经由爱坎尖接过来。前年买牛的钱除办丧事外，还剩一部分，连同工资积存、门户移交数，又够买1条，还可以剩下生产垫头。正在请人物色中。

如果买到手，他今年就会大变样，立刻可以上升为中农；如果那家亲戚还继续合作，并任其自发发展，而无意外灾害，再过两年很有可能就变为富农。

附表：

（1）初划阶级成分及解放前后升降变化表：

		土地出租者	富农	富中	上中农	中中农	下中农	贫农	雇农	贫民	小贩	合计
解放前	户数	5	5	5		13		6	8	6	3	51
	百分比	9.56	9.8	9.8		25.49		11.76	15.68	11.76	5.88	100
解放后	户数	4	5	3		27	3	11	1	4	4	62
	百分比	6.44	8.06	4.83		43.54	4.83	17.74	1.62	6.45	6.45	100

说明：

①初订"上中农"为"剥削与被剥削的分量都不大，但其全年的剩余占其全部收入的40%左右者"。

②初订"下中农"为"被剥削分量较重，或负债，或租入大部土地，但又基本上能自给者"。（均见本《通报》第3期，第24页 [①]）

———————————
① 见本书第198页。——编者

（2）改订阶级成分及解放前后升降变化表：

		土地出租者	富农	中农	贫雇农	合计
解放前	户数	4	5	18	24	51
	百分比	7.84	9.8	35.29	47.05	100
解放后	户数	4	5	33	20	62
	百分比	6.44	8.06	53.21	32.26	100

（3）解放前后土地占有情况表：

			土地出租者	富农	中农	贫雇农	合计
解放前		户数	4	5	18	24	51
		百分比	7.84	9.8	35.29	47.05	100
	占有土地	波郎田	105	150	215	230	700
		寨公田	200	250	1035	550	2035
		薪俸田	60	180	110		350
		私有田	30	55	90	20	195
		合计	395	635	1450	800	3280
		百分比	12.04	19.36	44.21	24.39	100
解放后		户数	4	5	33	20	62
		百分比	6.44	8.06	53.21	32.26	100
	占有土地	波郎田	105	120	457	352	1034
		寨公田	200	250	1870	945	3265
		薪俸田	60	200	120		380
		私有田	30	75	132	135	372
		合计	395	643	1579	1432	5051
		百分比	7.82	12.77	51.06	28.35	100

（4）解放前后牛马占有情况表：

			土地出租者	富农	中农	贫雇农	合计
解放前		户数	4	5	18	24	51
		百分比	7.84	9.8	35.29	47.05	100
	水牛	合计	16	13	32	7	68
		能耕	14	7	21	4	46
	黄牛	合计	11	27	41	7	86
		能驮	1	10	23	6	40
	马	合计	2	4	2	1	9
		能驮	2	4	2	1	9
	合计		29	44	75	15	163
	百分比		17.79	26.99	64.01	9.2	100

续表

		土地出租者	富农	中农	贫雇农	合计
解放后	户数	4	5	33	20	62
	百分比	6.44	8.06	53.21	32.26	100
	水牛 合计	10	14	60	5	89
	水牛 能耕	5	11	37	3	56
	黄牛 合计	24	42	81		147
	黄牛 能驮	9	12	45		66
	马 合计	3	8	26	5	42
	马 能驮	3	8	26	5	42
	合计	37	64	167	10	278
	百分比	13.31	23.02	60.07	3.6	100

（5）解放前后农具占有情况表：

	解放前									解放后								
	户数	百分比	犁	锄	镰刀	砍刀	耙	合计	百分比	户数	百分比	犁	锄	镰刀	砍刀	耙	合计	百分比
土地出租者	4	7.84	9	9	12	13	5	48	10.02	4	6.44	8	7	14	13	5	47	8.83
富农	5	9.8	9	7	13	9	6	44	9.19	5	8.06	8	6	7	12	7	40	7.53
中农	18	35.29	27	21	47	40	20	155	32.36	33	53.21	46	43	102	86	40	317	95.58
贫雇农	24	47.05	17	23	134	40	18	232	48.43	20	32.26	17	16	41	44	10	128	24.06
合计	51	100	62	60	206	102	49	479	100	62	100	79	72	164	155	62	532	100

二、剥削情况及其变化

1. 官租、劳役剥削

本寨官租照宣慰街租率定额为300挑（每挑约合46市斤），合13800斤。叭竜扣下催租报酬20挑，实交怀郎曼轰280挑。解放后领主被迫减租1/3，但本寨头人借口移作赕佛费用，寨内摊派数字并未减少；相反，由于种田户增加，1953年官租实收345.5挑，缴纳部分则减为180挑（老叭坐扣数除外）。同年11月，该寨做赕，经管钱粮的鲊康郎印就以半价预购此项余谷，旧头人鲊竜告略提高价钱向他争购，引起头人内部极大的争吵。

关于劳役，解放前情况不详知，据说波郎有事随时来征调，数字不清楚。解放后残存部分尚有：

（1）为怀郎曼轰修盖房子；

（2）每隔3天轮派两个人到怀郎曼轰家伺候波郎神，换净水，事实上是伺候怀郎曼轰本人。不久又折成半开银币缴纳，每月3元，全年36元；

（3）每年做赕时还要轮派两三个人去伺候；

（4）怀郎曼轰有婚丧嫁娶事，要轮流派三四个人去打杂。

计解放后官租、劳役两项负担，约占本寨农业收入的8%，占总收入的4%。由于本寨内部并未减官租，故比较其他寨子的比数大。

［附注：

对宣慰街来说，每个村寨都有一项子孙世守的固定劳役，如养大象、割马草、修盖房屋、煮饭做菜、吹号、打炮等，而在某些村寨的不上官租的寨公田上，也还留下一些"助耕"以外的劳役地租的烙痕，有所谓"吹号田""放炮田""割马草田"等等的称谓。

据西双版纳自治区人民政府副主席刀有良同志谈：以前各勐土司每年都要来宣慰街朝贡，住相当时期，除献纳土特产外（小至碗、筷、杯、盘、炊爨器具等都贡纳），还要轮派一定人数的百姓前来当差7个月，路远就折钱。］

2.解放前国民党的门户杂派

关于国民党的门户杂派，项目之多，数不清楚。我们曾进行过一些调查，每户每年对国民党的负担，总数一般均在100元至150元半开，折谷合4000斤至6000斤；若不剔除夫役折价部分，几乎占正产收入的80%以至全部，其对生产的破坏可想而知了。

值得注意的是"门户"一项，无论宣慰街或者国民党的各项摊派都是按照门户计算，但门户数与实有户数并不一致。如本寨门户一向是21个，前年田被水冲，减为19个。各项负担按照门户摊下来，再由实有户数分担，甚至解放后的公粮负担也用这种老办法来分配，非常不合理。

据《泐史》载：以前西双版纳对明、清两朝的统治者纳钱粮，就是以"呵冷"（即门户）为单位，平均分配负担，计每个呵冷应纳"正项粮银""条丁""火耗""补正项""解批""折明""银袋""纸扎"银等6两8钱4分8厘。山区民族（卡）10户，等于坝区民族（傣）5户。照此计算，平均缴纳。

3.地租、牛租剥削

甲、土地租佃：

由于地租形态的发展，逐渐取消了不上官租的份地，以及户口增加，外部移民的结果，形成村寨之间耕地享有不平衡的现象。

根据省工作队前后两次28个寨子的调查，所有各种类型土地如果按户平均，其等差如下表：

单户平均占有的等差数	16至20纳	30纳以下	40纳以下	50纳以下	60纳以下	70纳以下	80纳以下	90纳以下	100纳以下	106纳以下	合计
同一等级的村寨数	3	3	1	3	4	7	2	2	1	2	28
同等村寨总户数	64	111	43	69	135	380	72	106	39	44	1063
占总寨数的%	10.71	10.71	3.57	10.71	14.28	25	7.14	7.14	3.57	7.14	100
占总户数的%	6.02	10.44	4.05	6.49	12.7	35.75	6.77	9.97	3.67	4.14	100

由上可见，富寨每户平均高达106纳，穷寨低至16纳，因而产生两种租佃形式。一种是全寨租佃，即以村寨为单位，集体建立租佃关系，承租寨租入后，就把它当作份地按户分种，佃权尚较稳定，租率亦较轻（约占产量15%）。由于集体出租，租谷归公，从形式上看似属于群众性的，但租子实际为头人掌握，除用于宗教开支外，尚有不少贪污情况，实质上是阶级剥削。另一种是单户出租，由两个村寨农业户自己建立租佃关系。村寨内部的互相租佃则很少见，因富寨无人要，穷寨租不到，但因份地有远近，富寨内的农业户出租自己远田，佃入邻村近田的情况则是有的。单户出租的特点是：佃权极不稳定，村寨内部调整时必须拨佃，因劳畜力缺乏而出租者，情况改变，也要拨佃自耕。租额也较高，多为对分。这类租佃关系，由于占有土地不平衡，为进行剥削出租者，其阶级性自很明显，但有一部分贫雇农因缺乏劳畜力而出租的，则应区别对待。

曼鸾典解放前全寨租出数共1120纳，租给曼卖800纳、曼广龙320纳（这一部分尚待证实）。此外该寨开出一份荒田，有500纳，据说是曼景兰的地面，就与曼景兰建立了租佃关系，租额很轻（15%），不久就把它转租给曼景岱，收50%的地租，中间剥削35%。曼景岱人不满意，就去找景兰的波郎直接建立了租佃关系，为此曼鸾典头人对曼景岱十分不满。解放后曼鸾典因农业户增加，已将租给曼卖的田先后拨回调整，但是还有50纳继续租给该寨以前代管此份田地、催收租谷的一户。

至单户租出租入数，解放前不详，解放后如下表：

（1）各阶层土地租出统计表：

出租阶层及户数	土地出租者4户	富农3户	中农8户	贫雇11户	共26户
出租面积	340纳	100纳	223纳	637纳	共1300纳
占出租总数的百分比	26.15	7.69	17.15	49	100
地租积累数	360挑	100挑	170.5挑	578.5挑	共1209挑

（2）各阶层土地租入统计表：

租入阶层及户数	富农1户	中农2户	贫农2户	共5户
租入面积	25纳	100纳	36纳	共161纳
占租入总数的百分比	15.53	62.11	22.36	100
地租支付数	13挑	90挑	32.5挑	135.5挑

又根据省工作队17个寨子的统计，全部租佃面约占耕地面积的20%（解放前为13%），其中全寨租佃占60%，单户租佃占40%（解放前为15%）。在单户出租土地中，富农出租占22%、中农占30%、贫雇农占48%，比解放前略有增加。

乙、耕牛租佃：

由于占有耕牛不平衡，因而发生租佃关系，这主要是村寨内部的剥削。租用1条耕牛盘1季，租额由15挑至30挑谷子，合690斤至1360斤，占单户正产物平均收入（按本寨自报数平均为120挑）的12.5%至25%，可见这种剥削也是严重的。曼鸾典耕牛租佃情况如下表（解放前不详）：

（1）各阶层耕牛租出统计表：

出租阶层及户数	土地出租者3户	富农4户	中农3户	共10户
出租头数	4头	5头	3头	共12头
占出租总数的%	33.33	41.67	25	100
牛租积累数	91挑	95挑	62挑	共248挑

（2）各阶层耕牛租入统计表：

租入阶层及户数	中农11户	贫农8户	共19户
租入头数	11头	8头	共19头
占租入总数的%	57.89	42.11	100
牛租支付数	227挑	158挑	共385挑

由上表可以看出：出租耕牛是土地出租者和富农的一个重要剥削手段，剥削对象则为中、贫农。

4.债利剥削

这项材料比较难了解，只知道解放前相当普遍严重，如土地出租者咪依奔、鲊康郎印，每人每年贷出稻谷都在200挑以上，但缺乏较为全面和具体的数字。仅将解放后的借贷情况列表如后：

借贷方	阶层	户数	占借贷户%	借贷钱（半开）	借贷谷	买卖青苗	典当田地	分养牲畜
借入户	土地出租者	1	3.12	900元				
	富农							
	中农	14	43.75	425元	122挑	42挑		分养猪5口
	贫雇农	17	53.12		135.5挑	130挑	125纳	分养猪10口
	合计	32	100	1325元	257.5挑	172挑	125纳	15口

续表

借贷方	阶层	户数	占借贷户%	借贷形式及数额				
				借贷钱（半开）	借贷谷	买卖青苗	典当田地	分养牲畜
贷出户	土地出租者	3	11.11	900元	90.5挑	20挑		猪2口
	富农	5	18.51	3元	39.5挑		25纳	猪8口
	中农	15	55.55		85挑	62挑		猪4口
	贫雇农	4	14.81		14挑	10挑		猪1口
	合计	27	100	903元	220挑	92挑	25纳	25口

说明：

（1）"半开"1元，黑市合本币10000元。

（2）"典当田地"有3份：1份50纳，典价30元半开；1份50纳，典价40元；1份25纳，典价20元。典期都是两年，到期无条件取回。

（3）"分养牲畜"为一种不易觉察的苛重剥削：由贷方出钱买口小猪交借方喂养，养大卖出后除本分利，1口小猪平均10元半开，养到100斤左右，可卖100元。

由上表可以看出：借贷面相当宽，借贷额并不大，大桩整笔的只有"半开"一项，那是转化为商业资本的。利率除不易察觉的"分养牲畜"一项高达500%外，一般均为50%至100%。"谷子"是借作口粮、籽种，小额分散，一般为无息借贷甚至亲友相帮，故在目前借贷关系不是这里的主要问题。

5.宗教负担

宗教信仰（主要是佛教，同时也献鬼、祭竜）在傣族人民中，已经成为精神生活及文化生活的主要部分，在某些方面还带有行政性的强制性质和社会的习惯压力，如做赕、祭竜时的摊派早已成为行政事务的一项内容，没有当过小和尚的青年就不容易找老婆。

属于一般性和经常性的宗教负担，每户每年合谷子25挑，折合本币25万元（详见本《通报》第3期《西双版纳傣族地区的宗教情况》[①]）。这笔开支，占本寨自报正产收入的19%，占贫农正产收入的21%，占雇农工资节余的46.5%。

解放后由于社会安定和生活普遍上升，宗教开支显然增大。如本寨解放前只有6个和尚，解放后增加为33个（有8个已经还俗），送一个小和尚最低要用773元半开，一般要用121元半开，多的就没有限度了。曼卖有个老头说解放后有三好："吃得好，穿得好，赕得好！"其实他们的吃穿并不见得好，但在观念上认赕佛是储蓄——为来世储蓄，所以村寨内部辛辛苦苦积累起来的一点资金，倒被赕佛赕光了，这是值得严重注意的！

肆、阻碍生产发展的几个因素

总的来说，这里的敌对阶级主要是领主集团（包括土司、大小头人）与农民（农

---

① 本书未收录。——编者

奴），由这种土地制度给农民带来经济上的剥削尤其是政治上的压力是很大的，它束缚了农村生产力的发展，限制了农民觉悟的提高。"封建的生产都以土地分给尽可能多数的臣属这件事作为特征的，同其他一切主权者一样，封建领主的权力，不是依存于他的地租折的大小，而依存于他的臣属的人数。后者又依存于自耕农民的人数。"（《资本论》一卷，906页）在封建领主统治下，"被贫困所压迫，被人格依赖和心智愚昧所强制"的小农，不得不陷于"极端低下和墨守成规的技术状态"（《俄国资本主义的发展》，162页）之中，这就是该区生产落后（耕作粗放，产量低，每亩平均300斤左右，与其优厚的自然条件不相适应）、停滞不进的根本原因。

其次是农民对土地只有使用权，而无私有权（这里农民对土地的占有权也不稳定，这是和德宏区傣族不同的地方），因而极大地限制了生产积极性。"新的生产力所需要的是在生产中能表现出某种自动性，愿意劳动，对劳动感兴趣的生产者。"（斯大林：《列宁主义问题》，外文版，第728页）这里虽然发展到让农民自己耕种土地，并从自己收成中拿出一部分实物缴给封建主所必需的某种劳动兴趣的生产物地租阶段，但由于从劳役地租保留下来的份地，依然带有"实物工资"的性质，农民不能私有，因而这种"劳动兴趣"也就受了限制。其结果是：一方面某些村寨的份地经常在变动（富寨一般变动尚不大，因为田多；缺乏机动田的穷寨子，往往会打乱重分），生产情绪更受影响。当我工作队在这一地区动员开水沟时，受益户表示："今年倒好，明年不知谁来种！"动员加工施肥时，也反映："我又种不长，白给人家盘！"另一方面，由于土地不准许买卖，农村内部积累起来的资金，除了添补一些必要的耕牛农具外，在生产上缺乏投放对象和兴趣，大多数用于宗教和生活浪费，目前有一部分则转化为商业资本。

此外，如前所述，由这种土地制度所带来的佃权不甚稳定的租佃剥削关系，村寨内部的富农经济还带有显著的封建剥削性质，中农以下农民阶层的不稳定性等，也不同程度地限制或影响了农民的生产积极性。

最后，除宗教开支和送和尚外，一般宗教节日活动约占每人每年1/3的时间，也限制和影响了农民的再生产能力。

由历史发展看，这种土地制度比封建地主经济还落后一步，但这落后的一面——农民尚无土地私有权，习惯上、法律上不许土地买卖集中等，在今天新的条件下，却又提供我党领导农民解决土地问题以至走上集体化道路的某些便利条件，其关键在于改变所有制；同时村社内部分配土地时，多少还保留着一些原始民主形式，也可以利用和提高，关键在于改变领导权。

省委边委工作组　调查

工作组缪鸾和、李玲、高立士　整理

1954年6月22日

《边疆工作通报》第 10 期

（德宏区景颇族社会经济调查专辑之二）

中共云南省委边疆工作委员会编印

1954 年 7 月 5 日

《边疆工作通报》第 10 期

本期刊印的《云南省德宏区景颇族社会经济形态初步调查报告》，系 1953 年 9 月在潞西县的遮放西山景颇族地区开展了较为系统的社会调查基础上进行了一些面上的了解，加以综合整理而成。计直接间接地汇集了 6 个县、1 个区的工委和工作组同志提供的 18 个村寨（约 5800 户 26900 人，约占境内景颇族人口 1/3 弱）的原始材料，已有可能以德宏全区景颇族为对象，做一次全面和系统的研究。但由于过去对该族的历史情况了解很少，现况材料部分亦尚多残缺不全（特别是第三类型地区材料极少），尤其涉及对该族历史发展和当前社会性质的若干试探性的分析和论断，难免有主观片面甚至错误的地方，有待于进一步的探索，现仅作为资料整理刊发，供内部参考。请德宏区工作同志及各地同志提出意见，以便修正。

省委边委办公室

1954 年 7 月 3 日

云南省德宏区景颇族社会经济形态初步调查报告

目录①

前言

壹、作为农村公社看的景颇族社会的基本特征

　一、景颇族农村公社生产力的情况

　二、景颇族农村公社生产关系的基础

---

① 本目录部分标题与正文标题并不一致。原文如此。——编者

（一）二元主义的土地所有制

（二）从大家族的共同耕作到封建的徭役劳动的过渡

（三）与占有剩余劳动分道进行的土地掠夺

（四）"自耕的土地所有者"并非公社土地的真正所有者

（五）景颇族农村公社的社会属性——半家长制家族半封建领主的过渡经济形态

　　（1）关于半家长制家族

　　（2）关于半封建领主

（六）德宏区各族之间的"贡纳制"

三、景颇族的家族和婚姻

（一）目前情况——个体家族与地域联系

（二）历史发展——由母系氏族到父系家长制家族

　　（1）由母权到父权的缩影

　　（2）"彭那鲁亚"家族的遗迹

　　（3）群婚、对偶婚、抢婚等遗俗

　　（4）家长制大家族的痕迹

四、景颇族的山官制度

（一）世袭的家长式的统治形态

（二）具有"军事民主主义"色彩的"拉事"

五、景颇族的宗教和社会观念

（一）宗教

（二）社会观念

六、民族关系和民族内部联系

贰、景颇族农村公社的畸形变化

一、3 种类型地区的景颇族公社及其地区特点

（一）本来面目保留较多的公社

（二）封建色彩较为浓厚的公社

（三）被帝国主义经济腐蚀较深逐步趋于解体的公社

二、第一、二类型地区的土地占有、集中和使用情况的比较

（一）土地占有情况的比较

（二）土地集中过程的比较

（三）土地使用情况的比较

　　（1）水田、旱地使用情况的比较

　　（2）租佃情况的比较

三、第一、二类型地区的牲畜占有和使用情况的比较

前　言

德宏区景颇族约10万人，跨境而居，缅甸北部约有30万人，中缅北段未定界也是该族主要聚居区，尚无较为可靠的数字。

境内分布地区及人口：潞西县约20000人，瑞丽县约15000人，陇川县约35000人，梁河县约4500人，盈江县约6000人，莲山县约10000人，盏西区约10000人，都居住在山区。

内中包括四大支系：景颇支（大山）、载瓦支（小山）、茶山支、浪速支。此外尚有几个分支：就语言考查，"高日"分支属景颇支，"喇期"分支属载瓦支，"波落"分支属浪速支（均属藏缅语族）。从语言系属上看，有两大语支：一为景颇语支（大山语），一为载瓦语支（小山语）。茶山、浪速语和载瓦语出入不大，可以明显看出只是方言的差别；景颇、载瓦语出入很大，从某些方面说，几乎是语言的差别，但有许多基本词汇相近而不相同，由这点来看，可能仍是"同源异流"的。

境内的景颇族，以载瓦为最多，其次是景颇。

根据现有材料，该族可能是由中国西部康藏高原南迁到中缅北段未定界江心坡一带，又分两支向南深入缅甸和境内德宏地区。他们自称始祖是在昆仑山，老家是在玉石厂（？）。目前与江心坡同族（即克钦）尚有往来，山官官种绝了，百姓有到那里去接的；人死后请魔头（祭司）举行送魂礼，叮嘱鬼魂早返家乡，背诵沿途经历的山、川、桥梁、渡口，向北送去，一直送到传说中的祖宗发源地，其历程与该族南迁情况也大体符合。南迁时间可能是在明朝王骥征麓川前后，距今500年左右。

在南迁德宏时，遭遇着较为强大的傣族，被傣族统治者征服，退处山上；他们在山区又赶走了土著崩龙族（属孟吉蔑语族）。他们具有坚强、勇敢、自尊、勤劳、朴实的性格。

他们的社会经济还保持着较浓厚的原始色彩，可能是处在由家长制家族向封建领主的过渡时期；其生产关系的基础，则近于由土地共有制过渡为自耕的个体农民经济的农村公社。有汉族杂居及与傣族接近的部分地区，已进入初期封建社会，但仍带有较浓厚的原始

---

① 该图从略。——编者

性、部落性；处在国境边缘及邻近走私路线的部分地区，并带上了较显著的殖民地性质。大概说来，可以分为3种类型：

（1）本来面目保留较多的农村公社：根据现有材料初步估计，约占全区60%至70%。

（2）封建色彩较为浓厚的农村公社：约占全区20%至30%。

（3）被帝国主义经济腐蚀较深、逐步趋于解体的公社：它是和第一、第二两个类型混合存在着的，约占全区10%至20%。

1952年省及地方民族工作队先后进入该族地区，初步开展调查研究工作。1952年至1953年，又以潞西遮放西山区为重点，西南民委工作组、省委边委工作组配合当地工作组进行了两次较有系统的调查研究，对该族社会经济性质做出初步结论；省委边委工作组继续到各县进行面上的了解，同时各地党委及工作队并汇送若干材料。1954年3月，德宏全区景颇族参观团来昆，内中包括各地区、各种类型人物及积极分子210人，代表面较宽，代表性也大，又组织力量进行了访问。

计先后汇集的直接调查材料包括87寨2549户12529人；间接访问材料包括101寨，约3260户11600人。总计直接、间接接触过的共有188寨，约5800户26900人，约占总人口的30%弱。

根据这些材料和省民委语文研究组从该族语汇中收集所得的一些材料，初步综合整理。理论分析，主要是引证和引用马克思的手稿《前资本主义生产形态》（日知译，分期刊登在山东大学《文史哲》杂志1953年一、二、三期，省民委会已汇印成册，见《民族问题学习资料汇编》第一期）及恩格斯《家庭、私有财产及国家的起源》（张仲实译，三联版）两书。好多地方，为了避免征引太多，只是转述原著大意。限于水平，错误是难免的。

壹、作为农村公社看的景颇族社会的基本特征

农村公社（或作"村落公社""农民村社""农业公社"，其含义都相同）是发生于人类社会的第一形态与第二形态的交替期间。它不是介乎氏族社会与阶级社会（奴隶所有主的或封建的社会）之间的特殊阶段，而是原始社会的余波；它出现于阶级社会的形成过程中，而保留于阶级社会的内部，直至商品关系的有力发展足以促使它的毁灭为止。

马克思认为农村公社不同于原始社会之处是在于：农村公社是人类社会的最初形态。在这种社会形态之下，已经出现了地域性或近邻间的联系，以代替亲属的结合，并且出现了对土地所有制的二元主义，亦即除集体的所有制外，还发生了私有制（均见苏联尼科尔斯基：《原始社会史》，作家书屋版，第133—134页。此段引述马克思的《摩尔根〈古代社会〉一书概要》）。

社会生产力向前发展，私有财产和财富不平衡出现后，原始公社制度破裂了，就在这破裂的地方，出现了农村公社。它是同全部社会组织的整个变化以及在家族关系方面的变

化具有密切联系的，它只是在私有制的关系战胜集体所有制的关系时，在发生了土地的私有制——这一全部生产的基本条件时，才会出现。这是表示氏族社会的终结，同时也是表示构成阶级社会的一部分的农村公社的开始。但是，这种纵使是一块小土地的私有制的发生（在这小块土地上，纵使是仅仅用来建筑自己房屋、庭园、栽培园艺），却不仅表示了阶级社会的到来，而且表示着一夫一妻制家庭的诞生。

以上是农村公社的一般的特征。至于东方型农村公社的特征，马克思说："在这些集团里边，每一单个的人，事实上已被剥夺了财产，或者说，在这些集团里边，由于当作这许多集团之父而体现为专制君主的结合的统一体，通过各个人所属的公社而赋予各个人，所以各个人在无机自然界中所发见的他的主观上物体的财产，对于他只是间接的。剩余的生产品，虽则在法律上被确认为经由劳动而实际占有的后果，但不用说仍属于这个最高的统一体。"（《前资本主义生产形态》，见《民族问题学习资料汇编》，第5页）

而在这东方型公社中，又有两种表现形态："此类公社的财产，既然它实际上就在劳动中被实现了，便可能或则这样的表现，即小公社彼此独立生长，而在每一公社的内部，个别的人则与其家族独立地在分配给他的一份地上劳动〔从一方面说，这是为着积蓄公共储藏品的一定劳动，例如为着保险，为着支付集团本身的费用，也就是为着战争、祭祀之类；领主的支配（即财产的处理），在其最原始的意义上，在这里首先遇到，例如在斯拉夫的公社，在罗马尼亚的公社，等等。在这里为过渡到劳役制等等奠立了基础〕；或则这样的表现，即统一体可能就在劳动的过程中扩展为能够产生整个制度的共同体，如在墨西哥，特别是在秘鲁，在古代克勒特人中，在印度的一些部落中。其次，在部落制度内部的共同体，更有可能表现为或则结合的统一体由部落家族的首长之一人所代表，或则由各家族的父之相互联系而成为结合的统一体。与此相应，这种社会的形态也就成为或则较为专制的，或则较为民主的。"（引同上）

就我省少数民族的社会情况看，如西双版纳傣族农村公社的结构，就与"较为专制的"印度诸公社相类似（详见《通报》第9期）；德宏景颇族农村公社的结构，则与"较为民主的"斯拉夫诸公社相类似。

关于斯拉夫诸农村公社的内容，马克思在《资本论》上曾经有过具体的描述："古代土地共有制的残余，在过渡为独立的农民经济以后，例如，还在波兰和罗马尼亚保留下来。这种残余，曾在此等国家，当作口实，来完成这个向低级地租形态的过渡。土地一部分属于个别的农民，由他们独立去耕作。别一部分是共同耕作的，它会形成一种剩余生产物，那是部分地被用来应付公共的支出，部分地当作歉收等等情况下的准备。但剩余生产物这两个最后的部分，并且最后全部剩余生产物，连生长这种剩余生产物的土地，都渐渐为国家官吏和私人所掠夺；原来自由的但对这种土地仍然有共同耕作义务的自耕土地所有者，因此变为负有义务要做徭役劳动或缴纳实物地租的人；共有地的掠夺者，则变为地主。他们不仅变为被掠夺的共有地的所有者，并且也变为农民土地的所有者了。"（《资本论》第三卷，人民出版社版，第1048页）

　　我省德宏区景颇族，其超脱人民、立于其上的"国家"机构虽然还未形成，但公社内部的山官已经使用徭役劳动，他和寨头等，正在进行对土地的掠夺，向"变为地主"的道路上迈进。

　　下面，我们就根据这一些前提，来分析景颇族的社会经济结构。

一、景颇族农村公社生产力的情况

　　在原始公社制度之下，生产资料的公有制是生产关系的基础，这在基本上是同当时生产力的性质相适应的。石器以及以后出现的弓箭，使他们不可能单独一个人同自然力和猛兽进行斗争。景颇族的生产力水平则已超出原始公社的界限，并早已经过由母系氏族转移到牧畜业发达的父系氏族的历程，最后出现了牧畜业与农艺耕作发展道路的融合，而且开始从外族输入并使用大量铁器了。

　　该族在长期与自然斗争中，蓄积起来的生产经验，体现在和凝固在生产工具上，保留至今的有如下几种：

　　1. "排搏"（hpai phauk）：用一截木棒，尖端系上一些容易着火的竹丝或火草，套在一段竹筒里，做剧烈摩擦，竹丝中燃，取出火来。景颇族称这种火为"人间的火"。

　　2. "恩单"（nden）：用竹子制成的弩弓，德宏区景颇族仍在使用。

　　3. 骨犁：用兽骨作为犁头，装在犁架上犁地。目前潞西、莲山部分景颇族地区，尚有人使用。

　　4. "申板"（shing ban）：用一块扇形牛膀骨套上四五尺长的竹柄作为起土的农具，景颇族话叫"申板"。而"申板"的本义则为牛膀骨，至今称呼外来的铁铲，也叫"申板"（按"肩胛骨"在解剖学上的名词，也是拉丁文的"铲子"）。目前莲山昔马乡邦林寨、潞西遮放西山还有个别农户在使用。又据莲山的一个景颇族青年默然设东诺说，他在 10 年前曾到江心坡（卡苦）落昆地区去探望本家，看见当地的景颇族还普遍使用"申板"。

　　5. "顶柯"（ding hkaw）：用一片三四尺长的竹板，把它的一端压折四五寸，成为直角；再把压折部分磨成尖刀形，作为锄头，用以点种籽种。此种农具，在德宏区景颇族中，用的人还多，据默然设东诺说，江心坡景颇族用得更普遍。

　　6. "勒滚"（lagun）：将竹片揉曲，两端合并，在适当距离处扎紧，使一端成圈形，一端为柄，利用弓背作为刮土的农具。德宏区景颇族也有个别农户使用着。

　　此外，该族没有自制的陶器，至今仍有许多人家保持着用竹筒烧水煮饭的习惯。

　　从这些简陋的工具中，历史地说明了景颇族自己所走的道路——由狩猎到农耕。这些农具虽然很简陋，但已经是新时期末期的产物（参见柴尔德：《工具发展小史》，中国科学图书仪器公司），较原始公社所用的石器已经跃进一大步。用这些工具，已有可能进行个体的耕作，加上他们由江心坡南迁德宏地区后，和一个会造铁器的阿昌族接触，采用了铁器，这个有力的因素，更促成它的变化。

"铁"之为人所役使，如恩格斯所说："这是在历史上演了革命作用的一切原料当中的最后者和最重要者。"由于铁的使用，更造成"各个家族首长间的财产差别，破坏了旧的共产主义的大家族公社，只要在它们迄今犹保存着的地方；同时，该公社所行共同耕作制也灭亡了。耕地分配给各个家族使用——起初是暂时的，以后便成为永久的了"（《家族、私有财产及国家的起源》，第177页）。

景颇族不仅变换了他们的工具，而且也变换了他们赖以谋生的全部方法。因而，也就变换了他们为求合作而组织社会的方法——共同耕作的大家族解体了，一夫一妻制的单个家庭已经成为该族公社的经济细胞。

但又从另一方面来比较，即与周围较先进的民族来比较，其生产力水平仍是极为低下和停滞的，目前刀耕火种和广种薄收的粗放经营仍占统治地位。约有20%的成年男子抽鸦片、吸食"朵把烟"，男女老少嗜酒，性病多，严重地破坏了劳动力。食米边吃边舂，取水的地方远，田地离家较远，浪费了大量的劳动时间。生产停滞的另一表现是：该族至今仍多少保存着较原始的性别和年龄分工的残余，男子狩猎、犁地，妇女薅草、纺织、砍柴、舂米、煮饭，老人制造工具。没有自制的陶器和铁器，没有或很少有从农业分离出来的独立手工业者。部分地区（在国境边缘或邻近走私路线）有兼营商贩的，但独立的小商贩绝少。除盐、布（自织一部分）、铁制农具依靠外来供给外，寨与寨间，甚至一寨内相互间很少有交换行为。由于外部条件的影响（如汉族的渗透、傣族的包围以及帝国主义的商品倾销），也引起若干变化，但又由于本身的一些特征，还不能促成农村公社的全部毁灭，外来的分解作用，仍不过是极缓慢进行着的。

二、景颇族农村公社生产关系的基础

（一）二元主义的土地所有制

作为农村公社的景颇族社会，其生产关系的基础，就是二元主义的土地所有制。

在私有制方面：

宅地、园地（已经固定为熟地，种大烟及蔬菜）及水田（已经固定为熟田）是属于私有，其他财产如牲畜、农具、日用品、食用品以至奢侈品也属于私有。这些生产和生活资料的私有，表现为一夫一妻制的单个家庭占有它们，这一类占有不仅发生了多、寡、贫、富的分化，甚至发生了有、无的悬殊。

对宅地的占有和选择是与宗教结合的，有的要经过"梦地"程序。方法是：在自己看中的地面上，挖一个小坑，放进一点米和一个鸡蛋，盖上毯子，搬到那里去睡。如果睡得好，那就是"吉宅"；如果睡不好，再做上两个噩梦，就非另外选择不可。也有的带回一撮土放在枕头下面"梦"，这种办法比较保险些。"梦"好宅地后，周围的空地就作为园地。

水田的占有，可能是比较后期的事，方式有两种：一是由山官、寨头分配，一是自己去"号"。

但关于水田的分配，不是定期的，也未制度化。在下列几种情况下，山官、寨头才行使其职权：

1. 召集一批人到一个新地区去铲草立寨时，为避免过多的纠纷，进行较有计划的分配。据来昆参观的陇川县弄弄乡邦冷寨头目何老大说："在可以开成水田的地方，大家商量分好再开垦；分的多、寡是以人手和牲口的多、寡来决定。"

2. 在共同协作兴修水利时，进行较有计划的分配，据来昆参观的潞西县勐板邦瓦山官赵昆宣说，以前他们寨里开水沟，参加开沟的就可以分地开水田，是按出力出钱的多、寡来分配。

3. 有新来户加入村社时，山官或寨头分配给土地。如有迁出户留下来的田，山官即可拨给（此项田由山官代管，可以出租，但不能占有，有新来户即交出）；群众如有种不完的田，经协商同意后，也可以拨给一部分；如果还有无主的荒田，新来户可向山官讨来开，照惯例送给1竹筒酒或其他礼物。

4. 在部分地区（如瑞丽邦林寨）公社成员有种不完的水田，山官可以把它抽出一部分交给无田户种。

5. 在"号田""号地"发生争执时，山官出来调解及分配。

一般的情况，还是采取自流方式，由公社成员自己去认：找着适当的地方，把茅草打成结，或者竖立竹竿作标志，就算认定了，别人不得来争，这叫作"号田"。如陇川邦瓦寨，在山坳及山沟旁本来还有一些可以开作水田的荒地，领导生产时，积极分子反映：两三辈人前就有人"号"下了，他们子孙不去开，我们不敢开。罢弄说："工作队叫我们开田，但这里是人家开过的，那里又是人家'号'过的，叫我们在哪里开！"

在集体所有制方面：

1. 土地可以自由开垦，牧场、森林也是公用的，但有几条限制：

（1）使用的人必须是公社的成员，即必须是当地山官的老百姓。如潞西遮放西山区邦谷寨，68户340人，分属3个山官管辖：木爱支山官排早顿辖16户79人；崩瓦支山官排早利辖20户98人；龙准支山官排早蚌辖31户144人。崩瓦支土地不足，要求使用龙准支的土地，对方提出的条件是要改为龙准支山官的老百姓，崩瓦山官不准。

（2）某一山官的老百姓，只能在其辖区范围内开垦及使用，不得超越村社界线。如潞西西山项球寨31户148人，只有3.4箩种水田（合13.6亩），该寨邻近的棒痕寨有50箩种荒地，属弄丙辖区，弄丙山官不准许就无法开垦；陇川勒通寨可开水田甚少，寨外荒地属邦瓦山官辖区，去年曾经越界开了10箩种，引起很大纠纷。

（3）属于仙地、鬼地、风水地等禁区不得开垦。

2. 属于私有部分的宅地、园地和水田，其所有权仍是有限度、不稳定的。首先是公社的成员，迁居别寨就应当交出占有的土地，不得转让或出租。他们有一句俗谚："来时修（开荒之意），去时丢。"其他财产如牲畜、农具、日用品等则可以带走。其次是大部分公社的土地还不准买卖。

目前景颇族公社的个体农民，除了在私有部分的园地、水田上进行独立耕作外，在公有部分的土地上一般也已经进行独立耕作，但有不少迹象说明它也是从"共同耕作"过渡而来的。下面我们就着重分析此点。

（二）从大家族的共同耕作到封建的徭役劳动的过渡

对山地、荒地的使用，目前一般情况是公社成员可以自由去"号"和自由开垦，丢荒以后别人又去"号"，也不必通过山官或寨头。有许多寨子还进行着有计划的牧耕轮歇，即今年伙开这匹山，留那匹山作为林、牧场；过两三年表土层的自然潜力使用完，丢下又去伙开那匹山。他们选好日期，全寨动员前往。目前情况虽然是伙开之后已由单户分享上面的果实，即将自己"号定"的部分圈画出来，以后分别管理经营，收获其全部生产品，但在这里面，还可以很明显看出共同耕作的痕迹。

他们把这耕作方式称为"戛缩格罗"（景颇语，本义为"大家下地做活"），也把这个名词使用在一切协作互助上。现在景颇族公社还普遍存在着协作互助的习惯：耕种季节，全寨男女成群换工，不计劳动力强弱；遇有孤寡户，大家前往帮助，并且自带菜饭；遇有新来户（经山官批准加入公社的）或分家户，全寨男女去背草、砍竹子、伐木料，大家动手替他盖房子，一两天就可以完工；新来户缺乏生产垫头的，每家还要帮助一二箩谷子。所有这些，都叫"戛缩格罗"。甚至帮山官做白工（景颇族群众每户每年要出官工3个至5个），也叫作"戛缩格罗"，还给它一个解释——"山官事情忙，不要他'戛缩'"，就是不求其伙干或换工。

前引马克思叙述东方型公社表现形态之一为："在每一公社的内部，个别的人则与其家族独立地在分配给他的一份地上劳动〔从一方面说，这是为着积蓄公共储藏品的一定劳动，例如为着保险，为着支付集团本身的费用，也就是为着战争、祭祀之类；领主的支配（即财产的处理），在其最原始的意义上，在这里首先遇到，例如在斯拉夫的公社，在罗马尼亚的公社，等等。在这里为过渡到劳役制等等奠立了基础〕。"像这种情况，在景颇族公社同样找得到。如莲山铜壁关正通小寨，每年秋收后，各出谷子1箩，交给山官保存，作为歉收等等情况下的准备；老、弱、孤、寡可向寨内任何一户讨取自己所需要的东西。最常见的，是每年祭官庙（供奉全寨性鬼神的地方），各寨群众都要出祭品，如出牛、出酒等；互相周济的遗俗也很普遍。但在目前，有许多公共支付都由山官负责。如遇有较大规模、为山官亲自主持的对外战争或拉事，消耗的谷米大部分由山官出。1952年潞西西山曼窝寨人到跌撒山官辖区拉事，拉去20多头牛，跌撒山官立刻组织反拉事，聚集四五十个青壮年，双方相持将近1个月，跌撒山官供应了三四十箩谷子。在祭官庙时，山官也要出猪出米。较富有的山官每年吃新谷时，要杀牛请群众吃饭，每人分给肉1份。排解纠纷时，山官有责任供应当事双方及调解人在家吃饭，有时一件纠纷迁延未决，供应长达数十天，家中存粮被吃一空。路过本寨的旅客或外寨群众因事来本寨的，由山官招待食宿。群众有困难向山官告贷，也不能拒绝，一般是借了不还（山官习惯上也不放息款给本族群众，还不起不好要）。如跌撒山官，本族群众向他告贷，索性给一些，不让空手出门。菜园里的瓜菜成熟，也分送群众。群众有婚丧事件，无力者山官要给予帮助。如潞西弄丙寨1953年某户死了人，山官排早先借给1头牛；先乌寨山官剥削收入较多，但他遇群众有婚丧、祭鬼、建屋时都要送礼。对新来户帮助生产垫头，一般情况都是山官出得比别人多。莲山一些村寨山官、寨头还要负责养活本寨的老、弱、孤、寡等。

这些公共支付的来源，主要是占有公社成员的剩余劳动，即使用所谓"戛缩格罗"的官工。此外，群众祭鬼、杀牲和猎获野兽时，都要送给一腿肉；对居住在其辖区的外族人民，额外征收官烟、保头费等贡物。据潞西遮放西山区的统计，山官对本族的剥削，占每户全年农业收入的5%左右；对外族的剥削，占每户全年农业收入的12%左右。

由上述情况，可以看出一条发展的线索：景颇族公社的成员最初是在公有土地上进行真正的"戛缩格罗"，这种共同耕作乃是包括山官在内的每个公社成员的义务，目的为着积蓄公共储藏品，用来应付公共的支出并当作歉收等等情况下的准备。这些公共储藏品，交由世袭的家长身份的山官去掌握开支——自然是入多出少。逐渐共耕的公有地已由单户独立去耕作（目前大部分公社的情况都如此，但只能短期占用），而"戛缩格罗"则转移到山官私有的土地上进行着。因此，有共同耕作义务的自耕土地所有制，已经变为负有义务要做徭役劳动或缴纳实物地租（如官谷、官烟）的人，它不仅"为过渡到劳役制等等奠立了基础"，而是已经在实践过程中。

（三）与占有剩余劳动分道进行的土地掠夺

和罗马尼亚公社相比较，景颇族公社占有剩余劳动的过程走了不同的道路，即不是从掠夺共耕土地的基础上把自耕土地所有者变为负有义务要做徭役劳动或缴纳实物地租的人，而是把公有土地上的共同耕作转移到山官的私有地上从事徭役劳动。因之把它作为劳动地租来看待，在某些地方是显得很暧昧的。前述"戛缩格罗"发展为官工，他们自己的解释是"山官事情忙，不要他'戛缩'"，但在某些公社里，进行换工互助时，群众还可以请山官，山官被请也要去（据来昆参观的潞西遮放东山石板寨山官排老乌说："农忙时候，全寨互相帮助，没有卖工的；山官、寨头被人请着也要去。"）；也有些公社，山官并不使官工（排老乌又说，"我们那里派白工来帮官家是不许可的"，又如盈江新民乡麻撒寨山官龚实宝也不使官工）。再就一般情况来说，山官虽然不帮助老百姓，可是当征用官工数目超过规定时，山官及其家属还要去换工或者补出工资（如潞西弄丙山官去年多叫了几个官工，不好意思，叫老婆去换工）；在征用官工时，山官及其家属一块下地，协同耕作。就这些例子看，它和西欧中世纪以至旧俄农奴时代的领主靠用监工的棍子、罚款、罚以额外工作等恫吓手段来组织农民劳动的情况是有不同的，但又不是绝无其例：据调查，瑞丽县猛休寨和景颇族杂居的汉族方有才，因为大意未上官工1天，头人陈老万（汉族）挑唆山官处罚他30文卢比；盏西李家山山官李札龙背着大刀挨户催官工。当然，这只是算是个别突出的事例。同时，这里面还隐藏着民族界限和外在影响（李家山是深受汉族、傣族影响的寨子，地域上、经济上都和坝区紧密相连，如盏西区，基本上已进入地主经济）。

但是否可以因此而做出结论，说官工非地租，而应属于原始互助的范畴呢？显然不能，那就否认景颇族有阶级、有剥削。事实上，进入农村公社就是进入阶级社会，况且"助而不互"、定期定额、逐步制度化的官工已经具有强制压力，从本质上看，目前它和"协作互助"已无共同之点。

在另一方面，景颇族公社和罗马尼亚公社相同，也走着土地掠夺的道路。

就土地占有情况看，景颇族的山官和寨头一般都比群众多。根据潞西遮放西山40个山官的调查，每户平均占有数10.92亩，比群众（每户3.08亩）多3.2倍；个别大山官，多至15倍；寨头比群众多1倍（6.5亩）。其来源之一是公然出自掠夺。如潞西西山附敌被歼的广外山官排早乱，解放前勾结汉族地主杨少舟种大烟，掠夺了四五家人的园地；早乱死后，跌撒山官排早响不仅占据了广外寨，也占据了早乱的水田12箩种（48亩）。瑞丽猛休寨山官勒奇，因抢夺人民的水田和牛马及掀起内争被驱逐；潞西弄丙的排寨头为了抢夺1户浪速的水田，把人也杀了，家属也赶走了；陇川邦大寨山官谢诺康，每年抽群众新开水田的一部分转租给别家；陇川那邦寨山官参加德宏自治区成立典礼后，听到政府开荒生产的政策，回去就大力霸地，把可以开成水田的地方都"号"起。以上是掠夺私有土地的例子。

至于公有地的掠夺，也开始有了发现：陇川岗巴寨山官，对在公山上伐木、解板的汉族，每棵树征收3文卢比；莲山撒朋寨山官，卖了一小片林场给杂居的汉族。但这种掠夺集中的过程是以缓慢的步伐进行着的。

（四）"自耕的土地所有者"并非公社土地的真正所有者

如果分析到最后，所谓"自耕的小土地所有者"依然还是空无所有的。

马克思在《前资本主义生产形态》里面指示我们：在这种财产形态中，"各个人之对待劳动和再生产之自然条件，如同对待归他所有的，对待客观的条件一样"，而实际，"财产仅仅是作为公社财产而存在，各个成员本身只是特殊部分的占有者，或继承的或非继承的。因为每一小部分的财产不是属于任何单独的成员，而是属于作为公社直接成员的个人，也就是属于作为与公社一致生活而不脱离公社之人。因之这种单独的人，只是占有者"（见《民族问题学习资料汇编》，第10页，马克思原注）。

与此相同：景颇族公社的成员在特殊部分的土地——自己的宅地、园地、水田上，他们是占有者，并且可以继承，他们对待这些自然条件，也如同对待归他所有的一样。但使用各种土地的人必须是当地山官的老百姓，也就是各种土地只能属于作为公社直接成员的个人。如前述潞西邦谷寨崩瓦支山官的老百姓土地不足，要求使用龙准支土地，对方提出条件要改为龙准支山官的百姓，已经说明这一点。各个公社普遍存在着的"来时修，去时丢"的财产关系，更充分说明土地只是属于作为与公社一致生活而不脱离公社之人。因之在这里单独的人，也只是占有者而非真正所有者。

真正的所有者究竟是谁呢？马克思告诉我们："实际的，真正的所有者——那是公社。"（同上书，第15页）但这种解释，还不具体，所以，马克思又说："在这种财产的形态下，各个人决不会成为财产所有者，而只不过是占有者，所以，事实上他本身即是财产，即是公社的统一体所体现的那个人的奴隶。"（同上书，第28页）关于"奴隶"的问题，留到下面再讨论，这里先谈"公社的统一体所体现的那个人"。

在景颇族公社，作为"公社的统一体所体现的那个人"是山官，他和公社土地的关系，一方面好像是最高所有者或唯一所有者，另方面又好像只是作为"集团之一环"，作为这个集团之一成员而出现。其表现形态为：

1. 每个山官都有自己的辖区，都有一定的自然界线（所谓"山至梁子水至沟"）。山官对外代表公社领有这个辖区，守住这些界线。未得山官同意，其他公社的成员不准随便来开垦，如前述潞西遮放西山区的几个例子。

又如1952年我工作队进入潞西西山区，先后在跌撒、广远、弄丙3寨扎下点，再往面上铺开。最初的布置，是根据距离远近来划分各小组的工作地区，弄丙组同志在原属跌撒、距弄丙寨3华里的广外寨，跌撒组的同志在原属广远、距跌撒仅4华里的帕软寨（这两个寨子距离"宗主寨"都有10多华里），结果跌撒和广远山官都提出严重抗议，说是破坏了他们的辖区，我们只好另行配上一套"割据形势"的布置。

再如一群老百姓在一个新地区铲草立寨，建立其新的公社来，领导人可以当寨头，但是还不能代表公社领有辖区，必须到有"官种"的公社接一个山官来，或者出钱接上了"官苗"，经承认后自己也可以当山官，对外才能代表全公社。如盈江二区拱腊寨，是100多年前创建的，建立不久就到莲山去接排大官来当山官。莲山第一区长地方寨的山官，是由盏西茅草寨接来的。潞西遮放西山浪速寨，曾有一家用许多钱去向弄丙山官买"官"当，当时答应了，不久又要追加20头牛，那户浪速出不起，就接不上"官苗"。这是一方面。

另一方面，山官对外虽然代表公社领有辖区，守住界线，但在公社内部也与群众相同：对宅地、园地及水田有占有权，对山地、林、牧场有自由使用权。其占有方式一般也与群众相同：宅地、园地去"梦"，山地、水田去"号"。如潞西跌撒寨山脚有一片荒地，经我工作队领导和帮助，开出一条水沟来，跌撒山官首先想在水口处"号"下几箩种。从这些情况看，公社的统一体所体现的山官，又好像是作为"集体之一环"，作为这一个集体之一成员而出现。

又如莲山长地方寨由盏西茅草寨接来的山官雷腊应，因可开水田已被别人占完，为此他虽然对外能够代表公社领有其辖区，而他本人反而缺乏私有的土地，甚至连自己耕种的6箩种水田，还是出钱向老百姓买来的（因受外在影响，该寨土地已可买卖）。

2. 山官有权批准外人（不分族别）加入本公社，加入以后分配给土地。新来户发现某处还可以开垦水田时（只限于水田），可以去向山官要，一般的情况是送给山官1瓶酒，山官同意后，就取得使用权。个别地区还要上一点官谷。如盈江新民乡猛岗寨，新来户加入公社后，山官分给生荒开垦，第一年不必上租，第二年随便交一点，第三、四年加至10箩为止，不管亩积的大小。如果新来户比较贫困，3年以内不必交租。该乡邦瓦寨的情况也相同。

山官对内虽有分配土地的职权，但此种职权也还没有定型化、制度化，一般的情况还是由各个成员自由去占领。

所有这些，或者说由于它发育不完全——虽有土地掠夺，未能大量集中，还没有形成真正的领主或地主，因而阶级矛盾尚未发展到对抗的程度。故在土地关系上，表现得如此暧昧，或者说这正是二元主义土地所有制的反映，因而，表现在各方面也是对立的、矛盾的、暧昧的，是分裂而为二的。尽管如此，仍然不排斥它之成为一个统一体——它已经是文明时期的产物，有了阶级的分化。我们如把握其本质的、新生的和发展着的东西，则景颇族公社已存在着徭役劳动和官烟、保头捐等变相的实物地租。马克思说：地租（不管哪种形态的）是"土地的所有权的经济上的实现"（《资本论》第三卷，第532页），则景颇族的山官正是公社土地的最后所有者。

（五）景颇族农村公社的社会属性——半家长制家族半封建领主的过渡经济形态

从上所述，我们对于景颇族农村公社的社会属性的初步鉴定是"半家长制家族半封建领主的过渡经济形态"。

之所以这样提，还有以下的理由：

1. 关于半家长制家族：农村公社不是一个特殊的社会发展阶段，乃是原始社会的余波，因此，还不能够简单地把它理解为一个过渡阶段。历史证明，在东方的奴隶形态和封建形态中，长期保存着原始的农村公社，印度在19世纪还相当地保持了家族公社和农村公社。从这方面说，它只是一种从属形态。因之，我们的讨论到此还不能结束，应当追问：景颇族农村公社或者是正在向哪一种阶级社会过渡中？或者是已经从属于哪一种阶级社会？

暂且把它因受外在影响而引起畸形变化的地区撇开不谈，就其自发发展方面来看，景颇族农村公社已经存在着徭役劳动，尽管它还未成形，但已经属于封建剥削性质，其向封建社会过渡的趋势亦很明显。

但又出现一个问题，即景颇族公社是否正处于，或者已经经历过，或者干脆跨越过"奴隶制"阶段？我们的回答："也是也不是。"

首先，应该肯定，景颇族已经经过了完整或不完整的作为东方低级奴隶社会的家长奴役制阶段，这种低级的奴隶主形式是和该族"家长制家族"形态相适应的。

就目前情况说，个别大山官也有蓄养奴隶的，如陇川邦瓦山官排早堵，有1个男奴排勒当（景颇族）、1个女奴不宽（汉族），都是他父亲手上买来的；女奴有1个私生子，同样做了他的奴隶。潞西弄丙山官也有1个汉族女奴。但普遍、大量使用奴隶的情况并未被发现。在陇川有些景颇族公社中，还有一部分人叫作"默丫木"，含有"低贱"和"不自由"的意思，社会地位更低一等，不能和一般老百姓通婚，其祖先可能就是奴隶。但在目前，既无人身隶属，在经济地位上，也和旁人一样。他们的老家江心坡迈立开江以西的景颇族，至今仍有保持蓄奴制的，汉人称之为"伴当"。奴隶主多是山官，奴隶多是抢劫或买来的幼儿。奴隶长大后，主人为之婚嫁。主人与奴隶同样劳动，生活无多大差别，对奴隶的剥削是比较缓和的。据说英帝国主义侵入后，为了招募雇佣兵，曾经赎买不少。

所有这些，都表明景颇族使用奴隶的痕迹。论其性质，只能算是家内奴隶，即家长奴役制阶段的奴隶，而不是高级的奴隶社会的劳动奴隶制。这种低级的奴隶制关系的特点是：家长式的奴役制度（自然经济占统治地位，奴隶是用来生产直接的生活资料，而不是生产商品的），商品货币关系发展微弱，债务奴役制，大群小生产者阶级（首先是具有小片土地的自耕农民的存在），东方式的所有，与这种社会经济制度相适应的国家与文化形式（专制主义，文化发展的迟缓等）。至于高级的奴隶制关系的特点则是：生产力有了较高度的发展，用以生产商品的奴役制，在生产的主要部门中，奴隶劳动排斥着自由民的劳动，由此而引起的小生产者的贫穷化，债务奴役制的废除，商品货币关系与私有财产的进一步发展，私有奴隶主比较其他阶层的人占有数量上的优势，古典的所有方式，与这种社会相适应的国家和文化形式（城市国家及其高级形式——奴隶所有主的民主制、文化发展的速度较快、科学开始正式有了发展等）。

其次，我们来看与这种低级奴隶关系相适应的家长制家族制度。

在景颇族的传说和词汇中，很明显地保留下该族由母权到父权，以及家长制大家族（家族公社）的痕迹（详见本文壹、三：景颇族的"家族婚姻"）。历史证明，由母权到父权的革命，是在"野蛮"人中（此处系引摩尔根和恩格斯界分有史以前的诸文化阶段的专用名词，即"蒙昧时代""野蛮时代"，并不含任何侮辱意义）分化出来了牧人部落，畜群又从部落或氏族的共有而变为各个家族家长的私产的基础上发生的（景颇族的这一转变的过程，详见本文壹、三）。恩格斯说："家畜的驯养与畜群的繁殖，曾创造了那以前所未有过的财富源泉，并产生了全新的社会关系。""这时奴隶制度也已经发明了。"因为在这阶段上，人类的劳动力已经能够产生超出维持它的费用的显著余额。"现在照料畜群，需要有更多的人；为了这一目的，便可以利用俘虏的敌人了，何况此种敌人像家畜那样，可以增殖呢。"（《家族、私有财产及国家的起源》，第56—57页）为了贮藏饲料，牧草栽培与谷物种植在这里就成为必要的条件了。起初谷物的获取是为家畜用的，但是很快地便成为人类的食物了。"耕地依然是部落的财产，最初是交给氏族使用，后来又交给大家族，最后更交给个人使用。"（同前书，第175页）而在此种家长制大家族中，"更其往往包括着非自由人"（同上书，第62页），即把"若干数目的自由人及非自由人组织起来而成为一个父权的家长权力的家族"（恩格斯引述马克思语，同上书，第60页）。因此，马克思认为："现代的家族，在萌芽时，不惟包含着奴隶制，而且也包含着农奴制。它因为从最初起，它就是对农业的服役有关系的。它在缩影中便包含了一切的对立，这些对立以后在社会及由社会所发生的国家中广泛地发展起来。"（同上）

由此可见，家长制家族乃是"由发生自群婚而基于母权的家族，进到现代世界的个体家族的一个过渡阶段"（《家族、私有财产及国家的起源》，第61页），也就是在对偶的与一夫一妻制的家族之间的过渡形态。它虽然不是与封建社会紧密衔接的前行阶段，但它乃是由"野蛮"到"文明"的中间形态，而不像农村公社还可以长久保留在阶级社会中。这种家族形态的婚姻的内容主要是男子对妇女的买卖、租用或抢夺（夺妻）（见本文壹、三）。它和对偶家族不同之处，在于它已经是一种社会经济的细胞了；它和一夫一妻制家族不同之处，在于它仍然在属于氏族与部落的土地上进行共同耕作（家族公社），除畜群、奴隶、生产工具、日用品、奢侈品等为私有的动产外，还没有自己的土地。恩格斯说："在一切文明人民之原始的自然兴发的公社中，私有财产只普及于某种物品上，但确是已经存在了。"（《反杜林论》，二编二，三联版，第210页）这种私有制的形成，一种是经济的（旧式的交换，最重要的是剥削奴隶，而最新式的则是高利贷的萌芽），一种是非经济的（抢劫、战争），这就引起了财产和贫富分化的增加。

就景颇族的历史和现状看，它不仅经历了家长制家族的阶段（详本文壹、三），而且作为公社统一体所体现的山官，还保留有颇为浓厚的大家族家长的许多特点（详本文壹、四）

第一，直到今天，畜群仍是他们最重要的、真正的私有财产。畜群当中的水、黄牛，不仅成为重要的生产资料，也成为重要的生活资料，并还在执行着货币机能，其占有情况则以世袭的家长身份的山官为最多（详见本文贰）。关于畜群的照料，目前虽然是大部分使用雇佣劳动的童工，但在前一阶段，无疑地也应当是家内奴隶的一项主要工作。但作为这种家族公社生产关系的基础——"实行土地社有及共同耕种"（《家族、私有财产及国家的起源》，第63页），如前所述，已经发展成为二元主义的土地所有制，并向着封建的徭役地租迈进了。

第二，作为婚姻内容的男子对妇女的买卖和抢夺虽仍在盛行，但对偶家族已不存在，一夫一妻制的家族已经臻于稳固，并已形成以个体家族为单位的经济细胞了。

第三，由于内在和外在条件的影响，这里家内奴隶已经几乎绝迹了，公社出现了许多自耕的小土地所有者，在一定程度上，他们是许多"独立生长"的"自由的"农村公社的成员。由于封建的从属关系之较早的发展，他们正处于由自由人（自耕农）的地位面向着不自由人的地位（农奴），这是和封建社会里的农奴从不自由人的地位面向着自由人（独立小农、雇农等）的地位走着正相反的道路。

因此，目前景颇族已经由起先原始的家族公社，进入了随后原始的农村公社了。它早已不是完整的家长制家族公社了。

2.关于半封建领主：我们要问，景颇族的家长奴役制为什么不能发展成为高级的劳动奴隶制，而向着封建的从属关系过渡呢？

在东方，恩格斯曾说过，奴隶制"并未直接地成为生产的基础"。古代东方社会制度的最显著的特征是氏族制度的残余，以及起先是原始的家族公社、随后是原始的农村公社之长期顽存，土地私有制发展缓慢，所以公社曾顽强地和奴隶的扩张相对抗，使"自由人"不能尽量化为奴隶，而化为变相的奴隶和农奴，相对地反而缓和了奴隶形态。这就使这里的奴隶制度始终停留在奴隶社会发展的初期阶段，即原始的，尤其是家内的奴隶制度——家长奴役制。奴隶数目并不多，由于原始公社残余的遗留，与奴隶并存的还有许多的自由的农村公社的成员，因而奴隶经济尚不包括所有整个的生产。马克思曾集中地指出其所以不能过渡到高级的奴隶制关系的根本原因，是"在于各个人对公社的关系不是独立的，在于生产的内容只是看作自己生存的保证，在于农业和手工业之结合为一等等"（《前资本主义生产形态》，见《民族问题学习资料汇编》，第18页）。分别来讲：

第一，就景颇族公社来说，每个成员都是牢固地附着于公社，作为某一公社的成员，就有权利占有宅地、园地、水田，及自由使用山地，加入另一个公社也如此。由于来得晚，或被人掠夺，以致缺少或失去某一部分财产的情况是有的；但作为公社成员来说，要失去全部的财产条件（即连山地也不能开），这种情况是没有的。因之，在景颇族公社里，经常碰到的只是由于缺少某些生产资料（主要是耕牛，其次才是水田）而出卖零工的人，很少碰到由于丧失全部生产资料变为人身依附的奴隶。因之，在公社内部，也缺乏奴隶的来源。

第二，景颇族的生产内容，也同于其他的东方型公社——不是以创造交换价值为目的，而是以保证自身及其家族乃至全部公社的生存为目的。它虽然早就纳入世界市场，帝国主义的商品虽在它的自然经济领域内打开了缺口（一部分布料，仍靠自种、自纺、自织，大部分则要依赖外货；食盐全部由缅甸输入，至今尚未完全脱离此种对外依附状态），但是，唯一的一项输出品"大烟"，仍未完全作为"商品"而生产。一方面，大烟的种植，就是帝国主义侵略的直接后果；另方面，虽然普遍种植，也普遍吸烟，但他们为了保证自己的生存，常常在收烟季节贱价出卖，换取生活必需品，以后则又高价买进，供应自己消费。可以看出，他们的劳动支付，不完全是为了生产商品、创造价值、追求利润，其交换行为主要是作为保证生存的手段。

第三，由于这种生产内容，相应地限制了社会的分工。

他们的手工业原来就很落后——家中一切用具都是自己用手制，房屋也是自己建造的，此外则为较具手工业形式的纺织、编织篾器等，都与农业强固结合，密不可分。因此，这里公社"变成完全能够独立存在，而且本身包含有所有再生产和扩大再生产的条件"（《前资本主义生产形态》，同前书，第5页），这就阻碍了生产力的进一步的发展和交换的扩大，始终未出现第二次社会大分工——手工业离开农业而分立。这样，家族奴役制中的家长，很少有可能在市场上出卖剩余生产物，推动他们去扩大使用奴隶劳动和竭力加紧剥削奴隶，使大量自由民向奴隶转化（这是促使公社的崩溃的前提），从而形成向高级的奴隶制关系发展的基础。总之，由于商业和手工业的不发达，牧畜与定居生活的农业相结合，农业比重较大，因而在这种低级的奴隶制关系上产生了封建的从属关系获得较早的发展，对于奴隶的剥削容易转变成为对于农奴的剥削，在一定程度上是"介乎奴隶制与农奴制之间的折衷形式"，自耕农逐渐与奴隶合流〔关于这种合流及转变过程，已经在本文壹、二、（二）"从大家族的共同耕作到封建的徭役劳动的过渡"中加以叙述了〕。就目前景颇族农村公社的情况来看，所有公社的成员，都可以算作世袭的家长身份的山官的变相奴隶。这是因为公社成员对财产的关系，只有占有者而非所有者，事实上他本身即是财产，即是公社的统一体所体现的那个人的奴隶。马克思说，"在奴隶制下，在农奴制等等之下，劳动者本身只是为着某一第三者的个人或集团而服务的生产的自然条件之一"，其下自注："举例言之，这不是对于存在着尽人皆是的奴隶制之东方而说的；这仅仅从欧洲方面的看法说的。"（《前资本主义生产形态》，同前书，第31页）由此可见，东方公社里面的成员，说他们是统一体的奴隶也可以，是统一体的农奴也可以。就景颇族山官当前各种剥削的封建性质，及此等奴隶之较多依附于公社土地，较少人身隶属的一些现象看，毋宁说"尽人皆是农奴"较为恰当些。

最后，以上叙述历史地体现了该族由与家长奴役制相适应的家长制家族向封建领主的从属关系的过渡，说明构成该族社会必要因素的农村公社是从部落或部落联盟内的氏族与家族公社的废墟上形成起来的，它出现于阶级社会形成过程中，因而已经不复是氏族的，而成为地域性或近邻间的联系，并且出现对土地所有制的二元主义了。尽管该族经过家族奴役制阶段，但它也是很不完整的。目前除江心坡一带的同族还保持着这种家内奴隶外，在德宏区留存下来的奴隶痕迹也很少了。这不仅因为是已发展起来的东方式的农村公社曾顽强地和奴隶的扩张相对抗，而且是由于该族在南迁过程中，遭遇着强大的傣族，被征服后失掉了奴役对象的缘故。

（六）德宏区各族之间的"贡纳制"

马克思告诉我们："在亚细亚财产形态所根据的，保证集体存在的工业与农业之统一的情况下，征服并没有像那些土地财产、农业占绝对优势的地方成为那么必须的条件。"（《前资本主义生产形态》，同前书，第28页）

这又指出一个秘密，即：为什么在德宏区傣族、景颇族、崩龙族、傈僳族等等彼此征服，层层统治，可是，"征服者一方面允许被征服者继续保持原来的生产方法，一方面以获得贡物为满足"（《政治经济学批判》），都没有把对方作为奴役对象的真正理由。

景颇族在南迁的过程中，遭遇傣族、崩龙族、傈僳族等，经过一系列的斗争，退处山上。该族上山后，还照样保留着坝区村寨名称，为了便于识别，如他们把坝区的跌撒寨叫作"摆彝跌撒"，把山上的叫作"山头跌撒"；山上项球寨现仍叫"崩龙寨"，但已经没有一个崩龙族人。

其层层统治、缴纳贡物的情况是：各傣族土司，对辖区以内的景颇族都设有管爷，由司署属官充任；部分地区，除管爷外，还指派邻近山区傣族村寨的老皖就近管辖。如在瑞丽，山官袭位，要报告土司，附送礼品；土司则给予类似委状的字样，表示承认。解放前，土司每年按户抽收"门户"一两文卢比，有的寨子，每户还出一二两官烟，土司有婚丧，临时派送礼物。1952年，遮放土司为其弟订婚，还来西山派款。此外，打着野兽，好的兽肉、兽皮也给土司送一点，瑞丽南关寨，还规定每年要送给土司1箩竹笋。所有这些，解放后大部分地区都停止交纳，土司也不敢去催。至于他们和土司的关系，用景颇族自己的话来说，是"服管不服调"。

这是傣族土司对景颇族的统治。但在民族斗争的前沿，景颇族山官对部分傣族及汉族又有所统治，而且这种情况很普遍。许多山官，在山脚坝区，都有几个"保头寨"。保头寨的傣族或汉族，每年也要向山官纳贡，如盈江一区新民乡邦瓦寨，所辖傣族"保头寨"有两个，汉族保头寨有6个，大寨子每年贡纳官烟20两、谷子20箩，小寨子官烟15两、谷子15箩。盏西帕欠寨所辖保头寨3个，每寨每年贡纳猪1口、几筒酒、几只鸡。潞西跌撒山官所辖"摆彝跌撒"寨，以前每家傣族要出山官粮6箩谷子、官银6钱银子。山官的职责，是保护该寨不受别人侵扰，牛马失踪代为寻找等。

由于这里村寨是民族斗争的前沿，距离统治中心区较远，总的方面，景颇族虽然失败了，但在前沿地区，他们还可以经常主动袭击。可能又经过地方性的协商，才出现留存至今的"保头制度"。就前沿地区看，景颇族又占一定优势，是可以理解的。较为突出的是瑞丽戛顶山官辖有傣族10寨，200多户；邦林山官辖有傣族5寨116户；户岛山官辖有傣族7寨，约250户。据邦林山官自己谈，他们保头寨每年共交官谷300箩，此外每户还出门户1文卢比，有活计可以叫傣族来做；傣族"打官司"也到他那里，理短的罚钱。他为了表示自己的进步，说："以前我父亲处罚100的，现在我只处罚50了！"这和一般的保头寨不相同。一般的保头寨，除收"保头"外，不干涉行政。据说邦林等山官的保头寨，有一个特殊的来源，即以前瑞丽土司的嫡子和庶子发生内讧，嫡子向邦林山官求救，争得地位，就把这些傣族寨划归3个山官管辖。其实这种事例在其他地区也有，如陇川邦瓦、潞西勐板皆是。

至于山区崩龙族、傈僳族，一般仍保留其聚居状态，每年每户征官工3个至5个，猎获野兽要送给山官一腿，此等负担与景颇族群众一样；此外要多出一二两官烟，有的地区还出一两箩官谷或一两文卢比的门户。杂居在景颇族地区的汉族，其负担与此相同。

三、景颇族的家庭婚姻

（一）目前情况——个体家族与地域联系

构成景颇族农村公社的细胞，不仅是基本上属于一夫一妻制的单个家庭，而且已经五方杂处，由"血缘联系"进入"地域联系"了。表现在：

1. 景颇族各个支系（景颇、卡苦、高日、载瓦、喇期、朗峨、波落、茶山、浪速等）及其他各族（崩龙、傈僳、汉、民家等）在同一山官辖区内分寨杂居，如在潞西弄丙山官辖区内，有载瓦、浪速、崩龙、汉族等4个族系，分作5个小寨杂居（汉人寨有2个）；潞西营盘山官辖区内，载瓦、浪速、汉族分寨杂居。

2. 同一村寨内景颇族各支系及其他各族杂居，如潞西勐板邦瓦寨，载瓦、浪速、茶山、傈僳等族杂居；潞西东山上、下瓮角，载瓦、汉族杂居；陇川弄弄寨，景颇、浪速、汉族、民家族杂居。

3. 同一村寨内，杂居着景颇族各支系，平均有10个不同的姓氏，代表着10个不同的家支；许多村寨的景颇族，同时使用着三四种不同的方言。

据现有材料，形成景颇族地区各支系及各族杂居的原因有下列4个：

1.铲草立寨时，招人前来共同开荒，不分支系与族别。

2.吸收外寨、外地搬来的人加入其公社，又可分为4类：

（1）自请加入的，如因偷种大烟，或因逃荒避难前来景颇族地区的汉族及邻近村寨因故迁移的景颇族各支系。

（2）吸收养子（详见壹、五"景颇族的宗教和社会观念"）。

（3）争取加入的，如汉族的铁匠、犁头匠到景颇族地区，被留下来为他们安家；或因特殊需要被请求，如潞西弄丙寨汉族王自生系阴阳家，因其识字，能念鬼，山官特地请来办理文稿，给田9斛种。

（4）加入时间较早，已经变为景颇族，有的并篡居统治地位的。如盏西李家山山官李札龙，据他本人谈："祖先是汉人，清朝乾隆年间，由南京搬至腾冲，住顺江大西练。后代因争家产，小老婆生的儿子被迫逃往江心坡，娶景颇族妻子，自己也变为景颇族。子孙迁至现在缅甸的昔董，又迁大鲁缅，再迁回国境住在李家山，已经有6代。回国的祖先有4子，分别做了大崩洞、小崩洞、轧弄寨和李家山的山官。"又如陇川弄弄乡邦冷寨何四头目家，据说祖先也是由南京来的，到腾冲后在景颇地区上门，变成景颇族。子孙又搬陇川，并在邦冷寨做了权力大于山官的头目。盈江新盈乡莫孔寨山官龚守成，祖先原系傣族，入寨娶景颇族妻子后，变为景颇族。他们篡居山官、头目的经过不详。

3.被景颇族打败，但未完全赶走，残存下来的土著崩龙族。

4.在保头地区，招收其他各族前来居住。据潞西勐板落湖山山官丁六说："以前勐板千户蒋姓内讧，当中一派把他们由瑞丽'搬'来，打了胜仗，就住在勐板。蒋家划出一些寨子作为保头寨，保头地区如果没有人，就去招汉族、傈僳、崩龙等族来住，划给地面，每年向他们收保头。"莲山第二区龙盘乡十八岔傈僳族栋之潘谈："他们祖先由板厂搬到盏达唐连坝，因两个山官争着收保头，杀起来，又搬到龙盘，那里的山官把他们收容下来收保头。"

据1953年12月瑞丽工委会调查：南京里寨77户中，包括景颇族景颇支25户、载瓦支28户、浪速支21户、汉族3户，分别由国内7个县区及缅甸移来。移居时间，最长80年，最短半年。兹录调查表如后，可以看出其地域联系的广泛性。但要说明，这个寨子是比较特殊的。

瑞丽县南京里各族来源调查表

单位：户

移来时间 ＼ 原住地区	本县其他地区	梁河县萝卜坝	陇川县	潞西县遮放	莲山县	盏西区	保山县	缅甸	同时移来户数合计
半年						1			1
1年		2						1	3
2年								2	2
3年			6						6
7年			3		1				4
12年				3					3
25年								2	2
30年					1		1		2
40年				1					1
50年		2	4	1	4			5	16
60年			2					5	7
70年								3	3
80年	23				4				27
同地移来户数合计	23	2	17	5	9	2	1	18	共计77户

上述杂居情况，自有其经济原因，如增加奴役及剥削对象、共同开荒、偷种大烟等等。若与"古典的形态"相比较，显然不同。如"古典的"雅典，乃是由于"土地的买卖，由于农业与手工业、商业与航海间分业的进一步发展，氏族、大氏族及部落的人员都很快地打乱了；大氏族及部落的住区以内，住下了外来的居民"。其"地域联系"乃是建基于"日益发达的货币经济"之上的。（引文均见《家族、私有财产及国家的起源》，第119页）

（二）历史发展——由母系氏族到父系家长制家族

目前景颇族虽已形成一个基于地域联系的共同体，实行着较为稳定的一夫一妻制，但有不少事实足以说明它脱离氏族社会为时并非久远，"彭那鲁亚"婚姻制度下的亲属称谓及其遗俗（建立"公房"）、"对偶婚"的痕迹"抱子认亲"、词汇当中保留下来的大家族制度等，都是例证。我们试从该族亲属制度、婚姻习俗等方面，追溯其家族的发展情况：

1. 由母权到父权的缩影。据潞西跌撒山官排早响和广外李魔头（兼寨头）谈："远祖是三姐妹，住在'木准森浪'地方。大姐是王子，二姐被太阳夺去，三姐寻到太阳落的地方就不回来了。大姐的母亲怀孕9年，才生下她来，她的弟弟就是阿公阿祖孔明。父亲叫'彭甘木真伦'，像东瓜一样从天上掉下来；母亲是'温驯木载'。孔明的妻子叫'石娃娜木载'，儿子叫'娃切娃甘'。有两个儿媳：'格朋弓邦木载''娃切娃母木甘'。有5个孙子：老大'马然'（马姓）（大山支），住在'唐龙仙秋'（据说即现在滇缅北段未定界的玉石厂）；老二'勒陶'（大山支），住'傲利傲腊'；老三'勒排'（排姓多系小山支，也有大山支），住'生光木龙崩'；老四'恩昆'（岳姓）（大山支），住'拱书拱瓦夏'；老五'木兰'（大山支），住'鉴木崩'。"

"我们是'勒排'支后裔，又有5个分支：老大、老二、老三绝了；老四'龙准'分支；老五'崩猛'分支。还有'木爱''瓦暮'①，也是'勒排'的支系（此处不明）。"

"'龙准'分支由西山'邦盖'分出去（幼子）；老大后裔分到陇川'邦瓦'（即邦瓦山官之祖先）；老二后裔分布在西山的'红球''弄丙''广外''跌撒''邦载''项球''甘棠'等寨；老三后裔分布在'怕软''广远'等寨；老四、老五、老六绝嗣（一说老五后裔今在'崩巧'）；老七后裔分布在'大赛''邦盖''先乌''崩洞''拱允'等寨（一说老七分在'邦盖'）。"

"'邦谷'寨山官早蚌，是'龙准排'一支；早顿是'木爱排'一支；早腊是'瓦当排'一支；'钱磨'寨山官早利是'真饶排'一支（此处不明）。"

"马姓、排姓有的是官种，有的是百姓。西山山官都姓排。'邦瓦''龙准''木爱''瓦幕'习惯上互不开亲，故山官多到缅甸娶大山（景颇支）马、王二姓的女子，也有娶吕夷图浪速支女子的。排姓远缘支系很多，近来也有互相开亲的了。"

这个传说就是该族由母权到父权的一幅缩影。所谓"远祖是三姐妹，大姐是王子"，可以看出其母权的痕迹，以下就是以男性为中心的父权家族了。如果都是真人，这当中不知道还空隔若干代。

这一转变的过程，照恩格斯的说法："谋生，总是男子的事情，谋生用的手段是由男性所制造的，因而即是他的财产。因此，家畜是属于他的；用家畜换来的商品与奴隶，也是属于他所有的。如今生产所得的全部剩余，都落在男子手中了；妇女参加它的消费，但没有私有产的份儿。'粗野'的战士与猎人，以在家内次于妇女而占第二位为满足，但在'比较温和'的牧人，恃有自己的财富，已经跃居首位，而把妇女排挤在第二位了。妇女是不能申诉不平的人。"（《家族、私有财产及国家的起源》，第176页）

在上面的传说中，阿公阿祖孔明显然是附会进去的，正如他们所说"像东瓜一样（突然）从天上掉下来"。但这种附会也不无渊源，据现有的材料，该族由中国西部康藏高原

---

① 瓦暮，本文又作"瓦幕"。——编者

南迁到滇缅北段未定界江心坡一带，又分两支向南深入缅甸和境内德宏地区。当该族还定居在康藏边境时，可能在与傣族、缅甸族发生联系之前已经和汉族发生联系，据他们的传说，和汉人是同祖先的兄弟。平日生活样式和宗教习惯也有和汉族相似，如穿着龙袍，以及月食时敲锣打鼓等。因此在该族南迁前和孔明南征发生某些联系是有可能的（至少是受了孔明南征的影响）。落后民族常常把征服者附会进他们的历史传说之中。但从这里也露出受大汉族主义统治压迫的马脚来，如说孔明不给他们药吃，给他们以咬人的鬼，以及不教他们认字的愚民政策等。

他们自己的传说是"景颇族的历史已有908年"，不知从什么时候算起。又说："古时中国有一支兵南征，抓兵派夫，把他们带到这里来的。"据梁河石婆婆乡魔头雷发银谈："王尚书（明朝征麓川的王骥）设篱安边，在德宏区设8关、9隘、7土司，把我们带来。我们雷、岳两姓守铜壁关，龙准勒排支守铁壁关，做土司的左膀右臂。"王骥初征麓川在公元1441年（明正统六年），其与景颇族有何关系，还找不到有关记载，但雷发银所述的传说是比较具体的，该族南迁可能是在这个时候。

2. "彭那鲁亚"（Punaluan）家族的遗迹。该族现在已实行着一种不久才从对偶婚发展而来的较为稳固的一夫一妻制，但他们目前的亲族制度是与他事实上存在的家族形态不相符合的，即由现行的家族形态所发生的亲族关系是跟其亲族制度发生抵触的，说明后者由于习惯而继续保存甚至已经到硬化的时候，前者已发生变化并超过他的范围了。这在一切原始民族中都没有例外。（均见《家族、私有财产及国家的起源》）

该族现在所奉行的亲族等级及与之相适应的称谓是这样的：

父亲的兄弟的子女还是他的子女，他们全部都是我的兄弟姊妹，在称谓上也是大体上一致的：景颇语支景颇语称父亲为"阿娃"，父亲之兄为"娃底"、弟为"娃堆"（"底"是"大"、"堆"是"二"的意思）。父亲兄弟之子与同胞兄弟姊妹相互间通称"阿普"（兄）、"阿奴"（姊）、"格脑"（弟或妹）。对父亲兄弟之妻仍称"奴东""奴堆""奴底母"等。

母亲的姊妹的子女还是她的子女，他们全体都是我的兄弟姊妹，在称谓上也是一致的：景颇族称母亲为"阿奴"，母亲之姊为"奴东"（"东"是大的意思）、妹为"奴堆""奴底母"。母亲姊妹的子女与自己的同胞兄弟姊妹称呼相同：兄称"阿普"，姊称"阿奴"，弟、妹称"格脑"。不仅如此，对母亲姊妹的丈夫也和对父亲兄弟的称谓相同，仍称"娃底""娃堆"等。

既然父亲兄弟的子女和母亲姊妹的子女都是他和她的子女，他们全体是我的兄弟姊妹，有着共同的父母，基于禁止血族通婚的原则，他们之间是不能通婚的。这是一方面。

同时，我们又看到，我的父亲姊妹的子女，已经不是他的子女，而是他的侄子和侄女；他们全体已经不是我的兄弟姊妹，而是我的从兄弟、从姊妹了，因之在称谓上也就和父亲兄弟或母亲姊妹的子女不一致了：景颇族称父亲的姊妹为"阿嫫耶"，称其子为"阿靠"、女为"唉那木""梗那木"等。

母亲兄弟的子女，已经不是她的子女，而是她的侄子和侄女；他们全体已经不是我的兄弟姊妹，而是我的从兄弟、从姊妹了，因之在称谓上也就和父亲兄弟或母亲姊妹的子女不一致，而是和父亲姊妹的子女的称谓相一致了：景颇族语称母亲兄弟为"阿扎"（舅），称其子为"阿靠"、女为"唉那木""梗那木"等。

既然父亲姊妹和母亲兄弟的子女已经不得是他和她的子女，他们全体也不得是我的兄弟姊妹，已经不是共同的父母了。因此，外甥可以和舅父之女结婚，自己也可以娶父亲姊妹（姑母）之女儿为妻。但这里有一条例外：舅父之子不能娶外甥女，父亲姊妹（姑母）之子不能娶自己的姊妹，说明该族还保留着若干母权制的残余。

显然看出，母方舅父与外甥间的特别密切的联系起源于母权制时代。该族（尤其是浪速、茶山）外甥常与舅父女儿结婚，故舅父与丈人同称"阿扎"。舅家无女时，别娶也须征求舅父同意。所以舅甥两家支对称为"丈人种""姑爷种"，这是尊重母系的显著例证。

上述称谓在载瓦、茶山、浪速语中虽语音略有不同，但它们所代表的亲属关系的含义是一致的。

这就是景颇族亲属制度的序列。这种称谓不只是一种尊敬的称呼，它们实际上包含着十分肯定和郑重的相互义务的，这种亲族制度是以在该族已不存在的比较原始的家族形态为前提的；否则，与它相适应的亲族制度也就不可能保留到今天了。

这种亲属称谓和与之相适应的家族制度的特点，就在于每个孩子有数个父亲和母亲。正如恩格斯所说的："……一定的家族范围内相互的共夫与共妻，不过在这个家族范围内把妻的兄弟（起初是同胞的，以后更及于远房的）乃至把夫的姊妹除外罢了。"（《家族、私有财产及国家的起源》，三联版，第41页）

因此，从这种亲属制度，我们可以推想该族曾经过这一种家族形态，即：父亲和他的弟兄曾共一群女子为妻，在这些共同妻子之中，他们的姊妹是除外的；母亲和她的姊妹曾共一群男子为夫，在这些共同丈夫之中，她们的兄弟也是除外的。故他们和她们所生子女皆为己子女，子女以诸父为同父，以诸母为同母，诸子女皆为兄弟姊妹。正如中国历史传说中所称的舜与象弟兄共娥皇、女英姊妹为妻一样。这就是摩尔根在其《古代社会》一书中所称的"彭那鲁亚"家族。

这种制度把兄弟姊妹的子女划分为两类：一方面父亲兄弟和母亲姊妹的子女相互之间仍然是兄弟姊妹，有着共同的父母；它方面父亲姊妹和母亲兄弟的子女已不得再成为兄弟姊妹，他们已不可能再有共同的父母了。随着生产工具的发展，当原始集团人数超过为生产力水平所限制的某种最高限度，从这里就分离出独立的集团来，产生了作为原始公社基本细胞的氏族制度，它是由经过"彭那鲁亚"婚姻，并由于这种婚姻中处于支配地位的观念而形成的作为氏族始祖的公认的女族长的子孙构成的。在这里，好多姊妹或数个这种姊妹集团成为一个原始公社的中心，而她们的同胞兄弟和数个这种兄弟集团则成为别一个公社的中心。这种家族制度成了过去景颇族氏族社会的出发点，也是构成多数野蛮民族的社会秩序的真实基础。

3. 群婚、对偶婚、抢婚等遗俗。又从该族现在所奉行的婚姻习俗和社会礼仪的简单朴野的规例中，也可以看出由群婚经过对偶婚而达到现今较为稳固的一夫一妻制的若干显著的痕迹。

该族现在已实行家族外婚和阶级内婚制度。同族各支系——景颇、载瓦、茶山、浪速之间互相通婚，同一支系同姓之间一般不许通婚，也不与外族通婚。如潞西遮放西山区之山官多为排姓，系载瓦支，彼此间不能通婚，故多到缅甸景颇支中去娶亲。从这里看出大氏族是由部落最初分裂成的原始氏族，在禁止氏族内部通婚的情况下，每个部落必须至少包括两个氏族，以期独立存在。

山官不娶百姓女子为妻，但有的地方山官之女儿可以和老百姓结婚，仅有一项限制，即他的女儿如果下嫁于百姓，则她的聘礼和嫁妆要由全寨负担而已。

群婚的遗俗表现在女子在婚前享有较充分的性的自由。每寨都为青年男女建一"公房"，供他们谈情说爱。他们日间劳动，晚上即到那里串耍、跳舞，有的就在野外过夜。有些地区较富有的家庭为未婚男女各置一火塘，非本家族男女可到这里谈情；房间的竹墙用泥土涂封，女儿的情人来，父母多回避。男方可约女子出外，父母不加干涉，且认为女儿的情人愈多，女儿一定长得很美丽，引为光荣。

在男女双方谈情时，不能让女子之弟兄看见，否则后者可以开枪射击，杀死男方。从这种嫉妒的产生，甚至可以推测比"彭那鲁亚"家族更为古老的血缘家族——同辈兄弟姊妹间互为夫妻的遗迹。该族洪水故事曾述及"洪水把全家人淹死了，只剩下兄妹二人藏在鼓中随波浪漂流，等到洪水退了，两人才出来。白天是兄妹，夜晚是夫妻，后来怕人说闲话，只好分开。临别时，妹与兄约：'当云雾蒙蒙、细雨霏霏、落日斜照之时，我化为彩虹与你相见'云"。在这个流行的故事中，他们分明确认经过血缘家族的阶段。正如马克思所说："在原始时代，姊妹曾是妻，这是合乎道德的。"（《家族、私有财产及国家的起源》引述，第38页）不过这种家族形态在现代各原始民族中早已绝迹了。

还有：在某些个别地区，父亲纳妾，父死由长子继承其妾、子死父也接娶儿媳。潞西西山广远山官排早汤把自己的姘妇让与其叔拱允山官左总为妻，又将他和姘妇所生之子早相为其叔之继承人。在此普遍盛行的是兄死后弟接娶嫂子，弟死后兄也接娶其妻。这是为了要在丈夫死亡时把买来的妇女及其子女留在丈夫的氏族之中，避免破坏亲戚关系及防止财产外流，可以看出血缘婚的若干遗迹。

女子婚前杂交，在恋爱中也有女方是主动的；怀孕生子时，由她确定是和谁所生的儿子，采取"抱子认亲"办法，如男方接受，出1条牛后可以正式结婚，否则必须赔偿并杀牛祭鬼，因社会上对私生子是鄙视的。从这种"抱子认亲"的习俗上看出，女性在许多丈夫中确定一个主夫，而她对于他也是许多妻子中间确定的一个正妻。其与对偶婚不同之处，只是在婚前怀孕生子后，通过"抱子认亲"的方式而实现，并以举行婚礼的形式加以确认和巩固而已。

这种基于婚前杂交的对偶结合，由于氏族的愈益向前发展，和由于不准许通婚的兄弟集团的人数和姊妹集团的人数日益增加，而逐步巩固和定型化。在这种结婚禁例不断加多的情形之下，群婚逐步成为不可能了。

因此，目前景颇族中所盛行的抢婚和买卖婚姻制度，不能认为是该族在个体家族形成中私有制度确立后才产生的现象，而是家族向前发展、通婚范围日益缩小的结果。至于私有制度的产生可能更加刺激买卖婚姻的盛行，则又是另一回事。买卖婚姻和抢婚的情况大体是这样的：

父母为子择配之前，先请魔头打卦决定后，再托媒议婚。此时女方尽量索取聘礼，如牛、布匹、大铓（铜锣，中间凸起）之类。如系官家，还要龙袍、马、象牙等等。很多人家，因结婚而濒于破产。有的则因聘礼交不起，议定婚后补交，有至数代不清，子孙代父祖赔账，无法清偿而结成冤家，引起拉事纠纷的。

这种买卖婚姻的产生，如上所述，由于群婚为对偶婚所代替，亲属通婚范围由近缘渐及远缘，日益缩小的结果。在群婚家族形态下，男性从不苦于女性不足，现在女性不够了，从前容易到手的妻，现在不得不成为购买的对象。但购买就不得不支付大量聘礼，因此抢婚之风极为盛行，变态婚姻代替了通过媒妁之言的正式婚姻，这在至今一般落后民族中还是普遍盛行的。

照例，在抢婚之前，要请魔头看卦决定。不论女子同意与否，只要女方父母同意、群众同意就行，抢到家后再议聘礼。我们在潞西营盘寨亲眼看到一个 10 岁左右的女孩，据说已经是抢过婚的，现回娘家，长大后由男方再出 1 条牛给女方，就可以接回去了。

我们在潞西遮放西山看到，在抢婚中产生一种专门以抢婚为职业的人，他们和魔头串通。抢婚前，由魔头打卦，指定两个抢手，一个是男方寨子的，叫"勒脚"；一个是女方寨子的，叫"长桶"。男方来抢婚时，"长桶"在本寨内应，成功后，男方分别送礼品、金钱给抢手，抢手则以矛头 1 个送给男方。潞西湾丹寨的青年姑娘，除 1 个有"琵琶鬼"外，其余全部由"魔头""长桶"包办卖与外寨了。

在某些地区，举行婚礼的仪式是这样的：

结婚时，女方父母不参加，请妇女护送至男家，陪嫁一筐礼物，内置桶裙、毯子、长刀、矛头等。新娘至门外，男家以草铺地，上洒鸡血，以祛除新娘带来的魔鬼。新娘需通过男家所搭的草棚（有几个"家堂鬼"就有几个棚），行走时要特别小心，如脚上沾染鸡血，即认为不吉。然后踏上新制的梯子。至此男方之母以项圈挂女颈上，就算成了男家的人了。新郎新娘见面后，同坐饮交杯酒，同嚼一片烟叶，婚礼即告完成。有的新娘于礼成后到附近溪泉沐浴，回来煮饭做活。此时媒人以 1 对耳筒、1 竹筒酒交与男子，表示"女子已交付给你，我的任务完成了"。男家开始宴客、剽牛、设酒，青年男女围着新郎新娘歌舞。

在举行婚礼中，新娘之父可以将女儿带走，再度勒索，增加聘礼。一般是婚后数日新娘就回家，假意不归。有由女方亲友送回男家，讹称"代为觅回"，又再勒索聘礼一次。

这时别人也可前来认亲，男方须按亲疏，一一送礼，否则坐门不走。女家认为女儿这样做是"能干"，多数的情况是新娘在婚后回去数年不归，又恢复婚前性的放纵（在夫家则限制较严），有的因和另外男子通奸，引起双方拉事纠纷。潞西卖桑寨寨头雷勒拉之女嫁与跌撒李勒都，婚后即回娘家，与崩巧李寨头的儿子通奸，生了孩子，跌撒叫雷勒拉去祭鬼，拉去卖桑寨的7条牛；卖桑寨又来拉崩巧李寨头的牛，把放牛小孩也捉去了。说明由对偶婚向一夫一妻制家族过渡的过程中，由于群婚遗俗的束缚而受若干限制，因而使这种一夫一妻制的个体家族形态未能臻于完全巩固。

这种买卖婚姻制度严重地破坏着该族生产，一个比较富裕的家庭，往往因娶妻而倾家荡产。下面是潞西弄丙寨中农排勒转在1952年结婚时的开支项目：

聘礼：两条牛，卢比200文；大锣1个，50文；布两匹，20文；长衣两件，20文；羊毛垫毯1张，6文；马坐褥1张，5文；外国花布两丈，50文；鸡蛋21个，1文零5比；酒30碗，15文；猪肉1腿，10文。

宴客：猪6口，每口30文，共180文；酒170碗，村中群众及外寨亲戚送70碗，自煮100碗，34文；食米7箩5斞，34文；糯米1箩，5文；沙鸡、芦子3文；鸡蛋50个，3文又3比；食盐3矼，3文。

送魔头礼品：合12文。

以上共合卢比654文零8比，折合人民币5212000元。

4. 家长制大家族的痕迹。从该族的词汇中，又找出了家长制大家族的痕迹。据了解：景颇族中有"达布"（dap）一词，本意为"火塘"，引申为在火塘边栖处的人，又引申为"军营"，有"群体"的意思。这一个名词主要是用在家族称谓上，称长兄的一支为"上达布"（Luwu dap），称弟弟的一支为"下达布"（Lahta dap）。

在家族组织上，各个达布只是一个家族的单位，或并列的各支。

一个达布是由两夫妇和他的子女组成的单位，但它不能与其他达布分离，而要统属于一个"亭枯"（hting hku）之内。对达布来说，亭枯是他们的总体，即"共同祖先的群体"；对亭枯来说，达布是它的组成单位，即"共同祖先的子孙"。他们翻译"祖国大家庭"，就用"亭枯"一词。值得注意的是，亭枯的本义也是物质名词，有"巢穴"的意思；更值得注意的是，目前一夫一妻、分门立户的小家庭既不叫达布，也不叫亭枯，而称为"亭戈"（hting gaw）。现在说寨子里有多少户或多少家，即是用"亭戈"这个词。亭戈又可用来称夫妇，如说"呆亭戈"（dai hting gaw），即是"那两夫妇"。

这些概念的含义，对"家长制大家族"及其蜕变是一幅很好的图画。景颇族目前虽已发展为一夫一妻、分门立户的小家庭，但是大家族的残痕也还多少保留着：他们住的都是茅草顶、木架、竹壁、竹楼板的楼房，其结构几间通连为一幢（每家一幢），纵长发展，不成庭院式。大山官的住宅，如以丈二开间计，起码有七八间。楼上一般都安置着3个火塘，其间有隔界。未结婚的子女和父母在一个火塘住，已结婚的儿子则分住其他的火塘。这就具体而微地说明了达布和亭枯的意义。正如恩格斯所描写的："南斯拉夫的大家族是这种家族公社的最好的活的标本。它包括着一父所生的数代后裔以及他们的妻室，并且他们全体都住在一所住宅里面，共同耕种自己的土地，食穿都用共同的储藏品，共同占有收入的盈余。"（《家族、私有财产及国家的起源》，第61页）

恩格斯又告诉我们："差不多一切民族都有过氏族的共同耕地，以及以后共产主义家族公社的共同耕地。""这种共同耕作被土地的分配于各个家族及其定期重行分配办法取而代之。"他认为"过渡到个别耕作和土地每年重行分配一次办法"，"这确实是个很大的进步"。"因公社的人员数目增多，以致在那时的生产条件之下进行共同的经营，已成为不可能，于是他们遂解体了；以前共有的耕地及草地，就用一般知道的方法，分配于如今发生的各户之间了。这一分配起初是暂时的，后来便成永久的。至于森林、草原及水依然是公共的。"（同上书，第153—154页）

前一章曾经引述大山语"戛缩格罗"一词，说明景颇族也经历过共同耕作的阶段，这正是家长制家族的经济形态；由家族共耕到个别耕作，则又由于上引"亭戈"这个新的词汇表现了出来。

四、景颇族的山官制度

（一）家长式的统治形态

山官以家长的身份成为山寨的统治者。其家长身份是世袭的。历史证明：由母系向父权制过渡，促进了官职由选举而渐变为世袭（原始民主选举的残余，还保留在个别地区：如盏西帕欠寨89户，官种排姓有50多户；若当山官的办不好事，群众就罢免他，另由官种当中选一个来当。盏西茅草寨、盈江新民乡猛岗寨情况都相同），表明由一定的家族人员充任官职，已经成为习惯，产生了部落贵族；进入农村公社，他们仍以家长身份出现，成为以地域联系的农村公社的统一体所体现的那个人。

在这里，公社成员已经是五方杂处，但作为体现"公社的统一体"的山官，仍然保留着"父系氏族"制度的若干残余。

根据跌撒山官所述遮放西山各寨山官的宗支，并参照其他材料，表列其世系如下：

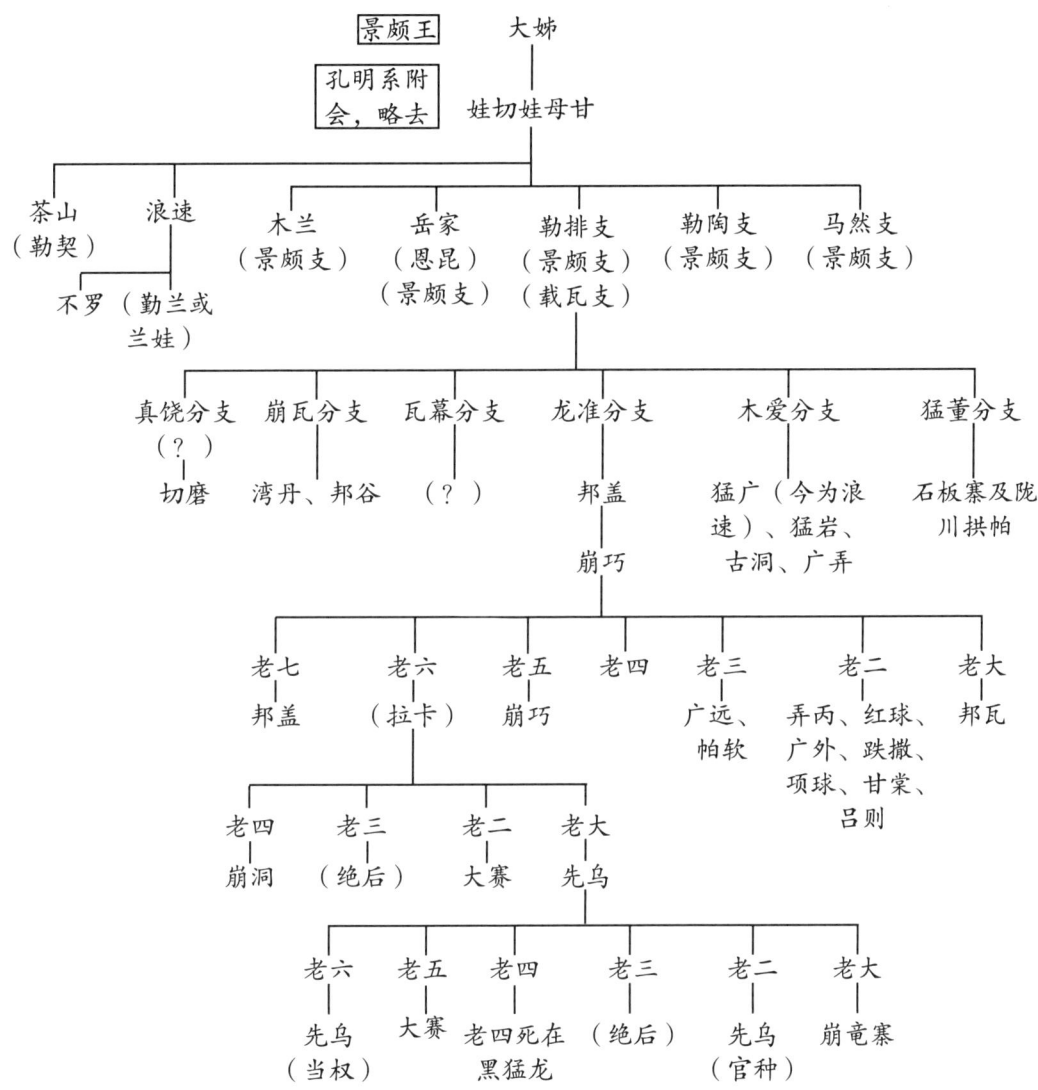

　　如上表，山官家族发展，分出成为若干村寨，本寨多传于幼子（恩格斯曾说过家长"不一定是最年长者"）。每寨由五六户到数十户，100户以上的大寨很少。山官的子孙人人是官种，形成所谓"十家山头九家官"的现象。但每寨只有一个能做山官，如老山官无后，又无其他官种，可到外寨同支系中去找，也有到江心坡或缅甸去接官种的。同一寨官种的权利是不出官工，不送祭品牛腿。项球寨31户，有26户是官种，但经群众承认可当山官的只有两户。

　　寨与寨间政治不相统属，较大的山官也有能够号召一部分甚至大部分中小山官的，如潞西弄丙山官曾向我们说："东山有早黎官，西山就是我！"较为谦逊的表示是："这匹梁子，就是跌撒官和我！"其权力的表现，如他曾把茅简山官拉下来，扶持该寨寨头赵早润做山官（这样做的结果，也不能直辖该寨）。1952年我们召开山官会议，茅简的两个山官都参加，在清点出席人数问到茅简时，赵早润起来答应，有好几个山官都说："茅简山官不是他！"弄丙山官瞪起眼睛来："不是他是哪个？"那些山官赶快改口："就是他！"茅简真山官也不敢争辩。但尽管如此，他对一般中、小山官，只有号召力，无论在名义上或事实上，均无直辖关系。在瑞丽孟例寨各个小寨的小山官之上有一个总山官，这一个总山官直辖小山官，但无直辖寨，所有各小寨的老百姓都要出双重负担：一份给总山官，一份给本寨小山官。但这宝塔式的统治系统仍是建筑在亲属关系上——总山官是家长。

全区比较突出的例子，是陇川邦瓦山官早堵和梁河石婆婆山官尚自贵，他们凭借土司的封建势力发展起来，已经逐渐形成管辖数十个寨子的封建领主了。

山官之下设寨头，是山官的行政人员，协助山官排解纠纷、征收保头费等。每寨设1个，个别寨有设两个的（如潞西弄丙、崩巧）。

寨头产生有两种方式：一般是最初开辟山寨的领导者，就成为该寨的寨头，经群众推选，山官认可。他们熟悉地方情况，山官对之颇为尊敬。这种寨头习惯上多系世袭，但未成为制度。如寨头无后，由山官另选能者担任。还有一种是山官亲信或在其辖寨群众中较有势力、有威信的人物，由山官委派充任。如潞西广外寨头就是跌撒山官委派的。没有山官的寨子，由别寨山官间接统治的寨头，其职权与山官相同：可以派官工，吃牛腿。全寨祭官庙时，山官要出份钱，但寨头是最早到寨的，所以享有不侃份的权利。

与之并列的，尚有司理宗教、祭祀的魔头，是该族的神权统治者。由于该族没有自己的文字，从而也是他们的精神文化、历史传说的唯一保存者。

此外，在拉事和反拉事的循环过程中，从该族社会中游离出一群完全或不完全从事生产、依靠拉事为职业的二流子，逐渐发展成为拉事头，在某些方面，同样占居了统治地位。后两种人物，下面还要提到。

如前所述，山官的职权是负责分配土地，批准外人加入本寨，排解纠纷，对本寨百姓的生命财产有保护之责。如潞西弄丙寨有一户汉族出外打猎，被先乌寨景颇族把枪抢去，弄丙山官即亲自去交涉，追回交还原主；如对外族发生战争，他是指挥人。

山官生活与群众生活差别不大：住草屋，赤足，多数从事劳动。仅屋柱比一般人民的大些（是全寨人民替他砍伐抬来的）。大山官多在门前立一竹竿，上面悬挂一个用笋叶剪成的日月图形，表示与群众有所不同。

群众见山官也不拘束，可以随意坐着交谈。山官对群众很少用刑罚，也没有固定的刑具。最大的惩罚是撵出寨子，但很少使用这种权力。虽然如此，山官在群众中一般享有很高的威信，有如恩格斯所说："……文明时代的最有势力的王公，最伟大的政治家或将军，也许要羡慕那极谦逊的氏族首长所享受的未用暴力获得的及无可争辩的尊敬。"他们虽然已经跨进了文明的门阈，但在许多地方仍有氏族首长的色彩。如1953年弄丙山官当选代表到保山开会，群众很关心，要等他回来祭官庙，亲手举行撒种礼，群众才撒得下秧。

新谷收获，山官未尝前老百姓不能吃。山官与本族群众至今仍保持着生产上的密切联系。

据潞西西山全区的统计：山官对本族的剥削，占每户全年农业收入的5%左右；对居住在其辖区的外族人民额外征收官烟、保头等，共占每户全年农业收入的12%左右，但他也要付出一定的公共开支。少数大山官出租土地给外族，其余依靠地租剥削为主要生活来源的并不多。公社内部虽有阶级分化，但尚未发展到对抗的程度，因而山官的统治还没有一套完整的制度，也没有对抗民众的固定武装（在辖区内一切成年男子都是战士）。他在本族内部的权力基本上还是一种家长的、习惯的约束力，尚未形成与构成公社的全体成员大众相分离的一种独特的社会权力。恩格斯说："所以，马娄（Maurer）以正确的感觉为指导，承认日耳曼的马克制度为一种纯粹社会的制度，虽然它以后大抵作了树立国家的基础，但在本质上它是与国家不同的。"（《家族、私有财产及国家的起源》，第101—102页）我们认为，对"出现于阶级社会的形成过程中"的东方公社型的景颇族农村公社来说，这话是可以引用的。

山官制度是在该族低下的生产力水平之上生长起来，并与这种落后的社会经济形态相适应。应该肯定，这种制度本身是十分落后的。但从该族当前的具体环境和社会经济条件来看，从山官曾多次领导本族人民反对外来的民族压迫（国民党、日本帝国主义、傣族土司）来看，山官制度在本民族内部还有一定的传统影响。

（二）具有军事民主主义色彩的拉事

拉事是报仇之意。该族有"吃新谷，话旧仇"的习俗，每年吃新谷这一天，全家团聚，请老人讲述祖宗仇恨，借以教育后辈，寻找机会报复。家人和亲戚遇有仇隙发生时，将仇家姓名、住址以及发生事件的时间记下，一般是刻在木板上，一痕一件；仇人死了便记下他的儿子、孙子，有至数十代的。恩格斯说："从氏族制度中曾发生了继承父亲或亲族的仇敌关系乃至友爱关系之义务；同样，代替报复杀戮或伤害的赎身罚金，也须继承的。"（《家族、私有财产及国家的起源》，第152页）正是指的这种情况。

拉事之前由当事人杀牛，把牛肉带皮毛切成小块用竹片倒穿着散到各寨，叫作"散牛毛"。接到的人必须准时到预定地点集合后出发，把仇家的人和牲畜、物品抢来（拉事的物品主要是牛）。若对方来追，就割下牛尾插在路边，便知道是来拉事，不是被抢，以后应该讲理，不必再来追了。

有的拉事是事先通知对方，如经调解，得到物质上的适当满足，也可以停止。拉事抢来的牛，先杀1头，招待伙伴，以致冤家愈结愈深，互相残杀，形成寨与寨甚至区域与区域之间的对立。

拉事是群众性的行为，任何人都可发起，任何人都可参加。拉回来的东西多半是大家分吃了，发起人得到的并不多。

拉事在他们看来并不算耻辱，甚至是光荣的。他们拉了别人的牛和其他财物，有的经工作干部劝说退回原主后说："我辛苦了一天，请给我点辛苦钱！"

拉事的范围，不限于外族，本族内部支系与支系、村寨与村寨之间也经常拉事。

"拉"的对象也不限于具体的人，只要是略微牵挂得上的村寨或人都可以"拉"。

在拉事和反拉事的循环中，从该族社会中游离出一群完全或不完全从事生产、依靠拉事为职业的二流子，逐渐发展成为拉事头。他们胆子大，有拉事经验，能出主意，群众要拉事必找他，山官、寨头也很看重他。如潞西跌撒山官有事必找李老六，广远山官有事必找容勒变。但他们不像山官、寨头和魔头一样在社会上有明确的政治地位。他们可以在拉事中白吃白喝几顿，并分到一些财物，因此，他们对拉事十分积极热心，吹灰找缝，见缝插针，到处挑起纠纷，以达到个人目的。

有一部分山官和寨头，本人就是拉事头（如潞西西山40个山官中兼拉事头者4人，40个寨头中兼拉事头者8人，56个魔头中兼拉事头者7人）。拉事头在拉事前必须报告山官，事后也要分给山官一份财物；拉事闯下祸也要请山官解决。

既然每个寨子成为拉事的单位，因此山官、寨头就往往成为大规模的拉事的组织者和领导者。他们在拉事中，不仅可以增加一些收入，而且在客观上加深了与本族群众的联系，更加强了作为本族人民的"保护者"这一个作用。因此，他们一般都把群众掌握住，作为攻击和防御的资本。当本寨群众被人拉事时，山官挺身而出，采取保护姿态；群众也把山官看作自己的靠山。跌撒山官排早响和广外山官排早乱仇杀中，全寨为排早响效死力、堵路口、通情报才保住生命。

拉事长期破坏着景颇族人民的生产和生活，还严重地影响着民族团结和对敌斗争。

历史证明：原始部落为保障自己成员中每个人的生命安全，以防其他部落对他们的侵害，所采用的手段是氏族报仇，凡是同族人都有互相援助的义务。"在保护自己的安全上，个人依存于氏族"；"凡侮辱个人的，便算侮辱了全体氏族"（均见《家族、私有财产及国家的起源》，第92页）。这种流血复仇的义务，在任何一个原始人的历史发展过程中，都没有例外。景颇族"散牛毛"号召拉事的风俗，便是这种原始部落制度的残余。

在原始部落的社会观念中，"凡是部落以外的，便是法律以外的。在没有一定的和平条约之下，便是各部落间的混战"（《家族、私有财产及国家的起源》，第104页），部落成为彼此之间的一种不可逾越的界限。在很多原始部落中，与氏族制度并行，并在氏族制度中发展起来的军事民主主义，曾形成一些冒险的私人的团体，用经常战争及掠夺的方法维持他们的组织，甚至把战争和进行战争的组织变成部落成员生活的正常职能。拉事和拉事头就是这样形成起来的。

景颇族在向南迁徙的过程中，曾和其他部落和部族进行了一系列的残酷的斗争，最后退入山中。他们又在山区赶走了一些较小民族，占有山地。长期的民族斗争和部落之间的混战，使该族在历史发展中把原始部落流血复仇的义务和相互保证的风俗保留下来。

长期残酷的民族压迫，使他们处在贫困、落后、失望和绝望的境地之中，摆在面前的出路只有两条：退则祈求鬼神，进则诉诸强暴。这样，原来是反对外族侵害、保护自身安全的习俗，逐渐发展成为以冒险与掠夺为目的的正当的营生方法，发展成为部落之间的混战和内部的互相火拼。

在长期民族斗争中，若干拉事头曾以"民族英雄人物"身份出现。他们和群众有联系有矛盾。如跌撒的拉事头董老大（60岁）有一手好武术，会耍一路好花刀，曾杀死不少国民党匪军，在潞西、瑞丽、陇川一带都很有名声，群众对他很敬仰，公认他为"老英雄"，山官也颇尊重他；自己经常袒开衣服露出身上的枪疤刀痕以显示自己年青时代的英雄事迹。

初步了解，近年以来，引起拉事的直接原因，主要有下面几种：

首先，由于民族压迫和民族纠纷而引起的拉事纠纷（主要是与傣族之间）曾经不断发生。景颇族下山备受傣族歧视，骂他们是"慕辟"（乞丐），因此，山上的拉事头和二流子经常借口下坝去拉傣族的事。

其次，景颇族内部的拉事也不少，群众之间由于宿怨新仇和互相抢劫、偷盗，经常引起拉事。潞西遮放西山以拉事闻名的是曼窝寨，该寨土地属遮放管辖，而人民则属陇川邦瓦大山官统治，拉了事可以逃往陇川请邦瓦山官保护，在其他各寨不能立足的二流子、拉事头都迁往该寨居住，形成拉事的大本营。如30多年前该寨拉事头到坝区拉事，抢劫傣族，当时土司即责令红球山官（广外山官早乱的曾祖）把为首的捉到司署杀了。早乱死后，跌撒山官占领该寨，霸占了该寨的水田12笋种；1952年曼窝寨人就借口来拉广外的事，把该寨汉族逃亡地主杨少舟的耕牛拉了23头，又引起跌撒山官的反拉事，将下山赶街的曼窝寨人抓到跌撒，作为人质，索回拉去的牛。山官家族之间，由于争夺权位和土地而引起的拉事事件尤多，远的如弄丙山官排糯康被红球山官派人刺杀，近的如崩洞、崩巧、先乌各寨山官之间的互相残杀事件，至今还是悬案。

再次，由于买卖婚姻，积欠聘礼至数代不还，或由于抢婚而引起的拉事纠纷也不少。

最后，由于匪特利用和汉族地主、恶霸挑起的拉事纠纷也经常发生。如1953年由盏西至潞西一线，不断发生偷牛盗马事件，坝区傣族都认为是景颇族搞的，甚至要求政府发给枪支保护。经了解系匪特潜入山区，到处造谣："共产党不杀山头族，你们不趁此捞一把，要待何时？"想借此制造纠纷，破坏民族情感。前述潞西西山汉族地主杨少舟被群众反对迁居三角岩后，暗中布置广外拉事头抢了两家汉族，杀伤两人，又引起跌撒山官的反拉事。

在这些拉事纠纷中，山官、寨头是主体，拉事头和二流子是引线人。

由于民族隔阂和民族内部因掠夺土地、婚姻等所引起的纠纷，需要长期艰苦的教育工作才能消除。但在我们工作进入的地区已逐步减少，而由于生活贫困等所直接引起的抢劫偷盗行为，则必须从改善其生产和生活着手。

在拉事的起源和发展中，可以看出其社会性质变化的线索：

目前他们的财产关系已经是"二元主义"的，虽然存在公有制的残余，其私有观念也日趋稳固；加之该族与其他先进民族已有接触，特别是解放前处在殖民地与半殖民地的恶劣生活环境中，原来作为保护氏族和部落生存并发展到成为原始掠夺的朴野的拉事行为，已经堕落为私有社会强取豪夺的手段；加上生产、生活上的长期不安定，从而加深了行险侥幸的心理和行动，其中不少已成为堕落的牺牲品了。

如潞西拱允寨的拉事头雷老六，1950年间曾为崩洞山官出力把崩巧山官杀了，又到先乌山官那里造谣说："崩洞山官要杀你！"先乌山官听他的话，决定先下手为强，雷老六又自告奋勇，协议分赃，召集了七八个二流子把崩洞山官及其兄弟7人一齐杀死，官娘和两个儿子逃到缅甸。

又如广远寨的容勒变，其幕后主持人是司署的属官××，经常送给雷老六大烟，鼓励他继续抢劫。广外寨木勒干，由于生活困难，匪特曾勾引他去黑猛龙当兵，答应供给吃、穿外，每月30个卢比，幸我及时发现，给予安排，带他做徒弟，才未投匪。

像雷老六等人，由于拉的事太多，结仇太深，山官虽利用他，但对他也有顾虑；在群众中逐渐陷于孤立，怕人报复，又怕工作队追究他们过去的罪恶，在绝望时会不顾一切地乱来。曾说："不知何时何地会死，但我死以前总还要杀几个！"对这类人物，如不及早团结改造，有可能被匪特利用，变成对敌斗争中的危险人物。

五、景颇族的宗教和社会观念

（一）宗教

景颇族对于为他们所不了解的周围的自然现象和社会现象，反映于他们原始的和朴素的宗教观念之中，给它们戴上了各种超自然的属性。在他们看来，一切自然和社会的事物都有生命，如山川、树木、鸟兽等都是灵鬼的化身。鬼能祸人，关系人们的疾病生死，动辄得罪，必须请魔头谢鬼，视鬼之大小，宰杀牛、猪、鸡等（不烧香、烧纸，也不磕头）。

鬼的来源，据他们自己说，是和汉人分家时分来的，一说是孔明赐给的。有鬼无鬼，要凭看卦决定。

看卦的方法已知的有8种，即：烧竹子、撕叶子、折扶月草、抽茅草心、摇签、吊石、切姜片、剥鸡蛋。较常用的一种是烧竹子。一般的征兆是：竹子烧炸成交叉形杀牛，成弯曲形杀猪，纹多杀鸡，成平行形状者可以免祭；竹子冲天是天鬼，要多杀。

鬼的种类很多，据向××魔头访问统计，约有130种，可以大别分为3类：（1）属于自然现象的，如天鬼、地鬼、土鬼、山鬼等共40余种（天鬼当中"日月鬼"最大，可能即是山官门前竹竿上悬挂的日月图形，只有大山官才能祭它。被邀的别寨山官必须送牛，祭时附近各寨的男女，都来跳舞6天至8天）。（2）属于社会现象的，如家堂鬼（各姓各有家堂鬼，多寡不一）、冤死鬼、吊死鬼等50余种。（3）属于疾病的鬼，如耳痛、头痛、手足肿痛，几乎每一种病都有一种鬼，20余种。

该族相信每一个人都和鬼结合，家屋内外都有鬼，所以禁忌特别多，不能随便触犯。

如上所举，景颇族的宗教，突出之点是"万物有灵"和魔术以及宗教戒条（禁忌）的色彩较浓厚，同时他们还没有偶像。所有这些，还是野蛮下期的特征。但在崇拜对象中，即各种鬼当中，除自然与元素外，也有不少一部分是属于社会现象的，特别是"家堂鬼"。虽然还未发展到供奉历代祖先，但所崇祀者已是自己家支中最值得纪念、尊重的人物。这种不甚完整的祖先崇拜，在丧葬仪式中又得到补充：

他们的丧礼很隆重。据在遮放西山了解：人死鸣枪、击铓、敲锣，用水洗净尸身，布包好，放在竹架上抬至鬼房（有的抬到火塘边）。死者生前用的东西，挂在鬼门前，葬时拿到坟上。然后选树做木棺（贫者用竹编），杀鸡祭树鬼。造棺时取树梢作幡，两人着长衫持矛在屋内及四周挥舞，每舞一周，即绕幡竿作刺击状。夜间持矛守灵，每天舞两次，6天舞毕。

在家停尸四五天以及门前祭奠后，即送至坟地（贫穷之家死了人，悄悄地埋葬了）。选择坟地由魔头以热鸡蛋两个抛掷出去，在两个蛋相遇触撞处掘穴下葬。

死者埋葬后的1个月，请魔头看卦，举行"建坟礼"，一般是在墓上搭盖高2丈至3丈的尖塔形草棚，棚顶设布幡，上做鸟、蛇、有角动物等图案，可能还是图腾的残遗，说明由于祖先的崇拜，已使图腾主义陷于困难之境。从对偶家庭的出现以及关于父为生亲的思想发生，于是以野兽或植物为人类的祖先（图腾）的想法乃渐受排斥，变成坟上的装饰品了。

有的地区于墓周挖一条水沟，据说"这样做子孙就会昌盛"。死者如欠债，则沟上留一缺口，以示死者家属的耻辱；家属代还清，才把缺口补合。这又是剥削行为之取得合法地位及私有观念之发展的具体表现。

墓前立竹竿，顶置竹凫，竿上刻图纹，表示性别、生死年份、婚嫁与否、子女朋友数目等。男子重视其生平佩带的长刀和通巴（彩线织成的背袋），行葬礼时必须挂于坟前树上。

葬礼多与"建坟礼"同时举行，要剽牛杀猪。较富裕的家庭，老人死后，家有几口人，要杀几头牛；出嫁的女儿和分出去的儿子，要各回来杀1头。没有儿子的由死者的弟兄杀祭。较贫的，得魔头允许，弟兄两人共杀1头；再贫苦者就不杀了。

死者若系女性，用费更大。遮放西山寨木惹（相当于中农），1953年死了母亲，除上述各项开支外，给死者包葬棉毯5张、桶裙2幅，给母亲后家水牛1条（叫"火炭牛"）、筒裙1副、肉1砣（40两）、酒3筒、糯米粑粑10个，以示赎罪。他有两个姐妹已出嫁，要以死者名义给他们纪念品银链各1串（值卢比8文）、铜炮枪各1支（值40文）、铁三脚各1个（值8文）、大锅各1口（值30文）、包头布各1幅（7文）。木惹现已倾家破产，一天找一天吃了。

与举行葬礼的同时，夜间跳"叮咚"（葬舞）。舞时由2人领队、4人敲铓，全寨老幼均参加，外寨青年男女也来。木惹之母死后，每天有六七十人来跳，直到深夜，历时1个月。

送魂礼系在葬礼后举行，也有延期至数月以后的。由魔头在墓前"把魂领起"，抬至半途，毁弃尸架，魔头持矛前行，叮嘱死者鬼魂早往家乡，以便和祖宗的灵魂在一处。且行且嘱，并由族中老人背诵沿途所经山、川、渡口、桥梁，语极恳切。最后魔头与死者鬼魂告别，给它些口粮："或走或飞，听其自便。"为了割断生死界限，由魔头举行"划线仪式"：用着火柴头向上抛掷，火头向外，证明鬼魂已送走；如火头向内，是送不走的鬼，从此家里又增多一个鬼了。

除供家堂鬼外，还供财神和看牛的鬼，这都是私有财产在宗教意识中的反映。后者旨在防盗，据说小偷撞着它，就要耳聋、眼瞎、手足肿痛。

从这些方面看，该族鬼神也是在向另一个阶段过渡中。随着原始公社的解体，在自然力量之外出现了社会力量，在宗教化身中反映出来了，祭司出现了，多神教也逐渐发生了。

魔头是该族的神权统治者，凡有关群众生产（如开荒、播种、收获、吃新谷等）与生产中的事件（如很多用具要祭鬼才能使用、建筑房屋要祭鬼、遇事先要问卦等），特别是有关疾病、生死、拉事、灾害等事件，都要请魔头消灾祈福。1952年，潞西弄丙寨自杀死了一个人，群众站到黄昏不敢回家，后来魔头以卢比12文的代价喷了一口冷水，群众才一哄而散。魔头念鬼的内容主要是"祈求生产好，不要病，死了人把他的鬼魂送回老家"。一般生病祭鬼，如果病人仍未痊愈或者死了，他们认为鬼不愿意离家，仍然要杀牲再祭，直到倾家荡产为止。

魔头和群众保持着生产和生活上的密切联系。1952年9月，我们在潞西帕软寨选代表时，该寨魔头排老五不在，群众连夜赶到跌撒把他请回来当代表。群众说："我们帕软比他再好的没有了！"他们在群众中享有很高的威信，山官、寨头和大魔头在载瓦语中称为"角榜"（大人）。

山官对魔头也很尊重，有关祭祀及大拉事也请他们商量。魔头祭大鬼，山官也分得一腿。群众和拉事头在发起拉事前，也要请魔头问卦，有的魔头本身就兼拉事头。

魔头一般以资历、巫术和年龄而分为3种：老魔头祭死人、洗寨子；大魔头祭大鬼、病鬼，祭品主要是牛、猪；小魔头祭小鬼，不得祭牛。大魔头可兼外寨祭鬼职务，如弄丙寨何堆兼跌撒寨大魔头。祭鬼杀牲时魔头得1腿，还有大烟、草烟、酒、饭菜等招待；祭大鬼还要送钱，帮人念鬼的时间长可得1头牛，如广远寨大魔头李干团一年有270天在外寨祭鬼吃饭。

当魔头的一般是景颇族中比较聪明的人，从小看别人祭鬼，心领意会，就学会了。群众说："魔头是天生的。"他们自己则说："受了天鬼圣灵的启示，命我做魔头的。"

魔头除被人请去祭鬼外，平时察言观色，揣度对方的心事，视其经济负担能力（过高就祭不起）向他提出祭鬼。只要魔头一开口，不祭就要犯鬼。该族中比较进步和勇敢的分子说："山头的鬼，魔头的嘴。"尽管如此，魔头说了不做，总是放不下心的。

属于全寨性、一般性的祭鬼，每年有3次（祭官庙、栽秧、收谷）。一般群众每年至少献鬼3次（天鬼、家堂鬼、财神）。全寨做"大摆"，每次杀牛10余头、猪20余头、鸡数百只。大山官祭日月鬼耗费更大。解放前每寨每年公共杀牛至30多头，少至七八头；解放后估计全区每年至少要杀3000头以上。解放后特别是有工作的地区，已有减少。但如潞西南苗寨，7户，1952年献鬼14次，杀牛6头、杀猪12头，其他费用尚未计。其对生产的破坏，依然是很严重的。

我们在山区开展医疗卫生工作，与魔头利益直接抵触，一个时期，曾在工作上遭受若干障碍；经团结照顾，已经好转，魔头生病，也来找医生，个别魔头还劝病家不必祭鬼，介绍他找医生。

此外，景颇族还有一些直接妨碍生产的具有宗教告诫性质的风俗习惯，如黄牛不能耕田（该族饲养黄牛很多，据说在阿公阿祖时，就给水牛、黄牛分了工，水牛耕田，黄牛载运。事实上用黄牛载运的很少）；不能养羊（就山区说，牧场很好，很适于养羊，但他们认为羊会爬屋顶，冲撞屋上的鬼。潞西东山瓮角有养羊的多给傈僳族分养，不养在自己家中。还有一个传说，"羊多了会得罪鬼和龙王，放水把山冲倒"）；过年1个月内及祭官庙时均不能干活，家中死了人也不能工作；男子一般不薅秧、不割谷子、不舂米、不抬水、不砍柴、不背运东西、不干家务，据说这是孔明教下的老规矩，不能更改；神林地、仙山、鬼地、风水地不能耕种。

总起来说，魔头和鬼，正是该族生产落后、生活贫困和思想愚昧的反映，而杀牲祭鬼，又严重地破坏了该族的生产和影响了生活，必须在扶持发展生产的同时，进行长期的艰苦教育，减少以至消除其破坏作用。魔头人物，一般都是善良的群众，大部分从事生产劳动，专门以念鬼为主要职业，并以念鬼收入为唯一经济来源的魔头还不算多，因此也较容易团结、改造。

（二）社会观念

生产力水平的低下和停滞，消费品的极端缺少，对自然界奴隶似的依赖，已经反映在他们的宗教意识中。

他们的思维也是比较简陋的：数字、时间观念薄弱，很多人不知道自己的年龄，问及时总是回答"我父亲开某块荒地时生的"或"种某棵树时生的"。这又是交换行为极不发达的明证。

命名方法一般是在姓氏下加男子称号"勒"，如"排勒拉"，就是"排老大"，以下类推。山官家族则在数名上加一"早"字，如"排早堵"，即"排四官"之意。妇女则在姓氏下加女子名称号"木"，下奠数目字。如父母与子女排行相同，则稍变其音。

还有3种命名法：一种是在父名下贯排行数字，父子连名，与藏缅语族之彝族，古代之纳喜、民家相同。如父为"木勒袍"（老大），长子则为"勒袍褪"；父为"阿顶"（老四），子为"阿顶当"（老五）；女子同。另一种以家屋邻近地点或事物为名："娃瓮堵"是寨子头老四，"龙赛腊"是官庙旁老三，"韦孔堵"是水井边的老四等。第三种是生子时适遇贵客到或某件喜事发生，则请客人命名等（以上是载瓦语称谓）。

说明他们语言很贫乏，思想方法也是很朴素的。

该族没有自己创造的文字，刻木记事。在与外族接触后，产生一个传说：

"上帝宁同娃马甘（一说孔明或孔明之子娃切娃马甘）给汉人一本纸制的书，给傣族一本折叠着的书，给缅甸一本芭蕉叶的书，给外国人一些纸质的书。对他所宠爱的忠实人民（景颇族）给了一本羊皮书，为的是写在羊皮纸上，要牢靠些。魔头接到书，回到半路，肚子饥饿，把羊皮当午饭嚼吃了。因此，这本书的字是留在人的肚子里——留在讲故事的人和魔头的心里。汉人念经要看书上的字，而魔头念鬼闭上眼睛，念一天不落一字。"

原始部落民主制度的残余——平等和绝对平均思想，还是该族社会观念的显著特征。它们如同宗教上的告诫一样，变成了僵化的保守力量，阻碍该族过渡到完善的争取生存的斗争方式。

由集体谋取生活资料，单纯协作与原始性别年龄分工上所残存下来的平均分配消费品的习俗，是这种思想的社会基础。

该族虽已进入以私有制度为基础的个体农业经济，但在狩猎、建屋、开荒等劳作中仍保持着集体生产和单纯协作（伙干）的形式，前面已有所述。与此同时，他们至今还保持着若干平均分配消费品的习惯，主要的有：

公共祭祀、吃新谷、婚丧、祭鬼时，杀牛杀猪，一次吃完，剩余每户平分一份，主人不能保留。

旅客出门不带盘费口粮，到任何人家，均可坐下吃饭。如主人不在家，可将长刀、通巴挂在屋内架上出去；主人回来，知有客人新到，必为备饭。他们都有喜客的高尚习惯，自尊心很强，请客喝酒，客人所带竹筒，要给他盛满携回。大山官招待贵客，有杀牛的。

在不幸之年，他们可以大胆到处去做客，处之泰然。弄丙寨木勒拉家生活较好，平均每天招待一个客人吃饭；每年帮助别人婚丧、建屋共支出44箩谷子。

对客人的生命安全负完全责任。1952年我们进入西山后，匪特扰乱，他们自动站岗放哨防守保护。每次到工作队住处都要吃饭，说："我们来帮助你们吃！"在有工作基础地区，他们知道干部每人都有一定的伙食津贴，看见我们吃饭就走开了。

某家被灾，全寨皆携带各种用具、衣服、生活必需品去救济。1953年潞西切磨寨有一家被火灾，大家都送毯子、衣服、用具去救济。

又如前述，村公社还多少保留着供养一切没有劳动力的老人和寡妇的遗风。

村公社批准外族加入，初到的人3年不出官工负担，并得到一定的帮助。此外还有收容养子的权利。如跌撒寨"老英雄"董老大，受我们影响后，坚决要李双同志做他的儿子。我们在大赛寨发现一个汉族，原籍四川，被反动政府抓兵流落到此，被一家景颇族收为养子，承继财产，现已完全景颇化了。抗日战争后，一个日本人流落下来，在跌撒寨安了家。

遇有全寨公共事件或纠纷，男子多集合在山官家开会讨论，没有一定的会议形式。一般说来，他们之间很少有分歧意见，山官也很少使用强制权力。

这是朴野的一面。但他们既已踏入文明的领域，无例外地也产生了阶级社会的思想意识，反映在公社统一体及其成员之间的权利、义务的观念上；反映在对内对外可以凭借暴力进行抢夺的自私观念上；反映在祈求一家一姓子孙昌盛的个体与群体对立的观念上；反映在对待财产的新的道德标准上等等，其具体表现见前述。

"基础就是社会在其某一发展阶段上的经济制度。上层建筑——这就是社会对政治、法律、宗教、艺术、哲学的观点，以及与之相适应的政治、法律等等的制度……如果基础发生了变化和被消灭，则它的上层建筑也会跟着它变化和被消灭；如果产生了新的基础，则与之相适应的上层建筑，也会跟着它产生出来。"（斯大林：《马克思主义与语言学问题》，第5至6页）

景颇族公社，其基础就是二元主义的经济制度，反映在上层建筑上，同样是二元主义的——也保留着若干朴野色彩，也发展着若干文明因素。它和沉淀在阶级社会内部，为封建领主长期利用的西双版纳傣族公社有所不同，在那里，也有一些朴野的形式，但已经缺乏朴野的内容了。

六、民族关系和民族内部联系

景颇族在南迁过程中，经历了一系列的民族斗争，他们打败了一些小的民族，自己又被大民族打败，被迫退处在深山里。他们曾在坝区住过，还留下不少遗迹，在坝区也开出许多田地，被傣族统治者强占了。如盏西、盈江、梁河许多景颇族地区的水田，被傣族土司"踩"了过去（"踏勘"后说是自己的地面），规定价格，叫景颇族出钱来买或者作为佃耕交给土司官租（南甸土司"踩"盏西坝头许多景颇族的水田，还不过是四五十年的事）。除了经济上的掠夺，还有不断的仇杀。景颇族的报复，则是经常而普遍地拉事。

在大汉族主义统治下，景颇族更多一重压迫。国民党统治时代，借口铲烟，经常派兵到山区去烧杀抢掠；汉族先后侵入，利用景颇族的落后，进行掠夺性的盘剥，几年光景，就可以由"山官的老百姓"变为"山官的统治者"，引起景颇族普遍的叹息："汉人吃主意，山头吃力气！"从而更加深民族之间的隔阂与仇视。

傣族土司征服德宏地区各族后，对傈僳（以后迁入，只能占居山顶）、阿昌、崩龙等族，派傣族头人为总管进行直接统治，但对景颇族则多通过山官进行间接统治，土司也曾利用景颇族镇压过本民族的反抗及争夺权位等。国民党反动统治时代，土司曾采用其统治方法，在山区设立保甲，但终未动摇山官的统治基础。

山官及其本族群众和傣族土司有着深厚的民族矛盾，如30年前，遮放土司还攻打过弄丙山官（现在山官排早先之叔父），由于山路险峻，冲上来几次都被弄丙群众英勇击退，后被一个内奸卖放了路口，土司兵才冲进去，把弄丙全寨烧光了。虽然如此，土司的统治对山官仍保持着较深刻的影响，如跌撒山官排早响，是我工作队进入西山时首先靠拢我的一个，但还不时给土司征收门户捐；1953年广外纠纷事件，仍送交土司解决，仅向工作队备案而已。

在历代大汉族主义统治之下，尤其是国民党的反动统治，造下两族之间的深重隔阂。反动政府以"铲烟"为名，曾多次派遣武装进攻山区，东山全部被烧光过。其次，曾冲上西山一个"保卫营"，烧了许多寨子，并把曼海寨头打死。抗日战争末期，日寇占领军由西山撤退后，国民党匪军又在山上烧、杀、劫、掠，如弄丙寨烧去大半、邦谷烧剩5间、营盘烧去11间、仙乌烧去5间、枪杀5人、伤11人、活埋1人（崩洞），以及拔鬼桩当柴烧、在饭甑里拉屎等。他们曾进行反抗，杀死匪军40余人。

由于该族多年来在与汉族、傣族接触中，受到歧视、侮辱，因而产生很多神话传说，其中有些甚至形成了他们现今风俗习惯和禁忌的一部分。略举数例：

分家故事："景颇、傣、汉3个民族原先是一家，分家时，大哥景颇族身体强壮，住在山上；二弟傣族身体柔弱，住在坝区；三弟汉族住在内地。分金银时，大哥用竹篮装，金银从洞口漏完了；二弟、三弟很乖巧，用布袋装，一点也未漏掉。等到分鬼时，大哥先上了当，改用布袋，一个鬼也跑不掉；二弟、三弟换成竹篮，鬼都从洞口跑了。大哥把鬼带回去，每天和人打架，常常要杀牲口来献，因此穷下来了。"这样，他们把信鬼的风俗，归咎于傣族和汉族。

其他关于孔明不给药吃，给他们一群鬼，以及给羊皮书不认识字等都是民族压迫的反映。由于民族自尊心，他们认为老大哥总要吃些亏，羊皮书也要比白纸、芭蕉叶贵重些。

他们把汉族和傣族的鬼叫作"琵琶鬼"。本族人如有这个鬼附身，就会咬伤其同类；有这个鬼的姑娘，男子不接近，也嫁不出去，除非有着同样鬼的男子来娶她。有时甚至要杀绝其全家，然后杀牛洗寨子。

家族婴儿死亡过多，再生小孩时取名"米娃"（该族对汉人的称呼）、"崩龙"、"慕辟"（乞丐）等，表示鄙贱，以免再被鬼咬死。西山各寨这类名字很多。

在我们未入西山区以前，乌拉洞一带的寨子，对凡是穿着汉人服装的，一律不许进门，他们认为汉人来会冲撞家中鬼神。1952年我们到西山邦盖寨时，他们还不许进去，工作干部只好在外露宿，该寨男子持刀藏在门后，准备厮杀，可见戒备之深。

自工作队到后，通过一系列的做好事、交朋友工作，对我态度逐渐改变了，称我们为"新汉人"，以别于过去的国民党和住在山区被他们统治的那些汉人。过去见着我们叫"米娃"，后改为"米娃阿普"（汉人大哥）、"米娃阿娜"（汉人大姐），现在则普遍叫"阿普"（阿哥）、"阿娜"（阿姐）、"阿靠"（表兄）了。祭官庙时也分给我们同样一份牛肉，把我们看作自己一分子；特别要好的，准许我们进出鬼门，让在火塘上方坐（主人及其家属才能坐的位置）。党和毛主席的威信已深入人心，甚至影响到国外，据说1953年有几个汉族商人在国境外被缅甸景颇族的匪徒抢劫，正要挥刀砍杀，汉商大呼"毛主席万岁！"匪徒放了人，财物也不敢拿就走了。

我们初到西山时，由于语言方便，接近并提拔了一批汉族中的积极分子，引起他们的顾虑。曾向当地汉人说："现在工作队来了，你们也跳起来了！"弄丙寨排魔头的牛被人砍去尾巴，他疑心是汉人捣的鬼——过去汉人的牛吃着他的庄稼，他就砍牛，还要加倍赔偿；他的牛吃着汉人的庄稼，要好好送上门。因此，他恼火了就要约本族和汉人寨的汉族"闷水"，每家各出一个人去"闷"，谁耐不住先起来，牛就是他砍的，叫作"凭天断"，经工作队一再说服才了事。

留下来的崩龙族，也受景颇族歧视。他们对山官负担官工外，还要负担官烟、官谷，土地也经常被山官、寨头夺去。

浪速、茶山人数少，虽被视为同族，但也受到若干歧视。营盘寨的浪速山官出席山官会议，不敢讲话，生活也很贫困。弄丙山官辖有一个浪速小寨，1952年推选各族代表到芒市开会，弄丙山官说他们："人穷虱子多，当哪样代表？"弄丙排寨头抢夺一户浪速的水田，把人也杀了，家属也赶跑了。

经过两年来的艰苦工作，民族关系已有显著改善，民族之间的拉事纠纷也大为减少。但是，在这前进一步的工作中，由于各民族多从本族的局部利益出发来领会我党的民族平等政策，因而在民族关系上曾经产生过"翻旧账"的现象。如载瓦要求下坝索回傣族霸占去的水田，崩龙族也曾向我提出要收回被载瓦强占去的土地，山上汉族和坝区傣族则怨我们对景颇族太放纵了。这虽是前进过程中不可避免的现象，而且都已经说服解决，但今后必须注意经常疏通调整，进行"一家人"的团结教育，才能巩固各族之间的团结合作。

基于该族当前的生产关系、文化发展水平，尤其那些为民族与部族所共同的诸特征的发展水平，从严格意义上来说，他们尚处在部落—部族的发展阶段。由于历代大民族主义的残酷压迫和剥削，帝国主义的侵略和分裂政策，使他们长期停滞不前，不能由分散的部落重新团结而构成永久的联盟（这是"形成民族的第一步"）。在经济上是散漫的、隔离的，各种近似的部落方言还未形成共同的民族的语言，失掉了发展成为部族与民族的物质的和精神的基础，从而不可能结合成为一个整体，形成共同体。

多少年来，尽管该族遭受着异族统治，在政治上不相统属，不可能形成一个中心力量，甚至内部支系与支系之间经常发生拉事火拼，但在另一方面，民族压迫也相对地加强了该族内部的凝结力和"休戚相关"与"共同命运"的感觉，产生了一定程度的团结性与组织性；平时内部积怨很深，一遇外族侵犯，就能立刻团结一致，掉转枪口，共同抵御。这种为争生存的行动是通过下面几种原始习俗的方式而实现的：

1."散牛毛"：已见前述。再举最近一例：去年缅境黑猛龙李弥匪帮抢劫屠杀该地景颇族人民，该地山官用"散牛毛"方式通知我潞西遮放东山同族人，吁请前往缅甸援助；东山又散至西山，一夜之间，即集合一二千人。当时我工作队以匪在境外，竭力说服劝阻，但仍私下去了数百人，据说打死匪众300余人（？），并带回一些战利品。

"散牛毛"是发生重大事件时才使用的，一般用树叶包茶叶、茅草包鸡蛋、笋叶包草烟叶代替通信。

2.亲族关系：历史证明，在原始公社制度的最高阶段，就已形成了或多或少的、较为巩固的、亲族部落的联合与联盟。随着私有财产的发生与发展，在原始公社的废墟上展开了家族与部落混合与归并的过程。

家族外婚制形成了这些支系部落之间相互联姻。定居在西山区的景颇族为载瓦勒排分支，他们内部一般是不通婚的（由于排姓发达，远缘家族日多，群众之间已有同姓互相开亲的）。山官家族多与景颇、茶山、浪速各支通婚，而以与缅甸境内景颇支王、马二分支开亲的为最多。据初步了解，现跌撒、崩洞（山官已被杀）先乌山官之官娘（妻子），怕软、拱允山官之母，广远山官之官娘及侄媳，崩龙寨山官早腊之嫂，曼窝山官之媳，均系缅甸大山官家的女儿。崩洞山官被杀后，其官娘生活全由缅甸后家供给。其子两人也逃往缅甸读书。嫁到缅甸的有广远官早段（官种）之妹。跌撒官娘是缅甸瓦房大山官的女儿，据说她父亲在英帝豢养下，家中有吉普车和收音机等，她一想起缅甸就哭。广远官娘说："中国什么都没有缅甸好！"所受帝国主义的毒化都很深，她有4个小孩，两个送到缅甸读书，两个留在中国，双方来往很密切。

3.通过婚丧请客特别是为死人跳"叮咚"等，外寨甚至境外同族都来参加。彼此互相往来，互做宾客，互相帮助已形成习惯。

由于缺乏形成巩固的共同体的经济基础，从而这种联系也是氏族、亲族部落联系的残留，不可能形成一个中心力量，走向整体的、经常的和正规的经济和政治的进一步结合。

贰、景颇族农村公社的畸形变化

一、3种类型地区的景颇族公社及其地区特点

前一部分主要是就景颇族公社的本来面目进行分析，但景颇族公社不是孤立自存的：对内它是处在傣族、汉族的领主经济乃至地主经济的层层包围中，而且有许多汉族不断侵入心脏，起着腐蚀作用；对外它已经纳入世界市场，帝国主义的商品倾销，已在它的自然经济领域内打开缺口，逐渐摧毁着农业与手工业相结合的公社，虽然这种分解工作仍不过是极缓慢进行的。

这就促使景颇族公社在某些方面起了若干变化，又因地区情况不同，所受外在影响有深浅，其表现形态也就有差别。大概来说，可以分为3种类型，即：本来面目保留较多的公社，封建色彩较为浓厚的公社，被帝国主义经济腐蚀较深、逐渐趋于解体的公社。

（一）本来面目保留较多的公社

其地区特点为：

1.本族（包括各个支系）聚居，不掺杂外族，主要是不掺杂汉族。

2.虽然掺杂少数汉族，但处于劣势地位；景颇族则为整块大片聚居，所受影响不大。如潞西遮放西山大部分地区。

3.政治上傣族或汉族的统治力量尚未能深入。

4.经济上与汉族、傣族联系不太多。

5.地域上与汉族、傣族的聚居区隔离较远，距离国境亦较远。

（二）封建色彩较为浓厚的公社

其地区特点为：

1. 与较多的汉族或超过本寨本族人口的汉族杂居，一般的情况是在山官辖区内，汉族单独成寨，名义上虽受山官统属，但在各方面，均已占居优势地位。如陇川王子树、岗巴乡、潞西东山、猛板等处。

2. 在山官辖区内，虽无汉人寨甚至并未杂居单户的汉族，但在其附近，有汉族的据点村。如莲山铜壁关的夏都寨，在明朝时候就是汉族统治者的屯垦点，解放前后，又潜伏下不少国民党流散军人及逃亡地主、流氓罪犯等，其外围又与残匪李弥的家乡太平街和汉族聚居的昔马互为犄角，形成统治中心，向四周景颇族进行残酷的经济掠夺，从而也引起景颇族公社若干畸形的变化。

3. 靠近坝区，特别是靠近傣族的统治中心区，如瑞丽的南京里、南关、猛休等寨，都在猛休山南，面临坝子，距离勐卯城子很近；盏西李家山大寨，地区情况也与此相同。

4. 政治上傣族或汉族的统治力量已深入一步，如陇川王子树、岗巴乡、潞西遮放东山等处，国民党设治局曾经设置许多汉族成分的乡保甲长，进行统治，虽然还不能够动摇山官制度，但在若干方面，已经给景颇族公社许多影响。

5. 经济上与汉族、傣族联系相当紧密，如与汉族伙种大烟、伙做生意等。

（三）被帝国主义经济腐蚀较深、逐渐趋于解体的公社

这类公社已带上较为显著的殖民地经济性质，其地区特点为：

1. 处在国境边缘（如莲山铜壁关区）或者距离国界不远（如瑞丽猛休山区）。

2. 国境内外都有较大的市场（如莲山铜壁关紧邻缅境多棚街，境内有夏都街、曼允街；瑞丽猛休山，距缅境木姐市场约30华里，距境内勐卯市场15里）。

3. 国境内外都是景颇族地区（如户撒坝尾国境内外景颇族相连）。

4. 靠近汉、傣走私商人的村寨（如盏西关上汉族常利用附近景颇族走私）。

5. 距离国境虽较远，但处在走私路线上或者邻近走私路线（如潞西遮放湾丹山）。

这一类型的公社，除了出现一些一般都还没有脱离农业生产的商人、小贩，以及具有其他方面的殖民地色彩而外，其在财产关系上所起的变化与第二类型同，就具体村寨说，也是和第二类型混合存在着的（如瑞丽猛休山区、莲山铜壁关区、盏西李家山区等）。

前面说到第一类型约占全区60%，第二类型20%至30%，第三类型10%至20%，事实上很难严格划分，而是互相错综混合存在着的。总的说来，封建地主经济和富农经济在该族经济中约占20%，商品经济约占10%的比重。

为此，我们在下面，只就第一、二类型的公社中，各选5个寨子，从生产资料占有情况（包括土地、牲畜）、土地使用情况（包括租佃、当卖）、各种剥削情况（包括债利、雇佣等项剥削）等方面，进行比较分析；最后，再单独叙述第三类型的"殖民地化"的一些特征。

我们所选择的典型寨，第一类型中包括潞西县遮放西山区的弄丙、先乌两寨，陇川县邦瓦寨，盈江县回龙寨，盏西区切磨寨；第二类型中包括盏西区李家山、盈江县拱腊寨、瑞丽县南京里（以上为景颇族聚居寨），莲山县撒朋寨、陇川县王子树乡（以上有较多或大量的汉族杂居）。

二、第一、二类型的土地占有、集中和使用情况的比较

（一）土地占有情况的比较

一般说来，3种类型的公社其土地所有制是属于二元主义的，即山地可以自由开垦，林场、牧场公用；迁居别寨土地不能带走（出卖），"来时修，去时丢"的公社旧规仍较普遍地保持下来。但在第二、三类型的部分公社中，公用部分的土地，对其他各族特别是汉族已有所限制。在本节内，仅就私有部分的水田占有进行比较。兹将第一、二类型各典型寨各族各阶层水田占有情况列表如次：

第一类型各典型寨各阶层水田占有情况对照表

项目 \ 寨别			潞西县弄丙寨	潞西县先乌寨	陇川县邦瓦寨	盈江县回龙寨	盏西区切磨寨	合计
总计	户数		96	27	65	34	34	256
	占有水田亩积		336	144	308	140	160	1088
	无田户		52	6	20	11	8	97
	占总户%		54	22	30	32	23	34
山官及寨头占有数	户数	户	4	4	3	1	1	13
		占总户%	4	14	4	3	3	5
	水田数	亩	68	48	92	20	12	240
		占总亩积%	20	33	29	14	7	22
群众占有数	户数	户	92	23	62	33	33	243
		占总户数%	95	85	95	97	97	95
	水田数	亩	268	96	216	120	148	848
		占总亩积%	79	66	70	85	92	78
平均占有数对比	山官寨头每户平均占有数		16.8	12	30.4	20	15	18.3
	群众每户平均占有数		2.8	4	3.2	3.6	4.4	3.5
	以群众平均占有为基数的%		600	300	950	556	364	523

说明：

1.弄丙寨有21户汉族、7户崩龙族杂居，先乌有4户汉族杂居，其土地占有情况均不突出，故不分族另列。

2.其余3寨，均系景颇族聚居。

3.表列"无田户"均系群众，但陇川邦瓦寨"无田户"不详。

4."水田面积"均按1箩种4亩的比率折算成亩。

如上表：山官、寨头水田占有数均较群众为多，超出群众占有数2倍至8倍半；就5个寨子平均，超出群众占有数为4.23倍。但要说明：陇川邦瓦寨和潞西弄丙寨都是大山官所在的地区，所以山官、寨头占有情况较为突出。一般说来，在第一类型的公社里，占有的悬殊是不算太大的。根据潞西县遮放西山区40个山官、寨头的调查，山官水田占有比群众（每户3.08亩）平均多1倍（每户7亩）至4倍；寨头比群众多1倍。当中如怕软山官、项球山官、营盘山官和邦谷的两个山官都没有水田，崩巧、红球、芒海、内生、项球等寨的寨头也没有水田。此外，属于第一类型的莲山松克寨水田占有情况，其平均数群众（每户2.2亩）反较山官、寨头（每户10亩）为多；又如陇川县弄弄乡邦冷寨景颇族48户，约有水田680亩，当中两户群众——孙老大占有70亩、孙老二占有40亩，该寨山官尚早刚只占12亩，何四头目只占24亩。

第二类型各典型寨各族各阶层水田占有情况对照表

项目		寨别	盏西区李家山	盈江县拱腊寨	瑞丽县南京里	莲山县撒朋寨		陇川县王子树		合计	
民族			景颇	景颇	景颇	景颇	汉族	景颇	汉族	景颇	汉族
总计		户数	44	55	77	10	33	54	378	249	411
		占有水田亩积	384	432	408	92	160	180	2172	1496	2332
		无田户	14	9	7	10	8	15	145	45	153
		占总户%	31	17	9	52	24	23	38	18	37
山官寨头及汉族乡保甲长占有数	户数	户	1	1	8	1	3	3	23	14	26
		占总户%	2	1.8	10	5	9	5.5	6	6	6
	水田数	亩	60	56	136	32	52	53	1016	336	1063
		占总亩积%	15	12	33	34	32	29	46	22	45
群众占有数	户数	户	43	54	69	18	30	51	355	235	385
		占总户数%	97	98	89	94	90	94	93	93	93
	水田数	亩	324	376	272	60	103	128	1156	1160	1264
		占总亩积%	84	97	66	65	67	71	54	77	54
平均占有数对比	山官寨头乡保甲长每户平均占有数		60	56	17	32	17	17.4	44	24	41
	群众每户平均占有数		7.5	6.8	3.9	3.3	3.6	2.5	3.2	4.4	3.3
	以群众平均占有为基数的%		800	823	436	969	480	652	1375	545	1242

说明：

1. "李家山"仅以大寨作统计。

2. "南京里"包括怕当、六丁、班养、徐猛、广远、南京里6寨，南京里本寨中，又包括纳枪、纳哈、孔宝、龙家寨等4个小寨。

3. "王子树乡"包括王子树、平山、坡坎、老寨、陶金凹、杞木凹、小牛、芭蕉、那邦等9寨。

4. "南京里"有3户较晚搬来的无田汉族未统计。

由上表可以看出，第二类型公社的水田占有，远较第一类型为集中：

1. 陇川王子树汉族乡保、甲长，其平均占有数（44亩）较本族群众（3.2亩）多出12.75倍，如把另一个杂居寨莲山撒朋合并统计，此等人物平均占有数（41亩），仍较本族群众（3.3亩）多出11.42倍。

2. 汉族乡保、甲长的平均占有数与第一类型中的景颇族山官、寨头平均占有数（18.3亩）相比较，超出1.82倍；与第二类型中的景颇族山官、寨头平均占有数（24亩）相比较，也超出70%。

3. 汉族乡保、甲长的平均占有数与第一类型中的景颇族群众平均占有数（3.5亩）相比较，超出11.71倍；与第二类型中的景颇族群众平均占有数（4.4亩）相比较，超出9.32倍。

4. 如照分寨分族的统计，景颇族山官、寨头平均占有数超过群众3.36倍至8.69倍，其起点及终点均较第一类型（2倍至8.5倍）为高；各寨山官、寨头平均占有数超过群众4.45倍，也较第一类型的平均超过数（4.23倍）略高。

（二）土地集中过程的比较

第一类型的水田占有，其所以形成多、寡、有、无的悬殊，初步分析，原因分5种：

1. 山官凭借政治地位，可以多号田；又有官工剥削，可以多开荒，多号田；并可利用权势，进行掠夺性的集中。

2. 一部分寨头是属于"铲草立寨"者，可以多号田；另一部分也可以凭借地位，进行掠夺。

3. 较早搬来、劳动力又强的群众，也可以多号田，多开荒。上述陇川邦冷寨两户孙姓，他们既非官种，祖先也不是头人，由于搬来较早，劳动力又强，所以占地较多。

4. 与此相反：搬来较晚的，由于可开地面都被别人占去，插足不上。上表所列各寨无田户，绝大部分都是晚来户。

5. 没有水田的小山官，由于权力小、辖区小，喊不来官工（如营盘寨浪速山官）或无官工可喊（如项球寨31户，有26户不出官工的官种，下余5户，分属两个山官管辖，只能偶然吃1只牛腿，所以，该寨有1个山官，还出去卖工），自己又缺乏劳动力，开不出水田；又照山官制度，一般都是留小儿子在本寨承继职位和财产，幼子以上，或者分给小部分水田，或让他们另外去开山立寨，或由别寨接去当山官，因此，官种之间的水田占有，也就发生了多、寡、有、无的现象。

上述5个原因，基本上仍可适用于第二类型公社的景颇族内部，但由于外来影响，添加了一个新的土地集中与丧失的因素，使景颇族公社起了很大的变化。

如上表，第二类型的水田占有量是相当集中的，突出表现在汉族乡保、甲长的占有情况上；更值得注意的是他们集中水田的过程。

如陇川王子树乡，汉族初搬来也是按景颇族一般公社的规矩，先向当地山官请求，愿做他的老百姓；接着送给山官一点礼品如酒、茶、糖等，也取得号田和开荒的权利，送礼较多的，并把较好的土地"号"下来。山官是希望多有老百姓的（可以增加剥削对象，壮大自己的力量），内地汉族为偷种大烟及逃荒等也源源迁入，可开水田的地方都被占完了。当中为了"淘金"而来的一小部分，由于偷种大烟，做走私生意，对景颇及本族群众重利盘剥等积累起不少的资金，第一步由借贷关系转化为土地的抵押、典当关系，进一步发展成为买卖关系，目前该乡土地已经商品化，可以自由买卖（应当承认这种变化是有其进步的一面的），山官也不加干涉。因而由于祭鬼、婚丧、缺乏口粮或遇其他灾害的两族群众，已有不少丧失自己的土地。据现有资料，该乡两族的无田户约有160户，当中景颇族有十四五户，占本族总户数的28%稍弱。与之相邻的弄弄乡峨穷寨，约有景颇族60户、汉族50户，据山官排早莫口述：以前景颇族都有水田，现在除了5户外，其余的都卖给汉族了！又如莲山撒朋寨，自汉族迁入后，典当买卖土地的事件就逐渐发生：典价最高是每箩种（合4亩）卢比100文，最低50文。当时议定典期是3年或5年，到期无力取赎，就变成汉族的自耕田，如汉族杨二的祖先，以250文卢比向一家景颇族典入水田4箩种（16亩），已经种了两代。也有因为历年加押而变成"死契"的。

这种当卖关系已进一步发展到把公有部分的山地、林场作为对象，如陇川王子树乡生活窘迫的人家就将大烟地抵押或出卖，目前有85%的烟地集中在占总户数17%的汉族地、富的手里。莲山撒朋寨汉族，曾向景颇族山官买得一片林场，可以砍柴伐木，这样，公山也已经逐步变为私山。陇川曼面寨景颇族龙凹都，下坝生产时将过去用80文卢比买来的一块旱地作70文卖了，当时寨头也曾出面批评，但论点不是说他破坏旧制度，而是说"今天毛主席领导，你还卖地？"足见解放前在这样的村寨里，不仅水田，山地也可以买卖，不算是违法的。

由于外部的影响，景颇内部也有当卖土地的事件发生，上举龙凹都就是一个例子。再如与王子树乡毗连的弄弄乡弄弄寨，景颇族唐魔头曾向同族当入水田9箩种，张文朝当入8箩种，丁八斤当入8箩种，勒黑当当入3箩种，岳三当入2箩种，但该寨景颇族的水田，典给王子树乡平山、坡坎两寨汉族的更多。这两寨汉族专种大烟及做大烟生意，平日借钱借烟给景颇族，到相当时期，限定以水田作抵，用这种方式，盘剥了不少水田。

据该乡工作组王广卿同志谈：弄弄寨景颇族典田给汉族，当契有早在五六十年前的；本族内部发生典当关系，则不过是十五六年前的事。又本族典主都和汉族有联系，如张文朝、丁八斤等都是跟他们合伙做生意。由此可见，土地当卖的出现，与汉族侵入密不可分。

但在第二类型公社中，一般说来，土地当卖的现象也还不像王子树一带的普遍而严重，如5个典型寨当中的李家山、拱腊寨、南京里，就还没有或少有这种情况，它们的变化主要是表现在租佃、债利等方面。

又在第一类型公社中，个别地区也出现了当卖水田的例子，但性质与此不同。如潞西弄丙，近年以来在辖区内各阶层之间，如遇婚丧或遭意外，水田可以抵押出卖，但是一定要得山官的许可；同时旱地买卖则列为禁例。兹引本报①第一期第115页所载该寨历年发生的水田买卖和抵押情况，作为比较：

1. 4年前木寨头卖与排用恒8斛种（合3.2亩）水田，系用水牛1条交换的（经山官同意）。

2. 两年前崩龙族何老四抵给景颇族何钻水田1箩种（合4亩），抵价卢比250文，作结婚费用（经山官许可）。

3. 3年前景颇族排勒纠以水牛1条换崩龙族某户6斛种地，因违反了规矩，水牛被山官牵去；排勒纠种了两年，又被山官夺去租与别人，买卖双方都无所得。

4. 4年前崩龙族赵相欠别人两条牛，将自耕水田抵还债主，结果牛和水田都被山官拿去。

1953年1月以后情况：

1. 勒怕腊因病献鬼，以5箩种水田向丢干帕抵押水牛1条，押期3年。

2. 木勒睹以5箩种田向木勒拉抵借口粮，抵价不明。②

又如陇川邦瓦寨，50年来水田典当共有24件。据调查，其典当原因及用途为：献鬼8件，婚姻7件，因偷盗闯祸典当赔还的有3件，缺口粮2件，缺大烟2件，缺劳动力1件，因债务典当1件。典价共合25条牛、130文卢比、铓1面（结婚用）。

至买卖行为很少见，仅在10年前卡龙丁卖了1箩种属于自己"号"下的、可以开成水田的地皮给广外准，卖价小钱190文。

由上述两寨的当卖情况，可以看出两个特点：

1. 水田买卖必须通过山官，有特殊情况才准许进行。如在弄丙，未履行此项手续者山官还可以借口夺田夺牛，足见土地尚未商品化，还缺乏自由市场。

2. 在当卖过程中，主要的媒介是水、黄牛，其用途主要是婚丧、祭鬼，说明还停滞在物物交换的阶段。虽然牲畜已起了货币的作用，恰好又反映出货币经济并不发达，典主方面还没有走上积累货币资金的道路。单靠掌握着一些增殖不快、流通范围不广的畜群，是不足以大量转化为土地资本的。

因此，我们在分析第一类型公社水田占有的"多、寡、有、无"的原因时，并不把水田当卖列为一个主要因素，尽管已经出现当卖行为，而且因此某些人多占水田，某些人失去了水田，但这种现象毕竟是特殊的、个别的。

从另一方面说，这种特殊、个别的当卖行为已经出现在第一类型的公社里，又是一件非常值得注意的事。这些行为的产生，也可能受到外围汉、傣两族的影响，但它不是直接的影响，这就说明在其自发发展进程中，二元主义的私有制部分，其私有化程度已逐步加深巩固，在某些情况下已有经济性的兼并行为，预兆着某些自由农民将更失去自由了。

---

① 本文中的"本报"即指《边疆工作通报》。后同。——编者

② 见本书第53—54页。——编者

此外，还有一种买卖土地的情况，如盏西曼令寨，自己开出来的水田被南甸土司"踩"了去，又规定出每箩种50元至100元半开的卖价卖给景颇族，这是在民族压迫下进行的，与上述两种买卖形式都不相同。

（三）土地使用情况的比较

1. 首先，我们从两种类型公社对水田、旱地的使用情况来比较：

第一类各典型寨水田及旱谷地使用情况表

项目 \ 寨别		潞西县弄丙寨	潞西县先乌寨	陇川县邦瓦寨	盈江县回龙寨	盏西区切磨寨	合计
总户数		96	27	65	34	34	256
水田面积及产量	耕种亩积	336	144	308	140	160	1038
	产量（市斤）	145328	45725	124400	49600	37200	402253
旱地面积及产量	耕种亩积	500	191	456	80	200	1427
	产量（市斤）	112572	31500	77520	13600	34000	263192
旱地与水田比较	旱地亩积占水田的%	149	132	150	57	125	131
	旱地产量占水田的%	77	63	62	27	81	66

第二类各典型寨水田及旱谷地使用情况表

项目 \ 寨别		盏西区李家山	盈江县拱腊寨	瑞丽县南京里	莲山县撒朋寨	陇川县王子树	合计
总户数		44	55	77	52	432	660
水田面积及产量	耕种亩积	384	432	408	252	2352	3828
	产量（市斤）	62651	156178	98580	39277	987840	1344526
旱地面积及产量	耕种亩积	92	144	200	160	1336	1932
	产量（市斤）	15640	24480	34000	27200	227120	328440
旱地与水田比较	旱地亩积占水田的%	24	33	49	63	52	50
	旱地产量占水田的%	24	15	34	69	22	24

由上表可以看出，第二类各典型寨的旱谷地，无论亩积或产量，都处在不甚重要的位置。如前分析，第二类型公社的地区特点是接近坝区，其以水田为主要生产资料，是可以理解的，但这几个寨子对水田、旱地的使用面积及其收益的比数是否足以类推第二类型的

公社？——这就不能说，因为具体情况很复杂，我们掌握的材料又不多。只有一点是可以肯定的，即水田在第二类型公社中具有更高的经济价值。

至于第一类型的公社，情况就有所不同：其地区特点，一般都是处在深山中，对山地的依赖，不亚于水田。在这方面，我们所举的几个典型寨，其实都还不够典型，如潞西弄丙寨，距离遮放坝子还不算太远，水田就在山脚；先乌、邦瓦虽在山后，但分别靠近红球河、龙川江，还可以开得出较多的梯田；回龙、切磨也在面临坝区的山上。据潞西西山区35个寨子的统计（内中除营盘寨、湾丹山，应分属第二、三类型外，其余均属第一类型），共有水田3372亩，总产量1166747市斤；共有旱谷地5531亩，超出水田面积63%；总产量1181124市斤，超出水田产量1.2%强。又景颇族对于山地的使用，除种旱谷外，兼种苞谷、洋芋、大豆等杂粮。根据同一统计表（本报第1期，第102页①）将山地所产苞谷、豆子折谷计算（苞谷1斤折谷1斤，豆子1斤折谷2斤），35个寨子的总产值为264682市斤，总耕地为3391亩。如与旱谷地合并计算，计超出水田产量24%，超出水田面积1.64倍。至棉花等类旱地作物尚未列入，大烟一项无从估计。

总之，在粮食生产方面，第二类型的公社是以水田为主，第一类型的公社对山地的依赖性还很大。

2. 其次，我们从两种类型公社的租佃情况来比较（抵当买卖已见前述）：

第一类各典型寨租佃情况表

项目		寨别	潞西县弄丙寨	潞西县先乌寨	陇川县邦瓦寨	盈江县回龙寨	盏西区切磨寨	合计
总计		户数	96	27	65	34	34	256
		无田户	52	6	20	11	8	97
		占有水田亩积	336	144	308	140	160	1088
出租情况	出租户数	户	3	2	1			6
		占总户%	3	7	1.5			2
	出租田数	亩	15	24	20			59
		占总数%	3	16	7			5
	租佃民族双方成分	出租人	汉族景颇	景颇	景颇			景颇
		佃耕人	汉族景颇	景颇2户	汉族4户	景颇		景颇汉族

---

① 见本书第3页。——编者

续表

项目 \ 寨别			潞西县弄丙寨	潞西县先乌寨	陇川县邦瓦寨	盈江县回龙寨	盏西区切磨寨	合计
佃耕情况	佃耕户数	户	4	6	5	3	11	29
		占总户%	4	22	7	8	32	11
	佃耕田数	亩	19	24	20	16	80	152
		占总数%	3	16	7	11	50	15
	租佃民族	佃耕人	汉族 景颇	景颇2户 汉族4户	景颇	景颇	景颇	景颇 汉族
	双方成分	出租人	景颇 汉族	景颇	景颇	傣族	傣族 汉族	景颇 傣族 汉族

第二类各典型寨租佃情况表

项目 \ 寨别			盏西区李家山	盈江县拱腊寨	瑞丽县南京里	莲山县撒朋寨		陇川县王子树		合计	
族别			景颇	景颇	景颇	景颇	汉族	景颇	汉族	景颇	汉族
户数			44	55	77	19	33	54	378	249	411
无田户			14	9	7	10	8	15	145	45	153
占有水田亩积			384	432	408	92	160	180	2172	1496	2332
出租情况	出租户数	户	8	13	24		2	3	29	48	31
		占总户%	18	24	31		6			19	7
	出租田数	亩	128	105	244		28	926		505	954
		占总数%	33	24	63		11			33	40
	租佃民族	出租人	景颇	景颇	景颇		汉族			景颇	汉族
	双方成分	佃耕人	傣族 景颇	景颇 汉族	傣族		汉族			景颇 傣族 汉族	
佃耕情况	佃耕户数	户	3	18	9		5	7	170	37	175
		占总户%	6	31	11		15			15	42
	佃耕田数	亩	56	139	80		84	254（？）		275	338
		占总数%	15	32	19		52			18	14
	租佃民族	佃耕人	景颇	景颇	景颇		汉族			景颇	汉族
	双方成分	出租人	景颇	汉族 傣族 景颇	景颇		汉族			景颇 傣族 汉族	

说明：陇川县王子树原材料未将各种租佃面积分开，故列为一项；在"合计"栏，全部并入汉族租佃亩积内，这样处理，是不适当的，以后再为更正。

由上表可以看出，第二类型的租佃关系是远较第一类型突出的，就"合计"部分再加比较：

（1）第二类型各寨景颇族出租户的百分比较第一类型同族高出8.5倍（以2%除19%），汉族出租户的百分比较第一类型景颇族高出2.5倍（以2%除7%）。

（2）第二类型各寨景颇族出租面积的百分比较第一类型同族高出5.6倍（以5%除33%），汉族出租面积的百分比较第一类型景颇族高出7倍（以5%除40%）。

（3）第二类型各寨景颇族佃耕户的百分比较第一类型同族高出0.36倍（以11%除15%），汉族佃耕户的百分比较第一类型景颇族高出2.81倍（以11%除40%）。

（4）第二类型各寨景颇族佃耕面积的百分比较第一类型同族高出0.28倍（以14%除18%），汉族佃耕面积的百分比则与第一类型景颇族相同。关于此点，尚有问题：王子树原材料载汉族佃耕户170户，其佃耕面积与7户景颇族佃耕数合并计算仅有254亩，距离实际可能甚远，尚待继续调查。

（5）第二类型各寨景颇族无田户占本族总户数18%，汉族无田户占本族总户数37%；第一类型景颇族无田户的比数则与第二类型汉族相近，并超过同类景颇族无田户比数的一倍。由这个数字着眼，已可看出租佃关系在第一类型公社中，更是个别的、特殊的行为。

由数字上分析如上述，由情况来了解更具体：

（1）弄丙寨无田户52户，占全寨总户数（96户）54%，这个比数是很大的，但有租佃关系的仅有7户，内中出租3户、佃耕4户。其具体情况为：

甲、本寨汉族向外寨景颇族佃耕：汉族李发章向甘棠寨早纠租入1箩种（4亩）水田，年产约50箩，租额10箩，无其他负担，租期不定。

乙、本寨汉族租给本寨景颇族：为山官办理文稿的汉族阴阳家王自生，经山官许可，把山官给他的田9斛种（3.6亩）出租给景颇族何钻耕种，年收租15箩谷。

丙、本寨汉族租给同族：汉族冯少昌家中缺乏劳动力，本人抽大烟，又生病，不能耕种田地，将9斛种（3.6亩）租给张平，租额按产量平分。

丁、山官租给群众：山官租给本族马老大两箩种水田（8亩），租额按产量对分，1953年已收回自己耕种。

以上4件租佃关系中，有3件租佃的一方都是汉族，仅有1件是景颇族内部的，可见这些个别、特殊的行为，其发生依然还是由于外来的酵母；但因这里的酵母力量很微弱，起不了多大作用，为此景颇族中广大的无田户依然靠挖公山公地过活：如排木比开出一点荒地，种上一些瓜、豆、苏子等，就解决了一家5口5个月的口粮。另方面，占地较多的人，由于缺乏佃耕对象，也还没有出现专靠收租过活；山官虽曾出租两箩种，但就其全部收入说，此项地租并不占重要地位。

（2）盈江回龙寨、盏西切磨寨本族内部都没有互相租佃的，由于坝田被土司"踩"去，只好又向傣族或汉族佃耕；除交地租外，还要上官租。

（3）也有一个值得注意的趋势，即外来酵母首先是在占地较多的山官、寨头之间发酵，如先乌寨迁来4户汉族，就向先乌山官各租1箩种水田种，影响该寨唐寨头也出租两箩种，1箩租给唐勒拉，1箩租给唐老三，都是同族。

（4）一般说来，第一类型公社中，其自然兴发的租佃关系乃是由于缺乏劳动力。如潞西广栋寨，有两户孤寡，出租两箩种水田给同族；瑞丽邦林寨水田有耕种不完的，不得出租，而由山官抽给无田户去耕种；迁出户留下的水田，山官收回，交给某家耕种，每箩种收谷10箩作为全寨公用；缺乏劳动力的户口，才准许出租。

第二类型情况就不同，如盏西李家山山官李札龙，占水田15.5箩种（合62亩），出租数高达9.5箩种（合38亩）；大魔头雷老六占有9箩种（36亩），出租5箩种（20亩）。盈江拱腊寨、瑞丽南京里租佃面之宽，可以由表列数字看出。南京里和坝区傣族的租佃关系较本族为多，而且是租出不租进。据了解，傣族向他们佃耕，只出地租不再出官租，所以较向本族佃耕为合算；景颇族又认为傣族的庄稼盘得比较好，所以也乐意租给他们。至陇川王子树，景颇族内部的租佃还不很突出，汉族租佃面就很宽，触角伸展到附近各村寨，如颇坎、平山两寨的汉族，用重利盘剥的方式把弄弄乡弄弄寨、峨穹寨等处景颇族的地权夺过来，又转租给他们；一般是100文卢比抵1箩种水田，每年交租40箩。此外还发展到旱地（大烟地）的租佃：据不完全的材料，本乡出租的旱地有58亩，佃耕的旱地有20亩。至莲山撒朋寨，租佃关系还停滞在杂居的汉族内部，景颇族之间尚未建立。足见这种较为先进的力量对景颇族公社所起的分解作用仍不过是极缓慢进行的。

三、第一、二类型公社的牲畜占有和使用情况的比较

第一、二类型公社的牲畜占有情况如下表：

第一类各典型寨各阶层牲畜占有情况表

项目		寨别	潞西县弄丙寨	潞西县先乌寨	陇川县邦瓦寨	盈江县回龙寨	盏西区切磨寨	合计
总计		户数	96	27	65	34	34	256
		占有水黄牛数	167	67	162	18	67	619
山官及寨头占有数	户数	户	4	4	3	1	1	17
		占总户%	4	14	4	3	3	6
	牛数	头	28	27	41	2	12	112
		占总数%	17	40	25	11	18	18
群众占有数	户数	户	92	23	62	33	33	279
		占总户%	95	85	95	97	97	94
	牛数	头	139	40	121	16	55	507
		占总数1%	83	60	75	88	82	82

续表

项目 \ 寨别		潞西县弄丙寨	潞西县先乌寨	陇川县邦瓦寨	盈江县回龙寨	盏西区切磨寨	合计
平均占有数对比	山官寨头每户平均占有数	7	6.7	13.6	2	12	6.6
	群众每户平均占有数	1.5	1.7	2	0.5	1.7	1.8
	以群众平均占有为基数的%	466	394	680	400	706	366
骡马占有情况	总数		1	6		16	23
	山官及寨头占有数			6			6
	群众占有数		1			16	17

第二类各典型寨各族各阶层牲畜占有情况表

项目 \ 寨别			盏西区李家山	盈江县拱腊寨	瑞丽县南京里	莲山县撒朋寨		陇川县王子树		合计	
民族			景颇	景颇	景颇	景颇	汉族	景颇	汉族	景颇	汉族
总计	户数		44	55	77	52		432		249	411
	占有水黄牛数		47	95	101	12		918		299	874
山官寨头及汉族乡保甲长占有数	户数	户	1	1	8	1	3	3	23	14	26
		占总户%	2	1.8	10	1.9	5	0.6	5	5	6
	牛数	头	5	18	31	2	2	10	92	66	94
		占总数%	10	17	36	16	16	1	10	22	10
群众占有数	户数	户	43	54	69	18	30	51	355	235	385
		占总户%	97	98	89	34	57	11	82	94	93
	牛数	头	42	77	70	3	5	41	775	233	780
		占总数%	89	83	63	25	41	4	84	77	89
平均占有数对比	山官寨头乡保甲长每户平均占有数		5	18	3.8	2	0.6	3	4	4	3.6
	群众每户平均占有数		1	1.4	1	0.1	0.1	0.8	2	1	1.9
	以群众平均占有为基数的%		500	1285	380	2000	600	375	200	400	180
骡马占有情况	总数		13	17	4		21	2	301	36	322
	山官寨头及汉族乡保甲长占有数			2	1		5		50	3	55
	群众占有数		13	15	3		16	2	252	33	267

由上表可以看出：第一类型公社的水、黄牛占有一般均比第二类型公社为高，特别较杂居的汉族占有数高，其集中程度亦较大。但在骡马的占有情况上恰好相反。这里面说明了两种不同的经济性质。

一般说来，水、黄牛在景颇族公社中，是一项很重要的财产，除用作生产资料外，更是不可缺少的生活资料，婚丧、祭鬼，都离不了它；如果自己没有也得去借去买。它不仅成为表示财富的重要标志，成为拉事的主要对象，并且还起着货币的作用。在第一类型公社里，水、黄牛占有量较多、较为集中，正说明它在经济上的落后性。

在第二类型公社里，牲畜当中多添上一项骡马，绝大部分都为汉族所占有；它的用途不是耕田，而是跑生意。从这里就可透视得出促使这类公社变化的因素，但这种因素依然还是外在性质的。

关于耕牛，还被用作一种进行封建剥削的手段：在各类公社内，耕牛租佃的情况相当普遍，可惜缺乏具体、全面的数字来比较分析。但如第一类各典型寨296户中，缺耕牛户共有133户，占总户45%，说明这一方面的剥削是有广大对象的。

牛租租额，犁1箩种面积水田（多数是2犁2耙）出10箩谷子，犁1箩种旱地出二三箩谷子，犁一块烟地给大烟3两至6两。但一般都是包租1年或1季，租额每年每条牛出谷15箩至30箩。如群众向山官租牛，还要送1壶酒；收新谷时，又要送米粑和1只鸡，表示送牛的"魂"。

四、第一、二类型公社的借贷、雇佣情况的比较

（一）借贷情况的比较

在第一类型公社里，和租佃关系一样，借贷关系也是不多的，特别富有的债利生活者还未被发现。通常只有亲戚间的借贷，时间短，不给息，或者是利息很低。一般借贷，都不超过1年。此外也偶然出现卖青的现象，即在大烟未出时预先出售，1两烟卖1文卢比，新烟上市至少卖1文半。

如弄丙寨的借贷关系有4条：

1.曼甘保老二向弄丙戚魔头借牛1头，年利10文。

2.曼甘保老四向弄丙某家借牛1头，年利25文。

3.弄丙汉族冯绍昌向山官排早先借20文卢比，年息10文，现已3年未还，利滚利记着。

4.弄丙汉族郭有顺的岳母与岳父结婚时，向十二寨汉族陈家借9两银子（利息不明），已数十年，现岳父已死，岳母已70多岁，这笔债陈家仍来催要。

邦瓦借贷关系比较多，已发现的有19件，当中因祭鬼而借的有5件，共5头牛；因婚姻而借的5件，共5头牛；借肉吃的有3件，共9砣肉（约合36市斤）；借谷种的有3件，共3箩谷；因偷盗赔偿而借的有3件，借物及借数不详。所以，件数虽多，查问其原因及用途，仍然带有很大的原始性质。

但由原始性的借贷转化为封建性的剥削也不是没有：如该寨现任副乡长勒勒，七八年前因母病，请魔头看鬼说要杀1头牛，自己没有，向山官早堵借了1头，无力偿还，前后帮了早堵5年；同寨勒变，因"串姑娘"生了小孩，罚他献鬼，也给早堵借来1头牛，直帮工到现在，已有4年。上述弄丙山官借钱给汉族冯绍昌也是一个例子。

至于第二类型公社的借贷情况就很复杂了：

如李家山有借贷关系的共33户，占总户数75%。借贷账目共88件。

借贷钱物：包括半开银币372元、卢比56盾、谷子83箩、牛21头、马3匹、大烟256两、布20尺、桶裙1条、铠1面、土枪3支、剑刀1把、锄头1把。

借贷原因：做生意15件、口粮籽种21件、祭鬼12件、婚丧7件、送礼3件、拉事罚金7件、赔偿2件、还旧账2件、赎田2件、工利2件、生活费用6件、用途不明9件。

借贷时间：30年以上1件、20年至28年的3件、10年至19年的8件、3年至9年的25件，其余均为3年以内的。

借贷双方：就民族成分说，本族互借的43件，向傣族借的23件，汉族6件、回族7件、傈僳族2件，此外向基督教会借贷的有7件；就地区范围说，本寨互借的24件，向外借的64件。其复杂情况有如上述。

又如拱腊寨55户中，负债户有14户，占25%；计有债务21件，共欠卢比461文、水牛1头、大烟10两、稻谷15箩。王子树等地就不必再说了。

总之，这一类型公社的借贷，不仅面广、量多、关系复杂，其性质也跟前一类型公社的借贷显然异样，从这些地方正可以找出它的变化线索来。

（二）雇佣情况的比较

在第一类型公社里，较多地保存着原始互助的习惯，群众之间愿意换工，不愿雇工，但换工不足，则补出一定的工资。其剩余劳动力的出路，则在自己栽种完毕后，下坝去卖工甚至出国去卖工都是相当普遍的。

但也有个别突出的例子，如邦瓦山官早堵，雇用长工7人（包括男、女、童工），并有家庭奴隶3人。这7个长工，或因吹大烟，或因犯罪流落在早堵家，或因借牛还不起，来当长工，都没有工资；两个牧童，放牲口3年后可得1头小牛或1匹小马。

邦瓦山官是全区性的大山官（现任陇川副县长），他的祖父曾经帮助陇川傣族土司杀死过与之争权的弟弟，并夺回大印，因此土司曾把南宛河以东划给他家作为保头区，过去年收保头租300箩；抗日时期早堵本人又率领800多人帮助盈江土司赶走驻在户撒的伪游击队，劫掠一空，盈江土司并曾答应把该地送他作为保头区。因此就山官一家来说，由于扩张势力，掠夺财富，并进行较为明显的封建性剥削（租田、租牛、债利、雇佣），为时已久，但他一家的变化，还未引起全寨的变化，为此我们把它划为第一类。

关于第二类型的雇佣情况，较为全面、具体的材料也不多。但无论短工、长工，均较第一类型为普遍。如邻近王子树乡的弄弄乡弄弄寨，唐魔头雇用长工3个，丁八斤也雇用3个，山官尚自安雇用1个。此外雇用季节工的还有五六家。这些雇工都是景颇族。又猛典乡广卡寨的崩龙族，为邻近各寨的景颇族做长工的有8个，每年工资谷子三四十箩，及衣服1套；到坝区帮傣族做长工的有4个，工资年得谷子60箩至80箩、衣服两套。

五、第三类型公社的一些特征

在这类公社里面，出现了些一般都还没有完全脱产独立的小商、小贩，因为邻近国外市场，本族又跨境而居，经常来往，附带做一点走私生意。但本钱有限，买不来多少，全靠人背，也带不回多少（多半是背海盐、棉纱等生活必需品，也有做奢侈品走私的）。此外，出国卖工度日的也比较一、二类型为多。

景颇族地区，直到现在还未建立一个初级市场，带回来的货物，都拿到坝区去销售。本报第1期207页[①]曾载潞西湾丹山景颇族女子何木兰做小贩积蓄"私房"的例子：她在1952年2月偷得家里的大烟2两，由梁子街买鸡蛋贩到缅境九谷街去卖，买回海盐、肥皂、棉毯等又到梁子街销售；到1953年初来回跑了9转，除开销外赚得半开125文，买了几件衣服、布料、首饰、化妆品等就用去大半，剩下50文带回来，又因哥哥抢人破获拿去赔偿，结果落得一身穿戴。

这个例子是有一定的代表性，虽然跑生意的景颇族大部分都不像何木兰是一个尚未出嫁、更好穿戴的小姑娘，但他们还缺乏"利润又利润"的商人本质则是一致的。正如他们的劳动生产不是以创造交换价值为目的一样，他们跑小生意也只是为了保证自身及一家人的生存，所以真正独立的商人还不多见，一般都是农闲时期跑几转，找几文开销。

据说莲山铜壁关区有几个独立的景颇族商人，赶上三五匹马，有几百万资金，但是还缺乏具体材料。较具专业性的是与汉商合伙——事实上是做小伙计，汉商利用他们出入国境很方便，交付本钱由他们走私，卖掉货给一点酬劳。如铜壁关戛都寨的汉族宋景臣就经常这样干。

作为一个社会阶层的商人还未分化出来，因此还不可能积累较多的资金，大量集中土地，促使公社解体，但影响变化是存在着的。如盏西李家山就已经出现了多样复杂的借贷关系，尽管货币借贷的数额还有限（半开、卢比数，照黑市折算，合本币400多万），但它已是真正的高利贷资本。

总之，帝国主义的经济对这一类型公社已起着分解作用，值得注意的是它的较为浓厚的殖民地色彩。其表现除在经济上某些生活必需品如盐、布等对外依附性更大，因之外币阵地也更加顽强外，更多的是从政治上进行分裂活动和精神毒害上。

英帝曾经吸收我境大批景颇族青壮年去当雇佣兵，对他们进行奴化教育，挑拨民族情感，给予相当待遇及退休金，养成崇外思想，缺乏祖国观念。目前仍在缅境的还相当多，如瑞丽猛休山桂淌寨一个小寨，1952年自动回国的"洋兵"就有11人。莲山铜壁关区在缅甸当兵的最多，但无确切数字。

---

① 见本书第 95—97 页。——编者

更严重的是宗教毒害：多年来帝国主义分子深入山区，设教堂、办学校，如盏西区，根据25个寨子的访问调查，721户中，入教的有222户，占总户数30%强；如盈江，根据40个寨子的访问，195户中，入教的有151户，占总户数77%强；如陇川，据不完全的统计，信基督教的有360户，信天主教的约有70户。

帝国主义分子又为景颇族创制了文字，大量翻印《圣经》并编译以崇外为内容的教科书和宣传品，进行更为广泛的精神毒害。景颇族的知识分子是从缅甸学成归国的，又在本村本寨教育下一代。目前在缅甸读书的青年还很多，仅盈江西山就有180多人。他们里面是教徒的就由教会津贴，非教徒的由学校分给附近住户供给，做长工兼带读书。

这些毒害，以住在国境边缘的第三类型地区接受得更多，仍是当前对敌斗争中值得注意的问题。

总起来说，德宏区景颇族公社，由于地区特点和内外条件有所不同，出现了上述3种形态，其主流及其自发发展方面，是一种半家长制家族半封建领主的过渡经济形态。其与汉族杂居的地区，则已进入封建社会，阶级正在分化，土地渐呈集中趋势，出现若干地、富分子，但仍带有较浓厚的原始性、部落性。其在国境边缘的地区，由于帝国主义在经济、政治、文化上的侵略和异族奸商剥削的特点，带上了较显著的殖民地经济性质。这是我们对德宏区景颇族社会面貌的初步看法。

叁、目前阻碍景颇族生产力发展的因素

1953年9月16日，潞西县工委提出《关于遮放西山景颇族地区团结生产的初步意见》，对该区就地发展生产的有利条件和困难条件曾经做过较为全面的分析，并把当前阻碍生产力发展的主要因素概括为3点：

第一，建立在这种低下生产力水平上的社会经济制度（农业公社）和与之相适应的原始宗教（祭鬼杀牲）、买卖婚姻、劫婚和不良的劳动习惯等，成为僵化保守力量，对生产的严重破坏甚至超过山官的经济剥削。

第二，由于民族压迫和民族纠纷，使作为部落流血复仇和原始掠夺的拉事行为被保留下来，造成生产生活上的长期不安定。

第三，帝国主义政治、经济、文化侵略和异族奸商投机者的剥削。

就全区范围着眼，这种分析基本上仍是正确的，可以作为我们的结论。其详请看本报第1期。

但遮放西山区基本上均属第一类型，第二、三类型的特点还不甚显著。就前述3种类型的公社来看，还可以把目前阻碍着景颇族生产力发展的因素概括为"内在的"和"外在的"两个方面。对此我们略加补充：

关于内在的因素，除已在壹、贰两部分做了较详细的论列，不再赘述外，主要是作为景颇族社会经济结构的基础的农村公社本身。如马克思所说："这些淳朴的村社不管外表

上看起来怎样无害于人，却始终一直是东方专制制度的巩固基础；它们把人类精神局限在最窄狭不过的范围内，使它成为迷信的工具，把它当作传统规则的奴隶，剥夺了它的全部伟大性和历史首倡性。……我们不应该忘记：这种毫不尊严的停滞的苟安生活，这种被动的生存，在另一方面却相反地唤起了狂野的无目的的放纵的破坏力量。……这些村社强迫人服从外在环境，而不把人升为环境的主宰；它们把自动发展着的社会状况转化成永不变动的自然命运，从而引起野蛮的自然崇拜。"（《不列颠在印度的统治》，见《马克思论印度》，人民出版社版，第13至14页）恩格斯说："只在农村公社崩溃的地方，人民方以自身力量，接着发展的道路前进……"（《反杜林论》，第二编四，吴译本，三联版，第226页）

这里的情况，除公社本身尚未完全成为"东方专制制度的坚固基础"一点而外，其余都和印度公社相似，正起着束缚、阻碍，甚至破坏生产力向前发展的作用，并且还具有同一的表现形态，在第一类型的公社里更为突出。前面已有具体叙述，不再举例。

关于外在的因素，主要是解放前汉族的侵入、奸商投机者的剥削和帝国主义政治、经济、文化侵略等。此等因素虽对公社起了某些分解作用，就一定的历史时期来说，虽已逐步出现了这类社会所"迫切向往的东西——土地私有制"，但又不应忽略，这些"私有主"主要还不是他们，他们自己已经成为侵略者的无可奈何的俘获品。解放以前的长时期中，在第二、三类型地区，他们"失掉了旧世界"（在一定程度上），而没有"获得新世界"，这又给他们的苦难添加了一种特别的忧郁。

解放以来，通过各项政治工作和生产工作，拉事和杀牲祭鬼已显著减少，在1/2以上的工作基础较好地区出现了一批积极分子。生产水平较前提高，生活有相当改善。1953年全区耕地面积扩大20%，单位面积产量提高10%。部分地区已出现带有根本面貌改观的情况：如陇川县下坝生产200余户，今年已达到够吃，1953年购粮中在全县带头出售余粮；潞西县遮放西山及下坝生产地区已着手重点试办农业生产合作社等。

今后，在共产党和工人阶级的领导下，通过人民政府和先进民族长期有效的帮助，团结广大劳动人民，团结和教育与群众有联系民族的与宗教的领袖人物，实行区域自治，使他们从现存的落后制度逐步导向民族内部的民主统一；通过民族团结，逐步停止民族纠纷；加强山区生产改造；加强国营经济，制止帝国主义、异族奸商的投机剥削；开展医疗卫生文教工作，削弱杀牲祭鬼及其他生活恶习，逐步发展互助合作，以增加社会主义因素，消除民族的落后因素，保证他们基本上直接地但却是逐渐地过渡到社会主义，应该是这些地区的中心工作。

调查者：潞西工委、西山工作组、王家广、何永源、罗衡、陈尚经、马淑仪、
马曜、赵慎行、胡丕谟、汪洋、张寒光、毕学兴、龙金华、张皓、
缪鸾和、叶芃、杨浚、张凤岐、詹开龙、黄坚实、李泽义、李双、
何兴周、王孝溶、段月华、朱家乐、曹子善、邵永泉、电三、金志祥、

曹祖培、侬天民、杨文清、石老二、排振兴

瑞丽工委、麻角、南乖、李文、勒则、马瑞彪、郑海民、姚老三、叶天顺

莲山工委、王志明、王重耀、张玉功、杨田春、赵金钟、张授教、杨洪如、

郭子先、赵荣聪、李学义

陇川工委、岗巴乡工作组、邦瓦乡工作组、王子树工作组

盏西工委、段赐禄、刘达理、张星景、何秉法、杨国钦、岳俊国

整理者：马曜、缪鸾和、张寒光

《边疆工作通报》第11期

（西双版纳傣族区社会经济调查专辑之三）

中共云南省委边疆工作委员会编印

1954年7月25日

《边疆工作通报》第 11 期

省委边疆工作委员会办公室通知
1954年7月25日

我们编印的《边疆工作通报》，到现在为止，已经出了11期。这几期的内容主要是介绍了边疆几个主要民族的社会经济基本情况。但由于我们对边疆各少数民族情况的了解还很不够，已刊印的材料中，缺点和错误尤属难免。除希望各地同志提出改进意见外，目前我们特别需要交流各民族地区有关团结生产、区域自治、培养民族干部等各方面的工作情况和经验。请各地同志陆续供给稿件，使它更适合于边疆民族工作的需要。

目录

西双版纳土司制度初步调查

一、一些历史情况

根据傣族自己的历史记载，傣历554年（公元1192年）宣慰的二世祖匋钪冷"归顺天朝"，规定9年大贡1次，5年小贡1次。公元1257年和1382年，先后受封于元、明王朝。

从明朝受封为车里军民府及车里宣慰使以来，到现在的小宣慰刀世勋已有30代，历时572年。当年虽因争夺王位，多次掀起内讧，但封建土司统治制度仍然未受动摇。各勐由于具体情况不同，在组织机构上略有差异，而实质并无差别。如宣慰直辖区勐景洪无土司，其下设4"笼"，各笼之下有"贺西"，又分辖若干村寨。而勐往则在土司之下设4个大叭（不称"笼"），其中1个为总叭；总叭兼任议事庭长，有事召集各叭和"接嘴"等开会商议，协助土司办事。

1913年普思沿边行政总局设立，柯树勋任总局长统治该区，逐步施行改土归流、分县设局的分割统治政策，从而使宣慰使司署对各勐的统治和联系有了一定程度的削弱。但土司制度并未被打碎，大部分地区依然完整存在，仅有接近内地的个别地区如勐醒（蒲田坝）的土地为汉族地主所掠夺，土司也不存在了。

二、宣慰、土司的政权机构

车里宣慰使是元朝受封的云南西南六大宣慰使之一。宣慰及各勐土司受封以来，父子相传，世代一家。此种土司政权，由于历史相沿，形成很严密和完整的统治机构。恰如帝制王朝的缩影，宣慰司署形若宫廷，其所在地类似京都，宣慰使如帝王，其亲贵若亲王大臣，所辖各勐土司类似诸侯，管理各寨的波郎，如封疆大吏，村寨内部小头目好像地方基层小官员。

宣慰使署，设于车里城东15里，称宣慰街。署内有正印宣慰使1人（即正式袭位的车里宣慰使），傣语称为"召片领"（国王之意）。司署除直辖宣慰街、景洪勐及远处的几个特别区外，十二版纳的广大地区，皆由各勐土司统治，但必须向宣慰使缴纳负担及请示报告，宣慰使有干预其行政或批准任免土司官员之权。

根据世袭惯例，宣慰使必须由嫡亲长子承袭。（各勐土司亦然）宣慰使之亲兄弟，依次称为二宣慰、三宣慰，俨若"亲王"。"亲王"虽不能干预司署政治，但可受宣慰使委封为司署的重要官员，封为某勐的土司或"代办"。

　　宣慰使署大臣，主要有3个：地位最高、职权最大的是"怀郎曼凹"，又称"都竜稿"，即最高的一个大臣之意，官职仅次于宣慰使，犹如朝廷中的首相，执掌全区的行政、财政、征粮等大权。其下还有两个主要大臣和一些小臣掌管各种行政事务。

　　议事庭是车里宣慰司署中的特别组织，由宣慰司署中主要大臣和各勐土司聘驻宣慰街之代表——"波郎"组成，庭长称"召景哈"。商议重大事件，类似"参议会"，它可以缓和宣慰使和各司头人之间的矛盾。

　　宣慰使所管十二版纳，原系十二大勐及若干小勐，共有20多个土司，当年皆各有完整的组织系统。自改县治后，部分已没落，组织系统也残破不全，但大部分仍保持有基层统治实力，组织机构也还完整。各勐土司组织虽有区别，但皆大同小异，且与宣慰司署的组织相类似，仅规模较小而已。每勐所辖地区，相当于区或乡。每勐设土司1人，司署设三四个"大叭"，相当大臣，其首为"叭稿"，即大头人。也有议事会组织，议长称"召贯"。其组织系统如下表：

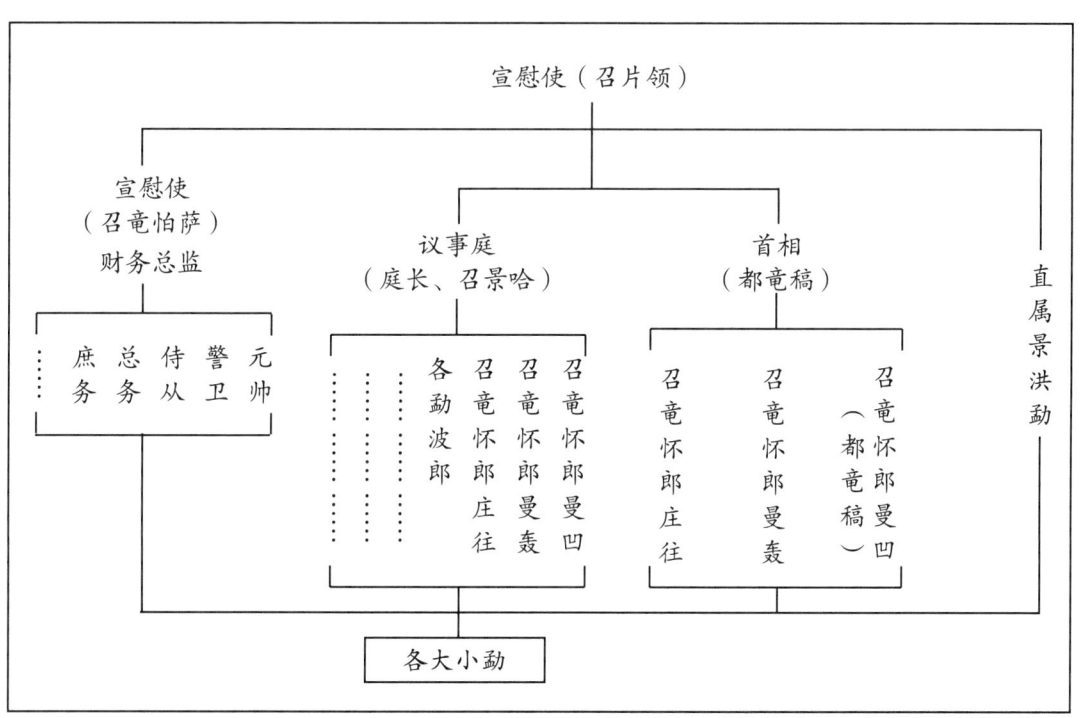

附表：

西双版纳宣慰使司署官、职务及俸禄概况表

官阶	官名	汉名	俸禄（挑谷）	职务	兼职
召片领	（老）宣慰使	刀栋樑（已死，由刀栋庭摄政）	1100（？）		
（太子）	小宣慰	刀世勋			
召五把拉扎	二宣慰	刀孟刚	250		
亲王	五宣慰	刀栋材			
	六宣慰	刀栋庭			
	七宣慰	刀栋宇	620		
	九宣慰	刀栋新	620		
四大卡贞	召景哈	召存信	1500	议事庭长，兼各勐土司总代发言人	四大卡贞暨各勐土司的波郎组织议事庭
	召龙怀郎曼凹（都竜稿）		3700	掌管行政、财政、税收等	
	召竜怀郎曼轰	刀学林	1870	掌司法、户籍等	
	召竜怀郎庄往		530	掌管粮米事务	
八卡贞（那扫竜）	召竜帕萨	弯那吮	1200	掌宣慰使署总监（财政事务及佛教、地方习俗事务）	四人组成内议事庭
	那画	召仁	800	宣慰使随从右榜大元帅，兼收特税	
	那丈		230	宣慰使随从狩猎官，兼收特别税	
	那扁		380	宣慰使随从参谋，保管朝板官	
	刀夏	刀学新	600	各市街主祭官，并协助财政	
	那贺		370	矛枪官，并协助财政	
	那掌		800	管大象官，并协助财政	
	那各	刀光祥	800	簿记官，兼府内招待，并协助财政	

续表

官阶	官名	汉名	俸禄（挑谷）	职务	兼职
那扫乃	协养		300	管狱官，兼府内点灯火	协助怀郎庄往办粮秣
	协南		280	次管狱官，兼府内点灯火	同上
	乃麻	刀松柏	120	管马官	
	那窝		230	轿官	
	康坎		240	宣慰府内布置，招待茶水	兼助财政
	那晒		290	左榜副元帅，管理军事	
那袭	协往		220	助管狱官，兼管点灯火	协助怀郎庄往办粮秣
	那禄		80	管车官	
	点坎乃里		100	船官	
	那广		300	祭祀鬼神官	
	那远		270	监斩官	
	钟扁	刀建德	150	宣慰使侍从	兼招待
	那坦		100	鞭官	
	珍喊		240	大将军，率领武士上阵作战	
那哈	那乃		80		那哈以下官员办理司署一切琐碎事务
	那闹		50		
	那算		50	鸣炮官	
	那哇		50		
	那箭		50		
	那肥		50	船索管理官	
	般费		50	划船手	
	贺怀		50	宣慰使内听差指挥官	
	唤报		50	传达命令官	
	那攀		200	渔猎手	

上表所列宣慰使署诸官员及议事庭头人均居住于景洪宣慰街。解放前全靠剥削官租为生。解放后除部分参加政府工作外，其余仍然依靠剥削官租维持生活（个别兼营商业）。解放后，由于群众觉悟提高，故官租剥削收入较前有减少。

各勐土司政权组织系统表

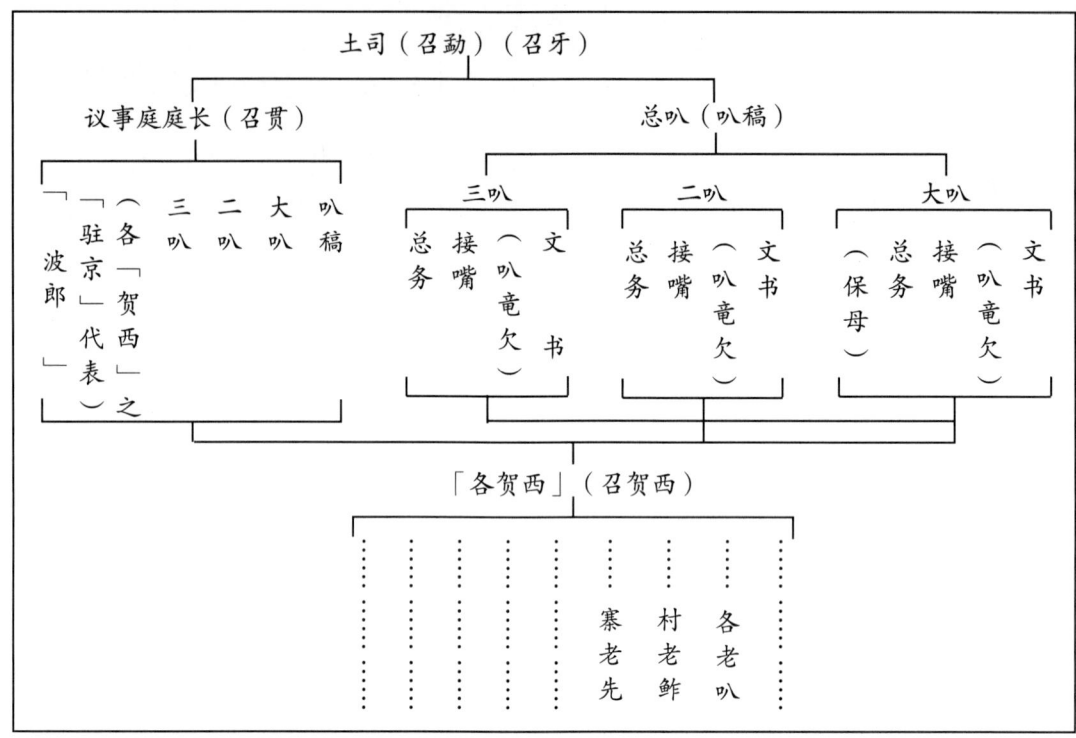

宣慰使直辖景洪勐组织系统表

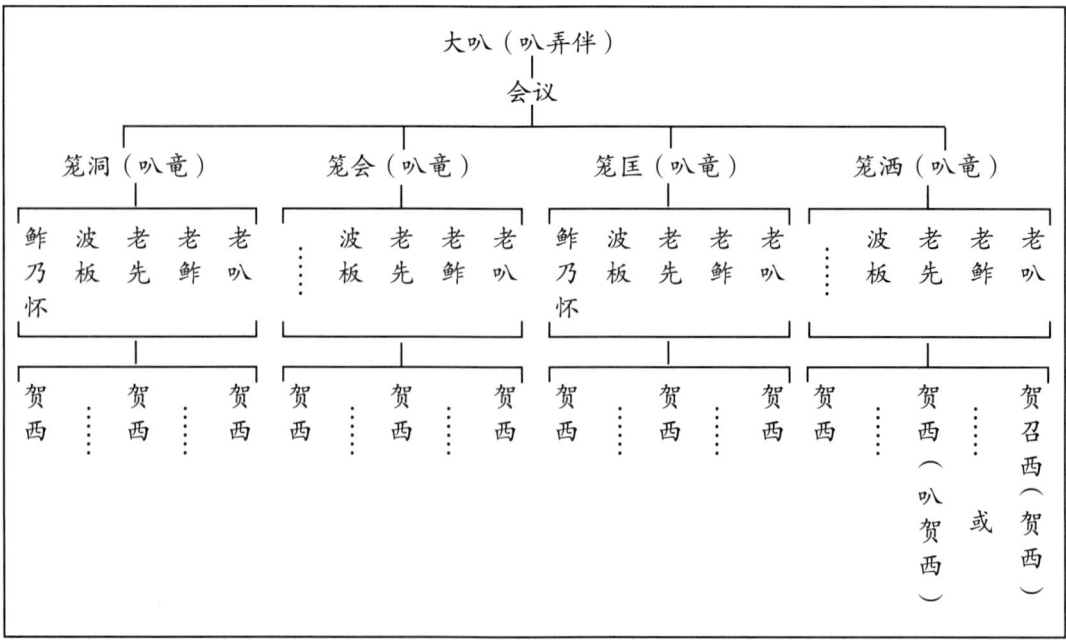

注：全勐有 4 个笼，每笼包括若干寨，而又以几个寨为 1 个"贺西"，寨有老先、老鲊，有的寨子也有老叭。

三、村寨中的基层组织

土司统治系统最基层的组织在村寨，类似德宏区傣族村寨中的畎头制度，即在村寨中设各种头人，通过头人统治人民。头人多少，视村寨大小而定，通常是1人至3人。头人分老叭、老鲊、老先，老叭为首，相当于寨长，老鲊、老先依次听命。形式上是由百姓选出来的，实质上是由土司加封，为土司服务，进行基层统治的。

其组织系统如下表：

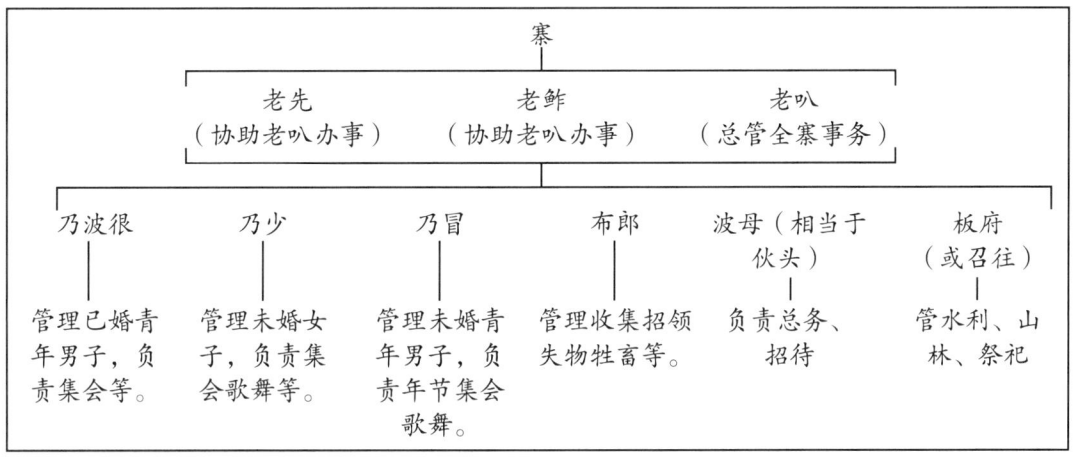

勐遮土司组织系统表

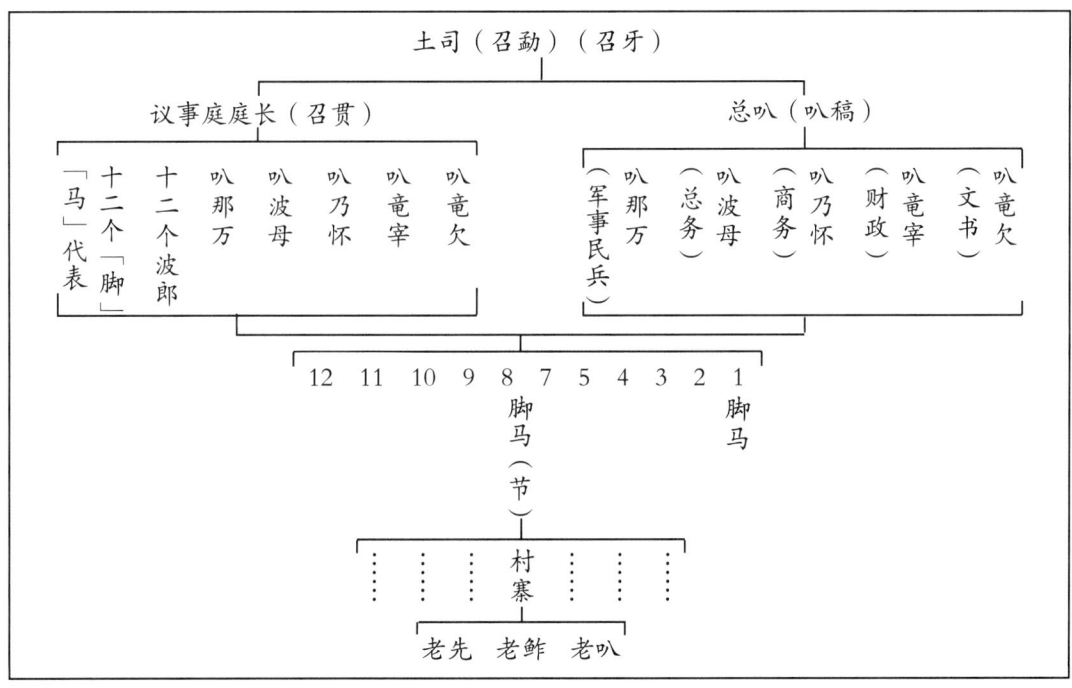

勐养土司组织系统表

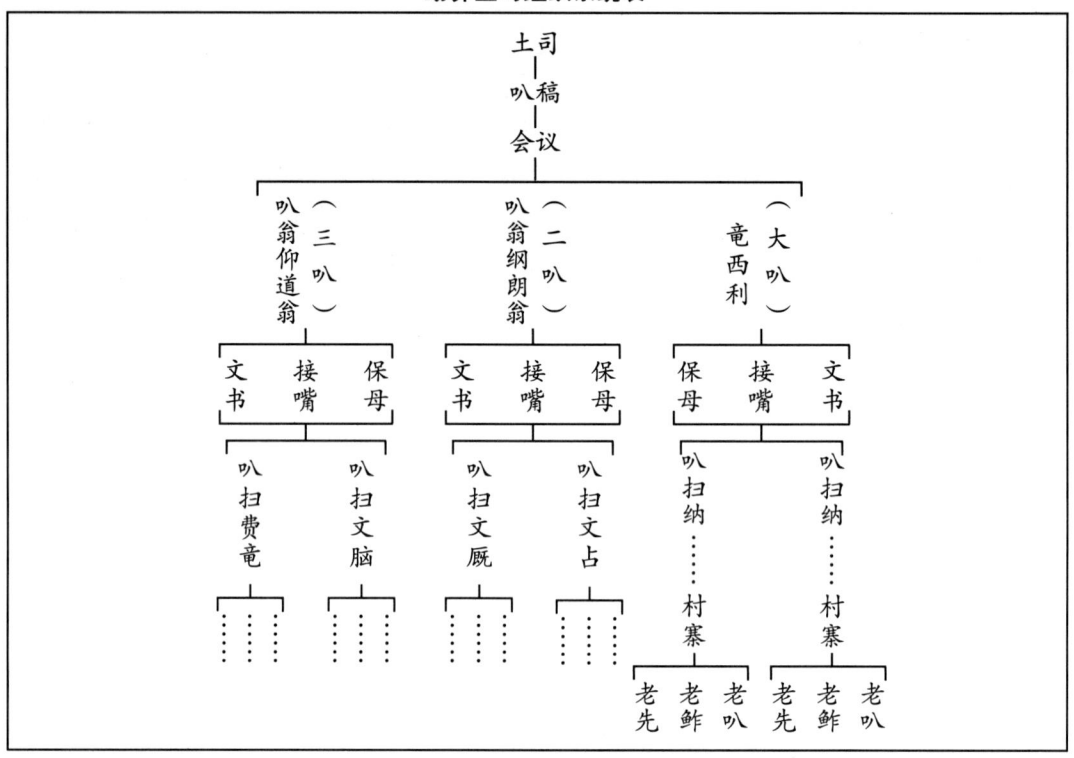

八大勐笼土司组织系统表

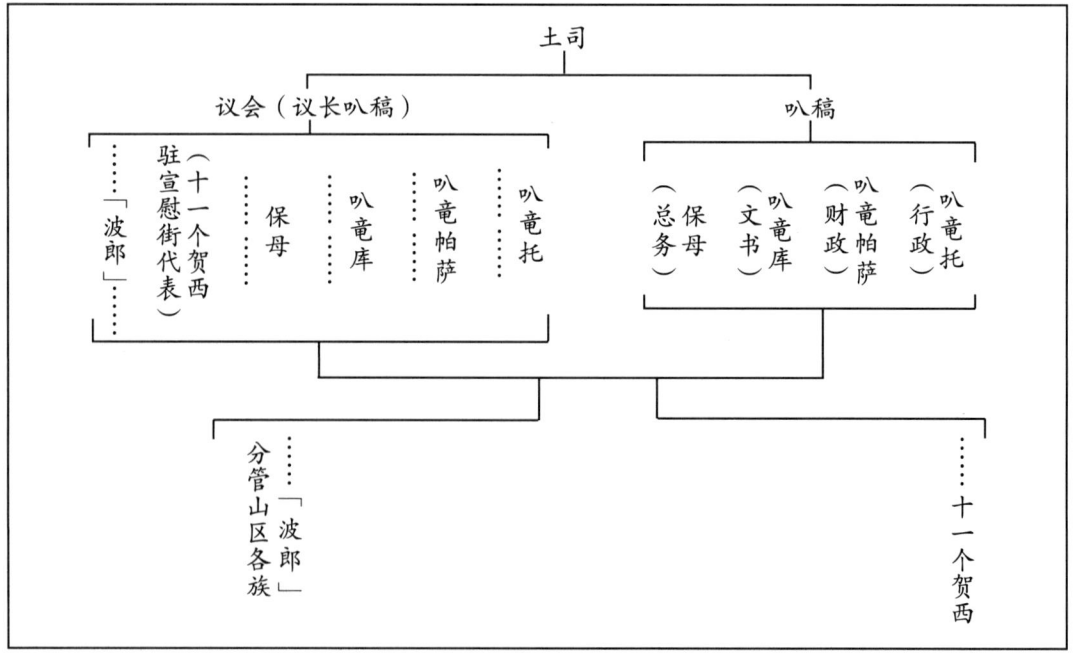

四、土司、头人对人民的剥削

（一）土司

土司所辖各勐的土地，均为土司的"王土"，有最高支配权，他可以将土地奖给对自己效力有功或是忠于自己的人民或头人（如勐海土司将60纳田奖给忠于他的"滚乃"）；同时，还保有夺取之权。政治上对所辖人民有拘禁、处罚的权利，其对人民的压迫、统治、剥削，大体可分为如下几项：

1. 官租剥削：景洪种宣慰田、波郎田者要缴纳官租；其他区则又有所不同，如整懂则所有田地都要交纳官租。租额约占5%（此项官租假借为出进"帕萨"及土司府内官员的用度开支，其实大部是土司独得）。

2. 劳役剥削：土司家里有事或土司外出，轮派各村寨百姓无偿劳役。如景洪宣慰街的乃烘寨都是侍奉宣慰的，经常工作为饲养牲畜、洗衣、炊勤等家务。各笼各寨还要轮派夫役修建房屋、砍柴、割草、挑水等事情（目前已有所减少）。

3. 捐税剥削：每逢街期，群众卖物，如卖米、卖肉、卖柴等都要被土司抽去一点"头"。有的街子会同时遭到几种特权人物的重重剥削，如宣慰街就有街长召夏、都竜稿、那丈等进行抽头剥削群众。这种剥削各勐皆一样。目前这种剥削已有减少，这是由于群众觉悟提高不愿再给的缘故；还有的头人，解放后参加了政府工作，故不便收了。接近我工作中心的一些街子，近年来也不抽头了，如车里大街、勐海大街、南峤大街等已废除这项剥削。

4. 纳贡剥削：人民群众猎获野兽，如打到马鹿须送一支鹿茸给土司；若无茸，也须献给蹄筋或膂肉。打获虎、象、野猪、熊等，或献皮或献肉，都要把最好的一部分送给土司，杀猪、宰牛也要送几斤肉，对其他特产也同样。除此之外，还有一种限制，即人民有什么好的和宝贵的东西出卖，须先去找土司，土司不要了，才有可能照市价卖给别人。

5. 利用宗教进行剥削：土司头人又是宗教的主宰者，常常以做"赕"为名进行剥削。所谓"赕"就是"朝佛"或"贡献"的意思。如勐海刀承忠做"赕"，起初欺骗群众说，不派什么东西，要大家都参加，可是做"赕"后，又向群众摊派。

6. 诉讼剥削：群众因婚姻、债务、争讼等纠纷，到头人或到土司处排解，须送礼物或礼钱若干给土司、头人。

（二）波郎

波郎对所辖坝区和山区民族的剥削，大体有如下几项：

1. 土地方面的剥削：对坝区傣族的剥削：波郎有波郎田，其田地分布在哪个寨子，即由该寨代耕；秋收后群众交纳田租给波郎（一般租额约占总产量的20%）。对山区民族的剥削：新开荒地一块（不论大小），如果种谷，秋收后须交谷子2箩（约50斤）给波郎；

如果种棉花，则交纳棉花5斤。

2.劳役剥削：波郎家有事或是修建房屋，就通知所辖村寨，轮派夫役挑水、做饭、砍竹、伐木等无偿劳动。

3.其他：如收捐税、纳贡、处理诉讼、利用宗教进行剥削等与土司同。

（三）村寨头人

村寨头人的剥削和特权，大体有如下几项：

1.叭、鲊、先等头人，在当头人期间按等级大小，得种多寡不同的头人田（此田不交官租及其他负担）。

2.当头人，不出劳役负担，不出门户及其他捐款。

3.头人波张，除得种头人田、不出负担外，每年每户要交1箩谷子（约20斤）给他。

省民族工作队　调查
省委边委第三科　整理

版纳景洪戛董行政村政治情况初步调查

一、景洪的土司制度

（一）组织情况

景洪坝子是西双版纳宣慰使所在地，整个西双版纳各"勐"都分封世袭的土司，但景洪坝子却没有世袭的土司，而由宣慰使本人兼，下面委派叭竜伴管全勐（相当于区），下分笼洒、笼栋、笼匡、笼会4个笼（相当于乡），分由4个叭竜管辖，再下一级是贺西（数个自然村合成），最下为自然村。

宣慰使为减少叭竜与群众的直接联系，故各个叭竜的所辖区并非其所在地。贺西的划分也不是按照笼的范围来划，甚至是插花的。如笼栋整个地区的贺西就是与别处混合而分属于叭竜匡与竜京蚌，而本笼的叭竜鸾典则管辖着笼洒与笼会的一部分寨子。

除了这一系统的组织外，还有波郎制度。整个勐的寨子，都分属宣慰街的头人（波郎），波郎与各寨关系较密切，直接委派头人，收官租，解决重大纠纷，群众要为波郎服劳役。一个寨子往往有几个波郎的田——波郎田，各委托该寨头人管理。波郎管辖的寨子也不是在一起的。这种制度起着削弱叭竜一级头人的作用，便利于土司更直接地统治剥削群众。

此外，还有一套直属的武装组织——珍喊，各笼有叭喊，各寨有鲊喊或先喊，都由土司直接领导。但是鲊喊、先喊负有维持治安之责，属于村寨头人，故又受村寨老叭管辖。

（二）村寨头人的分工

村寨头人分成叭（相当于村长）、鲊（相当于副村长或秘书）、先（相当于委员），此外还有陶格（相当于绅老）、波板（通讯员）、波猛（管水利）诸等级。除了叭和鲊竜是固定的外，其他头人都不一定有。他们的职权是：叭总管全寨一切重要事务，是全寨最大的头人。其次是鲊，在众鲊之中有一个鲊竜，有别于其他的鲊，是全寨第二大头人，在未设叭的寨子里，他就是全寨最大的头人。先又是更下一级的。一般的鲊和先是叭和鲊竜的助理，负责具体工作。其中有一鲊喊或先喊，专门负责武装。陶格没有具体的职责，类似于村寨中的绅老。波板在解放前是负责催粮派款，现在负责送信或叫人开会。波猛管水利，由宣慰议事庭直接委任。

（三）头人的产生

村寨头人如有变换，要在每年关门节决定，因在这时接近栽秧，便于移交头人田。产生的方式是：老叭辞职后，形式上由群众选举新的老叭，再报波郎批准，最后由议事庭加委，但实际上为波郎操纵；叭以下的头人则由老叭提名。头人的扩充是逐级上升的，当老叭的都是鲊竜升任的，因而就有今天当先，明天就当鲊的。如果过去曾任过头人的，重新任时，即要比原职高。

（四）头人的特权

头人的利益各寨基本上是一致的，只是在程度上有出入。

1. 占有头人田。一般的叭都比群众多一份薪俸田，面积约70纳（每纳约1/4亩，70纳约合17.5亩）。鲊、先则有约可收20挑谷子面积的田。波板较一般的鲊、先要多些。但头人田的面积各寨并不一致，要看本寨占有田地多少来决定，最多的有比群众多出100纳左右者。此外，全笼还有一份大头人田500纳，出租给群众耕种，地租由叭竜、咪竜2人分享。

2. 群众宰猪杀牛时要送礼，捕获野兽，要供献前腿。老叭得的最多，一般是半斤到1斤，鲊、先每人分三四两。

3. 群众结婚、离婚要送给一桌酒菜，半开四五元。

4. 老叭和鲊竜免出一切负担。鲊、先少出负担，其负担数只合群众负担的1/3左右。

5. 分配公产时，头人私得要占全部的1/3。

6. 叭和鲊竜有权使用白工（群众为他们白干活）。

二、戛董行政村的头人情况

（一）概况

戛董行政村的14个寨子有684户，现有头人共93人（即93户），占总户数的13.6%，占总人口的27.75%。各等级头人数目及阶级成分如下表：

阶级成分		合计	小土地出租者	富农	富裕中农	中农	贫农
合计	人数	93	11	13	7	54	8
	%	100	11.8	13.9	7.5	58	8.7
老叭	人数	11	2	6		3	
	%	100	18.1	54.5		27.3	
鲊竜	人数	13	4	2	4	3	
	%	100	30.7	15.4	30.7	23	
鲊米	人数	4	1			3	
	%	100	25			75	
鲊	人数	28	2	4	2	20	
	%	100	7.1	14.3	7.1	71.5	
先	人数	22	1			20	1
	%	100	4.5			91	4.5
陶格	人数	5	1	1		3	
	%	100	20	20		60	
波板	人数	10			1	2	7
	%	100			10	20	70
备注			3人兼经商	2人兼经商			总数包括雇农

如以寨为单位，头人最多的占全寨户数的20%，如曼东老；最少的占10.8%，如曼喝勐。若除去陶格、波板，最多的仍占20%，最低的占8%，如曼纽。

曾经当过头人的有134人（134户），占总户数的19.6%。以寨为单位，旧头人最多的占总户数的50%，如曼东老；最低的占6.9%，如曼栋。若除去陶格、波板，最多的仍占50%，如曼东老；最低的占4.4%，如曼景岱。

新旧头人合计227人（227户），占总户数的33%，占总人口的6.73%；若除去陶格、波板，则占总户数的29.8%，占总人口的5.84%。以寨为单位，最多的占70%，如曼东老；最低的占25%，如曼栋。若除去陶格、波板，最多的仍占70%，如曼东老；最低的占13.3%，如曼景岱。

（二）头人的变动情况

从头人的总数字上看，解放后是下降的，1947年在职头人是104人，1953年是93人，减少了10.5%。若除去陶格、波板，1947年为91人，1953年78人，减少了14.2%。其中最突出的是曼沙，由13人减为7人，减少了46%；增加的寨子则没有。下降趋势目前仍在发展，如曼鸾点群众不要鲊康郎印后，已准备不再补充了；有的提出只要3个就够了。这对逐渐削弱封建统治机构是有作用的。

头人减少最多的时间是1944年至1950年之间。那时候头人因死亡、年老及对党的政策有怀疑、顾虑，故辞职后，即少有补充。1951年老叭提出要补充，但群众不愿意。群众认为：①目前事情少，不需要这样多；②头人少了，头人田可分给群众；③砍树等工作，可以有多一些人去做。

目前在职头人中，有53个是解放后才任职的，占总数的57%，但都是小头人。由于任职时间较短，且解放后直接受党的政策影响，故这一批头人较易于改造与分化。

头人的变动常年都有，变换最多的有4个寨子，即：曼东老、曼卖龙、曼喝勐、曼脸。这4个寨子的最大头人几乎年年换，1948年至现在已换了5个。变换频繁的原因是：①每换一个大头人，要交12元半开给波郎，因而波郎赞成换；②头人之间有矛盾；③群众对头人日益不满。

三、村寨当权头人的情况

作为封建统治机构的基层组织，当权的是老叭与大部分鲊竜，14个寨子中共有20人，其中老叭8人、鲊竜11人、老鲊1人（村长）。从其阶级成分来看，土地出租者4人，富农7人，富裕中农2人，中农7人。

（一）与群众的关系

这些头人在村寨中俨若父母，群众和叭及鲊竜谈话时，都要在前面加上一个"波"（傣语，"爹"的意思）字。即使是年老的，或辈分大的一辈也要这样称呼。群众这样比喻说："小孩子生下来就是他父母的，这个寨子的百姓就是老叭的。"

群众认为这些头人是为自己民族办事的，是自己的人。尤其对解放前就当头人的，群众觉得由于有他们才少受国民党、汉人的欺压。有些头人曾遭受国民党勒索吊打，群众认为这是为大家受的苦。较接近我们的群众，头人时常叫去问："你又与那两个汉人说些什么？"有的群众甚至自动找头人汇报。

在宗教上，他们是"做赕"的积极倡导者，经常告诫群众说要过好日子，只有拜佛祈求来世。他们还主持寨中祭鬼，群众认为祭鬼后，就可以免除灾难、稻谷丰收。他们又负责分配寨公田、波郎田，排解纠纷，处理婚姻问题，群众生活困难时，给点小恩小惠。因而，这些头人在群众中有传统的威信和较密切的联系。但与群众也有矛盾，历史上是有过群众反抗头人的事件，尽管这些事件中某些人是为头人之间的争权夺利所利用，但也反映了群众的意志。自从解放4年来，群众觉悟有了一定提高，对头人的不满意也就更加显著了。

1948年曼卖老叭曾受全村所托，带了全村百姓按盖手印的请愿书到宣慰街去请撤换波郎；叭景傣在1945年也受群众的反对（提出不要他），但这些都被宣慰街波郎镇压下去。目前曼弯点群众又坚决提出不要鲊康郎印，一直报到西双版纳自治区人民政府；部分群众提出要包庇鲊康郎印的叭竜退休。

目前群众正在酝酿准备取消的头人计有2个老叭、3个鲊竜，包括5个寨子里的最大头人。其原因是因为1个屡次贪污，并与群众所痛恨的波郎关系密切；1个是解放前曾去告诉波郎说：群众说他不好，因之波郎罚了群众一笔款，作风又坏；1个是因为经常调戏妇女；两个是当了头人不办事。已有半数以上的群众提出不要这些头人。此外还有1个叭竜弯点，部分群众提出："他不跟我们站在一边，不学毛主席的道理，年纪又老了，退休算了。"

对头人不出负担或少出负担的老规矩，也有反对的意见。最近在3个寨子的群众大会上自发地提出要头人一齐去砍树（建筑自治区人民政府）。又有3个寨子提出：现在事少，应该裁减头人，将头人田抽出一部分给群众。

头人的统治力量可分成3种情况：

1. 统治力量较强的，能号召全寨群众70%左右，这种寨子有5个。其中包括两个村长及1个旧头人掌握的寨子，其特点是：①头人任职时间较长，村内头人变动不大（尤其是叭及鲊竜）；②头人之间联系紧密，有的甚至结成"老庚"（拜把兄弟）。

2. 统治力量较弱的，能号召的群众占15%左右，这种寨子有5个。其特点是：①头人变动多，任职时间短；②头人之间有矛盾；③过去群众的印象较坏，留下显著的不良影响。

3. 介乎以上两者之间的，能号召群众30%左右。

（二）各寨间头人的关系

一般是各自为政。由于一些村寨头人经常换，没有什么具体的联系，仅有两个寨的当权头人结为老庚。相反地，由于村寨之间田地、水利纠纷而造成两寨间头人的不和睦，有的发誓不来往，甚至要械斗。

在这20个当权头人中，其中威信较高的有3个，但也不能支配别的寨子：1个是叭竜弯点，比所有的头人都大，是任职最久的一个，传统影响较深，可左右部分头人，村上较大的事情，都要请他参加。目前已不管事，威信也已下降，尤其在村政权建立后，威信更低了。另外两个是正副村长，是我们主持选出来的，一个是鲊、一个是叭。由于经常参加开会，故进步较快，威信逐渐树立，群众有事也经常找他们解决。这次村长向群众坦白，检讨自己贪污的错误，群众反映还好。在头人会上布置工作，批评头人，别人也服从。

新旧头人之间是有矛盾的，叭竜因当不上村长，故心怀不满地说："叭竜不是我当了，有事找村长去。"当酝酿建立贺西政权时，表现虽较积极，但提出贺西要扩大到旧笼的范围。

（三）头人与宣慰街的关系

头人与宣慰街的关系是比较密切的，在改造学习的态度上、官租问题上都是一致的。如叭景傣说："宣慰街是根根，我们是尖尖，他们改造我们就改造。"积极催收官租，当宣传总路线的风声传到后，群众要求不交官租时，乃诱惑群众说："今年交了算啦，明年才不交！""可怜他们（指波郎）没有吃的，不交要饿死了！"政府召开的会议他很少去参加，而宣慰街叫开会则常去。他们联系较密切的原因是：（1）头人替波郎收官租，波郎多分给他们一份田（除头人田外），或者可不出官租，并在官租中提出一部分，约二三十挑给他们；（2）头人的任免权操在波郎手里；（3）是一个统治机构中的人物，他们对群众都有特权。

（四）经济情况

头人田地的收入，一般在300挑谷子左右，占有大量耕畜；兼营商业者在一半以上，经常经营大烟、半开等走私生意，生活很富裕，不做生意者极少。据初步了解，他们的财产，只计算黄金、白银、半开、人民币4种，在1亿元人民币以上的有2人、5000万元以上的有3人、1000万元以上的有7人、500万元以上的6人。如鲊西利（村长）任头人已4年，本人不做生意，年收谷子200挑，牛租谷子60挑，他妻子有缝衣机1架，今年养了3口猪，自己家有6两黄金，折人民币540万元；4斤银子，折人民币192万元；半开100元，折人民币100万元；有人民币400万元。根据他自己所说，就有人民币1200余万元，但实际还不止此数。那些兼营生意的头人就更加富裕了。

（五）武装情况

当地虽有直属土司管辖的武装组织，但没有固定的武装人员，而是用轮派的形式去保护宣慰街。枪都是公枪，或由宣慰街的头人发。这些武装都控制在老叭或头人手中。

14个寨子的武器计：公有大枪24支，其中可用的有13支；私有大枪8支、小枪8支，都是可用的。这些枪支被头人控制的有26支，积极分子控制的有1支大枪、2支小枪。以上数字极不确实，仅曼弯点原有大小枪即有22支，目前拿出来的只有3支大枪、1支小枪，其余的都说卖到外国去了，但事实上是被隐蔽起来。有两个头人问我们：现在是否可以配枪，他想买1支。实际上他自己已有枪了。

（六）政治态度

经过我们4年来的工作，以及他们亲身的体验，所以对党对政府都有了进一步的认识。这些头人中有部分是亲身受过国民党的勒索吊打的，故在敌我界限上也有了一定的认识。但是由于解放后对他们的特权多少有些损害，同时他们是土司制度基层机构的当权者，具有剥削阶级的本质，进步性仍受到很大的限制。大体说来，他们的政治态度可分为靠我、中间、顽固3种。但即使最顽固的也不公开地说共产党不好，而且用共产党的帽子制造谣言，吓唬群众，如叭竜鸾点说："共产党的政策不换头人。""鲊康郎戴有毛主席的像，不能换。"此3种头人情况如下：

1. 靠我的有3人，占富裕头人的15%，他们拥护党的政策，积极赞助我们工作，并能向我们反映较真实的情况。当中有两个是行政村村长，参加学习时间较多，也有儿女参加工作。

2. 中间的有10人，占50%，这些都是些较小寨子的当权者，中农成分多，任职时间较短，学习少。

3. 顽固的有7人，占35%，他们对党的政策一贯是疑虑的、抵触的，压制群众，与波郎联系密切，任职时间长，很少学习。

四、几点初步意见

1. 在执行团结教育改造民族上层的政策上，新旧头人须分开，区别对待。

2. 陶格、波板一般没有政治特权，对群众剥削少，故不能当头人对待。如波板在群众观念上还认为是比较下贱的职业，其阶级成分也大部是贫、雇农。

3. 对村寨当权者与小头人应区别对待。鲊、先多是中农，一般都参加劳动，他们的土地占有比群众多10%左右，当头人的剥削仅占其总收入的7%左右。因而笼统提出改造头人，不加以区别对待，将促使头人的联系更紧密，也促使旧头人及与其联系密切的中农动摇。在这方面，可用劳动与剥削分量加以区别，若以剥削量25%为界，则改造对象即被孤立的仅有21人，只占总户数的3.07%。

4. 在被孤立的当权派中，其家庭中的领导成分，如姑爷、干儿子等亦应区别对待。

5. 在采取逐步削弱封建制度的过程中，头人数量应逐渐使其下降。在村寨中当权头人与我们争夺积极分子的主要方法之一，就是委其当头人。而一般积极分子则未认识封建制度的本质，有个别积极分子当了小头人，实际上虽仍为我们的积极分子，但会模糊群众思想，故应有意识地教育积极分子不当头人，以达到逐步削弱封建统治制度的目的。

刀芝秀、金论昌、杨光全、白祖谟、赵家庆、刘瑞
朱德普、梅万明、撒文英、李发兴、李义湛　调查

刘瑞　整理